曲青山・高永中
主編

新中國

1949

★

1978

口述史

中 華 書 局

□ 責任編輯：董秀娟

□ 封面設計：臧　娟　霍明志

□ 排　版：陳美連　沈崇熙

□ 印　務：林佳年

新中國口述史

□
主編

曲青山　高永中

□
出版

中華書局（香港）有限公司

香港北角英皇道 499 號北角工業大廈一樓 B
電話：(852) 2137 2338　傳真：(852) 2713 8202
電子郵件：info@chunghwabook.com.hk
網址：http://www.chunghwabook.com.hk

□
發行

香港聯合書刊物流有限公司

香港新界大埔汀麗路 36 號
中華商務印刷大廈 3 字樓
電話：(852) 2150 2100　傳真：(852) 2407 3062
電子郵件：info@suplogistics.com.hk

□
印刷

深圳中華商務安全印務股份有限公司

深圳市龍崗區平湖鎮萬福工業區

□
版次

2016 年 10 月初版
© 2016 中華書局（香港）有限公司

□
規格

16 開（230 mm×170 mm）

□
ISBN：978-988-8394-34-0

本書繁體字版由中國人民大學出版社授權出版

序

曲青山

　　中共十八大高度評價以毛澤東為核心的黨的第一代中央領導集體對探索適合中國國情的社會主義建設道路作出的重要貢獻，強調共產黨在社會主義建設中取得的獨創性理論成果和巨大成就，為新的歷史時期開創中國特色社會主義提供了寶貴經驗、理論準備、物質基礎。這是完全符合歷史事實的正確結論。

　　1949 年 10 月 1 日，毛澤東在天安門城樓上莊嚴宣告中華人民共和國成立，揭開了中國歷史的新篇章，開啟了中國歷史的新紀元，中華民族以嶄新的姿態巍然屹立於世界的東方。以毛澤東為核心的共產黨的第一代中央領導集體帶領全國各族人民，在完成新民主主義革命的基礎上，進行了社會主義改造，確立了社會主義基本制度，成功實現了中國歷史上最深刻最偉大的社會變革，為當代中國一切發展進步奠定了根本政治前提和制度基礎。一個遭受外敵入侵、飽受一個多世紀恥辱的文明古國從沉睡中覺醒，朝着偉大復興邁出堅定步伐。一個貧窮落後的東方大國，在一窮二白的基礎上朝着一個繁榮富強的社會主義新中國邁進。因為有着這樣深刻的歷史背景，承載着幾代人的夢想和追求，面臨着毫無現成經驗可循的全新環境，中共帶領人民進行的社會主義建設和探索，是艱辛曲折的，是可歌可泣的，是壯麗輝煌的。有多少奮鬥，有多少感動，有多少夢想，有多少光榮，凝聚在共產黨和國家的歷史畫卷中，鐫刻在歷史的豐碑上，這是值得永遠紀念、永遠珍惜的。

　　中共的歷史，中華人民共和國的歷史，是共產黨和國家的寶貴財富，是中華民族的歷史瑰寶。中共十八大以來，習近平總書記高度重視黨史國史教

科書、營養劑、清醒劑和最好的老師的作用，要求廣大幹部群眾從歷史中汲取智慧和力量。他着重強調，改革開放前和改革開放後兩個歷史時期本質上都是我們黨領導人民進行社會主義建設的實踐探索，既不能用改革開放後的歷史時期否定改革開放前的歷史時期，也不能用改革開放前的歷史時期否定改革開放後的歷史時期。為慶祝新中國成立六十五週年，更好地發揮黨史國史為黨和國家工作大局服務的作用，中共中央黨史研究室組織力量編輯出版《新中國口述史（1949—1978）》一書，與廣大共產黨員、幹部群眾一起回顧我國社會主義建設和探索的歷史進程，緬懷老一輩革命家和人民群眾的豐功偉績。

　　《新中國口述史（1949—1978）》這部書的作者，都是中共重要歷史決策的見證者和重大歷史事件的親歷者，是新中國歷史的「活字典」、「活資料」。他們的親歷親聞、所感所悟，既對改革開放前的歷史充滿深情和尊重，又對社會主義建設和探索中遭遇的挫折進行實事求是、深刻透徹的反思，體現了共產黨人堅定的理想信念和對社會主義事業的深厚感情，表現了共產黨人的坦蕩胸懷和擔當精神。他們通過思往追昔，以親身經歷、生動事例，形象闡明了歷史、現實和未來是相通的，歷史都是由昨天走到今天，再由今天走向明天的道理，深刻闡釋了為什麼改革開放前後兩個歷史時期不能互相否定，也無法人為割裂的真理。他們以親身經歷告訴我們：十一屆三中全會以來開創的中國特色社會主義道路得來不易，值得格外珍惜、堅定繼承和不斷發展；共產黨的基本理論、基本路線、基本綱領、基本經驗、基本要求，是經過血與火的考驗，得到實踐充分證明的，我們應該有充分的道路自信、理論自信和制度自信，以自信、開放、進取的態度，將中國特色社會主義這篇大文章繼續寫好，寫得更精彩。

　　歷史是紛繁蕪雜的，是絢麗多姿的。歷史交給歷史工作者兩個重任：一個是透過現象探求本質，從錯綜複雜的歷史中尋求歷史規律，以啟迪後人，鑒往知來；一個是將歷史的絢麗多姿多維度呈現出來，讓人有穿越時空、身臨其境之感。如果歷史只是冰冷抽象的條文，脫離了歷史環境、歷史背景，失去了歷史視野、歷史關懷，是難以引起共鳴，是無法令人記憶深刻的。回憶錄和口述史料正好可以彌補文獻資料的不足，以其形象、生動、鮮活的特性，和文獻資料互為補充、互動互證，展示歷史的多樣性和複雜性，讓人在歷史追思中感悟得失、昇華經驗。革命導師恩格斯為支持貝克爾撰寫回憶

錄多次專門致信伯恩施坦等人，成為重視和珍惜口述史料的典範。恩格斯認為，回憶錄「對我們黨成立前的歷史（1827—1860 年的革命運動）和我們黨的歷史（從五十年代到現在）來說會是一部新的文獻資料」，「沒有一個真正的歷史學家能夠忽視這部文獻的」，而且也將是「出色的和生動的真正人民讀物」。「如果貝克爾不做這件事，這些歲月所發生的事件就將永遠被人遺忘，或者是由敵視我們的人民黨的人或其他的庸俗民主派來描述這些事件，而這是不會為我們服務的。現在有一個永遠不會再出現的好機會，我認為錯過這個機會就是一種犯罪行為。」恩格斯三言兩語凝練地概括了口述史料提供歷史細節、彌補文獻資料之不足，增強黨史知識的豐富性和生動性、真實性和現實感、感染力和吸引力，有利於掌握話語主導權、服務大局等重要作用。

中共中央黨史研究室十分重視回憶錄和口述史料的徵集工作，始終將搶救「活資料」作為迫在眉睫、時不我待的工作來抓。經過艱辛努力和不斷積累，已採訪了幾百位重要歷史人物和重大歷史事件當事人，整理了逾千萬字的珍貴口述史料。《新中國口述史（1949—1978）》正是在這些工作的基礎上，經過系統梳理、精心選編而成。如今，這部書的不少作者已經逝去，但他們以對歷史高度負責的態度，給我們留下了寶貴的精神財富。這部書凝聚着他們的心血和智慧，是他們革命精神和崇高風範的生動體現。他們的回顧和思考真實、生動、深刻，所以讀到動情處，讓人潸然淚下；讀到精彩處，讓人拍案叫絕；讀到深刻處，讓人掩卷深思。在此，我們對他們表達深深的敬意和衷心的感謝，也熱忱歡迎、殷切期盼有更多的老同志參與到回顧總結歷史、啟迪襄助後人的事業中來。

習近平總書記指出：「一切向前走，都不能忘記走過的路；走得再遠，走到再輝煌的未來，也不能忘記走過的過去。」中共成立已經九十多年了，新中國建立已經六十多年了，改革開放已經三十多年了。中國特色社會主義不是從天上掉下來的，是共產黨和人民歷盡千辛萬苦、付出各種代價取得的根本成就。中共領導的革命、建設、改革，是一脈相承、薪火相傳、生生不息的壯麗事業。歷史是最好的教科書，歷史是最好的老師。我們要堅定共產黨的歷史自信，科學總結共產黨的歷史，自覺運用共產黨的歷史，幫助人們牢記過去、把握現在、開闢未來，更好地把中國特色社會主義推向前進，更好地肩負起實現中華民族偉大復興中國夢的莊嚴歷史責任。

目　錄

序 ……………………………………………………………………… 曲青山 / i

新政協籌備會工作的難忘經歷 …………………………………… 王仲方 / 001

1949 年劉少奇視察天津 …………………………………………… 陳實瑞 / 009

毛澤東首次訪蘇的鐵路安全保衞工作 …………………………… 滕久昕 / 015

回顧西藏和平解放的談判經過 …………………… 阿沛·阿旺晉美 / 033

楊尚昆談抗美援朝戰爭 …………………………………………… 蘇維民 / 044

毛澤東和周世釗談抗美援朝戰爭 …………………… 周彥瑜　吳美潮 / 052

對建國初期工會若干問題的回顧 ………………………………… 陳用文 / 060

「對資改造」決策是如何出台的 …………………………………… 黃　鑄 / 071

我向毛主席彙報農業合作化 ……………………………………… 張玉美 / 078

農業合作化運動的片段回憶 ……………………………………… 王立誠 / 087

關於資本主義工商業改造的回憶 ………………………………… 許滌新 / 103

1956 年隨朱德參加蘇共二十大 ………………………………… 趙仲元 / 113

1957 年形勢與伏羅希洛夫訪華 ………………………………… 閻明復 / 121

隨毛澤東赴蘇參加十月革命慶典 …………………… 閻明復　朱瑞真 / 136

反右派親歷記 ……………………………………………………… 李　新 / 143

「大躍進」在安徽亳縣 …………………………………………… 梁志遠 / 150

四季青人民公社「向共產主義過渡」前後 ……………………… 于吉楠 / 170

1958 年炮擊金門與葛羅米柯秘密訪華 ………………………… 閻明復 / 179

中緬邊界談判親歷記 ……………………………………………… 程瑞聲 / 191

隨彭德懷訪問東歐和蒙古八國紀實 ……………………………… 章金樹 / 203

風雲突變的盧山會議 …………………………… 萬　毅 / 210

楊尚昆談盧山會議 ……………………………… 蘇維民 / 216

我隨田家英在浙江農村搞調研 ………………… 薛　駒 / 229

我所了解的「暢觀樓事件」 …………………… 宋汝棼 / 239

關於西樓會議的回憶 …………………………… 鄧力群 / 245

三線建設回顧 …………………………………… 高揚文 / 255

我參與指揮了中國第一次核試驗 ……………… 張蘊鈺 / 267

聽阿爾希波夫談中蘇關係 ……………………… 閻明復 / 273

聽楊尚昆談「四清」運動 ……………………… 蘇維民 / 285

把歷史的真相告訴人民 ………………………… 孫興盛 / 299

《部隊文藝工作座談會紀要》產生前後 ……… 劉志堅 / 320

我和「三家村」始末 …………………………… 李　筠 / 346

我所知道的「文化大革命」發動內情 ………… 李雪峰 / 362

「文化大革命」初期的北大工作組 …………… 張承先 / 374

「全國第一張馬列主義大字報」出籠經過 …… 彭珮雲 / 397

關於「中央文革小組」的一些情況 …………… 穆　欣 / 407

我在駐越使館見證的援越抗美 ………………… 李家忠 / 429

中國恢復在聯合國席位的過程 ………………… 熊向暉 / 438

毛主席在粉碎林彪反革命政變陰謀的日子裏 … 汪東興 / 461

我所知道的「乒乓外交」 ……………………… 趙正洪 / 479

基辛格秘密訪華和尼克松訪華公告的發表 …… 黃　華 / 491

中日邦交正常化親歷記 ………………………… 江培柱 / 503

新中國第二次大規模成套技術設備的引進 …… 陳錦華 / 517

財政在「文化大革命」中苦撐危局 …………… 王丙乾 / 538

不尋常的四屆人大籌備工作 …………………… 孫中範 / 550

江青在小靳莊的鬧劇 …………………………… 陳大斌 / 577

我所知道的《工業二十條》起草始末 ………… 房維中 / 587

詳憶粉碎「四人幫」的前前後後 ……………… 武健華 / 609

粉碎「四人幫」後中央派出的上海工作組 …… 陳錦華 / 642

後　記 …………………………………………………………… 676

新政協籌備會工作的難忘經歷

王仲方

1949 年，我作為新政治協商會議籌備會秘書處副處長，親歷了中華人民共和國誕生的全過程。因此，每逢國慶佳節，我的心情都特別興奮。

眾星燦爛，群賢畢聚

1949 年 9 月 21 日召開的中國人民政治協商會議第一屆全體會議，經過民主討論，通過了《中國人民政治協商會議共同綱領》(簡稱《共同綱領》)，通過了國旗、國歌、國徽方案。出席中國人民政治協商會議第一屆全體會議的，包括中國共產黨和各民主黨派、各人民團體、各界民主人士、國內少數民族、海外華僑的代表。代表們共聚一堂，共商國是。這次政治協商會議的成功舉行與新政協籌備會認真周密的準備是分不開的。

1949 年 6 月，新政治協商會議籌備會在北平成立。籌備會的第一件大事，是接待從國內和海外趕來參加會議的代表。國內黨政軍民各團體已經各自組成代表團，有自己的住處。各民主黨派、民主人士、海外華僑代表，有的已先到達東北解放區，有的在各地解放後陸續抵達，有的從香港、台灣甚至國外幾經周折到北平。他們多數住在北京飯店。籌備會的同事們懷着喜悅心情隆重、熱情接待每一位代表。特別重要的代表，如宋慶齡、程潛是毛澤東親自到車站迎接的，張瀾、陳嘉庚等人是周恩來、聶榮臻、羅瑞卿等人到車站迎接的。

大家都想一睹這些舉世聞名、景仰已久的名人風采。我在籌備會秘書

處，有幸優先享有這些機會。全體會議在中南海懷仁堂召開，入口設有簽到處，我作為秘書處負責人，同工作人員一起招呼代表簽到，這是我經歷的最激動的時刻。

毛澤東、劉少奇、周恩來、朱德、林伯渠等率領的中共代表團住在中南海，他們來得早。毛澤東第一個在簽到簿上用毛筆寫下自己的名字。他面帶笑容，心情愉快，「毛澤東」三個字寫得更加莊重和流暢。簽字後他還同工作人員微笑示意才進入會場。

接着，十分吸引大家目光的是宋慶齡。她從住處乘車而來，下車後即由羅淑章、沈粹縝（鄒韜奮夫人）陪同，踏上懷仁堂的台階來到簽到處。宋慶齡當年已五十六歲，但步履輕快，莊重和藹，激動而不外露，令人敬重。也許是參加這樣隆重的大會讓她很激動，宋慶齡簽字時抿着嘴唇，好像有些緊張。先來的代表和工作人員都擠在門口，爭相目睹這位有「國母」之譽的孫中山夫人的風采。

受到人們關注的還有「七君子」中的沈鈞儒、史良、章乃器、沙千里。沈鈞儒雖然年長，鬍子又長，但走路和上台階比別人都要輕快，我想可能是他平時打太極拳練功的原因吧。

人們還關注不久前國共和談破裂後，毅然脫離蔣介石政府的國民黨和談代表張治中、邵力子、黃紹竑等人。邵力子情緒特別好，不斷含笑與朋友打招呼。

郭沫若、黃炎培、章伯鈞、羅隆基、馮玉祥夫人李德全，以及不久前與中共達成和平解放北平協議的傅作義，都受到大家的特別關注。

梅蘭芳也是最受矚目的人之一，著名演員周信芳、袁雪芬、白楊、金山也受到人們的關注。

我平時愛好文學，特別注意茅盾（沈雁冰）、巴金、丁玲、冰心、曹禺等人。看到魯迅（周樹人）的弟弟周建人時，發現他的臉龐特別是嘴唇上留着鬍鬚，同他哥哥非常像。

我也見到了梁漱溟和張申府的夫人劉清揚，我當年聽過他們的講演，多年不見，他們依然如故。

我還見到了一位奇特的代表。這位代表六十歲左右，身穿深色西服，戴着禮帽和一副深色眼鏡，由李克農親自陪同。他直趨而入，也不簽到，看得

出是一位有特殊身份的代表。他是誰呢？後來才知道，他就是國民黨原上海警備司令、赫赫有名的楊虎。在白色恐怖時期，他曾指揮殺害過多名共產黨員。他怎麼會出現在政協會議上呢？我好奇打聽後才知道，他是安徽人，與李克農同鄉。李克農在中共上海地下黨特科工作時，利用同鄉關係爭取過他，並與他建立過秘密聯繫，他給共產黨提供過情報，特別是在解放上海的戰役中提供了幫助。聽說，當時蔣介石對上海控制很嚴，認為萬無一失，卻不知道共產黨解放軍的秘密電台就設在楊虎家中，他為解放上海立了大功。在上海解放初期，國民黨潛伏特務十分猖獗，楊虎也對我們打擊土匪特務提供了協助。對於楊虎成為政協特邀代表，當時我頗為感慨，中國共產黨真是寬大為懷，不計前嫌，做到了團結一切能夠團結的人。

另外，我記得還有一位特邀代表楊傑將軍，他是國民黨著名軍事教育家、陸軍大學校長，可惜在政協開會前夕在香港被特務暗殺。

精彩開幕，揭開歷史新頁

政協預備會和正式會的全體會議，都是在中南海懷仁堂大廳舉行。出席政協會議的新疆代表團，由當時新疆的革命武裝領導人組成，在乘飛機赴北平出席會議時，飛機失事，全部遇難。重新組織代表團後，由賽福鼎率隊出席會議。在會議開幕時，賽福鼎代表新疆各族人民向毛澤東獻上維吾爾族的帽子和袍子，毛澤東欣然接受，並在台上當場穿上象徵民族團結的美麗長袍，戴上繡花帽子，全場響起長時間熱烈的掌聲。

在 1949 年 6 月 15 日的新政治協商會議籌備會上，毛澤東代表中共中央闡明了中國共產黨、各民主黨派、各人民團體、各界民主人士、少數民族和海外華僑公認的團結奮鬥的政治基礎，也是全國人民團結奮鬥的政治基礎，就是打倒帝國主義、封建主義、官僚資本主義和國民黨反動派的統治，迅速召開新的政治協商會議，宣告中華人民共和國的成立，並選舉代表共和國的民主聯合政府，使我們的偉大祖國走上獨立、自由、和平、統一和強盛的道路。

毛澤東說：「中國的事情必須由中國人民自己作主張，自己來處理，不容許任何帝國主義國家再有一絲一毫的干涉。」毛澤東最後用濃重的湖南口音

滿懷激情地高聲講道：「中國人民將會看見，中國的命運一經操在人民自己的手裏，中國就將如太陽升起在東方那樣，以自己的輝煌的光焰普照大地，迅速地蕩滌反動政府留下來的污泥濁水，治好戰爭的創傷，建設起一個嶄新的強盛的名副其實的人民共和國。」講到這裏，全場起立熱烈鼓掌，同毛澤東一起高呼：中華人民共和國萬歲！民主聯合政府萬歲！全國人民大團結萬歲！

宋慶齡在開幕式講話時用的是上海方言，我們儘量把擴音器的聲音放到最大。看着主席台正面懸掛着和毛澤東並列的孫中山的畫像，宋慶齡深情地說，孫中山畢生奮鬥的理想終於看到曙光，她的心情同大家一樣，是激動的、充滿希望的。這中間出現了一個小小的插曲。正當宋慶齡講話時，突然停電，把我和會場工作人員都急壞了。那時北平解放不久，各種設備，當然也包括電力設備，陳舊不堪，雖經會前各有關部門同心協力維修以保證會議用電，但還是出了差池，幸虧停電時間不長。停電期間，全場寂靜無聲，電源恢復，宋慶齡接着從容講話。她講完後，大家報以更加熱烈的掌聲。我和在場工作人員深為感動。之後，經過各方的努力，停電這類事情再也沒有發生。

民主討論，求得一致

第一屆政治協商會議全體會議的主要任務，是討論、制定並通過具有臨時憲法作用的《共同綱領》，民主選舉中央人民政府委員，選舉產生主席、副主席，正式成立中央人民政府。

討論《共同綱領》的重點是「序言」和「總綱」。「序言」開宗明義：「中國人民政治協商會議一致同意以新民主主義即人民民主主義為中華人民共和國建國的政治基礎，並制定以下的共同綱領，凡參加人民政治協商會議的各單位、各級人民政府和全國人民均應共同遵守。」「總綱」規定：「中華人民共和國人民有思想、言論、出版、集會、結社、通訊、人身、居住、遷徙、宗教信仰及示威遊行的自由權」；「保護工人、農民、小資產階級和民族資產階級的經濟利益及其私有財產」。《共同綱領》還規定：「中華人民共和國的國家政權屬於人民」；「中華人民共和國的一切國家機關，必須厲行廉潔的、樸

素的、為人民服務的革命工作作風，嚴懲貪污，禁止浪費，反對脫離人民群眾的官僚主義作風」。

關於中華人民共和國國旗，會議事先徵求各界人士意見，徵集到各種設計方案數十種，印發代表民主議論。最後選定五星紅旗作為中華人民共和國國旗。在討論國旗說明時，原說明詞說一顆大星帶四顆小星，邵力子認為中國舊社會把小老婆稱作小星，用在國旗的說明詞中不妥，建議修改。國旗經民主討論通過之後，會議秘書處已準備好一面紅旗，由四位工作人員各執一角，在台上展示，全場熱烈鼓掌。

在討論國歌時，比較一致地認為應該選用全國人民熟悉的《義勇軍進行曲》，理由是這支歌在革命鬥爭中成為動員群眾奮勇抗戰的號令。討論中有代表提出，現在日本帝國主義和國民黨反動派已被打倒，中華民族已經不是處在「最危險的時候」了，再唱它有些落後於時代，建議修改歌詞。會議工作人員把不同意見反映給大會主席團，主席團也進行了認真討論。最後，毛澤東說，現在革命是勝利了，已經不是過去所處的最危險的時候，但是，我們在前進路上還會遇到各種艱難險阻，保留原來的歌詞，教育全國人民永遠保持警惕是十分有益的。大家同意這個說明，一致通過在中華人民共和國國歌未正式制定前，以《義勇軍進行曲》為國歌。

國徽也徵集了許多方案並印刷成冊，發給代表審查選定。會議討論決定中華人民共和國國都定於北平，北平改名北京；紀年改為公元。關於中華人民共和國的國名，開始醞釀時，有人提出定名「中華人民民主主義共和國（簡稱中華民國）」。經討論後一致認為名字太長，叫作「中華人民共和國」就很好。

選舉主席和副主席

1949 年 9 月 30 日，中國人民政治協商會議第一屆全體會議最後一天，選舉中央人民政府委員會和主席、副主席。誰來擔任中央人民政府第一任主席，大家早已認定，只有毛澤東能享此最高榮譽。我們按照代表預選出的候選人名單印出選票，分別送到每個代表的面前，代表們認真地投下莊嚴的一票。會議選出幾位代表作為監票人，嚴格監督選舉的全過程。投票後，會議

短暫休息，我們工作人員在大會會場旁邊的小會場開票，數來數去，發現毛澤東少一票，這大出我們工作人員及監票人的意料。於是又重新計票，結果仍然是毛澤東少一票。大家認為這很可能是某投票人一時疏忽，忘記畫票，可以作為廢票，讓毛澤東全票當選。但是我們不敢擅自這麼做，立即找到周恩來，向他彙報了這個情況，請示怎麼辦。周恩來考慮後，也不敢決定，就向毛澤東請示如何處理。毛澤東聽後說，代表們有權選毛澤東，也有權不選毛澤東，缺一票就缺一票，沒有關係。毛澤東這麼說，給我們工作人員解了圍，但是我們仍然很不安，覺得太遺憾，把選舉結果寫成書面報告送給當天會議主持人。主持人當眾宣佈：毛澤東當選為中央人民政府主席。這時全場一致起立，熱烈歡呼聲達數分鐘之久。毛澤東滿面紅光，在歡呼聲中上台，向大家揮手致意。

會議選舉朱德、劉少奇、宋慶齡、李濟深、張瀾、高崗為中央人民政府副主席。選高崗做副主席，在中共代表團中有不同意見，有人認為從資歷、貢獻來說，黨內比高崗更適合的大有人在，有人說李富春就比高崗更適合。後來，毛澤東說，選高崗為副主席的候選人是他提出的。理由是，紅軍經過二萬五千里長征到達陝北，陝北根據地為中央提供了落腳的地方，中國革命取得今天的勝利，包括延安在內的陝北根據地起了極大的作用。選高崗為副主席，正是肯定陝甘寧邊區的歷史貢獻，正是向陝北人民表示最大的敬意，這是不能以資歷來考慮的。中共代表團接受了毛澤東的提議和解釋。

選舉結束後，會議秘書處工作人員按規定清理票箱，封存全部選票。

中央人民政府委員、主席、副主席選舉完畢後，全體代表一致通過了宣言，向人民解放軍發致敬電，確定建人民英雄紀念碑的辦法和碑文，並隨即到天安門廣場，為人民英雄紀念碑舉行奠基典禮。下午 6 時，當代表就位後，周恩來致辭。他說，我們中國人民政治協商會議為號召人民紀念死者，鼓舞生者，特決定在中華人民共和國首都北京建立一個為國犧牲的人民英雄紀念碑。現在，1949 年 9 月 30 日，我們全體代表在天安門外舉行這個紀念碑的奠基典禮。在周恩來致辭後，全體代表默哀。默哀完畢，由毛澤東宣讀紀念碑碑文：「三年以來，在人民解放戰爭和人民革命中犧牲的人民英雄們永垂不朽！三十年以來，在人民解放戰爭和人民革命中犧牲的人民英雄們永垂不朽！由此上溯到一千八百四十年，從那時起，為了反對內外敵人，爭取民族

獨立和人民自由幸福，在歷次鬥爭中犧牲的人民英雄們永垂不朽！」毛澤東帶頭揮鍬向奠基石填土，隨後代表們莊重地為奠基石填土。

開國大典

中國人民政治協商會議第一屆全體會議勝利閉幕後，全體代表到北京飯店出席盛大的慶祝晚宴。晚宴結束後，周恩來來到天安門城樓。當時，工作人員在專家指導下，正在為開國大典精心佈置城樓。城樓上一排大紅燈籠高高懸掛，城牆上插着幾十杆紅旗，燈光映着迎風招展的紅旗，好不氣派。我們以為一定會得到周恩來的稱讚，卻不料受到一頓批評。周恩來先問大家，明天是哪個國家舉行開國大典？搞得大家摸不着頭腦，周恩來看到大家沒有領會才說，我們是中華人民共和國開國大典，城樓中央為什麼掛着越南國旗？大家一看，城樓正面一面大大的紅布中央是一個巨大的五角金星。可不是越南國旗嘛，我們怎麼沒有想到呢？這時已是半夜，大家立刻動手，重新裝飾，一直忙到 10 月 1 日天明。

我從天安門城樓回到中南海，把印好的開國大典的程序單送給周恩來審閱，以為這個單子是經過秘書處仔細研究擬定的，不會有什麼問題。周恩來認真地逐項看過，向我指出，明天開國大典，第一次升中華人民共和國國旗，第一次奏中華人民共和國國歌，你們「鳴禮炮」的安排影響了奏國歌的聲音，不妥，要改過來。這時已經天亮，我趕緊乘車到印刷廠，請工人們重新印刷。等到印好趕到天安門城樓，開國大典即將開始，我和工作人員趕快分頭把程序單送到每位代表的手上。

1949 年 10 月 1 日下午，天安門廣場莊嚴肅穆，三十萬群眾手執紅旗和鮮花等待着。長安街東頭，參加閱兵和遊行的隊伍已列隊待發。此時，天安門城樓站滿代表和特邀觀禮的貴賓，毛澤東、宋慶齡、劉少奇、朱德一行，正沿着台階一步一步走上城樓。舉世矚目、激動人心的開國大典即將開始。

站在代表們的身後，我近距離地目睹了毛澤東的莊嚴宣告，目睹了代表們的歡欣鼓舞。我看到朱德總司令在聶榮臻的陪同下，乘敞篷車檢閱軍隊；又看到一隊隊參加閱兵式的隊伍通過觀禮台時，邁着正步向天安門城樓上的毛澤東和開國元勳們致敬。當我看到服裝整齊、威武雄壯的隊伍時十分驚

喜，一邊拚命鼓掌，一邊在心裏高喊：同志們，我們終於迎來這一天了！當浩浩蕩蕩的群眾隊伍高呼口號、載歌載舞通過天安門時，我突然看到一位戴草帽的老年農民，很像我在太行山農村裏朝夕相處多年的老大爺。他走到金水橋頭，向天安門城樓恭恭敬敬地彎腰鞠躬。我趕快走下城樓，來到金水橋頭，想看看他，而他卻已被潮水般的人流捲走了。遊行隊伍過後，成千上萬活潑可愛的兒童，一下子擁到金水橋前，手舉鮮花盡情地歡呼。我記得好像毛澤東也來到孩子們面前，向他們親切招手。

難忘籌備會的愉快時光

從 1949 年 4 月 2 日到新政協籌備處，到 1949 年 10 月 1 日開國大典，我在中南海勤政殿和懷仁堂度過了一段難忘的時光。

籌備處秘書長李維漢在籌備處開始工作不久，因骨折住進了醫院，由副秘書長齊燕銘代理。其他擔任副秘書長的還有閻寶航、余心清、沈體蘭、連貫、宦鄉、孫起孟、周新民、羅淑章等人。秘書處處長梁藹然負責對外聯絡，我負責秘書處對內的會務工作。我們朝夕相處，十分融洽和愉快。

這些著名人士，年紀都比我大（當時我二十八歲），我從他們身上學到了許多。閻寶航是東北人，為人豪爽，是張學良的摯友，長期同國民黨上層有交往，常給我們講一些有趣的故事，逗得大家放聲大笑。余心清是馮玉祥將軍的得力助手，馮玉祥一生充滿了傳奇，余心清談起他的故事總是引人入勝。余心清當時還擔任解放後的北京飯店經理，每天從長安街步行到中南海，總是先在小吃店買一大包燒餅夾焦圈的早點分給我們吃。當時我們每天在勤政殿對面的瀛台吃飯，飯菜儘管豐盛，但還是喜歡吃余心清帶來的燒餅、果子。

梁藹然熱情和氣，十分尊重比他年輕的副處長。我雖然也是知識分子出身，但在山溝裏待了十二年，隨便慣了，從他那裏學到了為人處世之道。當時，在一起工作的同事還有警衛處長李廣祥、總務處長周子健。每當我回憶起這一段難得的相處、愉快的友情，總是十分懷念。

1949 年劉少奇視察天津

陳寶瑞

　　劉少奇為什麼會在天津剛剛解放、共和國尚未建立、工作異常繁重的情況下，到天津逗留前後近一個月時間呢？「文化大革命」中，被大肆批判的「剝削有功論」是在什麼背景下講出來的呢？

　　我當時是天津工會幹部，曾親耳聆聽劉少奇作報告，並隨從參觀。因此，對上述問題，我有着深切的感受。

親耳聆聽劉少奇講話

　　1949 年 1 月 15 日，天津解放。當時天津是僅次於上海的全國工商業中心，陸海交通發達，有四萬多家工商企業戶，其中大部分是私營企業，產業工人近二十萬人，居全國第二位。當時，全國尚有一半人口沒有解放，解放軍正準備渡江南下解放全中國。在這一形勢下，根據中共七屆二中全會工作重點必須由農村轉移到城市，城市工作必須以生產建設為中心的指示精神，總結天津這樣一個大城市的管理經驗，用來指導即將全面展開的全國城市工作就具有重要的意義。

　　1949 年 4 月 10 日，劉少奇風塵僕僕地到達天津，主要在國營和私營大企業中進行了前後近一個月的調查研究工作。劉少奇在天津的這段時間，市軍管會主任黃克誠（兼市委書記）、市長黃敬、市總工會主席黃火青分別陪同劉少奇進行視察、開展調研。劉少奇每到一處除參觀視察外，還分別召開由工人、技術人員、幹部、資本家、小業主等參加的座談會並聽取意見。

當時天津私營企業的比例佔 80%，由於戰爭剛結束，大部分私營企業還處於停工和半停工的狀態，企業主顧慮重重，還在徘徊觀望。黃克誠和黃敬向劉少奇彙報這個問題時說：「資方資產有的被凍結、有的被分掉，有的工人過多地要求增加工資甚至要和資方分紅，幹部又多站在工人一邊，使工廠難以維持生產，影響復工復業和恢復生產……」劉少奇聽完彙報後嚴肅地批評說：「這不行！這是『左』的行為，是自殺行為。」

在這種背景下，為解除私營企業主的顧慮，使他們相信「勞資兩利」政策，迅速恢復正常秩序和發展生產，劉少奇提出了「剝削有功」的說法。在與著名工商界人士宋棐卿、李燭塵、資耀華等座談時，劉少奇直言不諱地說：「有人很不願意聽『資本家』這個稱號，很怕聽『剝削』這個詞。這些不是原則問題。如果你們誰能找出另外的詞來代替也可以，在沒有找出另外的適當的詞之前，我只好仍舊叫你們『資本家』……今天在我國資本主義的剝削不但沒有罪惡，而且有功勞……今天不是工廠開得太多，剝削的工人太多，而是太少了。你們有本事多開工廠、多剝削一些工人，對國家人民都有利，大家贊成。你們當前與工人有很多共同利益。」

1949 年 5 月 5 日，劉少奇出席正在天津舉行的華北職工代表會議，並作了長達四個小時的講話。我作為工會幹部參加這次會議。劉少奇在講話中，針對幹部和工人中存在的「左」的傾向，強調貫徹執行七屆二中全會制定的方針政策，在新民主主義階段不要怕城市資本主義。他說：「只利於工人或者只利於資本家，都是不對的……要求不應該太高，應該讓資本家的生產能提高，工人的生活也能適當地提高，否則資本家工廠關門，國家現在又不能接收過來，因為現在我們接收的官僚資本工廠還辦不好……中國今天還不能實行社會主義，否則將違背人民利益，也違背了工人利益……今天私營企業中，只顧工人利益，使生產不能繼續和發展，是對工人根本不利的。這不是發展生產而是降低生產……『左』的東西常常是有一股勁的，反『左』的勁頭一定要比它原來的勁頭更大才行。反右的時候，他一聽右傾機會主義就會改。反『左』，他往往會反過來說你右……不要怕罵投降了資本家。真正替資本家着想，投降了資本家，那是失掉了立場。如果不失立場，鼓勵了資本家，而是替工人打算，那就是好的。」

劉少奇在天津的視察和講話，在天津各界引起極大的震動和反響，有力

地扭轉了「左」的傾向。

陪同劉少奇視察天津造紙一廠

　　1949 年 4 月 15 日，劉少奇來到天津造紙一廠參觀。當時該廠是全國最大的造紙廠，王文化（解放前夕任中共天津地下黨企業黨委書記，解放後曾任天津市總工會生產部部長）和我是該廠僅有的兩名中共地下黨員，對廠裏職工和生產情況比較熟悉，所以黨組織派我們兩人，主要是王文化，向劉少奇介紹廠史、生產及職工隊伍情況。

　　天津造紙一廠係日本人創辦，第三次國內革命戰爭時期由國民黨資源委員會接收，天津解放後廠裏還有不少國民黨留用人員。劉少奇十分重視做這類人員的工作。他在視察時曾說：「國民黨留用人員包括經理、廠長、高層職員，留下的，只要他們堅守崗位，就執行黨對留用人員的『三原政策』──原職、原薪、原待遇不變，團結和發揮他們的作用。」天津造紙公司總經理聶湯谷是國民黨資源委員會接收大員，其子聶璧初是南開大學的地下黨員，20 世紀 80 年代曾任天津市市長。廠長羌逢戍也是資源委員會任命的要員。我於 1948 年 3 月受天津地下黨委派進入天津造紙一廠隱蔽開展工作。解放前夕，天津地下黨黨員甄建民（原名劉增祚，解放後曾任天津市科協黨組書記、中國創造學會副理事長）將印有林彪、羅榮桓署名的《告國民黨黨政及企業人員書》（內容是要他們堅守崗位，解放後保證他們的安全和待遇不變）交給我，要我設法送到聶湯谷和羌逢戍手中，並做他們留下護廠的工作。我完成了這項任務，聶湯谷和羌逢戍最後選擇了留下，沒有南逃。事後，羌逢戍常對我說：「你傳遞的那封信，堅定了我留下的決心。」根據劉少奇的講話精神，解放後一段時間，仍保留了聶湯谷和羌逢戍的原職位，他們為恢復和發展生產發揮了積極作用。

　　那天，劉少奇身着灰色粗布制服，清瘦、灰白鬢，但精神矍鑠。因剛解放，治安不穩，為確保安全，保衛人員給劉少奇戴上大白口罩。後來，劉少奇要和值班工人交談，就把口罩摘掉了。當時認識劉少奇的人不多，所以劉少奇沒有被認出來。5 月，毛澤東來廠視察，雖也戴上大白口罩，但在參觀炒紙車間時，有一個工人突然高喊「毛主席萬歲」，工人們立即擁上來爭着和毛

澤東握手，弄得保衛人員十分緊張。

　　參觀前，先由王文化在休息室向劉少奇照圖詳細地講解了生產流程。劉少奇認真傾聽，不時提出問題了解情況。參觀製漿車間時，劉少奇看到工人操作時與紙漿接觸卻沒有戴手套，就問陪同人員：「為什麼工人不戴手套工作？沒有嗎？」隨從的總公司軍代表楊介人沒有回應，我在他身後插了一句：「有，只是沒有及時發。」劉少奇說：「應當按時給工人發。」

　　劉少奇在廠逗留大約兩個多小時，時間雖不長，但在休息和座談時，向廠幹部和陪同人員闡述了共產黨的政策。具體內容已不能全部記起，據我記憶所及，劉少奇談的主要內容是兩點：一是要狠抓恢復生產和正常秩序，學習和貫徹中共七屆二中全會精神；二是要在共產黨的領導下建立工會，取締黃色工會，培養工會幹部，開展職工生產競賽。

　　劉少奇視察完畢，離廠時與陪同人員一一握手惜別。

參加劉少奇倡議建立的勞資協商會議制度試點

　　在天津考察期間，劉少奇與市黨政領導多次商討研究，做出兩項重要決定：（1）組織以解決勞動糾紛為主要任務的勞動局，調解私營工商企業中的勞資糾紛。天津市勞動局當時實際上成了「勞資糾紛局」。劉少奇說：「工人可以到勞動局告資方的狀，資方也可以到勞動局申訴和提意見。勞動局要認真聽取雙方意見，堅定地按黨的政策辦事，不能偏袒一方。」（2）倡議在大型私營企業中建立勞資協商會議制度，任務是使勞資雙方代表能坐在一起，協商和協調有關工廠的生產、生活、工資、福利待遇、裁員、勞動保護等需要達成共識和協定的事宜，以促進生產的發展和維護職工權益。

　　1950年下半年，當時我是天津化學工會生產部長，有幸參加了建立勞資協商會議制度的第一批試點工作，具體工作單位是塘沽永利鹼廠。該廠工會屬天津化學工會領導。為了便於我做試點工作，市總工會與塘沽區工會主席張閣商定，補選我為永利鹼廠工會主席。

　　塘沽永利鹼廠1913年由中國早期的著名企業家范旭東創辦，有兩千多名職工，總經理是享譽國際的侯氏製鹼法的發明人侯德榜。用侯氏製鹼法生產的「紅三角」牌純鹼製品，1926年在美國費城萬國博覽會上獲金質獎章。侯

德榜 1955 年被選為中國科學院技術科學部委員，後任國家化學工業部副部長直到 1974 年逝世。選這樣一個有代表性的大型民族工業企業作為建立勞資協商會議制度的試點單位之一，當時曾呈報給劉少奇。

　　勞資協商會議制度建立和籌備就緒，我和廠黨總支書記何慶岐、工會幹部史振江、袁爾卓在廠長佟翕然的陪同下，先行到總經理侯德榜家中拜訪，向他講述根據劉少奇在天津視察時的指示和上級精神，在鹼廠建立勞資協商會議制度的經過，並詳述勞資協商會議制度的職責和內容。侯老聽後欣然同意——「擁護劉少奇的指示」，並當場委派佟翕然廠長及行政業務負責人等五人作為資方代表。實際上，侯德榜是一位著名的科學家而非資本家，資方的五位代表也都是領薪受聘的高級職員。真正的大股東和資本家在幕後，他們並不上班，也不出頭露面。但是，這五位領薪金的高級職員、資方代表，在涉及雙方利益的問題上，毫不含糊地維護資方的利益，有時寸步不讓。例如，在一次勞資協商會議上，資方代表提出一個裁員方案，裁員名單中包括一名工會幹部、一名共產黨員和幾名工會積極分子。勞方代表不同意裁減這幾名職工，並提出將裁減人員減少一半、其餘緩裁的建議。雙方經多次協商未達成協議。勞方代表提出報送天津勞動局裁決，資方同意。勞動局經調解仍無結果，於是做出裁決：勞方提出的八名不應裁減的人員不再裁減，其餘資方代表提出的裁減名單有效。勞動局的裁決雙方都認可並執行。

　　此外，啟新洋灰公司總經理周叔弢（新中國成立後曾任天津市副市長、全國工商聯副主席）主動提出在他領導的公司建立勞資協商會議制度，並報勞動局和市總工會備案。勞方代表負責人是何正義（公司工會主席），資方代表負責人是一位副總經理。我曾多次參加該公司的勞資協商會議。周叔弢在協商重要議題時，有時也參加並積極發言，表現十分開明，擁護政府的政策。有一次散會後他對我說：「請你轉告黃主席，歡迎他來指導。」我表示一定轉達，並很快同黃火青的秘書蔡文龍聯繫，請他將周的話轉達給黃火青。後來黃火青果然派市委的一位同志列席了啟新洋灰公司的勞資協商會議。

　　實踐證明，根據劉少奇提議組建的勞動局和勞資協商會議制度，為解決當時繁雜的勞資糾紛、恢復生產、穩定局勢起了積極的作用。之後，有的城市也效仿天津的做法，建立起私營企業中的勞資協商會議制度。

　　1956 年 1 月 15 日，毛澤東在天安門城樓接受「社會主義改造完成」、「提

前消滅私有制」的喜報，北京各界人士二十萬人參加了這次活動。這之後，勞資協商會議制度就完成了它的歷史使命，天津市勞動局的職責和任務也同時轉型。隨着時光的流逝，現在已經很少有人知道這段歷史細節了。所幸的是，至今我還保存着當年參加塘沽永利鹼廠勞資協商會議的照片，可以作為歷史的見證。

　　距劉少奇天津講話近三十年後的 1978 年，中國走上了改革開放的道路。改革開放三十多年來，中國經濟快速發展，已取得舉世矚目的巨大成就。作為一位年過八旬的老人，我備感歡欣鼓舞。同時，我也不禁反思，如果我們仍抱住 1956 年在天安門廣場前「敲鑼打鼓」慶祝「消滅資本主義，提前消滅私有制」的思路不放，不發展包括私營經濟在內的多種經濟成分，不由計劃經濟轉變為市場經濟，我們就不可能在經濟上取得今天的巨大成就。三十多年的改革開放實踐已經證明了這一點。

毛澤東首次訪蘇的鐵路安全保衞工作

滕久昕

20 世紀 80 年代以來，隨着國內外檔案文獻的解密和許多當事人回憶錄的發表，毛澤東首次訪蘇的幕後情況逐漸為世人所知，其中有些涉及毛澤東首次訪蘇的鐵路安全保衞工作。但是，這些文章對當時發生的事情有多種不同描述，彼此衝突，還有的明顯有誤。我的父親是新中國第一任鐵道部部長滕代遠，有機會護送毛澤東到國境線，勝利完成任務。我仔細翻閱父親留下的有關材料，並採訪了一些當年參與此事的老鐵路工作人員，和文獻資料互相對照，得到了較為完整的事實，願與讀者共享。

「這次出訪蘇聯一定要保密」

毛澤東一生只出過兩次國，都是去蘇聯。一次乘火車，是在 1949 年 12 月 6 日至 1950 年 3 月 4 日，去了八十九天。另一次是 1957 年乘飛機去蘇聯。

決定首次出訪後，毛澤東向汪東興交代：「新中國剛剛成立，社會情況很複雜。這次出訪蘇聯一定要保密，不要做宣傳。沿途的警衞工作你去找聶榮臻、滕代遠、李克農、羅瑞卿等同志商量着辦。」

1949 年 11 月 1 日，北京至滿洲里開通了直達列車，這為毛澤東的出訪奠定了基礎。

1949 年初冬的一天，滕代遠應召到中南海，向周恩來總理彙報工作。

周恩來一開始就說：「羅瑞卿和楊奇清（公安部副部長）昨天來和我商量了沿途的保衞工作，他們會同總參作了妥善的安排。鐵路方面的安全保衞工

作可要由你唱主角嘍！」

滕代遠說：「我們研究制定了一些方案，不知是否妥當？」

周恩來說：「你來說說看。」

滕代遠開始彙報：「第一，要純潔內部，對沿線鐵路職工進行大審查、大調整、大清理。參加專列工作的所有人員必須是政治上絕對可靠的黨團員，不允許有一個可疑分子。這次行動，由鐵道部直接向北京、東北兩個鐵路管理局具體部署，各地黨委、省市委一把手統一執行、統一行動，向部裏直接報告。」

周恩來點點頭說：「好，我再送你幾句話：黨委掛帥，全黨動員，精心部署，分段負責，嚴格保密，內緊外鬆。」

滕代遠記錄下內容後，繼續彙報：「第二是整頓設備，動員全體幹部職工對全路一切設備進行大檢查、大維修、大保養，指定專人負責，嚴格交接班制度，使列車隨時處於完好狀態。第三，專列由我們負責檢修，請部隊派工兵用雷達掃描探測易燃易爆物品，然後實行封閉式警衛，印製特許通行證，由鐵道部派人驗收合格後方准使用。」

周恩來插話：「代遠同志，這一兩天你抽個時間陪我到車庫看看車。主席在車上要待幾天幾夜，一定要搞得舒適一些。」

聽說車上給毛澤東準備了軟牀，周恩來說：「你們不了解主席的生活習慣，他一生睡不慣軟牀喲！趕快換一張藤牀，要平直又有彈性才行。這件事你要親自去落實。」

「是！」滕代遠以軍人的口氣回答，然後繼續彙報：「第四，鐵路沿線及橋樑、隧道內外由總參派部隊負責警衛。地方駐軍派出警衛部隊，每一個電線杆設武裝崗哨一名，實行崗哨聯防；並派出機動巡邏隊加強沿線的巡邏，不准任何人接近鐵路。第五，專列由三列火車組成，可根據情況隨時調整發車順序和時間，各列車之間裝有軍用無線電話，與專列指揮台保持聯絡。」

「這些措施很必要，兵不厭詐嘛！」周恩來讚許道。

「第六，為預防事故發生，在運輸調度上做到專列未通過之前，停開一切客、貨列車，必要時就近入站待避，專列過後，重新編組開行。」

聽到這裏，周恩來又叮囑道：「還是要相信、依靠群眾。不能一說提高警惕，眼裏處處都是敵人。不然的話，我們的車剛開過去，老百姓就在後面罵

娘。這是個政策性很強的問題，一定要掌握好。」

滕代遠點點頭說：「我們一定按總理的指示辦。」他接着繼續彙報：「第七，要嚴格保守秘密。鐵道部規定專列代號為 9002，公安部羅部長他們規定專列為李得勝專用列車，在電報電話上使用，便於上下聯絡。沿途各站規定旅客不准進入月台。」

周恩來補充說：「為了做到高度保密，各地黨政軍負責人一律不許進站迎送。從北京出發時，中央領導也要減少送行人員。」

滕代遠最後彙報說：「第八，在保衞工作上由公安部統一領導，統一指揮。鐵路公安部門由鐵道部公安局全權負責，隨時向公安部請示報告，出發後聽從楊奇清副部長的指揮。」

周恩來對滕代遠的彙報感到滿意，強調說：「代遠同志，鐵道部由你親自掛帥，直接向北京、天津、東北鐵路管理局具體部署任務。地方各級黨委書記向各中央局、省市委第一書記親自報告，你是中央委員，各地要將執行落實情況統一向你報告，由你向我彙報。」

「這次道兒遠，多穿點衣服」

1949 年 11 月下旬，滕代遠召集鐵道部公安局副局長馮紀和政治保衞處處長任遠二人開會，傳達了毛澤東訪蘇專列安全保衞工作的整體部署和周恩來的指示，要求在一週內完成全部準備工作。為了做到保密，鐵道部不再召開專門會議，而是利用鐵路高度集中統一的通信設備，立即開始各項準備工作的貫徹落實。

一天，北京列車段張志英突然接到一個通知，立即到西城區六部口一個大院開會，接受一項重要任務。張志英和列車段的有關人員按時赴會。會議在大院內的一間平房召開，到會的有北京鐵路管理局副局長劉英才、北京鐵路分局和各列車段的幾位領導。分局組織科科長言兆主持會議，他說：「有個專列任務由在座的各位擔當。這不是一般的任務，我們一定要完成好。」

言兆開始佈置任務：「這次專列任務的運轉車長和客運車長由張志英一人擔任；餐車主任由北京站人事主任孔福增擔任；廚師由旅行服務所王玉林擔任；行李員由北京站客運主任王英賢擔任……」會議室裏一片寂靜，只有佈

置任務的聲音。任務宣佈完畢，大家低頭輕聲議論起來，平常專列任務由列車段領導佈置，由列車員和列車長擔當。這次由路局、分局領導直接佈置，工作人員都是各單位的中層幹部，此事實屬罕見！

「大家安靜一下，我再宣佈幾條紀律。」言兆向大家擺擺手説，「不准單獨外出活動，外出一律請假；在備勤的時間裏不能回家，統一住在珠市口行車公寓待命；吃飯、睡覺和洗澡都要統一行動。」

散會後，言兆找到張志英十分關切地問道：「東北方向最遠的去過哪兒？」「山海關。」聽了張志英的回答，言兆拍拍他的肩膀關照説：「這次道兒遠，多穿點衣服。」

這些人不愧是在鐵路幹了多年的老同志，他們懂得「知者不説，不知者不問」的規矩。雖然大家感到莫名其妙，一頭霧水，但回去後都默默地做好了各自的準備工作，等待着出發的時刻。

這趟編號為 9002 的專列，是美國送給蔣介石的禮物。設備十分高級，蔣介石還沒有坐過，就在第三次國內革命戰爭期間被人民解放軍繳獲。專列備有一節瞭望車，掛在列車尾部，鑲有落地的大玻璃窗，四周掛有墨綠色的窗簾，拉開窗簾，車外的風景一覽無餘。還有一節會議室式的車廂。除了幾節軟臥車廂和高級餐車外，毛澤東乘坐的車廂裏，會客室、臥室、浴室一應俱全，可以隨時在行車中洗浴，可謂十分舒適。

在滕代遠的監督下，為了防寒保暖，鐵路技術人員加強和改造了專列的保溫設備，配備了專用取暖鍋爐，檢修了各類暖氣和管道，車廂內溫度可以自由調節。地上鋪了加厚純毛紅色地毯。根據毛澤東的生活習慣，取消了原來的軟牀，換上了一張既有彈性又平直的單人藤牀。會客室放有一張既可辦公又可當餐桌用的四方桌子和一套沙發。

11 月 26 日，任遠帶人到北京鐵路管理局東郊車庫，同部隊派來的工兵一起用雷達探測器對車廂進行了逐個檢查，然後貼上封條，派警衛部隊武裝看守。車輛檢查完成後，又對選好的乘務人員逐個審查，審查完由北京鐵路管理局公安處和北京鐵路管理局黨委負責人簽字，報鐵道部備案等待最後批准。主要工作人員均由任遠進行個別談話，告知注意事項與行車紀律，強調了此次任務的重要性和高度保密的必要性。經過談話和開會討論，大家鬥志昂揚，個個爭取立功，一致向黨表示決心：堅決完成任務！在出發前兩天，

還進行了任務預演，鐵道部、北京鐵路管理局來人檢查後，都感到比較滿意，整個專列的準備工作已經全部完成，進入一級待命狀態。

11月底，滕代遠親自向周恩來作了詳細的彙報。一天傍晚，滕代遠陪同周恩來一起到車庫進行視察。周恩來認真地檢查了車上的各項設施，甚至連為毛澤東登車時準備的一塊木板都站上去試了一下。

周恩來對鐵路方面的準備工作感到很滿意。

「專列於當晚 9 時由北京出發」

1949 年 12 月 21 日是斯大林七十歲壽辰。毛澤東此次訪問蘇聯，其中一個重要任務是為斯大林祝壽。有關部門精心準備了一些禮物，主要是具有中國特色的工藝品，還帶有一些當時蘇聯緊缺的蔬菜、水果，以及名茶、名酒、名煙等。

由於正值冬季，這些東西很難找到，且要的量又大，還要保證質量。毛澤東身邊的工作人員跑前跑後，忙得不亦樂乎。

在北京局和列車段領導向工作人員佈置任務的同一天，前門火車站運轉室接到「代號某某號和某某號行李車在你站停留待命，由你站負責車內保溫」的命令。

新中國成立前後，前門火車站多次擔當重要列車的接送任務。車站員工對此習以為常，但這次有所不同。車站各股車道中只有第二道有保溫設備，調車人員每天凌晨 5 點將裝有白菜、大蔥的行李車從第二道拉出去，為當日運營騰出車道。晚上，一天的運營結束後，再將兩車調回第二道。一天最少一出一進，遇到運輸緊張時，調車機要往返數次作業。調車員平時調運的車輛，一般幾個小時後就由機車牽引走了，而這兩節行李車整整放了一個星期，又調出又調進。

1949 年 12 月初，北京一連幾天都下着鵝毛大雪，天氣很冷。6 日下午，周恩來向滕代遠發出命令：專列於當晚 9 時由北京出發。各級領導和工作人員、鐵路職工立即開始了緊張的準備工作。

下午 4 時許，馮紀和任遠首先進入停放在「大廠」內的專列，向工作人員傳達了出發命令。

晚 6 時，在西直門火車站的月台上分別靜靜地停放着三列火車。

第一列是前驅列車，由五節車廂組成，車上有五十名警衛部隊的幹部、戰士和一部分鐵路工作人員。

第二列是本務列車，由十節車廂組成，上面有一個連的警衛部隊。

第三列是後衛列車，也由五節車廂組成，除有五十名警衛部隊戰士外，在兩節行李車上裝有各種禮品及蔬菜、水果。

各列車均裝有大功率軍用無線電台，隨時保持聯絡。

滕代遠在晚 7 時先到車站，隨即上車進行檢查，認為很好。

晚 8 時，周恩來在羅瑞卿陪同下上車視察，認為滿意。

「我們莫斯科見」

1949 年 12 月 6 日晚飯後，毛澤東帶上隨行人員陳伯達、師哲、葉子龍、汪東興以及醫生、廚師、警衛人員陳秉承、沈劍心、李加吉、田樹彬等人，晚 8 時由駐地中南海豐澤園分乘三輛汽車出發，8 時 30 分到達西直門火車站後，隨即登上列車。陪同毛澤東訪蘇的還有蘇聯駐華大使羅申，蘇聯交通部部長、蘇方總顧問、鐵路專家柯瓦廖夫。護送毛澤東到邊境線的中方人員還有李富春、李克農、毛岸英等。

到車站送行的中央領導人有劉少奇、周恩來、朱德及北京市市長兼軍管會主任、平津衛戍區司令員聶榮臻，他們送行後隨即乘車迅速離去。

毛澤東身穿皮大衣，頭戴皮帽，走下汽車，健步走向專列，微笑着向守衛在車廂門口的人員頻頻致意，而後由周恩來、滕代遠引導登上列車。車門兩側分別由羅瑞卿、楊奇清、馮紀和任遠守衛，使別人從側面無法看清毛澤東登上了哪節車廂。整個車站月台上異常肅靜，沒有一個閒人和亂走動的人員。毛澤東上車前後是沒有一個外人看見的。

周恩來向毛澤東報告：「代遠、瑞卿和奇清、克農同志隨您到滿洲里。還有鐵道部公安局副局長馮紀和政治保衛處的任遠，也要一路送您到滿洲里，要不要認識一下？」毛澤東笑着說：「是不是剛才在車門口見到的兩位，我們已經認識了嘛！」周恩來請示毛澤東還有什麼指示。毛澤東高興地說：「看來萬事俱備，只欠東風嘍？」

毛澤東點燃一支香煙，望着周恩來説：「家裏的事你要多辛苦了！」

「主席，請放心。家裏的事我們會及時發電報向您請示，請您一路保重。」

「我們莫斯科見！」毛澤東以這句話結束了談話，兩雙手緊緊握在了一起。

周恩來走下專列，又把滕代遠、羅瑞卿等人叫到一起語氣嚴肅地説：「主席可就交給你們了。一路上要小心，不能有絲毫的馬虎和鬆懈啊！」坐上汽車後，周恩來又搖下車窗對他們説：「我在北京等着你們勝利的消息！」

周恩來的汽車悄悄駛出車站。

忽然，月台另一端傳來一個女人爭吵的聲音，任遠聞訊後立即趕過去。原來是江青要進入月台送行被阻，正在十分生氣地同警衞戰士爭辯。任遠向哨兵出示了特許通行證後説：「讓她過去，有問題我負責。」衞兵這才放行了。

任遠陪着江青來到毛澤東的車廂。她一上車就抱怨説：「主席，你走也不説一聲，我正在開會。」毛澤東答：「今天上午規定誰也不來送行，所以就沒有給你講。」

十分鐘後，江青從車上下來，已經是雨過天晴、笑容開綻了。走到出站口時，她還不忘瞪一眼剛才站崗的那個衞兵。

「簡直亂彈琴」

1949 年 12 月 6 日晚 9 時，毛澤東乘坐的代號為 9002 的專列從西直門火車站第一月台正點出發。就在半個小時以前，停在第二月台的前衞列車已經發車。專列機車司機本應由天津機務段段長邊光輝擔任，但從北京開車時，北京鐵路管理局機務處處長郎覺民親自擔當值乘任務，他憑着熟練的技術駕駛着「毛澤東號」蒸汽機車，牽引着毛澤東乘坐的專列，穩穩當當地以八十公里的時速行駛在北寧鐵道線上。

毛澤東乘坐的本務列車由十節車廂組成，葉子龍、汪東興、李加吉三人同毛澤東乘坐一節公務車。其實這輛車也是一輛瞭望車，一般都掛在列車的尾部，這次為了安全起見，加掛在倒數第三節。這節車共有四個房間，毛澤東用中間的一間，前面一間稍微寬敞的是會客室，葉子龍、汪東興、李加吉三人用後面的兩間。

陳伯達和師哲共用一節公務車；滕代遠和羅瑞卿共用一節公務車；其他

人員都分別乘坐頭等臥鋪車，主列還有餐車和行李車等。

按規定，為了保密，事先讓列車員將毛澤東車廂整理就緒，一切物品均安放妥當，沒有按叫人鈴不必進去。

馮紀和任遠敲門進入車廂，請毛澤東準備休息，他們舉手敬禮說：「報告主席，我是⋯⋯」毛澤東一揮手，微笑着說：「你是馮紀，你是任遠，我們已經認識了嘛。」稍頓，毛澤東自言自語地說：「任遠，任重道遠。好啊！剛才還是你給江青同志解圍的呢。」任遠不好意思地笑着說：「天不早了，請主席休息吧！車上備有一切用具。」

毛澤東看見列車上專門備有毛巾、香皂、牙刷、牙膏等，立即叫他們把公家的東西好好收起來。他從自己隨身帶的一個小布袋裏取出洗漱用具，掂了掂說：「我自己有，不需要公家另準備。」毛澤東對生活瑣事如此認真，公私分明，使得工作人員對他肅然起敬。

這是毛澤東第一次出國訪問，也是新中國成立後的第一次最重要的專運任務。因為新中國剛剛建立，保衛部門心裏沒底，安全保衛工作實行的還是人海戰術。許多地方都是由縣委書記、縣長親自出馬，站崗放哨，護路護橋。鐵路沿線保衛工作做得很嚴密，沿線的車站、橋樑、涵洞、制高點、居民點及所有易於隱蔽的樹林、土包、暗道，都佈置了崗哨。鐵路沿線兩側的每一根電線杆下都站有一名全副武裝的解放軍戰士，背朝路基，警惕地守衛在專列經過的地方。毛澤東的專列出國和返回兩次經過，警衛部隊都是提前六小時到現場佈控，車過去一小時後才撤崗。

列車前方到達天津車站，停車後警衛人員上來報告：「在專列要經過的鐵軌中間發現一顆手榴彈！」

羅瑞卿聽後大怒：「簡直亂彈琴！你們保衛工作是怎麼搞的？出了問題，我們怎麼向中央和全國人民交代？」

楊奇清也說：「怎麼才發現？不是早就清理過了嗎？」

這時，站在一邊的李克農叫人把那枚手榴彈拿來看看，原來是顆長滿鐵鏽的舊彈，鏽成一個鐵疙瘩，不可能再爆炸了。

羅瑞卿當即和楊奇清商量，決定臨時在天津站下車，對此事進行了認真的檢查，沒有發現什麼可疑的情況。後來查明這是一個白俄籍職工所為。此外，在鐵路內部嚴格的檢查中，天津鐵路管理局楊村大橋的橋墩上還發現了

一個炸藥包，被及時排除了。

「毛主席，是毛主席！」

列車在唐山站停車，進行加煤加水作業。鐵路工作人員都在緊張有序地忙碌着，月台上三步一崗，五步一哨。旅客和當地老百姓頭一次看見這麼漂亮的車廂，還掛着墨綠色的窗簾，許多人在候車室通過玻璃窗向月台觀望。

車長張志英像往日一樣走下車，從列車尾部朝車頭方向檢查過去，走過兩節車廂，他無意中抬頭看見一節車廂的車窗裏有個熟悉的面孔正在倚窗而望，好像在哪兒見過，一時又難以想起來。再定睛一看，啊！他驚喜得差點喊出聲：「毛主席，是毛主席！」此時此刻，多日不解的疑團煙消雲散，周身的熱血在沸騰，有一種無形的力量在推動着這位年輕的共產黨員。他暗想：一定要認真仔細、一絲不苟地做好專列的工作。

車外的氣溫已經相當低了，由於車上設置了專用煤爐供暖，車廂內仍然溫暖如春。為了檢查車廂的溫度，張志英輕輕拉開車門，走進毛澤東的車廂。他看到毛澤東正在看報，本想儘量不驚動，但毛澤東還是發現了車長的到來。張志英馬上立正，向毛澤東敬了一個禮。毛澤東望着這位年輕英俊的車長點頭示意。為了不打擾毛澤東看報，張志英查完溫度後依依不捨走出車廂。

清晨，一輪紅日從東方地平線升起。列車經過一夜的運行，到達山海關車站停車，加煤加水並更換機車，機車乘務人員在此換乘，從北京到山海關這段的專列任務圓滿完成，下一段是由天津機務段段長邊光輝擔當司機。

毛澤東早已起牀，打開窗簾，見窗外冰天雪地，朝霞滿天，心情好極了。他聽說專列要停車半個小時，就要下車看看有名的「天下第一關」是個什麼樣兒。警衞人員根本沒有想到毛澤東會在這裏下車散步，因此沒作任何警衞部署。

一轉眼的工夫，毛澤東頭戴皮帽，披着皮大衣已經走下列車來到月台上。滕代遠、李克農、楊奇清等人趕忙走上前去，問主席冷不冷。毛澤東見到天橋就說：「天下第一關在什麼地方？到天橋上看看去。」毛澤東邊說邊走，大家緊跟在他的後面。毛澤東那高大魁梧的身體一出現在天橋上，立刻

引起人們的無限歡呼。「毛主席坐我們的火車出國啦！」「我們給毛主席開火車吶！」列車上的工作人員此時方知是毛澤東乘火車出國訪問。

因為山海關是關內外鐵路分界線，全部機車都要換乘，早些時候開出的前驅列車也停在前面。警衛部隊戰士們一個個從窗口望見毛澤東，心情真是無比幸福和激動。

毛澤東站在天橋上，迎着微微的北風隨口吟出：「山海關，北依燕山，南臨渤海，因關在山海之間而得名。」說罷，他看見不遠處的城樓上寫有「天下第一關」的大字時，馬上向滕代遠提出：要去那裏看一看。因為事先對此毫無準備，滕代遠頗為猶豫，毛澤東的心情甚好，要去看一看也不好勸阻，同意去吧又怕不安全。滕代遠問任遠：「有沒有小汽車？」任遠回答：「沒有準備汽車。」毛澤東說：「那就算了。」毛澤東又問：「聽說孟姜女墳也在此地？」任遠報告說：「沒有墳。在城外有段城牆塌了，傳說那就是孟姜女萬里尋夫哭斷長城的地方。」「原來如此！」毛澤東笑了笑說。遙望大海和古長城後，一行人下了天橋返回到列車上。

毛澤東回到車廂坐定，問翻譯師哲：「羅長子怎麼不見了？」師哲把楊奇清通報的情況向他報告，毛澤東聽後說：「羅瑞卿還是很負責的嘛！」

過了一會兒，毛澤東有些神秘地看着師哲：「我發現了一個情況。」

「什麼情況？」師哲聽後一愣。

見師哲一臉疑惑，毛澤東慢慢道來：「怎麼岸英也在車上呢？誰帶來的？」

師哲知道毛岸英是李克農帶來的。因為毛岸英小時候在蘇聯待過，俄語講得很好。有他在身邊，工作起來會方便些。師哲把毛澤東的問詢直言告訴李克農，李克農用手一指說：「你沒看見蘇聯的大使和顧問跟車來了，有岸英在，工作起來方便。」

他倆一同走到毛澤東面前，毛澤東語氣嚴厲地說：「不管是誰帶來的，總之，不許讓他過界。」

於是，毛岸英沒有到蘇聯，回來不久就報名參加了中國人民志願軍入朝作戰。1950 年 11 月 25 日，毛岸英在朝鮮戰場上英勇獻出了自己的生命，年僅二十八歲。

專列重新啟動，邊光輝緊握操縱桿手把，駕駛着機車平穩駛出山海關月台。

　　筆者在採訪中，從當時在鐵道部工作後來曾任北京鐵路管理局黨委第二書記的林一那裏了解到，毛澤東的專列從西直門車站發車前半天，她和同事們都從前門地區黨委辦公室到西直門車站看守道岔，每一組道岔都上了鎖，並派專人看護；還把各種有問題的舊鐵路留用人員集中在一間屋裏進行學習。她還回憶説，當大家聽到毛澤東的專列平安駛出山海關分界線後，在西直門車站站長室裏值班的各級領導都十分高興和激動，大家都鬆了一口氣，不約而同歡呼起來，有一個叫郭恆順的副站長還在地毯上翻了一個跟頭。

「廖瞎子，你膽子真大！」

　　山海關開車後不久，滕代遠對剛上車添乘的錦州鐵路局局長廖詩權説：「這一段車開得最平穩。」廖詩權説：「別的局都不讓老司機來，而讓幹部來開主席的專列，車開得當然就沒有我們穩。」滕代遠説：「為什麼？」廖詩權説：「幹部心裏緊張，技術也不行。我讓技術好的老司機開車，由我親自做動員，老司機認為這是政治上信任他們，所以車開得很穩。如果由公安部門動員他們，他們肯定心裏緊張，當然也開不好車啦。」滕代遠聽完哈哈大笑，説：「廖瞎子，你膽子真大！」

　　李克農和毛澤東在車廂裏閒聊。

　　李克農説：「主席，您知道美國總統每天上班後做的第一件事是什麼嗎？」

　　毛澤東「哦」了一聲，沒有應答，好像在等李克農的下文。

　　「第一件事就是看《情報要點》，不然這一天就不知道該怎麼辦了。」李克農不緊不慢地説。

　　毛澤東哈哈一笑，説：「你呀，給我上起課來了。我和他不同，隨來隨看，不怕多，只怕少。這回去莫斯科，我還要和斯大林談談你們情報方面的事情呢。」

　　車過山海關不久，氣溫已下降到零下 40℃。毛澤東乘坐的車廂因為天氣寒冷，凍裂了暖氣管道，把幾組暖氣都凍壞了。這可急壞了滕代遠，他指揮列車段段長張宇把地毯捲起來，發動餐車燒開水，想用熱水從兩頭把凍壞的管道燙通，折騰了半天也不見效果，只好請毛澤東到另一節車廂休息。由於在行駛中不具備搶修條件，只好等到瀋陽再修。

「代遠同志，你要帶頭學習」

毛澤東換了車廂後，一面乘車還要一面工作。除了處理國內的一些電報外，他提出搞些調查研究，找幾位沿途黨政負責人上車談話。秘書葉子龍馬上將毛澤東的指示通過電台傳達到有關縣市。

綏中縣委書記上車向毛澤東彙報情況，談話結束後，縣委書記風趣地說：「我在綏中工作幾年了解的情況，都讓主席掏走了。」錦州市市長也深有體會地說：「主席考的題目太多了，問得太細了，連統計數字包括百分比都不放過。」

滕代遠見毛澤東找沿線黨政負責人了解情況，就提前電令瀋陽、哈爾濱鐵路局的局長做好準備。

1949 年 12 月 7 日晚，列車到達瀋陽車站。高崗一行人上車看望毛澤東。高崗提出要陪送毛澤東到滿洲里，毛澤東沒有同意，他只好又下車了。

列車到瀋陽後，立即組織人員全力搶修被凍裂的暖氣管道。結果因為沒有配件，無法修復，只好掛車繼續前行。

專列在瀋陽站停留更換機車，換上了 1861 號蒸汽機車擔當牽引任務。這是一台 1940 年由日本製造的火車頭，在當時算是比較新的機車。現在，這台蒸汽機車保存在滿洲里的火車頭廣場供遊客參觀。

瀋陽鐵路局機務處處長馮雅齋奉命擔當值乘司機。開始他並不知道專列上是哪位首長。在檢查機車時，他見幾位首長陪着一個穿皮大衣的人在月台散步，聽別人說這就是毛澤東。這是他第一次離這麼近見到毛澤東，心裏萬分激動。他緊握氣門手把，穩穩地開動火車。這一次車上的人都沒有感覺到火車開了。

列車離開瀋陽後，毛澤東召瀋陽鐵路局局長黃鐸上車談話。由於事先接到滕代遠的電令，黃鐸心裏有了準備。毛澤東詳細詢問了瀋陽鐵路局運輸生產、管理以及職工生活等方面的情況，特別是重點了解了中長鐵路在蘇聯專家的幫助下，建立一套比較完整的科學管理方法的經驗。毛澤東聽後比較滿意，指示滕代遠：「要很好地總結一下中長鐵路的經驗，可以在關內各鐵路局推廣。」

列車到長春時，彙報結束。黃鐸向滕代遠請示工作，滕代遠說：「你們立

即根據主席指示，認真進行總結，黨委先好好討論一下，然後發動幹部群眾一起動手，把經驗集中一下，整理出來上報鐵道部。」「是！」黃鐸向滕代遠敬禮後，轉身離開。

在哈爾濱鐵路局分界站陶賴昭、莊林奉命登上專列，向滕代遠報到後，兩人一同來到毛澤東面前。

滕代遠報告說：「主席，這是哈爾濱鐵路局局長兼書記莊林同志。」

毛澤東與莊林親切握手，打招呼。

滕代遠說：「他原來也是八路軍，後來改行搞鐵路。」

毛澤東說：「許多同志都要搞他們過去不熟悉的東西，這是當前和今後工作的需要。代遠同志，你要帶頭學習。」

毛澤東向莊林了解了哈爾濱局的運輸生產情況和學習蘇聯鐵路先進經驗後，滿意地說：「我曾說過，關鍵在於學習嘛。」

列車駛到安達車站，在莊林下車前，滕代遠叮囑道：「毛主席的話你要牢牢記住，我們都要加強學習。」

「一路上辛苦了，謝謝你們」

列車經過三天三夜的運行，於 12 月 9 日到達中蘇邊境的滿洲里車站。這時，一列墨綠色的蘇聯高級專列已停在站內待命。

1900 年 4 月，俄國西伯利亞鐵路從薩拜戈爾延伸進中國國境，俄國鐵路人員跨過國境，他們把踏上中國的土地稱為「滿洲里亞」。1901 年火車站建成後，即取名為「滿洲里亞」，後譯成中文，遂將俄語尾音的輕音「亞」去除，即成為滿洲里，屬內蒙古自治區管轄，當時是中國陸地與蘇聯相通的唯一鐵路接口處，也是中國最大的陸路口岸城市。車站南面是中國的長春鐵路，北面是蘇聯鐵路，因為兩國鐵路軌距不同，所以在這裏要轉乘蘇方派來迎接的專列。

滕代遠進入車廂向毛澤東報告：「主席，滿洲里到了。外面太冷，請您在車上休息。我先與蘇聯同志見面辦理交接。」

毛澤東點點頭，說：「好嘛！」

滕代遠、楊奇清分別與蘇聯鐵道總局負責人和蘇方保衛部門負責人通過

翻譯進行交接，隨即登上蘇方列車，認真仔細地進行查看，直到全部看完放心後，走下列車，讓我方人員馬上開始搬運行李等物品。

　　滕代遠、楊奇清再次進入毛澤東乘坐的車廂，請他下車。滕代遠報告說：「準備工作完畢，請主席換乘蘇聯列車。」「啊！終於到了。」毛澤東站起身來說。隨後在葉子龍的幫助下，穿好皮大衣，戴上帽子，與秘書、翻譯、警衛人員等一同走下車。此時，蘇方專列的車門正好對準我方車門，毛澤東微笑着與在場送行的各位領導親切握手，說道：「一路上辛苦了，謝謝你們。」外面的氣溫已經是零下 50℃，但大家和毛澤東握手時，還是感到一股暖流頓時傳遍全身。有人提議：「我們和主席合個影吧！」毛澤東高興地說：「好啊。」各位送行的領導懷着興奮的心情，在毛澤東乘坐的車廂前站成一排，留下了一張珍貴的合影。

　　毛澤東在蘇聯駐華大使羅申的陪同下，登上蘇方列車。毛澤東並沒有急於走進車廂，他一直站在車廂門口向中方送行的人員揮手示意。李富春、滕代遠、李克農、楊奇清、毛岸英、馮紀、任遠等人一字排開，向毛澤東舉手敬禮，請毛澤東進去。毛澤東望着大家，依然沒有動。蘇方列車長長鳴了一聲笛，緩緩啟動開出，大家把手高舉過頭頂，祝福毛澤東訪蘇順利。毛澤東在關了車門的玻璃窗裏不斷向大家揮手告別。中方送行的人員站在原地未動，一直目送列車遠去。

　　滕代遠隨即向鐵路部門工作人員佈置任務，要求有關鐵路局做好充分準備，隨時迎接毛澤東專列返回，確保回國時的行車安全。

「想不到毛澤東是這樣的年輕與健壯」

　　1950 年 2 月 14 日，中蘇兩國在克里姆林宮舉行《中蘇友好同盟互助條約》的簽字儀式。這是一件震動世界的大事，隨着電波傳向全世界。當大家從次日廣播中和報紙上得知此事後，除了激動和高興外，同時也意識到毛澤東、周恩來即將動身回國了。滕代遠指示：爭取主動，不必等候命令，立刻做好準備工作。鐵路員工又投入迎接專列返回的光榮任務中。

　　2 月 17 日，毛澤東結束對蘇聯的訪問，於莫斯科時間晚上 10 時 30 分登上蘇聯列車，離開莫斯科回國。為他們服務的許多蘇方工作人員知道消息後

顧不得穿上大衣，站在冰天雪地裏送行。後來才知道，這些服務人員都是在斯大林身邊工作的人。蘇聯服務人員稱讚中國領袖親切、平易近人。毛澤東以他的德高望重、慈祥可親，博得了蘇方工作人員的敬重與愛戴。毛澤東訪蘇結束後，斯大林曾對身邊的人說：「想不到毛澤東是這樣的年輕與健壯！」

為歡迎毛澤東、周恩來訪蘇回國，中共中央決定：派中共中央副秘書長、中共東北局副書記李富春代表中央隨車前往滿洲里迎接；由中央人民政府副主席、中央軍委副主席朱德另乘專車到瀋陽迎接。

毛澤東返回時在莫斯科車站發表講話，公佈了新聞消息，比出發時更為公開了。這更增加了鐵路安全保衛工作的責任。滕代遠親自佈置有關工作，組織專列到滿洲里車站迎接毛澤東、周恩來。

2月22日，毛澤東、周恩來在回國列車上會見了越南共產黨領導人胡志明。

列車經過在蘇聯境內十天的行駛，於2月26日抵達蘇聯邊境城市奧特堡爾站，胡志明也同車抵達。蘇方人員一直護送到中國境內的滿洲里車站，幫助中國方面完成換車、裝車等工作後才離開。

由於蘇方為我們提供了認真負責的安全保衛工作，使毛澤東這次出訪十分順利。毛澤東吩咐汪東興、葉子龍代表他本人及周恩來，向蘇方列車上的保衛人員和工作人員致謝並告別，還送了二十箱橘子、香蕉等水果表示謝意。

在莫斯科，斯大林分別送給毛澤東、周恩來各一輛「吉斯」牌高級轎車，也隨專列抵達滿洲里。因為天氣寒冷，其中一台車由於沒有放水，把水箱凍裂了。

2月26日下午抵達滿洲里後，毛澤東與專門前來迎接的高崗、羅瑞卿、滕代遠、楊奇清、汪金祥（東北人民政府公安部長）等見面時非常高興，和他們談笑風生，從精神上看輕鬆不少。

國內外的敵人沒有放過這次難得的機會。2月下旬，他們在一個深夜扒開了長春市郊外的數里鐵路幹線，妄圖製造列車顛覆，被地方公安部門及時發現，立即組織人員將線路修復。

2月26日深夜，毛澤東的專列由滿洲里車站出發，為了確保行車安全，迷惑敵人，做到「萬無一失」，第一列車內全部是空的，任務是壓道開路；第二列是擔當警衛任務的前驅車；毛澤東、周恩來、胡志明和所有其他回國人

員均在第三列車上，毛澤東乘坐的車廂掛在最後一節。

「這個玩意兒還不簡單呢」

2月27日上午10時，列車經過興安嶺到達海拉爾車站。當時萬里無雲，陽光明媚，周圍望去都是皚皚白雪。列車在此要更換機車，除了胡志明沒有下車外，其餘人紛紛隨着毛澤東、周恩來緩步走下列車，到月台上一邊呼吸新鮮空氣，一邊觀賞祖國北部絢麗多彩的風光。大家隨意圍繞在毛澤東周圍邊走邊談。

滕代遠緊跟在毛澤東身旁，邊走邊向毛澤東介紹車站的情況。當他們走到一組道岔前面，毛澤東把右手從皮大衣內伸出，用食指指着道岔問滕代遠：「這是什麼東西？幹什麼用的？」

滕代遠立即報告說：「這是道岔。專門用它來撥開鐵軌，使列車不會撞頭。」

「是嗎？」毛澤東仔細看了一眼。

滕代遠說：「扳道岔的叫扳道員，工作時很吃力，勁小的還扳不動。」

「啊，這個玩意兒還不簡單呢！」毛澤東微笑着說。

滕代遠笑了笑接着說：「鐵路上這一套東西名堂不少呢！」

「是啊！」毛澤東點點頭。

馮紀、任遠跟在毛澤東身後，認真地聽着毛澤東和滕代遠的談話。東北鐵路公安局嚴佑民局長手握照相機，懷着激動的心情把毛澤東和滕代遠談話的情形抓拍下來，留下一幀十分寶貴的照片。

在返回途中，還發生了一件過去鮮為人知的事情。當時的中共黑龍江省委負責人沒有和滕代遠商量，擅自決定要專列開往齊齊哈爾，被滕代遠發覺後加以制止。滕代遠當着高崗、歐陽欽（中共旅大市委書記）、汪金祥等人的面，嚴肅批評了這位負責人無組織無紀律的行為，致使專列在昂昂溪車站稍有延誤。隨後，滕代遠立即向車上的周恩來彙報了此事。周恩來對此處理表示同意。

專列於2月27日晚上抵達哈爾濱，黑龍江省市負責人到車站迎接，並邀請毛澤東、周恩來下車休息休息再走。毛澤東等人同意下車休息過夜。葉子

龍為毛澤東買了一些東北特產熏肉大餅。毛澤東很久沒有吃到中國飯了，邊吃邊說：「好吃！好吃！」大家分別下榻在哈爾濱兩個最大的賓館，痛快地洗了澡，好好睡了一覺。

2月28日，毛澤東在哈爾濱接見了黑龍江省市負責人，並題詞：「不要沾染官僚主義作風。」下午，由滕代遠陪同，毛澤東興致勃勃地參觀了鐵路工廠，與工廠的幹部職工見面，親切握手，連連說：「同志們好！」工人們喜出望外，激動地眼含淚花高喊：「祝毛主席身體健康！」但這次參觀由於事先沒有計劃，安排不周，工廠由於下班有的車間空無一人，毛澤東沒有盡興。

「不要怕老百姓嘛」

3月1日一大早，毛澤東起牀後，叫來汪東興說：「你去通知滕代遠、羅瑞卿兩位部長準備專列，一小時以後上車出發。」

列車於當日到達長春，吉林省和長春市負責人到車站迎接，毛澤東、周恩來下車後直接去省委辦公樓。吃過午飯，他們乘汽車參觀了市容。大家參觀了長春電影製片廠和偽滿洲國皇宮及日本人蓋的銀行。當時長春剛解放，社會治安不好，為安全起見，部分地區實行了戒嚴，汽車經過市區時，大街上顯得非常肅靜。

毛澤東向市長提問：「長春市老百姓很少，人都哪去了？」

長春市長一時語塞，應付地回答：「現在是吃早飯的時間，人們都在家裏。」

毛澤東幽默地說：「老百姓吃飯比軍隊紀律還嚴？吃飯時一個人也不出門？」

市長無言以答，滿臉羞色。

毛澤東說：「不要怕老百姓嘛。」看來對這種方式有所不滿。

3月2日專列到達瀋陽，在此逗留兩天。由北京專門來瀋陽的朱德以及中南海警衛處處長李樹槐到車站迎接。東北局、遼寧省、瀋陽市的負責人也到車站迎接。

毛澤東一行住在瀋陽鐵道賓館（大和旅社）。晚上，高崗等人來向毛澤東彙報有關工作。毛澤東還抽出時間專程看望了在瀋陽工作的蘇聯專家，並在

當地召開的共產黨的代表大會上講了話。

為慶祝《中蘇友好同盟互助條約》簽訂，歡迎毛澤東、周恩來安全回國，東北局於 3 月 3 日中午舉行隆重的內部宴會，除了胡志明未露面外，隨同毛澤東出國的人員全部參加。以李富春為首的全體迎接人員及隨同朱德來瀋的工作人員一起應邀出席。毛澤東的心情顯然放鬆了許多，在大家的祝願下，喝了不少酒，更顯得滿面春風、神采奕奕！

當日晚，東北局在機關禮堂又舉行小型舞會。毛澤東、周恩來、朱德和李富春、羅瑞卿、滕代遠等人應邀參加。

3 月 4 日晚 10 時，毛澤東、周恩來一行安全抵達首都北京，在樂隊高奏國歌後，他們檢閱了儀仗隊，並與到車站迎接的劉少奇、朱德、李濟深、張瀾、林伯渠、董必武、陳雲、郭沫若、黃炎培、李立三、吳玉章、彭真、薄一波、羅榮桓、徐特立、蔡暢等人熱烈握手。

從 1949 年 12 月 6 日到 1950 年 3 月 4 日，歷時八十九天，毛澤東率領中共代表團完成了這次具有重要歷史意義的訪問。

回顧毛澤東首次訪蘇的全過程，可以用「一路平安」來形容。中共中央高度重視，周恩來親自掛帥，中央社會部、公安部、鐵道部首長直接參與領導，各地黨政軍民上下一致，團結合作，群眾與公安機關相互配合，軍民結合，動員了千軍萬馬，全體參戰人員同心同德、夜以繼日地站崗放哨，保證了毛澤東訪蘇的順利！

回顧西藏和平解放的談判經過

阿沛·阿旺晉美

一

1951 年春，西藏和平談判代表團到達重慶，受到賀龍、劉文輝等人的熱烈歡迎。劉文輝是西藏比較熟悉的人物，金中悄悄對我説：「共產黨對這樣一個大地主、大軍閥，不僅沒怎麼着他，相反還給這樣高的地位，讓他講話，致歡迎辭，共產黨的政策並不像謠傳的那樣。」我聽了點點頭。後來，見到鄧小平，他給我講解放西藏的原因和必須解放西藏的道理，講了共產黨的政策，給了我一份西南局和西南軍政委員會制定的十項條件，作為和平談判及進軍的基礎。這些都進一步增加了我對解放軍的信任程度。

在重慶停留期間，我們還參觀了重慶鋼鐵廠。過去，西藏根本沒有工業，連小型的工廠也沒有。在這裏參觀工廠，簡直是大開眼界。我們由阿樂部長陪同，平旺擔任翻譯，到了鋼鐵廠。參觀結束後，工廠領導把一部分工人集合在廣場上，要求我給工人講講話。天哪，真叫我為難！我從來沒有當眾作過演説，況且對工人情況又一無所知，怎麼敢講話呢？講什麼好呢？我實在講不好，一再謝絕。可是，工廠又一再堅持，非要我講幾句不可。阿樂部長在一旁排解這個難堪的場面，煞有介事地對我説：「你儘管講，我給當翻譯。」我當時發愣了。他根本不會藏語，怎麼翻譯呢？翻譯平旺就在身旁，是怎麼回事？阿樂見我不解其意，便小聲通過平旺對我説：「我在工廠工作多年，熟悉工人情況。你隨便講什麼都行，我怎麼『翻譯』，就不必擔心啦！」我恍然大悟，原來我們要演一場雙簧啊！我只好隨便説一陣。阿樂部長鄭重

其事地「翻譯」一通。工人聽了不斷引起歡笑，代表團的藏人也在笑。工人以為我這位藏族上層居然把話説到他們心窩裏了；藏人聽了，笑我信口開河，也很開心。會場氣氛活躍，充分顯示出藏漢一家親密無間的兄弟情誼。儘管是一場雙簧，但場面實在扣人心弦，令人非常感動。

從重慶乘機北上。金中坐在我後面，見機組人員來來往往走動，他顯出驚惶緊張的樣子，恐慌地説：「好危險啊！」

我立刻斥責他：「出了事大家都一樣，你緊張有什麼用。」

當天風大，飛機只好在西安降落。這時，金中從舷窗裏看見機場站着一位穿袈裟、鬍鬚銀白的老人，問才旦卓嘎：「夫人，那人是誰？」才旦卓嘎一眼認出：「啊，是阿沛的老師。」

飛機停下後，我第一個走下來。這時，喜饒嘉措迎上來，喊着我的名字，一個勁地問我飯吃得怎樣，覺睡得如何；又誇我身體好、精神好。接着，又轉過臉去問阿沛・才旦卓嘎有幾個孩子啦，長得怎樣。一席家常話，輕鬆愉快，頓覺心裏暖乎乎的。我從他的談吐、表情上，也感受到，在新制度下，他現在的生活是輕鬆愉快的。

我同喜饒嘉措老師分別多年，這回見了面，他很高興，我也很高興，由於語言相通，備感親切溫暖。1949 年西藏還沒解放時，他曾對西藏發表了不少廣播講話，號召和平解放西藏。他回憶這些説：「我為什麼要講那些話？我不是站在漢人一邊講那些話的，更不是隨便站在漢人立場説那些話。我是為西藏的宗教利益，這是我的真心話，不是不負責任地隨便説説。」他不無傷感地説：「西藏沒解放前，我回去過，但只到黑河，藏政府不讓我到拉薩去，我吃了很多苦頭。他們這種做法太不應該了。」

西安的一些領導宴請我們代表團，喜饒嘉措也應邀參加。他很自豪地指着我，向汪鋒等人介紹説：「這位是我的學生。他當了很大的官，是噶廈的噶倫，現在是西藏和平談判代表，這也是我的光榮！」

喜饒嘉措是我信任的老師。他對我講了許多為什麼要解放西藏的道理，對我幫助很大。同時，也加深了我對共產黨的認識。

代表團到達北京時，受到了熱烈的歡迎。出乎意料，周恩來總理親自到車站迎接，使我非常感動。到車站歡迎的人很多，就在這時，發生了一件令人難忘的事情。

　　有位名叫卻魯拉的，也擠在歡迎的人群裏。他是漢人，在國民黨時期就在拉薩。他的藏漢文都很好，是位很有學問的人，也屬於喜饒嘉措的徒弟之列。我原先在拉薩就聽說過，但未見其人。後來他經印度跑到國內找國民黨，在蒙藏委員會謀得一個頭銜，又在班禪駐京辦事處工作。解放後，籌辦「民族出版社」時，他參加籌備工作。在北京車站歡迎我們時，他在人群中利用一個機會和我搭訕，自我介紹說：「我叫卻魯拉。」因過去知道這個人，一說就對上號了。才旦卓嘎與我同行。這個人從人縫裏擠到她身旁，往她手裏塞了張紙條，弄得才旦卓嘎很吃驚，很害怕，不知如何是好。當着那麼多歡迎的群眾，接也不是，不接也不是，最後只好很難為情地接過來，一直捏在手裏。到了下榻的北京飯店，才旦卓嘎才告訴我，有人塞給她一張條子，叫轉給我。我接過這張用藏文寫的紙條，內容是：「你不要看共產黨表面一團和氣，但他們是一伙老謀深算的人。這次談判一定要小心警惕，再就是翻譯很重要，如果選用不合適的人，翻譯有誤，會造成很大麻煩，一定要找個好翻譯。為此，我可以給你們當翻譯。總之，一要警惕，二要有好翻譯。」我看過這張紙條想：他的主要目的是要插足談判。這一定不會有好的結果。所以，我沒有再理他。

　　接着，我們代表團中的路經印度的代表凱墨和土丹旦達到達北京。凱墨早先在拉薩就認識卻魯拉。第二次世界大戰時，凱墨是「國民代表大會」的西藏代表，在南京開會時就見過卻魯拉，以後他們相處親密如家人。凱墨一到北京，卻魯拉認為好機會到了，馬上就去拜訪，提出給代表團當翻譯，說：「我一定能忠實地傳達你們的意見，不會發生錯誤。」後來，凱墨找我，說有位很要好的朋友，要求當和平談判的翻譯，問找過我沒有。我把他塞條子的事說了一遍，並說明不同意他當翻譯的理由。凱墨也說：「儘管我們關係很好，但讓他當翻譯，我也不同意。」

　　事情雖然過去了，但翻譯確實是個很困難的問題。有個彭措扎西作翻譯，儘管會漢話，但講的卻是青海西寧一帶的藏話，我的話，他可以聽懂一點，他的藏話，我一句也聽不懂。我們代表團自己帶的翻譯堯西·彭措扎西，是達賴喇嘛的姐夫，他的藏、漢話都不行。所以，大部分翻譯工作都是由平旺擔任。

二

代表團到北京後，朱總司令為歡迎代表團舉行了宴會。「五一」節在天安門城樓上，我頭一次見到毛主席。毛主席對我說：「你們長途跋涉來到這裏，辛苦啦。好好休息，你們來了好。」他們都沒提有關和談方面的內容，對我們的到來，給予了肯定和歡迎。氣氛非常融洽，問寒問暖，接待也很熱情周到。我想，這實際上就是談判的開始吧。

我們經陸路來的代表和經印度來的代表碰了一次頭。他們帶來了西藏地方政府關於進行和談的五項條件和內部掌握的要點，還帶有蓋章的公開文件。我們在昌都時，曾拿到西南軍區制定的十項條件，並且仔細地研究過，基本同意以這十條作為談判的基礎，打算在這些條件上作些改動並確定下來，變成談判的協定。但是，和他們帶來內部掌握的條件相比，兩者的距離太大了。從噶廈的公開文件看，主要條件：一是表面上可以承認西藏是中國的一部分，實質上要實行獨立自主；二是不要向邊境派遣武裝部隊；三是和平談判時，要有中立國（指印度）參加。其基本想法可能是，還按袁世凱時期的老辦法。那時（1913年10月13日）曾經在印度西姆拉舉行過中國、中國西藏還有英國參加的三方會議，就是這次會議，產生了非法的「麥克馬洪線」。這次，他們還想如法炮製。內部掌握的精神是，如因中立國事影響談判的基本條款時，可以放棄。問題是要堅持不准派解放軍到西藏邊防這一條，另外還堅持中央派代表只許派文官，而且在不多的隨員中，還必須是信教的，這就更離奇了。共產黨裏面到哪裏去找信教的？

在昌都時，王其梅對中共西南局和西南軍政委員會的十項條件作過認真解釋。當時，我覺得這些條件很全面，完全符合西藏的實際，稍加修改就行了。現在西藏地方政府提出：一是不讓向邊境派部隊，如果一定要派，應把藏軍以解放軍的名義派出去，實際上是讓藏軍守邊防，不讓解放軍進西藏；二是派出駐藏代表，其隨員只能有十五人，不准帶警衛。如果需要警衛，可從藏軍裏派出。這與十項條件完全背道而馳。

我們五位代表坐在一起商討這些問題時，我發現經印度來的代表與從陸路來的代表在思想上存在很大的差異，出現了難以相處的局面。這樣，我只好把準備談判的根本任務暫時放下來，首先幫他們解除思想疑慮。我們同經

印度來的兩名代表和兩位工作人員彭措扎西和桑多仁欽在一起，說是開會，實際是個形式，主要向他們介紹內地情況。我們從昌都來的，因與解放軍有過一段時間的接觸，親自體察過共產黨的政策，對一些情況比較了解；而經印度來的代表，滿腦子灌的是謠言，對情況不了解。這就有個向他們談情況、統一思想認識、增加代表間的互相信任的問題。因此，先做了提高認識、統一思想這一條。這是很重要的一條，也是我在談判中遇到的最大困難。

我們內部思想的不一致，不在協議條款本身，而在於對共產黨的認識。因此，我沒有單獨就協定條款統一認識；從他們帶來的噶廈為談判而制定的內部掌握條件來看，沒有談判基礎。要否定它，就要有個統一的態度，對中央、對噶廈都要有個一致的態度，要解除他們對共產黨的顧慮，肅清他們腦子裏的謠言。我把在昌都見到的解放軍執行三大紀律八項注意，堅持民族團結、平等的情況，向他們作了介紹，說明解放軍不住寺廟，連老百姓家也不住，而是住帳篷，在條件十分艱苦的情況下，也從不損害老百姓的利益。桑頗和土登列門也介紹了在昌都親眼看到的情況。總之，通過這些去解除他們對共產黨的疑慮。

金中當時是下級官員，很有勇氣，也跟他們講了解放後的親身感受，講得生動具體，有聲有色。我是首席代表，他們對我講的事是真是假有些懷疑，所以在私下裏詢問金中。和我同路的桑頗比較年輕，思想開闊，接受新事物較快。他也做了不少解釋和勉勵的工作。總之，談判前主要是統一代表內部的思想認識問題。

在五位代表中，有兩位同我是親戚關係，一位跟我合作共事多年，還有一位與我關係也好。桑頗的奶奶同我母親是親姊妹，我是他表叔；凱墨的父親同我祖母是親姐弟，他是我舅舅。凱墨的夫人和桑頗的母親又是親姊妹。這樣，我進行工作很方便，桑頗也好做工作。我和土丹旦達的關係也比較密切，我們倆曾在一起負責給十四世達賴喇嘛的父親在拉薩建造住宅。他當時是孜准，我是協邦，我們前後合作共事有四年時間。所以，我和他關係很近，說話也比較方便。我和土登列門關係不親不疏，通過在昌都一段時間的相處，關係還好，也能談得來。因此，我同他們之間商談協定條款，認識比較容易接近。我同凱墨個別談過必須同意往邊境派駐解放軍的道理，否則就無法進行談判；而要同解放軍合作，就要成立軍政委員會。這樣，凱墨沒有

什麼阻力，其他代表也很順利地取得一致意見。

代表們思想統一、認識一致以後，又一致決定：在談判中，一般問題不請示。這是很關鍵的一着。因為你向噶廈請示一個問題，他就要回答一個問題，如果不同意，不僅拖延時間，還沒法處理，甚至無法取得談判成果。況且電報一來一往說不清楚，反而使問題拖延不決，無頭無尾，更加複雜化。所以，整個談判，只在班禪問題上，同亞東噶廈聯繫過兩次，直到和平協議簽字以後，才由幾位代表經印度返回亞東作口頭彙報。

在這種情況下，中央和西藏地方政府的雙方代表開始談判。通過交換意見，醞釀討論，我們代表團一致認為，向邊境派部隊守衛，是一個國家的責任，不派不行。特別是中央確定進藏的邊防部隊由中央供給，不讓地方負擔，這樣，更沒有理由不同意。再就是，解放軍進西藏，中央代表也到西藏，沒有一個統一的機關，不好開展工作。軍政委員會就是這樣一個機關。既然軍隊都同意進去了，成立軍政委員會也就是件小事了，因此必須承認。我們還認為，像這樣的意見，亞東噶廈肯定不會同意。我作為全權代表可以接受，但是，中央必須給我提供一個便利條件，就是：我們代表可以接受並在協議上簽字，西藏地方政府可能同意，也可能不同意。如果同意，當然就沒有問題了；如果不同意，達賴喇嘛就在西藏待不下去。我們的意見，應當允許他逃到印度，在印度觀察西藏的變化和發展。經過一段時間，他對西藏解放後的情況了解了、疑慮消除了，願意回來時，應准許他返回，並維持原來的地位和權利不變。我們提出把這一條列入協議。後經中央反覆討論，不同意寫進協議；但可以形成一個附件，雙方各執一份，對外不宣佈，同樣起作用。附件有七條，主要內容是，亞東噶廈如果不同意這個協議，達賴喇嘛可以到印度住幾年，研究一下西藏發展進步的情況，願意返回西藏時可以回來，不降低他原來的地位和權利。這樣，雙方談判取得了一致意見，協定也就這樣定下來了。我們估計亞東噶廈肯定不會同意，所以，也就沒和他們聯繫。

三

協議草本已經擬定好了，附件草本也定了下來，就等雙方代表舉行簽字

儀式了。就在這時，中央提出把班禪問題寫進協議條款。這個問題一提出，幾乎使整個談判破裂，這是談判中碰到的一個主要問題。

歷史上，噶廈與札什倫布寺之間不和，積怨很深。後來又加上清朝留下的問題、英國留下的問題，問題越積越多，怨恨積得更深。因此，在這次談判中提出承認班禪問題，包括我在內，所有的西藏代表根本不能接受。我們說，現在是中央和西藏地方的談判，要討論解決中央和西藏地方的問題，班禪的問題與此沒有關係。在這個問題上，先碰到班禪到北京，中央要我們代表團去車站歡迎，當時我們不準備去，並且認為根本沒有必要去。後來中央勸說我們，這是關係到搞好西藏內部團結的大事情，你們應該去，我們幾個商量後，認為完全不去不行。於是便決定派代表團中名次最末的桑頗一人去車站歡迎，其他都沒和班禪見面。

討論班禪問題時，會議的氣氛驟然變得熾烈起來。本來，我們與李維漢、張經武、張國華、孫志遠在談判中一同交換意見，相互訪問，雙方關係比較融洽，初步建立起信任，沒有發生過問題。但班禪問題一經提出，矛盾就尖銳地發生了。我們代表團在這個問題上意見完全一致，認為這次到北京是為簽訂《中央人民政府與西藏地方政府關於和平解放西藏辦法的協議》（簡稱《和平解放西藏協議》），與班禪問題毫無關係，希圖這次解決札什倫布拉章（拉章，本意為大活佛的居室，實際生活中，絕大多數的拉章都是活佛的管理財產和處理事宜的辦事機構。因經濟力量的不同，其勢力大小相差懸殊）與噶廈政府間的關係問題，根本不行！班禪問題，可以在協議簽訂以後，另找機會由中央、西藏地方政府、札什倫布拉章一起討論解決。但是，中央堅持一定要把班禪問題包括在協議裏面。我們堅持它與協議無關，不討論這個問題。這樣，雙方堅持己見，使談判僵持了好幾天。

一次，雙方代表團在一起開會，中央代表團說，這是西藏內部的問題，過去國民黨時期沒有得到解決，現在共產黨的領導，不僅要解決漢藏民族間的團結，也要解決藏民族內部的團結。因此，這次一定要解決。我們根本不回答這個問題，推說地方政府只交代我們和談問題，根本沒交代我們談札什倫布拉章問題。最後，李維漢發火了，拍着桌子說：「這個問題是你們內部的問題，如不解決，所有談判達成的協議，都不能成立。」我說：「那好，已經達成的條款也可以不算！其他四個代表從哪裏來，請你們把他們安全地送回

哪裏。我已是昌都解放委員會的副主任，你們讓我回昌都也罷，不讓我回，留在這裏也行。」

這樣，在一個星期內，談判面臨決裂，已達成的協議也面臨被推倒的局面，代表團內部，也作好了回去的準備。我們鐵心了。把札什倫布拉章的事摻在協議裏，我們堅決不幹！

一天下午，孫志遠打電話來，問明天上午 9 點與我會晤行不行。我說行，我就是來談判的，怎麼不行？

第二天，孫志遠準時到了北京飯店。我們兩個單獨進行會談，由平旺作翻譯。孫志遠仍堅持中央代表團的意見，他說：「中央和西藏方面的大事都已經談通了，解決了，剩下札什倫布拉章問題是西藏內部問題，還沒解決。這是件小事，為什麼在這樣的小事上就統一不了？」我說：「是大事也罷，小事也罷，這不用你作解釋，我們清楚。因為西藏地方政府根本沒有交代我們談這個問題，所以沒有談判的必要。如果因為這個問題影響協議簽字，那就不要談了。」我們不承認有這個問題，採取完全迴避的態度。

我們從 9 點談到中午，三個人吃了飯又繼續談。孫志遠還是繼續解釋，我就從西藏地方政府和札什倫布拉章的歷史淵源，一直講到下午五六點鐘，最後，孫志遠說了一句：「你看這樣辦行不行？在協議裏寫上這樣的內容，即恢復九世班禪和十三世達賴喇嘛和好時固有的地位和職權，這樣行不行？」

孫志遠這一句話打破了多天的談判僵局，我想了一會兒說：「單是這樣寫是可以的！」為什麼同意這樣寫呢？從五世到十二世達賴喇嘛期間，西藏地方政府和札什倫布拉章關係非常好。這是歷史事實，沒有理由不同意。問題是到了九世班禪和十三世達賴喇嘛時，西藏地方政府欺侮過札什倫布拉章，札什倫布拉章也欺侮過西藏地方政府，矛盾是這樣產生的。我把孫志遠的這個意思和我個人的想法跟其他代表一講，他們一致說：「這好說！那是好多代人形成的歷史，沒有什麼可指責的！」

我們承認了這一條。第二天重新開會時，就把它定下來了。因為這一條關係重大，而且西藏地方政府未授權代表團談這個問題，所以不得不請示。我在藏曆鐵兔年（1951 年）四月十二日給亞東噶廈發了電報，電報大意是：「談判出現了在昌都的漢官和駐新德里的袁大使均未提及的新問題，即班禪靈童問題……這裏不可能通過書信把每一個重要原則的細節報告清楚，我

們經過商量，為了執掌政教者未來少受損害，我們忠實、慎重地想盡一切辦法，打算儘快地解決……」四月十五日，我再次給亞東噶廈發電報：「共產黨政府已決定承認班禪靈童，如果我們不承認，談判就要破裂。因事關重大，我們已經決定承認，尊重班禪靈童本人和他固有的地位及一切。」

後來，亞東噶廈覆電同意承認班禪靈童問題。亞東噶廈四月十九日覆電說：「……和談進展情況，希作進一步說明，以免懸念，因為事關重大，要經常發來毫不含糊的請示電報，是為至要。班禪靈童問題，札什倫布寺四個堪布與堪廳官員聯席會議，竭力要求達賴喇嘛認定，此次堅持要求認定班禪，我們駐閣駐外的也一致同意。」

至此，所有的問題都統一了。這場談判也就順利地結束了。雙方立即在協議上簽了字。

四

《和平解放西藏協議》的簽訂，標誌着西藏回到了祖國的懷抱，標誌着藏漢民族團結關係的增強，同時，西藏人民也從此走上繁榮幸福的道路，我為此感到歡欣鼓舞。

協議簽字後，毛澤東接見了我們西藏代表團，他講了很多話，他說：「這次解放軍進西藏，一是保衛邊疆、鞏固國防，再是幫助西藏人民解除痛苦。他們到西藏後，不論是軍隊還是地方幹部，如果做了違犯你們心願的事，或者欺侮你們，你一定要帶頭給我說，我們馬上就改。」我聽了後很受感動。我想，既然簽訂了協議，我一定做出最大的努力，使協議能夠貫徹執行。我很樂觀，協議一定會給西藏人民帶來好處。協議簽字後，土丹旦達對我說：「這下，達賴喇嘛肯定要出去了。」早在協議簽訂之前，對於達賴喇嘛可能出走，我已有所估計。現在我們已經離開拉薩一年多了，對西藏的情況不太清楚。但是，無論西藏發生了什麼變化，即使達賴喇嘛真的出走了，協議既已簽字，就必須貫徹執行。擔負起執行協議的責任我義不容辭，這是歷史賦予我的重大使命。貫徹執行協議，我是鐵了心的。

代表團仍分兩路，桑頗、凱墨、土丹旦達等經印度返西藏，先行向達賴喇嘛和亞東噶廈作口頭彙報；我同土登列門、金中等，由張國華陪同返藏。

我們從武漢乘飛機到重慶時，西南軍政委員會副主席鄧小平親自在機場至市區途中舉行儀式迎接。夾道歡迎的人群，手捧鮮花，載歌載舞，非常隆重，好像迎接凱旋的英雄一樣，這場面使人心情十分激動。

這期間，鄧小平副主席找我談過多次話。主要講協議簽訂了，部隊要進藏，供給雖由中央負責，但由於交通不便，請西藏地方政府要進行幫助。今後，西藏的工作，中央交代要西南軍政委員會負責。這樣，我們的責任更重大了。如果我們或進藏部隊有做得不對的地方，可以隨時告訴我們，直接向中央講也可以，不要放在心裏，要密切我們之間的關係。

我同張國華、譚冠三、陳明義、李覺一起到昌都後，進藏部隊的先遣隊已經組成。於是，我便隨同先遣部隊向西藏進發。我們同行的有金中、平旺和王其梅、陳競波、林亮等，在洛隆宗遇見顧草萍等。我這時心情十分焦急，總希望部隊走快些，再快些，早一天趕到拉薩，因為我擔心達賴喇嘛會逃出西藏去。如果出現這種情況，大量的貴族、官員會跟着逃走，那時拉薩成了個空城，如果部隊不能很快趕到那裏，就會發生難以想像的混亂局面，形勢便會陡轉直下，社會出現動盪不安，甚至還可能發生騷亂。基於這個想法，我把部隊進拉薩看得特別重要。

在行軍中，我看到部隊缺糧等艱苦情況，就千方百計為他們創造條件，讓他們早一些趕到拉薩。拉薩還有兩位司曹，這樣就能與噶廈接上頭，一可維持社會治安，二可保證協議的執行。如果部隊不能按時趕到，拉薩的貴族官員外逃不說，地面上再出點事，不僅不好執行協議，連個落腳處也沒有。總之，協議是我簽訂的，我必須負責實現它，我有多大力量，都要全部使出來。

路上，部隊的給養問題非常突出。王其梅對部隊吃的問題很焦急。他擔心由於交通困難，後面糧食運不到，部隊攜帶的糧食難以為繼，缺了糧怎麼辦。我說沒有關係，我的溪卡就在工布江達，到那裏糧食不成問題，部隊到拉薩的糧食供應由我完全負責。

我當即打發人先走，交代到工布江達後，儘量多運些麵粉到嘉黎接濟部隊。我知道，嘉黎距工布江達有四天路程，道路艱險，運輸十分困難，但我家有牲畜可以運輸。部隊到了嘉黎確實斷了糧，而從工布江達運到的四五十馱麵粉，解決了部隊的燃眉之急。後來，到了工布江達，我家裏有的是糧

食，只要能帶動，就盡力攜帶。

　　一路上，我提前派人通知沿途地方為部隊準備柴草，尤其是要進入荒涼貧窮的地區時，我很不放心，怕派去的人準備不好，影響部隊行程，我便提前走一天，從邊壩走到阿拉多住一夜。第二天，沒翻魯公拉山前，在一個馬站，我見馬草不好，便翻山到了阿拉加貢，草還是不豐富，其他條件也不行，雖然當地已經準備了，但還是不行。我考慮部隊沒法生活，中午便前往夏曲卡住下。等一天不見部隊，等兩天部隊還沒趕到，我心裏急了。第三天，王其梅才率部隊趕到。他見了我高興得前仰後合，本來說在山那邊等他們，結果往前趕了兩天路，引起一場笑話和誤會——他們還以為我溜跑了哩！

　　這時，噶廈派仁希多德趕到嘉黎，還帶給我一本密碼。我這才知道張經武代表和阿樂部長經印度已到達拉薩。達賴喇嘛一行與亞東噶廈也回到了拉薩，我懸着的心才放到實處。

楊尚昆談抗美援朝戰爭

蘇維民

　　抗美援朝戰爭是我們本不願意打卻又不能不打的一場戰爭。朝鮮的存亡與中國的安危密切關聯。唇亡則齒寒，戶破則堂危。中國支持朝鮮不僅是道義上的責任，也是出於自身安危考慮，不得不同世界上最強大的美國直接武裝較量。通過這場較量，打破了美國不可戰勝的神話，極大地鼓舞了中國人民的鬥志，醫治了當時相當一部分人的「恐美症」。全世界對中國刮目相看，中國的國際威望空前提高，為經濟建設和社會改革贏得了一個相對穩定的和平環境。

　　20 世紀 90 年代，楊尚昆撰寫回憶錄時，擬將這場戰爭始末列為其中篇章之一。1997 年 5 月 3 日，他對中共中央辦公廳和中央軍委辦公廳的幾位老同志回憶了有關抗美援朝的往事。

三駕馬車，那兩匹馬一定要拉，我們不拉怎麼得了

　　1945 年 8 月 8 日，蘇聯對日宣戰，蘇軍進入朝鮮。原來在我國長白山一帶堅持抗日遊擊活動的金日成等同志也回到朝鮮。按照美蘇達成的協議，9 月，美軍進入朝鮮南部，雙方以北緯 38 度線作為分別受降的分界線。1948 年 8 月 15 日，美國扶植李承晚集團在 38 度線以南成立大韓民國。隨後，9 月 9 日，金日成領導的朝鮮民主主義人民共和國在 38 度線以北建國。朝鮮半島從此形成分裂的局面。「三八線」由受降的分界線變成軍事分界線。

　　按照美蘇協議，蘇軍於 1948 年年底全部撤出朝鮮；半年後，美軍雖也撤

出了韓國，卻留下了一個龐大的軍事顧問團，並繼續武裝李承晚集團。李承晚在美國的支持下，不斷在「三八線」附近挑起軍事摩擦，揚言要以武力統一朝鮮半島。1950 年 1 月，李承晚集團同美國簽訂《美韓聯防互助協定》，戰爭大有一觸即發之勢。在朝鮮方面，金日成也曾於 1948 年、1949 年兩次要求同蘇聯締結「朝蘇互助友好條約」，斯大林因怕刺激美國，未予同意。1949 年 4 月，朝鮮獲悉，美軍即將撤離韓國，李承晚集團將於美軍撤離後向朝鮮發起進攻。為此，金日成一面要求蘇聯火速支援武器裝備，一面派人到北京，請求我在兵員上給予幫助。毛澤東表示，如果李承晚集團敢於挑起戰爭，我們將給予朝鮮援助，並答應將我駐東北地區的人民解放軍朝鮮族師編入朝鮮人民軍。待第三次國內革命戰爭結束，完成全國統一大業後，中國軍隊裏的朝鮮族官兵都可以根據自己的意願考慮編入朝鮮人民軍問題。毛澤東還明確指出，要爭取實現全朝鮮統一，但從當前的國際形勢看，近期內還沒有必要採取行動。6 月，李承晚集團公開叫囂，準備給朝鮮一次毀滅性打擊。與此同時，杜勒斯也跑到朝鮮半島，秘密視察了「三八線」，並宣稱美國將對李承晚集團反對共產主義的行動給予道義上和物質上的支持。朝鮮半島的局勢驟然緊張。

　　1950 年初，杜魯門發表關於韓國和台灣地區不在美國防務圈內的聲明，使斯大林解除了顧慮，開始考慮從根本上解決朝鮮問題，加快了武裝人民軍的步伐。3 月，金日成秘密訪蘇，表示朝鮮人民軍有足夠的力量統一朝鮮半島，斯大林對此表示樂觀和肯定。5 月 13 日，金日成來華向中共中央通報他秘密訪蘇和斯大林已同意他統一朝鮮半島的計劃。毛澤東當即表示，這是一個重大問題，我們要向蘇方核實。隨後緊急約見蘇聯駐華大使羅申，請他報告斯大林證實金日成的說法。第二天，羅申拿着斯大林的回電求見毛澤東，證實了此事。毛澤東對金日成說，我們不是敵人的參謀長，要多設想可能發生的情況。為了準備應付萬一，中國人民解放軍準備在鴨綠江我方一側部署三個軍的兵力，如果美國出兵，只要他們不越過「三八線」，我們也不過鴨綠江；如果美國越過「三八線」，我們可以考慮以志願軍的名義出兵參戰。金日成對此婉言謝絕，信心十足地說：中國沒有出兵的必要。

　　1950 年 6 月 25 日，朝鮮戰爭爆發。戰爭爆發的第二天，杜魯門就宣佈美遠東空軍海軍參戰支持李承晚。27 日，杜魯門發表聲明宣稱派第七艦隊開赴

台灣海峽阻止我國解放台灣。7月7日，美又操縱聯合國安理會通過決議，授權以美國侵朝軍隊為主，糾集十六個國家的軍隊，組成「聯合國軍」，進入朝鮮半島支持李承晚集團擴大侵略戰爭。

戰爭初期，朝鮮人民軍銳不可當，作戰順利，很快越過「三八線」。金日成通過廣播發佈命令，要求人民軍在8月底前將美軍全部趕出朝鮮南部，完成統一朝鮮的神聖使命。但是，在人民軍長驅直入、歡呼勝利的同時，它的弱點也暴露無遺。人民軍的主力部隊集中到了第一線，後方空虛；戰線過長，補給十分困難。9月15日，美軍在仁川登陸；25日，攻陷漢城，人民軍部隊被攔腰截斷，戰場形勢急劇逆轉。

10月1日，麥克阿瑟下令「聯合國軍」越過「三八線」，向北推進。同日，斯大林來電，建議我們至少派五六個師，迅速進至「三八線」附近，以掩護朝鮮人民軍在後方組織後備力量。與此同時，金日成也派特使朴憲永到北京請求給予軍事支援。2日凌晨，毛澤東急電高崗立即來京開會，商討朝鮮局勢。當日下午，毛澤東主持召開中央書記處會議，旗幟鮮明地指出這件事一定要管，否則美國人將得意忘形，更加猖獗。出兵朝鮮，意味着中美交火，可能導致美國正式向我宣戰，把戰火直接引向我國。這樣，不僅會打亂國家的經濟恢復和建設計劃，而且美國是西方世界霸主、頭號軍事強國，軍隊裝備精良，還擁有核武器，中美一旦直接交火，能否打得贏，沒有絕對把握，但毛澤東權衡利弊，認為出兵比不出兵更為有利。美國介入朝鮮內戰，本在我們意料之中。戰爭爆發後，7月2日，周總理約見蘇聯駐華大使羅申，對朝鮮人民軍能否挫敗美軍的干預表示擔憂，為預防萬一，我準備在中朝邊境集結九個師的兵力，美軍一旦越過「三八線」，中國軍隊即以志願軍名義入朝抗擊美國侵略軍，希望能得到蘇聯的空中掩護。7日、10日，周總理兩次召開軍事會議，會議作出《關於保衛東北邊防的決定》，立即抽調兵力組成東北邊防軍。隨後，邊防軍實力很快達到二十六萬人。現在，要派兵入朝，由誰掛帥？毛澤東屬意林彪。林彪卻藉口有病，極力推辭。

10月4日，毛澤東主持召開中央政治局擴大會議，會議一開始，毛澤東就宣佈，今天全天開會，討論出兵朝鮮問題。上午專門談應當出兵的理由，下午專門談不出兵的理由。根據當時會議討論的情況，基本上傾向於不出兵，理由就是一條，我們剛剛打完仗，戰爭創傷尚未醫治好，經濟還未恢

復，入朝參戰對我不利。下午，彭德懷由西安趕到北京，參加了主張不出兵的那一段會議。會議結束時毛澤東說，你們不主張出兵，說得都有理，但別人處在生死存亡關頭，我們站在旁邊看，不管怎麼說，心裏總不是個滋味。彭德懷因為不了解情況，在會上沒有表態，但是一散會，他就跑到我這裏，向我詳細地了解上午會議的情況。5日上午，毛澤東把彭德懷找去單獨談話。彭說，我想了一個晚上，覺得應當出兵。他慨然表示願意掛帥東征。下午，政治局擴大會議繼續進行，彭德懷力主出兵抗美援朝。他說，有人擔心打仗會影響建設，這沒有什麼，打爛了，以後再建設就是了，等於解放戰爭勝利推遲了幾年。如果讓美國吞併了整個朝鮮，它隨時都可以尋找藉口向我挑釁、發動侵略戰爭，所以遲打不如早打，否則會留下無窮後患。毛澤東接着把中、蘇、朝三國比喻為三駕馬車，說這輛車是三匹馬拉的，那兩匹馬執意向前跑，你又有什麼辦法呢？正說着，師哲領着柯瓦廖夫來了，毛澤東就離開會場到豐澤園去見蘇聯客人。不一會兒，大約只有二十幾分鐘的時間，毛澤東又回到會場，說你們看，果不其然，那兩匹馬一定要拉，我們不拉怎麼得了！會議隨即作出決定，由彭德懷掛帥，率中國人民志願軍入朝。

　　10月8日，毛澤東簽署《關於組成中國人民志願軍的命令》。同日，毛澤東電告金日成我組成志願軍，由彭德懷任司令員兼政委入朝作戰的決定，並請他「即派朴一禹同志到瀋陽與彭德懷、高崗二同志會商與中國人民志願軍進入朝鮮境內作戰有關的諸項問題」。

　　同一天，周恩來、林彪前往蘇聯會見斯大林，商談有關蘇聯的軍事援助和對我志願軍提供空中掩護問題。斯大林一方面表示願意提供十六個志願空軍團給我志願軍作空中掩護，一方面又強調立即出動空軍掩護有困難，至少還需要等兩三個月才能準備好。因為蘇聯不能派空軍給我志願軍空中掩護，周恩來不得不致電毛澤東再作定奪。由於出現這個波折，10月12日，毛澤東電彭德懷、高崗：志願軍各部仍就原地進行訓練，不要出動，並請他們來京一談。彭、高到京後，13日，毛澤東再次召開中央政治局緊急會議，就出兵不出兵問題展開複議。會上，毛澤東強調中朝唇齒相依，讓美軍進到鴨綠江邊與我對峙未必有利。會議經過反覆討論，終於下了出兵的最後決心。隨即發電給周恩來：與高崗、彭德懷二同志及其他政治局同志商量結果，一致認為我軍還是出動到朝鮮為有利。在第一時期，可以專打偽軍，我軍對付偽

軍是有把握的，可以在元山、平壤線以北大塊山區打開朝鮮的根據地，可以振奮朝鮮人民重組人民軍。兩個月後，蘇聯志願空軍就可以到達。六個月後可以收到蘇聯給我們的火炮及坦克裝備，訓練完畢即可攻擊美軍。在第一時期，只要能殲滅幾個偽軍的師團，朝鮮局勢即可起一個對我們有利的變化。我們採取上述積極政策，對中國、對朝鮮、對東方、對世界都極為有利；而我們不出兵，讓敵人壓至鴨綠江邊，國內國際反動氣焰增高，則對各方都不利，首先是對東北更不利，整個東北邊防軍將被吸住，南滿電力將被控制。總之，我們認為應當參戰，必須參戰。參戰利益極大，不參戰損害極大。

美國將軍哀歎簽訂了歷史上第一個沒有取得勝利的停戰協定

10 月 19 日，中國人民志願軍的三個軍和三個炮兵師分三路渡過鴨綠江。為了隱蔽，部隊黃昏行動，拂曉停止。21 日，「聯合國軍」攻佔平壤，麥克阿瑟認為中國出兵的可能性極小，叫囂要在 11 月 23 日感恩節前佔領全朝鮮。他根本不知道中國人民志願軍幾天前已經渡過鴨綠江，正在預定地區佈下口袋等着他。25 日，北進的李偽軍一師、六師先頭部隊遭我志願軍伏擊，被殲千餘人，拉開了抗美援朝的帷幕。從 10 月 25 日到 11 月 5 日，歷時十天的抗美援朝戰爭第一次戰役共殲滅「聯合國軍」一萬五千餘人，打破了美軍不可戰勝的神話，穩定了朝鮮半島的戰局。

驕橫的麥克阿瑟吃了敗仗，仍然主觀地認為中國只是派了少量部隊入朝以保衛自己的邊防，因此，他重新集結兵力，在海空軍的支援下加快北進速度。11 月 24 日，麥克阿瑟向全世界宣佈，「聯合國軍」已開始發動總攻，在聖誕節前結束朝鮮戰爭。隨後，他又在廣播中要求他的部隊迅速打到鴨綠江，回家過聖誕節。我志願軍採取邊打邊撤、誘敵深入、分割包圍、伺機殲滅的方針，從 11 月 7 日到 12 月 24 日，歷時四十多天的抗美援朝第二次戰役，共殲敵三萬六千餘人，收復了平壤和「三八線」以北的廣大地區。

第二次戰役中，11 月 25 日，我志願軍總部遭到美機轟炸，毛澤東的兒子毛岸英和另外一位名叫高瑞欣的同志不幸犧牲。一個多月以後，1951 年 1 月 2 日，周恩來才把彭德懷關於此事的電報寫信告訴毛澤東。周恩來的信和彭德懷的電報都不長，毛澤東卻看了很久。長歎了一聲後，他說，犧牲的成千上

萬，無法只顧及此一人。事已過去，不必説了。毛澤東精神偉大，而實際受到打擊卻不小！這是沒有辦法的事，毛澤東一度有下鄉休息之意。

第二次戰役後，彭德懷建議我志願軍暫時休整一段時間。12 月 27 日，他在給毛澤東的電報中説：「一、二次戰役勝利後，已改變朝鮮戰局，我已由防禦轉為進攻。敵雖士氣低落，但裝備仍佔優勢；我雖士氣旺盛，但武器裝備太差，交通運輸嚴重困難，要改善這些條件，最快還須三至六個月才能逐步實現。戰役繼續向南前進時，敵人防線縮短，兵力集中；而我之供應線延長，新的困難亦隨之增加。」但是，那時美國正在玩弄先停火後談判以爭取時間準備再戰的陰謀。12 月 14 日，聯合國通過印度等十三個國家的停火提案，打着停火的幌子，企圖阻撓我軍突破「三八線」。毛澤東認為美英各國正要求我軍停止於「三八線」以北，以利其整軍再戰。因此，我軍必須越過「三八線」。如到「三八線」以北即停止，將給政治上以很大的不利。因此，他沒有同意彭德懷的建議。

12 月 31 日夜，我志願軍發起抗美援朝戰爭第三次戰役，到 1951 年 1 月 8 日結束，歷時八天，前進八十至一百一十公里，解放了漢城（今首爾），共殲敵一萬九千餘人。

彭德懷認為，第三次戰役美軍是不戰而退，他們的主力部隊並沒有受到多大損失，顯然是誘我南下，造成供應線拉長，側翼暴露，以便其利用海空優勢重演仁川登陸故伎。這時，我軍的弱點也逐漸暴露出來，裝備差，無空中掩護，後勤保障能力弱，士兵攜帶的糧彈只夠維持五至七天。美軍嘲諷我只能發動「星期攻勢」。果然，1 月 25 日，美軍集結二十多萬兵力向我發起進攻，這就是抗美援朝戰爭第四次戰役，這次戰役歷時八十七天，到 4 月 27 日結束。敵雖重新佔領漢城，並把戰線恢復到「三八線」一帶，但我軍大量殺傷敵人，共殲敵七萬八千餘人。

在第四次戰役中，彭德懷對我志願軍面臨的困難，心急如焚。2 月 21 日，他回京向毛澤東彙報朝鮮戰局。他乘坐的專機降落西郊機場後，馬上驅車中南海。不巧，毛澤東在西郊玉泉山，於是他又折返西郊。這時，毛澤東已經午睡，他不顧警衛人員的勸阻，徑自闖入房間，將睡眠中的毛澤東喚醒，向他彙報朝鮮前線敵我情況和我志願軍面臨的諸多困難。毛澤東聽完彭德懷的陳述，經過認真思考後提出：朝鮮戰爭能速勝則速勝，不能速勝則緩

勝，不要急於求成。這就給了彭德懷一個相機處置的餘地。2 月 25 日，周恩來主持軍委擴大會議，討論各大軍區部隊輪番入朝作戰和如何保障志願軍物資供應問題。彭德懷對當時國內同樣面臨很大困難考慮不夠，片面強調後方支援朝鮮前線不力，甚至激動地站起來拍桌子，大聲喊：「你們去前線看看，看看志願軍吃的是什麼，穿的是什麼，他們為誰犧牲？難道國內就不能克服一點困難嗎？」這次會議對加強志願軍第一線兵力和後勤供應問題作了許多重要決定，如人民解放軍各部隊輪番到朝鮮前線參戰，這樣既可替換第一線部隊休整，又可鍛煉部隊，提高全軍現代化作戰能力；派高炮部隊入朝以掩護志願軍後方交通線；號召各行各業增產節約、捐獻飛機等。

3 月 24 日，「聯合國軍」總司令麥克阿瑟擅自發表要將戰爭擴大到中國境內的聲明，被杜魯門撤職，李奇微接任「聯合國軍」總司令。李奇微的如意算盤是重演仁川登陸故伎，在朝鮮半島的蜂腰部、我志願軍背後登陸，使我軍腹背受敵。為了粉碎敵人的這一陰謀，彭德懷提前發動了抗美援朝第五次戰役。原計劃是將敵人趕回北緯 37 度線附近，但因準備不充分，沒有達到預期目的。戰役從 4 月 22 日開始到 6 月 10 日結束，歷時五十天，粉碎了敵人擬將戰線推進到北緯 39 度平壤、元山一線的企圖，殲敵八萬二千餘人，我志願軍也付出了很大代價。

第五次戰役後，戰爭雙方在「三八線」附近呈膠着狀態。1951 年 5 月，美國國家安全委員會向杜魯門建議爭取談判解決朝鮮問題。5 月 31 日，美國國務院顧問、前美駐蘇大使凱南拜會蘇聯駐聯合國代表馬立克，表示美國政府準備與中國討論結束朝鮮戰爭問題，願意恢復戰前狀態。隨後，美國國務卿艾奇遜、聯合國秘書長賴伊先後表達了美國政府的這一意向。毛澤東立即把握住這一機會，6 月 3 日，同專程來京的金日成舉行會談；10 日，又派高崗同金日成去莫斯科和斯大林會商；接着，派李克農離京赴朝主持停戰談判。談判於 1951 年 7 月 10 日開始，到 1953 年 7 月 27 日雙方才在《停戰協定》上簽字，前後歷時兩年有餘。

談判桌上是第二個戰場。這期間朝鮮戰場上處於談談打打、打打談談的局面，兩個戰場同樣複雜、激烈。前幾天，我找到了李克農 1952 年 7 月 12 日從開城寫給我的一封信，信中描述了當時談判代表團工作和生活情況。信中說：「1951 年 7 月 3 日由北京出發總人數包括武裝警衛人員不上六十人，經

過一年的戰鬥時間，現在擴大到六百四十人。這個部隊在毛主席和總理直接領導下，是經得起戰鬥的，同時經過一年來的考驗多數同志也進步了，面貌也改變了，特別是對那些在美國得了學士、博士學位的同志們，實際教育意義更大。」來信還說：「敵人在中立區、會場區的特務活動，比以前更活躍，前天我們又在會場區設伏捕獲敵特一名，附上敵人利用小孩在會場區做特務活動照片兩張，以便你們了解此間對特務鬥爭的複雜情況。」

朝鮮戰場上停戰的時候，我志願軍的裝備已得到較大改善，實力有了較大增強。對此，彭德懷曾惋惜地說，當時我方戰場組織剛告就緒，沒有充分利用它給敵以重大打擊就宣告停戰了，實在可惜。他還曾設想，把我退出的地區作為緩衝區交給中立國家監督，那樣會更好些。而在敵人方面，當時的「聯合國軍」總司令克拉克在簽字後哀歎，他是美國歷史上第一個在沒有取得勝利的停戰協定上簽字的司令官。

毛澤東和周世釗談抗美援朝戰爭

周彥瑜　吳美潮

　　父親周世釗和毛澤東是湖南省立第一師範學校的同學，他們情意拳拳，過從甚密，書信來往不斷，詩詞切磋頻頻，相知相交六十三年。毛澤東稱周世釗是「真能愛我，又能於我有益的人」，並稱讚他是「賢者與能者」；周世釗則稱毛澤東是「素抱宏願」的「吾兄」，又稱他是「尊敬的主席」。毛澤東與周世釗談話時，縱論國事，無所避嫌。現根據周世釗記述，將毛澤東和周世釗的交往及關於抗美援朝戰爭的幾次談話整理如下：

幸福的會見

　　1913 年春天到 1918 年夏天，毛澤東和周世釗在湖南省立第四師範和第一師範學校同班學習了五年半。畢業後，他們走上了社會，又一起共同奮鬥了九個春秋，直到 1927 年後才分開。尤其是在 1918 年到 1921 年的三年中，毛澤東和周世釗同為新民學會的骨幹成員，一起為了「改造中國與世界」而奮鬥，並且常常寫信互勉。1920 年 3 月，毛澤東從北京給周世釗寫信，說：「我想你現時在家，必正綢繆將來進行的計劃，我很希望我的計劃和你的計劃能夠完全一致，因此你我的行動也能夠一致。我現在覺得你是一個真能愛我，又能於我有益的人，倘然你我的計劃和行動能夠一致，那便是很好的了。」1920 年 6 月，周世釗寫信勸毛澤東回湖南創立一番事業：「吾兄平時，素抱宏願，此時有了機會，何不竭其口舌筆墨之勞，以求實現素志之十一？相知諸人，多盼兄回湘有所建白，弟亦主張兄回省……」

　　後來，毛澤東忙於建團建黨的活動，他雖然曾邀請周世釗一起進行革命活動，但周世釗當時入了上大學的「迷」，拒絕了毛澤東的邀請。但兩人彼此尊重對方的選擇，依然聯繫密切。據周世釗回憶，毛澤東寫《湖南農民運動考察報告》之前，曾把調查情況和想法告訴了周世釗。後來，因毛澤東南征北戰，他們的聯繫才慢慢中斷了。

　　直到 1949 年 8 月長沙和平解放，周世釗以第一師範學校代理校長的名義專門致電向毛澤東致敬。毛澤東不久就回電：「希望先生團結全校師生，加緊學習，參加人民革命事業。」自此，周世釗和毛澤東又恢復了密切聯繫。1949 年 10 月，周世釗致函毛澤東，並附詩一首，同時附去陳澤同建設湘潭工業區的一份意見書。11 月 15 日，毛澤東回信：「延安曾接大示，寄重慶的信則未收到。兄過去雖未參加革命鬥爭，教書就是有益於人民的⋯⋯兄為一師校長，深慶得人，可見駿骨未凋，尚有生氣。」周世釗對毛澤東評價他「駿骨未凋，尚有生氣」，十分高興，也很受鼓舞。

　　1950 年 9 月下旬，毛澤東的親戚章淼洪回湘省親，毛澤東囑她便道約周世釗和王季範偕往北京參加國慶觀禮。9 月 30 日中午，周世釗到達北京，下午去中山公園聽周恩來的報告，晚上與蔣竹如等第一師範學校的老同學前往北京飯店王季範（因為出席全國教育工作會議已先入京）處談了一陣兒。周世釗從同學中獲悉，當毛澤東會見他們時，問起他的情況，江青還在旁邊插問：「這是一個什麼樣的同學？」毛澤東說：「這位同學相當老實憨厚，就是膽子小。」10 月 1 日，周世釗受邀到天安門觀禮台參加國慶觀禮。直到 10 月5 日，中南海來電話說毛澤東要接見他，囑咐他在飯店等候。下午 4 時，毛澤東派秘書用車到惠中飯店接周世釗。他們入新華門，到達勤政殿，江青在門口等候，引周世釗入內，並一路詢問周世釗的家庭情況。

　　1927 年分別後，兩位老朋友二十三年後終於相見。周世釗稱此次見面為「幸福的會見」。握手寒暄後，毛澤東笑容滿面地問了周世釗到京後的情況，也談了他近來的健康情況。毛澤東問周世釗到京以後會見了哪些人。周世釗說見了徐特立、謝覺哉、熊瑾玎、王季範。毛澤東對周世釗說：「約他們來談談好吧？他們沒到以前，我們到外面走走，如何？」於是，毛澤東一面囑咐秘書電約四老，一面又囑咐準備兩輛車。毛澤東和周世釗坐一輛車，警衛人員坐一輛車，進入景山公園。毛澤東和周世釗剛下車步行不到二十步，警衛

人員走到跟前對毛澤東說：「園裏遊人太多，不便久留，請主席上車。」毛澤東一邊上車，一邊說：「今天遊不成了，回去吧！」

在回途中，周世釗問毛澤東：「我記得你從前瘦些，是什麼時候胖起來的？」毛澤東說：「過去在長沙時，常常東奔西跑，在江西和長征時期，常常騎馬打仗，活動多，胖不起來。在延安十多年，坐窰洞，寫文章，騎馬打仗的機會不多，就慢慢地胖起來了。」

周世釗又問：「我看你對一些熟人的信件，都是親自回答，為什麼不讓秘書代勞呢？」毛澤東說：「秘書不了解那些人的情況，不知怎樣下筆，必須將經過詳細告訴他，他才能寫，不如我自己提筆寫幾句還省事得多。」

毛澤東和周世釗回到中南海已是傍晚時分，幾位約請的人都已到齊。同進晚餐後，坐在客廳談話。周世釗向毛澤東提了一個要求：「第一師範的師生，懇切希望得到您的指示，請求為他們題示幾句話。」

毛澤東當即表示滿足全校師生的要求，並對徐特立說：「你是一師的老教師，也寫幾句話，給他（周世釗）帶回去吧！」話題集中到一師，又說到一師一些過去的教師。

談話中，毛澤東囑咐周世釗搬入北京飯店。於是，周世釗回去後就從惠中飯店搬到了北京飯店。

毛澤東談話後，秘書向他報告，有首長請見，周世釗等便起身告辭。

我們有力量有把握打好這一仗

1950 年 10 月 27 日上午，毛澤東再次召見王季範和周世釗。毛澤東傷感地談了任弼時逝世一事後，饒有興趣地談論起宗教和哲學問題。周世釗感到很奇怪，於是問道：「主席今天為什麼有這種閒情來談宗教和哲學這些問題呢？朝鮮局勢不是很緊張嗎？」

毛澤東從容答道：「朝鮮局勢日趨緊張，這段時間，我們為了討論這個問題，有很多天是睡不着的。但是，今天我們可以高枕而臥了。」

「這是為什麼呢？」周世釗很不解。

「因為我們的志願軍已經出國了。」毛澤東透露了這個消息。

這是周世釗和王季範之前沒有聽到的消息。周世釗一方面感到興奮，一

方面更感到擔心，因而提出一個問題：「有勝的把握嗎？」

毛澤東沒有立即回答這個問題，卻反問王季範和周世釗：「你們對這個問題看法怎麼樣？」

王季範沒有表示意見。周世釗稍稍考慮後陳述了他的看法：「國民黨反動統治被推翻，全國得到解放，這是建設新國家的大好機會。全國人民都希望和平建設，志願軍抗美援朝，是不是會影響和平建設呢？」

毛澤東說：「不錯，我們急切需要和平建設，如果要我寫出和平建設的理由，可以寫百條千條，但這百條千條的理由不能敵住六個大字，就是『不能置之不理』。現在美帝的侵略矛頭直指我國的東北，假如它真的把朝鮮搞垮了，縱不過鴨綠江，我們的東北也時常在它的威脅中過日子，要進行和平建設也會有困難。所以，我們對朝鮮問題，如果置之不理，美帝必然得寸進尺，走日本侵略中國的老路，甚至比日本搞得更兇。它要把三把尖刀插在中國的身上，從朝鮮一把刀插在我國的頭上，以台灣一把刀插在我國的腰上，把越南一把刀插在我國的腳上。天下有變，它就從三方面向我進攻，那我們就被動了。我們抗美援朝就是不許它的如意算盤得逞。『打得一拳開，免得百拳來。』我們抗美援朝，就是保家衛國，可是黨內有很多人不同意。」

周世釗聽了還是十分擔心，再一次提出剛才的疑問：「是不是有勝利的把握呢？」

毛澤東喝了口茶，不慌不忙地回答這個問題：「你們都知道，我是不打無把握的仗的。這次派志願軍出國，是有人不同意的，他們認為沒有必勝的把握。我和中央一些同志經過周詳的考慮和研究，制定了持久戰的戰略，勝利是有把握的。我們估計，美帝的軍隊有一長三短。它的鋼鐵多、飛機大炮多，是它唯一的優勢。但它在世界上的軍事基地多，到處樹敵，到處佈防，兵源不足，是第一短；遠隔重洋，是它的第二短；是為侵略而戰，師出無名，士氣十分低落，是它的致命傷。雖有一長，不能敵這三短。我們則為抗美援朝而戰，為保家衛國而戰，士氣高，兵源又足。我們並不希望速戰速決，我們要進行持久戰，一步一步消滅它的有生力量，使它每天都有傷亡。它一天不撤退，我們就打它一天，一年不撤退，就打它一年，十年不撤退，就打它十年。這樣一來，它就傷亡多，受不了。到那時，它就只好心甘情願進行和平解決。只要它願意和平解決，我們就可結束戰爭。」

　　周世釗又提出一個問題：「假如它不在朝鮮戰場上打而派大軍從我國海岸登陸怎麼辦？」

　　毛澤東說：「它不敢，那樣做我們也不怕它。我們有《中蘇友好同盟互助條約》，它如果向我國進攻，就會引起蘇聯的參與。蘇聯參與，不一定要派兵東來，它可以在幾天之間用兵西向，席捲歐洲，歐洲是美國必爭之地，它要照顧歐洲，自然也就無力入侵我國了。」

　　周世釗繼續發問：「假如美帝用飛機濫炸我國的重要都市呢？」

　　毛澤東繼續分析道：「它也不敢，因為這同派兵登陸，同樣是侵略。」在毛澤東剖析了上述論點後，周世釗又提出一個問題：「為什麼只有我國抗美援朝，蘇聯卻坐視不理呢？」

　　毛澤東笑着說道：「這個仗，我們有力量有把握打好，不必要蘇聯參加。我看美帝的侵略行徑，一定會徹底失敗，不管它怎樣掙扎，終究是黔驢技窮，在中朝人民共同抗擊之下，它是一定不能得逞的。」

他們沒有希望打到鴨綠江

　　1950 年至 1951 年初，湖南省第一師範學校的行政負責人之間、教師與教師之間，發生了不團結的現象。周世釗不想捲入其中，也沒有以積極的態度主動去解決問題，想一走了事。上級領導對周世釗進行了耐心教育，他才勉強安下心來。但他始終沒有辦法解決校內不團結的問題，學校工作因而受到影響。周世釗認為自己過多考慮個人面子、威信問題，作為舊知識分子不能很好地體會黨對教育工作的方針政策，迫切需要學習。於是，他要求學習、改造。1951 年 3 月，湖南省教育廳將湖南省第一師範學校的人事作了適當調整，由副校長李迪光暫時代理校長，同意周世釗到北京的華北人民革命大學政治研究院學習一年。周世釗自 3 月 7 日北上，到京後住惠中飯店。此時，毛澤東已離京去石家莊附近鄉間休息去了，於是周世釗寫了一封信告訴毛澤東他的學習計劃。

　　1951 年 4 月下旬，政治研究院辦公室通知周世釗，中南海將派車來接他。下午 4 時，毛澤東的秘書來政治研究院接周世釗和蔣竹如去中南海。這時，毛澤東已從石家莊回來。見面後，毛澤東詢問周世釗、蔣竹如的學習情

況後說：「你們能夠請假學習一年，好極了，有機會學習是最好不過的事。我很想學習兩三年，特別想學習自然科學，可惜我不如你們這樣幸運，能夠請假學習，我現在是不好請假的。」

　　1951 年 5 月的一個星期六下午，毛澤東派秘書田家英到政治研究院接周世釗和蔣竹如去中南海聚會。見面後，毛澤東高興地告訴他們，志願軍在朝鮮作戰獲得了一個又一個的勝利，並說：「我們志願軍的武器遠不如美帝，但常常把美帝的軍隊打得狼狽逃竄。我們連大炮都少，飛機更沒上前線。但常常打勝仗，把敵人打得落花流水。這是為什麼呢？沒有別的理由，這是因為我們的志願軍都是翻身的農民和工人，他們認識這場戰爭是為支援被侵略的朝鮮而戰，是為保家衛國而戰，都有為保衛革命勝利果實的決心，都明了這場戰爭是為自己而戰，為自己的國家而戰，因此奮勇殺敵，敢於犧牲。可以說，抗美援朝戰爭我們打的是品質仗，是什麼武器也不易抵擋的。」

　　談了這些以後，毛澤東又說：「我們在朝鮮戰場上的形勢是越來越好，造成這種好形勢主要依靠我們志願軍的勇敢和機智。他們現在層層挖掘坑道，這些坑道都在山底下，縱橫溝通，隨意出入，飛機炸不垮，大炮轟不壞。敵人不好攻，我們卻可出去，萬一失了第一線，還有第二線、第三線。這都是志願軍指戰員想出來的好辦法。像我們在北京的人就不一定想得出這種辦法。」

　　1951 年 9 月的一天，毛澤東約在政治研究院學習的周世釗、李思安、蔣竹如等五人到中南海共進晚餐。席間，毛澤東很高興地告訴在座的人：「抗美援朝戰爭所以能夠取得勝利，主要是由於我們志願軍的機智勇敢，不斷提出新的對付敵人的好辦法，坑道戰就是新辦法之一，現在挖掘了許多層的坑道，敵人想要破壞這些坑道是很不容易的。一個美國記者說：『美國的軍隊再花二十年也打不到鴨綠江！』我看再打二百年，他們也沒有希望打到鴨綠江。」

　　周世釗聽後感到很興奮、很激動。毛澤東又問李思安：「你還記得驅張運動時向北洋軍閥政府的國務總理請願，在新華門坐冷板凳的事嗎？」李思安答道：「當然記得。那是您在領導，已是三十年以前的事了。」

抗美援朝是了不起的事

《朝鮮停戰協定》簽字後，中國人民第三屆赴朝慰問團在賀龍率領下，於1953 年 10 月過鴨綠江進入朝鮮。周世釗參加了中國人民赴朝慰問團湖南分團，到鐵路沿線慰問志願軍鐵道兵團。周世釗通過兩個月的慰問，更加認識到毛澤東的偉大，認識到毛澤東關於抗美援朝戰爭判斷的正確性，心裏更加佩服。

抗美援朝戰爭勝利後，周世釗和毛澤東大概在 1954 年見面時，又一次談到了抗美援朝戰爭問題。

周世釗感歎：「1950 年的那場抗美援朝戰爭，真是夠緊張的啊！那時國民黨反動統治被推翻，全國人民得到解放，建設新國家是大好機會。人民希望和平建設自己的國家，那時您就決定抗美援朝，派志願軍到朝鮮作戰。我當時怕影響我們的和平建設，但後來居然把美帝國主義打敗了，這是了不起的事！」

毛澤東說：「關於抗美援朝戰爭的問題，1950 年 10 月我就跟你談過。我們不希望速戰速決，我們要進行持久戰。我們要一步一步地消滅它的有生力量，使它每天都有傷亡。它一天不撤退，我們就打它一天。它一年不撤退，我們就打它一年。它十年不撤退，我們就打它十年。這樣一來，它就傷亡多，受不了。到那時，它只好心甘情願同我們進行談判，和平解決問題。只要它願意和平解決問題，我們就可以結束這場戰爭。這就是說，美帝侵略朝鮮之戰，不管它怎樣掙扎，它一定要徹底失敗。我們那時基本上就是依靠小米加步槍的武器、依靠戰士們的勇敢精神、依靠中朝人民的支持、依靠全世界愛好和平的人民的同情與支持與美帝國主義打仗。戰爭的結果，完全證明我們的估計是正確的。中朝人民勝利了，美帝國主義失敗了，這就是歷史的結論。抗美援朝這一仗，我們不僅打出了軍威，而且打出了國威。抗美援朝這一場戰爭我們雖然付出了代價，但是經過抗美援朝這一場戰爭以後，我們中國在國際上的地位大大提高了。看來我們打這場戰爭還是值得的。」

周世釗又小心地問：「毛岸英同志也到了朝鮮，但是他剛剛出國不久就在朝鮮戰場上犧牲了，是不是和彭老總沒盡到責任有關？如果您不派毛岸英同志到朝鮮戰場上，我看他是不會犧牲的。」

　　毛澤東想了想，說：「不能這樣說。岸英的犧牲，責任完全在美帝國主義身上。岸英是為保衛中國人民、朝鮮人民的利益，為保衛我們祖國的安全而出國作戰的，他是為反對美帝國主義的侵略行為，為保衛世界和平事業而犧牲的。彭老總是沒有什麼責任的，不能去責怪他。當時，我得到岸英在朝鮮戰場上不幸犧牲的消息後，我的內心是很難過的，因為我很喜歡岸英這個孩子。岸英犧牲以後，當時有人提議要把他的屍體運回國來安葬，我沒有同意。我說岸英是響應黨中央的號召，為抗美援朝，為保家衛國而犧牲的，就把他的屍體安葬在朝鮮的國土上，讓它顯示中朝人民的友誼，讓中朝人民的友誼萬古長青，不必把他的屍體運回國來安葬。當然你說如果我不派他到朝鮮戰場上，他就不會犧牲，這是可能的，也是不錯的。但是，我是黨中央的主席，在那種比較困難的情況下，我是極力主張發動抗美援朝、保家衛國運動的，後來得到黨中央的贊成，做出了抗美援朝、保家衛國的決定。這個決定得到了中國人民、朝鮮人民、全世界一切愛好和平人民的支持和擁護，很快就在全國範圍內掀起了一個抗美援朝、保家衛國的偉大運動。我作為黨中央的主席，作為一個領導人，自己有兒子不派他去抗美援朝、保家衛國，又派誰的兒子去呢？人人都像我一樣，自己有兒子不派他去上戰場，光派別人的兒子去上前線打仗，這還算個什麼領導人呢？這是一方面。另一方面，岸英是個青年人，他從蘇聯留學回國後，到農村進行過勞動鍛煉，但他沒有正式上過戰場。青年人就是要到艱苦的環境中去鍛煉，要在戰鬥中成長。基於這些原因，我才派他到朝鮮去的。」

對建國初期工會若干問題的回顧

陳用文

新中國成立初期，中國工會工作經歷了歷史性的轉折，並取得了很大成績，但也出現過一些問題。其中許多細節，至今仍難以釋懷，現記錄如下，以供後人研究時參考。

1949 年 3 月，隨着新民主主義革命即將取得全國勝利，中共中央在河北西柏坡召開了七屆二中全會。會議做出了把黨的工作重點從鄉村轉到城市的戰略決策，並提出在城市工作中，要以恢復發展生產為中心，堅持全心全意依靠工人階級的方針。

七屆二中全會以後，中共中央任命李立三為中央職工運動委員會書記，並且負責中華全國總工會（簡稱全總）的日常工作。由於全總剛剛成立，缺少幹部，李立三向劉少奇提出了配備幹部的要求。我原來是中央職工運動委員會的工作人員，這時正在彭真領導的中央政策研究室工作。進城的時候，中央組織部部長安子文找我談話，要我進城後直接到全總。所以我到北平後，就到全總上了班，先任全總政策研究室副主任，1949 年 7 月全總機關報《工人日報》創刊後，我又被派往工人日報社幫助開展了幾個月工作，1950 年 1 月任工人日報社社長兼總編輯。

新中國成立後，中國工人運動和工會組織進入了一個新的發展時期。全國工會從無到有，獲得了蓬勃發展。廣大工人階級通過全國各地方工會和各產業工會被迅速組織起來，成為共產黨的依靠和新中國人民民主政權的堅強支柱。新形勢也帶來了新問題。工會作為黨直接領導下的群眾組織，在新形勢下應該怎樣開展工作，以及如何正確處理工會同黨、政府、工人群眾之間

的關係，成為工會工作亟須解決的重大方針問題。

　　1950 年 7 月，中共中南局第三書記鄧子恢在中南地區總工會籌備委員會擴大會議上作了題為《關於中南區的工會工作》的報告。他鑒於當時中南地區工會工作中已經出現嚴重脫離工人群眾，公營工廠中有些工會組織不重視維護工人群眾的正當利益等問題，指出：在公營企業中，工會工作者與企業行政管理人員、政府工作人員之間，在「基本立場是基本一致」即雙方都是為國家同時也是為了工人自己的利益服務的前提下，在「具體立場」上仍有所區別。他們各自的工作崗位、任務不同。即使在公營工廠中，工會仍有「代表工人的利益」、「保護工人群眾日常切身利益」的基本任務，而不能脫離這個基本任務，成為「廠方的附屬品」。當廠方某些規定或措施對工人不利時，工會工作者就應該反映工人的意見，同廠方商量、修改、完善。7 月 29 日，鄧子恢把中南總工會籌委擴大會情況和他的這個報告要點向毛澤東作了彙報。

　　7 月 30 日，中南局機關報《長江日報》全文刊登了鄧子恢的報告。8 月 4 日，《工人日報》全文轉載了這個報告，並在編者按語中提出：希望全國各級工會組織和全國一切工會幹部，都要好好學習這個報告，改進自己的工作。

　　當時，全總正在開展整風運動。由於李立三不在北京，我就找到全總秘書長許之楨，向他提議把鄧子恢的報告作為全國總工會的整風文件下發。許之楨接受了我的提議。全國總工會隨即發出了要全國工會幹部認真學習這個報告的通知。

　　8 月 4 日，劉少奇看到這個報告後，批轉了這個報告，他在批語中說：「這個報告很好」，望「照鄧子恢同志的做法，在最近三個月內認真地檢討一次工會工作並向中央作一次報告」。這個批語經毛澤東、周恩來、朱德、李立三圈閱後下發。

　　鄧子恢的報告在領導幹部和工會工作者中引起了廣泛的注意和討論。中共東北局第一書記高崗對鄧子恢報告中的觀點不同意。1951 年 4 月，他主持寫出《論公營工廠中行政與工會立場的一致性》一文，對鄧子恢報告中的觀點提出了針鋒相對的批評。這篇文章認為，工會同政府和工廠管理機關「基本立場」一致、「具體立場」有所不同的觀點是不對的。這種說法，第一模糊了工人階級的領導思想及其在國家政權中的領導地位；第二模糊了公營企業的社會主義性質，模糊了公營企業與私營企業的本質區別。文章強調，在公

營企業內沒有階級矛盾，沒有剝削階級與被剝削階級的關係，因而在公營企業中行政的利益與工人群眾的利益是完全一致的。4月22日，高崗寫信給毛澤東，要毛澤東審改此文，並請示「可否在報上發表」。

4月29日，當時擔任毛澤東秘書並負責報刊宣傳工作的胡喬木看了高崗送來的文章和給毛澤東的信後，寫信給毛澤東和劉少奇，認為「鄧子恢同志的說法確有不完滿的地方」，但「《東北日報》的文章用正面批駁的方法也不適宜」，鄧子恢提出具體立場有所不同的觀點「是有原因的」，「工會更應當重視工人的直接福利。許多工會不重視是不對的，但不要由此得出工會與國營企業和政府的具體立場不同的觀點」，「有些工會幹部由此而強調與廠方對立，是不對的」。信的最後附言：「此文是否由《東北日報》發表，或由《人民日報》發表較好？亦請斟酌。」

5月10日，劉少奇在胡喬木的信上批示：「我意高崗同志文章暫不發表，待四中全會討論此問題時當面談清楚。高文可送鄧子恢同志一閱。」並於5月16日打電報給高崗，提出：「關於工廠與工會立場問題你寫的文章，我已看過，已送交主席，可能主席尚未來得及看。我的意見以為四中全會即將開會並要討論這個問題，子恢同志亦來，可以在那時加以討論，因此，你的文章暫時以不發表為好。」

當時，東北局正準備召開城工會議。因此，劉少奇在給高崗的電報中還告訴他：中央準備派廖魯言、陳用文參加東北城工會議。不久，我和廖魯言以及李富春的秘書譚立一起參加了東北城工會議。

我們去東北之前，中央曾交代我們：只帶耳朵去，光聽不說話。到了那裏後，由於我們是中央派來的，備受優待，開會讓我們坐前排，主席團會議也讓我們參加。但是，就在這次會議上，高崗大罵劉少奇、李立三。劉少奇當時提倡工廠管理黨委制，而高崗學蘇聯的，提倡一長制。為此，他會議上大罵：什麼黨委制？並大罵李立三，說什麼李立三，你吃飽飯沒事幹去打彈子好了！你搞什麼產業工會，亂七八糟的東西。我們感到問題很嚴重，廖魯言給中央寫信作了彙報，我也給李立三寫了信。李立三將我的信還轉給劉少奇、李富春閱。

當時擔任全總副主席、黨組書記的李立三和當時中央分管全總工作的劉少奇在工會工作的指導思想和基本做法上是完全一致的。1949年11月公佈的

關於處理勞資問題的三個文件（《關於勞資關係暫行處理辦法》、《關於私營工商企業勞資雙方訂立集體合同的暫行辦法》、《勞資爭議解決程序的暫行規定》）以及 1950 年 6 月公佈的《中華人民共和國工會法》都是李立三負責起草的。許之楨、劉子久和我都參加了。起草這三個文件，我們都向劉少奇作了彙報，並經他最後定稿。然後又經過全總發回各地區城市總工會，提請當地軍管會或人民政府予以公佈施行。中央原準備在召開七屆四中全會時討論工會中的問題，但 1951 年 10 月事情出現了變化。10 月 2 日，全總副主席、黨組書記李立三寫了《關於在工會工作中發生爭論的問題的意見向毛主席的報告》。我當時作為全總辦公廳副主任，親自處理的這個報告。我記得是找了一個小青年，抄好後報送上去的。李立三在報告中反映在工會工作問題上有兩種意見：一種意見認為在國營企業中公私利益是完全一致的，沒有矛盾，甚至認為「公私兼顧」的政策不適用於國營企業；另一種意見認為在國營企業中公私利益是基本一致的，但在有關工人生活和勞動條件等問題上是存有矛盾的，這種矛盾的性質是工人階級內部的矛盾，可以用協調的方法，即公私兼顧的方法來取得解決。他明確表示：「我個人是同意後一種意見的。我覺得公私關係問題，不僅在目前國營企業中，而且在將來社會主義時期各種對內政策問題上也還是一個主要問題，否認『公私兼顧』的原則可以運用到國營企業中的意見，可能是不妥當的。」

毛澤東不同意李立三的意見。他在中央一個文件上批示說，工會工作中有嚴重錯誤，並尖銳地批評了李立三和全總黨組，改變了擬在中共七屆四中全會上討論工會問題的想法，決定召開全總黨組擴大會議解決工會工作的問題。11 月，根據毛澤東的意見，中央解除了李立三的全總黨組書記的職務，批准成立了由劉少奇、李富春、彭真、賴若愚、李立三、劉寧一六人組成的中共全總黨組幹事會，指導全總和全總黨組擴大會議的工作。

當時，在全總黨組幹事會下面，還有一個「九人小組」（李立三發言中稱「九人座談會」），負責全總和這次會議的日常工作。這個九人小組，成員有李富春、李立三、劉寧一，全總秘書長許之楨，全總組織部部長、機關黨委書記栗再溫，全總文教部部長、政策研究室主任劉子久，全總紡織工會主席陳少敏，北京市工會副主席蕭明和我。

1951 年 12 月 13 日，全總黨組擴大會議（後來通稱為全總黨組一次擴大

會議）在北京全總一樓會議室召開。會前，中央批准劉少奇外出海南島休假，而時任中共北京市委書記、北京市工會主席彭真因故未出席會議。實際上參加這次會議的全總黨組幹事會成員只有李富春、賴若愚、李立三、劉寧一四人（賴若愚被臨時決定從山西調來任全總秘書長，來得遲，會議未結束，又回山西去交代工作，實際上只參加了幾天就走了），中央指定由李富春負責。

這次會議由李富春主持召開。我擔任會議記錄。李富春在開幕詞中，對這次會議的主題作了說明，他說，這次會議要求對兩三年來的全國工會工作和工人運動作一個總結，對全總的領導作一個檢查，按照黨組幹事會決定的「肯定成績，糾正錯誤，總結經驗，統一思想，改進工作，以達到進一步開展全國工人運動，迎接國家的建設任務」。但是，會議並沒有對工會工作的基本經驗和存在問題進行研究討論，而是一開始就集中對主持全總領導工作的李立三進行直接的批判。最後，李富春代表全總黨組幹事會作了題為《在工會工作問題上的分歧》的結論，並通過了《關於全國總工會工作的決議》。

這次會議肯定了中共七屆二中全會以來全總工作取得的成績，認為這些成績的取得在於黨的正確方針與領導，李立三只有錯誤，沒有成績。會議認為李立三：第一，在工會工作的根本方針問題上犯有狹隘的經濟主義錯誤；第二，在工會和黨的關係問題上犯有嚴重的工團主義錯誤；第三，在工作方法上犯有主觀主義、形式主義、事務主義甚至家長制的錯誤等。並指出這些錯誤「是嚴重的原則錯誤」，「表現了社會民主黨的傾向」，「是完全反馬克思主義的，是對於職工運動和我們黨的事業極其有害的」。

這次會議的報告和決議是我和劉子久根據李富春的意見起草的，然後由他修改、定稿。開始，我們起草的會議文件並沒有給李立三扣上「經濟主義」和「工團主義」兩頂帽子。李富春也沒有提出這兩頂帽子。這兩頂帽子是怎樣最後戴到李立三頭上的呢？

原來，隨着會議對李立三的批判，劉寧一向陳伯達彙報了會議的情況。據此，陳伯達到會作了一個發言。他從理論上說李立三在工會工作上提倡的是分配中心論，即不是以生產為中心，而是以分配為中心，光講工人的工資、福利、勞動保險等問題。李富春根據陳伯達的發言，並看了我們起草的文件，他認為我們的理論不高，就把陳伯達找來，讓他修改文件。陳伯達就在我們起草的稿子上加上分配中心論的內容。後來，李富春又在陳伯達這個

理論分析的基礎上，在稿子上加上了「狹隘的經濟主義」、「嚴重的工團主義」兩頂帽子，並由他在會議的結論《在工會工作問題上的分歧》中說出。

當時，李立三對給他所作的結論非常有意見。他除了在會上的幾次發言都反覆申訴自己的不同意見外，最後還給中央寫了報告。他堅持真理、實事求是的作風，值得後人學習。此後，他離開了全總的領導崗位，專任勞動部部長，仍然全身心地投入工作。後來，周總理曾誇獎他，說他受了那麼大的打擊，仍然在勞動部朝氣蓬勃。

1951 年 12 月全總黨組一次擴大會議結束後，賴若愚重回北京，主持全總工作。不久，任全國總工會主席。他主持工作後，為貫徹黨組一次擴大會議精神，曾在全總創刊不久的內部刊物《中國工運》上發表了兩篇文章，一篇是 1952 年 6 月發表的《克服工會工作中的工聯主義傾向》，一篇是 1953 年 4 月發表的《反對經濟主義思想傾向》，批判所謂的「經濟主義」和「工團主義」的傾向。

但是，隨着賴若愚不斷地接觸當時工會工作中的實際，他的思想開始轉變。1954 年 12 月，他在《工人日報》上發表了一篇文章《如何對待群眾？》。他在這篇文章中提出了一個很好的命題，即黨執政以後，如何對待群眾。他指出，工會是共產黨領導下的工人階級的群眾組織，也就是說是共產黨領導下的群眾自己的組織。可是許多工會工作者常常忘記了這一點。當前有兩個問題，應當引起我們工會幹部的注意：第一，解放以後，人民執掌了政權，這是人民革命鬥爭的最主要的果實，同時是社會主義改造和社會主義建設最基本的勝利保證。可是我們有些同志卻由於這一事實而忽視了群眾的力量——只看到政權的力量，忽視了群眾的力量，這是危險的。第二，解放以來，我們的勝利是輝煌的，群眾的生活得到了很大改善，共產黨和人民政府在群眾中具有無限信仰，因而工會工作也一般是順利的，這是事實。但是有些同志卻陶醉在這些輝煌的勝利之中，看不到自己工作中的問題，不注意群眾的要求，這是危險的。上述兩點，是目前滋長官僚主義的思想根源。後來他曾對我說，他的這個觀點曾經得到劉少奇的贊同。

1956 年 9 月，賴若愚在中共八大上作了題為《進一步發揮工會組織在社會主義建設中的作用》的發言。他的這個發言稿是經全總黨組多次討論確定的。我也參加了討論。他發言的中心意思是說工會要保護工人的利益，不保

護工人的利益，工會就沒有存在的必要。他指出，工會只有聯繫了群眾，才能發揮作用。工會怎樣才能聯繫群眾呢？簡單地說，就是必須認真地關懷和保護職工群眾的利益。在工會與共產黨的關係上，他提出，黨必須加強對工會的領導。但是在黨的領導下，工會必須積極開展自己的獨立活動。黨對工會的領導，應當着重在思想政治方面。工會的一切方針、政策和重大措施，都必須根據黨的指示來決定，而工會的各種具體活動，卻必須根據群眾自己的意見、習慣、愛好……來進行。

從以上這些論述中，可以看出，賴若愚在工會問題上的一些思想已經和全總黨組一次擴大會議的精神相背離，他已經和他的前任李立三走到了一起。

中共八大以後，人民內部矛盾日益突出。1956年秋冬，一些城市出現了學生罷課、農民鬧缺糧鬧退社和工人罷工請願事件。1957年2月，毛澤東發表《關於正確處理人民內部矛盾的問題》的講話，對社會主義的基本矛盾及其特點和規律作了系統的概括。隨後，廣大工會工作者圍繞《關於正確處理人民內部矛盾的問題》，就如何進一步密切同群眾的關係，發揮工會在處理人民內部矛盾中的作用，進行了探索。

1957年3月至4月，賴若愚赴山西、陝西、甘肅三省調查研究工會工作。我作為工人日報社社長隨行。通過調查研究，賴若愚發現，工會和群眾之間存在着許多矛盾，這是人民內部的矛盾。當前工會工作的主要問題，是如何正確處理人民內部矛盾。而這實際上涉及工會的作用、任務和地位問題，更直接地說，是涉及工會和黨、工會和行政的關係問題。為正確處理這些矛盾，賴若愚對這些問題進行了認真思考，提出了自己的看法。

1957年5月7日，賴若愚在《工會怎樣對待人民內部矛盾——答〈工人日報〉記者問》中明確提出，工會要適應當前的形勢，應該很好地解決兩大問題：和行政的關係問題以及和共產黨的關係問題。在和行政的關係問題上，過去強調了一致的一面，看不到差別的一面，因此，遇事總是和領導站在一頭，不能代表群眾意見。對人民內部的問題和這種簡單化看法，常常使工會方法生硬、僵化，不能在群眾和領導之間起到調節作用。這是應該改變的。在和黨的關係方面，過去解決了工會必須接受黨的領導的問題。這是正確的。但是，卻沒有充分注意作為一個群眾組織，工會在黨的政策思想領導下還必須開展它自己的獨立活動。只有開展自己的獨立活動才能顯示它自己

的作用。

1957 年 11 月，賴若愚寫了題為《關於工會的作用與地位》的文章，對工會和共產黨、工會和行政的關係作了更進一步的澄清。文章指出，工會和黨雖然都是工人階級的組織，但是兩者是有區別的。黨是工人階級的先鋒隊，它只包括工人階級的先進部分。而工會卻是工人階級的群眾組織，它幾乎包括了工人階級的全體成員。工會必須在黨的領導下，貫徹黨對工會的正確路線。同時，工會也必須積極地、靈活地開展各種活動。工會和行政的奮鬥目標都是為了辦好企業、發展生產，因而一致性是根本的。但差別還是有的，主要表現在兩方面：一方面表現在對某些問題的看法上，由於看問題的角度不同，往往會有些差異。另一方面是工作方法的差別，就是說在共同的目標下，從不同的方面採取不同方法來進行工作。

可以說，賴若愚的上述看法，是符合當時的客觀實際的，實踐證明也是正確的。按照這種思路繼續下去，工會工作可能會取得更大的成績。可惜的是，這時，黨內「左」傾錯誤泛濫起來，「大躍進」運動在全國興起。「大躍進」期間，工會在「左」傾錯誤的衝擊下遭到了嚴重挫折。

1958 年 3 月，中共中央在成都召開工作會議。這次會議沒有讓賴若愚參加。會議通過了《中共中央關於工會組織問題的意見》，提出：「為了便利工作，精簡機構，更好地發揮工會在社會主義建設中的積極作用，各級工會組織應該以同級黨委領導為主，同時接受上級工會的領導。各省、市、自治區工會聯合會可以考慮改為省、市、自治區總工會。產業工會的組織也應該作適當的調整：有的可以保留；有的可以適當合併；有的可以保留名義，實際上成為各級工會的一個部門；有的可以取消。建議全國總工會黨組根據具體情況和工作需要加以研究，提出具體措施，報中央審批。」

4 月，為傳達和落實《中共中央關於工會組織問題的意見》的精神，全總召開了八屆三次主席團擴大會議，討論工會體制問題，提出產業工會調整的初步意見。當時，我作為全總主席團成員出席了會議。但是，這個會議受中共八大二次會議關於拔白旗、插紅旗、辨風向、識旗幟精神的影響，開着開着開不下去了。中央提出不行，要擴大規模，這樣，就把全國總工會各部門，各產業工會，各省、市、自治區工會以及少數基層工會和專、縣工會的負責人都調來，會議擴大成了全國總工會黨組第三次擴大會議。

　　全總黨組第三次擴大會議是 1958 年 5 月 26 日在中國工運學院召開的。當時，全總主席賴若愚剛剛因病去世（1957 年 3—4 月間，我隨他到西北考察，並相約去西南考察。他對我說，他先去北京醫院檢查身體，最多一個星期。但發現已是肝癌晚期，已經擴散，於 1958 年 5 月去世。他去世時中央對他評價很高）。會議實際上是由全總副主席劉寧一和中央辦公廳第四辦公室副主任李頡伯主持。中央書記處候補書記劉瀾濤曾到會發言。這次會議直到 8 月 5 日閉幕，共開了七十一天。

　　這次會議原本是根據《中共中央關於工會組織問題的意見》精神，研究解決工會體制問題，後來根據中央的指示和中共八大二次會議精神將會議內容改為開展工會工作中的敵我鬥爭和兩條路線鬥爭，插紅旗、拔白旗；檢查總結幾年來的工會工作，肯定成績、糾正錯誤，徹底解決工會如何在共產黨的領導下，在社會主義革命和社會主義建設中發揮積極作用的問題。

　　這次會議首先批判了全國建築工會主席張進，他的罪名是「壞分子」，他被貼了大字報，就拔掉了。接着開始批判我。首先是批判我於 1957 年 11 月底、12 月初在《工人日報》上發表的介紹南斯拉夫工人自治制度的文章《南斯拉夫的「工人自己管理制度」》。1957 年 9 月，全總派我到南斯拉夫，參加聯合國教科文組織召開的國際工人經濟教育會議。去之前，賴若愚交代我考察一下南斯拉夫的企業管理和工會工作。會議期間，我向南斯拉夫工會的人員了解了他們企業管理的情況，並參觀了他們的工廠。我看到他們工人自己管理制度搞得很好，就詢問他們這方面的情況。他們告訴我，他們這個辦法還是跟我們學的，是從我們搞的群眾路線、民主管理中學得的。工人自己管理制度，實際上就是工人自治制度。在俄語中，自治即 САМОУПРАВЛЕНИЕ。當時翻譯給我譯為「自己管理」。所以，回國後，我寫的一篇反映南斯拉夫工人自治情況的文章，題目就是《南斯拉夫的「工人自己管理制度」》，並於 11 月 29 日南斯拉夫國慶節那天開始在《工人日報》登載，連續登了兩天。登報之前，賴若愚看過這篇文章。這次會議批判了我的這篇文章，說南斯拉夫現代修正主義在我們中國也有它的會員，我就是第一號修正主義分子，公開寫文章宣傳它的工人自治制度。

　　接着，會議又批判我在 1957 年五六月以《工人日報》記者的名義在《工人日報》上連續發表的介紹賴若愚在西北的調研活動及其講話的文章《西行

紀要》，説我是別有用心的，這篇文章就是我的反黨綱領。當時批判我雖然是把我和賴若愚分開，説賴若愚是正確的，但這實際上也為批判賴若愚埋下了伏筆。

這次會議開始批判我時，我曾去李頡伯家裏找過他，問他是怎麼回事，他説是「思想問題，好好檢討」。當我正在他家的時候，劉瀾濤打來電話，問他批我是怎麼回事，他還説，我正在他家，説是思想問題。我也找過時任全總秘書長許之禎，他也説是「思想問題，好好檢討」，並教訓我説，你就是好寫文章，你是寫文章闖的禍。我了解了這個情況，在會上就照此檢討。但是批着批着，情況發生了變化。有人説，我們跟你是敵我矛盾；有人説，我這麼多年瞎眼了，我要跟你劃清界限。他們還把我過去的好朋友都找來，開我的座談會，做我的工作，要我好好交代問題。他們説，你手裏還拿着刀子，實際上要我承認是敵我矛盾。我不承認，他們就不讓我參加會議了，把我放到《工人日報》批鬥。隨後，宣佈撤銷我的工人日報社社長職務。

這次會議把我批判完以後，接着又批判了已經去世的全總主席賴若愚，全總書記處書記董昕，全總辦公廳副主任李修仁，全總主席團委員兼工資部部長王榕以及全總秘書處處長秦達遠等，並把他們和我一起污衊為「以賴若愚、董昕為首的右傾機會主義路線」，説我們「反對黨對工會的領導」，「向政府爭奪權力，詆毀無產階級專政」，「修正工會的任務和作用」，「歪曲黨的群眾路線，崇拜自發的工人運動」，「進行嚴重的宗派活動，破壞黨的團結和統一」，犯了「嚴重的右傾機會主義和宗派主義的錯誤」，屬於「反黨反人民反社會主義」性質。

這次會議通過了《關於全國總工會黨組第三次擴大會議向中央的報告》、《劉瀾濤同志在全國總工會黨組第三次擴大會議上的發言》、《全國總工會黨組第三次擴大會議的決議》三個文件。《全國總工會黨組第三次擴大會議的決議》敘述了賴若愚、董昕我們幾個人的所謂「錯誤」，要求全國工會幹部必須「徹底肅清右傾機會主義和宗派主義的錯誤影響，正確解決黨和工會的關係問題，把工會完全放在黨的領導之下」。要求「工會組織必須把整風運動深入下去進行到底，高舉紅旗、拔掉白旗」，全體工會幹部必須「克服行會思想和工團主義、經濟主義思想」。

這次會議結束後，接着召開了全總八屆二次執委會議。這次會議傳達了

全總黨組第三次擴大會議精神，改組了全總領導機構。會議撤銷了董昕的全總主席團委員和書記處書記職務，撤銷了我的全總主席團委員和執委會委員職務，撤銷了王榕的全總主席團委員職務。補選劉寧一為全國總工會主席，增選李頡伯為全總副主席、全總書記處書記，補選劉寧一、李頡伯為全總主席團委員。

　　總之，經過全總黨組三次擴大會議和全總八屆二次執委會議，我被污衊為「隱藏在工會內部的階級異己分子、反黨反社會主義的右派分子」，作為全總「白旗」被拔掉。1959 年 3 月，我戴着右派帽子，被開除黨籍，下放到寧夏賀蘭山畜牧實驗場（原軍馬場）。董昕下放到吉林政策研究室。李修仁下放到山西省介休縣任工業部長。王榕下放到北京重型機器廠。秦達遠以反革命罪名被逮捕。全總的一些司局級幹部和許多省、市、自治區工會的負責人也受到株連，被錯誤批判。

　　全總黨組三次擴大會議產生了嚴重後果，使工會工作遭到了嚴重挫折。中共十一屆三中全會後，全國總工會黨組成立了專案組，對這次會議進行了複查。1979 年 6 月，全總黨組作出了《對中華全國總工會黨組第三次擴大會議的複查結論》及《對中華全國總工會黨組第三次擴大會議的複查報告》，指出：全總黨組三次擴大會議對賴若愚、董昕等人根據一些斷章取義、歪曲原意的污衊不實之詞所作的結論，應當給予徹底平反。1979 年 9 月，中共中央 69 號文件批轉全黨，下發了全總黨組的複查結論和複查報告，並撤銷了《全國總工會黨組第三次擴大會議的決議》等三個文件。至此，這一在特定歷史條件下產生的全國工會的大錯案經過二十多年的磨難，終於得到了徹底平反。我又重新回到全總的工作崗位上，先後任全總常委、全總中國工人運動史研究室主任、全總書記處書記及全總顧問等職。全國廣大工會幹部也從壓在頭上多年的「經濟主義」、「工團主義」兩頂大帽子下徹底解放出來，昂首闊步走向改革開放的新時代。

「對資改造」決策是如何出台的

黃　鑄

　　我從 1957 年到 1964 年擔任李維漢的秘書。在此之前，我於 1948 年到西柏坡進入中央統戰部工作。1950 年我到西安調查工商聯問題，回京後寫了一個調查報告，提出利用工商聯對私營工商業發揮列寧所說的統計和監督作用，受到李維漢的重視。其後我多次協助李維漢工作。如跟隨他進行工商聯問題的調查研究，並參加起草中央關於工商聯問題的指示、工商聯組織通則及其說明。我還多次參加李維漢對其他方面問題的調查研究和文件起草。其中 1953 年到上海等地進行的對資本主義工商業問題的調查，給我留下了較為深刻的印象。這次調查對中央「對資改造」決策的出台起了決定性作用。也可以說，是李維漢對中共歷史的一大貢獻。

一

　　1953 年 4—5 月間，李維漢帶領調查組赴上海等地調查資本主義工商業問題。調查組的成員有中央統戰部工商處副處長鄭新如、李維漢的秘書李逸雲、國家計劃委員會私營企業處處長勇龍桂等人，我也是調查組成員之一。

　　當時，國內的形勢是，工人階級和民族資產階級的矛盾已經成為國內的主要矛盾（關於這一點，毛澤東在 1952 年 6 月對中央統戰部報送的《關於民主黨派工作的決定》稿中批示：「在打倒地主階級和官僚資產階級以後，中國內部的主要矛盾即是工人階級與民族資產階級的矛盾，故不應再將民族資產階級稱為中間階級」），「五反」運動已經勝利結束，中共中央正在醞釀提出

過渡時期總路線，對資本主義工商業的社會主義改造已經提上議事日程。但當時調查組對中央醞釀提出過渡時期總路線之事尚不了解，所以李維漢在出發前向我們提出調查任務時，只說，這次是去研究「三反」、「五反」後對民族資產階級的工作如何做。

4月中旬，調查組到達武漢，在武漢待了半個月，聽取了武漢市各有關部門對武漢私營工商業問題的彙報，並同中南局和市委負責人進行了一次座談。在彙報和座談中，大家對武漢私營工商業提出了一些問題、意見和建議，希望李維漢反映給中央。為此，李維漢於4月28日給毛主席寫了《武漢私營工商業中的若干問題》的報告，報告是由我起草的。報告指出，武漢私營工商業的基本情況，用王任重的話說，是「內憂外患」，內有勞資之間和資產階級內部的矛盾，外有公私之間和先進落後之間的矛盾。在目前淡季來臨的影響下，各種矛盾匯合起來，又形成勞資之間、公私之間、工人與政府之間等各方面關係緊張的局面，並集中表現在失業增加上。報告還反映了武漢的同志對公私關係、勞資關係、勞動就業以及黨對私營工商業的統一領導等問題的一些意見和建議。當時武漢登記失業和求職的約八萬人，估計今後還會不斷增加。王任重和李雪峰都認為，如何使失業工人不出問題，是一個難題。他們指出，勞動就業登記和統一調配，行之過早，範圍過寬，限制太死。失業現象是客觀存在，原非登記之過，但登記之後，他們就取得合法權利向政府要飯吃。登記的範圍過寬，把應屬社會救濟範圍以及一些家庭婦女也登記進來，擴大了失業隊伍。再加上統一調配過死，使登記和調配成為謀生的唯一出路，原來可以自己找到出路的，都轉向政府要求工作。他們還指出，武漢不適當地把季節工和臨時工變成固定工人，一方面脹死小企業，另一方面使這些人在鄉下失去分地的機會。應改變這種做法，允許季節工和臨時工存在。不過，報告雖然涉及加工訂貨和公私合營的一些具體問題，但還未能從原則上提出和把握國家資本主義和對資本主義工商業的社會主義改造問題。

4月下旬，調查組從武漢乘船到上海。上海各財經行政部門和工會的負責人向我們彙報了有關資本主義工商業的大量材料和意見，使我們了解到，資本主義工業已經大量納入不同形式的國家資本主義，其中公私合營工業產值佔機器工業和工廠手工業總產值的5.7%（在一部分行業中佔的比重更大）；

加工、訂貨、收購、包銷、統購、統銷佔全國機器工業和工廠手工業總產值的 35%~40%，在上海、武漢等一些大中城市中佔了 60%~70%。國家已經在相當大的程度上控制了原料、市場和金融命脈。上海人民銀行行長謝壽天、工商局局長蔡北華等人說，今天只要銀行信用收緊一下，許多資本家就得跪倒在銀行面前；上海機器製造業，只要國家加工訂貨停止，就要大部垮台；只要我們不配售銅料，就可以扼死三十七個行業。我們分析了國家資本主義從低級到高級的各種形式，包括最低級形式收購，中級形式加工、訂貨、統購、統銷和包銷，高級形式公私合營。這些國家資本主義形式都使資本主義企業的生產關係發生不同程度的改變，產生不同程度的社會主義因素。隨着國家資本主義由低級形式到高級形式的發展，生產關係的改變越大，社會主義因素也越多，其高級形式公私合營已是半社會主義或過半社會主義，「除了給資本家保證一個最低利潤外，已經與國營企業沒有多大區別」。經過討論，我們明確了國家資本主義的地位和作用：一是我們利用和限制資本主義工業的主要形式；二是將私營工業逐步納入國家計劃的主要形式；三是資本主義工業逐步向社會主義過渡的主要形式，「這些私營工廠國家資本主義化的過程，從低級的國家資本主義形式向高級的國家資本主義形式發展的過程，也就是逐步改造其生產關係和逐步走向社會主義的過程，到了高級的公私合營，就與社會主義接近了」；四是我們利用資本主義工業來訓練幹部並改造資產階級分子的主要環節，也是我們對資產階級進行統戰工作的主要環節。這些想法，是我們在調查組內部多次進行討論，並結合着學習列寧國家資本主義的理論，逐步形成和明確起來的。李維漢在討論中作了幾次重要講話，對這些思想的形成和明確起了決定性的作用。當然，在討論中，對發展公私合營問題也曾經出現不同意見的爭論，個別人認為發展公私合營不利於發揮私營企業的積極性。上海調查之後，我們又到南京、鄭州、濟南作了一些補充調查。

二

我們回到北京後，5 月 27 日，李維漢給中共中央和毛主席報送了《資本主義工業中的公私關係問題》的調查報告，這份報告也是由我起草的。報

告根據上海調查的成果，以國家資本主義問題為中心，講了國家資本主義的
發展情況、國家資本主義的各種形式、國家資本主義的地位和作用，提出經
過各種形式的國家資本主義特別是高級形式公私合營這一主要環節對資本主
義工業進行利用、限制和改造，逐步實現由資本主義到社會主義的過渡的建
議。報告還指出：「我們有國家資本主義作為資本主義工業的主要部分的過渡
形式，又有合作社作為個體經濟的小生產者的過渡形式，這就是新民主主義
社會兩種主要的過渡形式，是新民主主義社會中絕大部分的私有生產的過渡
形式。」

　　這個調查報告受到中共中央和毛主席的高度重視。毛主席親自打電話給
李維漢，說要提到政治局會議討論。6 月 15 日，中央政治局召開擴大會議進
行討論，參加會議的有政治局委員和中央有關領導，還有當時十個直轄市的
書記。毛澤東、劉少奇、周恩來、鄧小平等領導在會上作了重要講話，一致
肯定了這個調查報告。毛澤東在會上宣佈了黨在過渡時期的總路線，並作了
詳細的說明。他指出：逐步過渡到基本上完成社會主義改造，對農業、手工
業都比較容易懂，對如何將資本主義逐步過渡，許多人不懂。過渡的方法，
社會主義成分可以逐步增加。不要把資本主義看成一塊鐵板，看成不變化
的，資本主義企業中的社會主義成分可以逐年增加。兩種國家資本主義（指
公私合營和加工訂貨）都帶有社會主義因素，特別是公私合營是一半社會主
義因素。公私合營過去「西向讓三，南向讓再」，今後要年年發展。幾年來的
經驗證明，資產階級的主要部分是可以教育的。

　　對報告提出要把資產階級分子改造成社會主義公民，討論中有人表示懷
疑。毛澤東肯定了報告的意見，並說實際上是改造成為工人階級的一部分。
毛澤東還提出，對資本主義工業要實行「有所不同，一視同仁」的方針。因
為所有權關係，所以在政策方面有所不同，在其他方面大體上和基本上同國
營一樣。否則，要將工人階級分裂為二，國營企業工人神氣，私營企業工人
倒霉。劉少奇說，文件很好，系統地解決了問題。中心問題是利用國家資本
主義，改造和消滅資產階級。周恩來表示，他當時也正在調查尋找對私人資
本主義實行社會主義改造的方針和途徑，「羅邁（李維漢）的報告解決了問
題」。會議確定經過國家資本主義改造資本主義工業的方針（隨後對資本主義
商業也採取了國家資本主義的方針），把它作為過渡時期總路線的一個重要組

成部分。毛澤東還在會上宣佈，將這項工作交統戰部主管（後因有不同意見，中央交中央統戰部主管，地方上由各省、市委決定），並責成李維漢為全國黨的代表會議起草一個決議草案稿。

6月15日中央政治局擴大會議之後，李維漢就主持決議草案稿的起草工作，參加的人有許滌新、鄭新如和我。毛主席還派胡喬木來幫忙。胡喬木對文件的結構提出了系統的意見，指出首先要說明為什麼採取這個政策，即說明：第一，它是資本主義，應加以限制和改造。第二，它是人民國家的資本主義，區別於資本主義國家和國民黨統治下的資本主義，不能與帝國主義和封建主義相聯繫，只能與社會主義相聯繫，因而產生了利用的可能。它又不同於俄國的資本主義，不是反革命，不能沒收，也沒收不了。胡喬木還指出，資本主義是中國的一個基本問題，過去我們騰不出手來，沒有多管，但很重要，應多做工作。要利用資本主義工業，就要把它納入計劃，而這又很複雜，必須做許多工作，解決許多問題。因此，我們的任務，就是要把這項工作拿起來。敍述如何增加社會主義成分，可分高、中、低級形式來說，由低到高，穩步地、積極地進行。對於公私合營，應實行積極的方針。胡喬木強調，監督是我們改造資本主義工業的中間階段，要積極找出經驗來，如勞資協商、增產節約委員會、派監督專員，都是可試驗的方法。大批加工訂貨，不監督不行。草案稿寫出一部分後，送給胡喬木。胡喬木把它送給毛主席，並附了一個條子：「此件改起來還較為費事」。接着，毛主席找李維漢，說稿子中有些問題講過了（如對民族資產階級和孫中山的歷史評價，批評過頭了）。毛主席當即決定：決議草案不寫了，你們去寫給財經會議的報告吧！

其後，李維漢主持起草了在財經會議上所作的《關於利用、限制、改造資本主義工商業的意見》（簡稱《意見》），許滌新、鄭新如和我參加了起草工作。這個《意見》系統地講了經過國家資本主義利用、限制、改造資本主義工商業的方針，講了在公私關係和勞資關係上要正確執行「有所不同，一視同仁」、「公私兼顧」、「勞資兩利」的政策，講了黨對資本主義工商業實行統一領導等問題。關於《意見》的題目，李維漢起初定為「限制、改組資本主義工商業的意見」，我建議加上「利用」二字，理由是當時有些人對利用資本主義工商業的意義認識不足。李維漢採納了我的建議，將題目改為「關於利用、限制、改組資本主義工商業的意見」。報送中央後，毛主席將「改組」

改為「改造」。7 月間，李維漢在全國財經會議和全國統戰工作會議上都作了
這一意見的報告。

三

中共中央、毛主席責成中央統戰部分管對資本主義工商業的改造工作，
但這項工作涉及大量財經問題，統戰部是共產黨的機關，管起來有許多困難
和不便。有鑒於此，胡喬木向毛主席建議，委任李維漢兼政務院財政經濟委
員會副主任。毛主席採納了這個建議。1953 年 11 月，在政務院財政經濟委員
會之下設立第六辦公室，由許滌新任主任，沙千里、孫起孟、鄭新如三位任
副主任，在李維漢領導下專司對資改造工作。

1953 年 10 月至 11 月間，中華全國工商業聯合會召開全國會員代表大
會。李維漢在會上講話，系統闡述了黨在過渡時期的總路線和對資本主義工
商業進行利用、限制、改造的政策。這個講話也是由許滌新、鄭新如和我起
草的。講話指出，國家對資本主義工商業的社會主義改造，第一步是鼓勵其
向國家資本主義發展，經過國家資本主義的道路，逐步完成其由資本主義轉
變到社會主義的改造。經過國家資本主義，總的趨勢是生產關係逐漸有所改
變，生產力逐漸發展，對國家、對工人、對資本家都有好處。依據幾年來的
經驗，經過國家資本主義逐步完成對資本主義工商業的社會主義改造，是
較健全的方針和辦法。一切積極為實現過渡時期總路線而努力的私營工商業
者，今天有合法的利潤可得，將來有適當的工作可做，和全國人民一道為社
會主義事業服務，並同樣享受社會主義社會中的幸福生活。這是私營工商業
者的現實和前途，也是他們的光明大道。由於李維漢的這個講話是第一次對
過渡時期總路線和經過國家資本主義對資本主義工商業進行社會主義改造政
策的公開宣傳，所以受到毛主席的高度重視。會前，毛主席親自審閱了李維
漢的講話稿，並親筆在講話稿標題之下寫上「政務院財政經濟委員會副主任
李維漢」。毛主席還對會議的開法作了重要指示：對中央的路線、方針首先明
確化，然後逐步具體化；實行徹底敞開，適當分析；國家資本主義是新生事
物，要大喊大叫。

李維漢在大會上的講話，引起了很大的反響。過渡時期總路線宣佈之

後，資產階級受到很大的震動，一些人驚呼在不知不覺間「上了賊船」。李維漢講話後，採取房間小會、會外醞釀、交談等靈活多樣的形式，徹底敞開思想，暢所欲言，讓資本家把各種抵觸、顧慮、不滿統統講出來。

其中，他們普遍最為關心的是前途和道路問題。經過熱烈的討論、爭辯和適當分析、解釋，大家逐步明確了總路線是大勢所趨，不走不行，經過國家資本主義逐步完成社會主義改造，是比較健全的方針和辦法，對國家、民族和資本家都有利。只要遵循總路線走，就可以減少過渡的痛苦。對資本家所關心的一些業務工作中涉及具體利益的問題，有關部門負責人也給了適當解釋，並解決了一切可以解決的問題。到大會閉幕時，全場高呼毛主席萬歲，情緒至為熱烈。

從上海調查，經過 6 月中旬的中央政治局擴大會議，到全國工商聯會員代表大會，在黨內外完成了對資本主義工商業進行社會主義改造的思想、路線、政策準備；政務院財政經濟委員會六辦的成立，又為之作了組織準備。此後，對資本主義工商業的社會主義改造，就沿着總路線指引的道路穩步地、有計劃地展開了。

我向毛主席彙報農業合作化

張玉美

1953 年 2 月 15 日（農曆正月初二）上午 9 時許，我突然接到上級要我和地委書記李吉平馬上前去火車站等候的電話通知。我們到達火車站不久，見一列淺綠色專車由北往南，徐徐進站。車剛停穩，車廂內走下公安部長羅瑞卿和省委副書記馬國瑞。

李吉平把我介紹給他們，隨後羅瑞卿說：「玉美同志請上車，吉平同志已經完成任務，可以回去了。」

我上車來到接待室，馬國瑞告訴我：「毛主席外出視察，想聽聽基層工作同志的彙報，省委經過研究，決定推薦你來完成這項光榮任務。」羅瑞卿隨後說：「主席大年初一夜裏從北京出發，沿途要做些調查研究，第一個就由你來向主席彙報。」

聽說要見毛主席，還要當面向他老人家作彙報，我頓時心潮澎湃，驚喜萬分。但轉而一想，我事先一點準備也沒有，而且自己文化水平不高，農村工作千頭萬緒，我能彙報好嗎？再說，由於來車站倉促，我身上也沒帶錢，咋能白吃白喝白坐車呢。

我把這一想法告訴給羅瑞卿。他笑着對我說：「你是主席請來的客人，我們自然管你飯吃，車票也不用買。至於彙報嘛，主席問什麼，你就講什麼好了。」

我問羅瑞卿：「你知道主席叫我彙報什麼內容嗎？」

羅瑞卿答道：「這個問題不大好說。因為這是主席進京後第一次外出搞調查，估計各方面情況都會了解，涉及面可能寬些。特別是農業生產、互助合

作的情況，主席一向非常關心，讓你彙報的可能性很大。」

隨後，羅瑞卿又說：「主席夜間工作，這時正在休息，很快就會醒來，咱們到前邊會議室等吧。」

於是，我和羅瑞卿、馬國瑞一塊兒走進南面車廂的會議室。只見車廂四周掛着古畫和書法條幅，靠近車廂右側，擺着拼成丁字形的長桌，上面鋪着白布，桌子兩側放着整齊的沙發坐椅，整個會議室佈置得既樸素大方，又清潔雅致。

在會議室，羅瑞卿首先介紹我與陪同主席視察的中共中央辦公廳主任楊尚昆見了面。

不一會兒，車廂門外傳來穩健有力的腳步聲，所有人立刻站起來，毛主席出現在車廂會議室南邊門口。

我快步迎上前去，兩手緊緊握住他老人家的右手，熱淚盈眶，千言萬語竟不知從何說起。

這時，羅瑞卿說：「主席，這就是邢台縣委第二書記、縣長張玉美同志。」

毛主席聽後，微笑着向我點了點頭，並同我緊緊握了握手。隨後拉着我走到會議室桌子東側，用手指了指身邊的沙發椅，示意我挨着他坐在右側。

接着，站在會議室桌子西側的羅瑞卿、馬國瑞和桌子南端的楊尚昆、何載（記錄員）也相繼落座。

毛主席身材高大，雙肩寬闊，面容慈祥。雖然當時已年近六十歲，但看上去不過四十歲左右，顯得十分年輕。他着一身灰色中山服，穿一雙棕色皮鞋，雖然擦得很亮，但鞋幫上已磨起皮毛。

羅瑞卿見我只顧望着毛主席出神，便提醒我說：「玉美，這就是主席。」

我順口答道：「見過。」

「在什麼地方見過我呀？」毛主席驚奇地問。

「見過您的相片。」一句話把毛主席和在座的人全逗樂了。

毛主席親切地問我是什麼地方人，多大歲數，讀過幾年書，我均一一作了回答。當毛主席聽說我只上過八個月夜校，而現在認識不少字，主要是從工作當中學來時，便遞給我一支鋼筆說：「你寫幾個字，讓我看看好嗎？」

我說：「行。」

於是，我隨手掏出裝在兜裏的筆記本，在上面寫了「共產黨萬歲」、「毛

主席萬歲」等二十多個字，然後把筆和本一塊兒遞給毛主席。

毛主席看了之後，又默默地翻了一陣筆記本，笑着鼓勵我說：「字寫得不錯嘛，相當於中學生了。你這不是『農大』畢業了嗎，已經夠上農民知識化了。」

然後他抬起頭，面向隨行人員說：「看來勞動人民要知識化，知識分子也要勞動化。」

接着，毛主席轉過身問我：「家裏幾口人？」

「三十五萬。」我回答道。

毛主席高興地點點頭說：「好，你這個書記心裏裝着全縣人民哩！」

毛主席平易近人，和藹可親，我的緊張心情也隨之平靜下來。

毛主席問我：「建國後你們縣鎮壓了多少反革命？這些人服管不服管呀？」「你們縣『三反』、『五反』搞得怎樣？」

我一一作了回答。

毛主席又用商量的口氣問我：「把你們縣互助合作的情況給我詳細談談好嗎？」

我馬上說了聲：「好。」又覺着回答不妥，就說：「原來不知道給主席彙報，手頭沒材料，恐怕說不好，耽誤主席時間。」

毛主席寬慰我說：「不要緊，你們怎麼搞的，就一五一十地講嘛。」

於是，我首先向毛主席彙報了全縣的地理概況和互助合作運動的大致過程：邢台縣自西向東，由山區、丘陵和平原三部分組成。抗日戰爭時期，山區是革命根據地，平原屬敵佔區，丘陵處於中間地帶，敵我雙方互相拉鋸，屬於遊擊區。因為三個地區解放時間的先後不同，互助合作運動搞得有早有晚，基本上呈梯形向前發展。老區搞得最早。那是在 1941 年春，邢西縣委和抗日縣政府為了領導人民進行生產自救，度過災荒，打破敵人的經濟封鎖，發出了「組織起來，搞好春耕」的號召，開始在根據地部分村成立變工隊，組織互助組，並重點培養了王俊生、郭愛妮等帶頭開展互助合作的模範個人。1943 年春，縣委、縣政府響應毛主席「組織起來」的號召，領導群眾走互助合作道路，並在水門、折戶等村搞了變工隊改互助組的試點。1944 年春，全縣對互助合作進行了整頓，肯定了常年互助和臨時互助兩種形式，提出了「耕三餘一」的口號，推廣了水門村王俊生互助組農副結合、發展生產

的經驗，使互助合作組織進一步得到普及。1945 年 10 月邢台解放後，開始向丘陵區擴展，後又發展到平原新區。

這時毛主席插話說：「解決群眾的生產和生活問題，實際上是一個群眾觀點問題。只有解決了這個問題，生產運動才能開展起來。你這個地方是個老區，應當總結經驗。農民一定要走互助合作的道路，不走不行。」

毛主席一邊說，我一邊趕忙往本子上記，有時記不下來，就先畫個記號。

接着，毛主席問我：「你對情況這麼熟悉，都幹過什麼？」

我告訴毛主席，我 1938 年入黨後，一直沒離開邢台。先在村裏當支部書記，後到區裏擔任區委書記，參加過打日本、反摩擦，搞過減租減息、鋤奸反霸、支前參戰，領導組織過土地改革、互助合作和恢復國民經濟的工作，1952 年從區裏調到縣裏。

毛主席聽後，連聲說：「好！好！你是本縣人，又長期在基層工作，是從基層一步一步上來的。這樣好，人熟地熟，情況也熟。」

然後，他轉過身對楊尚昆、何載打了一下手勢說：「記下來，建國以後，幹部應當穩定一段為好。」

接着他對我說：「繼續談吧。」

於是，我又向毛主席彙報了近兩年來全縣試辦農業生產合作社的情況：1951 年，河北省黨代會提出，各縣可試辦一兩個農業生產合作社。1952 年初，縣委根據中共中央《關於農業生產互助合作的決議（草案）》（簡稱《決議（草案）》），結合本縣互助合作時間早、基礎牢的特點，決定採取梅花佈點的方法，適當加快辦社的步伐。我們按山區、丘陵、平原三大區域，選擇水門、東川口、前爐子等七個搞得較好的村黨支部書記和勞動模範，於 12 月中旬赴饒陽縣五公村參觀了耿長鎖創辦的農業生產合作社。回來後經過一個多月的宣傳發動，七個農業生產合作社就先後全部建立起來。由於農業生產合作比互助組具有更大的優越性，所以七個社當年秋麥兩季都普遍增產。這樣一來，一下子吸引了全縣農民的視線。群眾說，說一千，道一萬，不如場上糧食堆成山。

談到這裏，毛主席點點頭說：「是啊，農民就是經驗主義者，辦社就是為了多打糧食嘛。增產與否，應該成為檢驗農業社成敗的主要標準，看來互助合作要比單幹好啊。」

　　接着，我又彙報了到秋後種麥前，全縣農業生產合作社已發展到二十個，參加農戶一千二百七十戶，佔總農戶的 2.2%。同時，新建社在內容上也有一些新發展，如尹賈鄉的尹化成農業社，不僅土地入股，而且牲口也折價入了社。

　　毛主席聽後把手一揚，詼諧地說：「不錯呀，人組織起來走合作化，驢子也組織起來走合作化了。」在場的人都跟着笑了。

　　我繼續彙報說：「到目前，全縣各區報批的農業生產合作社有二百多個，加上原先成立的六千四百多個互助組，社、組農戶佔全縣總農戶的 87%。」

　　毛主席一聽，驚訝地問：「互助合作的進度這麼快！原因是什麼？」

　　我答道：「一個是我縣互助合作有十多年的歷史，組織起來搞生產互助早已深入人心。一個是我縣試辦農業社的實踐證明，黨中央在《決議（草案）》中提出的方針、原則及辦法順民心、合民意，廣大農民群眾打心眼裏擁護歡迎。」

　　接着，我重點彙報了水門、東川口村建社時的情況：水門村共有一百二十戶，是全縣互助合作最早的模範村，群眾基礎很好。這個村從 1946 年土改後，就提出土地入股的要求，群眾辦社的積極性相當高。區裏考慮到該村前後十多里、居住較分散、不便進行領導，原想以王俊生互助組為基礎，先建一個二三十戶的小社。結果會上一發動，第一批就有八十多戶報了名。鄧天貴互助組當時沒批准，乾脆採取先宣佈入社後報領導審批的辦法，迫使縣區不批也得批，真是動員群眾緩入社比發動群眾入社還困難。

　　東川口是個七十戶的小村，區裏原計劃以王志琪互助組為主，先成立一個二十來戶的小社。經過宣傳發動，群眾幾乎全部報名，黨支部只好採取「關門」措施，結果兩次「關門」也沒有關住。後來又開展了一次「倒宣傳」，還是沒有動搖群眾入社的決心。前後只用了一個多月時間，全村就實現了合作化。1952 年，也就是建社的當年，糧食總產達到二十七萬斤，比上年增長12%。群眾高興地說，要不是農業社，咋能增產這麼多。

　　這時，毛主席點了點頭，無比興奮地說：「是啊，多數農民是願意走社會主義道路的，因為這是一條由窮變富的道路，關鍵是我們領導採取什麼態度。這兩個村群眾辦社的熱情很高，思想發動工作搞得也不錯。」

　　接着，毛主席又問：「辦社當中有什麼困難和問題？」

我說：「主要是好建難管。」

毛主席誇獎說：「高度概括，接着往下講。」

隨後，我彙報了建社後遇到的最大難題是勞動管理。水門王俊生社仍實行「死分活評」，現正醞釀「包工包產」，問題不算太大。東川口王志琪社開始幹活不評分，後改為「死分死記」，去年又改成「死分活評」，結果群眾還是不滿意。今年計劃推行「按件記工」，情況估計會好些。

毛主席聽後明確指出：「生產關係調整了，需要摸出一套勞動管理辦法來，這個辦法要能夠反映多勞多得。」

我說：「通過試辦農業社的實踐，證明了農業社比互助組有更大的優越性，但也出現一些問題。」

毛主席關心地問：「都是什麼問題，給我講具體一些。」

我說：「開始入社時，多數村沒什麼阻力，但個別村群眾認識不統一，思想鬥爭挺尖銳。有的富裕戶仗着自己土地多、家底厚，老想搞獨立，甚至和地主富農拉起手，與貧下中農唱對台戲，企圖孤立瓦解貧下中農，阻礙互助合作運動。縣委對此態度非常堅決，一方面支援貧下中農組織起來，參加農業社；一方面對思想不通的群眾進行説服教育，對個別挑事或散佈不滿言論的嚴厲批評，屬於地富分子的堅決打擊，表現好的可吸收為候補社員，不好的不准入社。」

彙報到這裏，毛主席用指頭敲了敲桌子，果斷地説：「這樣好！以前是少數統治多數，現在是多數統治少數。經驗來自基層，群眾是真正的英雄。」

我接着説：「農業社的另一個問題是分配辦法不統一。有的是土地參加分紅，有的是土地、牲口、果木樹，甚至農具也參加分紅。」

毛主席插話説：「牲口、果樹、農具入股，股金不能高於土地，不然貧農就要吃虧了。」

接着，毛主席又問：「你們是怎樣進行分配的？」

我答道：「農業社的分配基本上體現了多勞多得、按勞分配的原則，比例多是地二勞八，也有三七和四六的。」

毛主席聽後，擺了擺手説：「不要，不要。三七是個界限。三是社會主義，七是按勞分配，這個界限不要突破。破了這個界限，不是傷害勞，就是傷害地。」

我繼續向毛主席彙報說：「當前農村還有一個問題，就是有的村出現了兩極分化。特別是平原區個別村，有的戶勞力少打不了糧食，還有的生活困難賣了孩子。而有的戶卻富了起來發了家，如前晉祠支書和十多名共產黨員都是常年不下地，幹活靠僱工。」

這時，毛主席問我：「對黨員僱工是怎麼處理的？」

我說：「撤了支部書記的職，黨員進行批評教育。」

毛主席搖了搖頭，似乎對單純組織處理不大滿意。

接着，毛主席又問：「還有什麼問題？」

我說：「主要是剛才談的這些。」

列車風馳電掣般地前進，不知不覺已到下午 1 點。這時，羅瑞卿請示說：「主席，該吃飯了，上午就到這裏吧。」

毛主席站起來說：「不講了，吃飯去。」

於是，我跟隨毛主席從會議室北門穿過接待室和警衛車廂來到餐廳，只見餐桌上擺着果子酒和四個菜，主食是米飯、小餅和包子。毛主席先斟酒和我碰杯，接着讓我吃飯，還不斷往我碗裏夾菜，讓我每樣菜都嚐嚐，使我感到在他老人家身邊既親切又溫暖。

飯後，我隨毛主席一塊兒回到會議室。毛主席一邊走，一邊給我介紹車廂內懸掛的古畫名稱、作者和朝代。大約過了十幾分鐘，便又入座聽我繼續彙報。

毛主席問：「合作化搞起來了，婦女的情況怎樣？參加沒參加呀？」

我接着說：「參加了。不但現在參加了互助合作，早在抗日戰爭時期就參加了。那時，老區的婦女組織起來搞紡織，在太行全區都出名。特別是折戶村的郭愛妮，曾兩次參加太行區群英會，被評為全區紡織英雄，1950 年還出席了全國工農兵勞動模範代表會，受到您老人家的親切接見。建國後，婦女由紡織轉向田間生產，郭愛妮為使孩子母親能夠騰出手參加勞動，帶頭在全村創辦了託兒互助組。隨後，縣委及時在全縣進行了推廣。到 1952 年初，全縣託兒互助組已發展到 458 個，入託兒童 1229 個，解放婦女勞動力 1881 人。」

這時，毛主席欠了欠身子，提高嗓音強調說：「婦女要解放，必須在政治上解放，這是先決條件。但要真正解放，還必須在經濟上和男人一樣，必須

參加生產勞動，這是基礎。」

接着，毛主席又問：「《婚姻法》公佈後，貫徹得怎麼樣？婦女地位提高了沒有？」

我向毛主席彙報説：「《婚姻法》在全縣已普遍貫徹。山區在抗日戰爭時期就開始貫徹邊區制定的《婚姻法》，婦女和男人一樣參加政治活動，一樣參加生產勞動，真正實現了男女平等。縣委對婦女工作也很重視，從 1950 年到 1952 年，三年有三位女勞模進京參加了國慶觀禮，並榮幸見到您老人家，一時在全縣全省傳為佳話。」

接着，我又列舉了郭愛妮、王葆榮、韓秀娥等婦女典型，具體説明了婦女地位的變化。

毛主席一邊聽，一邊頻頻點頭，隨後對我説：「婦女的偉大作用在經濟方面，沒有她們，生產就不能進行。你們縣婦女工作搞得不錯，要充分發動婦女參加田間生產勞動，在生產中必須實行男女同工同酬，實現真正的男女平等。」

接着，毛主席又問：「縣委在互助合作運動中是怎樣進行領導的？」

我便從深入基層、調查研究、抓點帶面等六個方面向毛主席作了彙報。

毛主席聽後，滿意地説：「你們的做法不錯，概括起來就是積極領導、全面規劃、典型引路、穩步發展。」

這時，窗外的光線漸漸發暗，工作人員進來，請毛主席吃飯，我便和毛主席一塊兒共進了晚餐。吃完飯後，毛主席還從餐桌上拿了一個又紅又大的蘋果送給我。

飯後，列車將到鄭州站。毛主席在會議室對我説：「玉美，今天你談得很好。看來，農業不先搞機械化，也能實現合作化，中國不一定仿照蘇聯的做法。今後有什麼新情況、新經驗，可寫成材料報中央辦公廳給我看。」

我説：「主席忙累了一天，對縣裏工作有啥看法，請給予指示。」

毛主席略微思考了一下，抬起頭語重心長地説：「邢台是個老區，合作化可以提前。在合作化問題上，一定要本着積極、穩妥、典型引路的方法去辦。你們縣婦女工作也不錯，要很好地總結這方面的經驗。」

楊尚昆隨後説：「主席的指示很重要。中央最近要將《決議（草案）》作為正式決議下達，具體可按這個文件辦。」

接着，毛主席用商量的口氣問我：「出過門沒有？願不願跟我們到外地轉轉？」

我心想，自己連北京都沒有去過，要是能跟毛主席到外地看看，那當然好。可又一想，這樣做不合適。毛主席日理萬機，連春節都顧不上休息，還要到外地視察，自己咋能給他老人家添麻煩呢。

於是我告訴毛主席：「縣裏已經安排召開三幹會，這次我就不去了。」毛主席微笑着點點頭説：「也好。」

火車徐徐進入鄭州站。我告別了毛主席，下了車。臨下車時，毛主席握住我的手説：「今後有什麼事情就找我。」同時，讓羅瑞卿打電話派人接我。

我在鄭州住了一夜，第二天便趕回縣裏，在縣委、縣政府領導班子成員中傳達了毛主席的指示和接見的情景，研究了落實的方案和具體措施。我們努力在工作中貫徹執行毛主席的指示，使全縣的互助合作運動揭開了新的一頁。

1955 年 8 月 15 日，中共中央辦公廳邀請王志琪進京彙報實現農業合作化的情況，並把他的彙報整理成文。毛主席親自修改，命題為《只花一個多月時間就使全村合作化》，還寫了分量較重的按語。同年 9 月，縣婦聯制定的《關於發展合作化運動中婦女工作的規劃》報送中央，毛主席閱後同樣寫了按語。以上兩篇均收入 1956 年 1 月出版的《中國農村的社會主義高潮》一書。不久，農業合作化運動進入高潮，全縣 927 個初級社和 33 個互助組，合併升級為 308 個高級社，實現了社會主義農業合作化。

歲月易逝，往事難忘。距毛主席的這次接見已整整四十年了，他老人家離開我們也已十七年了。當年我這個三十五歲的基層幹部如今也進入古稀之年。但是，毛主席接見我時那種虛心傾聽基層幹部反映和群眾呼聲的態度、認真進行調查研究的作風、積極探索有中國特色的社會主義道路的精神，一直鼓舞着我勤勤懇懇為民辦事，兢兢業業為黨工作。

農業合作化運動的片段回憶

王立誠

我是 1952 年由中南大區調到中共中央政研室農村組的，1953 年政研室全班人馬併入新成立的中共中央農村工作部。辦公地點也由西城區的孟端胡同遷往當時萬壽路原來的偽「華北剿匪總司令部」。那是一座兩層大樓，非常陳舊。我被分配到第二處（互助合作處），處長是李友九（原中南財委副秘書長、中南土改委委員，曾任黃岡地委書記），副處長任雷遠（原中南土改委秘書長，後調為中央農工部辦公室主任）、霍泛（原中共中央政研室農村組組長）。當時全處只有不到十個人，只佔用了一間屋子。這是我參加中國農業合作化運動的開始。

因為全處多數人都是新手，而且農業互助合作是個新任務，所以我們的工作是從學習《關於農業生產互助合作的決議（草案）》入手，大家展開無拘束的討論，處長們也和我們一起討論，他們之間有時也爭論起來，我們就洗耳恭聽，聆受教益。其間，還聽到了在文件起草過程中趙樹理對陳伯達說他沒有發現農民互助合作積極性的有趣故事，以及山西省委和華北局關於互助合作問題的爭論。總之，工作氣氛是民主、團結的。

1953 年 2 月部長鄧子恢到職了，他原任中南局第三書記。我們對他是很敬仰的。副部長是陳伯達、廖魯言，秘書長杜潤生。

鄧老一到，馬上召開全體幹部大會，宣佈組織機構和各處負責人的任命，並且說明已得到中央批准。他們是：一處處長許子威，副處長趙達；二處上面已說過了，不贅；三處處長金少英；四處處長楊煜；五處處長李福祥，辦公室主任丁武夫，副主任史鑄英等。同時傳達毛主席給中央農工部的

任務是：「在三個五年計劃或更長一點的時間裏完成農業的合作化。」

「窮七組，賴八組，吊兒郎當十一組」

做農村工作是不能長坐辦公室的，特別是像我這樣的知識分子青年幹部，更必須深入農村第一線。從這一年起，我年年下鄉調查。1953 年 5 月初，處裏派我參加赴東北的調查組，到克山縣勝利村蹲點調查。當時的縣委書記是陳俊生。

我們都住在農民家裏，我住在一戶姓王的中農家裏（按後來的劃分標準，大概可以算是土改後的新中農）。我看他的小日子很紅火，有兩匹馬、一掛犁、一輛膠輪大車，養着幾頭肥豬，大鍋裏每天煮着土豆，都是用來餵豬的。大樑上掛着成包的自製豆醬。吃的是高粱米撈飯。

我問他：「你分的土地在哪裏？」那時我們正站在他的房門口，他的門正對着田野。

他指一指腳下說：「就在這裏。」

我又追問：「這塊地有多長？」

他用旱煙袋指了指一望無際的天邊：「就這麼長，是一長條。」

原來當地土改時，為了遠近合理搭配，每家分的地都是一長條，東北大平原的黏土地質量厚實，幹活時犁杖非兩匹大牲口拉不動。鏟地時趕着牲口來回一壟就得花一晌時間。

後來有個老農民在和我嘮家常時，無意間指着村西頭的一排房子說：「那是窮七組，賴八組，吊兒郎當十一組。」

「他們為什麼窮？」我問。

「懶唄！」老農不屑地說。

第二天，我決心訪問一下這幾個「窮組」，果然，春耕大忙的日子裏，幾個壯小伙子蹲在大炕上甩撲克。

我問：「你們為什麼不幹活？」

沒有人作聲，只有一個人冷冷地回了一句：「沒有馬！」

這一句話點醒了我，原來貧農缺少像馬、騾這樣的重要生產資料，就不能按時耕作，只能等到中農地裏的活忙完了，才能借中農的牲口幹活。看

來，《中共中央關於農業生產互助合作的決議》是完全正確的，發展農業生產需要互助合作，這位貧農青年是我的好教師。

回到北京，我在辦公室裏談了以上觀感，大家都誇我有進步，能聯繫實際。不久，副處長霍泛交給我一個任務，要我為《學習》雜誌編寫一篇資料，概述中國農村中傳統的各種變工互助的形式，於是我又查閱了大量史料，終於交了卷。從中我也學到了不少這方面的知識。

第三次互助合作會議

正當我們在熱心研究互助組的時候，毛主席已經把眼光轉移到初級農業生產合作社。

原來在1953年4月13日至23日，鄧老受中央委託主持召開了第一次全國農村工作會議。他在大會上傳達了毛澤東提出的用十到十五年或更長一點的時間完成農業合作化的指示。他明確指出當前農村土改剛剛結束，我們的任務就是領導農民組織起來，互助合作，發展生產，還不能離開「小農經濟」這個出發點。互助合作全部問題的中心，是怎樣對待中農的問題。要辦好一批互助合作的組織，增加生產，提高收入，要超過中農收入水平，才能說服中農入社。過「左」的政策會破壞我們與中農的合作。當前重要的是辦好互助組，合作社只能約束在試辦的範圍內。大家既要糾正急躁冒進，又要防止放任自流。由於鄧老對這兩方面傾向的切實糾正，這一年11月時，參加互助組的農戶達到了全國農戶總數的42.43%，初級社也達到一萬四千個，形勢比1952年好。據說，陳伯達曾向毛澤東反映：中央農工部反冒進變成了「冒退」，這是不符合實際情況的。

1953年夏收以後，毛澤東鑒於糧食供應的緊張，在中央的會議上決定實行全國的糧食統購統銷，重申了黨在過渡時期的總路線，把互助合作、統購統銷作為總路線的一翼。當時部機關號召大家都要學習《關於黨在過渡時期總路線的學習和宣傳提綱》。

不久，鄧老到南方調查研究糧食統購統銷，10月14日毛澤東召見陳伯達、廖魯言兩位副部長，提出立即召開第三次互助合作會議，並作了重要指示。毛澤東的意圖是及時部署今冬明春發展互助合作的任務。

10 月 26 日，按照毛主席的指示，第三次互助合作會議在北京和平賓館開幕。我也列席了這次會議，因為我是大會記錄工作人員。各大區中央局，各省、市、自治區黨委的農工部長都出席了。和平賓館當年的小禮堂擠得滿滿的，座無隙地。

會議由陳伯達、廖魯言兩位副部長主持。會議一開始，廖魯言副部長就站起來傳達毛主席的重要講話。講話的重點是：

「辦好農業生產合作社，即可帶動互助組大發展。」

「在新區，無論大中小縣，要在今冬明春，經過充分準備，辦好一個到兩個合作社。」

「只要合乎條件，合乎章程、決議，是自願的，有強的領導骨幹（主要是兩條：公道、能幹），辦得好，那是韓信將兵，多多益善。」

「一般規律是經過互助組再到合作社，但是直接搞社，也可允許試一試。」

「互助組還不能阻止農民賣地，要合作社，要大合作社才行。」

「合作社不能搞大的，搞中的；不能搞中的，搞小的；但能搞中的就應當搞中的，能搞大的就應當搞大的，不要看見大的就不高興。」

「要打破新區一定慢的觀念。」

「合理攤派，控制數字，不然工作時心中無數。」

「各級農村工作部要把互助合作這件事看作極為重要的事。個體農民，增產有限，必須發展互助合作。對於農村的陣地，社會主義如果不去佔領，資本主義就必然會去佔領。」

會後，杜潤生悄悄對我說：「趕快把毛主席講話整理出一份來，寄給鄧老。」我就照辦，連夜抄清，交給了辦公室主任。

毛澤東講話傳達完畢，立即進行大會彙報和討論，其間出現了一個有趣的插曲。

頭一個站起來發言的是華東局農村工作部部長張維城，他開口就檢討華東大區在互助合作方面的「冒進」問題。

這時，陳伯達用他的福建官話插話了，用手指着張部長說：「華東的問題不是『冒進』的問題！」一時全場都肅靜了，每一個人都意識到這一句話的分量。

張部長也啞了，呆站了幾分鐘，只有笑着看着手裏的筆記本。他大約對

毛澤東講話還沒有充分理解，但是原來準備的彙報提綱肯定是用不上了，只好訕訕地坐了下來。

一時間沒有人敢再出頭發言，靜默了幾分鐘，廖魯言乾脆點名了：「山東說說吧！」

於是山東農委書記穆林站了起來，他巧妙地繞開敏感的話題，坦言農村的情況。

頭一天的會就這麼結束了，會後許多人都去逛對面的東安市場，只有我們幾個會務人員還得加班整理記錄。

接着又進行了幾天的分組討論。其間，華北局書記薄一波還奉毛主席指示到會講了他考察華北各省農村的觀感，因為他在主管中財委時犯了錯誤，剛受過批評，這是他被批後的第一次公開亮相。

11月5日大會閉幕，在閉幕式上廖魯言副部長又傳達了毛澤東的第二次重要講話，要點如下：

「發展農業生產合作社，現在是既需要，又可能，潛在力很大。如果不去發掘，那就是穩步而不前進。」

「糾正急躁冒進，總是一股風吧，吹下去了，吹倒了一些不應當吹倒的農業生產合作社。」

「『確保私有』是資產階級觀念。群居終日，言不及義，好行小惠，難矣哉。」

「言不及義，就是言不及社會主義，不搞社會主義。」

「不靠社會主義，想從小農經濟做文章，靠在個體經濟基礎上行小惠，而希望大增產糧食，解決糧食問題，解決國計民生的大計，那真是『難矣哉』！」

「總路線就是逐步改變生產關係，斯大林說，生產關係的基礎就是所有制。這一點同志們必須弄清楚。現在，私有制和社會主義公有制都是合法的，但私有制要逐步變為不合法。在三畝地上『確保私有』，搞『四大自由』，結果就是發展少數富農，走資本主義的路。」

「有些人想從小農經濟做文章，因而就特別反對對農民干涉過多。」

「不能把需要做的、可能做的事，做法又不是命令主義的，也叫干涉過多。」

「『積極領導，穩步發展』這句話很好，這大半年縮了一下，穩步而不前

進，這不大妥當。」

「中央現在百分之七八十的精力，都集中在辦農業社會主義改造之事上。」

「各級農村工作部的同志，到會的人，要成為農業社會主義改造的專家，要成為懂得理論、懂得路線、懂得政策、懂得方法的專家。」

12月16日中共中央發出的《關於發展農業生產合作社的決議》，也是在這次會議上醞釀起草的。

我敏銳地體會到，這是毛澤東對鄧子恢工作的第一次公開批評。而且很可能還不止於對鄧老，因為在春天的第一次全國農村工作會議上，我親耳聽見鄧老說：「昨天我去請示了中央、少奇同志。中央的方針是『穩步前進，寧緩勿急』。」

我注意到廖魯言副部長在大會上除了傳達和安排會議分組等事務外，沒有講話，倒是陳伯達在閉幕會前講了不少，我聽不懂他的福建話，也沒記下多少來。只記住有一句話是「走火了」，大約是表示開會那天對華東局農工部張部長的失禮。

陳伯達身為中央農工部副部長，但是我幾乎沒有見他來過中央農工部，這次會上是頭一次見到他，第二次是他領着一位女士來看一場內部電影。所以當我後來聽說毛澤東批評鄧子恢時提道：陳伯達說，你們有事也不找他商量！（大意如此）我很為鄧老抱屈。據部辦公室的人說，每次開部務會議都通知了他，但是他經常託詞不來。

鄧老抓農業社的經營管理

1954年是農業生產合作社發展的一年，鄧老等注意到農業社到3月份已發展到七萬多個，超出預定的三萬五千個一倍多。於是就在3月20日以中央農工部名義發出了《關於收縮農業生產合作社的發展轉入生產的指示》。並且在4月2日至18日主持召開了第二次全國農村工作會議，強調抓好春耕生產，大力鞏固現有農業社的基礎，以便更好地前進。

這一年鄧老投入了很大的精力研究怎樣搞好農業社的經營管理，為此，我們二處還成立了經營管理科，並且開始佈置起草《農業生產合作社示範章程（初級社）》（簡稱《章程》），這兩項工作我都參加了。

　　鄧老抓經營管理是從抓財務會計開始的，正好二處也指派我研究農業社的財務會計，因此多次直接聆聽他的親切教誨。

　　鄧老是店員出身，有一定的賬簿知識，深知會計工作對於鞏固農業社的重要性。他反覆地叮囑要選好、培訓好農業社的會計人才；還要求編好一套簡要通俗、易於實行的會計制度和會計教材。為此，他還指示農業部宣傳總局建立了農業幹校和農業社賬簿編寫班子培訓農業社會計。所有的賬簿制度的設計他都要親自審閱、修正。

　　他不同意農業社實行現代通用的借貸式記賬法，認為那太複雜、難懂，會計人才也不好找。他曾經提出恢復舊社會通用的「四柱清冊」，我們反映那已經行不通了。經過反覆協商、討論，農業部的專家提出採用「收付式記賬法」。他同意了，但是嚴格指示會計科目不能超過十個，由我向農業部的編寫班子傳達了下去。這又引起了近三年的爭論。農業部的會計專家們想不通，一次次的方案被退回去修改，又報上來，又退回去。下面有意見，鄧老堅守不超過十個科目的原則不動搖，我夾在中間，來回奔走，十分為難。有一次農業部宣傳總局萬鍾一局長親自帶了專家們來中央農工部找二處處長說理，也沒有解決。

　　最終解決這個問題是在 1957 年整風時，部機關黨委號召幹部大鳴大放，對黨提意見。有一天，鄧老親臨二處，召集全體幹部大會（那時大區中央局已撤銷，各大區農工部的很多幹部調來中央農工部，二處的幹部已增多了），請大家提意見。

　　我本來沒有什麼可以鳴放的，也不想說話，但是坐在我身邊的一位副處長推了推我說：「立誠！說吧！」

　　「好吧！」我心裏想，開口就說：「我提一個小問題，鄧老關心農業社賬簿制度是很好的，要求通俗易懂也是十分必要的，但是嚴格限制會計科目不能超過十個，執行起來是有困難的。農業部的人反應很大，我想會計是一門科學，制度設計必須嚴密，否則就會有財務上的漏洞。如果確實需要，是不是可以放寬一點，十一個或者十二個科目也可以准許吧？」

　　我這小小的「鳴放」，居然得到了鄧老的首肯，他從善如流，在會上檢討了自己的主觀主義和官僚主義，並且表揚了我，讓我通知農業部放寬十個科目的限制。

會後，處長們誇我説：「你撿了個小西瓜。」意思是當時有云「不要撿了芝麻，丟了西瓜」。

這就是在全國出版《農業社（初級）會計賬簿教材》中間的一個插曲。

起草初級社《章程》草案是我們二處的任務，其中的經營管理部分我也參與了。

《章程》中的一個重要問題是社員的收入分配。

原來，為了入社的貧農能夠和生產資料佔有較多的中農具有同等的分配條件並壯大初級社的經濟實力，以利於鞏固農業社，鄧老向中央提出由財政撥款發放「貧農合作基金貸款」。大約就在這一年，我遵照杜潤生秘書長的指示，攜鄧老親筆信去中財委見薄一波副主任，他當即批給了約幾千萬元的貸款額度，由中央農工部分配給各省。

這一年，處長還佈置我寫了一篇論農業社秋收分配的文章刊登在《人民日報》。

在起草《章程》草案過程中，鄧老主張寫入：「社員將私有土地、耕畜、農具等生產資料交社統一經營使用，仍然可以保持所有權，並可取得合理的報酬……轉為全社公有，必須經過本主同意並且給以合理補償。」我記得我曾提出過以下具體意見：社員評工實行勞動日制度（後來在實踐中成為評工記分）；農業社要有不可分割的公積金和公益金，還應該提取生產資料的折舊。這都是參照蘇聯集體農莊法的體會。

當年辦社，大家都在學習蘇聯的經驗。我的辦公桌上堆了不少這方面的書籍、資料。記得有一天處長叫我把蘇聯集體化方面的重要文章找齊，送交陶恆馥大姐學習（廖魯言夫人，時任部副秘書長，後任國務院七辦副主任）。我花了一天整理，插好標籤，抱了高高一疊書籍送到她的辦公室裏。

這一年召開了全國人民代表大會一屆一次會議，選舉毛澤東任國家主席。鄧老仍任副總理，任命廖魯言兼農業部長，全國一片祥和氣象。

這次會議期間，鄧老在九龍山農業機械總廠接見了全國人大代表中的農業勞模們，他們都是農業合作化的帶頭人，部裏派一處孫會元和我去會場照料，其實農業部已準備得很周到了。這次會議使我有幸結識了這些中國農民中的英雄人物。他們之中包括耿長鎖、李順達、申紀蘭、武侯梨、吳春安、饒興禮、呂鴻賓等。還有機會見到了原農業部長李書城、水利部長傅作義、

林業部長梁希、氣象局長涂長望等這些在近現代史上知名的政治活動家和學者們。農業部劉瑞龍副部長前後奔走，熱情接待，付出了很多。

1955 年，國務院發佈了《章程》，在全國試行。

「春天反冒進，秋天大發展」

「春天反冒進，秋天大發展！」這是 1955 年至 1956 年間各省農村工作幹部中流行過的一句俏皮話。

1954 年 10 月 10 日至 30 日，鄧老主持召開了第四次全國互助合作會議。這次會議綜合了各省的發展計劃，提出到 1955 年春耕前把農業社發展到六十萬個。會後，向中央報送了《關於全國第四次互助合作會議的報告》，12 月中央批轉了這個報告。到 1955 年 1 月，全國農業社已發展到三十八萬多個。但各地工作比較簡單粗糙，又趕上 1954 年水災嚴重，糧食減收，糧食統購卻比原計劃多了一百多億斤，挖了農民的口糧，農村形勢比較緊張。1955 年 1 月初，鄧老向中央和國務院報告了農村的緊張形勢，建議發一個「關於整頓和鞏固農業生產合作社的通知」，宣佈當前農業合作化運動應基本上轉入控制發展、着重控制的階段，不同地區應區別對待。3 月，毛澤東聽取鄧子恢、陳伯達、廖魯言、陳正人和杜潤生的彙報，毛澤東說：「生產關係要適應生產力發展的要求，否則生產力會起來暴動。」「方針是三字經，叫一日停，二日縮，三日發。」並當場議定浙江、河北兩省收縮一些，東北、華北一般停止發展，其他地區（主要是新區）適當發展一些。3 月 22 日，中央農工部發出《關於鞏固現有合作社的通知》，指出全國已發展到了六十萬社，不論何地均應停止發展新社，全力轉入春耕生產和鞏固工作。

但是浙江發展最快，1954 年秋，浙江入社農戶只佔農戶總數的 1.9%，1955 年春突然增加到 30%，農業社發展到四萬一千八百八十個，另有自發社一萬五千個，徵購過頭，生產管理落後，已垮掉二百多個社。農村形勢緊張，各部均有反映。3 月 24 日，鄧老會同中央書記處二辦主任譚震林、正在北京的浙江省委第一書記江華，研究了浙江問題，決定以中央農工部的名義，於 3 月 25 日向浙江省委農工部發出電報，建議對合作社數量實行壓縮。此稿經譚震林、江華、陳伯達、廖魯言、陳正人、杜潤生過目同意，並委託

陳伯達送毛澤東審閱（陳回電説：「主席同意」）。為此，譚震林又召開會議，派杜潤生、袁成隆（中央二辦副處長）赴浙江解釋電報精神，説收縮到三萬就夠了。在省委會議上，杜潤生提到有一些合作社上馬難下了。不下馬，誤了春耕生產，並影響了工農聯盟，建議「能鞏固的全力鞏固，須收縮的堅決收縮」。省委會議一致同意，決定召開四級幹部會議部署工作，會前杜潤生還趕回北京向譚震林請示浙江收縮是否可行。譚震林肯定了（此時鄧老已出國訪問）。最後浙江收縮了約一萬二千個社。

4 月 20 日，中央書記處開會，劉少奇、鄧小平主持，鄧老、廖魯言參加，由杜潤生彙報了農村情況，譚震林作了補充，會議確定當前「停止發展，全力鞏固」。

當晚鄧子恢又向毛澤東專門作了彙報，主要是召開第三次農村工作會議的準備情況及農村形勢緊張的原因，根本是農業合作化出的毛病，糧食統購中發生了問題。

4 月 21 日，第三次全國農村工作會議開幕，鄧老講話，他講了農村的緊張形勢，傳達了中央書記處關於「停止發展，全力鞏固」的決定。

4 月 23 日，劉少奇又約見各省與會人員談話，強調農業社的鞏固是當前的中心工作。

5 月 6 日，毛澤東約見鄧老談話：「不要重犯 1953 年大批解散合作社的錯誤，否則又要作檢討。」

同日，鄧老在第三次全國農村工作會議閉幕會上作總結，他又講了農村工作的成績是主要的，冒進現象不是全國性的，只是少數省份。但是幹部中冒進情緒是帶普遍性的，他提出：(1) 秋前一般停止發展，全力鞏固；(2) 發展較快、問題較多的省份適當收縮；(3) 新區秋後適當發展；(4) 辦好互助組，照顧單幹戶。會後，他向中央寫了會議報告，6 月 14 日劉少奇主持中央政治局會議，批准到 1956 年春發展到一百萬個社。

「上馬」與「下馬」是兩條路線的問題

1955 年 3 月 25 日，中央農工部給浙江關於收縮的電報在當年引發了一場軒然大波。

6 月下旬，毛澤東回到北京，向鄧子恢提出 1956 年發展到一百三十萬個合作社。鄧老主張仍維持原定的一百萬個，兩人又一次爭論起來了。7 月 11 日，毛澤東召集中央農工部各負責人和譚震林，重新談這個問題，毛澤東對鄧子恢說：「你的思想要用大炮轟。」

7 月 31 日，毛澤東在各省、市、自治區黨委書記會議上作了《關於農業合作化問題》的報告。主要是批判鄧子恢等人的「右傾」，其中提到「像一個小腳女人」；批評在浙江的「堅決收縮」，提到「一個要下馬，一個要上馬，卻是表現了兩條路線的分歧」。很快，這份報告就公開發表了。

10 月 4 日，中共七屆六中全會（擴大）開幕。會議一致擁護毛主席《關於農業合作化問題》的報告，批評了合作化運動中的「右傾保守思想」、「小腳女人」等。會議通過了《關於農業合作化的決議》，把鄧子恢等對農業合作化問題的指導方針稱為「右傾機會主義的方針」。鄧子恢、杜潤生在大會上作了檢討。會後，杜潤生被降調為中國科學院副秘書長。我們機關工作人員對於這次「炮轟」大都想不通。鄧老親自出面，向大家做了細緻的說服教育工作。

1956 年 1 月，我陪同二處經管科副科長王涵之（他那時已是行政十三級幹部，相當於省廳級）赴浙江調查研究農業社的勞動管理。當時浙江省委農工部的一位負責人很傲慢地推辭，不接見我們，這是歷來到各省去少有的現象。他們只派一位副處長陪同調查，卻追着要看我們的調查報告。我們去的是臨安縣東天目山的一個老農業社，縣委農工部長李榮昌和駐社幹部小謝都陪同我們調查。後來我們公開發表了這份調查報告。

我在杭州感覺到省委有意地用一種形式上的產品富足來應付外來客人。省委招待所的大食堂分成許多不同風味的小餐廳，都用席棚隔開，屋裏擠不下就在大院裏架天棚，有米飯、各色炒菜、湯麵、小籠蒸包，甚至鍋貼也單設一間，幾乎是應有盡有。但是在市面上卻並非如此，許多農副產品還買不到，例如著名的茶葉，就沒有貨。

1955 年 11 月，我參加了《中國農村社會主義高潮》一書所用典型資料的初選，這是陳伯達交代下來的，說要挑一批好的辦社典型報告。我記得那是一個冷天，暖氣還沒有來，我和幾個工作人員凍着在一間大會議室裏，翻閱了上千份材料，終於挑出了幾百份送陳辦。1956 年初，《中國農村社會主義高

潮》大字草本就印出來了，上面有毛澤東的許多批語。我們二處開會，處長叫我把批語讀給大家聽，大家都十分震動。

農民的退社風潮

1955年下半年在全國批「小腳女人」的政治聲浪中，各地紛紛修改了原定計劃，基本上都提出了超過毛澤東在《關於農業合作化問題》中提出的發展計劃。如遼寧省計劃今冬明春再新建一萬五千萬個社，使1956年春以前總社數達四萬五千個，參加農戶達總戶數的55%；1957年春耕前通過擴社、建社再發展農戶30%左右，使合作化比重達到80%～85%。山西、河南、浙江、甘肅、福建、雲南、安徽等省也提出類似的計劃。

1955年10月中共七屆六中全會（擴大）召開之後，各地農業合作化運動先後掀起熱潮。在你追我趕的形勢下，到1955年年底，全國已建農業社一百九十四萬多個（其中一萬七千個高級社），入社農戶達七千五百多萬戶，佔全國農戶總數的63.3%，已接近《關於農業合作化的決議》中先進地區1957年春達到70%的要求了。進入1956年以後，農業社的發展更加快速。截至4月30日，全國的合作社已達一百萬零八千個，入社農戶達一億零六百六十八萬戶，佔全國農戶總數的90%，這表明中國農業生產的初級合作化已基本完成了。

隨後，在初級社剛剛完成之後，受《中國農村社會主義高潮》和《1956年到1967年全國農業發展綱要》（草案）的大力推動，在規劃時間不斷提前，辦社條件又一再降低的情況下，1956年1月以後全國各地便抓起了大辦高級社的熱潮，幾乎月月都有新進展。1956年1月，全國高級社發展到十三萬八千個，入社農戶佔總農戶的比重由上年的4%猛增到30.7%；初級社則由上年底的59.3%降為49.6%。2月底，高級社增加到二十三萬五千個，入社農戶達到51%，初級社降為36%。6月底，高級社增加到三十一萬二千個，入社農戶超過62.3%，初級社降為28.7%。9月底，全國已有高級社三十八萬個，參加農戶比重達72.7%，已經達到了原來基本實現高級化的指標。12月底，高級社增加到五十四萬個，入社農戶的比重達到87.8%。在這個過程中，各地處在一種爭先恐後的趨超狀態中，許多社、鄉、

縣紛紛要求整社、整鄉、整縣地轉入高級社。如在上海市的社會主義改造完成慶祝大會上，有一千一百多個初級社都送上了申請，會議當場批准了所有的申請，頓時歡聲雷動。北京市也在上級鼓動宣傳、群眾紛紛要求的情況下，從 1 月 9 日起普遍開始轉社，一兩天便全部轉完了。天津、河北、山西在 1956 年 1 月，吉林、黑龍江、內蒙古在 2 月，河南在 5 月，湖南、浙江、江西於 10 月，湖北、廣東於 11 月，甘肅於 12 月底先後使高級社的入社農戶達到 74.7%~97%。在不到半年的時間內，全國基本上實現了高級合作化（集體化）。

1956 年 4 月 3 日，針對合作社貪大、貪多、貪快等問題給生產帶來的困難，中共中央和國務院聯合發出了《關於勤儉辦社的指示》，指出在高速發展中的合作社有些出現了鋪張浪費、濫用民力現象；強調要勤儉辦社，並提出了五條具體措施：一是宣傳勤儉辦社方針，生活和生產投資量力而行；二是《1956 年至 1957 年全國農業發展綱要》（草案）提出的任務要分期、分批、分項逐步實現，各地絕不能一下子全面鋪開；三是改進農業貸款的發放工作，為發展副業發放一定貸款，不要把貸款集中在基本建設上；四是廣開生產門路，發展副業，經營多種經濟；五是努力增產，並把增產指標和各項相應的措施定在積極而又可靠的基礎之上。

鄧子恢的整社主張，毛澤東兼顧國家、集體和個人三者利益的思想以及勤儉辦社的方針基本是正確的、切中時弊的。但在全國範圍內勢不可擋的高級化熱潮中，這些並沒有得到普遍貫徹。結果高級社的問題不但沒有解決，反而隨着 1956 年農民收入減少，導致全國範圍內出現了「退社風潮」。

1956 年 12 月 4 日廣東省委報告：「近數月來，特別是全省大部分農業社轉入高級社，並進入秋收和準備年終分配以來，各地不斷發生社員鬧退社的現象。據不完全統計，退社戶已達七千餘戶，佔入社總農戶的 1% 左右。已經垮掉的社共一百零二個，正在鬧退社而尚未退的共十二萬七千餘戶，佔入社農戶的 2% 多。個別地方曾發展成為群眾性的退社風潮，特別是在經濟作物區和生產搞得不好的地方，退社問題更為嚴重和突出。合浦專區靈山縣有七個區二十多個鄉不斷發生搶割、搶分、拉牛回去耕自家田、搞自己的冬種等混亂現象，全縣因鬧退社而包圍、毆打區、鄉幹部和社主任的事件已發生多起。」廣東省從 1956 年夏季的一年多時間裏，退社的高潮先後發生過

五次⋯⋯永寧還因退社問題發生了抬菩薩遊行、毆打幹部的「永寧、曹址事件」。

　　河南省委農村工作部報告說：「去冬以來該省十二個縣部分地區發生了鬧退社的現象，涉及二百七十八個高、初級社，七百多個生產隊的範圍。據不完全統計，共毆打幹部六十六人，拉走牲畜四千九百四十六頭，私分社糧食十二萬五千餘斤、種子二萬四千多斤、飼料二萬五千餘斤、飼草二萬五千餘斤、油料三百九十多斤、農具二百多件、柴火五千二百餘斤。」

　　江蘇省委也報告說，今春以來，全省各地農村發生了不少的農民鬧事，最近泰縣鬧退社事件竟在幾個鄉範圍成片發生，有兩千多人到縣裏請願，現在還沒有平息。鬧事具體表現為鬧退社、鬧分社、鬧糧食、鬧救濟、鬧幹部作風，鄉間、社間因水利、積肥、捕魚糾紛等鬧事，幹部因為用粗暴辦法抓賭、拆廟、打菩薩等引起鬧事，有些則鬧過去沒有解決的問題。在群眾鬧事中，有的態度很堅決，有的則不堅決，牽回耕牛、分掉社裏的種子、種自己的田地是常見的事。參加鬧事的群眾一般是中農、貧農，比較堅決的是富裕中農，地主、富農見風行事，復員軍人、撤職幹部和其他有膽量的人主持，許多共產黨員和幹部參加領導。此外，新疆、遼寧、浙江、湖南、安徽、山東等省、自治區也相繼發生了程度不同的群眾鬧退社問題。

　　據中央農工部估計，全國鬧退社的農戶，「一般佔社員戶數的 1%，多的達 5%；思想動盪想退社的戶，所佔的比例更大一點」。如浙江省寧波專區，已退社的約佔社員戶數 5%，想退社的約佔 20%。

　　據霍泛回憶，當年浙江發生農民鬧退社的風潮，報到中央，毛澤東立即親自召見中央農工部副部長陳正人，指示他率工作組乘專機飛往浙江調查，霍泛陪同。到達杭州後，「第二天，我們到蕭山縣和上虞縣的公路上，就遇到數百人的農民隊伍迎面而來。省裏同志說，這就是去鬧退社的。我們的車躲開點，免生麻煩，可見農村確實不夠穩定。到了上虞縣委，得知不久前縣領導機關受農民隊伍的衝擊，要求退社⋯⋯全縣農業社的生產多數暫時處於渙散狀態。仙居縣情況更為嚴重，農民圍攻領導，將縣政府和公安局的門窗都打爛了，呼喊着退社，退回耕畜、農具和土地⋯⋯」「原因主要是：首先，全面合作化太快，有些是不願參加的，特別是富裕中農和一部分中農。其次，有的就沒有作價，有的作價很低，引起中農不滿。最後，村幹部一下領導幾

十戶、上百戶的，管理不了，派工、出工混亂，生產不好，社員擔心到秋後『喝西北風』、『沒飯吃』。」據當年浙江省委的報告稱：「仙居縣在群眾鬧事中合作社一鬧而散，入社農戶由佔總農戶的 91% 退到 19%。」

浙江「仙居事件」只是當時全國農民鬧退社的一個縮影，許多省、市都有程度和規模不同的事件發生。農民鬧退社的主要原因是入社的農民中有相當部分的人糧食和收入都比入社前有很大的減少。收入和糧食減少的主要原因是自然災害、經營不當、管理不好、一平二調等。

各地對農民退社的原因的分析則認為這是由於高級社的生產經營管理中存在嚴重的問題，導致農民收入減少而引起的。廣東省委反映，鬧退社的主要有三種人：一是富裕中農和一部分有特殊收入的戶；二是嚴重缺乏勞動力的困難戶；三是入社前從事其他職業，入社後收入嚴重減少的戶。此外，生產沒有搞好而減產減收的貧農、下中農也有要求退社的。

當年，我也親身經歷了這一場退社風潮。1956 年夏收至秋收之間，河北、河南、遼寧、吉林、內蒙古和北京郊區農民大批湧入北京上訪，要求退社或正確解決有關個人利益的某些政策問題。他們逢大機關便進，進去了就要求解決問題。中央農工部也門庭若市，辦公室信訪組忙不過來，就向二處臨時借調人手，我也在被借之列，於是臨時做了幾個月的接待來訪工作。恰好這時中央各部和北京市委也向中央和國務院緊急反映外地農民上訪擾亂了機關工作秩序。於是中央決定外地農民上訪一律歸口中央農工部。為此，中辦楊尚昆主任、國務院秘書長習仲勳還專門在懷仁堂召開了全體信訪幹部大會，佈置這一工作。這樣中央農工部的接待上訪任務更繁重了，不單接談，還要做好上訪農民的臨時生活安置。當時，我們接待人員遵照鄧老的指示，耐心聽取他們的要求，記錄下來並轉告當地黨委農工部處理。我們聽到的各種農民的反映是驚人的，主要是政策不落實。例如有的農民春天入社，地裏已種好了小麥，現在麥子由社裏收了，卻沒有給他們應有的種肥補償；又如有的耕牛入了社，餵養不好，沒有專人負責，使用起來又不愛惜牛力，以致牛一天天衰弱下去，老主人看了心疼，要牽回家自己餵。因為我回答不能牽牛回家，一個白鬚老農民還揮動手中的拐杖要打我，幸虧被旁邊值班的警衛攔住了。對於合理的要求，我們都把問題寫在公函上，叫他們自己帶回縣委農工部處理。還有的一次不得解決，二次再來的，有一次十幾個延邊自治州

朝鮮族農民圍住了我。但他們都很有禮貌，講道理。

　　不久，我終於摸出了一條規律，就是大部分上訪農民都來自河北省大興縣（那時大興還不屬北京）。經領導同意，我寫了一則簡報，指出河北大興縣委執行政策不力造成大批農民來京上訪。這一簡報送到中央，中央批交河北省委，省委撤換了大興縣委書記，改由省委農工部副部長蕭峰繼任。

　　當年，二處有一位農工部領導的夫人，也是個老幹部，和我一起臨時借調到辦公室信訪組接待上訪農民。她傾聽了農民的傾訴，十分同情，回到辦公室不禁哭了起來，因此還受到黨支部的嚴厲批評，說她立場動搖，讓她作了檢討。她一直耿耿於懷，一直到二十五年以後，她在太原見到了我，還委託我捎信給當年的二處支部負責人，請求給她平反呢。

關於資本主義工商業改造的回憶

許滌新

加工訂貨的鬥爭

在 1949 年 5 月下旬上海解放之後，黨分配我去協助曾山搞接管工作；同時，處理在接管中與資本家有爭議的問題。大約在那一年夏末，陳毅、曾山要我兼管市場和私營工商業的工作，因為那時負責工商行政管理的石瑛跟着部隊到福建去了。

對市場的管理，主要是打擊、取締投機活動。經過幾次較量，投機家的活動被壓下去了；而收購和加工訂貨的工作，則越來越重要、複雜。上海輕工業的名牌貨相當多，西北、西南各地都來上海購貨。國營百貨公司更要控制貨源，而資本家不幹。限制和反限制的鬥爭就在收購和加工訂貨中尖銳地表現出來了。

1950 年國家實行財經統一之後，通過抓緊稅收與發行公債，國民黨反動派製造、遺留的惡性通貨膨脹，一下子解決了。但是，由於惡性通貨膨脹所形成的虛假繁榮，也忽然破滅了。商品的銷路突然不暢，許多資本家由於商品賣不出去，無錢發工人的工資，都在大聲叫苦。陳雲負責的中央財政經濟委員會，向中央建議召開八大城市工商局長會議。我以上海工商局長的資格，參加了這個會議。陳雲在黨組會議上，指示我要把上海工商業的困難情況如實說出，以免在政治上陷於被動。那次參加會議的不僅有八大城市的工商局長，而且有代表資產階級的高級民主人士——黃炎培、陳叔通、盛丕

華、周叔弢等人。大家暢所欲言，滔滔不絕。但總括起來，不外是「商品賣不出去，怎麼辦？」這麼一句話。會議開了半個月，陳雲焦心憂慮，在向中央彙報之後，在總結會議上科學地分析了當時情況，並宣佈：調整工商業，擴大加工訂貨。消息一經傳到上海，資本家喜出望外，奔走相告。這樣，上海的加工訂貨工作，就順利地在擴大了。

但是到下半年，情況就發生了變化。由於抗美援朝需要許多軍需物資，同時還由於土地改革後廣大農民對工業日用品需求量的增加，國內市場頓然活躍起來。資本家就改變了態度，不願再接受加工訂貨，或者不按合同完成任務，而寧願按合同的規定承擔罰款，把商品拿到市場上去賣高價。在上半年，資本家感謝國家給他們的加工訂貨，到下半年，資本家卻認為加工訂貨是一根捆住他們手足的繩子了，因而千方百計要擺脫這根繩子。鬥爭怎能不日趨尖銳呢？直到「五反」運動之後，資本家才低頭接受加工訂貨。1952 年，全國各大城市接受加工訂貨、收購、包銷等國家資本主義形式，私營工業企業（包括機器工業和工廠手工業）的產值佔當地私營工業產品總值的比重，上海為 58%，武漢為 65.5%，西安為 70.3%，杭州為 63.7%。其他城市的情況，也大致如此。上海的加工訂貨的百分比雖然不大，但是在絕對數上，上海的加工訂貨總額居全國之冠。

加工訂貨是國家資本主義的低級形式，但是當我在上海工作的時候，並沒有明確地把它提高到國家資本主義的地位去認識；當時，我的認識只是支援國營商業，掌握貨源，保證軍需和民用的需要。

黨在過渡時期總路線的公佈和對資本主義工商業的利用、限制、改造政策的提出

1952 年冬，我調到中央統戰部和中央工商行政管理局（當時稱私營企業局，次年初才改為此名稱）工作。統戰部是不搞具體經濟業務的；而工商行政管理局的業務相當多，其中處理加工訂貨的問題，在整個工商局的業務中，佔着相當大的比重。

1953 年春，李維漢帶領一個調查組到武漢、上海、南京和濟南等地，對私營工商業進行調查。回來後向中央提出兩個報告：一個是如何處理公私關

係問題的報告，另一個是如何處理勞資關係問題的報告。劉少奇首先聽取調查組的彙報。中央統戰部李維漢部長和其他副部長都參加了。記得那天下午的彙報，突出了加工訂貨的問題。調查組的人指出，各個部門需要時就向資本家加工訂貨，不需要時就拉倒；有的資本家形容說，「來時急如星火，去時無影無蹤」。另外，還談到工繳費、稅收等標準也不統一的問題。李維漢提出，這些問題有必要提到黨的統一領導上來解決。

這次調查的結果，不僅發現了加工訂貨中存在的問題，而且對資本主義工商業改造的問題，在理論和政策上也有所突破。李維漢提出，收購是國家資本主義的低級形式；加工訂貨、統購包銷是國家資本主義的中級形式；公私合營是國家資本主義的高級形式，是向社會主義過渡的重要形式。

同年夏天，中央政治局開了好幾次會議，討論對資本主義工商業進行改造的問題。出席會議的領導，都同意採用國家資本主義的形式，逐步把資本主義工商企業改造為社會主義企業，並認為收購在當時已經日益縮小，不必再列為一種形式。這樣，國家資本主義就只包括中級形式的加工訂貨、統購包銷和高級形式的公私合營兩種形式了。周恩來和陳雲在討論中提出，國家對資本主義工商業的改造，不應限於加工訂貨，而應逐步擴大為公私合營。毛澤東在討論過程中提出了黨在過渡時期的總路線，指出這個總路線和總任務，「是要在一個相當長的時期內，基本上實現國家工業化和對農業、手工業、資本主義工商業的社會主義改造」。

毛澤東和周恩來都認為，要進行對資本主義工商業的社會主義改造，必須有一個機關來統一負責。陳雲認為，國家計劃委員會業務太多，如要負擔對資改造的工作，恐怕搞不好。討論結果，決定由中央統戰部來管理此事，由李維漢兼任中財委副主任。中財委下面設立第六辦公室，由許滌新任辦公室主任，沙千里、孫起孟、鄭新如三人任副主任。次年第一屆全國人民代表大會之後，中財委第六辦公室改為國務院第八辦公室，由李維漢任主任；許滌新和孫起孟任副主任；大約一年之後，張執一也參加了「八辦」，任副主任。

中央決定通過國家資本主義的形式和平改造資本主義工商業時，大家都同意，只有高崗反對。在幾次政治局會議上他一言不發。毛主席要李維漢找高崗談談。散會後，李維漢問高崗有何意見。高崗說：「你讀過斯大林的《論反對派》沒有？」李維漢說：「讀過。」高崗立即用尖刻的語調說：「布哈林

不也是主張和平進入社會主義嗎？」

會上的另一個分歧點，是要把資本家改造成為什麼人。李維漢提出，把資本家改造成為社會主義公民；林伯渠不同意。毛澤東明確指出：要把資本家改造成為工人，否則，改造成為什麼人呢？難道改造成為地主嗎？不能。難道改造成為農民嗎？也不能。只能改造為自食其力的工人。

毛澤東在政治局會議上，指定由李維漢給中央起草一個對資本主義工商業具有政策性的報告。這個報告的提法，原是「關於利用、限制、改組資本主義工商業的報告」（「改組」的提法是根據毛主席在七屆三中全會上提出的「經濟改組」而來的）。在政治局討論時，胡喬木提出，把「改組」改為「改造」更為確切、更為科學些。毛澤東、周恩來、劉少奇等人，都同意胡喬木的意見，於是對資本主義工商業的利用、限制、改造的政策的提法，就這樣定下來了。

在提出改造資本主義工商企業的同時，李維漢提出「雙重改造」：不僅要把資本主義工商企業改造成為社會主義的工商企業，而且要把資本家改造成為自食其力的勞動者。在政策上，對資產階級分子的政策是團結、教育、改造。

從「吃蘋果」到統籌兼顧、全面安排

中財委「六辦」的主要任務，就是有計劃地擴大公私合營企業。在解放初期，我們沒收了屬於官僚資本的全部企業。但是還有一部分企業，既有民族資本也有官僚資本，對於這種企業，由於沒收了官僚資本而保存民族資本的私股，就自然而然地成了公私合營企業（據全國當時 695 戶公私合營的企業材料統計，其中沒收官僚資本的公股佔 53%，沒收反革命分子財產的公股佔 9.18%，公股共佔 62.18%）。但是其他純民族資本企業，則不存在可以沒收的官僚資本，因而，要擴展公私合營企業，要把民族資本企業變成公私合營企業，國家必須對民族資本的企業投入適當的資金。為了這件事，李維漢同我一道去找過鄧小平。那時，鄧小平兼任政務院的財政部長。鄧小平很乾脆，他說：「『六辦』要完成這項任務，需要多少錢？」李維漢說：「要使民族資本企業變成公私合營企業的投資，並不需要大量資金，因而『六辦』也不

需要財政部撥出巨款。但到底需要幾個億，現在也算不出來。」鄧小平笑着說道：「就撥五個億吧，不夠，再撥；用不完，歸還財政部，反正『六辦』的錢是存在人民銀行的。」這樣，中財委「六辦」就掌握了一筆進行合營的必要的資金了。

中財委「六辦」成立之初，在李維漢的領導下，起草了一個《關於有步驟地將有十個工人以上的資本主義工業基本上改造為公私合營企業的意見》。這個文件是經陳雲研究之後送中共中央，中央 1954 年 3 月 4 日批准的。在這個文件中，提出了一個很重要的原則，這就是：「穩步前進，依據國家的需要、企業改造的條件、供產銷平衡的可能、幹部和資金的準備以及資本家的自願，合營一批較重要的較大的企業，並把它們辦好。」這也就是當時簡稱的「需要、可能與自願」原則。

有計劃地擴展公私合營，對我們來說，是一項缺乏經驗的工作。因此必須進行調查研究，摸清私營工業企業的底子。經陳雲同意，1954 年春，由中財委「六辦」牽頭，輕工業部、重工業部、交通部和商業部各派幹部參加，組成一個約二百人的調查小組，由許滌新任組長，沙千里任副組長，到上海去調查。調查組在上海住了大約半年，把幾個重要行業的情況，基本上摸清楚了。在調查過程中，已經發現一個行業的大企業實現公私合營後，小企業在加工訂貨上很難得到任務的矛盾。但是，我那時只忙於整理調查所得的材料，沒有及時把這個矛盾向陳雲和李維漢兩位報告。直到現在，我還在責備自己在政治上的不敏感、不負責！

當時把大企業實現公私合營稱為「吃蘋果」，而把餘下的小企業的合營稱為「吃葡萄」。各地黨委對於「吃蘋果」是做了不少準備工作的，主要是開辦幹部訓練班，把企業中的中共秘密黨員和工會幹部都找來訓練。合營一個廠要好幾個月，工作做得相當細，把準備合營的工廠的機器設備、資金、原材料，甚至桌子、板凳，都調查得清清楚楚。1954 年搞了一年，全國私營企業實現公私合營的，只有兩千多家，加上解放初期由於沒收官僚資本而變成公私合營的一千家，全國公私合營企業共有三千多家。

進行「吃蘋果」的工作，不是沒有矛盾的。首先是大資本家不幹。上海有一個大資本家說：「我的十幾家工廠都是我的伯父和父親掙來的。我欠國家的錢，可以拿出一個廠來抵償國家的債務，但若要我把所有紗廠和麵粉廠

都拿出來公私合營，死後怎樣去見伯父和父親？」但是，後來在資本主義工商業全行業實現公私合營的高潮衝擊之下，他也就沒法再堅持他原來的主張了。其次，我們有一些同志認為，對資本主義工業實行加工訂貨，對社會主義的國營經濟是有利的；留少數幾個大廠繼續搞加工訂貨，在國際上有較好的作用。潘漢年就持這種主張。1954 年秋，有一天下午他從上海給我打長途電話，詳細地說了上述意見。我告訴他，按既定計劃擴展公私合營，需要一個相當長的時間才能把「蘋果」和「葡萄」都吃完。他說：「事實上，公私合營的計劃是先要把蘋果吃光的，矛盾不少。」他希望我把他的意見反映給中央。最後，就是先「吃蘋果」後「吃葡萄」在加工訂貨上的矛盾。這一點，上面已經提到了。

1954 年冬，國務院第八辦公室召開了擴展公私合營會議，討論 1955 年全國合營計劃。那時，李維漢因耳癌到莫斯科治療，周總理指定陳毅兼管「八辦」工作，遇到大問題仍向陳雲請示。各地參加會議的人員，一到北京，就不約而同地提出了「吃蘋果」和「吃葡萄」的問題。他們說：「現在光『吃蘋果』不『吃葡萄』，把一大堆『小葡萄』、『爛葡萄』甩給地方。地方沒有財力給它們加工訂貨的任務，資本家發不出工資，推動工人到黨委請願怎麼辦？」吵得一塌糊塗。我同起孟兩人首當其衝。我們去找陳毅老總，陳老總說：「『葡萄』也是可以吃的嘛！何必吵得那麼厲害。你們找各有關負責人來聽聽地方意見。」費了好大力量，總算把有關的部長或副部長請來了。他們了解了問題之後，也沒有說什麼話；只有黎玉說得相當尖銳，他說：「『葡萄』是酸的，俺不吃。」現在回憶起來，當時有不少人認為辦國營企業才是搞社會主義經濟；什麼加工訂貨，什麼公私合營，都是邪門歪道，都是在搞資本主義。甚至把我稱為「資方代理人」。實在使人啼笑皆非。那一段時間，陳毅兼任外交部長，外事活動很忙，我們只好直接去找陳雲。他聽了彙報之後大笑起來說：「你們的這個擴展公私合營會議，實質就是國家計委要召開的計劃會議。應該在計劃會議開過後再開這個會議，就會瓜熟蒂落，水到渠成。你們不弄清楚就來搶先，卻搶出麻煩來了，是不是？現在，只好把計劃會議的這一部分內容，放在你們這個會議上解決了。」陳雲在國務院會議上，向周總理彙報了這個問題。我也出席了國務院的這次會議（當時各辦的主任或副主任都要出席國務院會議）。周總理笑着對我說：「你們現在真是騎虎難下了，

只好請陳雲同志給你們解圍。」隔了幾天，總理又召開國務院常委會，由陳雲提出處理「吃蘋果」和「吃葡萄」問題的意見。陳雲在分析了工業生產中的矛盾之後，提出「通過逐行逐業分配原料、分配任務、計算設備能力、安排生產計劃等辦法，來進行逐行逐業的社會主義改造」和「中央工業部門必須把如何利用資本主義工業的問題提到議事日程上來，在搞五年計劃時將資本主義工業的生產潛力充分估計進去」。這就是當時著名的統籌兼顧、全面安排的方針。陳雲還指出，「要反對兩種傾向。一種是只顧國營，不管私營的傾向；另一種是私營工業自己不想辦法，坐待國家給辦法的傾向」。周總理同意陳雲提出的統籌兼顧、全面安排的方針，並且指出：中國的工人階級只有一個。國營企業中的工人、公私合營企業中的工人以及私營企業中的工人，他們都是中國工人階級的不可分割的構成部分，絕不能把工人階級分成幾個待遇不同的部分。國營工廠的工人有生產任務，公私合營工廠的工人有生產任務，為什麼私營工廠的工人得不到任務呢？會後向中央政治局彙報，毛澤東聽後笑着說：「對，不看僧面要看佛面啊！」幾天之後，陳雲在「八辦」召開的擴展公私合營計劃會上，作了《解決私營工業生產中的困難》的報告。拖了兩個月的擴展公私合營會議，到此時才宣告結束。經過這次會議，擴展公私合營的工作，在全國範圍內順利地展開了。

資本主義工商業改造高潮的到來

1955 年下半年，全國各地出現了農業合作化的高潮。7 月間，全國工商業聯合會召開了擴大的中執委會議。有一天，毛主席的秘書通知我到中南海去。主席問我：「資本家在開會嗎？」我說：「是，他們正在開會。」主席又問：「資本家頭頭都出席嗎？」我說：「差不多都來了。」主席告訴我：「明天下午約他們的頭頭到中南海來見面。」

第二天在中南海頤年堂召開了座談會。參加座談會的有陳叔通（全國工商業聯合會主任委員）、黃炎培、盛丕華、李燭塵、周叔弢、胡厥文、榮毅仁、胡子昂和郭建活幾個人。在陳叔通簡單彙報了全國工商聯的會議情況之後，毛主席就和風細語地對他們說：現在農業合作化的浪頭正在席捲全國。工商界面對這種情況，一定是心中十五個吊桶，七上八下的。為什麼，因為

你們現在自己掌握不了自己的命運。要掌握自己的命運，只有接受社會主義改造，走社會主義道路。當時在座的除資本家代表人物外，還有周恩來、劉少奇、陳雲、陸定一幾位領導和統戰部的徐冰、平傑三與我。散會後周總理向主席建議再談一次，參加的資本家人數要增加，這樣可以擴大影響。毛主席同意周總理的意見。

兩天之後，把各地來京參加全國工商聯擴大會議的一百多名資本家，都邀到懷仁堂來座談。毛主席又把上次的內容，更生動地講了一次。那時，李維漢早已回到北京，住北京醫院繼續治療。頤年堂那次座談會，我們沒有通知他，事後我們即向他作了彙報。懷仁堂的會，我們為了他的健康也沒通知他，但他卻偷偷從醫院出來，不聲不響地坐在後排聽了毛主席的講話。

在毛主席同資本家代表談了兩次之後，陳雲和陳毅也先後在全國工商聯擴大會議上作了報告。陳毅的報告，主要是推動資本家接受改造；陳雲的報告，除了分析經濟形勢的發展之外，還提出兩點：（1）為了解決「吃蘋果」與「吃葡萄」的矛盾，今後公私合營將有計劃地按全行業進行；（2）在利潤的分配上，從「四馬分肥」改為按資本每年給予定息。

全國工商業聯合會擴大的中執委會議結束後，各地資本家一回去，便把毛主席、陳雲和陳毅的講話傳達了。在黨內，在工會系統也同時傳達了毛主席和陳雲的講話。這樣，全國的職工和資本家都轟動起來了。

在毛澤東同工商界代表談話之後幾天，陳叔通到我的宿舍來看我，提出要以全國工商聯的名義，在全國範圍內發表告工商界宣言，號召工商界聽毛主席的話，走社會主義道路。並且說，現在全國總工會已經發表告全國工人同志的宣言了，如果工商界也在全國範圍內發表宣言，對工作的進展不是很有利嗎？我把此事向陳雲作了彙報，並送上全國工商業聯合會告全國工商界宣言的文稿。陳雲認為這是一件大事，必須提交政治局討論。當夜，即在中南海西樓召開政治局會議。因毛主席已離京休息，會議由劉少奇主持。中央統戰部列席會議的，除李維漢和徐冰兩位外，還有我。劉少奇先要我把事情經過和文稿內容作一扼要的彙報。我彙報後，即展開討論，討論的中心問題是可不可以讓全國工商業聯合會在全國範圍內發表宣言。有幾位同志堅持反對，理由是：中國是以工人階級為領導的人民民主專政的國家，怎能容許資本家在全國範圍內發表宣言呢？持反對意見的人越來越多，空氣也就越來越

緊張。就在這個時候，周總理問我：「問題是你提出來的，你的主張是什麼？」我那時被反對的意見所動搖，於是説：「既然問題關係到人民民主專政的問題，關係到工人階級同資產階級之間的階級關係問題，那麼，就讓我明天去説服陳叔老吧！」周恩來聽到我這麼説，就很嚴肅而親切地對我説：「你是一個老黨員，在中央統戰部中，你又是分工主管對民族資產階級進行統一戰線工作的副部長。像這樣大的事情，難道你沒有反覆考慮？沒有考慮工商聯發表宣言對我國社會主義事業的利害？一聽到反對的意見，不作進一步反覆思考，就動搖起來，收回自己的意見，難道這是對黨對國家負責的態度嗎？工商聯告全國工商界的稿件，我已經看過，內容是要求全國資本家聽毛主席的話，跟共產黨走，走社會主義道路。在全國範圍內發表這樣一篇對工商界的宣言，對我國的社會主義事業有什麼害處呢？對我國的人民民主專政的國家政權有什麼害處呢？為了社會主義改造，我認為可以同意陳叔老的要求，讓全國工商聯在全國範圍內發表這個宣言。」陳雲和陳毅兩位也同意總理的意見。劉少奇深思之後，決定同意全國工商業聯合會在全國範圍內發表推動工商界接受改造的宣言。

在全國工商業聯合會擴大的中執委會議結束的時候，不但發表了《告全國工商界書》，而且發了向毛主席的致敬電。隔了兩三天，毛主席回到北京，叫我去彙報資本家開會的情況，周恩來、劉少奇、陳雲等領導都在座。毛主席問我：「致敬電和《告全國工商界書》是誰寫的？是不是共產黨員寫的？如果出自黨員的手，就不好。不要自己吹捧自己。」我作了回答之後，周總理説：「這兩篇都寫得不錯，致敬電寫得頗有感情。」毛主席指示，把由胡喬木執筆，在 1955 年 11 月 22 日《人民日報》上發表的社論《統一認識，全面規劃，認真地做好改造資本主義工商業的工作》和全國工商聯的《告全國工商界書》及致敬電，印成小冊子，作為基層幹部和資本家學習的教材。

1955 年 11 月間，中央政治局召開了一次各省、市、自治區黨委代表參加的會議。會前周總理抓了對資本主義工商業改造的問題，並準備了一個黨內文件。會上周總理作了《關於資本主義工商業社會主義改造的幾個問題》的講話。這次會議，為黨內對實行全行業公私合營，在思想上作了準備。

1956 年 1 月，工商界要求全行業公私合營。這首先是在首都北京發動起來的，接着上海、天津等城市也紛紛行動起來。資本家在敲鑼打鼓、放鞭

炮聲中，實現了全行業的公私合營。為什麼會進行得這麼順利？首先是黨中央、毛澤東對資本家做了大量教育工作，使許多資本家認識到，資本主義必定被社會主義所取代，資本家要掌握自己的命運，只有走社會主義的道路。在黨中央的帶動之下，各省、市委和地委都大力地在做這項工作。其次，各地工人群眾在共產黨的教育和全國總工會的推動下，紛紛起來推動資本家實現公私合營。資本家接受全行業公私合營，從多數人來說，是迫於形勢的。這就是當時所流傳的「大勢所趨，不得不走」。最後，資本家中的進步分子，在這次運動中也起了作用。他們認為，與其後合營，不如早合營。當時天津有這麼一句話：「先買船票，可以先坐好船位。」劉少奇很重視資本主義工商業實現公私合營，他從歷史唯物主義的觀點對這一工作作了評價。他說：「資本家之接受公私合營，是從被迫到自覺的表現。」

1956 年隨朱德參加蘇共二十大

趙仲元

1955 年 12 月至 1956 年 3 月，中央書記處書記、國家副主席朱德率中國代表團先後訪問了羅馬尼亞、德意志民主共和國、匈牙利、捷克斯洛伐克和波蘭，然後赴蘇聯出席蘇共二十大，在回國的途中還訪問了蒙古人民共和國，於 1956 年 3 月底回到北京。當時我作為代表團的一名翻譯，有幸隨朱老總訪問了東歐五國，並出席了蘇共二十大。現根據有關材料和我的記憶，將這段經歷追憶如下。

一

1955 年 12 月，朱德率中國代表團出訪東歐五國。朱德為團長，團員有聶榮臻、劉瀾濤等人，師哲任秘書長，工作人員有于桑、王雨田、廖蓋隆、陳友群、郭仁等。我隨代表團擔任俄文翻譯，代表團的重大活動，由師哲擔任翻譯。中國代表團在訪問羅馬尼亞和蘇聯時稱中國共產黨代表團，在訪問東歐其他國家的時候稱中國政府代表團。出發前，保健局建議，朱老總年事已高，不宜乘坐飛機。因此，中國代表團在訪問中，儘量乘坐火車，很少坐飛機。

1955 年 12 月 11 日，中國代表團乘火車從北京出發，途經莫斯科和基輔前往羅馬尼亞，在經過基輔時曾作短暫停留。蘇聯元帥崔可夫前往車站迎接。朱老總與崔可夫是老相識，在中國的抗日戰爭初期，崔可夫是斯大林派到中國國民政府的軍事總顧問，那時他對敵後抗日根據地的八路軍、新四軍

非常關心，同朱德結下了深厚的友誼。兩位老友相見分外親切，他把中國代表團請到他在基輔的司令部共進午餐。

中國代表團於 12 月 21 日到達羅馬尼亞首都布加勒斯特，受到羅馬尼亞工人黨中央第一書記喬治烏－德治為首的黨政領導人的熱烈歡迎。12 月 23 日，代表團應邀參加了羅馬尼亞工人黨第二次代表大會，代表團全體成員在主席台就座，所有隨行人員也列席了大會。除了蘇共代表團外，這是外國黨代表團不曾有過的殊榮。在外賓中，中國代表團在蘇聯代表團後第二個致賀辭。

1956 年 1 月 1 日，中國代表團乘民主德國國際列車前往柏林。國際列車運行速度特別快，劉瀾濤有些暈車，聶帥更擔心朱老總經不起顛簸，便派人同列車長交涉，希望將車速放慢一些，以確保安全。列車長不同意，說國際列車的速度是有嚴格規定的，不能隨意改變。代表團於當天下午到達柏林，民主德國統一社會黨第一書記烏布利希等到車站迎接。1 月 3 日，統一社會黨中央和民主德國政府在柏林歌劇院為皮克總統八十壽辰舉行隆重的慶祝大會。蘇聯代表團團長伏羅希洛夫和中國代表團團長朱德先後致賀辭。皮克總統精通俄文，俄語講得非常流利，但在此正式場合，未講過一句俄語，而是由他的女兒為他擔任俄語翻譯。

皮克總統八十壽辰慶祝大會結束後，中國代表團便到民主德國各地訪問。代表團首先訪問了萊比錫，參觀了那裏的露天煤礦和人造汽油聯合企業。然後訪問了文化古城魏瑪和耶納。耶納有個世界聞名的蔡斯光學儀器廠，朱老總對這個廠很感興趣，請民主德國幫助中國建設一個光學儀器方面的工廠。

在民主德國，中國代表團還參觀了布辛瓦爾德集中營舊址，據說德共領導人台爾曼就是在這裏被害的。僅在這個集中營就關押過幾十萬人，被沉重勞動和飢餓折磨致死者達二十萬人，從所謂的犯人身上剝下、收集的衣服、鞋子、頭髮、眼鏡甚至拔下來的牙齒都一堆一堆地擺在那裏，慘不忍睹。

最後，朱老總還單獨去看了看當年因受德國政府迫害而關押他的監獄。

1956 年 1 月 14 日，中國代表團到達匈牙利首都布達佩斯。拉科西等匈牙利黨政領導人到車站歡迎。歡迎的群眾不斷高呼「朱德——拉科西」，場面十分熱烈。當時匈牙利的科學技術已相當發達，特別是醫療器械和醫療水平

堪稱世界一流。但由於匈牙利領導人片面強調重工業，忽視輕工業和農業，從而影響了人民生活水平的提高。代表團在同匈牙利群眾接觸的過程中覺察到，群眾對匈牙利領導人以及蘇聯都有不滿情緒。

1956 年 1 月 17 日下午，中國代表團的專列到達捷克斯洛伐克首都布拉格，捷克斯洛伐克黨中央第一書記諾沃提尼和政府總理西羅基親自迎接。朱老總在他們的陪同下乘敞篷車駛向別墅，沿途群眾夾道歡迎。

在捷克斯洛伐克，中國代表團參觀了玻璃廠、瓷器廠等企業。瓷器廠陳列了他們的各種產品，也陳列了中國古代的一些瓷器。他們的產品在齊、光、薄、細等質量指標方面，都明顯地勝過了中國的老產品。工廠負責人介紹說：捷克斯洛伐克的陶瓷技術是從中國學來的，但在原來的基礎上進行了認真的研究、探索和改進，並使生產工藝機械化，因此提高了產品質量和勞動生產率。

在訪問捷克斯洛伐克期間，正趕上華沙條約政治協商委員會在布拉格舉行會議，蘇聯元帥朱可夫出席了會議。根據中共中央指示，聶帥以觀察員身份出席了這次會議。聶帥在會上發了言，他的發言稿由我和蘇聯的賈丕才一起譯成俄文。

在捷克斯洛伐克結束訪問時，薩波托茨基總統送給朱老總一個國營農場所需的全套機械設備和一輛轎車。

1956 年 1 月 30 日，中國代表團抵達波蘭首都華沙，並在波蘭參觀了幾個大城市——波茲南、什切青等。代表團發現，在同波蘭幹部和群眾接觸中，當談及蘇聯時，他們反應很冷淡；當談及中國和南斯拉夫時，他們反應比較熱烈。代表團還發現，波蘭的廣大幹部和群眾有不滿情緒，對待自己的工作也不夠認真，在接待我代表團方面也屢屢出現差錯。如一位司機在送代表團返回賓館時，把聶帥和師哲拉到了國防部長羅科索夫斯基的官邸，鬧得賓主雙方都很尷尬。當羅科索夫斯基的副官出來問明情況後，才知道司機只顧跟着前面的汽車走，誤入了羅科索夫斯基的官邸。

二

1956 年 2 月 14 日至 25 日，蘇聯共產黨舉行第二十次代表大會。在此以

前，中共中央接到蘇共中央的邀請後，於 1 月 16 日決定派朱德、鄧小平、譚震林、王稼祥和劉曉五人組成代表團，出席蘇共二十大，朱德為團長（當時朱德正在東歐訪問）。

朱老總作為出席蘇共二十大的中共代表團團長，於 2 月 4 日從波蘭提前到達莫斯科。隨同朱老總一起來到莫斯科的聶帥、劉瀾濤便回國了。師哲留下來繼續擔任中共代表團的秘書長，代表團的工作人員仍然是原來的班子。蘇方對朱德的到來非常重視，赫魯曉夫於 2 月 6 日接見了朱德和劉曉，接着安排朱德先後同布爾加寧、米高揚、伏羅希洛夫等蘇共領導人會見。此外，蘇方還專門安排朱德在蘇聯國防部大樓同蘇軍元帥們會見，出席會見的有朱可夫、馬林諾夫斯基、科涅夫、華西列夫斯基等，賓主雙方共敍兩黨、兩軍的友誼，氣氛十分熱烈。

值得注意的是 2 月 6 日赫魯曉夫在接見朱德和劉曉時的談話。赫魯曉夫詳細介紹了蘇聯農業的落後狀況。他說，蘇聯農業集體化雖然在組織上、技術上解決了問題，但糧食產量長期低於十月革命前（1913 年）的水平。主要原因是黨的農民政策不對，斯大林認為國家給了農民土地就算是對農民的最大照顧，可以無窮無盡地從農民身上擠出東西來，而沒有給農民必要的和可能的物質利益。農民送到收購站的糧食得到的報酬，甚至彌補不了運輸費用。其所以如此，是由於黨的領導人既不了解農民，也不熟悉農業。斯大林除 1928 年到過西伯利亞農村外，再未去過農村。他只是從電影中了解農村，蘇共中央政治局的其他領導人大體上也是如此。

2 月 11 日，中共代表團的其他三名成員鄧小平、譚震林、王稼祥由北京抵達莫斯科，與朱德、劉曉會合。

2 月 13 日，蘇共中央聯絡部部長波諾馬廖夫來到中共代表團駐地，向中共代表團介紹了蘇共二十大的議程和各國代表團的情況，請中共代表團在大會上發言，朱德表示要致賀辭。

2 月 14 日上午 10 時，蘇共二十大在克里姆林宮開幕，朱德率中共代表團與其他五十五個外國黨代表團應邀出席了代表大會。第一天，赫魯曉夫作了《蘇共中央委員會總結報告》。他在這個報告中不僅沒有提到斯大林的功績，反而不止一次地影射斯大林破壞社會主義民主與法制，在執政期間犯了嚴重的錯誤。他在報告中強調指出，「必須堅決反對和馬克思列寧主義精神不相容

的個人迷信，因為個人迷信把這個或那個活動家變成創造奇跡的英雄；而同時縮小黨和群眾的作用，降低他們的創造積極性，個人迷信的後果是降低了黨的集體領導作用，有時給我們的工作帶來了嚴重的損失」。另外，赫魯曉夫在報告中提到許多新問題。他指出，在火箭一核武器時代，世界戰爭不是注定不可避免的。他認為，向社會主義過渡的形式將越來越多樣化，有可能通過議會的道路向社會主義過渡。

朱德、鄧小平對上述問題，特別是蘇共二十大有可能否定斯大林的問題提高了警惕。為此，中共代表團立即致電中央和毛主席，請示對策。中共中央在回電中明確指出：會議照參加。

2 月 15 日，朱德代表中共中央在蘇共二十大上發言並宣讀中共中央的賀辭。朱德在發言中首先對蘇聯給予中國的全面援助表示感謝。接着全面肯定了蘇聯的對內對外政策。在國內政策方面，高度評價了蘇共優先發展重工業，從而促進國民經濟全面增長的做法；在外交方面，讚揚了蘇共採取一系列措施加強同各社會主義國家的團結和改善同南斯拉夫的關係，肯定了蘇聯同西方國家簽訂《奧地利國家條約》（《對奧和約》），推動四國首腦會議的召開，增進同芬蘭、挪威的關係，等等。朱德在發言中指出，上述成績的取得，「是和久經考驗的、以赫魯曉夫同志為首的蘇聯共產黨中央委員會的正確領導和蘇聯共產黨堅如磐石的團結分不開的」。「蘇共中央遵循共產主義學說，堅持集體領導原則，緊密聯繫千百萬蘇聯人民，不斷開展批評與自我批評，堅決粉碎了貝利亞陰謀叛徒集團。蘇共過去、現在、將來都是世界各國共產黨的卓越模範，是世界革命運動和工人運動的第一個『突擊隊』。」朱德在發言中最後說：「蘇聯共產黨、蘇聯人民同中國共產黨、中國人民之間有着最親密的關係，這種兄弟般的牢不可破的友好關係與日俱增，它已成為鞏固社會主義陣營、維護世界和平的強大因素。中國共產黨將永遠同以蘇聯為首的社會主義陣營國家的共產黨和其他各國的共產黨一道，為鞏固世界和平，為實現全人類的進步而進行不懈的鬥爭。」

2 月 16 日，蘇共中央書記蘇斯洛夫在蘇共二十大上發言。他沒有指名地批評了斯大林的個人迷信。他說，違背馬克思列寧主義精神的個人迷信的理論和實踐，在黨的十九大以前得到了傳播，這給黨的組織工作和思想工作帶來了很大的損失。這種理論和實踐縮小了人民群眾和黨的作用，減弱了集體

領導，破壞了黨內民主，壓制了共產黨員的積極性、首創性和主動性。

同一天，蘇共領導核心人物之一的米高揚的發言最引人注目。他第一個指名道姓地批評了斯大林。他不僅批評斯大林的個人迷信，而且還批評斯大林的理論觀點。他說：「斯大林在《蘇聯社會主義經濟問題》中談到美國、英國和法國的時候說，在世界市場瓦解之後，『這些國家的生產量將要縮減』這一大家知道的論點，在分析當前的資本主義經濟情況的時候，對我們未必有所幫助，也未必是正確的。這些論點並不能解釋當前的資本主義的複雜的和矛盾的現象，以及戰後許多國家資本主義生產增長的事實。」米高揚還列舉了斯大林在外交和國內建設中所犯的一系列錯誤，特別提到 20 世紀 30 年代後期在全國範圍內開展的「大清洗」運動。

蘇共二十大期間的 2 月 21 日，朱德、鄧小平、譚震林、王稼祥等到我駐蘇聯大使館看望全體工作人員，在那裏同使館人員共進晚餐，並合影留念。

在隨後幾天的蘇共二十大上，布爾加寧作了關於第六個五年計劃（1956—1960 年）的報告，卡岡諾維奇作了蘇共中央紀律檢查委員會的報告。像以前的代表大會一樣，代表們熱烈地討論並一一通過了這些報告。2 月 24 日，蘇共二十大在選出新一屆中央委員會後宣佈閉幕。

外國代表團沒有料想到，就在大會閉幕的 2 月 24 日晚間，大會秘書處又把所有參加會議的蘇共代表重新召集到克里姆林宮，舉行秘密會議。在這次秘密會議上，赫魯曉夫作了題為《關於個人迷信及其後果》的報告。這次會議沒有邀請外國代表團參加，所以稱它為秘密會議，稱赫魯曉夫的報告為秘密報告。會前，蘇共中央聯絡部部長波諾馬廖夫向中共代表團解釋說：你們本來是可以參加的，我們對中共代表團沒有什麼可以保密的，但是如果你們參加了，其他黨不參加，不好辦。我們不希望其他黨的代表團參加，因此你們也就不要參加了。後來聽說，作為例外，波蘭統一工人黨中央第一書記貝魯特和匈牙利勞動人民黨中央第一書記拉克西被邀請參加了這次會議，大概是因為他們同 30 年代「大清洗」有牽連吧。

2 月 26 日，蘇共中央聯絡部中國處處長謝爾巴科夫把赫魯曉夫秘密報告的俄文本交給中共代表團。我駐蘇使館一秘閻明智、我和周彥連夜譯成中文，供中共代表團研究。

中共代表團看完赫魯曉夫的秘密報告後，大家議論紛紛，意見很多。譚

震林認為，我們不能隨便同意他們的意見，應該有自己的態度。朱老總説，報告講的都是他們自己的事，我們是來這裏做客的，不便於講什麼。鄧小平説，斯大林是國際人物，這樣對待他簡直是胡來！至於表態的問題，待向中央彙報後再説。

2 月 28 日，赫魯曉夫接見了朱德、鄧小平、譚震林、王稼祥、劉曉等中共代表團全體成員，會見氣氛友好而熱烈。赫魯曉夫在談話中反覆強調蘇共二十大批評斯大林個人迷信的重要意義。他説，不批評斯大林的個人迷信，黨的生活準則和社會主義法制就不能恢復，社會主義事業就不能發展。中共代表團根據事先商定的對策，對赫魯曉夫所談的關於對斯大林的批判沒有表態，採取了迴避態度。

在同赫魯曉夫會見後，鄧小平、譚震林立即回國向中共中央彙報蘇共二十大的情況，特別是赫魯曉夫所作的秘密報告。朱老總留下繼續參觀訪問，王稼祥留在莫斯科另有任務。

三

朱老總在我駐蘇使館參贊溫寧、一秘閻明智陪同下於 3 月 2 日到古比雪夫參觀。那裏有蘇聯建造的第一個大型水電站，還有堅固的大型地下掩體工事。蘇德戰爭期間，德軍逼近莫斯科郊區時，蘇聯黨政軍領導機關都遷到了古比雪夫。朱德到達古比雪夫時，朱可夫元帥出面迎接，隨後朱德到古比雪夫州委會辦公室，聽取了州委第一書記所作的關於該州各方面情況的介紹。

接着朱德一行到阿塞拜疆首府巴庫、亞美尼亞首府埃里溫訪問。3 月 7 日，朱德一行抵達格魯吉亞首府第比利斯，住在一個賓館裏。

赫魯曉夫的秘密報告在蘇聯內部引起極大震動：一部分人感到冰河開始解凍，可以為受迫害的人平反冤假錯案了；另一部分人感到憂慮和憤怒，要為斯大林伸張正義。第比利斯是斯大林的故鄉，持後一種情緒的人居多，而且反應特別強烈。當第比利斯的群眾得知朱德住在這裏時，就聚集在賓館周圍喊叫，他們高呼：「東方的兄弟們，你們説句公道話！你們要支持真理啊！」他們要求朱德同他們見面並講話，朱德無奈，便走到陽台上與他們見面，並委託溫寧代表他講話。溫寧主要講了一些中蘇友好的客套話，也講了幾句對

他們表示同情的話，並呼籲大家安心工作，遵守秩序。在整個講話中沒有提及斯大林的名字，也沒有提赫魯曉夫的名字。賓館周圍群眾越聚越多，蘇方特別是格魯吉亞黨政領導人，加上我代表團工作人員，都站在賓館大門裏面，以防群眾衝進院子裏來。天黑後，我代表團被安排立即離開第比利斯，乘火車前往巴庫，在巴庫乘火車去哈爾科夫參觀訪問。事後蘇方告訴我們，在我代表團離開第比利斯的第二天，那裏的軍警同參加集會的群眾發生衝突，死傷數十人。

波蘭統一工人黨中央第一書記、波蘭總統貝魯特，在參加蘇共二十大後，於 3 月 12 日在莫斯科病逝。中共中央來電通知朱德，要他率中國黨政代表團去華沙參加貝魯特的葬禮，代表團成員是駐蘇大使劉曉和駐波蘭大使王炳南。朱德在蘇聯各地訪問了十二天後，於 3 月 14 日回到莫斯科。當天他率領劉曉到莫斯科蘇聯工會圓柱大廳弔唁貝魯特，並在其靈柩前敬獻花圈。第二天，朱德、劉曉乘飛機抵達華沙同王炳南會合，參加了貝魯特的葬禮。三天後朱德返回莫斯科。

在回國途中，朱德又在蒙古人民共和國訪問了三天，於 1956 年 3 月底回到北京。

1957 年形勢與伏羅希洛夫訪華

閻明復

1957 年 4 月至 5 月，蘇聯最高蘇維埃主席團主席伏羅希洛夫率團訪問中國，受到高規格的熱情接待。我當時作為中央辦公廳翻譯組的一員，除負責分工照顧伏羅希洛夫的兒子和兒媳的在華生活外，還在蘇聯代表團赴北京之外的地方參觀時，為伏羅希洛夫做了一些翻譯工作。

伏羅希洛夫率團訪華受到高規格接待

1956 年 2 月蘇共二十大後，特別是 1956 年 10 月波匈事件發生後，西方敵對勢力在全世界掀起了一個反蘇反共的浪潮，東歐形勢不穩，意大利和英國的共產黨員紛紛要求退黨，其他國家的共產黨員日子也很不好過。

在此期間，一些國家的共產黨中央向蘇共中央建議召開各國共產黨和工人黨國際會議，就當時形勢和國際共產主義運動中出現的各種迫切問題交換意見，統一認識，促進國際共產主義運動的團結和發展。蘇共中央向中共中央轉達了這些建議。中共中央、毛澤東主席認為，通過召開國際會議，討論當前世界局勢和國際共產主義運動中出現的重大問題，取得共識，加強團結，共同對敵，十分必要，因而明確表示支持。此後，蘇共中央和中共中央就如何召開這次國際會議多次交換意見。

就是在這樣的形勢下，為了向全世界表明中蘇兩黨兩國團結一致和捍衛社會主義陣地的決心，雙方商定蘇聯最高蘇維埃主席團主席伏羅希洛夫訪問中國。同時，伏羅希洛夫率團訪華也是對毛澤東 1949 年底 1950 年初訪問蘇

聯的回訪，以顯示中蘇兩國的平等地位，「不是中國國家元首總往蘇聯跑，而蘇聯國家元首不到中國來」。1957 年 1 月 6 日，毛澤東以中華人民共和國主席的名義致信蘇聯最高蘇維埃主席團主席伏羅希洛夫，邀請他在他認為合適的時候訪問中國。1 月 18 日，伏羅希洛夫覆信毛澤東，感謝對他的邀請，並表示準備在 4 月 15 日至 5 月 5 日期間訪華。

1957 年 4 月 15 日，伏羅希洛夫率蘇聯最高蘇維埃代表團抵達北京。代表團成員有蘇聯最高蘇維埃主席團副主席、烏茲別克最高蘇維埃主席團主席拉希多夫，蘇聯高等教育部部長葉留金、外交部副部長費德林、蘇聯駐華大使館大使尤金。伏羅希洛夫的兒子和兒媳也一同來華。

伏羅希洛夫是蘇聯的國家元首，他的這次訪問，受到中方高規格的熱情接待。毛澤東、劉少奇、周恩來、朱德、彭真、賀龍等中國黨政領導人和首都各界代表、數千群眾到南苑機場迎接。在機場上舉行了隆重的歡迎儀式。毛澤東陪同伏羅希洛夫檢閱了陸海空三軍儀仗隊。毛澤東在致歡迎辭中，稱伏羅希洛夫是中國人民最親密的朋友。

歡迎儀式結束後，毛澤東陪同伏羅希洛夫乘坐敞篷汽車緩緩駛向中南海，幾十輛汽車組成的迎賓車隊跟隨其後，從南苑機場到中南海新華門受到幾十萬群眾的夾道歡迎。當毛澤東和伏羅希洛夫乘坐的敞篷汽車行至天安門廣場時，數不清的歡迎群眾自發地衝破警戒線，擁向車隊，揮舞着鮮豔的花束，高呼「毛主席萬歲！」「伏羅希洛夫主席萬歲！」歡呼聲響徹雲霄，一時間車隊只好停下來。伏羅希洛夫看到有這麼多的群眾近距離地、幾乎面對面地向他熱烈歡呼，他又高興又有些緊張，不安地望着毛澤東。毛澤東談笑自如地說：「『既來之，則安之。』他們看夠了，也就散了。」過了好一段時間，車隊才從人群包圍中駛出來。隨後，伏羅希洛夫及其警衛人員、兒子、兒媳住進了中南海勤政殿，代表團其他人員則被安排在東交民巷賓館。

為了準備迎接伏羅希洛夫訪華，中辦翻譯組經請示中辦主任楊尚昆同意，請了國務院外事辦公室的李越然來擔任主要翻譯。李越然精通俄語，新中國成立伊始就給蘇聯派駐中國的經濟總顧問當翻譯，多次為周恩來、陳雲、李富春當翻譯，陪同他們去蘇聯訪問，是新中國首批俄語翻譯中的佼佼者。他原來在國務院外國專家局工作，後調到國務院外事辦公室。伏羅希洛夫在華的各項活動，都由李越然擔任翻譯。我分工照顧伏羅希洛夫的兒子和

兒媳，並在蘇聯代表團赴北京之外的地方參觀時給伏羅希洛夫做了一些翻譯工作。中辦翻譯組的朱瑞真跟隨羅瑞卿和蘇方保衛人員，負責安排伏羅希洛夫的安全保衛工作；趙仲元則給其他蘇方人員當翻譯。

伏羅希洛夫訪華期間，一直由中國黨政主要領導人陪同：在北京，毛澤東、劉少奇、周恩來、朱德出席了為他舉行的所有活動；在東北，朱德、賀龍、羅瑞卿專程陪同他參觀訪問；劉少奇陪同他訪問了上海，拜訪了全國人大常委會副委員長宋慶齡；周恩來專程到杭州陪同他訪問參觀；賀龍陪同他飛往廣州、武漢訪問；彭真專程到廣州迎接他，然後陪同他訪問武漢後回到北京。伏羅希洛夫每到一地都出現了「萬人空巷」的動人場面，數十萬群眾夾道歡迎，展現了當年中蘇友好的深入人心的畫卷。對中方高規格的、熱情周到細緻的接待，伏羅希洛夫多次表示非常滿意。然而，這也引起了赫魯曉夫的不滿，中蘇關係惡化後，他不止一次地抱怨，他訪問中國時從來沒有受到過如此熱情的接待。他甚至武斷地說，中國對伏羅希洛夫的高規格接待，是故意要貶低他赫魯曉夫的。當然，這都是後話了。

陪同伏羅希洛夫訪華的蘇聯外交部副部長費德林對中方人員說，這次伏羅希洛夫訪華只是禮節性的訪問，蘇共領導人沒有授權他同中國領導人商談什麼實質問題。據我們回憶，在伏羅希洛夫同毛澤東和其他中國領導人交談或接觸中，確實沒有涉及什麼官方的、正式的話題。但伏羅希洛夫作為一位老布爾什維克，他在同毛澤東等人的交談中仍然流露出對當時中國局勢的關切和隱憂。

4 月 15 日晚上，毛澤東請伏羅希洛夫共進晚餐，劉少奇、周恩來、朱德等作陪。伏羅希洛夫坦率地提出，蘇聯從上到下都不理解中國提出的「百花齊放、百家爭鳴」的方針；不理解中國作為社會主義國家，為什麼允許在報紙上發表大量的反共反社會主義的言論，甚至反蘇的言論。蘇聯人民懷疑「雙百」方針正在為資產階級思想提供講壇，它必將導致資產階級思想的自由泛濫，必將削弱社會主義思想的陣地。毛澤東回答說，「百花齊放、百家爭鳴」本來是中國兩千多年前提出的一個口號，古為今用，我們利用了它。在學術問題上提倡「百家爭鳴」，可以防止一些學閥壓制觀點不同的學派。「不能做溫室裏的花草，如果沒有見過風雨，沒有取得免疫力，遇到錯誤意見就不能打勝仗。」

伏羅希洛夫沒等毛澤東把話説完，就反駁説，在社會主義國家不應該允許這些反對共產黨和否定社會主義的言論。敵人會抓住一點缺點，大造輿論，煽動群眾的不滿情緒。「匈牙利事件」就是這樣鬧出亂子來的。毛澤東滿懷信心地説，請蘇聯同志放心。中國不是匈牙利，中國共產黨也和匈牙利社會主義工人黨的情況不完全一樣。他們放出來的東西我們登出來了，其中有「香花」，也有「毒草」，把「毒草」作為反面教材，也有好處。讓他們放到一定時候，我們將反擊。

但是，毛澤東的這個解釋並沒有完全説服蘇聯客人。在伏羅希洛夫從中國去印尼、越南訪問期間，毛澤東請周恩來向蘇聯駐華大使尤金介紹了中國開展整風運動的情況。周恩來於 5 月 21 日和 23 日兩次接見尤金大使，通報了有關情況。在伏羅希洛夫返回北京後，毛澤東又於 5 月 24 日和 25 日兩次親自向伏羅希洛夫介紹中國整風運動、大鳴大放的目的和進展情況。

伏羅希洛夫在華主要活動

1957 年 4 月 16 日，伏羅希洛夫在毛澤東等中國領導人的陪同下，出席了全國人大常務委員會擴大會議，並在會上發表了演講。他在演講中熱情洋溢地稱讚了中國社會主義革命和社會主義建設的成就。

4 月 17 日，毛澤東在中南海懷仁堂舉行盛大國宴，歡迎伏羅希洛夫一行。席間，毛澤東熱情稱頌伏羅希洛夫，説「伏羅希洛夫同志是蘇維埃國家和蘇聯共產黨的傑出的領導人之一，幾十年來為十月社會主義革命的勝利、為蘇聯國防力量的增強和共產主義事業的發展，進行了堅持不懈的努力，並且作出了卓越的貢獻」。當毛澤東講話結束後同伏羅希洛夫乾杯時，伏羅希洛夫説：「你這樣頌揚我，是不是在搞個人崇拜啊？！」毛澤東幽默地回答説：「個人崇拜不能沒有，也不可多有。」「有時不能不崇拜，如對馬克思、列寧，就不能不崇拜。」伏羅希洛夫同意毛澤東的看法，説：「對，不能不崇拜。」

4 月 18 日，首都十萬群眾在北京先農壇體育場舉行集會，歡迎伏羅希洛夫等蘇聯客人。毛澤東等從中南海陪同伏羅希洛夫前往先農壇體育場，北京市市長彭真在體育場門前迎接。在歡迎大會上，伏羅希洛夫看到群眾熱烈歡迎的場面，不時放下準備好的發言稿，即席講了許多熱情友好的話，引起了

一陣陣經久不息的掌聲。

4 月 18 日，伏羅希洛夫一行離開北京到外地參觀訪問。前面提到，伏羅希洛夫到北京後，他和身邊警衛人員、兒子、兒媳一直住在中南海勤政殿。空閒時間，伏羅希洛夫很喜歡在中南海沿着岸邊散步。在他要離京到外地參觀訪問的當天，他走進了中央警衛團宿舍區，與戰士們攀談，問他們每天都吃些什麼飯菜，每天幾個小時操練，每人每天幾個小時站崗，等等。隨後他又走進家屬居住區，一個婦女抱着兩個不滿週歲的嬰兒引起了他的興趣。當得知這是一對孿生兄弟時，他把兩個孩子抱過來親了又親。在回國前，他還送給這對孿生兄弟一些紀念品。

伏羅希洛夫一行離京到外地參觀訪問的首站是東北。他在朱德、賀龍、羅瑞卿等陪同下，先後訪問了瀋陽、鞍山、大連等地。在鞍山參觀了大型軋鋼廠、無縫鋼管廠和七號煉鐵爐。

4 月 22 日，伏羅希洛夫一行在天津作短暫停留後抵達上海。前來迎接的有專程趕到上海的劉少奇以及宋慶齡和上海市副市長曹荻秋等。第二天，上海市舉行有二十五萬人參加的群眾大會，歡迎伏羅希洛夫到上海訪問。曹荻秋副市長為伏羅希洛夫舉行了隆重的歡迎宴會。24 日，伏羅希洛夫一行到宋慶齡寓所拜訪了宋慶齡，雙方回顧和暢談了蘇聯對孫中山領導的民族民主革命的援助和中蘇兩國人民的友誼。

4 月 25 日上午，伏羅希洛夫一行到達杭州。提前兩天抵達杭州的周恩來和浙江省省長沙文漢到機場迎接。下午，周恩來陪同伏羅希洛夫遊覽了西湖，參觀了都錦生絲織廠。

4 月 26 日，伏羅希洛夫參觀了杭州梅家塢十月茶葉生產合作社和屏風山工人療養院。這裏湖光山色，風景秀麗。伏羅希洛夫堅持要到農民家裏走一走，看看他們的生活情況。不論在農民家裏，還是在田間地頭，伏羅希洛夫都像老朋友一樣同農民交談，詢問他們的收入、飲食和生產勞動情況等。晚上，在周恩來和浙江省、杭州市領導的陪同下，伏羅希洛夫觀看了上海越劇團演出的神話劇《追魚》。由於中蘇兩國文化的差異，任憑翻譯怎樣介紹劇情，蘇聯客人仍然不能理解，在演出當中不少人總打瞌睡。第二天，又請蘇聯客人觀看了著名京劇演員蓋叫天主演的京劇《惡虎村》。劇中武打場面較多，客人們十分欣賞蓋叫天的表演藝術。

4月28日，伏羅希洛夫一行到達廣州。中共中央政治局委員彭真等到機場迎接。蘇聯客人在廣州遊覽了名勝古跡，好客的主人還用「龍虎鬥」等名菜來招待客人。七十六歲高齡的伏羅希洛夫因多吃了幾口，拉了兩天肚子。到北京後，他對毛澤東説，「龍」和「虎」在他肚子裏鬥了兩天了。

4月30日，彭真陪同伏羅希洛夫一行在武漢作短暫訪問後回到北京。

5月1日，伏羅希洛夫及其主要隨員登上天安門城樓，同毛澤東等中國領導人一起參加了「五一」國際勞動節慶祝活動。

5月4日，周恩來陪同伏羅希洛夫到中山公園參加青年聯歡晚會，受到青年們夾道歡迎，熱烈的歡呼聲震耳欲聾。周恩來知道伏羅希洛夫年歲大，怕吵，一吵就頭暈，為此他舉出雙手向下擺動，大聲説：「同志們，同學們，伏老怕吵，不要高聲喊！」大家頓時停止了歡呼，用雙手輕輕地鼓掌，表達對伏羅希洛夫發自內心的歡迎。伏羅希洛夫見狀讚歎説：「中國青年、中國人民的嚴明紀律舉世無雙！你們給予我這樣的真誠歡迎，我非常激動、興奮。你們的紀律、高度的秩序和熱情，不僅是對我，而且是對蘇聯人民的友誼、對蘇中兩國牢不可破的友誼最好的證明。」

5月5日，中共中央總書記鄧小平、高教部部長楊秀峰陪同伏羅希洛夫和蘇聯高等教育部部長葉留金參觀了北京大學。

5月6日晨4時，伏羅希洛夫及其隨行人員前往印尼和越南訪問。動身前，毛澤東到勤政殿為伏羅希洛夫送行。兩人一見面，雙手就緊緊握在了一起。伏羅希洛夫勸毛澤東少吸煙，少熬夜，多在白天工作。他説：「希望你這樣生活：太陽一出來你就向它問好，太陽一落你就向它告別，去休息。」毛澤東笑着説：「是的，是要按太陽的規律辦事。」又説：「不過，我已經習慣夜間工作了……」

在談到斯大林時，伏羅希洛夫説：「不管怎麼説，斯大林是個好人。」毛澤東説：「是呀，是個好人，我們的看法也是這樣。」伏羅希洛夫説：「斯大林原則性非常強。他有一個特點，就是他相信誰，就百分之百相信。可是這也好也不好，容易被人利用。貝利亞就利用了這一點。在斯大林的晚年，貝利亞經常跑到他面前吹風，一會兒説這裏好像有一股敵人，一會兒又説那裏有一股敵人，把斯大林弄得糊裏糊塗，使他感到好像處在敵人包圍之中。結果就錯誤地處罰了一些無辜的人。但不管怎麼説，斯大林是個好人，是個偉

大的馬克思主義者。」毛澤東説：「我們也這樣認為，雖然斯大林有些缺點，但本質上是個好人。」伏羅希洛夫説：「你們的看法我知道。你們在《人民日報》發表的文章太好了，我真感謝你們，我的好朋友，這是咱們自己人在一起講。」

在伏羅希洛夫乘車前往機場時，毛澤東對伏羅希洛夫説，我不同你告別，我只暫時對你説再見，祝你一路平安！

毛澤東向伏羅希洛夫介紹中國整風運動

1957 年 5 月 24 日，伏羅希洛夫從越南、印尼結束訪問後，又回到北京，並作了短暫停留。他自 4 月 15 日來華的二十多天時間裏，不止一次地向中國領導人談到蘇聯方面對中國報刊公開發表反共、反社會主義言論的不安和憂慮。毛澤東對此十分重視。在伏羅希洛夫從印尼結束訪問回到北京後的當天，毛澤東又在中南海會見了他，朱德和尤金大使參加了會見。

在伏羅希洛夫訪問越南、印尼期間，毛澤東對中國國內政治形勢的估計發生了變化。5 月 15 日，毛澤東寫了《事情正在起變化》一文，發給黨內高級幹部閲讀。文章指出，在黨外知識分子中，右派約佔百分之一到百分之十，黨內也有一部分知識分子新黨員，跟社會上的右翼知識分子互相呼應。現在應該開始注意批判修正主義。在民主黨派和高等學校中，右派表現得最堅決最猖狂，「什麼擁護人民民主專政，擁護人民政府，擁護社會主義，擁護共產黨的領導，對於右派説來都是假的，切記不要相信，不論是民主黨派內的右派，教育界的右派，文學藝術界的右派，新聞界的右派，科技界的右派，工商界的右派，都是如此」。5 月 16 日，毛澤東為中央起草了《中共中央關於對待當前黨外人士批評的指示》（簡稱《指示》）。《指示》指出，黨外人士對我們的批評，不管如何尖銳，包括北京大學傅鷹化學教授在內，基本上是誠懇的，正確的。這類批評佔百分之九十以上，對於我黨整風，改正缺點，大有利益。《指示》強調，最近一些天以來，社會上有少數帶有反共情緒的人躍躍欲試，發表一些帶有煽動性的言論，企圖將正確解決人民內部矛盾、鞏固人民民主專政、以利社會主義建設的正確方向，引導到錯誤方向去。《指示》要求暫時不要批駁，使右翼分子暴露其反動面目，而各級黨組織

要「好好掌握形勢，設法團結多數中間力量，逐步孤立右派，爭取勝利」。

正因為如此，在 5 月 24 日的會見一開始，在伏羅希洛夫向毛澤東、朱德簡單介紹了他訪問印尼和越南的印象後，毛澤東便向伏羅希洛夫介紹了中國國內政治形勢的一些情況。毛澤東說，他請周恩來向尤金大使通報了一些問題（周恩來會見尤金大使的時間是 5 月 21 日和 23 日）。他說，現在全國廣泛開展了整風和處理人民內部矛盾運動。在運動中，中共號召黨外知識分子、民族資產階級代表和民主黨派的代表對自己展開廣泛批評。他請伏羅希洛夫把這一情況轉告蘇共中央。毛澤東說，看起來這一情況也應該告訴蘇聯駐華使館的工作人員。

毛澤東繼續說，不出所料，在開始階段右派分子對中共和政府進行了尖銳的攻擊。他說，在大學生中大約百分之八十出身於資產階級，他們中間不少人懷有敵對情緒。毛澤東說，在大學裏目前學生可以寫大字報或者小字報批評共產黨員和黨組織。比如說，在北京大學，在這些大字報當中就發現不少有反共和敵對的內容。毛澤東說，整個來說，在這所大學裏，超過百分之一的學生對現行的制度是敵視的。在不久以前結束的青年團第三次代表大會上大約有百分之二十的代表有右傾情緒。他說，代表大會結束後這部分代表還可以大鳴大放。

在運動開展過程中，民主黨派領導人當中的右派分子也有所表現。他們當中有一些人，如章乃器，在報紙上發表對中共的敵對攻擊。毛澤東指出，他們的所有言論都全文在報紙上公佈。

毛澤東指出，遺憾的是在目前的運動當中發現，有些地方的共產黨員在執行這個政策過程中太粗暴、太笨拙了，完全代替了黨外的部長們，遭到了嚴厲的指責。

伏羅希洛夫問毛澤東，目前反對共產黨的那些人有什麼口號或綱領？毛澤東回答說，這些人並不是有組織的力量，他們沒有提出任何推翻現有制度的綱領和口號。

毛澤東接着說，中國共產黨不得不開展這樣一個運動，這是為了爭取廣泛的知識分子為社會主義事業服務。他指出，中國是一個人口眾多、絕大部分是文盲的大國。全國只有五百萬掌握着各種知識的腦力勞動者。沒有他們不可能進行社會主義建設，因為這裏有科學家，有教員，有工程師，有文化

工作者，等等。現在中國工農知識分子完全不夠，要培養工農知識分子至少需要十年以上。毛澤東說，所以我們用這麼多力量和精力來改造和爭取現有的知識分子。

談話結束時，毛澤東請伏羅希洛夫和隨行人員於 5 月 25 日到他家共進晚餐。毛澤東說，吃飯的時候還可以繼續談話，伏羅希洛夫表示同意。

5 月 25 日晚，毛澤東邀請伏羅希洛夫以及拉希多夫、葉留金、費德林和尤金到他家裏共進晚餐。中國方面參加的有劉少奇、周恩來、朱德、陳雲、鄧小平和彭真。

在晚飯開始前，伏羅希洛夫、費德林和其他蘇聯代表詳細向毛澤東和其他中國領導人介紹了訪問印尼和越南的情況。毛澤東說，他也接到訪問印尼的邀請，但是中共中央沒有決定是不是去訪問，因為有些中央同志有不同的意見。毛澤東問伏羅希洛夫訪問印尼是否適宜。伏羅希洛夫說，他認為訪問印尼是有益的。

接着伏羅希洛夫代表蘇聯最高蘇維埃主席團、蘇共中央和蘇聯政府正式邀請毛澤東及其陪同人員在方便的時候訪問蘇聯。伏羅希洛夫表示，希望毛澤東最好能在十月革命四十週年慶典的時候訪問蘇聯。對於伏羅希洛夫的建議毛澤東表示贊同。5 月 26 日晨，在伏羅希洛夫結束訪華離開中國前，毛澤東說，他很高興地接受伏羅希洛夫的邀請；至於具體的時間，希望晚些時候再商定。

晚餐是在親切的同志般的氣氛中進行的，其間在談話中除了一般的話題外，還涉及了某些對外政策問題。

毛澤東十分高興地談到最近一段時期社會主義陣營國家對外政策取得的顯著成績。他幾次強調了如下看法：如果帝國主義者發動第三次世界大戰，那麼這場戰爭將以資本主義制度的徹底崩潰而告終，雖然「對此要付出不小的犧牲」。

毛澤東接着談到中國對外政策的某些問題。他指出，中國作為一個亞洲大國，首先感興趣的是亞洲事務。毛澤東提到 1949 年他同斯大林的一次談話，當時取得了一定共識，那就是中國主要要把自己的注意力集中在亞洲問題上。

在談到中國和英國的關係時，毛澤東指出，實際上目前在中英之間是「半

正式」的關係。毛澤東強調説，英國在聯合國對中國採取了不老實的政策。

毛澤東尖鋭地批評了美國的侵略政策。他表示確信「美國不可能永遠統治資本主義世界，形勢將從根本上發生有利於社會主義事業的變化」。他強調説，美國不承認中華人民共和國，對於中國人民來講是有利的。他指出，如果美國今後十年也不承認我們，我們也完全能夠等待。他繼續説，實際上美國承認中華人民共和國對於中國來講是不利的，我們擔心它「承認」，當然對這種變化也做好了準備。他接着指出，美國現在採取一切手段來破壞中蘇友誼，而「中蘇友誼是整個國際政治發展的基石」。

接着毛澤東談到了台灣問題。他就 1957 年 5 月 24 日台灣發生的搗毀美國大使館的事件説，現在美國已經在考慮怎麼搞掉蔣介石，不惜採取陰謀恐怖手段來對付他。在談到美國最近向台灣運送導彈的事情時，毛澤東指出，其主要目的是為了加強美國在台灣的控制能力。周恩來補充説，這幾天我們同法國前總理富爾談話的時候提到這件事也是這樣講的。他想了解中國對美在台灣組建導彈部隊有什麼看法。我們對富爾説，這個措施的目的是使蔣介石政權更加服從美國的控制。周恩來笑着説，這次談話還沒過一兩天，實踐就證實了我們的判斷。

毛澤東繼續説，我們對台灣的立場是清楚的，「我們將促進蔣介石和美國之間的矛盾進一步深化和發展」。毛澤東指出，事實表明，他們之間的矛盾比蔣介石和中共之間的矛盾還要尖鋭。

晚飯結束後，雙方又談了一會兒話。在談話中，毛澤東又談到在中國廣泛開展的整風運動的實質和意義。他説，這次運動的目的首先在於對廣大的共產黨員、青年團員和國家幹部進行馬列主義的教育。運動的目的是克服黨和國家機構中的官僚主義、主觀主義和宗派主義。

毛澤東接着説，大家都知道，主觀主義有兩個方面，一是教條主義，一是修正主義。中國革命的經驗證明，在我們黨內教條主義傾向常常是主要的。教條主義者片面地分析事物，他們通常犯「左」傾錯誤。毛澤東説，在我們黨內「左」傾傾向還根深蒂固。許多黨員缺乏做群眾工作特別是做知識分子工作的經驗，常常導致宗派主義的錯誤，脫離知識分子，脫離群眾。正是因為這些錯誤，黨組織和一些共產黨員現在受到尖鋭的批評。

由此可見，開展整風運動的目的就在於克服黨內的不正確的和不健康的

現象。這一工作大約需要進行兩三個月。然後，在知識分子和民主黨派成員當中也要開展類似的運動，「當然如果他們同意這樣做的話」。「這樣，我們先把自己家裏打掃乾淨，然後我們再幫助他們整頓秩序。」毛澤東指出，同現在這個階段不同，那時候民主人士和知識分子「將處於被動，而我們卻將處於主動」。

除了上面講到的目的外，毛澤東繼續說，這次運動的任務是積極地爭取中國知識界站到社會主義方面來，分化知識界的力量，孤立他們中間的極右派和懷有敵對情緒的人。他指出，中國的知識界有五百萬人，在政治方面並不是單一的。它分為右派、左派和中間派。在過去，中國的知識分子在政治上是比較單一的，因為在反對帝國主義和封建主義鬥爭中他們和中共站在一起，但是在革命的社會主義階段發生了分化。

毛澤東說，在「百花齊放、百家爭鳴」方針提出以前以及開展整風運動之前，我們的印象是，知識界的狀況用不着擔心，以為他們中間的絕大多數都掌握了馬列主義思想，站在唯物主義和社會主義的立場上。但是實際情況並不像我們想像的那樣平安無事。資產階級知識分子的右派代表和同情他們的人裝出一副忠實於社會主義的模樣，但實際上還是堅持資產階級立場和幻想復辟資本主義。還應該考慮下面的這種情況，如果說帝國主義分子、封建主義分子和買辦資產階級在人民的眼裏已經徹底破產了，那麼資產階級右派知識分子的代表現在在群眾面前還沒有足夠名譽掃地，還沒有暴露自己的思想本質。

毛澤東說，目前中共中央號召所有的知識分子和資產階級民主人士，對改進黨組織和國家機關的工作積極地提出批評意見和建議，並且幫助中共的各級組織更加深入地開展整風運動。知識界、民主黨派和民族資產階級的代表響應共產黨的號召，現在開展了批評中共和中國政府的廣泛的運動，而且在初期右派分子表現得最積極和懷有敵意。中共不限制也不禁止他們發表類似的言論，相反這些言論都在中國的報刊上予以公佈並且在電台廣播。

毛澤東再次重複說，中共中央制定了實施這些措施的明確計劃。他說，對資產階級民主人士和右派知識分子批評共產黨「不予答覆」，可能將繼續兩三個星期。此後將開始「總結」階段，共產黨員將「不再沉默」，並將對目前大鳴大放中暴露出來的不健康的和敵對的言論展開廣泛的批評和揭發運動。

在這個階段將認真集中精力來克服大鳴大放過程中揭露出的我們的錯誤和缺點，以澄清和揭發對我們所說的一切造謠誣衊和敵對言論。這裏將遵循「團結、批評、團結」、依靠左派和中間派的方針。

伏羅希洛夫在談話中問到在這場運動中共產黨員的情緒怎麼樣。毛澤東回答說，大部分黨員現在對資產階級右派分子十分氣憤。他強調說，這些黨員沒有理解這場運動的意義。由於不了解中共中央的策略，有些地方不讓「百花齊放」，他們認為如果在黨外人士和民主人士當中過分地開展這場運動，可能會引起混亂和其他不健康的現象。毛澤東指出，現在的問題在於，在北京已經全面展開了批評運動，而且中共中央已經準備開始反擊，而在地方上有些領導人還採取觀望的態度，並且實際上在壓制批評的應有的開展。有一部分黨員堅持要立即反擊，要堅決打擊，這都是不對的。在這個問題上必須很有策略地開展工作。毛澤東說，當然，如果有什麼力量起來公開反對我們，那麼我們會迅速採取堅決的行動。

毛澤東說，由於黨內存在這些情緒，我們決定這幾天召集省市委書記會議，同他們就這些問題詳細地交換意見，把中共中央的策略計劃告訴他們，讓各地能夠更大膽地開展這個運動，使得地方的幹部解除顧慮，放手讓黨外人士和民主人士對自己開展廣泛的批評。「我們會向地方的同志解釋，在沒有弄清楚反對我們的人的真實面貌的情況下，不得採取鎮壓和禁止的政策。」毛澤東指出，應該利用這個運動，完全弄清楚知識界和資產階級民主人士中間各種力量的分佈情況，這樣可以知道對我們的攻擊可能來自何方。毛澤東說，很顯然，現在開展的運動是一個改造廣大知識分子的長期過程中的一個階段，這個改造過程至少需要十年。

毛澤東接着說，現在我們已決定把全國人大第四次會議從5月推遲到6月，這樣「大會可以避開這場運動的最激烈的階段」。他繼續說，在大會開始以前將向我們的敵人「發起猛烈的炮擊」。毛澤東說，現在他們向我們進攻，我們沉默，而很快我們將開始反擊，那時有些人應該沉默了。

毛澤東指出，這場運動現在已經具有尖銳的階級性質。這也是一場戰爭，不過它是一場思想戰爭。它和我們同蔣介石和美國人的戰爭不同，因為這裏的敵人常常是看不見的，而我們的任務是暴露他們。在這場鬥爭中我們的幹部將得到鍛煉，我們的人民將更加團結。

伏羅希洛夫這時指出，由於採取了現在這些措施，預期可以達到以下的目的：（1）通過在運動中對幹部進行思想鍛煉，進一步凝聚自己的隊伍；（2）孤立知識分子中的右派分子；（3）支持和團結中間派。伏羅希洛夫說，這些任務的每一項本身都是重大的和複雜的。毛澤東表示同意伏羅希洛夫的看法，並說這些任務會同時解決，因為這些任務是密切聯繫在一起的。

毛澤東繼續說，過去中共黨員「欺負了知識界中的中間派和右派」。現在要糾正這個錯誤，我們要給他們充分的機會來表達自己的不滿。經過認真的分析，所有正確意見都將被採納，我們也就能克服自己的錯誤。在這場運動的過程中，官僚主義、宗派主義和主觀主義將在很大的程度上得到糾正。

毛澤東對這些措施從總體上評價說，這些措施對黨和全體人民的進一步團結，對於鞏固人民民主專政和民主集中制將有着重要的意義，並且也將促進社會主義國家和一切愛好和平力量的團結。

毛澤東和在座的中國領導人是懷着充分的信心來評價當時在中國所發生的事情的，認為中共在那場運動中一定會取得成功。伏羅希洛夫問，中國朋友對目前在國內廣泛開展的針對共產黨和人民政府的批評運動有沒有任何的擔心和懷疑？毛澤東聽後同在座的劉少奇、周恩來、朱德、陳雲、鄧小平、彭真商量以後，堅定地說沒有任何擔心和懷疑。毛澤東說，在中國完全沒有可能重演「匈牙利事件」。我們這裏不會出納吉。當然中央考慮到在黨內是有機會主義分子的，而且沒有忘記要提高應有的警惕和採取審慎的態度。

毛澤東請伏羅希洛夫轉告蘇共中央，在中國開展的思想運動是有可靠的基礎的，並且完全有能力順利地實現這場運動。他補充說，勝利的保證就是我們中央委員會的堅如磐石的團結和中央同人民的密切聯繫。

毛澤東說，應該指出，今天所談的中國的經驗對於所有的兄弟黨並不是一個普遍真理，採取類似的措施必須和每一個國家的具體情況相結合。他舉例說，在與越南和匈牙利的朋友們談話當中，中共中央沒有建議他們實行「雙百」方針。「我們認為在越南的條件下只應該開一朵胡志明的花。」

伏羅希洛夫對中共中央採取的措施表示讚賞，說這些措施把馬克思列寧主義的原則和中國的特殊條件巧妙地結合在一起。他預祝中國共產黨在這個重大的事業上取得進一步的成績。

伏羅希洛夫還向在座的中國領導人講述了俄國革命發展的特殊情況，講

述了蘇共在革命頭幾年採取的措施。在交談中毛澤東指出，在革命勝利後俄國和中國情況的根本區別，在於中國保存了民族資產階級。他説，這一點對中國現在進行的運動和採取的措施都產生了特殊的影響。

談話結束時，伏羅希洛夫對毛澤東和其他領導人親切熱情的款待和有意思的談話表示感謝。

毛澤東請伏羅希洛夫向蘇共中央主席團所有的成員轉達中國共產黨兄弟般的敬意，並祝他們健康。

根據李越然的回憶，在5月25日毛澤東等中國領導人和伏羅希洛夫的談話中，伏羅希洛夫對中國的幹部下放勞動政策也提出疑問。毛澤東解釋説：「老是浮在上面不好，我們的幹部和知識分子應該放到下面去熟悉工農兵，了解社會，了解群眾。」伏羅希洛夫問道：「幹部和知識分子放下去做體力勞動，是不是必要？」毛澤東説：「不是去搞什麼單純的體力勞動，而是到群眾中去接受鍛煉。」毛澤東在同伏羅希洛夫的交談中還曾表示：「當主席，太複雜。我是想退下來，當個大學教授。」伏羅希洛夫焦急地問道：「那怎麼行，誰能代替你呢？」毛澤東説：「在我們黨內很有人才，他們已經成熟，無論資歷、聲望和能力，都不比我差。他們是可以勝任的。」伏羅希洛夫聽後沒有再談這個問題。

5月26日，伏羅希洛夫離開北京回國，毛澤東、劉少奇、周恩來、朱德、彭真等中共中央領導人、各界代表和數千名群眾到機場送行。在機場舉行了隆重的歡送儀式。毛澤東致歡送辭。他説：「伏羅希洛夫同志在中國的訪問給中蘇友好關係的光榮歷史寫下了新的、燦爛的一頁。」「我們雖然暫時分別了，但是中蘇兩國人民的心將永遠緊密地聯結在一起。」

5月27日，伏羅希洛夫率團回到莫斯科後，莫斯科舉行了萬人參加的歡迎大會。伏羅希洛夫發表講話説，他在中國看到人民政權取得的實際成果。中國共產黨結合本國的具體條件創造性地運用馬克思列寧主義，在中國人民各階層中獲得了崇高的威望。

7月，就在伏羅希洛夫率團訪華後的不久，中共中央在青島召開了省市委書記會議。會議期間，毛澤東寫了《一九五七年夏季的形勢》一文。8月，根據毛澤東的指示，楊尚昆要我們中辦翻譯組把毛澤東5月15日寫的《事情正在起變化》和7月寫的《一九五七年夏季的形勢》兩篇文章翻譯成俄文。後

來，楊尚昆會見了蘇聯駐華大使尤金，把這兩篇文章的中文稿和俄文譯文一起交給他，並請他轉交蘇共中央。

隨毛澤東赴蘇參加十月革命慶典

閻明復　朱瑞真

1957 年 11 月 2 日，毛澤東應蘇共中央和蘇聯部長會議的邀請，率中國黨政代表團訪問蘇聯，參加十月革命四十週年慶祝活動，並出席六十四國共產黨和工人黨代表會議。這是毛澤東第二次訪問蘇聯，也是他一生中最後一次出國訪問。我們和趙仲元當時都在中共中央辦公廳翻譯組，參加了前期的準備工作，並隨團赴莫斯科參與了翻譯工作。

毛澤東率團訪蘇

1957 年 11 月 2 日早晨 8 點半，毛澤東率中國黨政代表團乘坐由蘇共中央派來的圖 104 專機從南苑機場起飛，赴莫斯科參加十月革命四十週年慶祝活動，並出席各國共產黨和工人黨代表會議。中國黨政代表團團長是毛澤東，副團長是宋慶齡，團員有鄧小平、彭德懷、李先念、烏蘭夫、郭沫若、沈雁冰、陸定一、陳伯達、楊尚昆、胡喬木、劉曉、賽福鼎，楊尚昆兼任秘書長。同時，彭德懷又是中國軍事代表團團長，郭沫若又是中蘇友好代表團團長。在中國黨政代表團的名單上，本來還有王稼祥的名字，但在代表團出發的前兩天，鄧小平在一次籌備會上宣佈：今天稼祥給主席打電話，說他有病請假，不能參加代表團的工作了。我看，代表團的對外聯絡工作，由尚昆來兼管吧！這樣，代表團就由十五人減為十四人。對於代表團團員的排列順序，外交部曾提出，按慣例劉曉大使應排在最後。楊尚昆說，我們的代表團是黨政代表團，劉曉曾任上海市委書記，按黨內職務應排在賽福鼎的前面。

　　也是在這次籌備會議上，楊尚昆說，這次代表團除了毛主席、宋慶齡、鄧小平幾位主要領導以外，其他團員一般都不帶警衛、秘書，儘量多帶一些「會講話的」（指各種語種的翻譯）。楊尚昆同王稼祥商議，選派張香山任代表團副秘書長，協助他工作，負責聯絡、文電，分管代表團的工作班子。禮賓工作由外交部禮賓司司長王雨田、專員韓敘負責。警衛工作由中央警衛局副局長王敬先負責。保健工作由中央保健局局長黃樹則負責。財務、禮品工作由中辦特別會計室主任賴祖烈負責。此外，毛澤東的秘書葉子龍和林克、衛士長李銀橋、護士長吳旭君，宋慶齡的警衛秘書隋學芳，鄧小平的衛士長呂增科等也陪同首長出訪。

　　為了保證高質量地完成翻譯任務，中國代表團配備了力量雄厚的翻譯班子：俄文方面有李越然、閻明復、趙仲元、朱瑞真、陳道生，英文方面有浦壽昌、俞志英，法文方面有齊宗華。代表團還從中國駐波蘭大使館借調了一位波蘭文翻譯高佩玉，在莫斯科留學生中選調了一位上海籍的女大學生，專門給宋慶齡做翻譯。

　　據楊尚昆說，1949 年毛澤東第一次訪蘇，送給斯大林一車皮山東大蔥和一車皮江西蜜橘。斯大林對蜜橘讚不絕口，稱之為「橘中之王」。這次毛澤東訪蘇，中央辦公廳、外交部精心準備了反映中國在蘇聯幫助下推進現代化進程的鞍鋼全景的立體模型等，以及中國傳統手工藝國寶級的「北海全景」牙雕等禮品。這些禮品在中南海居仁堂展示時，鄧小平問「北海全景」牙雕是國寶級的藝術品，作為禮品送出是否妥當，並請楊尚昆研究處理。後來了解到，創作這一牙雕的工藝大師當年五十多歲，仍有精力再創作同一主題的作品，這樣就決定不更換禮品了。

蘇方的盛情接待

　　11 月 2 日上午 11 時，中國黨政代表團乘坐的專機到達蘇聯邊境城市伊爾庫茨克，蘇共中央主席團候補委員波斯別洛夫和外交部副部長費德林以及中國駐蘇大使劉曉夫婦專程來此迎接中國代表團，前來迎接的還有蘇聯地方黨政領導人。波斯別洛夫是蘇聯著名理論家、哲學家，曾和蘇斯洛夫一起主管意識形態工作。他文質彬彬，講起話來慢條斯理。

　　在伊爾庫茨克，發生過一個小插曲。伊爾庫茨克這年冬天來得早，已經下了一場雪。毛澤東驚奇地發現，機場附近有一片莊稼長得綠油油的。他便問地方領導人：這是什麼莊稼，現在還在開花？地方領導人回答說，這是 ROSH（羅什），我們幾個翻譯都不知道這個詞，有的說是「大麥」，有的說是「蕎麥」，毛澤東都一一否定了，說這個季節不可能長大麥、蕎麥。著名漢學家費德林急忙走上前來說，這是做黑麵包的一種麥子。毛澤東聽了點點頭。回到飛機上，閻明復查了俄漢字典，原來 ROSH 就是「黑麥」。於是他拿着字典走到前艙，對毛澤東說，字典裏寫的是黑麥，剛才我們都翻譯錯了。毛澤東聽了笑着點點頭。

　　11 月 2 日莫斯科時間下午 3 點，中國代表團乘坐的圖 104 飛機在伏努科夫機場降落，舷梯下是紅地毯鋪路，赫魯曉夫、布爾加寧、伏羅希洛夫、庫西寧、米高揚、蘇斯洛夫、福爾采娃、柯西金等蘇聯黨政領導人前來迎接。在一陣擁抱、親頰之後，毛澤東檢閱了三軍儀仗隊，並發表簡短講話，對蘇聯的盛情邀請表示感謝，讚揚四十年前十月革命的勝利「創始了人類歷史的新紀元」，四十年來蘇聯獲得了輝煌的成就，「為追求進步和幸福的人民樹立了卓越的榜樣」，明確指出「以偉大蘇聯為首的社會主義陣營是保障世界和平的堅強堡壘，是一切不願意受帝國主義壓迫和奴役的人民的忠實朋友」。

　　歡迎儀式結束後，赫魯曉夫陪同毛澤東同乘一輛裝甲「吉斯」汽車，來到克里姆林宮內的捷列姆諾伊宮。在一間寬大的休息室裏，赫魯曉夫向毛澤東簡要介紹了會議的籌備情況後，看了一眼正在同毛澤東談笑風生的伏羅希洛夫，提醒說，該讓毛澤東休息了，我們告辭吧？在握手告別時，赫魯曉夫對毛澤東說，你住的捷列姆諾伊宮，曾是沙皇的寢宮。這裏離會場即喬治大廳只有幾十米遠，有一條走廊通往喬治大廳。

　　中國代表團其他成員以及工作人員也都被安排住在克里姆林宮。這裏又有一個小插曲。我們剛安頓下來，忽然聽到有人說，毛主席來看我們啦！於是大家都湧到走廊裏，等候毛澤東。原來，毛澤東從樓上走下來看望大家。當時每個臥室的門上都貼有名單，毛澤東走到我們幾個翻譯的臥室門口，看到名單上的「朱瑞真」，就說：「這是個女孩子的名字呀。」朱瑞真回答說：「這是家裏老人們起的名，可以改。」毛澤東說：「不用改，就這樣叫也很好嘛。」

　　蘇方為接待中國代表團做了很多工作。10 月 30 日，即中國代表團離開北

京的前兩天，楊尚昆派中央警衛局負責毛澤東警衛的副局長王敬先、外交部禮賓司專員韓敍和我們翻譯組的朱瑞真前往莫斯科「打前站」，任務是在代表團到達莫斯科之前，和蘇聯同志一起把代表團的住地安排好，特別是根據毛澤東的生活習慣把他的住房安排好。王敬先等到達莫斯科後，蘇方人員對他們非常熱情，兩個謝爾巴科夫（一個是蘇共中央聯絡部中國處處長謝爾巴科夫，另一個是克里姆林宮警衛局副局長謝爾巴科夫少將）和他們一起指揮蘇方服務人員根據毛澤東的生活習慣重新佈置了他的臥室：把原來笨重的鋼絲牀撤掉，換上一張寬大的木板牀，把毛毯、鴨絨枕頭之類的東西拿走，換上從北京帶來的又長又寬的棉被和枕頭，把衛生間的坐式馬桶改成蹲式馬桶，調整了牀頭上的燈光，等等。另外，克里姆林宮警衛局長扎哈洛夫少將和王敬先等一起察看了為毛澤東在郊區安排的兩幢別墅，供他需要休息時備用。一幢是斯大林當年住過的孔策沃別墅，周圍都是森林，離克里姆林宮較遠，約四十公里；另一幢在列寧山，離克里姆林宮較近，是馬林科夫下台前住過的地方。這兩處的臥室和衛生間也做了相應的調整。中國代表團抵達莫斯科後，鄧小平、楊尚昆於 11 月 3 日中午去視察了蘇方給毛澤東準備的這兩幢別墅。

　　事後我們獲悉，赫魯曉夫曾親自到克里姆林宮檢查為毛澤東準備的起居室，看到那張碩大的木板牀、薄薄的被褥，他作出評價：「叢林裏來的戰士。」在衛生間，赫魯曉夫看到，原來的坐式馬桶的四周用瓷磚壘起，與坐桶一樣高，從旁邊砌起了一個台階，裝修了護欄。赫魯曉夫不解地搖搖頭：「難道蹲着大便更舒服？」

參加十月革命系列慶祝活動

　　1957 年 11 月 3 日，即中國代表團抵達莫斯科的第二天，蘇聯發射了第二顆人造地球衛星，重 508.3 公斤，高度為一千五百公里，每繞地球一周需一小時四十分鐘，上面裝有一隻叫萊卡的小狗和儀器，並有兩部電台。代表團的同志獲悉後都很高興，說這是喜從天降。

　　11 月 3 日晚 7 時，赫魯曉夫邀請毛澤東共進晚餐，兩人進行了長達四個小時的會談。中方參加的有鄧小平，蘇方參加的有布爾加寧、米高揚、波斯

別洛夫、尤金等。午夜 12 時，毛澤東、鄧小平返回住地後召開代表團會議，介紹了同赫魯曉夫會談的情況，到凌晨 1 時半結束。

11 月 4 日上午，毛澤東和中國代表團到蘇共中央辦公大樓，又禮節性地拜會了赫魯曉夫。會晤持續了四十分鐘。然後，毛澤東率中國代表團到蘇聯最高蘇維埃主席團禮節性拜會伏羅希洛夫主席。下午 6 時，毛澤東和中國代表團到蘇聯部長會議大樓禮節性拜會布爾加寧主席。

11 月 5 日下午，毛澤東率中國代表團到紅場拜謁列寧、斯大林墓，並獻了花圈。

11 月 6 日上午，蘇聯最高蘇維埃在盧日尼基體育館召開十月革命四十週年慶祝大會，毛澤東率中國代表團全體成員參加。

慶祝大會由卡班諾夫主持，赫魯曉夫在會上作了長達四個小時的報告。然後，卡班諾夫宣佈休會，下午 4 時繼續開會。休會後，大會秘書長謝洛夫走到中國代表團秘書長楊尚昆面前通知說，赫魯曉夫懇請毛澤東和各國代表團團長留在體育館共進午餐。楊尚昆問了問毛澤東，然後回答說，毛澤東有點疲勞，需要回去休息。謝洛夫仍再三懇求，楊尚昆回答說，如果一定需要中國代表團留人的話，我們可以留下鄧小平。本來蘇方打算第二天在各大報紙上發表有關赫魯曉夫同毛澤東等各國代表團團長共進午餐的報導，但因毛澤東沒有參加，蘇方的這個計劃落空了。

11 月 6 日下午 4 時，十月革命四十週年慶祝大會繼續舉行，各社會主義國家代表團團長致辭。第一個致辭的是毛澤東。毛澤東一出場，全體與會者起立致敬，講話中掌聲不斷，講完後全場再次起立，長時間地鼓掌致敬。

毛澤東在講話中熱情地讚揚了蘇聯四十年來所取得的成就，對赫魯曉夫奉行的方針政策表示了充分的支持。他說，蘇共中央在克服個人崇拜，在發展農業，在改組工業和建設的管理，在擴大加盟共和國和地方機構的許可權，在反對反黨集團、鞏固黨的團結，在改善蘇聯陸海空軍中黨的政治工作等問題上所採取的措施，將毫無疑問地促成蘇聯各種事業的進一步鞏固和進一步發展。在如何對待蘇聯經驗的問題上，毛澤東作了全面分析。他說：「在十月革命以後，各國無產階級的革命家如果忽視或者不認真研究俄國革命的經驗，不認真研究蘇聯無產階級專政和社會主義建設的經驗，並且按照本國的具體條件，有分析地、創造性地利用這些經驗，那麼，他就不能通曉作為

馬克思主義發展新階段的列寧主義，就不能正確地解決本國的革命和建設問題；那麼，他就會或者陷入教條主義的錯誤，或者陷入修正主義的錯誤。我們需要同時反對這兩種錯誤傾向，而在目前，反對修正主義的傾向尤其是迫切的任務。」

毛澤東的祝詞稿是我們在離開北京前翻譯成俄文的。經楊尚昆批准，我們特地請了尤金大使的翻譯、蘇聯駐華使館二秘羅滿寧到我們在中南海居仁堂後樓的辦公室，幫助定稿，一起工作了兩天兩夜。毛澤東在大會上致辭時，也是由羅滿寧擔任翻譯。在講台上，他站在毛澤東右後側，毛澤東講一段，他讀一段譯文。因為他熟悉祝詞的譯文，讀起來鏗鏘有力，很好地表達了祝詞的原意。

毛澤東致辭後，依次致辭的為波蘭、捷克、民主德國、羅馬尼亞、保加利亞、南斯拉夫、匈牙利、越南、朝鮮、阿爾巴尼亞、蒙古的代表團團長。他們的講話都受到與會者的熱烈鼓掌歡迎，但沒有起立。接着，蘇聯最高蘇維埃代表致謝辭，然後大會通過了《告蘇聯人民和世界人民書》，於晚上 8 點半結束。

11 月 7 日上午，為慶祝十月革命勝利四十週年，蘇聯在紅場舉行了盛大的閱兵和群眾遊行。毛澤東和中國代表團步行到紅場觀看了閱兵和群眾遊行。群眾通過列寧墓時，總是高呼「毛主席！毛主席！」遊行結束時，當毛澤東和赫魯曉夫等蘇聯領導人從列寧墓上走下來，群眾圍上前來，熱烈歡呼。據蘇聯朋友講，這種場面是前所未有的。

這裏還有一個小插曲。當時，蘇方為防止毛澤東在觀禮台上站的時間長而腳受凍，曾想為他做一雙厚的毛皮鞋，但被毛澤東拒絕。11 月 4 日上午，蘇方警衛人員陪同莫斯科一家著名鞋廠的一位師傅來到毛澤東的住所。警衛人員對在場的王敬先說，11 月 7 日那天，毛主席要在紅場觀禮台上站幾個鐘頭，我們首長擔心毛主席的腳會凍傷，要我們給他定做一雙厚的毛皮鞋。師傅接着說，他是奉命而來，要量一量毛主席穿的皮鞋尺寸，他還帶來各種顏色的面料和毛皮樣品，請挑選。王敬先報告後，毛澤東非常生氣，責怪他說，我們這次來，人家對我們招待得這麼好，不要再向人家提這樣那樣的要求！王敬先解釋說，我們根本沒有提過任何要求，這是蘇方主動安排的，他們還要為您縫製一頂皮帽子。毛澤東說，一概謝絕。總之，為這些事，不要

麻煩人家。

11月7日晚上8時，蘇聯最高蘇維埃主席團主席伏羅希洛夫在克里姆林宮舉行慶祝十月革命四十週年招待會，毛澤東和中國代表團出席。出席酒會的有一千八百多人，席間伏羅希洛夫致辭，11時結束。

11月8日上午，莫斯科市在盧日尼基體育館舉行慶祝十月革命四十週年群眾紀念大會。毛澤東和中國代表團出席。莫斯科市委書記福爾采娃致開幕辭，接着陶里亞蒂、多列士和宋慶齡相繼致辭。宋慶齡在致辭中説，三十年前的十月革命節，我也曾經同你們在一起。三十年來在你們的國家和我的國家裏發生了巨大的變化，兩國人民為和平和人類的進步贏得了光輝的勝利。她説，三十年前，當我到你們這裏來的時候，我的心情是沉重的。我為了抗議對孫中山先生的遺囑和對中國革命的背叛，被迫離開了我的國家。但是，當我一踏上蘇維埃的土地，我就知道我們的事業並沒有完全失敗。蘇聯人民的鼓勵使我確信，人民是會勝利的。中國人民在久經鍛煉的共產黨和毛澤東的領導下，獲得了勝利。根據歷史，我們可以看到中蘇友誼的深厚，在我們所進行的改造世界的歷史性事業中，中國將永遠同偉大朋友蘇聯站在一起。最後，宋慶齡説，我深信，在不遠的將來，社會主義將成為全人類的選擇，剝削和民族壓迫將會永遠消滅。國與國之間，人民與人民之間，將會出現普遍的和睦。人類的充分的和廣闊的發展將會開始。宋慶齡熱情洋溢的講話，獲得多次長時間的熱烈掌聲。

毛澤東率中國黨政代表團參加蘇聯十月革命四十週年慶祝活動後，還出席了六十四國共產黨和工人黨代表會議。對毛澤東率團出席這次會議的情況，在這裏就不記述了。

反右派親歷記

李　新

　　1957 年的反右派，在我的一生中留下了深刻的記憶。若沒有吳老（玉章）的幫助和保護，我必定被打成了右派，那麼後半生的我將不是現在這個樣子。但在吳老的鼓勵下，我也積極地參加了反右派的鬥爭，特別是參加了反對社會學領域中的右派。在把費孝通等著名社會學家打成右派的錯誤中，我也有一份責任。對此，我在 1979 年當面向他承認了錯誤。所有這些，在我的腦際刻下了很深的痕跡，它不時會湧現出來，使我的心情無法平靜。因此，我必須如實地把它寫出來，讓後人知道這一段痛史，以便根據真實情況來評判各人的是非功過。林則徐被貶到新疆後，曾哀歎「白頭到此同休戚，青史憑誰定是非？」我認為，只要能把歷史的真實情況保留下來，青史的是非盡可由後人去評定，當事人又何必去管它呢？

　　1956 年「胡風事件」中，中國人民大學馬列主義教研室的一位老師被捕了。在解放初期，這位老師和胡華是北京宣講馬列主義毛澤東思想的著名人物。他因為替胡風上中共中央的「萬言書」提出意見並參加了修改而被捕。他的被捕引起的震動不小。經過吳玉章的追查，羅瑞卿（公安部長）很快就說是抓錯了。但又不能釋放（因必須經過最高領導同意才行），於是決定讓他到被關押的戰犯中去做工作。在清查「胡風分子」時，何幹之也名列其中，就在要逮捕何幹之那天晚上，恰好我因公去杭州後趕回了學校。中國人民大學副校長鄒魯風把我找去徵求意見，因為我堅決反對，公安部的人才沒有把何幹之抓走。

　　緊接着「胡風事件」之後，機關內部又展開「肅反」運動。我是中國人

民大學「肅反」運動五人領導小組成員之一。當要把一個 1946 年就已將歷史問題交代清楚的教師定為歷史反革命時，我提出了反對意見。大家也同意了我的意見。但後來又偷偷地仍把他定成了「歷史反革命」。因此我對 1956 年的這些政治運動是心存不同意見的。

但 1956 年提出的「百花齊放、百家爭鳴」的方針，又引起了我很大的幻想。因為從 1956 年起，我開始被高教部調去編寫《中國新民主主義時期通史》的教材，覺得在「百家爭鳴」的方針下從事歷史研究大有可為。同時，全國政協建立了社會主義學院，請吳玉章任校長，楊明軒、千家駒、聶真任副校長，要我去任教務長並講授革命史。統戰部在社會主義學院提出「三不」方針（不抓辮子、不打棍子、不戴帽子），這樣就使得社會主義學院的教學和討論都非常活躍，全校充滿了歡樂氣氛。

1956 年，中國共產黨召開了第八次代表大會，認為暴風疾雨的階級鬥爭已經過去了，今後應該專注於社會主義建設事業，從而使全國的政治氣氛趨向緩和，人們對前途都充滿希望。

1957 年之初，毛澤東提出中國共產黨要整風，希望各民主黨派幫助。各民主黨派及各界人士紛紛發表意見。開始意見較緩和，大家都高興。後來意見提得尖銳了，人們的心情也開始緊張。等到有人提出國家的領導要「輪流坐莊」時，毛澤東生氣了。接着發動全黨實行反擊，把五十五萬人打成了右派分子。其中大多數人是勞動改造，直到「文化大革命」後才恢復名譽；有不少人從此耽誤終身，甚至丟掉了性命。

1957 年反右派初期，我沒有積極參加。因為 1956 年我被調去編寫教材，連黨的組織關係（臨時的）都轉到高教部去了。為了逃避承擔一定的領導責任，我星期日都不回家，以免碰見中國人民大學的領導（那時我和他們同住在東四六條 38 號）。我平時在近代史研究所編書組工作，假日則回西郊中國人民大學革命史教研室，與何幹之為鄰。我們兩人對當時的形勢都很關注。我最擔心的是怕他要捱整，因為「胡風事件」牽連着他。我主張他要對反右派表現積極，但又不可多説話，而且説話要特別謹慎，以免被人抓住辮子。我們當時哪能想到，中國人民大學的領導竟要把右派帽子往我的頭上戴呢？

當時，中國人民大學的反右派鬥爭，正搞得熱火朝天。因為我事前知道共產黨的策略，我想什麼話都不説，等一陣熱潮退去也就完了。誰知就在把

吳景超、李景漢等人打成右派後不久，中國人民大學的領導人（黨組書記）竟然想趁機通過北京市委把一頂右派帽子安在我的頭上。現在想起來，也覺得實在可怕極了！

就在我從編書組回到西郊的一個晚上，黨委辦公室的一個好同志匆匆忙忙地把剛出版的《黨內參考資料》（北京市委的內部刊物）送給我，要我立刻打開來看。我打開一看，呀，不好！那上面在顯著地方，登着一則中國人民大學反右派的報導說：人民大學黨委常委李新居然擅自召集校務委員會，讓「大右派分子」吳景超、李景漢參加，引起廣大群眾不滿，連黨外教授趙錫禹等人都提出了批評意見。這個報導讓讀者看了，一定認為李新是吳景超、李景漢的後台，是隱藏在黨內很深的「右派分子」。我看了這個報導，怒不可遏，來不及和何幹之打招呼，就立刻趕回家中，連忙寫了一封要求更正的信，準備送交《黨內參考資料》編輯部，希望他們於下期登出來，以正視聽。

在要發信的時候，一想這麼大的事情，還是該先請教吳老才好。我於是拿着信和刊物，忙到吳老家去。吳老住在六條 39 號，就在我們 38 號的旁邊。我見到吳老的時候，雖然很恭敬地喊了他一聲，但餘怒未息，心裏還是氣鼓鼓的，吳老一定看得出來。我把刊物翻到登報道的那一頁，和我要求更正的信，都放到吳老的茶案上，希望吳老看一看，並指示我是否可立即發出或需要如何修改。吳老客氣地笑了一笑，便用鎮紙石把兩樣東西壓住，然後，對我說：「你先到書房休息一下，看看書吧。」吳老的書房，就在他辦公室旁邊，我平常見他的時候，常到裏面去看書。但今天進到書房，什麼書也看不下去。稍等一會，我又走出來，走到他坐的沙發旁邊。還沒等我開口再問，吳老就說：「別急嘛，先看看書，冷靜冷靜再說。」我這時的心情，也確實冷靜下來了。我想吳老見我這麼急，他卻一點也不急，這其中必定有道理。我於是從報架上拿下一些外地報紙來看。我估計吳老已經看完了我的東西以後，才慢慢地回到客廳。這時，吳老手中拿着我的東西，見我走到他面前，便又把它們壓在鎮紙石下面。過了許久，吳老也不說話。我實在沉不住氣了，便開口問道：「吳老，您看我的信可以發嗎？」吳老沉吟了一會，才回答說：「他們就是要你跳嘛！」只說這麼一句，就不再說了。坐了一陣，我只得回家。回到家中，我仔細揣摩吳老那句話，「他們就是要你跳嘛！」看來，這封信是發不得的。《黨內參考資料》是市委的黨刊，你若有不同意見，就可

能說你反對市委。我於是感到去請問吳老，這一步是走得太對了。

當天晚上，吳老又派警衛員叫我去。他親切地對我說：「反右派是毛主席決定的嘛，你怎能不參加呢？我已經跟胡錫奎校長說了，他會找你談的。」

第二天，胡錫奎找我談話，說已經告訴高教部，要我回校參加反右派鬥爭。並且分配給我就近指導城內兩個系的運動的任務，這兩個系就是新聞系和檔案系。檔案系運動的情況我現在已記不清楚了，但新聞系一次會議的情景至今記憶猶新，而且始終感到內疚。

那天是由新聞系召開北京新聞界的座談會。系主任安崗要我主持會議。我於是請大家對共產黨的新聞工作發表意見。大概到會的新聞系統的人員都不知道我黨的策略，他們的發言非常激烈，對我黨的新聞工作提出了尖刻的批評。在會場熱烈情緒的鼓舞下，安崗也忍不住起而發言了。他說：「毛主席就不斷說，他最不愛看《人民日報》，死板板的……」我連忙暗地裏扯了他兩次衣服，希望他及時停止發言。但他的興頭很大，一直講個不停。不得已，我只好宣佈休會一刻鐘，隨後再繼續開會。在休會時，我把安崗拉到一旁，嚴厲地批評了他一頓。等續會時，我故意問安崗是否繼續他的發言，他說他的意見已經講完了。我於是請別人發言，特別請校外的人發言。這時，彭子崗起來發言了。她說話時激昂慷慨，首先批評《人民日報》，說它擁有那麼多的人，花了那麼多的錢，結果卻完全脫離群眾。她問道：「現在，誰還喜歡《人民日報》呢？連毛主席也不愛看了。」說到這裏，會場上為她鼓起了掌聲。她隨即又說，《大公報》人手不多，經費又少，但就是效率高，不但消息快，而且文章好，有許多文章，很快就流傳全國……她越說越有勁，還是她的丈夫徐盈勸阻了她，她才結束了發言。

這次座談會的記錄，根據校部要求，很快就整理出來上報了。彭子崗就是因為這次發言被劃成了右派，因為安崗是新聞系主任，記錄員對他的發言記得很少，上報時可能又有刪節。彭子崗是校外來參加會議的，又是名記者，而且那天她講得最多、最激烈，所以記錄員對她的話記得最詳細，後來根據記錄來劃右派，她自然就無法逃脫了。彭子崗是彭華的姐姐，而彭華在抗戰時期，一直和我在青委系統共事。1946 年，我在北平軍調執行部工作的時候，彭子崗和徐盈都成了我的好朋友。我在 4 月 3 日「滕公館事件」後招待記者，還是由子崗用電話新聞的方式把消息刊登在《大公報》上。從此，

直到全國解放後，我們一直保持着良好的友誼。而這次座談會竟使她被劃成了右派。這次，我客觀上保護了安崗，為什麼不能保護她呢？倘若能事前給她打個招呼，不是也可以使她免遭大難嗎？我為什麼沒有那樣做呢？真是太不夠朋友了！對此，我一生引以為憾，始終感到內疚。

這時，中國人民大學的反右派鬥爭正進入高潮，全校大約已有四百人被打成了右派。劃右派要經過黨的常委會討論。李培之和我在常委會上，儘量把各系總支上報來要劃右派的人減少，故意挑剔某某人的條件還不夠，或情況還不夠具體，希望拿回去搞清楚了再說。這樣推、拖的結果，就少劃了些右派。但有的系總支，由於領導人藉機整人，就是抓住一些人不放，非把他們打成右派不可。例如經濟系有個青年教師孟氧，註釋《資本論》出了名，但系領導嫉恨他，要把他打成右派，幾次送到常委會討論。常委多數領導愛才，說小青年說幾句怪話不能算反黨，應好好地教育他、教訓他。但系裏最後硬是找到了他惡毒攻擊共產黨的「罪證」，終於給他扣上了右派的帽子。

在高潮中鬥爭得最激烈的是林希翎。她本名不叫林希翎，因為在批判《紅樓夢》研究中，她羨慕毛主席表揚了李希凡和藍翎兩位青年，才改成了這個名字。她本是法律系的學生，但隨後研究紅樓夢並寫出了頗有見地的文章。吳老認為她是個人才，在頤和園裏為她專門找了一個地方供她寫作。後來中國人民大學還專門開了一次紅樓夢研究的學術會議，把李希凡（曾在中國人民大學學習過）和他在山東大學的老師吳大琨請來參加了會議。吳大琨就是參加了這次學術會議後才調到中國人民大學的。林希翎因研究紅樓夢出了名，反右派恰好輪到了她頭上。她不但會寫文章，而且會說話，因此，開她的鬥爭會很不容易。黨委從全校找到了一些能說會道的積極分子，事前作了很充分的準備並經過預演之後才召開鬥爭會。但在鬥爭會上，積極分子的發言卻不斷被林希翎駁倒。主持鬥爭會的人無法，只得領着群眾高呼口號，才能將她壓倒。像這種鬥爭的準備和召開過程，我是從不參加的，但聽到情況後也覺得十分滑稽可笑。據說當時北京大學鬥爭譚天榮的情況也是如此。因此，林希翎和譚天榮一時成了北京學生界的著名人物。他們被打成右派後，當然是弄去勞動改造，甚至有異常痛苦的遭遇。直到「四人幫」倒台後，右派才得到平反。人民大學黨委把給林希翎的平反決定派人送給她時，派去的人以為她會感謝涕零，誰知她卻不甚理會，於是，這人便把平反決定帶回去

了。這樣，林希翎便成了很少幾個沒有平反的右派之一。20世紀80年代，林希翎被允許出國。台灣把她請了去，希望她能罵中國共產黨，給台灣說幾句好話。但她並不罵中國共產黨，也不給台灣說好話。人們以為她一定會到美國去，但她卻去了法國，顯然，她到美國謀生會比在法國容易。但她有頭腦，認為這樣做要高尚一些。現在不知她怎樣了？寫到這裏，實在令人欷歔。

過了多少年後，我才深深體會到，當年要不是吳老的幫助，右派帽子肯定戴到了我的頭上。我後來的經歷，絕不會是現在這個樣子。如果沒有吳老的指點，我不是也會像葛佩琦那樣去要求更正嗎？而要求更正的結果是迎來全國的大批判！我有幸在他身邊工作，所以才能得救。但是，他雖然救了我，卻救不了許多他愛惜的人才。甚至連他的一個外孫女婿，因為不在身邊（在河北工作），被打成了右派，他也救不了。對此，他雖沒有任何表示，但每當他的二外孫女（吳蜀平）來看他的時候，我從旁也能看出他內心的痛苦。吳老啊！您是多麼好的人啊！像吳老這樣的人，中國幾千年優秀文化傳統和日本、法國、俄羅斯等世界各國一切先進文化所培養出來的真正的人類先進分子，是永遠值得人們敬愛和學習的。

在吳老指導下，也在李培之等好同志的影響下，我在反右派鬥爭中，絕沒有存心去害過人，而且是儘可能地縮小打擊面，特別是對一些青年，凡力所能及的都為他們說了話。但是，像林希翎那樣的「名人」，我就實在是愛莫能助。就是像孟氧那樣的人，我雖然說了話，開始也起了點作用，最後還是挽救不了。

1957年的反右派鬥爭，高潮是在夏季，但一直延續到秋後，在某些領域和某些地區，仍在進行。例如，社會學領域的全國性反右派鬥爭，就是秋後進行的。中國人民大學黨組織認為我對馬克思主義關於社會學問題有「研究」（或了解），就派我去參加了領導這場鬥爭的黨組。其實，我不僅對社會學毫無研究，就是對馬克思如何批判社會學也毫無研究。我只是在馬克思的著作中，看到他批判社會學鼻祖孔德的一些觀點。至於孔德的書，我一本也沒有讀過。據我現在的記憶，批判社會學的那個黨組好像是直屬中央（或中宣部）的，組長是誰已記不清了，經常召集開會的是副組長趙守攻，他當時是國務院的副秘書長兼專家局局長。趙和我在中共北方局共過事，他一見我非常高興。范老（文瀾）也參加了這個黨組，他是由科學院社會科學部派來的。我

見范老後，就向他談了我在中國人民大學的情況，並表示希望離開中國人民大學到近代史研究所去。他聽後對我極表歡迎，並說：「我那裏是和書打交道的，不像和人打交道那樣複雜。」此後，我就想辦法調動，最後，還是同吳老商量，先把我調到文改會過渡，直到 1962 年才正式調到近代史研究所。范老和我雖然都參加了社會學反右派鬥爭的黨組，但我們兩人都不積極，不過，對所有那些人被劃成右派，我們也都是同意了的。例如，對專家局副局長費孝通，趙守攻把他說得很壞，說費孝通是個大野心家，因此，把費孝通劃為「右派」，我也毫不猶豫地表示同意。1979 年，中美剛建交，社科院就組織了一個代表團訪美，費孝通和我都是其中的成員。這時，我當眾向他表示道歉。他忙說，那不能怪你。我說，把你打成右派，主要的責任當然不是我，但我當時也確實把你看成右派了，所以道歉是應該的，而且也是真誠的。從這以後，他又發達起來了。不過，我們似乎也未再見過面。

「大躍進」在安徽亳縣

梁志遠

　　原亳縣（今安徽省亳州市譙城區）位於安徽西北邊陲，西部、北部、東北部與河南省接壤。全縣總面積二千二百平方公里，1957 年耕地為二百七十三萬畝。亳縣農業以麥、豆為主，同時是以亳芍、亳菊為主的藥材之鄉，為全國四大藥都之一，是國家歷史文化名城。

　　從 1958 年 5 月「大躍進」開始到 1961 年 6 月《農村人民公社工作條例（修正草案）》下達，亳縣大颳了浮誇風、「共產風」、生產瞎指揮風、強迫命令風、幹部特殊化風，加之受 1959 年旱災的影響，廣大農村普遍發生了荒、逃、餓、病、死等現象，生產力遭到嚴重破壞。

　　在三年「大躍進」期間，我先後任縣人委（政府）辦公室副主任、縣委農村工作部生活福利科科長，在機關上報下達，到農村蹲點跑面，對當時亳縣發生的許多重大問題至今記憶猶新。作為見證人之一，為使後人了解這段歷史，汲取歷史教訓，我根據保留下來的近百萬字的《農村工作筆記》，就「大躍進」在亳縣的一些情況作一回顧。

浮誇風與「高產衛星」

　　1958 年 5 月，中共中央在北京召開八大二次會議，通過了「鼓足幹勁，力爭上游，多快好省地建設社會主義」的總路線，此後「大躍進」運動在全國範圍內從各個方面開展起來。就是這時，亳縣在繼續反右派鬥爭中拉開了「大躍進」的序幕。上半年在農業上批判「條件論」、「增產到頂論」等右傾保

守思想，接着到處「拔白旗」、「插紅旗」，大抓「秋後算賬派」。

1958 年 6 月 14 日，譚震林副總理來亳縣視察，見亳縣穀子、秫秫（高粱）面積大，提出搞穀子、秫秫「掛帥」（高產）。縣委隨即當作政治任務向全縣發出號召，並放任縱容，全縣拔掉穀子、秫秫三類苗幾萬畝，留一類苗作為「掛帥田」，二類苗作為「豐產田」。

7 月 28 日，縣委發出了為「迅速培養大豆豐產田的指示」，要求「豐產田」畝產一千斤，「掛帥田」畝產三千斤，「衛星田」畝產一万斤。而 1957 年全縣畝產平均是一百零一斤。

9 月 27 日，亳縣召開黨代會，縣委負責人宋 ×× 在工作報告中宣佈：1958 年預計糧食總產二十四億九千万斤，比 1957 年實產提高 4.92 倍。皮棉畝產一百斤，總產一千三百萬斤，比 1957 年提高近 4 倍。油料總產可達八千九百萬斤，比 1957 年增產八千三百萬斤。9 月 30 日，黨代會作出決議，保證全縣今年要成為糧食畝產「千斤縣」，明年成為糧食畝產「萬斤縣」。

10 月，縣委為適應「大躍進」形勢的需要，成立了「躍進」辦公室，抽調幹部十餘人，由縣委直接管理，專門掌握各類「大躍進」數字和情況。縣人委統計科和有關部門的計劃統計資料，均以「躍辦」材料為標準，上報下達統一口徑，助長了一浪高過一浪的浮誇風。

11 月 7 日，縣委發出《關於培養小麥大面積豐產與衛星田的指示》，要全縣培養小麥畝產三萬至五萬斤「豐產田」七十萬畝，五萬至十萬斤「衛星田」七萬八千畝。

1958 年秋收期間，各類農作物掀起了競放「衛星」的高潮。縣委提出全縣十三萬畝水稻預產每畝一千五百斤，並在《阜陽報》上公佈。當時高估近五倍的產量，並不能滿足浮誇的需要。縣委積極學習外地的「經驗」，決心放出驚人的「衛星」，在五馬公社泥店大隊搞畝產超四萬的併田計劃。縣委除有一位負責人坐鎮指揮外，分管農業的負責人多次前往具體安排。社隊也建立了專業班子，日夜突擊，把一百零幾畝黃熟前期的水稻，移併到一畝三分多的水田裏。

併田移栽的方法是：先在地裏打埂、深耕、施肥、灌水、活田，打上橫豎成行、距離相等、出地面不足一米、高度一致的硬雜木椿，約十平方米為一方。後在邊行木椿上緊緊牢固地纏緊鐵絲，再拉一行行豎鐵絲，形成胡同

式的鐵絲行。接着順着胡同擠栽移來的水稻，栽夠一方時，用木板擠、鐵棍撬，以擠實為標準，拉上一條橫鐵絲，這樣反覆進行，栽出了一個用鐵絲、木椿網成的水稻「衞星田」。最後田邊上再栽上青草，以表其實。

這塊「衞星田」造好後，縣委決定組織縣直機關和社隊幹部參觀。參觀人群連續多日不斷。參觀者有不少人「站」在稻穗上合影留念。泥店大隊也搭棚設灶，殺豬備酒，招待參觀客人。

為使自己的「衞星」放在其他地方的前面，稻還沒有收完，縣委負責人就提出了向省、地委報喜的提綱，交農業局幹部起草，並要求「衞星田」畝數要到毫，產量要到斤。收穫脫粒結束，縣長親自到場，縣委負責人親自過磅，最終這塊 1.389 畝的「衞星」水稻，總產 56683 斤，畝產 40808 斤。縣委在稻穀場上召開了慶祝大會，奏樂鳴炮，領導講話，大吹一通。

縣委主要負責人親自為《亳縣報》寫了社論，報社記者連夜趕寫了題為《稀罕稀罕五馬水稻畝產超過四萬大關》的長篇通訊，以號外專版發表了這顆特大「衞星」的消息。《阜陽報》和《安徽日報》都及時刊登了這一消息。

之後，全縣水稻、紅薯、棉花、油料等作物併田成風，萬斤薯、千斤棉等不斷湧現。各種向縣委、縣人委報喜的隊伍絡繹不絕，其中貼在竹木架子上的喜報，堆滿了縣檔案館西廂庫房，在確實漲庫無法時，縣委才決定焚燒。

為了顯示「大躍進」的成績，縣委要農業局將農作物「豐產」、「衞星」情況彙集成冊，印發社隊，廣為人知。

由於浮誇成風，大幅度虛報農業產量，亳縣在省地的知名度大為提高，1958 年加入了阜陽地區「農業高產縣」的行列，五馬公社以「農業高產」奪得了全縣的「帥旗」，泥店大隊為放「衞星」立了大功。1959 年 10 月，縣委負責人和泥店大隊負責人均出席了全國群英大會，國務院向亳縣和泥店大隊頒發了獎狀。

一闋而起的人民公社

1958 年 8 月 17 日至 30 日，中共中央在北戴河召開政治局擴大會議，通過了《中共中央關於在農村建立人民公社問題的決議》。9 月 7 日到 17 日，原有七十一萬農村人口、九個區、四十個鄉、二百四十一個高級社的

亳縣建成了十三個工、農、兵、學、商五位一體的人民公社（團），其下劃分一百五十三個大隊（營）、一千三百四十五個生產隊（連）和若干生產組（排）、生產專業組（班）。同時以自然村或以生產隊、生產組為單位建立了農村公共食堂，多以大隊為單位建立了敬老院、幼兒園、婦產院、小農場、火箭連、飼養場、鐵木廠、縫紉廠等單位。各種活動室如黨員之家、團員之家、婦女之家、民兵之家等也相繼建立。

人民公社成立的同時，亳縣在全縣範圍內開展了聲勢浩大、形式多樣的宣傳活動，全縣城鄉紅旗招展、詩畫滿牆，大力宣傳人民公社「一大二公」的無比優越性。社員的衣食住行、生老病死、男婚女嫁，由公社統包下來。公社實行供給制，社員吃飯不要錢，按月發工資，過「共產主義」生活。

由於供給制需要大量的物資和錢財，「一平二調」的「共產風」也颳了起來。原高級社和社員的一切財產，如高級社的土地、耕畜、農具、糧、款，社員的房屋、樹木、自留地及鍋、碗、瓢、盆都歸了公社所有。原高級社不管經濟條件和貧富差別，一律拉平，多不退，少不補，由公社統一核算、統一分配。對社員的家畜家禽，多數公社限期集中辦飼養場，最短的是十九里公社，規定一天一夜集中起來。集中起來的畜禽普遍飼養差，不少害傳染疾病死了。十九里公社薛菜園大隊養雞場集中二千多隻雞，不到一個月就全部死光了。

在大颳「共產風」中，各部門亂箭齊發。銀行實行存實貸實，連地裏的莊稼也算上了存款，強迫儲蓄，強收貸款。稅務部門拉平調稅，亂抵稅款。收購部門所收農副產品一律實行非現金結算。張集公社財貿部竟印製了「張鈔」，在社內流通，抵發社員的工資或用於在公社供銷社購買物品。該公社黨委一位負責人說：「我一個公社照樣到共產主義。」

9月27日，縣黨代會在決定大放「高產衛星」的同時，作出了全縣實現農業生產機械化、水利河網化、深耕園田化、植樹園林化、城鄉沼氣化、工具改良軸承化、公路砂石化、學校工廠化、工廠學校化、人人學文化、語言普通化、詩歌漫畫滿牆化、積肥經常化、體育運動全面化、幹部勞動經常化、組織軍事化、行動戰鬥化、生活集體化的決議。之後，縣委又提出大辦鋼鐵、水利、民兵、福利、文教、機牀、檔案等，但唯獨沒有大辦糧食。

為全面貫徹執行黨代會的決議，縣委宣佈了「全民皆兵」，縣為民兵師，

縣委、縣人委分別為師黨委和師司令部，縣委、縣人委辦公室合署辦公，公
社以下均為軍事組織名稱。各項戰鬥任務均在全縣範圍內展開。「月亮當太
陽」、「黑天當白天」、「雨天當晴天」等戰鬥口號響徹全縣。

　　與此同時，全縣實行全民搬家、村莊合併、男女分開、集體住宿、按時
上操，進行軍事訓練，生產一律實行大兵團作戰。一般不大的農活也要班、
排、連行動，動不動就是苦戰幾晝夜。大活大轟隆，小活小轟隆，時而人海
戰，時而無人管，生產受到嚴重損害。大楊公社郭萬大隊二十一個村併為四
個，居住擁擠，場地、田間住了不少人。颱風下雨齊哭亂叫，有的罵幹部害
人，有的說沒打仗像跑大反一樣。這個大隊，秋收時許多紅薯根本沒收，秋
種任務到「立冬」還未完成，拋下了許多白地，不久即出現全面饑荒，大部
分社員陷入了極度貧困的境地，人民公社由「一大二公」變成了「一大二空」。

得不償失的大煉鋼鐵

　　1958 年 8 月，中共中央政治局在北戴河召開擴大會議，號召全黨全民為
生產 1070 萬噸鋼而奮鬥。8 月下旬，亳縣開始大力宣傳大煉鋼鐵，讓鋼鐵元
帥升帳。9 月 30 日，縣黨代會作出決議，提出要完成 1380 噸的大煉鋼鐵的
任務。

　　10 月 27 日，縣委下達了《關於分配煉鋼任務的指示》，指出：「為早日
趕上和超過英國，實現國家工業化，加強國防建設，黨中央、毛主席指示要
大煉鋼鐵，我們必須全黨全民動手，馬上掀起一個煉鋼運動和土法煉鋼高
潮，讓百噸『衛星』早日上天。」同時規定：（1）土煉爐在三天內按分配任
務完成。（2）每爐十六個勞力，日夜生產。（3）一切工作以鋼為綱，全力支
援鋼鐵生產。（4）全縣分配土煉爐七百個，參加人員四千六百人，煉鋼任務
一千九百噸，日進度近一百四十八噸。

　　指示下達後，縣委要求每天彙報一次任務完成進度，並幾乎每天召開一
次電話會議進行評比。大楊公社要求每小時彙報一次煉鋼情況。全縣幾天內
建土煉爐兩千多個，參加人員兩萬餘人，砍伐了大量樹木，開爐生火煉鋼。
縣委、縣人委機關的土煉爐，由縣委第一書記親自點火，縣長親自鼓風，搞
了幾天幾夜，煉出的盡是廢料。

正當縣委急需先進典型總結推廣經驗的時候，11月9日大楊公社放出了建立土煉爐二百零一個、煉鋼四十二萬斤的大「衛星」。縣委及時發賀信通報表揚，並向地委報喜。地、縣準備召開現場會，派人前去檢查總結經驗，經查實際建土煉爐五十個，煉鋼四萬二千斤，大部分大隊數字都是空白。原報喜數字中，公社明知有假，又多加報十二萬斤，並讓供銷社給開了收購新煉鋼的假發票。虛報最多的第三營（大隊）負責彙報人員說：「這叫以虛代實的躍進數吧！」公社黨委第一書記隨聲附和並叫以後再補。地委嚴肅追查，縣委無法交代，被迫給大楊公社黨委書記崔××和供銷社主任紀××以黨內警告處分。

全縣大煉鋼鐵的原料，主要有三個來源，一是群眾獻的廢鐵，二是公社食堂收的農民的飯鍋，三是供銷社收購的廢鐵。燃料多是砍伐了的硬雜木樹。結果煉出的鋼鐵全是次品和廢品。到11月底，難以為繼，在無奈中全縣大煉鋼鐵運動草草收了場。

阜陽地委繼10月由各縣出人出資在鳳台縣建起了煉鋼廠後，於11月又一次向各縣緊急集資，再次分配給亳縣集資款一百三十萬元，人均近二元，限期11月底完成。11月7日，縣委發出集資的通知，對農村規定：「資金來源：公社集資和發動群眾集資，開展全民投資運動，要第一書記掛帥，做到全黨動手，全民動員，發動群眾自報現金及金、銀、銅、鐵、錫等金屬及其他各種易售的實物，售後由銀行辦理手續。」通知下達後，全縣農村集資煉鋼運動又掀高潮。由於公社化初期「共產風」亂颳，各種形式的集資搞過多次，致使在這次集資中許多農民已沒有多少現金和金屬之類的東西可以拿出，他們被迫變賣了各種易售的物品。市場上傢具用品的價格大跌。如一對半新的大門只能賣二元左右，一張半新的老式雕花雙人牀僅三至四元，一張堅固的棕牀僅賣五至八元。

亳縣的大煉鋼鐵運動，正如一首打油詩所云：砸鍋獻資千萬家，大煉鋼鐵見火花，月夜苦守土煉爐，產品多是廢爐渣。

罕見的秋收秋種

人民公社、大煉鋼鐵一鬨而起之時，正是秋收的黃金季節，而這年是秋

收最粗放也是最浪費的一年。不少成熟的黃豆炸在地裏，晴天中午可不斷聽到響聲；成熟的玉米棒頸枯乾，垂吊在秸稈上；盛開的棉花，掛滿枝梢，無人採摘，被在棉田裏大便的人用作手紙；春紅薯收得不淨，夏紅薯收得遲，由於天氣冷，就地入窖，不少凍爛在地裏。所以，農民有順口溜説：「豆子亂放炮，棉花像穿孝，棒子（玉米）上了吊，紅薯就地窖，小紅薯都不要。」

秋收損失如此嚴重，主要原因是：（1）領導的精力主要集中在反右傾、爭上游、放「衛星」、大轟大嗡和秋種上，放鬆了秋收；（2）勞力大量被省、地上調，主要勞力用於大煉鋼鐵、大搞小麥畝產千斤運動、水利運動提前上工等；（3）「一平二調」損害了社員的利益，挫傷了他們的積極性，他們只知道實行供給制，吃飯不要錢，不愛惜糧食。

1958 年的秋種，在「人有多大膽，地有多大產」的口號下，全縣掀起了小麥畝產千斤運動的熱潮。在整地上越深越好，施肥上越多越好，下種上越密越好。其中心點是「一深」、「二高」。

「一深」就是深翻土地。要打破耕作層，深耕一尺二寸。對「豐產田」、「掛帥田」、「衛星田」分別深翻二至五尺。

「二高」就是高指標和高密度。小麥計劃產量指標，由 1957 年的畝產一百零一斤提高到畝產一千斤。對「三田」（即「豐產田」、「掛帥田」、「衛星田」）要求畝產二千斤、三千斤、五千斤、一萬斤、十萬斤，層層加碼。每畝下種量：大田四十斤，「三田」分別為一百斤、二百斤、三百斤、五百斤、六百斤……當時有人按越密越好的「理論」計算，下種千斤以一收十，就可畝產一萬斤。這年小麥的下種量超過了平常年份的畝產，一時難以籌集到如此多的種子。

為了達到上述要求，縣委對社隊做了部署：

（1）用大鳴、大放、大字報大挖麥種。縣委指出，「秋種是一場惡戰，每個公社要寫十萬張大字報大挖麥種，對典型人物可用漫畫，要同時開展大辯論」。公社、大隊都辦了有小麥種嫌疑戶集訓班，用大字報、漫畫、批鬥、吊打等多種手段逼迫交出麥種。十九里公社有一個大隊竟把人放在缸底下用硫磺熏，以致把人眼搞瞎。魏崗公社為挖麥種扣押一百餘人。張集、古城、十九里等公社都出現了為挖麥種導致農民自殺事件。

（2）實行大兵團作戰，秋種「十到田」。也就是説，在田野裏建灶、搭

棚，幹部、食堂、住宿、託兒所、醫務室、鐵木工、物資供應、學習、宣傳、文藝活動全部在田間，工、農、兵、學、商，男、女、老、少、壯一齊上戰場，到田間參加秋種。田野裏到處是紅旗招展，鑼鼓喧天，戰鬥口號此起彼伏。勞動時雖按編制進行了分工，但仍是一片混亂，時而麻雀戰，時而無人幹，耕作粗放，馬虎了事。

這種形式主義，勞民傷財，無助於提高和調動群眾的積極性。由於大轟隆，許多社隊耽誤了農時，早茬變成了晚茬，「霜降」過後，不少社隊拋下大片白地，只好提前虛報完成了秋種任務，導致 1959 年全縣夏收作物的實收面積只有一百二十二萬畝，比 1958 年實收作物面積減少六十三萬畝，總產減少五千萬斤。

（3）要大種「三田」。各級黨委第一書記要親自掛帥，夜以繼日，大幹特幹。在縣委第一書記的帶領下，縣直機關幹部在城南七里板橋口大種「三田」，深翻土地最深的五尺，將生地都翻上來，分層施肥後高出了原來的地面，下種量最多的每畝四百斤，出苗後又密又黃。各社隊的「三田」大致也是如此。不少社隊不得不採取疏苗、搭架等措施，雖代價昂貴，但收穫寥寥。全縣的實產沒有向幹部、社員公佈。

大辦水利

早在 1957 年 9 月 24 日，為貫徹《全國農業發展綱要（修正草案）》，中共中央、國務院發出了《關於在今冬明春大規模開展興修農田水利和積肥運動的決定》。根據這個決定，從 1957 年冬到 1958 年春，亳縣以高級社為單位、以開挖水塘為重點掀起了興修水利的高潮。

1958 年 9 月 27 日，縣黨代會提出了十個「大辦」，其中就包括大辦水利，提出「兩年實現河網化，誓把淮北變江南」的戰鬥口號，並把河網化工程提高到共產主義建設的高度來看待。

1958 年 10 月 20 日，全縣的河網工程全面展開，二十多萬的勞力被抽調去挖河、打塘、築路。當時較大的工程是亳渦（渦陽縣）公路，抽調勞力幾萬人，採取「河成路就」的方法，先開挖亳縣到城父的引水幹渠（亳城河），10 月 28 日起在渠岸上修築長三十七公里、寬二十八米的亳渦公路，僅月餘便

完成。與此同時，開挖龍鳳、油洺一、油洺二、亳宋、亳永、大觀、安蘆等數條大河，二十餘條大溝和部分小溝。

1959 年 2 月，全縣水利樞紐工程大寺閘破土動工，由於人力、財力困難，「大躍進」期間僅完成土方八十七萬立方米，混凝土七千多立方米，1961 年被迫停建。該閘經過三上三下，到 1978 年才完成主體工程。

1959 年 10 月 8 日，全國批判右傾機會主義，全縣的河網化運動再次全面展開，接着上年度未完的工程繼續大幹。

亳縣的水利建設，其任務之重、要求之急是前所未有的，其失誤也是嚴重的。

（1）工期時間長，任務要求高，對人力、物力損害巨大。當時的水利建設，工期一般從當年 10 月中上旬到第二年的 3 月中旬，時間長達近半年，而且是日夜苦戰。這段時間大多數月份又處於冬季，在地凍天寒中，民工勞動付出是巨大的。而每當春節時，民工不僅得不到休息，還要搞「突擊」，當時喊出的口號是：「挖河挖到二十九，吃了餃子再動手」、「打塘打到年初一，吃了餃子不休息」等。

不僅如此，民工的日工作量也被定得太高。在正常情況下，一個民工日均只能完成土方一立方米左右，但由於上邊的壓力，工程開工之初，一般要求每個民工每天完成土方二十立方米，五天之後要求完成二十五立方米。全縣一個年度的總土方量要達到 1.2 億~1.6 億立方米。這樣就不得不浮誇虛報，往往一條河開工幾天，就把應完成的土方報完。由於工期長、要求高，加之口糧不足，一些民工身體消耗大，全身浮腫，體力不支，大病一場，甚至死亡。後來不得不提出「水利工地牛群化」，在工地上使用了大批耕牛運土，但由於飼養差、使役重，死牛現象也不斷發生。

（2）上工早，上工人數多，影響了農業生產。水利建設，一般是利用農閒季節，在冬春進行。但在亳縣，一般是在 10 月中上旬開工，而這時正是秋收秋種的關鍵時期。上工的人數雖是先少後多，但到 11 月 20 日左右，一般達到二十萬人，11 月下旬最多達到二十五萬人，佔全縣總人口的 35% 以上。不少生產隊除飼養員、犁地手和較弱的勞力以外，其餘全都上了工地。這不能不使秋收秋種、冬季生產和積肥受到嚴重影響。

（3）盲目大幹，影響了水系。當時大辦水利，只注意了滿足大面積改種

水稻用水，開溝引水，打塘灌溉，忽視了河道疏浚和排水。由於貪多求大，引水工程出現了許多半截工程，有的嚴重阻水，在一定程度上加重了澇災。如 1963 年 8 月，由於降水量大，在縣河網化重點雙溝公社任小廟網區，南北向的油洺一、二兩條大河，阻水倒灌，造成了加重內澇的嚴重後果。此外，花費了沉重代價開挖的水塘，由於降水沖刷，大部分報廢，有的不得不再退塘還田。

嚴重的旱災

1959 年夏秋，在「大躍進」和「五風」使農村生產力遭到嚴重破壞的同時，亳縣又出現了嚴重的乾旱，可以説是禍不單行、雪上加霜。

1958 年前，全縣年平均降水量 820 毫米左右，1959 年降水量為 634.1 毫米，屬於偏少，但旱情出現在 7—10 月的關鍵時期，就形成了嚴重的旱災。據氣象部門記載：

7 月：上旬降水 23.5 毫米，中旬降水 0.2 毫米，下旬降水 9.5 毫米，月降水 33.2 毫米。

8 月：上旬降水 16.7 毫米，中旬降水 1.5 毫米，下旬降水 33.3 毫米，月降水 51.5 毫米。

9 月：上旬降水 0 毫米，中旬降水 4.7 毫米，下旬降水 56.8 毫米，月降水 61.5 毫米。

10 月：上旬降水 0 毫米，中旬降水 2.3 毫米，下旬降水 33.7 毫米，月降水 36 毫米。

從四個月的降水情況來看，雖然不是百日無雨，然而 7—10 月的嚴重乾旱，直接影響了秋季作物的生長和搶種晚秋作物及菜類。這不僅使當年秋季作物減產，還使 1960 年小麥減產成為定局。

面對關鍵時刻的嚴重乾旱，各級黨委發動全縣農民開展了聲勢浩大的抗旱運動，挽回了很大的損失。但由於「大躍進」形勢所迫，沒能擺正保水稻與大田抗旱保苗、抗旱搶種的關係。省委強制推行的旱地改種水稻，必須集

中一切人力、物力、財力死保。全縣四十五萬畝水稻任務，花費了很大的代價，僅插秧十五萬畝左右。當時的形勢是大田禾苗旱死沒事，稻田缺水就整人。為了死保水稻，塘邊田頭到處可見批鬥整人的場面。大田抗旱保苗和抗旱搶種無形中被放在次要地位。保一畝水稻，要抵十畝以上旱糧作物的用工用水。1959 年只保住水稻十三萬畝，畝產僅有一百九十三斤，比 1958 年每畝減產一百零八斤。秋季糧食畝產由 1958 年的一百五十斤下降為一百零七斤，較上年減產 28.7%。秋季總產由上年 27.5 億斤下降到 19.7 億斤，較上年減產 28.4%。全年糧食總產由上年 45.5 億斤下降到 32.7 億斤，減少 12.8 億斤。

在大田抗旱中，全縣實行大兵團作戰，全用軍事組織指揮行動，沒有到人的責任制約束。抗旱中有一個大隊，在幾個生產隊搞了包工到人，有的夫妻包打一眼井，包澆一畝胡蘿蔔，給多少工分，這樣既進度快又質量好。縣委發現後，當作了倒退的典型，在全縣批判了「夫妻井」。這一批判，誰也不敢再搞包工到人或到組，因此抗旱始終是大轟隆，形式上雖然轟轟烈烈，實際上達不到應有的效果。

抗旱中的浮誇風也相當嚴重，在澆水的畝數和遍數上，普遍虛報，從而為秋收以後大吹抗旱奪得了大豐收、為糧食高徵購提供了依據，引起了隨後的饑荒。

通過 1959 年的旱災，充分暴露了全縣大辦水利中的失誤。1958 年河網化運動雖全面展開，但大部分是半截子工程，群眾反映「挖河沒見人，引水更不來，旱天不能澆，澇了不能排」，對抗旱沒有發揮應有的作用，使糧食大幅度減產，總產量由上年的 45.5 億斤減為 32.7 億斤，是 1951 年以來最低的一年。

反右傾運動和「更大躍進」

「大躍進」以來，全國到處都在大颳浮誇風。1959 年 4 月 29 日，毛澤東給六級幹部發出指示信，浮誇風有所收斂。但時隔不久，中共安徽省委辦公廳通知將指示信全部收回，浮誇風又有所抬頭。

1959 年 7—8 月中共中央在廬山召開政治局擴大會議，通過了《關於以彭德懷同志為首的反黨集團的錯誤的決議》和《為保衛黨的總路線、反對右

傾機會主義而鬥爭》等文件。8 月 29 日，縣委傳達了廬山會議精神，隨後，全縣城鄉開展了「反右傾機會主義」運動，「左」傾錯誤更是變本加厲，浮誇風越颳越大。

1960 年 1 月 5 日，縣委召開了全縣群英大會，會議通過了題為《歡慶偉大成就，再鼓沖天幹勁，為實現 1960 年「更大躍進」而奮鬥》的報告。報告不顧 1959 年糧食減產的事實，大肆鼓吹 1959 年在天大旱中糧食產量超過「大躍進」的 1958 年，生豬、山綿羊、家禽等項生產增長一倍或幾倍。報告提出了 1960 年的各項指標：農、林、牧、副、漁等要比 1959 年翻番加倍，糧食總產量保證十五億斤，爭取十七億斤（畝產千斤以上）。棉、油、煙生產要比 1959 年增長四倍以上。生豬飼養量達到人均 3.41 頭，大牲畜發展保證九萬頭，爭取十萬頭。水利要實現河網化，要完成每人植樹六百一十棵的任務。

就植樹任務來說，1960 年初全縣農村有七十萬人，若每人植樹六百一十棵，就要植樹 4.2 億棵，當時全縣總面積二千二百平方公里，每平方公里要栽十九萬棵。如按林業育苗方式株距一米，每華里植樹五百棵，可以繞地球赤道十周以上。

「更大躍進」所放的各種衛星更是「稀奇」。如魏崗公社王崗生產隊放出了四十畝高產優質煙葉，實際上一棵也沒種；縣委向省、地委報喜的寬幾十行、長達一百六十餘華里的「皖西北防護林帶」，不久就銷聲匿跡。更令人啼笑皆非的是，1960 年 4 月 17 日雙溝公社楊廟大隊以「婦產院裏產婦多」為名向上報喜，經逐人檢查十多個「臨產婦女」全是用衣服填懷假裝的產婦。

「左」傾中的糧食統購統銷

「大躍進」期間的糧食統購統銷，是在高估產下的徵購，是在低標準並有脫銷情況下的統銷。1958—1960 年全縣糧食統購統銷的情況是：

1958 年農業人口 71 萬，糧食實產 45500 萬斤，徵購 15119 萬斤，商品率 33.2%，人均負擔量 213 斤，留量加回銷人均佔有糧食 526 斤。

1959 年農業人口 70.8 萬，糧食實產 32700 萬斤，徵購 12924 萬斤，商品率 39.5%，人均負擔量 183 斤，留量加回銷人均佔有糧食 357 斤。

1960 年農業人口 56 萬，糧食實產 27885 萬斤，徵購 7336 萬斤，商品率

24.5%，人均負擔量 122 斤，留量加回銷人均佔有糧食 464 斤。

從以上糧食統購統銷來看，每年的糧食徵購佔到了實產的三分之一左右。而留給和返銷給農民的糧食，除去種子、飼料、社辦工業等項用糧外，口糧的標準很低。1960 年全縣口糧人日均僅有半斤左右，而且大部分是紅薯片。1960 年春天最困難時期，全縣日人均口糧僅有二兩左右，不少地方日人均口糧只有一兩幾錢。

浮誇風帶來高估產，高估產又引起高徵購。為了完成這些徵購，許多地方不顧農民的生產和生活，不僅把農民的口糧作了徵購，而且一到播種季節，向社員逼交種子。1960 年春，在許多人捱餓的情況下，竟把乾菜等代食品也納入糧食徵購，同時又頂糧返銷。有的地方連農民的「回銷糧」也不放過。如 1960 年 2 月，五馬公社竟把縣委安排全社每人每天不足四兩的「回銷糧」，於 3 月初「結餘」上交四千五百斤。

為了完成徵購任務，一些地方不得不大搞批鬥和搜家，甚至將私藏糧食的農民關進監獄。一些農民反映說，共產黨的糧食政策沒有了，也不要農民了。

在糧食統購統銷中，不少幹部或因沒有完成任務而被「拔白旗」，或捱批鬥、受處分。1958 年不少幹部群眾因如實反映糧食統購統銷的問題而被打成右派分子。1959 年春，因 1958 年糧食徵購未完成，要回銷，被視為「西北風」，整了一批幹部和群眾。1959 年秋，在全縣城鄉開展「反右傾機會主義」運動中，不顧土地拋荒和旱災減產的實際，以糧食徵購任務完成情況為標準，把大批幹部視為右傾機會主義分子，給予無情的打擊。例如十河公社黨委第一書記邢占秀，因向縣委彙報了「糧食徵購中有些地方賣了豆種，明春會出問題」，被阜陽地委點名批評為右傾，並停職反省。

1959 年 11 月中旬，縣委召開了分支（大隊黨支部派出的分支部簡稱分支）書記以上幹部會議。會上除批鬥了邢占秀等人以外，用大搞人人過關、解決一批走一批的辦法，進行逼糧追糧。會後，在全縣掀起了大反右傾、大放糧食入庫「衛星」的新高潮。十河公社孫大莊大隊為過關，無奈向鄰近的河南省某大隊借糧幾千斤，放出了糧食入庫的「衛星」，免除了一次批鬥。全縣農村全面進行複收複打，普遍翻箱倒櫃，許多幹部群眾迫於政治壓力，賣種子、賣飼料、賣口糧，但最終全縣也沒有完成 1959 年 2.2 億斤糧食的徵購任務。

農村公共食堂存在的問題

隨着人民公社的成立，作為共產主義因素的農村公共食堂，在亳縣全面迅速興起。公共食堂多以自然村或生產隊、生產組為單位建立，全縣十三個人民公社的一千三百四十五個生產隊共建立四千七百多個食堂。其房子絕大部分是社員的住房。食堂一般由生產隊長或會計負責。炊事員由生產隊抽勞力或幹部家屬擔任。所需的糧食由公社、大隊統一調配，蔬菜由生產隊自產。當時縣委的口號是：「柴米油鹽醬醋茶，樣樣都從社裏來」。吃、喝都由公社統包。

食堂建立後，傳統的家庭小伙被嚴令禁止，社員的鍋、碗、瓢、盆都集中起來。全村（隊）的老老少少在一起吃「不要錢」的「大鍋飯」。食堂多的幾百人，少的幾十人吃飯。一到開飯的時候，老老少少排着長隊領飯。有的食堂佔用社員房屋作了飯廳，也有的社員領飯回家吃。食堂初建時，一般隨便吃，吃飽為止。由於是「大鍋飯」，社員對糧食不是那麼愛惜，丟饅丟飯、紅薯吃中間丟兩頭的現象普遍存在。一些過路人也被允許到公共食堂吃飯，並且不收糧（票）錢。

這樣吃「大鍋飯」的「好日子」並不太長，一些生產隊少則一個月，多則兩三個月，糧食便被吃光了，公共食堂被迫停伙。許多社員不得不冒着風雪嚴寒，到地裏扒剩下的壞紅薯吃。全縣農村的飢餓從此開始。

事情發生後，縣委並沒有認清事實的真相，而是認為 1958 年糧食獲得大豐收，公共食堂停伙是「假象」。於是在全縣範圍內批判鬥爭了一些幹部和群眾，到處翻箱倒櫃，搜糧食交徵購，但對公共食堂沒有糧食、社員沒有吃的問題仍不能解決。

1959 年 3 月，在阜陽地委工作隊的幫助下，縣委終於搞清了事情的真相，停止了糧食徵購，安排了少量的糧食回銷，大部分公共食堂恢復起伙。但由於糧食不多，直到 1959 年秋，公共食堂一直處於時起時停狀態。

1959 年 8 月在傳達廬山會議精神時，安徽省委負責人說：「人民公社的食堂為什麼被一風吹？主要是對敵人打擊得不狠。有人認為食堂是一片黑暗，有的在動搖軍心……」據此，全縣城鄉在開展反右傾機會主義的運動中對不少因食堂停伙和對食堂有意見的幹部進行了無情打擊。如十九里公社薛菜園

大隊程莊生產隊隊長程中德因說「食堂食堂，經常沒糧，小孩沒吃，餓得叫娘」，被批鬥多次，並受到撤職和黨內警告處分。

從這以後，公共食堂不僅不允許停伙，而且越辦越大。十九里公社張寬廟大隊劉莊分支六個食堂合併為一個食堂。大楊公社中修大隊板橋修等八個小莊共用一個食堂。觀堂公社劉集大隊劉集四百五十人一個食堂，開飯時常要治安幹部去維持吃飯秩序。沙土集八百五十人一個食堂，常常不能按時開飯，晚飯往往要等到 21 點鐘以後。有打油詩云：「早飯等到日正南，午飯紅日偏西山，晚飯等到更雞叫，不知明日再多晚。」

全縣在實行公共食堂的過程中，除開始幾個月外，一直存在以下問題：

（1）口糧標準低，社員普遍吃不飽。當時農村流傳着「食堂的饃，洋火（火柴）盒，打的稀飯不粘勺，排隊晚了摸不着」的歌謠。1960 年春天，在一段時間內全縣人日均口糧只有二兩左右。同時絕大部分食堂常年不供應開水，整年不吃油、肉，還有的食堂幾個月不吃鹽。

（2）幹部多吃多佔，經常吃掉社員的口糧。幹部多吃多佔是食堂生活中普遍存在的現象。1959 年夏，當全縣城鄉副食品供應出現緊張的時候，縣委為副部長以上幹部開辦了小食堂，透支的糧食由縣委財貿部如數解決。上行下效，公社、大隊一般也有自己的小伙，多吃的糧食由社辦小農場等有糧食收入的單位解決或直接扣社員的口糧。不僅如此，有的幹部也帶自己的家屬、親戚到小食堂和小伙吃飯，甚至有的還安排家屬、親戚到小農場或敬老院等單位吃飯。1960 年春節，由於大批社員捱餓，國家和社隊給食堂調劑了一些細糧，但大部分仍沒有吃到社員肚裏。在口糧標準低、社員普遍吃不飽的情況下，幹部多吃多佔害的是老百姓。1960 年全縣農村流傳着「颳大風，起大霧，餓死社員留幹部」的歌謠。

（3）幹部經常通過扣飯來懲罰社員。各地扣飯的名目繁多，主要有：不能幹活扣飯、少幹活扣飯、上工遲到扣飯、不服從領導扣飯、對檢查人員反映情況扣飯、私起小伙吃青苗扣飯、偷莊稼扣飯等等。古城公社洛北大隊河北張莊生產隊長公開向社員說：「我就靠食堂裏一把勺子一桿秤，想叫誰活誰就活，想叫誰死誰得死。」他任意扣飯，多吃多佔，致使全村人餓死 40% 以上。

（4）跑路吃飯，給老弱病殘帶來嚴重困難。不論烈日當頭，還是颳風下

雨，老老少少都要一天幾趟往食堂跑，特別是路遠在大食堂吃飯的老弱病殘困難更大。有的暈倒或死在領飯的隊裏及途中。有的因吃了涼飯而腹瀉，加重了原有的病情而死亡。

（5）砍樹扒房燒鍋。公共食堂建起，柴火緊張起來。全縣 80% 以上的食堂不得不砍樹，樹砍光了就扒房子。有不少地方因扒燒了房子，搞得社員無家可歸。如十河公社王橋食堂，1960 年 1—3 月，共扒燒社員的房子五十間，其中小張莊四十間房子被扒燒了十九間。有的食堂還燒了一些農具。

1960 年 11 月 3 日，中央發出了《關於農村人民公社當前政策問題的緊急指示信》（簡稱「十二條」），指出「經縣委批准可採取食堂統一管理、各戶分散做飯的臨時辦法」。12 月 15 日，縣委在全縣範圍內徵求意見，結果除小農場、敬老院等食堂和一些鰥、寡、孤、獨不願分散起伙外，絕大部分社員同意分戶做飯。縣委打算全縣分兩批停伙，報地委批准，但實際上未等報批即一鬨而散。

廣大農民對解散食堂奔相走告，說這下家裏的小鍋保險了，口糧低標準可以全部吃到肚裏了。

大饑大病和食物中毒

從 1959 年到 1961 年，亳縣農民口糧標準低、吃不飽，因飢餓引發了多種疾病，波及面之大、危害之重，實屬罕見。

早在 1958 年底，全縣缺糧的地方，就有農民出現臉黃、消瘦、浮腫。1959 年春，全縣浮腫曾幾度普遍發生，嚴重不能起牀者達萬人以上。1959 年冬到 1960 年麥收前是浮腫的高發期，最多時有十萬人以上。1960 年下半年雖有所減少，但持續不斷。浮腫者的慘狀，目不忍睹。輕者，下肢或者眼睛腫脹；重者，全身腫脹，面部膨大，眼睛睜不開，呼吸急促，行走困難，甚至臥牀不起，天熱時，皮膚開裂流水，招蠅生蛆。

由於口糧少，為了能活下去，農民極力尋找一切可以食用的東西充飢。三年中，全縣農民食用的代食品主要有以下幾類：

（1）樹葉、樹皮。這是農民缺糧後最早的代食品。到 1960 年春，全縣楊、柳、槐、榆、桑等樹，其可食部分，均早已吃光。其中不少村莊榆樹因

剝皮食用而絕跡。

（2）爛紅薯、紅薯秧。1958 年秋收時許多紅薯沒收或沒收淨，爛在地裏。冬天到後，許多吃不飽的農民不得不到田間地頭，把這些紅薯，統統挖回吃掉。第二年春天，他們在吃完育過苗有毒的薯塊後，又接着吃田間的鮮秧、鮮葉，至秋季又吃乾秧、乾葉。

（3）大麥、小麥、豌豆、扁豆的幼苗。特別是 1959 年冬到 1960 年春，有不少過旺苗被吃光。如 1960 年 2 月 14 日張集公社黃營大隊就把一百多畝大麥和大部分小麥過旺苗吃光。據魏崗公社幾個大隊的統計，七百多畝大麥被吃淨，需改種其他作物。

（4）糠、皮、殼與燒柴。穀糠、高粱殼、稻殼、花生殼、棉籽殼、牛草穗、麻梭子等原來餵牲畜的東西被人們當作代食品。高粱稈、葵花稈穰子、玉米芯等原用作燒柴的東西也被加工食用。1960 年沒有高粱稈的生產隊，就把地鋪（牀）、房薄（用高粱稈做的，在房內作隔間用）上的高粱稈拆下，剝去外殼，加工食用。十河公社 1960 年 3 月上旬，用兩天時間大動員，就收集原料二十多萬斤，先後加工成品四萬多斤。

（5）茅草根、刺刺芽、苲草等野草。茅草根能加工澱粉，是較好的代食品，甚至以它作糧食統購、糧食回銷。1959 年冬和 1960 年春，全縣在農村全黨全民發動，第一書記掛帥，抽調大批勞力，大兵團作戰，掀起一個又一個扒茅草的高潮。由於茅草分佈面廣，含糖量高，又有藥用價值，在救災中發揮了重要作用。

刺刺芽又叫七七芽，是田間和荒野到處可見而一般牲畜不吃的野草。在茅草根扒完以後，由於其味道尚可，也成為主要的代食品。1960 年春，在一段時間裏，全縣大採大食刺刺芽，一般食堂每天要食用數百斤。

苲草是一種水生植物。1960 年春，凡是靠河有苲草的地方，都進行大動員大採食。不少社隊黨委書記掛帥，造筏下水撈苲草。

從 1959 年到 1961 年，農民因為大量吃野草、野菜，腹瀉、痢疾等疾病也在全縣流行開來。1960 年全縣發病人數達二十五萬以上。1960 年 4 月，十九里公社余集、崔寨等六個大隊，農民因吃刺刺芽過多，普遍引起腹瀉，僅崔寨大隊就有腹瀉、痢疾五百九十五人，致幾十人死亡。

農民因為大量吃槐葉、椿葉、榆娃娃（林學名稱蟲癭）、蒼耳子、蓖麻

子、育過秧的紅薯母子、蝌蚪、蛇出溜子（蜥蜴）導致的食物中毒，也是不計其數，導致不少人死亡。五馬公社丁雙廟生產隊高思曾因吃臭大麻子一家五口死亡。

在大饑大病過程中，某些領導不顧農民的死活，不實事求是，仍然大搞浮誇。如1960年春天，全縣日人均口糧只有二兩左右，但大部分食堂仍向上彙報是三乾（饃）三稀（稀飯）吃糧十兩以上。1960年2月17日，縣委向省、地委檢查團彙報：全縣已扒茅草根二億斤以上，人均三百斤之多，可以抵禦1960年春季災荒。為大吹代食品的數量，為應付檢查，全縣不少生產隊把茅草根等堆在柴草垛上。

不僅如此，有些領導還以種種手段隱瞞實際情況，千方百計封鎖消息。1959年春，全縣嚴重浮腫病人在萬人以上的時候，國家內務部農福司楊善存來亳縣檢查工作，縣委事先定好檢查地點，一個浮腫、外流人口都沒上報。楊善存無奈而走。1960年冬，中央某部司長朱農來亳縣檢查，縣委緊急通知社隊，做好「迎接」檢查的準備，同時召開縣直有關部門會議，統一數字口徑。隱瞞災情、封鎖消息已成為全縣上下的通病。1960年4月中旬，雙溝公社有各種病人約五千名以上，而他們以正式文字向縣委報告，全社僅有浮腫病人五十九名。該社洪深大隊有各種病人五百多名，為怕上級檢查，竟把他們集中多處鎖在屋裏。1960年初春，五馬公社在羅莊大隊召開扒茅根現場會，大隊害怕發現病人，竟把一部分病人提前集中送到邊遠的荒野裏，到會議結束，因凍餓而死數人。

更有甚者，有些領導還對如實反映情況者給予無情打擊。從1959年初到1960年底，全縣因反映生活困難、疾病等問題的幹部群眾，受到打擊者數以千計。1959年1月，張集公社幹部孫彩良向國務院寫信反映農民生活問題，被當作右派勢力反攻的「西北風」批鬥。1959年夏，雙溝公社農民隨毛因反映餓死人問題，縣委主要負責人親自前往處理，指使大隊書記張××將隨毛批鬥後交大隊火箭連關押，以致飢餓迫害而死。1959年冬，魏崗公社黨委委員董××，因反映群眾無糧、批評某些領導不實事求是而被逮捕法辦。十九里公社小學教師任懷林因向中央寫信反映餓死人問題被定性為撰寫反革命信件而被逮捕判刑。

查禁不止的農村人口外流

　　隨着農民生活的困難加劇和疾病的不斷發生，一些農民為了活命，不得不外出逃荒。全縣農村人口大量盲目外流，始於 1958 年底糧食被搞光、農民無飯吃以後。最初的形式是部分農民拋棄集體生產，先內地後外地到田間扒未收淨的壞紅薯，後來則發展成帶着炊具、行李，出外以乞討為生。

　　當時人口外流的主要去向，是河南省的鄲城、鹿邑、虞城、永城等縣。1959 年 2 月下旬至 3 月上旬是人口外流的高峰期。全縣外流人口在兩萬人以上。特別是靠近河南省的雙溝、十河、十八里、魏崗、張集、五馬、觀堂七個公社，外流的人口接連不斷。觀堂公社劉集大隊去永城的人數達兩千之多。

　　河南省向中央反映後，縣委一方面派人去接回外流農民，另一方面拒不承認外流是生活困難所致。縣委在大批右派勢力反攻的同時，層層設卡阻攔。但不論如何「批」、「攔」，也難以控制農民盲目外流的發生。直到地委工作組到亳縣幫助搞清無糧的事實，並安排了糧食回銷後，農民盲目外流才得以緩和。

　　1959 年麥收時，外流人員大多數回歸。但麥收後不久，由於浮誇，糧食統購又過了頭，人口外流又有發生。7 月以後，由於連續幾個月大旱，夏荒接着秋荒，外流人口急劇增加，查禁不止。

　　1959 年冬，面對嚴峻形勢，縣委並沒有安排農民的生活，卻一方面大抓糧食徵購，另一方面指定嚴管措施，部署各公社大隊建立勸阻站或勸阻所。到 12 月 14 日全縣共建立勸阻站、所二百一十二個，抽調人員七百四十七人。其中生活困難比較嚴重的五馬公社就建站、所五十個，抽調專人一百五十人。城關公社設十七個站、所，分佈在出入城的主要街道和汽車站，並在村頭、街道設有許多流動崗哨巡邏。這些站、所，大部分有專門的房子，用於扣留、關押外流人員。不少地方連正常走親串友的農民也予以查扣。除此之外，縣委還加強了外線封鎖，增派了大批幹部到商丘、鄲城、鹿邑、永城等地，查扣外流農民。

　　外流農民在被查扣送回的過程中，受到了各種折磨。在被任意攔截檢查時，不僅通常被沒收錢物，特別是食物之類的東西，他們還常常被搜身，受到人身侵害；在關押收容中，經常一關押就是許多天，夏天熱暈、冬天凍壞

的情況時有發生；在轉送途中管理更嚴，大小便都要經過批准，稍有違抗，便遭到訓斥、打罵或綁銬。不僅如此，還遭受飢餓之苦，雖然每天都有少量的飯吃，但都吃不飽，吃不夠規定的口糧標準，而且有病也得不到及時治療。許多農民從外流長途跋涉，到扣留、收容、轉送，經過多日折騰，餓病交加，中途死亡者，屢見不鮮。

儘管如此，由於生活日趨困難，一些不甘心在家捱餓的農民，還是冒着風險，拖着瘦弱的身體，穿着髒爛的寒衣，挎條筐，背破被，頂風冒雪，扶老攜幼或者獨自背井離鄉。他們用走小道、沿河崖、裝探親、白天藏、夜間走等方法外出，但大多數被查扣送回。

1960 年春天，生活更加困難，但由於農民體質越來越差，許多人想走而無力外出。不少人認為，既已如此，死在外邊不如死在家裏，全家走散死不如死在一起，因而農村外流人口比 1959 年有所減少。從 1959 年秋到 1960 年冬，全縣農村人口外流有四萬人以上。

1960 年 11 月，「十二條」發出後，中央開始糾「左」，隨着一系列政策的深入貫徹，到 1961 年春節，外流農民大多數回鄉，全縣範圍的農村人口外流基本結束。

粗淺的認識

「大躍進」在安徽亳縣農村引發了一系列問題。但在阜陽地區各縣，都是執行上級下達的任務，1959 年旱災也大體相同，為什麼有的縣問題不太嚴重？渦陽、臨泉兩個縣 1961 年初還支援了亳縣大量糧食。這與幹部執行政策的水平、素質很有關係。鄧小平講得很對：「『左』的思想發展導致了一九五八年的『大躍進』和人民公社化運動，這是比較大的錯誤，使我們受到懲罰。一九五九年到一九六一年三年困難時期，工農業減產，市場上的商品很少，人民群眾吃不飽飯，積極性受到嚴重挫傷。那時，我們黨和毛澤東主席由於長期鬥爭歷史形成的威望很高，我們把困難的情況如實地告訴了人民，『大躍進』的口號不再喊了，並且採取了比較切合實際的政策、步驟和方法，一九六二年就開始從困難的境況中恢復，一九六三年、一九六四年情況比較好。」

四季青人民公社「向共產主義過渡」前後

于吉楠

最近，我翻閱舊筆記本，發現裏面夾着一張發黃的紙，打開一看，原來是北京四季青人民公社制定的「向共產主義過渡」的規劃。這個規劃使我回想起五十年前的一段往事。

公社規劃的由來

1958 年 8 月，我在中國人民大學中共黨史系學習期間，和本班同學一起下放到北京市海淀區西山鄉西平莊勞動鍛煉。西平莊是不久前成立的西山農業生產合作社的一個生產隊，我兼任生產隊的政治指導員。

那時，中國正處在一個特殊的年代。5 月，中共八大二次會議正式通過「鼓足幹勁，力爭上游，多快好省地建設社會主義」的總路線。毛澤東發出「苦戰三年，爭取大部分地區的面貌基本改觀」的號召，全國掀起「大躍進」的高潮。在農村出現了小社併大社轉成人民公社的新情況，毛澤東肯定「還是辦人民公社好」，於是掀起大辦人民公社的熱潮。

8 月 27 日，我去夾道溝參加西山、香山、玉泉、四季青、田村、萬豐、紅旗、新建八個農業生產合作社的幹部黨員大會。會上，公社籌備組領導人宣佈將成立四季青人民公社，包括這八個農業社，共七個半鄉、一百二十九個自然村，面積約 900 平方公里，25621 戶，農業人口 39434 人，居民 76500 人，合計 115934 人。接着，公社黨委任書記報告公社成立後的三年規劃。行動口號是：「窮幹、苦幹、大幹三年，根本改變現有落後面貌，三年以後使每

一社員豐衣足食，力爭成為全國的先進公社。」他還提出「在三年內達到菜田三萬畝，產量十萬萬（斤），果樹一萬八千棵，養豬超過三十萬（頭），大小工廠一百個，學校、醫院、澡堂、食堂樣樣全，全社收入超過三千萬，美好生活一定要實現」的「躍進」指標。8 月 29 日，四季青人民公社正式成立。公社實行三級管理，公社設管委會，地區設工作站，站下有生產大隊和生產隊。西山鄉和西山農業社合併成為西山站。我擔任的生產隊政治指導員改稱政治助理員，主要任務是執行公社黨委和大隊黨支部的決定，當隊長的助手，做好思想政治工作。

　　就在四季青人民公社正式成立的那一天，在北戴河召開的中央政治局擴大會議通過了《中共中央關於在農村建立人民公社問題的決議》，指出「人民公社將是建成社會主義和逐步向共產主義過渡的最好的組織形式，它將發展成為未來共產主義社會的基層單位」，並說，「看來，共產主義在我國的實現，已經不是什麼遙遠將來的事情了，我們應該積極地運用人民公社的形式，摸索出一條過渡到共產主義的具體途徑」。9 月 10 日，《中共中央關於在農村建立人民公社問題的決議》公開發表後，有些地方出現了急急忙忙向共產主義過渡的浪潮。河南省遂平縣嵖岈山衛星人民公社強調要積極地創造條件，準備逐步過渡到共產主義。河北省徐水縣宣佈 1959 年建成社會主義，1963 年建成共產主義。山東省壽張縣和范縣制定了兩年過渡到共產主義的規劃，莒南縣更提出「大戰二百天，向共產主義過渡」的口號。

　　四季青人民公社黨委組織共產黨員、幹部學習討論中央文件，派人到徐水等地參觀、「取經」，也產生了急於向共產主義過渡的思想。有人說，苦戰三年，人人過上豐衣足食的幸福生活，這就是共產主義。有人認為，現在的公社是由社會主義逐步向共產主義過渡，社會主義實行按勞取酬是因為生產不發展，經過「大躍進」達到豐衣足食就可以實行各取所需，消滅「三大差別」，三年到五年把鄉村變成城市，那時就是共產主義了。在這種思想指導下，公社黨委把「苦幹三年」的號召同「向共產主義過渡」的目標結合起來，制定了新的《三年規劃要點（草案）》，印發給全社的幹部、共產黨員，這就是保存在我手中的那個「向共產主義過渡」的規劃。

「苦戰三年」，「向共產主義過渡」

　　四季青人民公社《三年規劃要點（草案）》的主題是「苦幹三年」，「向共產主義過渡」，它反映了當時公社黨委和一些共產黨員幹部對人民公社和共產主義的認識，全文如下：

北京市海淀區四季青人民公社 1959 — 1961 三年規劃要點（草案）
一、總的戰鬥口號

　　苦戰三年，生產翻五番，61 年產值達到六千萬，豐衣足食，普及教育，向共產主義過渡。

二、豐衣足食的具體指標

　　每人每年棉布四十尺、糧食二千斤、豬肉二百斤，每人每天兩個雞蛋，每週一隻雞。

三、生產規劃

　　大力發展蔬菜、果樹、養豬業，充分供應首都人民需要；大辦工廠，實現工業化。

　　1. 蔬菜生產大躍進。59 年畝產超過三萬斤，61 年超過五萬斤，大力增加蔬菜品種，做到全年均衡供應。

　　2. 果樹生產大發展。59 年果樹達到六千畝，總產量一百二十萬斤；61 年達到一萬七千畝，總產量六百萬斤。蘋果面積一萬畝，桃和葡萄六千畝。

　　3. 大力發展養豬業。59 年生豬達到十二萬頭，61 年生豬超過二十萬頭。

　　4. 糧食單位面積產量大大提高。59 年糧食平均畝產三千斤，小麥畝產六千至一萬斤，61 年糧食畝產過萬斤。

　　5. 大辦工業，大中小結合，社、站、隊一齊動手。三年後工業產值超過農業產值。主要工廠有機械製造廠、化肥廠、農產品加工廠、建築材料廠、化學工廠、生物製品廠、木器廠、文具製造廠、木材乾餾廠。

　　6. 今冬徹底實現水利化。實現耕地深翻化，耕深在 1.5 尺以上；實現施肥合理化，每畝施粗肥十萬斤，化肥五百斤。

　　7. 59 年實現抽水機械化，60 年耕地全部機械化。三年後全社完全電

氣化。59 年徹底實現運輸工作車子化，61 年運輸工作基本汽車化，60年全部道路公路化。

四、文教衛生規劃

1. 大搞文化革命。今年徹底掃除文盲，59 年普及小學教育，60 年普及中學教育，61 年普及大學教育。

2. 立即舉辦技術學校，培養工農業技術人才。

3. 建立科學研究機構，總結本社生產經驗與吸取外地經驗，推動生產。

4. 改善公共衛生和醫療條件。公社建立中心綜合醫院、站建立分院。

58 年實現四無化。三年內做到消滅主要流行病，61 年做到小病不出站，一般大病不出社。

五、生活福利規劃

58 年實現食堂化，59 年實現縫紉機器化，託兒所、幼兒園、理髮室、浴室、幸福院普遍化。59 年託兒養老實行免費。60 年吃飯、入小學、理髮、洗澡、醫療、看電影全部實行免費。59 年部分住房樓房化，61 年全部樓房化，飲水自來水化。三年內做到全社園林化。

六、實現規劃的基本保證

為了實現規劃，必須做到以下幾點：

1. 加強黨的領導，政治掛帥。提高社員的共產主義覺悟；大破右傾保守思想，反對個人主義和本位主義思想；樹立敢想、敢說、敢幹的共產主義風格；破除依賴思想；發揚苦幹、窮幹、大幹、快幹的革命精神。

2. 貫徹階級路線。依靠貧農、下中農，團結大部分堅決擁護轉社的上中農，批判一部分中農的動搖。揭露和粉碎地、富、反、壞分子的破壞行為。通過鳴放辯論、打通社員思想，進一步劃清階級界限，提高階級覺悟。

3. 充分發掘資金潛力，大搞基本建設。儘量擴大公共積累，貫徹勤儉辦社方針。教育全體社員艱苦樸素、勤儉持家、勤勞生產。

4. 全黨全民動手，大搞工具改革，大搞豐產試驗，行行創造奇跡，樣樣放射「衛星」。

5. 發掘勞力潛力。勞動組織軍事化，行動戰鬥化，生活集體化。開展共產主義勞動大協作，提高勞動出勤率和勞動效率。

七、抓緊當前生產

按量按質完成種麥任務，加強田間管理，做好三秋（秋收、秋種、秋耕）工作。力爭超額完成今年增產任務，保證明年蔬菜、小麥大豐收。

四季青人民公社《三年規劃要點（草案）》是一個生產規劃、文教衛生規劃和生活福利規劃，沒有專門講改變所有制和分配制等問題。當時，許多人誤認為農業生產合作社是集體所有制，人民公社就是全民所有制了，現在主要是解決分配問題，從按勞取酬過渡到各取所需，徹底消滅私有制殘餘。這些問題是在隨後進行的「共產主義教育大辯論」中提出並要求解決的。

「共產主義教育大辯論」

為實行《三年規劃要點（草案）》作準備，四季青人民公社黨委決定在全社開展「共產主義教育大辯論」。10 月初，公社黨委從全社幹部（包括下放幹部和下放學生）中，抽調四百人組成工作團，集中培訓，我參加了這次培訓。

10 月 11 日，在工作團的大會上，公社黨委任書記作報告，明確指出：這次「共產主義教育大辯論」要解決三個問題。第一，分配問題，全部實行供給制外加津貼費，多少分等級，鄉幹部的工薪取消，國家幹部的工薪暫時保留，外地做工的工薪要上繳公社，公社包其家屬的生活。第二，徹底消滅私有制問題，房子、自留地及菜、樹木、農具、耕畜一律歸公，小家畜、家禽作價留公社。第三，生產問題，一定要掀起生產高潮，保證出勤，解放勞動力，做好秋收秋種工作。他還宣佈今年的收入，一律不再往下發放了。

10 月 14 日，工作團的各工作組分別在各生產隊同群眾見面。會上，工作組宣佈公社黨委的兩項重要決定：一是從 10 月 16 日開始實行吃飯不要錢，社員都到食堂就餐，伙食標準每人每月平均 6 元至 6.5 元，老人 8 元，專業單勞動力 8.5 元，小孩四歲至六歲 3.5 元，三歲以下 1 元；二是免費發放棉衣，每人發 1 斤棉花，按 12 尺布票算每尺發 0.35 元。這個消息，在當時是震動人心的。

接着，「共產主義教育大辯論」開始了。10 月 16 日，我在西平莊社員大

會上宣講了公社的《三年規劃要點（草案）》，説明當前要着重解決的三個問題，即生產問題、分配問題和徹底消滅私有制殘餘問題。在講分配問題時，根據站領導的意見，為便於展開討論，提出了三種辦法即按勞取酬、半供給制半工資制、完全供給制，徵求社員意見。會後，連續幾個晚上組織隊幹部和社員分組討論。在討論中，社員普遍對公社的《三年規劃要點（草案）》表示贊同。他們説：「苦戰三年就能過上這樣豐衣足食的幸福生活，真是太好了！」但是，一談到當前的三大問題就想不通了。

　　分配問題是社員最關心的問題。許多家裏人口多、勞力少、生活比較困難的社員都贊成實行完全供給制。他們説：「公社把社員的生活全包下來，就能保證每個社員都過上同樣的好生活。」而那些家裏人口少、勞力強、生活比較富裕的社員則認為還是按勞取酬好。他們説：「按勞取酬，多勞多得、少勞少得，是最合理的。」有的社員還説：「按勞取酬要改，也要從明年起改，如果現在就改，我這一年的工分就稀裏糊塗全完了。」這時，公社黨委算了一筆賬，1958 年全社收入只有六百六十萬元，30% 留做公積金，70% 用於分配，實行完全供給制是做不到的。於是，公社黨委決定提出實行「供給制加工資」的分配方案，具體內容是供給制實行「五包」即包吃飯、小學學費、生育、託兒、看電影，約佔 67%；工資佔 33%，分為七等，三元至十二元，每月評定一次。這個方案下來後，社員的意見還是很多的。一部分社員嫌包的少，要求把「吃、穿、燒、醫」都包下來，而看電影包不包沒意見。一部分社員嫌工資太少，要求增加工資的比重和錢數。社員普遍要求不管實行哪種分配方案，都要趕緊把錢發下來解決實際困難。他們説：「一年不開支，真夠嗆！各家都等錢用，小孩要上學，老人要看病，年輕人要結婚，沒有錢辦不成事。」

　　在討論徹底消滅私有制殘餘問題時，隊幹部比較關注的是原社隊公共財產的處理問題。他們説：「因為各社隊情況不同，以前小社併大社時，公共財產都要折價計算，現在成立公社也應該這樣辦。可是沒想到一下子就全歸公社所有了，這樣馬大哈處理不行，我們要吃虧啊！」社員關注的主要是住房歸公問題，特別是房多、房好和新房戶抵觸情緒更大。有的社員説：「我去年蓋新房，欠下一百元錢的債，誰替我還？」有的社員説：「我兒子要結婚，誰給他蓋新房？」還有的社員説：「我家的房子不入公社，將來公社蓋樓我也不

去住。」對自留地收歸公有，沒有人提出不同意見。但對自留地上種的菜都要求歸社員個人所有，還要求社員可以自養雞、豬。

討論生產問題，社員自然聯繫到公社規劃的指標，認為 1959 年要達到「小麥畝產六千斤至一萬斤」等高指標，是不可能的，但都不願公開說出自己的意見，怕被辯論成右傾保守。有一位老社員講了實話，他說：「今年小麥豐產，每畝三百多斤。這次種麥時，深翻地、選良種、密植、多施肥、澆足水，明年能達到五六百斤就是大躍進，再怎麼解放思想，小麥畝產也過不了千斤啊！」（1959 年小麥實際畝產為四百多斤）社員們也不相信報上刊登的那些所謂高產「衛星」。有的社員說：「徐水一棵白菜重幾百斤還不像水缸一樣粗嗎，這怎麼可能呢！」有的社員當笑話說：「誰也不能去瞧瞧，他們那一畝地到底有多大啊！」

這幾天，隊幹部思想不通，沒心思抓生產了，社員的積極性也大受影響，勞動出勤率明顯下降。為扭轉這種局面，站領導撤了老隊長，換了一個積極擁護「大躍進」和人民公社的年輕人當隊長。站長親自到西平莊召開隊委會進行「批評教育」，他還在社員大會上肯定要實行供給制，批評了所謂「留戀按勞取酬」、「留戀私有制」和「不積極參加大躍進」等右傾思想，強調必須完成秋收秋種任務。接着，站領導抓緊實行勞動組織軍事化，撤銷生產大隊，把生產隊編為十個連，西平莊是第三連。經過這一番整頓，隊幹部重新打起精神，組織社員連續進行「苦戰」、「夜戰」、「突擊」，掀起生產高潮，到 11 月中旬基本完成了秋收秋種的任務。

但是，「共產主義教育大辯論」卻冷場了。從隊幹部到社員都不願意開這樣的會。有一天，我找隊幹部商量開會的事，他們說：「得了，別辯論了，沒有不通的。上級說怎麼辦就怎麼辦吧！社員大多數同意，少數服從多數，不通的也得幹，以後慢慢通了再說。」到開會的時候，社員來得晚，人也不多，發言的總是那幾個人，討論不起來。

那時，北京市委對郊區公社「向共產主義過渡問題」，允許搞試驗，但不在報刊上公開宣傳。據我從下面了解，各公社情況大體相似，有些公社比四季青公社搞得還要急進。

公社規劃的終結

　　11 月 18 日，我到站裏開宣傳會議。站領導説：「大辯論的事要不要暫停，還沒有決定，這不是我們一個社的問題。最近，中央在鄭州開會討論了關於人民公社的若干問題，文件要等中央政治局批准後才能執行。彭真市長到北京郊區公社檢查工作，也對分配問題作了指示，主要是積累要適當，多照顧一下社員生活，供給要適當，工資多發一些。」站領導還説：「社裏已決定先給社員借發一部分工資，一等勞力十元，二等勞力八元，三等勞力六元，等外勞力五元以下，以後再算賬。當前工作還是以共產主義教育為主，重點辯論搞好公共食堂和託兒所問題，也要注意社員休息，保證睡眠，執行大禮拜制度。」會後，隊裏向社員發放了暫借款，停止搞大兵團「夜戰」，保證了社員的休息，食堂也允許社員把飯菜打回家裏吃。社員的緊張心情有所緩解。

　　12 月 10 日，在武昌召開的中共八屆六中全會通過《關於人民公社若干問題的決議》，對人民公社的興起給予極高評價，同時要求糾正人民公社化運動中已經覺察到的「左」的錯誤，着重批評了急於向全民所有制、向共產主義過渡和企圖過早地取消商品生產、商品交換的錯誤思想傾向。《決議》指出：不能混淆集體所有制和全民所有制的界限，更不能混淆社會主義和共產主義的界限。人民公社目前基本上仍然是集體所有制的經濟組織，農業生產合作社變為人民公社，並不是由集體所有制變為全民所有制，更不等於由社會主義變為共產主義。「企圖過早地否定按勞分配的原則而代之以按需分配的原則，也就是説，企圖在條件不成熟的時候勉強進入共產主義，無疑是一個不可能成功的空想。」《決議》肯定公社實行的工資制和供給制相結合的分配制度，但強調「它的基本性質仍然是社會主義的，各盡所能，按勞分配」，「按勞分配的工資部分，在長時期內，必須佔有重要地位，在一段時間內並將佔有主要地位」。《決議》還宣佈：「社員個人所有的生活資料（包括房屋、衣被、傢具等）和在銀行、信用社的存款，在公社化後，仍然歸社員所有，而且永遠歸社員所有。」「社員可以保留宅旁零星樹木、小傢具、小工具、小家畜和家禽等，也可以在不妨礙參加集體勞動的條件下，繼續經營一些家庭小副業。」這個《決議》的出台，有力地遏制了急於向全民所有制和共產主義

過渡的勢頭。

1959 年 1 月，四季青人民公社黨委組織全社幹部黨員認真學習《決議》，澄清了一些對人民公社的誤解和關於共產主義的混亂思想，開始反思這一段工作中急於「向共產主義過渡」的問題，並準備在即將進行的整社中，按照《決議》的要求改正。以後，沒有人再提向共產主義過渡了，公社的《三年規劃要點（草案）》還沒有「轉正」就終止了。

學習《決議》，聯繫實際，我同公社的幹部黨員一樣，受到了一次真正的共產主義教育。《決議》指出：「我們既然熱心於共產主義事業，就必須首先熱心於發展我們的生產力，首先用大力實現我們的社會主義工業化計劃，而不應當無根據地宣佈農村的人民公社，『立即實行全民所有制』，甚至『立即進入共產主義』，等等。那樣做，不僅是一種輕率的表現，而且將大大降低共產主義在人民心目中的標準，使共產主義偉大的理想受到歪曲和庸俗化，助長小資產階級的平均主義傾向，不利於社會主義建設的發展。」這段話，深深地印在我的腦海中。

1959 年 1 月 19 日，我們結束下放勞動鍛煉，告別西平莊返校。

1958 年炮擊金門與葛羅米柯秘密訪華

閻明復

炮擊金門

　　1958 年 8 月 18 日，毛澤東在北戴河主持召開中央政治局擴大會議期間，下了立即發起炮擊金門的決心，以給國民黨反動派一個懲罰性的打擊。根據毛澤東的命令，中國人民解放軍於 8 月 23 日開始炮擊金門。大規模的炮擊持續了兩個多小時，發射炮彈近三萬發。台灣國民黨當局立即向美國求援。美國急忙把駐在太平洋地區的第七艦隊大部分軍艦派往台灣地區集中，把支援在黎巴嫩登陸的美軍的一部分軍艦，從地中海經蘇伊士運河調到印度洋。台灣海峽出現一觸即發的緊張局勢。

　　炮擊金門前兩個多星期，即 7 月 31 日至 8 月 3 日，赫魯曉夫秘密訪華，同毛澤東會晤。雙方主要就蘇方提出的「共同艦隊」、「長波電台」等建議進行澄清，同時還就中東局勢、國際熱點問題交換了意見。當時西方有人估計，炮擊金門是中蘇雙方在赫魯曉夫訪問北京期間共同商定的。其實，在中蘇兩黨領導人會談中根本沒有涉及這個問題。毛澤東與赫魯曉夫的會談一共進行了四次，我都參與了翻譯工作。這四次會談，除了第一次會談是針對「共同艦隊」問題外，其餘三次會談大都是毛澤東主動地闡述他對國際局勢的看法，並同赫魯曉夫進行探討，看來是想藉此機會聽聽赫魯曉夫的意見，看看自己在決策炮擊金門過程中對局勢動向的分析是否符合實際。

　　炮擊金門，是中共中央經過長時間的醞釀和準備的，是 1958 年 7 月中旬，在毛澤東主持下，在認真分析中東事件和國際動向的基礎上，正式作出

的決定。為什麼這樣重大的政治軍事行動沒有事前通報蘇聯呢？

　　1959 年 9 月 30 日赫魯曉夫訪華，毛澤東在與他談話時談到了這個問題。他說：「美國人沒有多大本領。他們以為我們（指中蘇雙方——筆者註）在炮打金門的問題上達成了協定。其實，那時我們雙方並沒有談這個問題。當時所以沒有跟你們談，是因為我們有這種想法，但是還沒有最後決定。我們沒有想到打炮後會引起這麼大的風波，只是想打一下，沒曾想他們調動這麼多的軍艦……美國人在黎巴嫩總是受到全世界人民的反對，生怕別人打他。美國人沒有立刻弄清楚我們的目的，以為我們要打台灣，就把他們的軍隊從地中海、太平洋、西太平洋、日本、菲律賓調來。等到地中海艦隊開到新加坡的時候，一看沒有什麼事情了，就在新加坡停了下來，引起了印尼的恐慌。我們一罵，他們就退回到菲律賓去了。住了兩個禮拜。可以看得出來，美國人這次部署很慌很亂。」

　　對此，有中國學者援引國外的文獻寫道：「據蘇聯駐華代辦報告稱：朋友們只是在 8 月 23 日發動了炮擊之後才告訴我們，之前絲毫沒有透露這一本已在計劃中的重大軍事政治行動的意圖。得到通報後，赫魯曉夫立即要求蘇聯大使轉告中國方面：中國全面建設社會主義才剛剛開始，經濟上和軍事上都還比較落後，目前不具備打現代化戰爭，也不具備對台灣實施登陸作戰的條件。包括蘇聯在內的整個社會主義陣營，也沒有必要在現在捲入這場戰爭當中來。但毛澤東並不在意。他說他不過是想摸摸美國人的底，最多也就是準備把金門、馬祖拿下來，並沒有立即奪取台灣的打算，不會弄出大亂子。因此，毛澤東通過外交部通知蘇聯方面說，這些島嶼是中華人民共和國領土，我們如何解放它們，是我們內部事務。言外之意，莫斯科管得太寬了。對此，蘇聯大使館難以接受，它在報告中明確認為：中國人現在表現出來的傾向是要自己解決亞洲問題，他們並不認為有必要與我們商量他們計劃中的行動，儘管當局勢失控時他們會指望我們的支持。」這段話，特別是毛澤東的答覆，應視為一家之言。當年赫魯曉夫和毛澤東之間的信息傳遞都是通過我們中辦翻譯組，即使是通過外交渠道交換的絕密信件我們也能看到，上述內容，我們一無所知。至於文中提到的蘇聯駐華使館向莫斯科的報告，對其真實性我們無法判斷。

赫魯曉夫派外長訪華摸底

為了搞清楚當時中國炮擊金門的意圖，1958 年 9 月 5 日，赫魯曉夫通過蘇聯駐中國大使館參贊（當時蘇聯使館代辦不在北京）蘇達利柯夫向中國政府表示，蘇聯政府要派外交部長葛羅米柯到中國來了解情況。

9 月 5 日晚上，周總理接見蘇達利柯夫，表示歡迎葛羅米柯來華訪問。周總理向蘇達利柯夫介紹了中國對台灣海峽形勢的分析、美蔣矛盾以及中國的立場、策略和所採取的行動。周總理說：第一，我們不是要解放台灣，而是懲罰國民黨在我們沿海騷擾；第二，我們這樣做的目的是阻止美國搞「兩個中國」，因為美國企圖獨霸台灣，使國民黨統治集團在台灣單獨成為一個政治實體，搞「兩個中國」；第三，如果美國要發動戰爭，中國全部承擔起來，決不連累蘇聯，不會拖蘇聯下水。周總理要求蘇達利柯夫把這三點馬上報告莫斯科。

9 月 6 日中午，葛羅米柯抵達北京，下榻西郊萬壽路的十八所。中午 1 時左右，周總理辦公室的秘書馬列打電話給我，叫我到西花廳（周總理住所）去，說有任務。我趕到西花廳後才知道，周總理要去會見秘密來華訪問的蘇聯外長葛羅米柯，要我一同乘車去萬壽路十八所。於是，我跟着總理坐上了蘇聯生產的「吉斯」轎車。總理從右側上車，坐在後座的右邊，我從左側上車，坐在左邊。總理的衛士長成元功坐在右前座，駕駛員坐在左前座。

我們在去萬壽路十八所的路上，還出現了一個險情，差點出了車禍。當時，復興門外還是郊區，公路相當窄，兩旁建築物也不多，田地裏長着莊稼。當我們的車正路過萬壽路前面的一個路口（可能是現在的翠微路北口）時，突然從這個路口裏飛速地駛出一輛大卡車，直向我們這輛車的右側衝來，而周總理正坐在右面的座位上。說時遲那時快，成元功當即發現險情，沉着地低聲對駕駛員說「右邊有情況」，只見駕駛員一踏油門，「吉斯」車瞬間提速，躲開了衝來的卡車，迅速朝着萬壽路口駛去。周總理鎮靜地坐在位子上，看見後面隨車的警衛攔住了開這輛卡車的魯莽司機，對成元功說，教育教育就行了，不要為難他。衛士長和駕駛員的機警避免了一場嚴重的車禍。

周恩來同葛羅米柯的談話

1958 年 9 月 6 日，周恩來總理在萬壽路十八所會見了蘇聯外長葛羅米柯。在座的有中國外交部副部長張聞天、蘇聯大使館參贊蘇達利柯夫。我作為翻譯參加了會見。會見開始時，周總理對葛羅米柯說，我們可以先交換意見，等下午的最高國務會議結束後毛主席和劉少奇同志等會另行接見，以進行交談。

周總理和葛羅米柯的談話主要涉及台灣局勢問題，雙方還就美國是否會立即採取軍事行動問題交換了意見。

周總理說，關於台灣局勢問題，我已在昨晚向蘇達利柯夫參贊談到了我們的立場、策略和行動。我們沒有別的意思，我們既不是要解放台灣，也不是馬上要在金門、馬祖登陸，我們就是要打擊國民黨的氣焰，打擊美國的氣焰，支持阿拉伯人民的鬥爭。葛羅米柯說，蘇共中央完全贊同中國同志們的立場和措施。周總理說，我們看到《真理報》等蘇聯報刊上發表的三篇文章。感謝你們的熱烈支持。

周總理問葛羅米柯，你對美國的看法如何？不是看表面，而是看實際行動。它是否會採取行動？葛羅米柯說，我認為，蘇中兩國採取強硬立場會使美國不敢採取軍事行動。但是帝國主義終究是帝國主義，不論是在中東或遠東仍得考慮到美國會進行一定程度的冒險。根據目前情況來看，美國還未準備好進行一場認真的戰爭。昨晚您向蘇達利柯夫參贊所談到的那種堅定不移和合情合理的政策會使美國的陰謀無法得逞。美國採取極端手段的計劃定會失敗，我們的事業會取得勝利。

周總理同意葛羅米柯的意見。周總理說，我們政府沒有說什麼話，而美國卻露了底。我們只放了幾個「炮」，而且不是通過新華社，只是通過地方上的海岸廣播來放的「炮」。後來我們轉播了一下對蔣軍的廣播，表示準備在金門、馬祖登陸，要蔣軍投降等。

周總理說，國民黨儘量想把美國拖下水。至於美國，它如果不理睬，那麼它的那些亞洲傀儡國家會產生離心傾向。如參加戰爭，那這很難說會是局部戰爭。如果大戰開始，中國背後還有蘇聯、各兄弟國家的支持。這樣，美國就被迫打出底牌。美國打出底牌，我們就易於表示態度了。

周總理説，美國杜勒斯發表的聲明威脅要進行干涉，但還沒有作出最後決定。杜勒斯在備忘錄中主要表示：(1) 美國將保護運輸，認為國民黨分子自己可以支持得了；(2) 希望中國共產黨不會認真地打起來；(3) 美國不放棄談判的希望。中國駐波蘭王炳南大使告稱，他曾接到美國方面的來信，但我們未加理睬。王炳南大使並未接見美國駐波蘭大使。現在，美國的態度和目的已經很清楚地暴露出來，我們更加主動了。

葛羅米柯説，英法兩國也表示了態度。周總理説，英國表示，打仗不好，但沿海島嶼應該歸還中國。這意思是不要使用武力，而可以進行談判。中國政府就領海寬度發表聲明以後，英國人認為這個聲明對香港不會起什麼作用。我們在上述領海寬度聲明中列舉內海島嶼時沒有提到香港，英國人注意到了這一點。葛羅米柯説，在台灣緊張局勢方面，英國抓住美國的衣襟，唯恐美國參與軍事行動。周總理表示贊同，並説英國在中東和遠東問題上採取的態度是有區別的。在中東，英國是一味想推美國下水，而在遠東，它是唯恐美國下水。在台灣局勢問題上，亞非各國的態度也是好的。

葛羅米柯説，最近聯大緊急會議討論中東問題時，通過了阿拉伯各國的提案，這是一個很大的勝利。只是由於我們社會主義國家堅決要求美英軍隊立即撤出黎巴嫩的強硬立場，才有可能通過這個阿拉伯各國的提案。在我們採取強硬立場的背景下，阿拉伯各國的提案顯得像是一個折中提案，雖然説實話它也是一個很好的提案。

周總理説，這是一次很大的勝利，抓住了中心問題，要求撤軍，而拋開了其他一些枝節的問題。在這個中心問題上，亞非國家同社會主義國家結成了統一戰線，因此取得了這種勝利。

葛羅米柯説，阿拉伯國家出席聯大緊急會議的代表曾向我表示，感謝蘇聯的支持。北大西洋公約組織中的絕大多數國家，在不同程度上，有的較強硬，有的較軟弱，但是畢竟譴責了美國在中東的侵略行為。

周總理説，我記得毛主席在莫斯科的時候就曾經説過，北大西洋公約組織、東南亞條約組織和巴格達條約組織，它們內部是有分歧的，不一致。葛羅米柯説，這些國家好像一個玻璃瓶子中的蜘蛛，雖然處在一個瓶中，還要互相啃咬。我們要很好地利用它們之間的內訌，不僅在亞洲，在歐洲和世界各地都是如此。

周總理説，今天晚上我們準備針對杜勒斯的聲明發表一項聲明，現在已經擬好草稿，正在進行翻譯，翻成後送給你參考。我們還準備把這個聲明提交最高國務會議審議通過。葛羅米柯表示感謝，並説，我相信，你們的聲明和我們赫魯曉夫同志給艾森豪威爾的信將是互相緊密配合、互相補充的兩個重要的外交行動。

在周總理和葛羅米柯談話過程中，周總理的秘書馬列兩次向總理報告了美國軍艦在台灣海峽地區的動向。

毛澤東接見葛羅米柯

1958 年 9 月 6 日晚 6 時半至 10 時，毛主席在中南海頤年堂接見了葛羅米柯。中方參加談話的有劉少奇、周恩來、鄧小平、王稼祥、張聞天、彭德懷，蘇方有外交部美洲司司長索爾達托夫、遠東司副司長賈巫才。這次接見，也是由我擔任翻譯，外交部蘇歐司的方祖安和中辦翻譯組的趙仲元做了記錄，周總理的秘書馬列參加並做了記錄。

談話開始，毛主席對葛羅米柯來訪表示歡迎。毛主席説，你很少來東方？葛羅米柯説，這還是第一次。這次我感到加倍高興，第一，是受蘇共中央委託就一項重要問題同中國的領導同志交換意見。第二，是能夠有機會前來中國。

葛羅米柯説，首先我受委託代表赫魯曉夫同志和蘇共中央主席團其他同志向您——主席同志，和中共中央政治局其他同志表示最熱烈的問候。毛主席表示感謝。

接着，葛羅米柯簡單介紹了蘇聯國內的情況。他説，我們國內的情況非常好。在國民經濟的各個方面，每天都取得新的成就。工業發展的情況令人滿意。自從實行改組以來，我們發現還有許多未加發掘的潛力，今後將繼續加強這方面的工作。農業發展的情況也良好，今年糧食方面將得到豐收。現在我們全國都緊密地團結在黨中央周圍。當然過去也是團結的，現在的團結是空前未有的。

葛羅米柯説，這次我來中國是受蘇共中央委託就台灣地區緊張局勢和赫魯曉夫同志準備給艾森豪威爾總統的信交換意見。蘇共中央完全贊同周總理

在昨晚向蘇達利柯夫參贊談到的中國方面的立場、策略和做法。同時，赫魯曉夫同志也準備給艾森豪威爾去信，對美國和英國政府所執行的政策提出警告。赫魯曉夫同志對遠東局勢作了一個估計，並且用嚴厲的措辭向美國提出嚴重的警告。我們認為，這封信對美國會起清醒劑的作用，像洗一盆冷水澡那樣。

毛主席說，美國早該洗澡了，天氣太熱了。葛羅米柯表示贊同，並說把這封信帶來了。我們希望，這封信能符合我們預期的目的，同時也覺得，它似乎是符合這些預期的目的的。接着，葛羅米柯轉述了信的內容。

葛羅米柯轉述完信的內容後，還受委託向中方通報了以下幾個問題：一是聯大特別緊急會議討論英美從黎巴嫩撤兵問題的情況；二是昨天舉行的蘇共中央全會的情況；三是與即將召開的聯大第十三屆會議有關的一些問題。

葛羅米柯談完上述問題後說，我剛才看到了周恩來總理準備就台灣局勢發表的聲明。我認為，這是一個十分及時和很好的聲明。我相信，周恩來總理的聲明和赫魯曉夫同志致艾森豪威爾的信，都會起到十分重要和應有的效果。

葛羅米柯談完後，賓主共進晚餐。在晚飯時和飯後繼續進行的談話中，毛主席把中方在台灣海峽的鬥爭方針和策略全部告訴了葛羅米柯，請他回去向赫魯曉夫報告。

毛主席說，我們炮打金門，不是要打台灣，也不是要登陸金門、馬祖，而是要調動美國人。希望你們放心，我們的目的是要調動美國人，這是一。

第二，美國人同國民黨訂有「共同防禦條約」，但是不久前艾森豪威爾發表談話的時候，並沒有說現在就承擔「共同防禦」金門、馬祖的義務，而是說，美國是不是要像「共同防禦」台灣本土那樣來「共同防禦」金門、馬祖，還要看情況。毛主席說，艾森豪威爾這個講話表明，他還是怕跟中國打仗。即使是杜勒斯 9 月 4 日的聲明，也沒有肯定說要保護金門、馬祖，也是比較含糊的，只是擺出一副恫嚇的姿態。

第三，我們宣佈十二海里領海權的目的有兩個。一個是警告美國海軍和空軍不得入內。它如果進入我們十二海里的領海界線，就是侵犯中國領土主權。另一個目的也是告訴美國人，它只要不越過這個界線，我們就不打它。當然我們也沒有說，如果它越過了，我們就一定馬上打它，我們可以警告它。

　　第四，從現在各方面的情況來看，美國人可能要逼迫國民黨從金門、馬祖撤退。他要國民黨撤退，主要不是對我們有什麼好感，而是金門、馬祖離中國海岸太近，美國怕我們打金門、馬祖。如果國民黨要防守金門、馬祖，跟中國大陸開戰的話，美國就有被拖下水的危險。因為在國民黨不撤退的情況下，金門、馬祖前線不斷炮戰，這個地區處於一種不穩定的狀態，這就使美國處於進退兩難的境地。美國害怕被拖下水，因為美國還沒有決心要打世界大戰。

　　第五，儘管這樣，我們對美國要打仗還得有準備。我們的方針要放在它可能要打，不是放在它不會打，要在精神上、物質上準備跟美國打仗。但是，我們的方針不是跟它硬碰硬。如果它要登陸，我們就採取誘敵深入的辦法，放它進來。我們準備把沿海地區讓出來，放它進來後就關起門來打狗，讓他們陷在我們人民戰爭的汪洋大海之中，然後再一步步消滅它。

　　葛羅米柯說，對你們這種戰略我不能評論，但是要考慮到現在是原子彈時代。

　　毛主席說，原子彈有什麼可怕？我們現在沒有，將來會有；我們沒有，你們還有嘛。

　　毛主席對葛羅米柯說，我們的方針是我們自己來承擔這個戰爭的全部責任。我們對美國周旋，我們不要你們參加這個戰爭。我們不同於國民黨，我們不會拖蘇聯下水。

　　毛主席說，當然這個問題不是當前的問題。當前我們不會打台灣，也不會打美國，不至於引起世界大戰。這點請告訴赫魯曉夫。毛主席說，將來有機會，我可以同赫魯曉夫就美國人發動戰爭時我們怎麼辦的問題交換意見。這是將來的事情，不是現在的事情，現在不發生這個問題。

　　葛羅米柯說，我個人認為，你們這樣做是對的，我個人是贊成的。我回去後一定把中國的想法、中國的打算，原原本本地報告蘇共中央主席團，報告赫魯曉夫同志。從我個人來講，是贊成你們想法的。

赫魯曉夫致美國總統的信函

　　1958年9月7日，葛羅米柯結束訪華，返回莫斯科。在他回國前，即當

天上午，毛澤東給周恩來寫信，要周恩來：「本日上午約五六人對赫致艾文件草件認真研究一次，如可能的話，寫出一個意見書交葛羅米柯外長帶去，肯定正確部分佔百分之九十，可商量部分只佔少數，你看如何？赫文中應對中美新聲明有所評論。」由此可見，毛澤東對赫魯曉夫致艾森豪威爾的信還是滿意的。當天，根據毛澤東提出的建議，周恩來約鄧小平、張聞天等研究了赫魯曉夫致艾森豪威爾信的草稿。

　　也就是這天，赫魯曉夫接到葛羅米柯的報告後，了解了中國的對策，發出了給艾森豪威爾的信。赫魯曉夫信的內容主要是譴責美國政府目前在中國的台灣和台灣海峽地區所採取的行動，在遠東造成的危險局勢，使人類又一次面臨着燃起戰火的直接威脅；呼籲美國政府採取明智態度，不要採取可能招致不可挽回的後果的步驟。他在信中宣佈，對中華人民共和國的侵略也就是對蘇聯的侵略，蘇聯一定要援助中華人民共和國保衛領土主權的完整。赫魯曉夫在信中指出：「中國不是孤立的，它有着忠實的朋友，這些忠實的朋友在中國一旦遭到侵略時，準備隨時給予援助，因為人民中國的安全利益是同蘇聯的安全利益不可分割的。」「對我國偉大的朋友、盟邦和鄰國中華人民共和國的侵犯也就是對蘇聯的侵犯。忠於自己義務的我國，將盡一切可能同人民中國一道來維護兩國的安全，維護遠東和平的利益和世界和平的利益。」

　　赫魯曉夫的信譴責了美國國務卿杜勒斯 9 月 4 日的聲明：「這個聲明不能不引起最堅決的譴責。這個聲明就是公然企圖粗暴而無禮地踐踏其他國家的主權。儘管美國政府沒有任何權利這樣做，但它竟敢擅自確定它的利益的界線和它的武裝部隊在中國境內活動的範圍。這些活動不能認為是別的，只能是侵略活動，無疑，這些活動將受到各國人民的譴責。」同時，這封信還表示堅決支持周恩來總理 9 月 6 日的聲明：「可以完全肯定地説：威脅和恫嚇是嚇不倒中國人民的。這一點從中華人民共和國國務院周恩來總理 9 月 6 日聲明中就可以很清楚地看出來。中國人民希望和平，並且正在捍衞着和平，但是他們並不怕戰爭。中國人民滿懷決心捍衞自己的正義事業，如果有人想把戰爭強加在中國身上，那麼我們絲毫也不懷疑，中國人民必將給予侵略者以應有的回擊。」這兩段話顯然回應了毛澤東在給周恩來信中所提出的關於「赫文中應對中美新聲明有所評論」的意見。

葛羅米柯的回憶與事實不符

最後還應該提到一件事。中國外交部的方祖安精通俄文，是中國早期的俄文翻譯家，我們曾多次合作為中央領導服務，他是我的摯友。1958 年 9 月葛羅米柯秘密訪華時，他參加了接待工作，並在周總理、毛主席先後會見葛羅米柯時擔任記錄工作。1988 年 2 月 28 日，當時我已在中央統戰部工作，收到了他通過機要交通送來的註有「特急」標誌的信。他在信中寫道：

> 最近，蘇出版葛羅米柯回憶錄，提及 1958 年秘密訪華時同毛主席談話內容，其中說：「如美進攻中國，待美軍進入中國腹地後，蘇再對美軍進行襲擊。此事已引起外界注意。」現吳部長（外交部部長吳學謙 ——筆者註）將在 3 月 3 日啟程訪美，可能會談及葛回憶錄中有關毛主席同他談話的上述內容，最重要的是涉及毛主席是否說過要請蘇聯使用原子彈襲擊美國入侵軍隊的話。吳部長要我們查核清楚。經初步查核，現已找到當年毛主席和周總理同葛兩次談話記錄，但無葛在回憶錄中所述的上述內容。據我回憶，毛主席沒有說過這些話，不知您有否留下其他更多印象或能否提供進一步查找的線索。

1988 年 2 月 29 日，我覆信給方祖安。我在信中說：

> 1958 年 8 月下旬，我國炮擊金門後，蘇共中央派葛羅米柯秘密來華，其意在了解我國採取此行動的真實意圖。葛羅米柯此行的目的，正是 1959 年我國慶十週年時，赫魯曉夫在和毛主席的會談中講的。大意是：你們去年在沿海地區開炮，事先也不通知我們，我們派人來了解，也沒弄清楚。既然打了炮，就應該拿下這些島嶼，打了炮又不拿下，令人無法理解。我方參加會談領導同志當即告訴赫魯曉夫，我們打炮前，已將對金門打炮的意圖告訴了蘇聯軍事顧問組組長。
> 在同葛羅米柯談話中，毛主席說，我們是做了美國入侵中國大陸的準備的，我們準備把沿海地區讓出來，讓他們陷在我們人民戰爭汪洋大海之中，然後再一步一步地消滅它。對此，葛表示，對你們這種戰略我不能評論。但是要考慮到現在是原子彈的時代。毛主席說，原子彈有什

麼可怕？我們現在沒有，將來會有；我們沒有，你們還有嘛。

　　毛主席和葛羅米柯會談時，我當時擔任翻譯，此事時間已久，上述回憶不一定準確。但我肯定記得毛主席講了我們對付美帝國主義的戰略方針，而毛主席沒有說用蘇聯原子彈來打入侵中國的美軍的話。這和毛主席一貫的人民戰爭思想是不一致的。

　　另外，在中蘇論戰最尖銳的時候，蘇報刊披露了大量中蘇兩黨會談內幕的材料，攻擊毛主席。蘇攻擊最多的是毛主席在 1957 年莫斯科會議時講的原子彈不可怕，極而言之，中國死三億人，還有一半，打完仗再建設。即使在那時，也沒有提過葛羅米柯回憶錄中所說的毛主席要請蘇聯使用原子彈襲擊美國入侵軍隊的話。

　　葛羅米柯的回憶同事實不符，顯然同當年中蘇關係惡化有關聯。在 1958 年夏秋之交，緊跟着「聯合艦隊」事件之後發生的「炮擊金門」，同樣明顯地給中蘇關係投上了陰影。「炮擊金門」這樣重大的政治軍事行動，事前沒有向蘇聯通報（儘管我方事後聲稱炮擊前一個月已通報給在華的蘇聯軍事顧問組組長，對此赫魯曉夫說，「你們向我們通報的不是你們在這一問題上的政策，只是一些措施而已」），而直到美國艦隊雲集台灣海峽，形成了一觸即發的緊張局勢後，赫魯曉夫不得不派人來華摸底，才獲悉中方的意圖。赫魯曉夫認為這一行動同他推行的緩和緊張局勢的外交方針是背道而馳的，而且「炮擊這些島嶼惹惱他們（美國人——筆者註）是不值得的」，雖然他（蘇聯——筆者註）「不會因台灣問題而打仗」，但是作為中國的盟國對外不得不聲明，「蘇聯要起來保衛中國」，從而冒着一旦局勢惡化而被迫「捲入事態」（戰爭——筆者註）的風險。對於中方因形勢變化而調整對策、作戰方案和目的（由先奪取金、馬，再解放台灣的「兩步走」，調整到暫不收復金、馬沿海島嶼，今後爭取一下子收回這些沿海島嶼、澎湖列島和台灣的「一攬子」方案——筆者註），赫魯曉夫表示無法理解。他說：「說到炮擊沿海島嶼，既然你們進行炮擊，那就應該攻下來，假如你們認為沒有必要攻下這些島嶼，那也就沒有必要進行炮擊。我不能理解你們這種政策。」

　　1958 年夏秋之交發生的「聯合艦隊」事件、「炮擊金門」事件，開始破壞1957 年冬莫斯科會議前後在毛澤東與赫魯曉夫之間好不容易建立起來的並不

牢固的互相信任的關係。隨之而來的是赫魯曉夫對中國的「大躍進」、「大煉鋼鐵」、「人民公社化」的批評、冷嘲熱諷，進而對毛澤東的攻擊、謾罵⋯⋯這些無法挽回地惡化了中蘇關係。不過這已經是後話了。

中緬邊界談判親歷記

程瑞聲

1960 年 10 月 1 日，周恩來總理和緬甸總理吳努分別代表本國政府，在北京簽訂《中緬邊界條約》。這是新中國與亞洲鄰國簽訂的第一個邊界條約，為以後解決類似問題創立了一個良好的先例。

1952 年 8 月，我從北京外國語學校（現北京外國語大學）英文系調到外交部，被派往中國駐緬甸使館擔任學習員，學習緬甸語。從那時起，一直到 1960 年被調回到外交部亞洲司工作，我在駐緬甸使館工作了八年，有幸作為翻譯和工作人員參與中緬邊界談判。這裏僅就我所經歷的中緬談判過程作一簡要回顧，並談談我個人的一點看法。

一

緬甸是中國山水相依的近鄰，中緬兩國的交界地方多為深山老林。歷史上，當地的很多土司既接受中國皇帝的冊封，又接受緬甸王朝的冊封。中緬兩國間的疆界劃分比較模糊，過去並不存在邊界問題。

直到近代，英國不斷入侵緬甸，並最後將其吞併，這才產生了中緬邊界問題。1894 年和 1897 年，中英兩國政府兩次簽訂關於中緬邊界問題的條約。

新中國成立前後，中國和緬甸有共同邊界兩千多公里，大部分已經劃定，但是有三段還存在懸而未決的問題。

第一，阿佤山區一段。中英兩國政府在 1894 年和 1897 年簽訂的兩個中緬邊界條約中對這一段邊界曾有明文規定，但由於有關條文自相矛盾，這一

段邊界長期沒有劃定。為造成既成事實，英國在 1934 年初派遣軍隊進攻班洪部落和班老部落所轄地區，遭到當地佤族人民英勇抵抗，這就是有名的「班洪事件」。1941 年，英國乘當時中國在抗日戰爭中面臨危急情況之機，以封閉滇緬公路相要脅，同當時的中國政府於 6 月 18 日以換文方式在阿佤山區劃定了一條對其片面有利的邊界。這就是所謂的「1941 年線」。由於不久就發生了太平洋戰爭，在這條線上並沒有樹立界樁。1952 年中國人民解放軍追剿國民黨軍隊李彌殘部的時候，越過「1941 年線」，在「1941 年線」以西大約佔了一千多平方公里的土地。緬甸政府當時並不清楚，沒有馬上提出交涉。

第二，在南畹河和瑞麗江匯合處的勐卯三角地區，又名南畹三角地區，面積約二百五十平方公里。這個地區是中國的領土，過去英國在條約中也已明文承認。但在 1894 年中英兩國簽訂有關中緬邊界條約前，英國未經中國同意，強行通過該地區興修了由八莫到南坎的公路。1897 年，中英兩國再次簽訂有關中緬邊界條約時，英國又以「永租」的名義取得了對該領土的管轄權。緬甸在獨立以後承繼了這一「永租」關係。

第三，尖高山以北的一段。這一段邊界過去從未劃定。其中，片馬、崗房、古浪是由中國皇帝冊封的土司統治的，有確鑿的證據表明其屬於中國。清朝末年，片馬的一個土司因為收稅問題，跟其他土司發生糾紛，被地方政府抓了起來，但很快又被釋放，這引起片馬土司們的普遍不滿，認為中國政府解決不了他們的問題。這本來屬於中國的內部矛盾，但英國人心懷叵測，1911 年初趁勢武裝佔領了片馬地區，激起了全中國人民的義憤，全國各地掀起了風起雲湧的抗議運動。在這種情況下，英國政府不得不於同年 4 月 10 日照會當時的中國政府，正式承認片馬、崗房、古浪三處各寨屬於中國領土，但是卻毫無道理地繼續侵佔這個地區。

二

緬甸是非社會主義國家中第一個承認新中國的國家。它對中國的態度比較微妙。緬甸 1948 年 1 月 4 日獲得獨立，首任總理吳努是作家出身，他曾生動而坦率地表示：「中國好比大象，緬甸好比羔羊，大象會不會發怒，無疑會使羔羊常常提心吊膽。」一則是對中國的懼怕，一則是國家的圖存，於是在

對剛剛成立的新中國的態度上，緬甸表現出了一種奇特的想像力。在緬甸看來，愈是害怕，愈是要友好，所以想第一個承認新中國。在得知其友邦印度要第一個承認新中國後，緬方專門給尼赫魯打電報，希望尼赫魯照顧一下，讓其先行一步承認新中國。尼赫魯答應了。於是緬甸成為非社會主義國家中第一個承認新中國的國家。當時，緬甸國內有緬甸共產黨領導的武裝鬥爭，又有國民黨軍隊李彌殘部數千人盤踞在緬甸東北部撣邦一帶。中緬兩國之間還有歷史上遺留下來的邊界問題。吳努十分擔心，新中國會以追剿蔣軍為「藉口」，「先發制人」，進入緬甸，並輸出革命，支持緬共推翻緬甸政府。因此，新中國成立後不久，緬方即幾次向中國提出邊界問題，希望能早日獲得解決。

1952 年，當我到達中國駐緬甸使館的時候，中緬關係的前景還不明朗。新中國成立不久，中國政府當時需要把主要精力用來處理國內外一系列重大而迫切的問題，不可能為中緬邊界問題的解決進行全面和系統的準備。同時，在中國革命勝利的鼓舞下，我們的一些同志囿於階級鬥爭的觀念，一度寄希望於緬甸共產黨，希望緬甸革命能速勝。

在這種複雜的背景下，1954 年 6 月 28 日，周總理在參加日內瓦會議、訪問印度後，開始訪問緬甸。這是新中國領導人第一次訪問緬甸，兩位總理的初次接觸使中緬關係發生了重大變化，為解決邊界問題奠定了基礎。

在出訪之前，對於緬甸存在的「中國威脅論」，周總理進行了實事求是的分析，充分認識到緬甸作為中國一個較小的鄰國，其疑慮有其歷史和現實的原因，必須把緬甸這樣一個民族主義國家同宣傳「共產主義威脅」的西方國家相區別，多做增信釋疑的工作，逐步建立起相互理解、相互信任的友好關係。周總理對緬甸的首次訪問充分體現了新中國的這種睦鄰友好政策。

在會談中，吳努表示，緬甸人口只及中國的雲南省，緬甸政府一直懷疑中國對緬甸有領土野心，為此甚感恐懼。他還提出：緬甸共產黨一些領導人和克欽族軍人越境到中國雲南接受軍訓，這使緬甸政府感到憂慮，希望中國採取步驟避免上述不愉快事件的發生。

周總理向吳努介紹了中國和印度兩國總理聯合聲明中倡導的和平共處五項原則，表示新中國的政策是和平政策，並按照這五項原則與世界上一切國家友好相處，何況緬甸和中國還是有親戚關係的國家；中國的立國政策就是把自己國家搞好，沒有領土野心，並強調革命不能輸出，輸出必敗。周總理

提出：中緬之間應當有一個帶政治性的協定，如果緬方同意，中方可提出這樣一種性質的協定，以有助於兩國之間友好關係和和平共處，但簽訂協定需要時間，因此，在這之前可先發表一個聯合聲明作為開端。吳努同意發表聯合聲明。

1954 年 6 月 29 日，中緬兩國總理發表聯合聲明，宣佈和平共處五項原則「也應該是指導中國和緬甸之間關係的原則」，重申「各國人民都應該有選擇他們的國家制度和生活方式的權利，不應受到其他國家的干涉」，「革命是不能輸出的，同時，一個國家內所表現的共同意志也不應允許外來干涉」。

從當時的歷史背景看，和印度共同倡導和平共處五項原則主要是為了解決印度在西藏的特權問題，與緬甸共同倡導和平共處五項原則主要是為了解除緬甸對中國的疑慮。從周總理首次訪問緬甸看，和平共處五項原則從一開始就顯示了強大的生命力，在很大程度上消除了緬甸對中國的疑慮。周總理的外交風格和個人魅力對吳努也產生了很大的影響，他對周總理十分欽佩。

1954 年 12 月，吳努訪華，毛澤東主席向他明確表示中國不會利用追剿國民黨軍殘部之機打緬甸，還承認歷史上中國元朝、清朝進攻緬甸是侵略，說那是中國人的不對。吳努對中國領導人的疑慮進一步消除。他對毛主席表示：「很坦率地說，我們對於大國是恐懼的。但是周恩來總理訪問了緬甸以後，大大地消除了緬甸人的這種恐懼。」「曾經有過一個時候，我不知道在中國會遇到怎樣的人，害怕會遇到像希特勒那樣的人，講話的時候拍桌高喊。但是我現在發現，我的恐懼都是毫無根據的。」和毛主席會談後，吳努非常輕鬆。有一個插曲，當時緬甸駐華大使開了一個招待會，毛澤東、劉少奇、周恩來、朱德等中國主要領導人都去了。這天晚上，吳努穿了一身中國的中山服，後來這引出了周總理三穿緬甸服的動人佳話。

吳努這次訪華，再次談到了邊界問題。兩國總理在會談公報中表示：「鑒於中緬兩國邊界尚未完全劃定，兩國總理認為，有必要根據友好精神，在適當時機內，通過正常的外交途徑，解決此項問題。」

1955 年 11 月，正當中緬兩國為解決邊界問題進行準備的時候，雙方邊防部隊在黃果園發生了一次武裝衝突。黃果園位於「1941 年線」以西，1952 年我們越過「1941 年線」的時候控制了這個地方，緬甸認為黃果園是它的領土。因為沒有協調溝通好，中緬雙方邊防部隊發生了武裝衝突。這在當時是一件

震動性很大的事件，中緬邊境局勢很緊張，緬甸輿論把問題說得很嚴重。我當時在緬甸看英文的《民族報》（Nation），這家報紙說中國「搶佔」了緬甸領土，可能還要繼續南進。黃果園事件是一個轉折點，促使兩國政府把解決邊界問題提上了日程。從 1956 年初起，兩國就邊界問題進行了頻繁的接觸和磋商。

三

從 1956 年開始，周總理決定親自抓中緬邊界問題，但他並沒有局限於中緬邊界問題，因為中國與周邊很多國家都有這個問題。周總理考慮要把解決中緬邊界問題作為一個突破口，為解決一系列邊界問題開一個好頭。周總理進行了大量的調查研究工作。他查閱了漢朝以來的有關歷史記載，弄清了中國歷代政府對邊境地區的管轄情況，搜集了各種地圖，並請教了龔自知、王季範、尹明德、于樹德等專家，弄清各個時期地圖畫法的不同和原因。他還調查了 19 世紀以來有關中緬邊界的歷次糾紛和交涉經過，弄清了邊界未決問題的由來，研究了中緬邊境地區雙方居民的民族分佈、居住和耕作情況，以及國際法有關邊界問題的論述和國際慣例。在中緬邊界問題解決之後，周總理叫人給外交部亞洲司送來一大皮箱材料，讓我們歸檔。我們打開後發現，盡是有關中緬邊界問題的專家報告、歷史資料、複印材料等。這些資料周總理都親自圈閱過。

在充分調查研究的基礎上，周總理就如何解決中緬邊界問題提出了正確的指導思想和方針。

在指導思想方面，周總理強調中緬邊界問題是英帝國主義侵略造成的，由於中國和緬甸已擺脫帝國主義的壓迫，成為獨立的相互友好的國家，中緬邊界問題的性質便發生了根本變化，必須從兩國友好的全局出發，服務於外交大局，而當時外交大局就是要建立反美統一戰線。美國已經在中國周邊建立了一個包圍圈，而當時印度、緬甸和平中立，所以印度、緬甸是中國重點爭取的對象。為此，對邊界問題必須有一個政治解決，不能過於拘泥於領土的得失。1957 年 7 月 9 日，周總理在一屆全國人大四次會議上作的《關於中緬邊界問題的報告》，對此作了精闢的論述。他說：我們要解決邊界問題，

其目的是安定四鄰，爭取國際形勢的和緩，便於進行建設，而不是使我們同鄰國的關係緊張起來。我們的國策是和平外交政策。我們是個大的社會主義國家，我們必須設想到這些民族主義國家和我們社會制度不同，對我們是有疑慮有畏懼的。我們一方面應該堅持和維護我們民族的正當利益，但另一方面也必須而且的確應該在反對大國沙文主義方面做出一些榜樣。就邊界問題說，重要的在於我們應該做到使雙方真正在平等、互利、友好的基礎上加以解決，而不在於我們必須多佔一些地方。

在具體方針方面，因為邊界問題涉及民族感情，任何單方面的讓步都是不可行的，所以周總理提出了互諒互讓、友好協商的方針。這是他的一大創舉。

解決邊界問題的方針原則確定以後，中緬邊界的談判就開始進入實質性的解決問題的階段。

四

1956 年 11 月，吳努訪問中國。我作為翻譯陪同，從此開始了我為中緬兩國領導人擔任緬甸語翻譯的生涯。由於緬甸內部的矛盾，吳努這時已經辭去總理職務，專任反法西斯人民自由同盟（簡稱自由同盟）主席，但實權卻未削弱，仍然是緬甸一號人物。吳努這個人是作家，比較靈活，富有想像力，也能夠適時作出一些決斷。在這次會談中，吳努表現得比較靈活、比較友好。

中國政府依據自己的調查研究結果，根據平等互利的原則，就中緬之間三段懸而未決的邊界問題作了說明，並提出了解決問題的原則性建議。

第一，阿佤山區一段。1956 年，在中緬兩國政府就中緬邊界問題進行商談過程中，緬甸領導人曾經表示能夠理解中國人民對於「1941 年線」的不滿情緒，但是鑒於這段邊界已經通過當時的中英政府以換文劃定，因此要求中國政府承認，並且要求中國政府把在 1952 年追剿國民黨殘部而進入「1941 年線」以西的中國軍隊撤回。中方表示：中國人民對「1941 年線」是不高興的，因為這是英國人乘人之危造成的。中方認為，在邊界問題上，根據正式條約而提出來的要求，應該按照一般國際慣例予以尊重，但是這並不排除兩個友好國家的政府通過和平商談求得對雙方都是公平合理的解決。為了促進這種

公平合理的解決，中方表示準備把軍隊撤出「1941 年線」以西的地區。同時，要求在中緬兩國政府沒有對「1941 年線」問題取得最後協議並且樹立界樁以前，緬甸軍隊不進駐中國軍隊自「1941 年線」以西所撤出的地區，但是緬甸工作人員可以進入這一地區。

第二，勐卯三角地區。中方在原則性建議中指出，由緬甸繼續對中國的一塊領土保持「永租」關係，是同中緬兩國目前的平等友好關係不相稱的。中國政府願意同緬甸政府商定如何廢除對勐卯三角地區「永租」關係的具體部署。

第三，尖高山以北的一段。根據對歷史事實和實際情況進行調查研究的結果，中國政府對於這一段邊界劃定提出了以下建議：從伊索拉希山口以北到底富山口的部分，可以按照習慣邊界線劃界；從伊索拉希山口到尖高山的一段，除片馬、崗房、古浪地區應歸還中國以外，原則上可以按怒江、瑞麗江（又名龍川江）、太平江為一方和恩梅開江為另一方的分水嶺劃定邊界。中國政府同時要求，在中國軍隊撤出「1941 年線」以西地區的同一時期內，緬甸政府也把軍隊從片馬、崗房、古浪撤出。在這一段最後劃界以前，緬甸政府可以保留在片馬、崗房、古浪地區的行政管理，而中國政府保證，在這一段邊界最後劃定以前，中國軍隊將不進駐這個地區。

吳努主席對中國政府的原則性建議非常滿意，認為這是照顧雙方利益的公平合理的建議。中緬雙方在聯合新聞公報中宣佈：兩國政府取得了諒解。從 1956 年 11 月底到 1956 年 12 月底，中國軍隊撤出「1941 年線」以西地區，緬甸軍隊撤出片馬、崗房、古浪。隨後，中緬兩國都在規定時間內完成了各自的撤軍工作，為保證兩國邊境的安寧和邊界問題的最終解決創造了良好條件。這樣，中緬達成的第一步互諒互讓，使兩國邊界的緊張局勢開始緩和下來。關於勐卯三角地區的問題，周總理說，考慮到八莫是緬北重要城市，勐卯三角地是緬北交通樞紐，如果收回，將使緬甸北部交通產生難以克服的困難，這個問題要努力抓緊解決。吳努此行收穫很大，非常高興地回國了。

1956 年底，周總理出訪亞歐十一國，12 月 10 日到 20 日正式訪問緬甸。這是我第一次全程陪同周總理訪問緬甸。這次訪問有一個特點，除了仰光、曼德勒等大城市外，絕大部分時間，都是訪問緬北少數民族地區。周總理考慮到，邊界問題的解決大量牽涉兩國邊境的少數民族，關乎他們的利益得

失，必須對他們做大量、細緻的説服、解釋工作。這次訪問中有一個外交史上的罕見之舉，即 12 月 15 日，周總理和緬甸總理吳巴瑞一起，從陸路坐汽車，開到邊界橋，下車步行進入中國境內，共同參加了在雲南芒市舉行的中緬邊境人民聯歡大會、中緬邊境少數民族公眾領袖座談會。周總理在聯歡大會上講話説：只要中緬兩國政府和人民堅決信守和平共處五項原則，彼此以誠相見，我們的相互了解和信任就會日益增進，我們之間的一切問題就都可以逐步求得公平合理的解決。1956 年 2 月，在中緬邊界的緬甸一側也舉行過一次兩國邊境人民聯歡大會，雲南派了省政府秘書長去，當時中國駐緬甸大使姚仲明和我也都參加了。

在這之後，中緬達成了第二步的「互諒互讓」，就是關於勐卯三角地區的問題。1957 年 3 月底，重又當上緬甸總理的吳努到雲南休假，周總理親自到昆明和他會談，主要講了兩層意思：第一，儘管勐卯三角地區在面積上比按「1941 年線」劃歸緬甸的班洪和班老兩個部落的管轄區要大一些，但考慮到緬甸在這裏所修建的公路是連接緬甸撣邦和克欽邦的交通命脈，對緬甸很重要，因此中國政府願意把這個地區移交給緬甸，成為緬甸領土的一部分，但是我們不能無條件地給緬甸。作為交換，緬甸政府應把「1941 年線」以西的班洪和班老部落管轄區劃歸中國，成為中國領土的一部分，從而糾正兩個部落被「1941 年線」分割為中緬兩部分的不合理狀態。第二，為了體現兩國都是新的主權國家，兩國所有舊的條約一概不要，要簽訂立足於兩國新的關係與和平共處五項原則基礎上的新約。吳努建議簽訂一個友好和互不侵犯條約，周總理同意了。1957 年 7 月 26 日，一屆全國人大四次會議後，周總理又給吳努寫了一封信，表達的基本意見是：除重申中方的各項建議外，並表示，為尊重緬甸的獨立和主權起見，中國政府願意在新的條約中聲明，放棄1941 年 6 月 18 日中英兩國政府換文中規定的中國有權參加爐房銀礦經營的權利。

針對中國的建議，1957 年 9 月，吳努派他的親信緬甸最高法院首席法官吳敏登作為特使到中國來訪問，參加中國國慶，同周總理進一步商談中緬邊界問題。由於緬方不同意以「1941 年線」以西的班洪、班老部落轄區同勐卯三角地區交換，會談未能取得新的突破。

到 1958 年，儘管中方作出了很多積極努力，但是中緬邊界問題仍然沒有

最終解決。這主要和當時緬甸的國內背景有關。當時緬甸的執政黨自由同盟存在三派，即以吳努總理為首的一派，以國防部長吳巴瑞為首的一派和以工業部長吳覺迎為首的一派。此外以緬軍總參謀長奈溫為首的緬軍領導人也自成一派。執政黨內部三派之間鬧得一塌糊塗。吳努雖然當總理，但是搖搖欲墜，沒有可能集中精力繼續研究邊界問題。吳巴瑞和吳覺迎在加入自由同盟以前是緬甸社會黨的領導人，由於受歷史上共產國際和社會黨國際之間分歧的影響，他們對中國的疑慮比吳努還多。而奈溫很果斷，也有一定的政治頭腦。1958 年，他看到執政黨分裂，議會民主搞得一塌糊塗，就發動政變，迫使吳努辭職，組成一個以自己為首的看守政府。後來，由於國內的壓力，他被迫以退為進，進行大選，吳努又當選為總理。但在即將舉行大選之際，奈溫突然提出到中國來，要解決邊界問題。這體現了奈溫的政治頭腦，他知道中國是緬甸最大的鄰國，緬甸和中國友好已經有一定的基礎，要抓住機會，進一步發展同中國的關係，為他將來重新執政創造條件。周總理對我不止一次講過，中緬邊界問題的解決是吳努打下的基礎，他有很大的功勞，但他始終沒有解決勐卯三角地區的問題，是奈溫解決了這個問題。

　　1960 年 1 月 24 日至 29 日，奈溫來華商談邊界問題。在會談中，奈溫主動提出將原來雙方擬簽署的關於邊界問題的「換文」改為「協定」，並同意按兩國總理在 1957 年換文的基本內容起草並簽訂《中緬友好和互不侵犯條約》。會談在非常友好的氣氛中進行，雙方很快達成了協議。兩國總理於 1 月 28 日分別代表本國政府在《中華人民共和國政府和緬甸聯邦政府關於兩國邊界問題的協定》和《中華人民共和國和緬甸聯邦之間的友好和互不侵犯條約》上簽了字。《關於兩國邊界問題的協定》就中緬邊界的幾個重要問題作了原則規定：(1) 自尖高山起，到中緬邊界西段終點的全部未定界，除片馬、古浪、崗房以外，遵照傳統習慣線定界。(2) 緬甸把片馬、崗房、古浪歸還中國。(3) 中方以勐卯三角地區換回班洪、班老兩部落在「1941 年線」以西的轄區。(4) 中國接受「1941 年線」。(5) 新的邊界條約經兩國政府簽訂和生效後，將代替一切舊的有關兩國的邊界的條約和換文。

　　根據《關於兩國邊界問題的協定》，中緬雙方應成立邊界聯合委員會，進行勘界和定界，然後簽訂中緬邊界條約。1960 年 2 月，吳努領導的廉潔派在緬甸大選中獲得壓倒性的勝利。吳努重新擔任總理後，提出希望能在 1960 年

10 月前完成新邊界條約的起草工作，以便他在 10 月訪華時簽字。由於邊界問題協定對如何解決雙方存在分歧的問題只作了原則規定，具體落實還有很多問題需要雙方通過友好協商解決，而在長達二千多公里的中緬邊界上進行勘測也需要大量的人力、物力，邊界聯合委員會的任務是十分繁重的，雙方首席代表的人選具有特殊重要的意義。正是在這種形勢下，中方任命當時擔任外交部條約法律司司長的姚仲明擔任首席代表。緬方則任命緬軍副總參謀長昂季準將為首席代表。這時我剛從駐緬甸使館調回外交部亞洲司工作，姚仲明當即通過幹部司將我調去，擔任中方代表團的翻譯。

　　從 1960 年 6 月到 9 月，邊界聯合委員會雙方代表團投入了緊張的工作，先後在仰光、北京、昆明、畹町等地多次開會，飛行里程有幾萬公里。邊界問題涉及雙方領土主權，姚仲明認真負責，一絲不苟。由於中緬雙方在不少具體問題上還存在分歧，姚仲明遵照中央確定的互諒互讓的方針，採取了一攬子解決的辦法，你讓一點，我讓一點，使這些具體分歧獲得了圓滿解決。但談判畢竟是很艱苦的。記得有一次在緬甸開會，由於談判未能按預定時間結束，我們所乘的中國民航班機不得不推遲一天起飛。由於邊界聯合委員會的工作直接關係到中緬能否如期簽署邊界條約，兩國總理十分關心邊界聯合委員會的工作，親自進行了指導，並給予很高禮遇。中方代表團每次到仰光開會，吳努總理都要親自會見並宴請。緬方代表團每次到北京開會，周總理也親自會見並宴請。

　　隨着中緬邊界勘測工作的展開，殲滅盤踞在中緬邊境一帶的國民黨軍殘部問題被提上了日程。1960 年 4 月，周總理在訪緬期間同吳努會談中，建議緬甸消滅在緬甸邊境建築飛機場的國民黨殘餘軍隊。同年 6 月，在中緬邊界聯合委員會第一次會議上，中方代表又遵照周總理的指示，提出為保護勘界人員，必須給國民黨殘部必要的打擊，緬方同意。由於緬方軍力不足，緬方起初同意中方軍隊可在「1941 年線」以西十公里範圍內執行警衛任務。其後緬方又主動要求中方軍隊進入緬甸境內協助緬軍拔除國民黨殘部的大本營，周總理指示可同意。1960 年 11 月至 1961 年 2 月，中方出動部隊兩次出境與緬軍共同對國民黨軍殘部作戰，取得了重大勝利。國民黨軍殘部除部分被殲外，大多逃離緬甸，使中緬聯合勘界工作得以順利進行。緬方從過去擔心中國以肅清逃緬國民黨軍為藉口入侵緬甸，到現在主動要求中方軍隊入境聯

合作戰，這是一個飛躍，是雙方關係發展的一個重要見證。中緬雙方派出大批人員組成聯合勘察隊，不怕疲勞，跋山涉水，在很短的時間內完成了勘察工作。

由於邊界聯合委員會富有成效的工作，中緬邊界條約得以如期簽訂。1960 年 10 月，吳努總理和奈溫將軍率領三百六十餘人的各界代表團訪華。10 月 1 日上午，代表團參加了中國國慶，下午兩國總理簽署了《中華人民共和國和緬甸聯邦政府邊界條約》，歷史遺留下來的複雜的中緬邊界問題終於獲得了全面徹底的解決。1961 年 1 月 2 日，周總理和陳毅副總理一起率領由九個代表團共四百三十七人組成的中國友好代表團訪緬。1 月 4 日上午，周總理一行參加了緬甸獨立節慶祝典禮，下午舉行了交換中緬邊界條約批准書儀式。

中緬邊界條約簽訂後，姚仲明率領邊界聯合委員會中方代表團繼續努力，同緬方代表團一起完成了在中緬邊界全線樹立界樁等工作。1961 年 10 月，吳努總理和奈溫將軍再次訪華，中緬兩國總理在中緬邊界議定書上簽字。10 月 13 日，周總理在簽字儀式上說：隨着中緬邊界議定書的簽訂，歷史上遺留下來的兩國邊界問題就獲得了最後徹底的解決，一條和平和友誼的邊界從此就鞏固地確定下來了。當晚，周總理在出席吳努舉行的告別宴會時指出：兩國邊界議定書的簽訂，為不同社會制度國家和平共處、友好協商解決有關問題樹立了又一個良好的範例。從此中緬邊界的劃界工作全部完成。

五

中緬邊界問題的圓滿解決，使兩國關係在 20 世紀 60 年代初期出現了高潮，為亞洲國家解決歷史遺留問題樹立了光輝的榜樣，在新中國外交史上具有重要的地位。概括起來主要有以下三點：

第一，從中緬兩國關係來看，中緬邊界問題的解決推動兩國關係達到高潮，並對兩國關係的長遠發展產生重要影響。當時我們的對外關係比較緊張，和美國對抗，和蘇聯的關係開始破裂，和印度關係緊張，在這種背景下，中緬關係達到如此友好的高潮，是難能可貴的。1960 年 10 月吳努總理和奈溫將軍率領三百六十餘人的緬甸各界代表團訪華，是新中國成立以來接待的最大的非社會主義國家的代表團。1961 年 1 月周總理和陳毅副總理率領

由九個代表團共四百三十七人組成的中國友好代表團訪問緬甸，是新中國成立以來向國外派出的最大規模的對外友好代表團。就在這前後，周總理三穿緬甸服已成為中緬友好史上的動人佳話。1960 年 4 月，周總理訪緬參加潑水節活動時，欣然穿上了緬方準備的民族服裝；1961 年 1 月周總理訪緬時又於 1 月 6 日晚身穿緬甸民族服裝參加緬甸總統吳溫貌的獨立節招待會；1961 年 1 月 7 日在吳努陪同下訪問古都曼德勒時又接受吳努希望周總理在緬甸古都再穿一次緬甸民族服裝的建議，在坐船遊伊洛瓦底江時再次穿上緬甸民族服裝。因為中緬友好的基礎牢靠，「文化大革命」時中緬關係雖然受到一定衝擊，但並沒有對兩國關係持續發展產生太大影響。

第二，按周總理所說，中緬邊界問題的解決，為亞洲國家解決歷史遺留問題樹立了光輝的榜樣，為解決中國和亞洲鄰國的邊界問題打開了一個突破口。

第三，打破了以美國為首的帝國主義國家對中國的包圍圈。當時美國組織了東南亞條約組織，同日本、韓國等簽訂了軍事條約，在中國周邊形成了一個包圍圈。中緬友好，就在這個包圍圈上打開了一個大缺口。《中緬友好和互不侵犯條約》中專門有一條明確指出，雙方不參加針對對方的軍事同盟。中緬邊界問題解決後不久，奈溫成為緬甸的最高領導人，他是一位民族主義者，對中國友好，不屈服於美國，美國雖十分不滿，但多次對他施加壓力都沒有成功，這對中國的安全形勢是十分有利的。

隨彭德懷訪問東歐和蒙古八國紀實

章金樹

中國軍事友好代表團於 1959 年 4 月 24 日至 6 月 11 日應邀訪問東歐及蒙古八國，歷時近一個半月。代表團由彭德懷親任團長，他當時是中央軍委副主席、中央政治局委員、國務院副總理兼國防部長。團員有國防部副部長王樹聲大將、總政治部副主任肖華上將、濟南軍區司令員楊得志上將、高等軍事學院副院長陳伯鈞上將，還有空軍和海軍的將領。團員中還有國防部辦公廳副主任、外事處處長等人。隨員中我是外事參謀，主要給彭總當翻譯並兼管禮賓工作，另外還有彭總的副官、俄文翻譯和醫生。

訪問波、德、捷的經歷

中國軍事友好代表團於 4 月 24 日由北京起飛，經莫斯科直飛波蘭華沙。飛機在莫斯科機場加油時，到機場迎接的有馬利諾夫斯基元帥、莫斯卡連科元帥等蘇軍高級將領。代表團抵達華沙後，受到波方的熱烈歡迎。因天色已晚，就直接赴賓館休息。

在波蘭，波方安排代表團主要參觀海軍和空軍。4 月 25 日下午，代表團離開華沙，前往波羅的海的海濱城市索波特。由於長途飛行較勞累，用過晚餐後，彭總和代表團的將軍們就早早休息了。此時波蘭駐華武官莫納特上校邀請外事處處長、我和其他幾位團員前往參觀波蘭海軍軍官俱樂部，在北京我們都是熟人，盛情難卻，就同意了。我們想像，俱樂部肯定有圖書館、文娛室和咖啡廳等設施。出乎意料的是，走進大廳後看到的情景，簡直讓我

們目瞪口呆，海軍軍官們摟着半裸的女人在跳舞，有的抱着女人在喝酒、親吻。這哪裏是俱樂部？完全是個藏污納垢的地方！我們二話不說，掉頭就走。莫納特上校在後邊説什麼，我們都沒有聽清楚。回到賓館後，大家心照不宣，對參觀俱樂部一事守口如瓶，否則讓彭總知道了，肯定會受到嚴厲的批評。

　　4月26日上午，代表團分乘三艘快艇前往海軍基地格丁尼亞和格但斯克參觀。彭總在航行中有時拿着望遠鏡瞭望，了解地形和沿海情況，就像抗日戰爭時期發動百團大戰那樣，深入前沿陣地，了解地形和觀察敵情。到達格丁尼亞上岸後，彭總在休息廳內與波蘭海軍司令交談，探討如何打好防禦戰。彭總問，現在北大西洋公約組織的兵力部署和在波羅的海的海軍實力有何變化？海軍司令一時語塞，回答不出來。彭總於是介紹了北約組織的兵力分佈情況，並説在波羅的海共有水面艦艇若干艘和潛艇若干艘。中國國防部長居然對北約情況了若指掌，這讓波蘭海軍司令感到十分欽佩。當時我想，如果當司令的不知敵情，軍官們又整天過着紙醉金迷的生活，一旦打起仗來，如何反抗入侵之敵並保衛這個國家的領海，那只有老天爺知道了。

　　4月29日，代表團從華沙飛往柏林，因機場距市區較遠，德方安排到市內舉行歡迎儀式。在歡迎會上，民主德國國防部長維利·斯多夫上將發表了熱情洋溢的講話，對彭德懷元帥親自率代表團回訪感到特別榮幸。斯多夫將軍曾於1957年率團訪華。他對中國經濟的飛快發展驚歎不已，但也看到一些負面的東西。如在南京軍區參觀時，看到解放軍戰士們行軍中把褲子脱下來，圍在脖子上，他沒有想到解放軍還有這樣重的遊擊習氣。又看到公路上很多載重汽車的司機開空車，這在民主德國是絕對不允許的。在會見南京軍區司令員許世友上將時，他毫不客氣地提了這兩點意見。許司令豁達大度，感謝維利·斯多夫部長提出的寶貴意見，並表示一定要大力整頓軍容風紀。

　　4月30日上午，民主德國總理格羅提渥會見代表團。互相寒暄後，格羅提渥指出，德方向中方提出購買一種稀有金屬，中方至今未作答覆。德文翻譯不知這種稀有金屬為何物，大家把目光投向我，我説可能是鎢礦，但沒有把握。由於無法準確翻譯，格羅提渥説，這沒有關係，因德方提供的購貨單中對品名、數量都有文字説明，只是希望元帥回國後能關心一下此事。彭總掏出筆記本記了下來。格羅提渥見彭總辦事如此認真，感到十分滿意。

5月4日上午，代表團乘車前往蘇軍演習場，觀看步兵連的進攻演習。代表團準時到達後，演習開始。蘇軍先進行炮火準備，在第二次炮火準備後，步兵投入戰鬥，士兵們以密集的隊形，挺胸凸肚地端着衝鋒槍前進。彭總認真觀察，表情嚴肅。代表團的一位將軍私下說，炮火準備後，敵有生力量並未全部被消滅，如果利用地形，匍匐前進，就可減少傷亡。幾位將軍會意地一笑，表示贊同。但蘇軍有自己的戰鬥條令，我們不便妄加評論。觀看完演習後，我們參觀了軍官食堂，只見食堂窗明几淨，擺了三十多張小圓桌，每張桌子都鋪有雪白的桌布，並放着鮮花。彭總走進餐廳駐足觀看時，發現牆角邊有一隻老鼠在覓食。蘇軍駐軍司令問彭總：您看見了什麼？彭總說：牆角邊有一隻耗子。那位司令頓時臉紅到脖子，十分尷尬。彭總迅速走進炊事房，廚師們正在炒菜，香氣撲鼻，彭總讚揚他們廚藝高超，一定會使軍官們滿意。聽到中國元帥的讚揚，廚師們立即放下手中的瓢勺，熱烈鼓掌。臨別時，我們將從國內帶去的精製金星鋼筆和一些小紀念品，分送給駐軍司令和陪同參觀的高級軍官，大家笑逐顏開，握手告別。

5月6日，代表團由柏林飛往捷克首都布拉格。在捷克斯洛伐克，捷方只安排參觀一個軍事項目，即與邊防部隊官兵會見，其餘時間均是參觀工廠和風景名勝。我們參觀了比爾森啤酒廠，留下很深的印象，特別是到卡羅維發利，大家得到適當的休息，精神為之一振，彭總也很開心。

婉拒駐匈蘇軍司令邀請

5月13日，代表團飛往匈牙利首都布達佩斯。次日，駐匈蘇軍司令卡扎柯夫大將來訪，要求見彭總。他說，他唯一的心願就是請彭德懷元帥到他們部隊參觀，因為在民主德國，元帥已參觀了駐德蘇軍。這位大將矮矮胖胖的，嘴上留了兩撇向上翹着的大鬍子，酷似哥薩克騎兵。彭總接見了他，向他解釋說，兩國情況不一樣，駐民主德國蘇軍和駐聯邦德國的英、美、法部隊，是根據國際協議進駐的，而匈牙利是一個獨立的主權國家，所以不能一概而論。卡扎柯夫急了，說我不問政治，只希望對我們一視同仁。彭總說我們研究一下，再和你聯繫。大鬍子快快而別。彭總與代表團的幾位主要成員商量，說他本人不能去，決定由肖華上將帶海、空軍少將等人前往。這樣決

定後，通知了卡扎柯夫，他還算知趣，覺得有了面子，不再糾纏了。這件事引起匈牙利社會主義工人黨總書記卡達爾的關注。他在會見彭總時説：「彭德懷元帥不但是著名的軍事家，而且還是一位高瞻遠矚的政治家，果斷地以一個政治家的智慧妥善地處理了這件事，是在政治上對匈牙利的支持。」他代表匈牙利黨、政府和人民向彭總表示深切的謝意。彭總謙遜地説：「您過獎了，我們都是社會主義國家，互相有着共同的目標，這是我們能夠做到的事，請不要客氣。」

駐匈蘇軍是 1956 年波匈事件時派去的，事件平息後，蘇軍不走了，長期駐紮下來，令匈方頗感頭痛。代表團一到匈牙利，就明確地表明了中方的態度，大家都很高興。平時我們在旅館裏用餐，匈方不派人陪餐，這讓我們感到輕鬆。有一次，王樹聲大將在用餐時遲到了兩分鐘，當時只有彭總身邊的位置空着。他走到我身邊，輕輕地説：「咱倆換個位子，你坐到彭總身邊去，我坐在你這裏，因為我在彭總身邊吃不飽飯。」我只好遵命。後來我明白了，在心理學上這種拘謹是無限崇敬的表露，而不是畏懼。

代表團在巴拉頓湖邊的別墅內休息了一晚，這裏風景如畫，如臨仙境。次日，代表團返回布達佩斯。匈方安排遊覽市容，我們從布達乘車經過多瑙河橋去佩斯參觀，這天風和日麗，彭總的心情很好。我們登上一處高台俯瞰全市，確實感到它是多瑙河上的一顆明珠，名不虛傳。在下台階時，由於高台太陡，為安全起見，我便從彭總身後走到他前面。此時彭總問我：「你幹什麼？」語調甚為平和。我回答説：「這台階太陡，我怕老總不小心摔下來。」彭總接着説：「你怕我摔下來，我還怕你摔下來呢。」我知道他是在和我開玩笑，但我不敢笑。這時走在身旁的王樹聲大將情不自禁地笑了起來，他似乎覺得，彭總一生征戰，指揮過百萬大軍作戰，從不知道一個怕字，今天忽然説起一個「怕」字來，難免感到好笑。1959 年廬山會議後彭總被罷官，我隨後被調離國防部，我們兩人真的都「摔倒」了。

在阿宴會上同赫魯曉夫的相遇

代表團從 5 月 18 日起訪問羅馬尼亞，5 月 23 日起訪問保加利亞。在這兩個國家都沒有安排參觀軍事項目。在羅馬尼亞首都布加勒斯特和工業城市普

洛耶什蒂，主要參觀工廠；因保加利亞是農業國，沒有重工業，所以在保加利亞主要參觀農業。

1957 年保加利亞人民軍總參謀長曾率軍事代表團訪華，受到破格的接待，毛主席、周總理曾在中南海接見他們。這次我們代表團來訪，無論是在索菲亞，還是在黑海濱海城市瓦爾納，都受到保加利亞軍方熱情周到的接待。一天，在索菲亞賓館休息時，陪同的軍官與我聊天，一名上校問我：「你說說共產主義的分配原則是什麼？」我不假思索地用俄文回答：「各盡所能，按勞分配。」上校又問：「你需分配什麼？」我說：「共產主義是人類崇高的理想，何時能實現，誰也說不清楚。」

快到起程去卡贊勒克參觀的時間了，我們便立即分頭去招呼彭總和代表團成員乘車。保加利亞的鄉間很美，一片田園風光。在到達著名的玫瑰谷時，徐風送着幽香，令人陶醉。彭總走在花叢中，看着那萬紫千紅的玫瑰，十分愜意。據說，保加利亞的玫瑰油比黃金還貴，在保加利亞國民經濟的總收入中佔有不小的比重。我利用保方發給的零用費，給妻子買了兩小管玫瑰油，約兩克重，裝在一個小巧玲瓏的圓木盒內。妻子一直捨不得用，現在這兩小管玫瑰油已成了我隨彭總出訪留下的最珍貴的紀念品了。

中國軍事友好代表團於 5 月 28 日飛往地拉那，對阿爾巴尼亞進行回訪。碰巧，此時以赫魯曉夫為首的蘇聯黨政代表團也抵阿訪問。地拉那的大街小巷到處張貼着歡迎蘇聯黨政代表團的標語，有的標語還寫着：「蘇聯共產黨是我們的母親黨。」母親黨者，老子黨也，是同一個意思。他們把阿勞動黨自貶為「兒子黨」。

5 月 29 日，阿方安排代表團去發羅拉海軍基地參觀，考慮到阿水兵不懂俄語，我們就請中國駐阿使館的阿文翻譯隨行，並事先將講話稿譯成阿文。中國軍事友好代表團抵達後，海軍基地舉行了隆重的歡迎儀式。在歡迎大會上，出席的除阿海軍官兵外，還有蘇聯的海軍官兵，這是我們事先不知道的。在阿文翻譯即將譯完時，彭總將中文講稿遞給我，輕輕說了一句：「加口號。」當然我明白，除了加口號外，還要加稱呼。我接過中文講稿，不慌不忙，邊看邊譯，聲音較為洪亮。當我最後唸到「中阿兩國人民和軍隊之間的友誼萬歲」和「中蘇兩國人民和軍隊之間的友誼萬歲」時，全場歡聲雷動，掌聲經久不息，彭總對我笑笑，表示滿意。

5 月 30 日晚，霍查舉行酒會和正式宴會，招待蘇聯黨政代表團。中國軍事友好代表團應邀參加了酒會。當赫魯曉夫走進大廳時，與彭總只握了握手，態度冷淡，顯得十分傲慢，然後就快步走進了貴賓室。阿國防部長巴盧庫上將與彭總交談時，說他 1958 年率軍事代表團訪華時，看到中國人民熱火朝天的幹勁，使他十分感動。此時蘇聯國防部長馬利諾夫斯基元帥從貴賓室走來，與彭總見面。巴盧庫上將提議，為蘇聯國防部長馬利諾夫斯基元帥的健康乾杯。彭總舉杯不飲，說：「我願為阿爾巴尼亞婦女的健康乾杯。」馬利諾夫斯基一聽急了，說：「元帥同志，您不願為我的健康乾杯，卻為女人乾杯，這事讓您夫人知道了，可不是說着玩的。」彭總笑笑，未予理睬，馬利諾夫斯基隨即氣呼呼地轉身返回了貴賓室。

中國軍事友好代表團是阿國防部的客人，不是「兒子黨」邀請的，所以酒會一結束，我們就和彭總一起立刻返回賓館。

與莫洛托夫互致問候

6 月 2 日，中國軍事友好代表團離開地拉那飛往莫斯科，準備在這裏休息三天。因為不是正式訪問，所以我們沒有主動與蘇聯軍方聯繫。我們利用這一機會，和彭總一起到紅場瞻仰了列寧、斯大林遺容，到克里姆林宮參觀了列寧生前的辦公室。彭總還應留學生的邀請，作了國內形勢的報告，他鼓勵學生們好好學習，以便報效祖國。彭總在報告中除講了大好形勢外，也講了一些存在的問題。彭總講話一直實事求是，從不歌功頌德，也不粉飾太平，他無私無畏，堅持真理，敢講真話，因為他心中只有人民，只有人民的革命事業和國家的建設事業。這就是彭總的性格和他的人生哲學。因為快回國了，大家有點歸心似箭，陳伯鈞上將想到快要見到年輕貌美的妻子，多喝了點酒，顯得紅光滿面，興奮異常，這也是人之常情吧。

6 月 5 日，代表團離開莫斯科，次日飛抵烏蘭巴托。11 日，代表團準備乘飛機返國（後因天氣原因，改乘火車），時任蘇聯駐蒙古大使的莫洛托夫前來機場送行。彭總與莫洛托夫熱烈握手，互致問候。

彭總：「您身體好嗎？」

莫洛托夫：「謝天謝地，自我感覺不錯，您怎麼樣？」

彭總：「還好，只是訪問的時間過長，禮節性的東西太多，太煩瑣。」

莫洛托夫：「對，太煩瑣的禮節不好，但必要的禮節還是要的。」

彭總：「您多多保重。」

莫洛托夫：「謝謝，您也多保重，多保重。」

莫洛托夫是和列寧一起發動十月革命的老布爾什維克。他長期受到斯大林的無情打擊和迫害，被定為反黨集團的頭子，晚年還被放逐到蒙古坐冷板凳。莫洛托夫是否是根據他自身的經歷，意識到一場暴風雨即將來臨，所以再三提醒彭總要「多保重」？對「多保重」含義的推測，只能是仁者見仁、智者見智了。

風雲突變的廬山會議

萬　毅

　　1959 年 7 月，中央政治局擴大會議在廬山召開時，開始我沒有參加。我留在北京，在國防科委處理日常工作。當時我的職務是國防科委副主任兼總參裝備計劃部部長。7 月中旬的一天，宋任窮到國防科委來找我。當時他是主管核工業的二機部部長。他告訴我，蘇聯以與美、英等國進行部分禁止核武器試驗談判為由，突然停止向我國提供核工業圖紙資料，從而打亂了原來的工作部署，宋任窮很着急。我感到這是一件大事，建議他直接去廬山，向參加廬山會議的國防科委主任聶榮臻、國防部長彭德懷等首長彙報。因為國防科委還有日常戰備值班等許多事要做，我不想去廬山，但宋任窮執意要我一同去，我只好與他同乘一架飛機飛抵九江，然後換乘汽車上了廬山。我們到廬山的那天是 7 月 15 日，我們先向聶帥作了彙報，聶帥又和我們一起到了彭總那裏。因為 7 月 14 日，彭總剛剛給毛主席寫過那封後來引起軒然大波的信，所以在我們談完工作以後，他很自然地説起給主席寫信的事，講到「大躍進」中出現的一些問題。我聽了後，認為彭總的看法符合當時的實際，並且補充説：「『人有多大膽，地有多大產』這樣的口號，是唯心主義的嘛！」就因為這件事使我後來被迫在廬山會議上作了檢討，檢討文字還被印進會議文件裏了。

　　7 月 16 日，毛主席在彭總的信上加了「彭德懷同志的意見書」的題名，並批示：「印發各同志參考。」同時決定會議討論的時間延長，原來沒有參加會議的林彪、彭真、黃克誠、薄一波、安子文等也都被召到了廬山上，宋任窮和我也被留下來參加會議。原來按大區編配的六個組，組長沒有變動，組

員改為各地區穿插編配。宋任窮分在第一組，擔任副組長；我分在第六組，組長是歐陽欽，副組長是江渭清和張國華。

廬山會議的前一段，就是我們沒有參加的 7 月上半月的會議，各小組集中討論學習、形勢、任務等十幾個問題，聽說氣氛比較輕鬆，被人們稱為「神仙會」。毛主席批示後，小組重新劃分，參加會議的人員也增加了，預示着會議的氣氛開始發生變化，但是我當時沒有覺察到這一點。我參加小組討論的第一天（7 月 17 日上午），毛主席的批示和彭總的信正好發下來要大家討論。當時多數人還不理解毛主席要大家討論的用意，更沒有想到這會演變成一場階級鬥爭的風暴。所以在 17 日至 22 日的六天討論中，大多數人贊同彭總的一些看法，許多人還說了不少相似的事例。在我們第六組中，張國華講了他愛人回江西探親時，看到農村中出現的問題；手工業管理局局長鄧潔講了手工業中的一些問題。董必武和聶榮臻在第六組參加討論，對彭總的信也沒有提出批評。我記得，只有一位青海省委書記，不同意彭總的觀點，說他們那裏的小麥畝產七千多斤。

7 月 22 日上午，小組討論已進入第六天，我在小組會上作了第一次發言。我講到，在「大躍進」中「虛報浮誇的作風在滋長」，「誇大主觀能動作用，如『人有多大膽，地有多大產』的增產無限論等」，我認為這「是搞精神第一性」。我說：「對於重點與一般、多快與好省貫徹不全面，沒有真正實行兩條腿走路；注意重點忽視一般，注意多快忽視好省。」我還講道：「沒有認真掌握主席久已強調的『一切經過試驗』、『由點到面』逐步發展的工作方法。有的有搶先思想，比如『吃飯不要錢』的口號，在北戴河會議上有人提出是作為今後考慮的，但是有的就搶先實行，加上報紙一宣傳，就變成較普遍的行動。放『衛星』你比我高，我想比你更高。有的口號的提出慎重考慮不夠，如有的說『糧食基本過關』，『放開肚皮吃飯』等等。」

這些話都整理到會議簡報中了。在我發言中，最關鍵的，也是後來成為我的最主要罪狀的，是這樣一段話：「彭德懷同志把自己考慮到的問題提出來，對於此次會議深入討論有推動作用；提出意見，精神是好的，是赤膽忠心的。從肯定成績、提出問題到糾正缺點來看，基本精神都是對的。但是有的問題說得簡單一些，如果再多說幾句，多加分析就清楚了。」

當時，我還表示基本同意彭總的信。我沒有料到，就是這個表態惹了大

禍。不過，我的發言開始並沒有引起人們特別的注意，因為當時大多數人都和我的看法相似，只是沒有表示基本同意彭總的信。在其他小組，討論的情況和我們第六組差不多。不少人都講了一些與彭總的觀點相同的看法。但是在我發言後的第二天，廬山風雲突變。7月23日早晨，我們得到通知，聽主席講話。當大家來到小禮堂時，氣氛還和往常一樣。但是毛主席只講了幾句，就使人感到氣氛變了。他的講話是這樣開頭的：「你們講了那麼多，允許我講個把鐘頭，可不可以？吃了三次安眠藥，睡不着。我看了同志們的發言記錄、文件，和一部分同志談了話，感到有兩種傾向……」他雖然講道：「一種是觸不得，大有一觸即跳之勢……只願人家講好話，不願聽壞話。」但是，很快便把話鋒轉向另一種傾向。他說：「現在黨內外都在颳風……所有右派言論都出來了。江西黨校是黨內的代表，有些人就是右派、動搖分子……這一回是會內會外結合，可惜廬山地方太小，不能把他們都請來。像江西黨校的人，羅隆基、陳銘樞，都請來，房子太小嘛！」對於「大躍進」以來出現的種種問題，毛主席說：「無非是一個時期豬肉少了，頭髮卡子少了，沒有肥皂，比例失調，工業農業商業交通都緊張，搞得人心也緊張。我看沒有什麼可緊張的。我也緊張，說緊張是假的。上半夜你緊張緊張，下半夜安眠藥一吃，就不緊張了……說我們脫離了群眾，我看是暫時的，就是兩三個月。……小資產階級狂熱性有一點，不那麼多……想早點搞共產主義。對這種熱情如何看法？總不能全說是小資產階級狂熱性吧。我看不能那樣說。有一點，無非是想多一點、快一點。」毛主席的這段話，顯然是針對彭總的信。因為彭總信中提到了「小資產階級狂熱性」。毛主席越說越嚴厲：「人不犯我，我不犯人，人若犯我，我必犯人，人先犯我，我後犯人。這個原則，現在也不放棄。」他嚴厲警告說：「他們重複了1956年下半年、1957年上半年犯錯誤的同志的道路，自己把自己拋到右派邊緣，只差三十公里了。」

聽到這裏，我很自然地聯想起兩年前（1957年）毛主席發動的反右派鬥爭，感到十分震驚。散會以後，我走出小禮堂時，看到彭總站在門外，當毛主席走出小禮堂後，彭總立刻迎上去，貼近毛主席，懇切地說：「主席，我是你的學生，我說的不對，你可以當面批評教育嘛！為什麼要這樣做呢！」毛主席沒有停下腳步，把臉一沉，甩手走開了。此時，我就站在旁邊，彭總的話我聽得很清楚。而林彪這時恰好站在我身旁，他手裏拉着一棵小樹的樹

枝，臉上沒有什麼表情，看不出他是什麼態度。

毛主席 7 月 23 日的講話，完全改變了會議的內容和氣氛，使本來要糾正「左」的錯誤的廬山會議，變為一場批判以彭總為代表的右傾機會主義的鬥爭。彭總一下子成為眾矢之的。我因為表示過同意彭總的信，很快也成為被批判的對象。23 日以後，以批彭為主要內容的小組討論又持續了一週。

8 月 1 日中央政治局擴大會議結束。8 月 2 日接着召開中共八屆八中全會。出席會議的中央委員、中央候補委員和列席人員，人數幾乎相當於前一個會議的兩倍。毛主席在會議開始時作了長篇講話。他說明會議議題有兩個：一是修改 1959 年生產指標，這個問題比較簡單；二是路線問題，這是此次中央全會的主題。他說：上廬山後，有部分人要求民主，要求自由，說不敢講話，有壓力。當時摸不着頭腦，不知所說的不民主是什麼事，前半個月是「神仙會」，沒有緊張局勢。後來才了解，有些人所以覺得沒有自由，是認為鬆鬆垮垮不過癮。他們要求一種緊張局勢，要求有批評總路線的自由，就是要攻擊總路線，破壞總路線，以批評去年為主，也批評今年的工作。說去年的工作都做壞了。1957 年不是有人要求大民主、大鳴、大放、大辯論嗎？現在有一種分裂的傾向。去年八大二次會議我說過，危險無非是：（1）世界大戰；（2）黨內分裂。當時還沒有明顯的跡象。現在有這種跡象了。毛主席講的這些話，把彭總的問題上升到分裂黨的路線鬥爭高度。按照這個調子，各小組分別對彭德懷、黃克誠、張聞天、周小舟等進行了嚴厲批判。批判的內容已經不只是彭德懷的那封信，而是任意引發延伸開去。一方面是清算彭德懷、張聞天等人幾十年來在黨內歷次鬥爭中所犯的「路線錯誤」，另一方面是追查所謂「軍事俱樂部」的成員和對那些在前段會議期間發表過「錯誤」言論的人進行揭發、批判。我就是被批判對象中的一個。

在 8 月 7 日的小組會上，我被迫作了違心的檢查。但是在回答關於與彭德懷的關係問題時，我還是實事求是地作了說明。我說：「我與彭德懷同志的來往，除工作外，沒有單獨在年節到他家去過。因談工作，在他家吃過一次飯。1955 年出國代表團我是顧問，朱可夫送他的和平牌收音機，我向他要，他給了我。如果說有物質上的拉攏，也只有這個，但是是我主動要的。」

在八屆八中全會大會上，我作為中共中央的一名候補委員，爭取到一個發言的機會，想解釋一下我在小組會上的那個發言。可是我剛一開口，那天

主持會議的某西南大區領導就打斷我的話説：「不能叫萬毅發言，他不老實，也不交代他的問題。」我只好坐下了。坐在旁邊的薄一波，可能覺得該領導的話過於生硬，便説：「萬毅同志，回去到軍委會上講吧！」

當時，黨內民主生活遭到了嚴重破壞的跡象已十分明顯。8 月 16 日，八中全會閉幕的那天，當通過關於彭德懷「反黨集團」的決議時，會場上的氣氛異常緊張，真是萬馬齊喑、鴉雀無聲，毛主席唸完決議後，問有沒有不同意見，沒有人講話，也沒有讓大家舉手，就宣佈決議通過了。

八屆八中全會 8 月 16 日在廬山結束，我與彭總乘一架飛機離開廬山，先在濟南停了一下，19 日回到北京時，以貫徹廬山會議精神為主旨的軍委擴大會議已在前一天開始。參加這次會議的有一千餘人，規模是空前的。各大軍區的全部領導（只留一人值班），各野戰軍、各省軍區的軍政主官都來了；全軍師以上單位也各派兩名正職幹部參加。會議用十天時間，傳達學習廬山會議文件以後，把原來的十五個小組編成兩個規模很大的綜合小組。第一綜合小組，有一百七十多人（還不包括一些列席人員），光組長、副組長就有十幾位，負責揭發批判彭德懷。第二綜合小組負責揭發批判黃克誠。在舉行軍委擴大會議的同時，在北京還召開了揭發批判張聞天的外事工作會議。湖南省委則開會批判周小舟。

軍委擴大會議由接替彭總國防部長職務的林彪主持。會議對彭德懷、黃克誠的批判，從廬山會議一直延伸到炮擊金門、高饒事件、抗美援朝、保衛延安、百團大戰、長征途中⋯⋯按照 8 月 11 日毛主席在八中全會講話中定的調子，彭總被批成三十幾年階級立場沒有改變，根本不是馬克思主義者，一開始就是以資產階級民主主義資格投機革命的，而且還聳人聽聞、無中生有地給彭總扣上「裏通外國」的罪名。

軍委擴大會開到 9 月 5 日，又分成幾個小組，分別對鄧華、洪學智、鍾偉和我四人進行揭發批判。鄧華曾接替彭德懷擔任志願軍司令員，當時擔任副總參謀長兼瀋陽軍區司令員，有人說鄧華與彭德懷關係密切，從而成了被批判對象。洪學智是接替黃克誠任總後勤部部長的，因為他與彭、黃關係密切，對彭、黃的揭發又很少，也成了批判對象。當時擔任北京軍區參謀長的鍾偉，則被扣上包庇黃克誠的罪名。

對我的揭發批判，也向縱深發展了。最可笑的是，有人揭發我在西安事

變時，把東北軍內共產黨員的名單，交給了東北軍 120 師師長趙毅。西安事變時我還沒有入黨，怎麼會有共產黨員的名單！當時趙毅還活着，也完全可以證明此事。

9 月 11 日下午，軍委擴大會議召開全體會議，林彪在會上宣佈撤銷我的黨內外一切職務的決定。但是，批判並未結束，軍委擴大會後，又召開了有國防科委和裝備計劃部全體幹部以及總參、總後等有關單位代表共二百二十人參加的批判鬥爭我的大會，持續了二十五天。最後給我作的結論是：「犯了反對社會主義總路線的右傾機會主義的反黨、反中央、反毛主席的錯誤」，「是以彭德懷為首的反黨集團的相當重要的成員之一」，「是彭、黃反黨集團篡奪國防新技術的主要工具」，是「十足的偽君子、陰謀家、兩面派」，「嚴重的教條主義者」。

1960 年 4 月 13 日，我被迫離開部隊，到陝西省擔任省建委副主任，半年後又改任林業廳副廳長。一去八年。鄧華、洪學智和鍾偉也都被撤了職。鄧華被貶到四川省任副省長，洪學智被貶到吉林省任機械工業局局長。我因彭、黃而受株連，國防科委和裝備計劃部的一些人又因我而受株連，有的被撤職，有的被迫轉業。

在「文化大革命」中，我再次遭到迫害。從 1967 年 11 月被監護，我在 1959 年患上的青光眼，在被監禁的頭四年一直不給任何治療，因而迅速惡化，1969 年左眼失去視力，1973 年被放出時，右眼的視力也只剩下 0.08。1977 年黨的十一大之後，我給中共中央寫了一封信，鄧小平看到我的信後，寫了「既無政治歷史問題，就應作恰當安置，他過去有貢獻」的指示。從此，我才得到適當安置，同年 10 月，我被任命為總後勤部顧問。但是我的冤案直到 1979 年 10 月才得到徹底平反。

1959 年那場鬥爭，使黨內從中央到基層的民主生活遭到嚴重破壞，致使「左」的錯誤繼續蔓延，並造成了「文化大革命」極其嚴重的後果。前事不忘，後事之師。今後，如果我們切實記取這一歷史教訓，不斷加強黨和國家政治生活中的民主制度建設，我相信，我們的黨、我們的國家一定會長治久安、日益興旺發達。

楊尚昆談廬山會議

蘇維民

1959 年夏的廬山會議，在中共歷史上產生了深遠的影響，中央辦公廳一些老幹部建議把它列為《楊尚昆回憶錄》的一章，得到楊尚昆的同意。1996年 12 月，1997 年 3 月、5 月，楊尚昆三次同我們談廬山會議前後情況。他說，我作為廬山會議的正式成員，又是會務工作的總負責人，是應當對這次會議說幾句話的。

一次被推遲了的中央工作會議

眾所周知，廬山會議本來是要糾「左」，後來因為毛澤東嚴厲批判彭德懷的《意見書》，急劇轉向了反右傾。楊尚昆當時對此也沒有思想準備，但是在和我們談廬山會議的第一階段——中央工作會議 (政治局擴大會議) 的時候，他分析認為，即使沒有彭德懷的《意見書》，廬山會議糾「左」的初衷也很難實現。

1958 年 11 月第一次鄭州會議後，毛澤東召開了一系列會議，研究解決「大躍進」、人民公社化運動中存在的問題。1959 年 6 月 4 日、5 日，中央書記處連續兩天召開會議，討論當年工業生產指標。會後，我去毛澤東處彙報，毛澤東對我談了他對當時形勢的一些看法後說，中央對農村和市場方面都有了指示，下面貫徹落實需要一定的時間。原定6 月召開的中央工作會議，可以推遲到 7 月。他說想利用這段時間出去摸摸情況，做到心中有數。6 月 13 日，毛澤東在頤年堂召開中央政治

局會議，他強調計劃必須落到實處，要注意綜合平衡。他說，1958 年搞「大躍進」，成績很大，現在出現了一些問題不要緊，不碰釘子不會轉彎。1957 年調低指標是必要的，1956 年的錯誤是不應該公開反冒進，明年的指標也可以低一些，搞一個馬鞍形。現在要解決的問題是怎樣辦好農村食堂。他宣佈，6 月的中央工作會議不開了。20 日，毛澤東離京南下，次日，到達鄭州。當晚，毛澤東的秘書高智打來電話，說主席提議在廬山召開省、市、自治區黨委書記座談會，要我徵詢中央常委各同志的意見。我當即報告劉少奇，劉少奇連夜召開會議，中央常委一致同意毛澤東的意見。因對廬山承辦會議的條件一無所知，決定讓我先去廬山，進行安排。這已經是 22 日凌晨了。上午，我即召集有關人員開會，對廬山會議的會務工作作了簡單部署。23 日，我直飛南昌，同江西省委的同志見面後即趕赴廬山，到廬山已是晚 9 時多了。這時我又得悉毛澤東準備回韶山，會議推遲到 7 月 1 日。

　　7 月 1 日，毛澤東、劉少奇、周恩來、朱德陸續到達廬山。2 日，會議開始。毛澤東提出了準備討論的從讀書到形勢和任務，從國內到國際共十九個問題。會議的開法是先用幾天時間座談以上一大堆問題，有的問題爭取形成文件，然後再開兩三天的中央政治局擴大會議，討論通過文件。

　　會議一開始，毛澤東就借用湖南省委提出的「成績偉大、問題不少、前途光明」三句話作為會議的指導思想。當時，與會者對於如何評價總路線、「大躍進」、人民公社「三面紅旗」，有很大分歧。毛澤東說，「大躍進」、人民公社化運動中發生的問題，從鄭州會議到現在已經初步解決了。從全局來說，是九個指頭和一個指頭的問題。劉少奇提出，成績要講夠，缺點要講透。有一些同志認為「大躍進」的成績應該肯定，但是存在的缺點、錯誤和帶來的後果，比想像的要嚴重得多，應該認真總結經驗教訓，承認指導思想有失誤，採取措施切實糾正。也有一些同志不願多講缺點和教訓，還有意無意地壓制別人揭露問題、提意見。隨着討論的不斷深入，批評「三面紅旗」的意見越來越多。特別是 7 月 16 日毛澤東以《彭德懷同志的意見書》為題，批印了彭德懷的那封信以後，堅持還是否定「三面紅旗」的分歧更加鮮明突出，基本贊成彭德懷《意見書》觀點的佔多數。這期間，李銳也曾問周恩來對彭德懷的《意見書》的看法，周恩來說「那沒有什麼吧」。

　　7月8日，周恩來召集小會，商談會議討論的哪些問題需要形成文件。到會同志一致認為會議討論的問題，許多尚不成熟，可以形成文件的不多，並建議會議盡早結束。10日，毛澤東指定我、胡喬木、陳伯達、吳冷西、田家英五人組成小組，負責為這次會議討論的問題起草一個《記錄》。13日，毛澤東提出五人小組增加陸定一、譚震林、陶魯笳、李銳、曾希聖、周小舟六人，擴大為十一人小組，限兩日內寫出初稿，14日夜印好送給他。遵照這一指示，起草小組立即開會，給「秀才」們分題目，分頭起草，由胡喬木抓總，我負責組織聯繫。當天午夜，各位「秀才」交卷，隨即付印。14日凌晨印出清樣，各小組全天逐條逐句邊討論、邊修改，14日夜如期印出一稿分送毛澤東、中央常委和各組同志人手一份。15日各小組全天都在開會討論《記錄》。那幾天，時間抓得很緊，真是分秒必爭，大有會議即將結束之勢。

　　7月15日，就在各組討論《記錄》的同時，毛澤東提出要北京再來一些人，參加最後幾天的會議。16日，毛澤東批印彭德懷《意見書》的同時，又提出改變廬山會議分組辦法。具體地說，就是北京來的同志要調一下組。比如你原來分在華東組，那麼從明天起就不再參加華東組的會議了，換到別的組去。毛澤東說：「這樣做，見聞將廣博多了，可能大有益處。」

　　各組對《記錄》的意見，大多集中在「關於形勢和任務」部分。實際上就是如何評價「三面紅旗」問題。儘管前一段對「三面紅旗」的批評意見很多，後來對彭德懷的《意見書》也是多數表示贊成，但是在最後形成正式文件時，就要字斟句酌了。有人說《記錄》對「大躍進」所取得的偉大成績和豐富經驗表述得不夠充分，而對存在的問題寫得過於具體，會給群眾潑冷水；有人說《記錄》對缺點看得過重，是一個洩氣文件。7月23日以後，有人乾脆指責《記錄》和《意見書》「唱的是一個調」。這表明，當時雖然許多同志看到了急於求成的指導思想給社會主義建設事業帶來的危害，要糾「左」；另一方面，自己頭腦裏求速成的急躁情緒並未得到克服。在這種情況下，廬山會議糾「左」的初衷，注定無法實現。

　　7月17日，彭真到達廬山。22日，由彭真主持中央書記處會議，討論修改《記錄（第二稿）》，意見還是集中在「關於形勢和任務」部分。不料，23日，毛澤東突然在大會上講話，嚴厲批評彭德懷的《意見書》，

風雲突變。但這時劉少奇仍然要求起草小組儘快改出《記錄（第三稿）》，爭取提交會議通過，形成正式文件發下去。24日，毛澤東也在大區負責人會議上說，《記錄》已改到第三稿，合乎實際，有利團結工作。起草是個過程，一稿被推倒，二稿作者本人不滿意，現在三稿準備發表。但是隨着會議反右傾的不斷升級，《記錄》的事也就不再提了。

7月29日，毛澤東主持召開中央政治局擴大會議，宣佈中央關於召開八屆八中全會的決定，議題是：（1）經濟建設指標問題；（2）總路線問題。8月2日，中共八屆八中全會開幕。但是人們習慣上把這次會議同前一段的中央工作會議（政治局擴大會議）統稱為廬山會議。

從糾「左」轉向反右

楊尚昆一生做了兩件違心的事，一件是1978年11月28日，為了儘快出來工作，違心地在留有尾巴的審查結論上簽了字；另一件就是在廬山會議上違心地批判彭德懷。對後者，他一直是心懷內疚的。他和我們詳細講述了廬山會議從糾「左」轉向反右，特別是批判彭德懷的情況。

7月23日，毛澤東在大會上講話，對彭德懷的《意見書》中的觀點逐條批判。他聲色俱厲地說，假如做了十件事，九件都是壞的，都登在報上，一定滅亡，應當滅亡。那我就走。到農村去，率領農民打遊擊，造反。你解放軍跟不跟我走？我看解放軍會跟我走的。毛澤東把問題看得如此嚴重，會議氣氛驟然緊張。

7月26日，毛澤東又以《對於一封信的評論》為題批印了東北協作區辦公廳幹部李雲仲反映當時經濟生活中一些問題給他的信。這封萬餘言的長信，既反映了一些重大問題，指出在反對右傾保守思想的同時，忽視「左」傾冒險主義的侵蝕，關於農民和工農關係問題以及計劃工作中存在主觀主義等，也反映了一些具體問題，如指出鋪張浪費之風嚴重等。毛澤東對此信作了長達兩千五百字的評論，指責信的作者專門收集缺點方面的材料，而對成績方面的材料，可以說根本不產生興趣。他認為「現在黨內黨外出現了一種新的事物，就是右傾情緒、右傾思想、右傾活動已經增長，大有猖狂進攻之勢」。這一天，各小組又傳達了毛澤東

講的幾句話：「事是人做的，對事，也要對人。要劃清界限，問題要講清楚，不能含糊。」話不多，但分量很重。一個文字評論，一個口頭談話，意思是明白的，同彭德懷劃清界限，反右！

7月30日，迫於當時形勢，我在小組會上也不得不違心地批判彭德懷。我說《意見書》的政治方向，是反對建設時期總路線和1958年以來的「大躍進」、人民公社化運動的。

7月31日、8月1日，中央政治局常委兩次開會，在小範圍內清算彭德懷的歷史總賬和思想根源。但是會議情況都及時地向各小組傳達，推動了大範圍對彭德懷的鬥爭。

8月2日，中共八屆八中全會開幕。毛澤東在講話中把對彭德懷的批判提到路線鬥爭的高度，要求大家討論路線是非問題。同日，毛澤東寫信給張聞天，信中說「你陷入那個軍事俱樂部裏去了」，說彭德懷同張聞天是「文武合璧，相得益彰」。軍事俱樂部是怎麼回事呢？就是在會議期間，有人看見黃克誠、張聞天、周小舟曾經到彭德懷那裏去串門，這本來是同志間的正常交往，可就是有人把它當作問題煞有介事地反映給毛澤東，大概是表白自己同彭德懷劃清界限吧。毛澤東就說他們是軍事俱樂部。其實，張聞天、周小舟根本與軍事無關，彭德懷主持軍委工作，黃克誠是總參謀長，他們交往密切是很正常的。

當時給彭德懷戴了幾頂帽子，說彭德懷的《意見書》是「爭取群眾」、「組織隊伍」，是「有組織、有計劃、有準備的反總路線、反黨中央、反毛主席的活動」，「代表右傾機會主義向黨進攻的綱領」。彭德懷是「漏網的高饒反黨集團的重要成員」，是「裏通外國」、「與蘇修反華相呼應」。彭德懷從維護大局出發，不得不違心地反覆檢討，承認「客觀上起了反對『三面紅旗』的作用」，「造成嚴重後果」，但始終不承認「高饒反黨集團成員」和「裏通外國」。

黃克誠是7月17日才到廬山的。19日，黃在小組會上發言，對「三面紅旗」的看法和彭德懷的觀點差不多。於是有人批評他，他矇了。當晚，他跑來找我，問我怎麼回事。我把前一段會議情況向他作了簡要介紹。他說不管怎麼樣，有些話還是要說。23日，毛澤東講話後，黃克誠同許多人一樣，思想不通。當晚，周小舟、周惠、李銳一起到黃的住處，議論毛澤東的講話。周小舟說了一些過激的話，還說：「主席有沒有斯大林晚年的危險？」黃克誠勸他們，有意見應直接找主席當面談，

不要隨便議論。這件事後來傳出去了，就成了他們背後進行反黨活動的證據。

　　7月21日，張聞天在小組會上作了長達三小時的系統發言。在這以前，胡喬木聽說張聞天準備發言，特意給張打電話，要他「注意形勢，少講缺點」。但是張聞天還是按照他準備的發言提綱講了。他在基本肯定了「大躍進」的成績以後，着重講了缺點、缺點的後果以及產生缺點的原因。他肯定彭德懷的《意見書》，說：「這份《意見書》提出了一些問題，中心內容是希望總結經驗，本意是很好的。但是從各方面的反映看，不少同志似乎對彭德懷同志這個出發點研究不多，只注意了他信中的一些具體說法，其實是肯定了成績的。他說，成績是基本的，這同大家說的一樣。至於個別說法，說得多一點少一點，關係就不大。」他強調：「現在的問題是防止驕傲自滿、麻痺大意的情緒。要更多地看到存在的問題的一面。」他指出：「總結經驗時，就不能滿足於說缺乏經驗，而應該從思想觀點、方法、作風上去探討。」張聞天的發言材料翔實、觀點鮮明，論述有理有據，講後反應很大。後來把張聞天的這篇講話說成是對彭德懷的《意見書》「全面系統地發揮」。

　　還有一個小插曲。按照慣例，與會同志在小組會上發言，都摘要刊登會議《簡報》。那天，刊登張聞天發言要點的《簡報》剛剛準備付印，他就打電話來要求撤回。我就去請示劉少奇。劉少奇說：「人家自己的東西，要求退回去，就退給他吧。」這說明張聞天在思想上也有顧慮。他在會上評說「大躍進」的缺點是冒了很大風險的。他要求退還他的發言稿，對我來說也很為難，如果我不請示劉少奇就退給他，就會有人說我同「教條主義者」又弄到一塊去了。

　　周小舟那時有些年輕氣盛，加上他過去曾經當過毛澤東的秘書，在毛澤東面前說話不大拘謹。在廬山，開始他比較活躍。7月11日夜，毛澤東找周小舟、周惠、李銳談話，周小舟反映「大躍進」中下面幹部講假話的情況，還說「上有好者，下必甚焉」。毛澤東聽了不但沒有表現反感，反而談笑風生，氣氛輕鬆。這次談話後，周小舟就向人散佈空氣，說毛澤東要反「左」，引起下面議論紛紛。周恩來聽到議論，問我這是從哪裏傳出的話。我告訴周恩來，聽說是周小舟講的。周恩來就讓我轉告周小舟，不要再傳這個話了。周小舟也把毛澤東找他們談話的情況告訴了彭德懷，並慫恿彭也去找毛澤東談談。彭怕當面談不好，就寫了7月

14 日給毛澤東的那封信。16 日，彭的信印發以後，周小舟在小組會上表示贊同。23 日毛澤東講了話，周小舟就成了重點批判對象。

8 月 10 日，小組會上有人揭發周小舟在 7 月 23 日毛澤東講話的當天晚上，在黃克誠處講過「主席像斯大林晚年」的話。全場大譁。後來又有人揭發李銳曾向周小舟轉述田家英說過，將來有一天他調離中南海時，準備向毛澤東提三條意見：（1）能治天下，不能治左右；（2）不要百年之後有人來議論；（3）聽不得批評，別人很難進言。這又引起巨大震動。李銳當場咬定這話不是田家英說的，是他自己的想法。會議轉向批判李銳，被劉少奇制止，說李銳不是中央委員，他的問題另外解決。

廬山會議從糾「左」轉向反右，彭德懷的《意見書》是「導火索」，表面看來事情帶有偶然性，其實不然。會議前期，大家思想並沒有敞開，對形勢的估計一直存在分歧，一些不同意見遭到壓制。毛澤東原來估計，彭德懷的《意見書》印發後，會引起一些人的批評和反對，而實際情況卻是得到了不少人的同情和支持。毛澤東懷疑黨內有人在颳風；一些「左」派人物感到批評「三面紅旗」的人越來越多，會使人洩氣，擔心「左」派隊伍守不住陣地，有人就到毛澤東那裏去告狀，要求毛澤東出來講話。與此同時，從中央到地方都不斷傳來對「三面紅旗」的尖銳批評；在國外，赫魯曉夫和東歐國家的一些領導人，也連續發表批評中國「大躍進」和人民公社的講話與文章。這一切都使毛澤東感到形勢嚴峻，必須進行反擊。

會議從糾「左」轉向反右，事先並沒有經過中央政治局常委討論。劉少奇對反右是有保留的。他曾找胡喬木談話，表示對彭德懷的《意見書》，可以在小範圍內批判，總的部署還應繼續糾「左」，《記錄》要爭取發出去，讓下面繼續糾「左」。他要胡喬木向毛澤東反映這個意見，胡喬木說這已經不可能了。

周恩來擔心彭德懷對突如其來的嚴厲批判，身心承受不了，就要我安排彭的夫人浦安修上山，從生活上照顧彭德懷。

8 月 1 日，朱德在中央政治局常委會議上，就彭德懷的《意見書》談自己的看法，言詞比較緩和，還沒有講完，就被毛澤東打斷，指責他「隔靴搔癢」，弄得朱德下不來台。林彪調子最高，說彭德懷「這回是來招兵買馬的」，「想當大英雄」，「是野心家、陰謀家、偽君子」，又說這次解決彭德懷的問題，消除了黨內可能出現分裂的隱患和避免了經濟上出現

大馬鞍形。林彪的話得到了毛澤東的賞識。

　　鄧小平、陳雲因病留守北京，沒有參加廬山會議。

　　8 月 16 日，中共八屆八中全會閉幕。全會通過了《為保衛黨的總路線、反對右傾機會主義而鬥爭》的決議和《關於以彭德懷同志為首的反黨集團的錯誤的決議》。會後，從中央到基層全面開展反右傾鬥爭，錯誤地批判與處分了大批黨員和幹部。

保護「秀才」過關

　　廬山會議期間，陳伯達、胡喬木、田家英和吳冷西、李銳等一批「秀才」，由於基本贊成彭德懷的《意見書》，並私下對「三面紅旗」有所質疑，被捲入批判當中。最初由彭真提議，幾位中央常委也同意，最終保護了陳伯達、胡喬木、田家英和吳冷西過關。楊尚昆在這期間為此做了一些具體工作，他給我們簡略講了講這個情況。

　　在去廬山的路上，陳伯達、胡喬木、田家英和吳冷西、李銳等一批「秀才」，對 1958 年以來的形勢就有一番議論。「秀才」們說話百無禁忌，儘管他們在思想上也不可能不受「左」的影響，但他們面對「大躍進」帶來的嚴重後果，卻不能不對「三面紅旗」提出質疑。會議開始不久，「秀才」們開始接受起草廬山會議記錄任務，心思都集中在如何總結「大躍進」的教訓、繼續糾「左」問題上。當時，田家英曾把他在四川調查中反映浮誇問題的材料送給毛澤東參閱，引起四川省委負責人的不滿。田家英在小組會上發言時，還同四川省委的那位負責人發生了爭吵。彭德懷的《意見書》印發以後，「秀才」們都反映寫得不錯，同他們起草的《記錄》基本觀點相同。有的組對彭德懷的《意見書》提出批評，田家英、吳冷西還作了解釋。

　　7 月 23 日，毛澤東講話後，風雲突變，這對「秀才」們如晴天霹靂。有人批評田家英反映四川問題是攻擊「大躍進」和人民公社；有人批評吳冷西和彭德懷一個鼻孔出氣，「犯了路線錯誤」。使「秀才」們最擔心的是他們在會下議論過的一些「私房話」，如果洩露出去，會引起不必要的麻煩。但是，沒有不透風的牆。「秀才」們會下議論過的「私房話」

還是傳出去了。

　　當時，會議除集中對彭德懷、張聞天等人開火外，那些曾經表示贊成或基本贊成彭德懷的《意見書》觀點的人，也無不遭到嚴厲指責，批鬥範圍有進一步擴大之勢。彭真就來找我商量，提出要保護「秀才」。為此，彭真、薄一波和我專門找李銳談話，要他到此為止，不要再扯寬了。我把這個意思向劉少奇、周恩來和毛澤東彙報，他們也表示同意。隨後毛澤東分別找陳伯達、胡喬木、田家英談話，批評「秀才」們前一段表現不好，方向有些不對頭，同時又要他們不要過分緊張，要夾着尾巴做人，還說過兩天向會上打個招呼，下「停戰令」，對「秀才」們掛「免戰牌」。我到「秀才」們的住地，告訴他們：主席已經要我向各組組長打了招呼，要他們集中精力開好八中全會，不要再提「秀才」們的事情，你們可以放心了。

　　8月11日，毛澤東在八中全會上作長篇講話，對彭德懷等同志作了系統的批判，同時也講了要「保護秀才」。他說軍事俱樂部那些人想把「秀才」們挖去，我看挖不去。「秀才」是我們的人，不是你們的人。他還說「李銳不是秀才，是俱樂部的人」。這就正式把陳伯達、胡喬木、田家英和吳冷西保護過了關。

　　但是，廬山會議後，中央根據廬山會議對「秀才」們的揭發材料，仍決定對他們立案審查。10月，彭真兩次找「秀才」們談話，核對材料。幾位「秀才」也向中央作了書面檢討和申辯。10月17日，毛澤東找四位「秀才」談話，說你們在廬山的表現不好，但不屬於敵對分子和右傾機會主義分子，而是屬於基本擁護總路線，但有錯誤觀點或右傾思想的人。至此，事情宣告結束。

廬山會議後的彭德懷

　　廬山會議後，撤銷了彭德懷在軍隊內的職務，但仍保留中央委員、中央政治局委員的職務。黨內文件照發，中央政治局會議也照常通知他參加，不過彭德懷照例請假就是了。根據毛澤東的意見，彭德懷有什麼事都是通過楊尚昆這個辦公廳主任向中央反映。

　　1959 年國慶節前夕，彭德懷搬出中南海，移居吳家花園。10 月 21 日，毛澤東找彭德懷談話，劉少奇、周恩來、朱德、鄧小平、彭真、賀龍、陳毅等同志都到了，我也在座。毛澤東肯定了彭德懷 9 月 9 日寫信要求學習和參加生產勞動的意見。說讀幾年書好，要學點馬克思主義的哲學、政治經濟學。談話時氣氛很好，談話以後又共進午餐。彭德懷離去以後，毛澤東囑我以後要經常去看望彭德懷。每月至少兩次，主要是了解他的思想動態，幫助他聯繫和解決學習與生活上的一些問題。11 月 9 日，我和彭真一起去彭德懷處，在彭那裏召集高級黨校黨委常委會，楊獻珍、艾思奇、范若愚等同志都到了。當場安排了彭德懷到黨校學習的問題，並當面交代，彭德懷是毛主席批准到黨校學習的，要派專人輔導他的學習，有什麼問題由楊獻珍同彭德懷直接聯繫。

　　後來，毛澤東多次提出，要彭德懷出來做點事。有一次，他對我說，可以讓彭德懷當農墾部部長，要我去徵求彭德懷的意見。當然，如果彭德懷同意，下一步還要做王震的工作，讓王震把農墾部部長的位置讓出來。我考慮，那時彭德懷的情緒很不好，不可能出來工作，因而一直沒有同彭德懷談。還有一次，毛澤東指定我和陳毅、聶榮臻三個人去做彭德懷的工作，主要是說服彭德懷承認錯誤，有所表示。可是彭德懷心裏不服，一直頂着不表態，我們三個人都認為不好開口。以後我見到毛澤東，就說你要我們三個人去做彭德懷的工作，你講個方針才好。毛澤東看到我們有難處，笑了笑說，那就算了吧！

　　1961 年 9 月 19 日，彭德懷給毛澤東寫信，要求到農村去做調查研究，請求中央允許他先去湖南故鄉搞三個月，了解農村情況，明年春天再去山西太行山。他提出，如果允許他外出調查，行前希望見主席一面。我立即把彭德懷的信送給毛澤東，過了些日子，毛澤東批回來：「彭德懷到哪裏去都可以。半年也行。」10 月 23 日，我去彭德懷處，把毛澤東同意他下去調查的情況告訴他。25 日晚，彭德懷到我的辦公室，交來一份去湖南的調查提綱，並要求中央辦公廳給他派一個臨時秘書，隨他去湖南，幫助整理調查材料。第二天，我把金石同志找來，對他說：「彭德懷最近提出要回湖南家鄉看看，作些農村調查。因為廬山會議後彭原來的秘書都回軍委去了，這次他下去要求中辦給他派一位同志幫他整理材料，我們考慮你去比較合適。」金石有些緊張，我對他說：「彭德懷現在仍然是政治局委員，你還是要尊重他。你幫他整理材料，他要你怎

麼寫，你就怎麼寫，有錯誤由他負責，與你無關。」

10 月 30 日，彭德懷離京去湖南。他到長沙後，湖南省委書記胡繼宗向他介紹了有關情況；在湘潭，由湘潭地委書記華國鋒接待。11 月 3 日，彭德懷就到了他的家鄉湘潭縣烏石大隊為民生產隊彭家圍子村。

一個多月以後，彭德懷從華國鋒那裏得知中央準備召開一次由中央局、省、地、縣委和大的廠礦企業一級負責人參加的擴大的中央工作會議，他認為這個會議主要是總結 1958 年「大躍進」以來的經驗教訓，十分重要，決定立即結束湖南調查返回北京。

彭德懷這次去湖南，歷時五十多天，最後整理了五份調查報告，他要金石交給我，並附信說：「這些材料都已經和省、地、縣委同志交換過意見，沒有大的不同意見。如有錯誤，完全由我負責。」我把彭德懷的幾份調查材料，連同金石寫的隨彭德懷去湖南情況的報告，一併報送毛澤東。這件事，事前經過毛澤東批准，事後又向毛澤東作了報告，從工作程序和組織原則上講都是無可指責的。

彭德懷回京以後，看到 1962 年 1 月擴大的中央工作會議（即七千人大會）的文件，認為劉少奇的書面報告是比較實事求是地總結了 1958 年以來的經驗教訓，還是滿意的；對報告中再次肯定廬山會議的反右傾鬥爭，也不想要求平反。但是，1 月 27 日，劉少奇在大會上講話，說：「彭德懷的錯誤不只是寫了那封信，一個政治局委員向中央主席寫信，即使信中有些意見是不對的，也並不算犯錯誤。」「廬山會議之所以要展開反對彭德懷同志的反黨集團的鬥爭，是由於長期以來彭德懷同志在黨內有一個小集團。他參加了高崗、饒漱石反黨集團。」「更主要的不是高崗利用彭德懷，而是彭德懷利用高崗，他們兩個人都有國際背景，他們的反黨活動，同某些外國人在中國搞顛覆活動有關。」因而，「所有的人都可以平反，唯彭德懷同志不能平反」。彭德懷對此非常氣憤，立即打電話給我說：「請轉報主席和劉少奇，鄭重聲明沒有此事。」事後，彭德懷還向人表示，看了劉少奇的講話，很不舒服。書讀不下去，覺也睡不好。彭德懷本來打算春節以後再到太行山老解放區去看看，搞些調查研究，現在這個樣子不能去了，去了人家不好辦。

七千人大會結束以後，彭德懷立即動手把自己的一生經歷、是非曲直，詳細地寫了一個書面材料，要求中央予以審查。這就是後來所謂彭德懷翻案的《八萬言書》。6 月 16 日，彭德懷到中南海把這份材料親

手交給我，我按照他的要求，印發給毛澤東和中央政治局、書記處各同志。為了鄭重，《八萬言書》印出清樣後，派人先送給彭德懷，請他校閱後再正式印發。他卻說：「相信中央辦公廳，不看了，印發吧。」當年7月，毛澤東在北戴河召開的中央工作會議上，指責彭德懷翻案，提出要批判「翻案風、黑暗風、單幹風」。9月，在北京召開中共八屆十中全會和隨後的國慶十三週年活動，就不再通知彭德懷參加了。在全會上，毛澤東明確表示：我對彭德懷這個人比較清楚，不能給以平反。全會還決定成立「彭德懷專案審查委員會」，對他進行全面審查。

後來，彭德懷專案審查委員會派人去湖南，對1961年彭德懷回鄉作農村調查情況作「追蹤調查」。原來，彭德懷在湖南調查結束後，湖南省委曾正式書面報告中央，反映彭德懷在湖南期間表現是好的，但這時卻又出爾反爾，向中央報告說彭德懷當時有「反黨言行」。這次專案調查人員也專門收集一些反面材料，斷章取義，肆意歪曲，編造了一個《關於彭德懷同志1961年回湘潭情況的調查報告》，說彭德懷那次回鄉調查是「別有用心」、「滿腹牢騷」，散佈了一系列「反黨言論」。這個《報告》送我印發時，我發現《報告》上把那些隨彭德懷去湖南的工作人員名字也寫上了。我當即打電話給彭德懷專案審查委員會負責人，說那幾個隨行人員都是組織上派去做具體工作的，不要把他們的名字寫上。這樣，避免了一次可能發生的新的株連。

1965年9月11日，毛澤東要彭真代表中央找彭德懷談話，說中央決定你去西南工作，任西南三線建設委員會副總指揮。彭德懷表示，我是共產黨員，應該服從黨的分配，但我犯了錯誤，說話沒有人聽，對工業也是外行，還是希望去農村作調查。23日，毛澤東親自找彭德懷談話，劉少奇、鄧小平、彭真也在座。毛澤東說：「彭德懷去西南，這是黨的政策，如有人不同意時，要他同我來談。我過去反對彭德懷是積極的，現在要支持他也是真心誠意的。」「對老彭的看法應當是一分為二，我自己也是這樣。」毛澤東還對彭德懷說：「也許真理在你那邊。」

10月19日，彭德懷來找我，要我幫助他解決去西南赴任的一些具體問題，我當即應允。次日，我派中辦警衛局副局長田疇、中辦機要室副主任賴奎到彭德懷那裏，問他有什麼要辦的事，要一一幫他辦好。11月28日，彭德懷乘火車離京去成都，我的中央辦公廳主任一職已被免去，不便以私交關係送他，實屬憾事。又豈知，更為遺憾的是，10月19

日一面，竟成永別！

　　楊尚昆和彭德懷友誼深厚，情同手足。1998 年初，在撰寫紀念周恩來、劉少奇兩篇文章的同時，他不顧疲勞，又開始撰寫紀念彭德懷百年誕辰的文章。他強調一定要把彭德懷最突出的特點寫出來，主要寫他時刻以共產黨的利益為重，無私無畏，為黨為人民奮鬥終生，立下豐功偉績，最後在蒙冤的逆境之中，革命意志彌堅，是一個真正高尚的人。那年 5 月，楊尚昆去上海，我隨行去上海檔案館查文件。這期間，他還召集我們隨行人員反覆討論這篇文稿。不料，楊尚昆這次歸來後就病倒了，《追念彭大將軍》一文是他最後的日子裏在病榻上定稿的。

我隨田家英在浙江農村搞調研

薛　駒

　　20 世紀 60 年代初期的農村調查，是在毛澤東直接提倡和領導下開展起來的，它不僅使各級領導幹部了解了實情，發現和糾正了「大躍進」和人民公社化運動中存在的「左」傾錯誤，而且促進了全黨幹部在思想作風上的轉變，使廣大黨員幹部認識到了調查研究、實事求是的重要性，對克服當時的經濟困難，恢復和發展國民經濟起了重要作用。我當時作為中共浙江省委副秘書長，按照省委的安排，參加了田家英率領的中央工作組在浙江農村的調查研究工作。

一

　　1958 年開始的「大躍進」和人民公社化運動，是在「一五」計劃提前超額完成、全國人民建設熱情高漲的情況下開展起來的。當時許多領導幹部，包括毛澤東在內，對社會主義建設還缺乏經驗，存在急於求成的思想，不切實際地提出「大躍進」的高指標；不經調查研究和典型試驗，在全國範圍開展起人民公社化運動。在推行中又採取大搞群眾運動、反右傾、「拔白旗」等錯誤做法，使高指標、瞎指揮、浮誇風、「共產風」和幹部特殊風等「左」傾錯誤迅速泛濫開來。這嚴重地挫傷了群眾的積極性，造成了農業生產的大減產。有些地方還提出一些脫離實際的錯誤口號，如：人民公社化、吃飯不要錢，大兵團作戰，全民大煉鋼鐵，糧食高產放衛星、畝產幾萬斤，人有多大膽、地有多大產等等，表面上搞得轟轟烈烈、幹勁沖天，實際上破壞了農村

生產力。從 1959 年起，出現了餓、病、逃、荒、死的三年經濟困難局面。

　　1959 年，這些嚴重情況開始暴露，毛澤東發現後，在 1959 年兩次鄭州會議上，對「一平二調」的「共產風」進行了批評，並着手糾正「左」傾錯誤。1960 年 11 月，毛澤東在為中共中央起草的《關於徹底糾正「五風」問題的指示》中指出：「必須在幾個月內下決心徹底糾正十分錯誤的『共產風』、浮誇風、命令風、幹部特殊風和對生產瞎指揮風，而以糾正『共產風』為重點，帶動其餘四項歪風的糾正。」為了從根本上扭轉「大躍進」以來國民經濟的困難局面，中共中央還發出了《關於農村人民公社當前政策問題的緊急指示信》（簡稱「十二條」），提出徹底糾正「一平二調」的錯誤，開展整風整社；並於 1960 年 12 月至 1961 年 1 月先後召開了中央工作會議和中共八屆九中全會，毛澤東在這兩次會議上，着重強調糾正錯誤必須要搞好調查研究，堅持實事求是。他特別提出：搞社會主義建設不能急於求成，要大興調查研究之風，使 1961 年成為實事求是年、調查研究年。通過調查研究，統一全黨的思想，制定比較切合實際的政策，扭轉困難局面。

　　正在這時，從福建龍岩地區收集到一篇毛澤東在 1930 年寫的文章——《關於調查工作》。這是一篇重要歷史文獻，是 1929 年紅軍第四軍黨的第九次代表大會關於反對本本主義鬥爭的總結，內容是紅軍如何通過調查研究，同教條主義作鬥爭，對實事求是、群眾路線、獨立自主等思想都作了闡述。毛澤東很喜歡這篇文章，認為這篇文章針對性強，對現實工作用處還不少，正是推進全黨開展調查研究、轉變思想作風的有力武器。後來在 1961 年 3 月廣州中央工作會議中，將這篇文章印發給到會人員展開討論，他親自對這篇文章作了解釋，強調調查研究是一個基本方法，「民主革命時期要進行調查研究，社會主義建設時期仍要進行調查研究，一萬年還要進行調查研究」。他還要求省委領導全面徹底調查一個問題嚴重的公社，使自己心中有數，省委不明了情況是很危險的。「省、地、縣、社的第一書記大都也是如此，總之是不甚了了，一知半解。其原因是忙於事務工作，不作親自的典型調查，滿足於在會議上聽地、縣兩級的報告，滿足於看地、縣兩級的書面報告，或者滿足於走馬觀花的調查。這些毛病，中央同志一般也是同樣犯了的，我希望同志們從此改正。我自己的毛病當然也要堅決改正。」「違反客觀事物的規律，要受懲罰，要檢討。」毛澤東親自抓三個省的農村調查，同時要求各中央局，

各省、市、區領導幹部都下去調查。1961 年 1 月 20 日，毛澤東致信沒有參加中央工作會議和中共八屆九中全會的田家英，要他帶一個工作組去浙江。

　　田家英：

　　（一）《調查工作》這篇文章，請你分送陳伯達、胡喬木各一份，註上我請他們修改的話（文字上，內容上）。

　　（二）已告陳、胡，和你一樣，各帶一個調查組，共三個組，每組組員六人，連組長共七人，組長為陳、胡、田。在今、明、後三天組成。每個人都要是高級水平的，低級的不要。每人發《調查工作》（1930 年春季的）一份，討論一下。

　　（三）你去浙江，胡去湖南，陳去廣東。去搞農村。六個組員分成兩個小組，一人為組長，二人為組員。陳、胡、田為大組長。一個小組（三人）調查一個最壞的生產隊，另一個小組調查一個最好的生產隊。中間隊不要搞。時間十天至十五天。然後去廣東，三組同去，與我會合，向我作報告。然後，轉入廣州市作調查，調查工作又要有一個月，連前共兩個月。都到廣東過春節。

一月二十日下午四時
此信給三組二十一人看並加討論，至要至要！！！
毛澤東又及

　　一向熱心農村調查、對國家困難深為憂慮的田家英，深感責任重大。在毛澤東給他寫信的第二天，即率中央調查組離開北京飛往上海，22 日到達浙江省會杭州。

二

　　田家英到杭州後，與浙江省委領導江華、林乎加等人商量，按照毛澤東抓兩頭的指示和調查方法，決定調查組分成兩個小組，一個小組在嘉善縣選一個最差的生產隊（魏塘公社和合生產隊），一個小組在富陽選一個最好的生產隊（富陽縣東洲公社五星生產隊）。當時浙江省委要我參加田家英中央調查組工作。兩個小組在田家英統一領導下工作。調查的重點是三個方面：(1)

公社化以後幾年來的情況和問題；(2) 整社以後幹部問題的具體調查分析；(3)「十二條」貫徹後群眾的反映。

　　隨後，在田家英率領下，我們到嘉善縣魏塘公社和合生產隊作農村調查。我們對和合生產隊從土改後到人民公社化以來的全部歷史作了詳細調查。

　　我們一到和合生產隊，就同貧苦農民同吃同住，吃飯上公共食堂，一日三餐稀飯，白天訪貧問苦，上門串戶，晚上打稻草地鋪，集體睡覺。我們採取串門個別訪問、分階層召開各種座談會的方法，選擇了兩戶貧農、兩戶下中農、兩戶上中農，對六戶家庭新中國成立以來的勞動、經濟、生活狀況的變化，進行了算賬對比，還請來老貧農、老僱農、老中農和生產隊長各一人，進行促膝長談，有問必答，連續談了五六天。對這個生產隊從歷史到現狀，從共產黨的方針政策的貫徹執行到農民的吃、穿、住、行各個方面都作了詳細了解。當時作調查，發現問題並不難，問題成堆，到處都能見到，難的是調查組能不能取得群眾的信任，群眾和基層幹部敢不敢實話實說。和合生產隊地處杭嘉湖平原，土地肥沃，灌溉便利，歷來是個魚米之鄉，新中國成立後農業經濟迅速恢復發展，前五年每年都為國家提供不少的商品糧。到1958 年、1959 年，說是生產「大躍進」，實際上是年年減產。我們問過幾戶社員，都不知道有多少產量，但都說是減產，到底減產多少讓我們去問幹部。我們找到生產隊幹部，他們也是支支吾吾講不清楚，經過反覆耐心地找老農民和幹部談話、查賬，談家史、社史，才基本上搞清楚情況。

　　糧食問題。我們通過調查了解，在「大躍進」中，和合生產隊從 1958年糧食大豐收時上報的每畝糧食包產指標四百斤，不斷加碼到六百斤、八百斤、一千斤，實收只有四百三十九斤。1959 年反右傾以後，包產指標定到九百七十九斤，但實收只有四百三十六斤。1960 年，在公社共產黨員大會上宣誓定的糧食畝產指標是一千八百斤，最後是大減產，算來算去得出的數字是二百九十一斤，比新中國成立前正常年景的三百五十斤還要低。我們去的時候，這個生產隊每人每天只有半斤米，三餐稀粥，有的小隊甚至斷糧，出現了餓、病、逃、荒和非正常死亡。社員們說「上面吹牛皮，社員餓肚皮」。社員一年收入只有 21.27 元，辛苦一年最後落了個倒掛戶。魏塘公社有個生產隊的集體收入平均每人一年只有十七元，一年勞動還不如社員養兩隻雞。

　　食堂問題。我們調查組每天到公共食堂吃稀飯，但社員都是打回家去

吃，問他們能吃飽嗎，他們就反問我們吃飽了沒有。一天黃昏，我們從食堂出來，聞到一股煙味，抬頭見幾戶人家的煙囪正在冒煙，我們走進去，看到的是用磚頭臨時搭起的「灶頭」（辦食堂時社員家的灶頭都拆掉了），鍋子放在上面燒。他們揭開鍋讓我們看，鍋裏是胡蘿蔔、羊頭草等野菜加上從食堂打回來的稀粥。有一個膽子大的女社員給我們講了公共食堂的一大堆問題：一是辦食堂「一平二調」，各家的炊具、桌凳都被搬去無償使用；二是把部分自留地收歸食堂當菜地；三是浪費大、漏洞多，把生米煮成熟飯要經過五道滴漏（米桶—淘籮—加水—下鍋—社員的飯缽頭，一斤米變成八兩粥）；四是有的幹部開小灶、多吃多佔。社員的意見是食堂應該解散，但是在會上他們不敢說。因為在人民公社化運動中，公共食堂是作為「共產主義萌芽」而建立起來的。有位省級領導幹部就因提過不同意見，結果受到批判和撤職處分。

生產隊的規模和核算單位問題。在調查中許多老農民異口同聲地說，辦初級合作社時最好，十幾戶、二十幾戶人家，自願結合在一起，既是生產單位，又是分配單位，看得見，摸得着，算得清，分得到，大家的生產積極性很高。併社升級以後，一個和合生產隊，要管十一個小隊，南北十多里路，望不到邊，一年分配只有幾十元，吃大鍋飯，哪裏有勁搞好集體生產。我們在研究這個問題時，有的人主張，應該調整生產隊的規模，把核算單位放到當時的小隊，也有的人則懷疑這樣做就會倒退到初級社了。後來，我們在和合生產隊進行《農村人民公社條例（草案）》的試點工作時，根據群眾的要求，把和合生產隊劃分為南宇、西橋、新農三個生產隊，把生產指揮權交還給了生產隊。

田家英和我摸清了和合生產隊的情況後，又到了富陽縣的五星生產隊。這個生產隊是個比較好的生產隊，幾年中生產沒有大的下降，人民生活水平也沒有大的下降，究其原因，是這個生產隊在「五風」流行的情況下，以老農和生產隊幹部為核心，有組織地抵制「五風」。他們對來自上面的生產瞎指揮，採取了應付官僚主義的政策。如糧食畝產、產量分兩本賬，一本是對付上級檢查的，一本是自己掌握的。為了強調實行密植，上面規定一畝下種子一百二十斤，他們將部分煮熟的穀子，當作種子下地入土；上面派人檢查時，為了使幹部不受批判，路邊種得密一些，裏面仍然照常規，檢查團查過

了，幹部就過關了。他們由於採取這套對策，沒有遭受嚴重損害。我們在五星生產隊調查了一個星期，糧食產量依然摸不清底細。我們調查組的人分別找會計、倉庫保管員、生產隊員和支部書記談心，大家才交了底、說出了實情，會計拿出了第二本賬。田家英聽了他們的生動彙報之後，肯定了他們這套「防風林」的做法。

在田家英的領導下，我們整個調查工作做得有聲有色，如對食堂問題、生產隊規模問題等都作了細緻的調查，對調查材料進行了集體分析討論，實事求是地找出問題的癥結所在。

在調查中，許多情況使我深深體會到，上面的高指標壓出了浮誇風，反右傾逼出了假報告。浮誇風是自上而下層層下達指標逼着虛報而造成的，「五風」的盛行，確實直接破壞了生產，影響了人民的生活，嚴重挫傷了人民群眾的積極性。那些貌似革命的口號，也會造成餓、病、逃、荒的嚴重災難。

三

1961 年 2 月 6 日，田家英和我接到電話通知要向毛主席彙報調查情況。我們經過十天調查，內容是大量的，但是如何綜合分析，向毛主席提出建議，很不容易。田家英在和我商量時說了交心話。他說，如果如實反映公共食堂的情況，提出解散食堂的建議，他是感到有壓力、有風險的。1959 年盧山會議反右傾鬥爭，他也曾經受到批評，記憶猶新。但我們是共產黨員，必須對黨對人民負責，堅持人民利益高於一切的原則，如果彙報後要打屁股，就打我的屁股。凡是違反群眾利益的事情，一定要敢於向上面提出意見，辦不辦食堂並不改變社會主義，不怕戴右傾機會主義帽子，不怕受打擊。我當時聽了以後，很受感動。

果然，2 月 6 日，田家英在杭州劉莊如實地向毛主席和在場的浙江省委的江華、霍士廉、林乎加、李豐平等人詳細地彙報了兩個生產隊的調查情況。我當時也在場。田家英着重談了和合生產隊的情況，從歷史到現狀作了詳細的彙報，並闡述了「五風」帶來的危害，尤其是和合生產隊屬富庶的魚米之鄉，水稻畝產由通常的六百多斤，到 1960 年減至二百九十一斤，而上報畝產達兩千四百多斤，這些數字深深地觸動了毛澤東的心，他靜靜地聽着，深深

地吸着煙，邊聽邊思索。田家英還在彙報中提出了自己的建議：中央搞一個
人民公社工作條例。田家英這種敢於實事求是、敢於堅持真理的精神，對我
是一次極為深刻的教育，給我留下非常深刻的印象。

　　毛澤東聽取了田家英的彙報後，在許多問題上都採納了田家英的建議，
並且講了一些重要意見。(1) 對克服「五風」問題，要徹底制止「一平二調」，
停止瞎指揮，該退賠的要決心賠，剝奪農民是不行的，這是破壞社會主義，
而不是建設社會主義。(2) 要給生產小隊一點機動地，除自留地、蔬菜地外，
再給小隊 3% 的土地機動使用，可以多種多樣。對自留地問題，幾放幾收，
都有道理。歸根到底還是一個道理，要給農民自留地。基層幹部要從反覆中
取得經驗，再反覆搞下去，就是餓、病、逃、荒、死。(3) 起草一個人民公
社工作條例，規定公社三級怎麼做工作，很有必要。(4) 生產隊的規模問題，
和合生產隊太大了，是否分成三個，或者把小隊當作基本核算單位。(5) 食
堂問題，按群眾要求辦事；可以多種多樣。單身漢、有勞力而沒人做飯的，
要求辦常年食堂；部分人要求辦農忙食堂；少數人要求自己做飯。這個問
題要調查研究一下，使食堂符合群眾的需要。(6) 幹部手腳不乾淨問題，處
理要按群眾意見辦，群眾允許過關的就放過；不允許過關的就撤職。這些意
見，有些後來寫入《農村人民公社工作條例（草案）》（簡稱「六十條」），有
些作進一步研究討論，如食堂問題，生產隊作為基本核算單位問題，到 1961
年下半年和 1962 年上半年經過反覆比較才作出決定。

　　1961 年 3 月，在毛澤東主持下，舉行了有中南、西南、華南三個地區的
中央局和各省、自治區黨委負責人參加的廣州中央工作會議，這是人民公社
化以後第一次經過調查研究，討論和制定農村人民公社條例的會議。會前，
組織了農村人民公社條例起草委員會，起草出農村人民公社工作條例的初
稿，提交會議討論。我當時也被吸收參加討論修改工作。由於大家都經過調
查研究，對多數問題認識比較一致，「六十條」在修改後順利通過。在會上，
毛澤東根據浙江、湖南、廣東三個調查組的材料，以犀利的洞察力，抓住了
問題的本質，進一步提出了一個要害問題——反對兩個平均主義：反對人與
人、隊與隊之間分配上的平均主義。這一重要思想，成為人民公社工作條例
的核心和基石。會後，毛澤東在寫給中央同志的信中指出：「大隊內部，生產
隊與生產隊之間的平均主義問題，是兩個極端嚴重的問題。不親身調查是不

會懂得的，是不能解決這兩個重大問題的（別的問題也是一樣），是不能真正地、全部地調動群眾的積極性的。」用毛澤東的話來評價：這次會議是公社化以來中央同志第一次坐下來一起討論和解決農業問題。

在廣州會議最後一天，還通過了胡喬木起草的《中共中央關於認真進行調查工作問題給各中央局，各省、市、區黨委的一封信》，信中指出：「中央要求從現在起，縣級以上黨委的領導人員，首先是第一書記，認真學習毛澤東同志的思想方法和工作方法，把深入基層（包括農村和城市），蹲下來，親身進行有系統的典型調查，每年一定要有幾次，當作領導工作的首要任務，並且定出制度，造成風氣。」「在調查的時候，不要怕聽言之有物的不同意見，更不要怕實際檢驗推翻了已經作出的判斷和決定。中央相信，只要在全黨堅持這種調查研究、實事求是的作風，我們目前遇到的問題就一定能夠比較順利地得到解決，我們的各方面工作就一定能夠得到迅速的進步。」在大會討論這封信時，田家英邊唸信稿，毛主席邊作解釋，他說：「最近幾年吃情況不明的虧很大，付出的代價也很大。」「醫生看病叫診病，中醫叫望、聞、問、切，就是調查研究，先搞清病情，然後開處方。過去幾年我們犯錯誤，首先是因為情況不明。情況不明，政策就不對，決心就不大，方法也不對頭。因此，第一書記調查很重要，足以影響全局。」同時他又指出，經過調查，集中了廣大群眾和幹部的要求，起草了「六十條」，但這個「六十條」是不是正確，是不是符合實際，是否行得通，還有些什麼問題需要解決，需要再到群眾中去徵求意見，放到實踐中去檢驗一番。這就是從群眾中來，到群眾中去，實踐，認識，再實踐，再認識。只有經過再實踐、再認識的過程，我們的認識才能切合實際，逐步深化。「六十條」發給全國農村討論試行。

四

3月26日，廣州會議結束之後，田家英和我馬上返回了杭州，佈置調查組開展「六十條」的宣傳討論和試點工作。田家英要求把「六十條」從頭到尾一字不漏地讀給公社共產黨員和社員聽，解釋和回答大家提出的問題，進一步徵求修改意見。我們在嘉興縣，嘉興地委集中了地委、縣委、公社黨委三級幹部八百多人，討論「六十條」，大鳴大放，提了很多意見。我覺得從群

眾關心的問題出發，同群眾一起學習、討論政策，是個很好的辦法。

　　時值春耕，調查組在富陽縣東洲公社五星生產隊分成兩組，一組指導群眾春耕備種，一組總結試行經驗。白天，忙試行，忙農事，在實踐中掌握材料，積累經驗；晚上，組織幹部社員開座談會，逐條逐款討論「六十條」，弄清群眾的真正意見。如食堂問題，「六十條」提出辦常年食堂或農忙食堂，大家討論結果還是停辦了食堂，將糧食按定量分到戶。再如，小隊規模問題，經大家反覆討論，五星將原七個生產小隊分為十一個生產小隊，這樣易於管理，解決了隊與隊、人與人之間的平均主義問題和無償調撥生產小隊財產問題（即「一平二調」）。並實行以生產小隊為經營核算單位，推行三包（包產、包工、包成本）一獎（超產獎勵）和按勞分配、多勞多得、超額獎勵的分配制度，同時確定社會最低口糧標準，重新給社員劃了自留地等等，實行了一系列符合實際的、行之有效的做法。

　　在試點期間，我們調查組通過一個偶然的機會，發現富陽縣有一個生產隊，在一些嚴重違法亂紀分子的把持下，生產遭到嚴重破壞，人民生活極端困難，出現了非正常死亡現象。田家英知道後，立即趕到那裏。詳細了解情況後，召開大會，作長篇講話。他揭露了這裏一些慘不忍睹的事情，當他說到「共產黨員看到這種情況，是很痛心的」時，哽住了，長時間說不出話來，難過得流下了眼淚。最後，他宣講了「六十條」，並對這裏如何討論和試行「六十條」提出具體意見。在縣委的領導下，加上調查組的協助，這個生產隊很快恢復了生機。

　　浙江農村的調查試點工作於 5 月 3 日結束。田家英回到北京，參加了 5 月 21 日至 6 月 12 日在北京召開的中央工作會議，會議對「六十條」又作了進一步修改和補充，解決了食堂、供給制山林分級管理、幹部作風等問題。食堂問題，原來是「應該積極辦好食堂」，廣州會議草案是「可採取多種形式，有條件的仍應積極辦好」，經過周恩來、朱德、胡喬木調查提出意見，最後改為「辦不辦食堂完全由社員討論決定」，「實行自願參加、自由結合、自己管理、自負開銷和自由退出的原則」。供給制問題，原來的辦法是「三七開」，即供給制部分佔 30%，按勞分配佔 70%。經過調查，認為對五保戶的社會保險部分是合理的，應予保留，而每個社員都享有 30% 供給制，是「大鍋飯」的平均主義因素，應該改正。新補充的內容有山林問題，主要是制止

大破壞，明確責任制，允許把國有和公社所有的山林劃給生產大隊所有，大隊可以把小片的、零星的山林分給生產隊和社員所有。有些專業林不宜於生產隊經營的可組織專業隊經營。還有對公社各級幹部應具有的工作作風和方法，綜合為「黨政幹部三大紀律、八項注意」。此外，對基本核算單位問題，直到 1961 年 9 月，毛澤東自己去邯鄲作了調查以後，才明確人民公社的基本核算單位應是生產隊，而不是生產大隊，明確指出，生產權在生產隊，而分配權在大隊，這是嚴重的平均主義。到 1962 年 2 月，中央正式發出《關於改變農村人民公社基本核算單位問題的指示》，才明確決定把基本核算單位下放到生產隊（小隊）。這些農村政策的重要改變，較好地解決了當時農村的基本核算單位問題，糾正了平均主義，促進了農村生產力的發展。

從包括浙江調查在內的許多調查組的農村調查，到 5 月中央工作會議結束，經過廣泛深入的調查和反覆討論修改而形成的「六十條（修正草案）」，對扭轉農村嚴重困難的局面，起了十分重要的作用。當然，「六十條」仍然有不足之處。在 20 世紀 60 年代，它也不可能突破人民公社「一大二公」的體制，而且後來還被陳伯達等人貼上「階級鬥爭」的標籤。但是它的歷史作用是巨大的。它不僅在當時扭轉了嚴重困難的農村形勢，而且直到「文化大革命」時期，許多農村仍然能夠保持相對穩定，農業生產仍能正常進行，這同「六十條」的作用是分不開的。「六十條」既集中了全黨的智慧，也體現了毛澤東的農業政策思想，其中，田家英領導的浙江農村調查起了重要的作用。毛澤東在廣州會議上提到「六十條」的由來時，介紹說：「制定農村工作條例，我是聽了誰的話呢？就是聽了田家英的話，他說搞個條例比較好，我在杭州的時候，就找了江華同志、林乎加同志、田家英同志，我們商量一下，搞個條例有必要，搞條例不是我倡議的，是別人倡議的，我抓住這個東西來搞。」

1961 年的農村調查，是我黨歷史上一次大的調研活動。田家英領導的浙江調查組的調研活動，是我黨重視農村工作、重視調查研究的一個縮影。

我所了解的「暢觀樓事件」

宋汝棻

　　北京市委在暢觀樓召開的一次會議已過去多年了，今天談起這件事可以說是鮮為人知，但在「文化大革命」初期，大字報、紅衛兵小報、《北京日報》連篇累牘地對這次會議進行「革命大批判」，這次會議一下子變成了「暢觀樓反革命事件」，成了以彭真為首的原北京市委的又一大罪狀，鬧得沸沸揚揚、滿城風雨。「文化大革命」結束後，「暢觀樓事件」不見於正史，海外某些出版物大多是根據「革命大批判」材料寫的。「暢觀樓事件」究竟是一次「反革命事件」，還是一項正常工作，成了遺留的歷史謎團。

　　當年參與「暢觀樓事件」的人多數已經去世，我作為親身參與這一事件的人，願意將所了解的情況寫下來，免得若干年以後，以訛傳訛的記述反而以假亂真。

一

　　暢觀樓原本是清王朝的一個王府，現在位於北京動物園內，「暢觀樓事件」發生的時候，那個地方還很幽靜，並無暢觀可言。1955 年 3 月，毛澤東曾親自到此看望十世班禪額爾德尼·確吉堅贊大師，並同他作了長時間的親切交談。「文化大革命」期間，因為對「暢觀樓事件」進行「革命大批判」，暢觀樓一時間出了名。

　　「暢觀樓事件」就發生在暢觀樓，時間是 1961 年 12 月。這一年，中共中央和毛澤東反思「大躍進」和人民公社化運動，號召大興調查研究之風、大

搞實事求是，「暢觀樓事件」就是在此背景下發生的。

由於「大躍進」、人民公社化運動，國家建設和人民生活都出現了嚴重困難。中央領導頭腦逐漸清醒下來，開始在一系列會議上總結教訓。1960年12月24日至1961年1月13日，中共中央在北京召開工作會議，主要討論1961年國民經濟計劃，同時總結各地整風整社試點的經驗。毛澤東在會上號召全黨大興調查研究之風，他說：「實行方針、政策，要有一種方法。你們有很好的方針、政策，而情況不明、決心不大、方法不對，就等於沒有。」1961年1月中旬中共八屆九中全會在北京召開，通過了「調整、鞏固、充實、提高」的國民經濟八字方針，毛澤東在會上再次提出要調查研究、實事求是。這標誌着黨在經濟建設領域的指導思想再次轉向糾正「左」的錯誤，從主觀主義轉向實事求是。

1961年五六月間，中央工作會議在北京召開。毛澤東在會上指出，社會主義誰也沒有幹過，未有先學會社會主義的具體政策而後搞社會主義的。我們搞了十一年，先要總結經驗。

1961年8月23日至9月16日，中央工作會議（即第二次廬山會議）在廬山召開，討論工業、糧食、財貿、教育等問題。會議第一天，毛澤東在會上講「對社會主義，我們有些了解，但不甚了了」，「搞社會主義，我們沒有一套，沒有把握」。會議期間，毛澤東在與有關人員談話時，多次談到要大搞調查研究，總結黨的指導思想和方針政策，以吸取過去的經驗教訓，糾正「左」的錯誤。他感慨地說，他有三大志願：一是下去搞一年工業，搞一年農業，搞半年商業，以便多做調查研究，了解實情，不做官僚主義者；二是騎馬到長江、黃河兩岸進行實地考察；三是寫一本書，把自己的一生寫進去，把缺點、錯誤通通寫進去，讓人民去評論。鄧小平作為主持中央書記處工作的總書記，在會上也表示中央書記處要負主要的責任。

1961年11月16日，中共中央發出通知，準備召開擴大的中央工作會議，即七千人大會。通知指出：1958年以來在中央和地方的工作中間「發生了一些缺點和錯誤」，並且產生了一些不正確的觀點和作風，妨礙着克服困難，必須召開一次規模較大的會議來統一思想認識。

根據中央通知的精神，為了準備七千人大會，總結1958年以來中央方針政策的經驗教訓，中央書記處決定委託時任中央政治局委員、中央書記處書

記兼北京市委書記的彭真，在北京組織一個班子，查閱 1958 年以來中央書記處批發的中央有關部委上報的文件。於是在 1961 年 12 月，北京市委組織、召集了一些有關部門的負責人，藉暢觀樓這個幽靜之處，執行中央交辦的任務。這就是「暢觀樓事件」的由來。

二

　　1961 年 12 月，北京市委副秘書長、辦公廳主任項子明，在暢觀樓召集市委一些部門的負責人開會，要大家查閱 1958 年以來中央書記處批發給北京市的由中央有關部委上報的文件，以及少量的北京市委轉發給下面區、縣的文件。根據會議的通知，北京市領導機關各口都要派人參加。我當時是北京市委工業基建委員會主任，作為基建口的代表參加了這次會議。據我的記憶，當時來參加會議的主要是各口的副職領導，個別人還帶了一個助手。現在能記起名字的，除項子明以外，還有市農辦主任常浦、市委文化部副部長韋明、市委大學部副部長宋碩、市委工業部副部長陸禹、市計委副主任萬一。

　　項子明在會上說，這件事是由中央書記處交辦的，具體做法是把文件中認為有問題的段落摘錄下來，待匯總以後上交中央書記處。事情就這麼定下來了，參加會議的人員就開始工作。不過，當時大家並不是每天都在這裏工作，畢竟，每個人都有自己的一大攤子事要做。具體的做法當時稱之為「流水席」，各口參加這項工作的人「隨叫隨到」，看完指定的文件，做一個正式的發言以後，就可以回去了。我當時大部分時間還在抓基本建設工作，只是被叫到時才到暢觀樓去，查閱摘錄文件。

　　項子明對參加會議的人傳達中央指示，說的是讓大家把中央報告中各自認為有問題的段落摘錄下來，並對相關的問題發表自己的看法，要求大家暢所欲言。但是，無論是在非正式發言的時候，還是在正式發言和做摘錄的時候，大家都還是很謹慎，主要是根據當時中央堅決糾正「五風」的精神，對中央報告中一些浮誇和高指標的問題發表一些看法，將其中的一些段落摘錄下來。參加查閱文件的人員雖然也提出過一些批評，比如，對譚震林，說他壓指標，說北京是鍋底；對新華社，說亂放衛星。但這些批評都還是在中央糾正「五風」的範圍之內，並不尖銳，對中共中央、毛主席更沒有講任何看

法。畢竟我們這些人的黨齡都比較長，經歷過多次政治運動，而且又剛剛經歷了 1957 年反右派鬥爭和 1959 年反右傾機會主義鬥爭，個個都是戰戰兢兢工作，夾着尾巴做人，即使有一些比較尖銳的意見，也不肯、不敢在會議上表露，而且當時我們對黨中央和毛主席都很崇拜，認為毛主席過去是正確的，今後也必然是正確的，現在出現的一些困難，是下面執行中出了偏差，黨中央、毛主席關於「三面紅旗」的決策還是正確的。

暢觀樓會議的正式會期是九天。九天的時間裏，大家是「你方歌罷我登場」，輪流到暢觀樓查閱文件，發表看法。北京市政策研究室的人對大家的發言，無論是非正式的討論，還是正式的發言，都做了記錄。正式會議結束以後，有關工作人員對摘錄的文件進行了整理匯總，時間稍微長一點，大概是十幾天。這樣，經過二十多天的努力，完成了中央交託的任務。

北京市委把查閱文件摘錄下來的段落匯總以後，寫了一個報告，上交中央書記處，同時也給北京市委的有關部門發了一份。我當時所在的市委工業基建委員會就得到一份，我看了以後，由基建委員會辦公室存檔。該報告分農業、工業、基建、財稅、城市人民公社、教育六個方面，共有二十九項一百一十多條，近二萬字，較為全面地概括了大家摘要的文件和發言，為七千人大會的準備工作起了一定的積極作用。

「暢觀樓事件」的經過大體上就是這樣，在當時是很平靜、普通的一件事。我當時根本沒有想到，這普普通通的一次會議，居然會成為以彭真為首的北京市委的一大罪狀。

三

「文化大革命」爆發後，以彭真為首的原北京市委雖然已經「頃刻瓦解」、「一朝覆亡」，但這個「反黨集團」到底有哪些反黨罪行，老百姓並不清楚。不少人認為，《二月提綱》畢竟是出在中央的問題，《海瑞罷官》、《燕山夜話》，也只能說是寫文章的人的問題。因此，製造出一個為作反對毛主席的赫魯曉夫式的秘密報告做準備，背着毛主席，攻擊毛主席的事件，就變得十分必要了。就是在這種背景下，「暢觀樓事件」遭到「革命大批判」，成了以彭真為首的原北京市委的十大罪狀之一。

1967年春，我已淪為「黑幫」，被專政將近一年了。白天在單位挨鬥、接待外調、寫交代材料、掃廁所，晚上還可以回家。一天晚上，小兒子慌慌張張回家説：「爸爸，壞啦，動物園暢觀樓辦了一個展覽，裏面的會議桌上擺着『黑幫』的名牌，還畫了漫畫像，也有爸爸的名牌和漫畫像。」原來，小兒子到暢觀樓參觀過了。

其實，《北京日報》、紅衛兵小報和許許多多的大字報，已經連篇累牘對「暢觀樓事件」進行「革命大批判」了。我已經多次為此被批鬥，專案組嚴令我徹底交代參加這個反革命陰謀活動的罪行。

對「暢觀樓事件」進行「革命大批判」期間，各種揭發材料很多，姑且舉出一例。1967年4月，當時受到「中央文革小組」支持的首都紅衛兵組織散發了一份《暢觀樓反革命事件》的揭發材料。該材料宣稱：1967年11月，在劉少奇、鄧小平的庇護下，由彭真親自授意，劉仁等指揮，帶領市委內部各部委一幫「反革命修正主義分子」，在西郊公園暢觀樓密室「審查」中央發至縣級以上的文件和毛主席的黨內講話、批示，其直接目的是收集反黨材料，企圖在1962年1月召開的七千人大會上配合「劉、鄧黑司令部」，向毛主席猖狂進攻，妄圖一舉把毛主席推下台來，實行其反革命政變陰謀。這就是聳人聽聞的「暢觀樓反革命事件」。

根據各種揭發材料，以及對我的「逼供」，可以清楚地知道策劃者為了製造「暢觀樓反革命事件」，確實費盡了心機，他們主要是從以下三個方面進行歪曲的：

第一，捏造查閱文件的範圍。根據項子明佈置的要求，查閱的是中央書記處批發的中央有關部委上報的文件，以及少量北京市轉發給所屬區、縣的文件。這個查閱範圍可以由參加會議的人員證明，也可以由當時在會上分發文件的人員證明，查閱以後匯總上報的文件更可以證明。中央書記處存有這份匯總上報文件，從北京市委的檔案裏也可以找到，北京市委有關部委的辦公室也有存檔。但策劃者卻一口咬定，這次會議查閱的是「中央發至縣級以上的文件和毛主席的黨內講話、批示」。對查閱範圍的這種篡改，真是用心險惡。本來是一件很正常的事情。但這樣一篡改，講成是查閱了毛主席的黨內談話和毛主席批發的中央文件，這個問題就嚴重了。在當時，背着毛主席，審查毛主席的講話，從中找出問題，加以攻擊，顯然是居心叵測，足以證明

以彭真為首的北京市委幹這件事，是陰謀反對毛主席，為以後「作秘密報告做準備」。

第二，捏造攻擊毛主席、攻擊「三面紅旗」的言論。「革命大批判」文章裏專門有一章，叫作「群魔亂舞」，說什麼暢觀樓會議上攻擊「毛主席和黨中央犯了路線錯誤」，「歷史上凡是犯了路線錯誤，都不能自己糾正」，說什麼會上攻擊「總路線」是違反了經濟規律，攻擊「大躍進」是萬馬折騰，攻擊人民公社辦早了。其實，到底有沒有這樣的言論，查閱一下上報給中央書記處的匯總文件和北京市委政策研究室所做的會議發言記錄，就可以一目了然，但是策劃者偏偏要對已經被隔離審查的「黑幫」進行逼供。誰堅持實事求是，誰就是「頑固不化」，就是抗拒，就得從嚴。1974 年夏天，在我獲得解放之前，專案組給我看我的審查結論草稿，仍然說我在暢觀樓會議上「散佈了一些錯誤言論」。我堅決不同意，同專案組爭執得很激烈。但是專案組不予理睬，硬是在審查結論中保留了這句話。

第三，捏造「暢觀樓事件」是在秘密狀態下進行的。這一點同樣用心險惡。暢觀樓當年是個幽靜之地，挑選這個地方不過是為了工作不受干擾罷了。但是，「革命大批判」卻繪聲繪色地將這次會議講成是「行動詭秘」、「策劃於密室」，極力把這次會議誣陷成陰謀行動。其實，這件事並不難查清。會議的內容因為當時不允許隨便向外傳，知道的人確實不多，但暢觀樓會議本身，知道的人很多，比如我在暢觀樓查閱文件，工業基建委員會的許多人都知道，一問就清楚了。

1979 年 2 月 17 日，中共中央發出為彭真平反的通知。通知明確指出：「暢觀樓反革命事件」等強加給彭真的不實之詞，均予以徹底推翻。至此，我們這些親身參與「暢觀樓事件」的人，總算是擺脫了身上的一道枷鎖。

總之，我所了解的「暢觀樓事件」，是在 1961 年號召大興調查研究之風、大搞實事求是的背景下，受中央書記處委託，以彭真為首的北京市委所做的一項正常工作，目的是為了總結社會主義建設的經驗，根本不是什麼「策劃於密室」的「政變陰謀」。

關於西樓會議的回憶

鄧力群

西樓會議的召開

七千人大會之後，1962 年 2 月中旬，為制定 1962 年年度計劃，劉少奇聽了財政部的彙報，從中了解到：七千人大會期間財貿辦公室所作的關於 1961 年財政信貸執行情況和 1962 年如何實現中央「當年平衡，略有回籠」方針的報告，並沒有揭露矛盾、解決問題。實際上，1961 年有五十億赤字，財政收支不能平衡；1962 年的財政預算和信貸計劃也存在很大的赤字，商品供應同社會購買力之間有很大的逆差。這引起劉少奇的高度重視，決定召開中央政治局常委擴大會議，討論經濟工作：分析經濟形勢，討論 1962 年國家預算。

會議於 1962 年 2 月 21 日至 23 日舉行，由劉少奇主持。會議地點在中南海西樓，所以後來稱為西樓會議。我列席了這次會議。

劉少奇在會上講話。他說：中央工作會議（即七千人大會）對困難情況透底不夠，有問題不願揭，怕說漆黑一團！還它個本來面目，怕什麼？說漆黑一團，可以讓人悲觀，也可以激發人們向困難作鬥爭的勇氣！對當前形勢的估計，劉少奇說：現在我們的困難還沒有過去，困難還大，還沒有到谷底。他用了一個觸目驚心的字眼：非常時期。他說：「現在處於恢復時期，但和 1949 年後的三年情況不一樣，是個不正常的時期，帶有非常時期的性質，不能用平常的辦法，要用非常的辦法，把調整經濟的措施貫徹下去。」

在討論中，陳雲對當時的經濟形勢和克服困難的辦法作了一個重要講話。他對經濟形勢的看法、對困難的估計，同劉少奇是一致的。陳雲的講話

得到劉少奇的肯定和支持，其他人也都贊成。劉少奇確定，要陳雲把他的意見在國務院全體會議上講一講。

會後，我回到釣魚台住地，向馬洪、梅行、王力、何均、房維中等「秀才」們講了剛剛聽過的陳雲西樓講話，以及要專門召開國務院全體會議，請陳雲講一講的信息。我們還商量這個會大家都去，不要坐在一起，坐到會場的各個方位，聽到講得好的地方，就帶頭鼓掌，形成一種對陳雲講話熱烈擁護的氣氛。

陳雲在國務院各部委黨組成員會議上的報告

1962 年 2 月 26 日，國務院各部委黨組成員會議在國務院小禮堂召開。先由李富春、李先念作報告，李富春講工業情況、建設速度問題，李先念講財政、信貸、市場問題。接着是陳雲的報告，題目是《目前財政經濟的情況和克服困難的若干辦法》。

陳雲指出，「目前的處境是困難的」，「目前的困難是相當嚴重的」。財政經濟方面的困難表現在五個方面：(1) 農業在近幾年有很大的減產；(2) 已經擺開的基本建設規模，超過了國家財力物力的可能性，同現在的農業生產水平不相適應；(3) 鈔票發得太多，通貨膨脹；(4) 城市的鈔票大量向鄉村轉移，一部分農民手裏的鈔票很多，投機倒把在發展；(5) 城市人民的生活水平下降，吃的、穿的、用的都不夠，物價上漲，實際工資下降很多。陳雲講了困難，也講了克服困難的有利條件。對採取哪些辦法來克服困難，陳雲提出了六點意見：(1) 把十年經濟規劃分為兩個階段，前一階段是恢復階段，後一階段是發展階段；(2) 減少城市人口，「精兵簡政」；(3) 採取一切辦法制止通貨膨脹；(4) 盡力保證城市人民的最低生活需要；(5) 把一切可能的力量用於農業增產；(6) 計劃機關的主要注意力應該轉移到農業增產和制止通貨膨脹方面來。

陳雲的講話受到大家熱烈歡迎。陳雲講到了那種誰都了解，但誰都不敢講的看法。還有那些大家都覺得是問題，但誰也沒有本事講清楚，誰也拿不出解決辦法的情況，陳雲這次也講得清清楚楚，拿出了具體切實的辦法。用不着「秀才」們帶什麼頭，全場報以熱烈的掌聲。我們的掌聲早已被大家的

掌聲淹沒了。會場上的那種氣氛真是感人啊！

陳雲真是有高招。比如，用賣高價商品的辦法，來回籠鈔票，制止通貨膨脹，就是在這個報告中提出來的。再如，關於保證城市人民最低生活需要，他提出，分幾步做到城市每人每月供應三斤大豆。他算了兩筆細賬：一億城市人口，實行這個辦法，每年需要三十億斤大豆。我國這兩年的大豆產量是一百二十億斤，拿出三十億斤來供應城市是可能的；據計算，每人每天最低需要七十克蛋白質，一斤糧食含蛋白質四十五克，一斤蔬菜含五克，一兩大豆含二十克。在缺少肉類和蛋品的情況下，用大豆來補充營養，是一個比較可靠的辦法。

聽了陳雲的報告，我和大家的感受是一樣的，都覺得這下困難總算估計夠了，這才真是唯物主義啊！困難講清楚了，跟着解決的辦法也會有的，就有希望了。

關於傳達辦法的討論和中央批轉陳雲等報告的指示

國務院報告會後，中央書記處開會研究怎麼傳達。當時好像有一種意見，只傳達陳雲的講話。彭真説：三個人講話，只傳達陳雲同志一個人的，不好吧？鄧小平立即作出決斷：這個事簡單，三個人的講話，一起都傳達。

中央書記處的意見報到劉少奇那裏。劉少奇提出：陳雲同志的講話，大家很歡迎，恐怕要轉發全國。這樣就要起草一個《中共中央關於批發陳雲等同志講話的指示》（以下簡稱《指示》）。於是，劉少奇又在西樓召集會議，討論《指示》涉及的有關問題。我列席了這次會議。

會上就幾個重要問題展開了討論，達成了共識。

第一個問題，是關於形勢問題。彭真提出：這同七千人大會上對形勢的估計不同。毛主席在七千人大會上講：最困難的時期已經過去。現在把陳雲同志的意見轉發出去，就成了一種新的情況、新的分析，這樣好不好？劉少奇回答：一次會議做一種估計，後來認識發展了，情況變化了，又做一種估計，在黨的歷史上不乏其例，有的是啊！問題是這個意見、這個判斷符合不符合實際。對當前形勢總的判斷的提法問題，會議肯定劉少奇的判斷，並採用「非常時期」的提法。《指示》開頭就指出：「在擴大的中央工作會議以後，

中央政治局常委擴大會議於二十一日至二十三日開會討論了財政、金融、市場以及目前整個經濟形勢的問題，認為目前財政經濟的困難是很嚴重的。」《指示》指出：「這次常委擴大會議，檢查了財貿辦公室在一九六二年一月中央工作會議期間向中央所作的關於一九六一年財政信貸執行情況和一九六二年如何實現中央『當年平衡，略有回籠』方針的報告，認為這個報告並沒有揭露矛盾，沒有解決問題。實際上，一九六二年的財政預算和信貸計劃有很大的赤字，商品供應同社會購買力之間有很大的逆差。」如果不正視這種情況，立即採取有力措施，堅決扭轉這種局面，財政經濟的困難還會更加嚴重。《指示》指出：「應當説，我們現在在經濟上是處在一種很不平常的時期，即非常時期。」

第二個問題，是關於十年規劃兩個階段的提法問題。關於非常時期的主要任務，沒有不同意見。陳雲把十年規劃分為兩個階段，大家也都贊成。但這兩個階段的目標、任務的提法，有不同意見。

陳雲講話中説：「前一階段是恢復經濟的階段，後一階段是發展階段。」他還講，我們現在進入了一個恢復時期，恢復時期要準備長，爭取快。準備四五年，爭取快一點，少一兩年更好。

是用恢復時期，還是用調整時期？彭真不贊成用恢復時期。鄧小平做了一個折中，説：對外講調整時期，對內講我們進入一個恢復時期。《指示》作了這樣的表述：「為了語言上的一致，中央認為，今後十年，應當分為兩個階段：前一個階段，是調整階段，主要是恢復，部分有發展；後一階段，是發展階段，主要是發展，也還有部分的恢復。有了前一個階段的調整，才能有後一階段的發展。只有這樣劃分兩個階段，才能使任務明確，步調一致。」特別説明：「前一階段主要是恢復這一點，一律不要向外講，在黨內和黨外，仍然一律稱為調整階段。」

第三個問題，是指標問題。計劃指標、基建指標等各項指標制定的原則，陳雲講平衡。劉少奇講，多年來我們都是講高指標，以為這樣可以激發群眾的積極性，結果不能實現，反而挫傷了群眾的積極性。我們如果定一個低的指標，多少年後超額完成，不但不會傷害群眾的積極性，反而會激發群眾的積極性。他贊成定一個低指標。大家都同意。因此，《指示》強調要縮小基建規模，降低生產指標，指出，只有劃分兩個階段，才能使任務明確，步

調一致，「否則，大家就還只想着發展，而且只想着重工業的發展，硬撐着架子，不願意縮小基本建設的規模，不願意降低某些重工業的生產指標。這就不能真正體現農輕重的方針，不能真正體現從六億多人口出發的方針，不能完成首先解決吃穿用的任務；這對於克服目前的嚴重困難，爭取財政經濟狀況的基本好轉，是極為不利的。」

會上確定，這個指示由我執筆起草。我起草好後交給劉少奇，他做了一點修改。3 月 12 日，劉少奇又在西樓主持召開了中央政治局常委擴大會議，討論和通過了《中共中央關於批發陳雲等同志講話的指示》。

向毛主席請示

中央政治局常委擴大會議一致通過以後，劉少奇很慎重，説：我們這個會對形勢的估計、解決問題的辦法，確實與七千人大會有所不同。主席在外地，這個會沒有參加，我們大家同意的這些新的意見，需要送給他看，徵得他的同意。他同意了，我們就發；他不同意，我們再議，再討論。大家都贊成劉少奇的意見。

那時，毛主席在武漢。3 月 16 日，劉少奇、周恩來、鄧小平就從北京飛到武漢，帶去了文件。17 日，向毛主席作了彙報。彙報以後，劉少奇他們就回來了。回來的當天晚上，劉少奇給我打電話，説：文件送給主席看了，口頭上也向他彙報了，主席同意我們的意見，主席同意了。電話裏聽得出來，劉少奇非常高興。他要我第二天到他那裏去，對這個批語再斟酌一下。

原來《指示》裏有這樣的話：對陳雲同志等三人的報告進行討論時，有些部門、有些同志有不同意見，這是一種正常現象。劉少奇説：對於提出不同意見的人，是不是要把彭真同志的名字寫上？我説：這樣恐怕不好吧，不加為好。劉少奇説：好，不加。這樣，3 月 18 日，這個《指示》就發出去了。

成立中央財經小組

就在討論、確定要轉發國務院會上陳雲等三人報告的時候，中央常委提出：現在看來有必要重新成立中央財經小組。3 月 13 日的中央政治局常委

擴大會議決定，財經小組組長由李富春擔任，成員有陳雲、周恩來和其他一些人。

我們這些集中在釣魚台的「秀才」平時議論，形成了一種看法：經濟工作需要組織一個司令部，司令員最好是陳雲同志，政委最好是小平同志。聽說現在要成立財經小組，由李富春當組長，大家認為還是陳雲當組長好。我當然也非常贊成這種意見。大家就鼓動：你去提意見啊，你代表我們去提啊。他們要我去向劉少奇反映這個意見。

為慎重起見，我先去找康生商量，看可以不可以去提。那天怎麼也找不到康生。於是只好找陳伯達。電話打過去，陳伯達要我立即到他那裏去。我把「秀才」們的意見說了。他表示完全贊成，說：你現在就去找少奇同志，我給你打電話聯繫。說着，陳伯達就拿起電話來，那時已經快晚上 10 點鐘了。王光美接的電話。陳伯達說：鄧力群同志找少奇同志，有點意見要反映，是否現在能夠就去？王光美問劉少奇，劉少奇說：可以來，現在就來。

當天晚上，我到劉少奇那裏把意見講了。我說這些話是代表大家的意見。當時，我很激動，說：搞不好，我們可能還要陷入更大的困難。說着說着，我掉了淚。我說：對富春同志，我一向很尊敬，但根據以往的觀察，還是由陳雲同志來當組長好。劉少奇贊成我的建議，對我表示鼓勵。

第二天，劉少奇即找陳雲談話。開始陳雲不願意，理由是：富春同志當組長合適，自己作為一個成員，也不妨礙把意見講出來，這樣與富春同志的關係好處。後來，周總理告訴我，劉少奇當時跟陳雲說：我支持你，一直支持你到底。周總理說：沒想到少奇同志下這麼大的決心。

4 月 19 日，經劉少奇提議，中央決定，由陳雲擔任中央財經小組組長，李富春、李先念為副組長，周恩來、譚震林、薄一波、羅瑞卿、程子華、谷牧、姚依林、薛暮橋為成員。

選編《陳雲同志幾年來有關經濟建設的一些意見》

決定由陳雲擔任中央財經小組組長以後，劉少奇出了一個主意：你們去把陳雲同志關於經濟工作的意見選編一下，印發給大家學習參考。政治局會議同意劉少奇的意見。

　　會後，劉少奇讓我負責這件事。「秀才」們都很積極，選編了十幾篇陳雲解放後至 1961 年以前的文章和講話，都是同當前工作關係比較密切的。先起了一個總題目，叫「陳雲論經濟工作」。何均表示異議，他說：七千人大會已經發了一個《毛澤東同志論社會主義建設的總路線和在兩條戰線上的鬥爭》，現在又來一個「陳雲同志論經濟建設」，把陳、毛並列，兩論並提，不好。這樣，就改成《陳雲同志幾年來有關經濟建設的一些意見》。

　　在選編的過程中，我們找了周太和。他當時是陳雲的秘書。周太和回話說，把中央選編陳雲關於經濟工作文章、講話的決定報告了陳雲，他不贊成。我把陳雲的意見又向劉少奇報告。劉少奇說：印發的份數少一點，只印發政治局常委、書記處各同志和財經小組成員。這樣，總算編成了。文章和講話一共十五篇，大概十來萬字。另外搞了一個提要，大約一萬字。共印了三十份，於 1962 年 4 月 17 日發出。

　　4 月 16 日，劉少奇專門給毛主席寫了一封信，信中說：

　　　　最近，我要鄧力群找陳雲同志幾年來有關經濟工作的一些意見來看，他找來了，並搞了一個摘要。我只看了這個摘要。現特送上，請主席看看。此外，陳雲同志在今年三月七日財經小組會上的講話，也提出了一些很重要的意見，很值得一看。以上幾個文件，已要辦公廳發給中央常委、書記處和中央財經小組各同志。是否還要發給其他同志？請主席閱後酌定。再徵求陳雲同志意見。

　　這個材料，毛主席看了沒有，搞不清楚。一直到這年的七八月間，在北戴河，田家英到毛主席辦公室去，看到還擺在桌子上。其時，陳雲已提出分田到戶的意見。田家英對毛主席的機要秘書說，把那份東西撤下來吧。

陳雲在第一次中央財經小組會上的講話

　　1962 年 3 月 7 日，召開第一次中央財經小組會議，陳雲在會上講話，我記錄、整理。這篇講話已經收在《陳雲文選》裏面。

　　陳雲講了七個問題，着重講的是計劃（長遠計劃、年度計劃）和平衡問

題。他講：自己多年負責管計劃工作，在計劃工作方面主要抓兩個要點，第一個是基本建設規模的大小，第二個是職工人數和工資總額。他還說：基本建設投資和勞動力這兩條管住了，計劃大體上也就管住了，就不至於出亂子。

關於基本建設，他強調綜合平衡，認為綜合平衡必須從現在開始，今年的年度計劃就要搞綜合平衡，開步走就要搞綜合平衡。他說，建設規模的大小，不取決於我們的主觀願望，而決定於我們現有的物資、材料。他說，在財經委員會的時候，採取的辦法就是「砍」，「砍」到國家財力、物力特別是農業生產所能承擔的程度才定下來。

至於按什麼「線」搞平衡，陳雲主張短線平衡。他說，過去幾年，基本上是按長線搞平衡。這樣做，最大的教訓就是不能平衡。結果，建設項目長期拖延，工廠半成品大量積壓，造成嚴重浪費。在這方面，這幾年的教訓已經夠多了。按短線搞綜合平衡，才能有真正的綜合平衡。所謂按短線平衡，就是當年能夠生產的東西，加上動用必要的庫存，再加上切實可靠的進口，使供求相適應。一定要從短線出發搞綜合平衡，這樣做，生產就能協調，生產出來的東西就能夠配套。配了套才能做大事情，不配套就只是一堆半成品，浪費資金。針對有些人說他的綜合平衡是消極的平衡，陳雲說，我與那些人的不同之處在於：他們搞長線平衡，我是搞短線平衡。這個短線也不是只考慮現有材料和物資，而是考慮了各種可能的因素：能增產多少，能動用庫存多少，能從外國進口多少，等等。這已經考慮到各種可能性了，因此它才是一種可估的平衡，也就是一種可能實現的平衡，所以不能叫作消極的平衡，而是積極的平衡。

關於掌握職工人數和工資總額，陳雲說：每年大家都要求增加人，我卡得很緊。人進來容易，出去很困難。進來了，就得發工資，供應吃、穿、日用品。因此就要考慮多發鈔票，而後又要考慮能否買到等量的物品，購買力同我們庫存商品的供應能否平衡。職工總數不僅是生產單位增加的職工，還包括基建規模擴大增加的職工，他們的工資、待遇很多都可轉化為購買力。所以，職工總數和工資總額所形成的購買力，同我們商品供應的實際情況能否平衡十分重要。能夠平衡，物價才能穩定，不能平衡，物價一定會發生波動。

陳雲的這次講話不長，但抓住了要領，即所謂抓住了「牛鼻子」。過去

的、後來的經驗，都證明他這篇講話的觀點是完全正確的，他的辦法是切實有效的。他的這篇講話是經得起實踐檢驗的。

周總理出席了這次會議。在陳雲講到今年的年度計劃要做相當的調整，準備對重工業、基本建設「傷筋動骨」時，周總理插話説：「可以寫一副對聯，上聯是『先抓吃穿用』，下聯是『實現農輕重』，橫批是『綜合平衡』。」

關於以農、輕、重為序的指導思想

説到這裏，要講一講關於制定國民經濟計劃、發展國民經濟應該以農、輕、重為序的指導思想問題。這是毛主席領導中國社會主義建設的一個創造。

（一）毛主席關於正確處理重工業和輕工業、農業關係的思想

早在 1956 年春天，毛主席在《論十大關係》中就提出：「重工業和輕工業、農業的關係，必須處理好。」他指出，蘇聯和一些東歐國家「片面地注重重工業，忽視農業和輕工業，因而市場上的貨物不夠，貨幣不穩定。我們對於農業、輕工業是比較注重的」。「我們現在的問題，就是還要適當地調整重工業和農業、輕工業的投資比例，更多地發展農業、輕工業。」還説：注重農業、輕工業，多發展一些農業、輕工業，採取這一種辦法，「會使重工業發展得多些和快些，而且由於保障了人民生活的需要，會使它發展的基礎更加穩固」。

（二）毛主席提出「以農業為基礎」

大約是在中共八大二次會議（1958 年 5 月 5 日至 23 日）前的一次書記處會議上，我記得很清楚，講到工業和農業的關係時，傳達毛主席的話説，我們的工農關係要以農業為基礎。參加這次書記處會議的有周總理，他當時説：恐怕還要加一句，以工業為主導。後來，對工業和農業的關係就形成了比較規範的兩句話：「以農業為基礎、以工業為主導」。

（三）毛主席提出以農、輕、重為序

從 1958 年 11 月第一次鄭州會議到 1959 年 7 月上旬廬山會議前期，毛主席着意糾「左」。他總結社會主義建設正反兩方面的經驗，在指出經濟工作還是要搞綜合平衡的同時，提出計劃安排要以農、輕、重為序。他説：過去計劃安排以重、輕、農為序，證明是不正確的。現在要改為以農、輕、重為

序，重工業要為農業、輕工業服務。

毛主席講了這一重要指導思想以後，叫陳伯達通過《紅旗》雜誌編選了一個《馬克思論農業為基礎》的材料。

（四）陳雲探索怎樣以農、輕、重為序

毛主席關於以農、輕、重為序的指導思想傳達以後，很多經濟部門及其領導幹部都照本宣科傳達、宣講了一遍。但究竟如何實現以農、輕、重為序，沒有什麼具體的路數。只有陳雲與眾不同。

在毛主席講了要以農、輕、重為序安排工作以後，陳雲用了幾年時間在中南幾個省進行經濟調查，解決怎樣以農、輕、重為序的問題。

關於調查的情況，我聽説是這樣的：

陳雲主要到湖南、河南兩省調查，着重調查一個問題，即城市與農村人口的糧食分配問題。

陳雲首先問：以農業為基礎，就是以一半為基礎。全年全省糧食生產總量是多少？農民口糧、牲口用糧以及種子糧一共需要多少？扣除這些以後，農村中真正剩餘的糧食，即可供城市人口吃用的糧食究竟有多少？然後他再問：河南全省人口，包括城市人口，究竟有多少？包括副食品在內，需要多少糧食？這樣一算賬，河南城市人口所需要的糧食遠遠超過農村所能供應的水平。怎麼辦呢？一個辦法是降低城市人口的糧食供應水平。那幾年城裏人也出現浮腫病，就是這種做法的結果。另一個辦法是加重農民的負擔，即從農民口糧、飼料糧、種子糧中擠出一部分去供應城市人口，那樣勢必造成農村人瘦、地瘦、牲口瘦。這兩個辦法都不是辦法。陳雲提出，唯一可靠的辦法就是減少城市人口，讓他們下鄉。就當時中國的生產力而言，這些人起碼可以種幾畝地，自己管住自己這張嘴巴，不會增加別人的負擔。這樣，陳雲1961 年 5 月 31 日在中央工作會議上提出一個建議：精減職工和動員城市人口下鄉。第一次提出是減少七百萬人。實際上最後減少了兩千萬人。

陳雲從這樣一個角度來搞清楚怎樣以農、輕、重為序，尋找到了出路和辦法，把實際工作與理論結合起來了。後來，周總理作關於 1962 年計劃調整的講話，就是陳雲這個思路的發展。一旦找到了解決問題的辦法，説起來也並不複雜，就是用縮短工業和基本建設戰線，精減職工和減少城市人口，來加強農業建設和發展農業生產。當然，做起來很不容易，要克服許多困難。

三線建設回顧

高揚文

　　從 1964 年到 20 世紀 70 年代中期，在中國大地上掀起一個三線建設的高潮，即使是在「文化大革命」那樣動亂的情況下，三線建設也沒有完全停下來，可見這個建設是十分重要和迫切的。

　　把中國分為一線、二線、三線是毛主席親自劃分的。從黑龍江到廣西沿海各省、市、區是一線，一線就是前線。西南三省，西北除新疆、內蒙部分地區外大部分地區，湘西、鄂西、豫西、山西等地區是三線，中間地帶是二線。三線又稱大三線，這是因為沿海各省在自己的省區內，也劃一片地區為小三線。

　　三線建設是完全根據毛主席的一系列指示開始的。1964 年，我國國民經濟調整已取得很大成績，「大躍進」所造成的困難已基本克服，而國際形勢卻異常緊張，這時毛主席提出了三線建設問題。本來「大躍進」期間，已經在西南和西北開始建設鋼鐵企業、軍工企業，修建鐵路，但在調整期間由於資金困難，全部下馬了。毛主席首先從恢復這些企業的建設入手，提出了建設三線問題。他在 1964 年 5 月就明確指出：攀枝花鋼鐵廠還要搞，不搞我總是不放心，打起仗來怎麼辦？又說：我們的工業建設，要有縱深配置，把攀枝花鋼鐵廠建起來。建不起來，我睡不好覺。9 月，又提出批評，說把川黔、滇黔兩條鐵路停下來是沒有道理的。11 月，在聽取西南地區鋼鐵產量增長情況的彙報時又指出：三線建設我們把鋼鐵、國防、機械、化工、石油、鐵路都搞起來；那時打起來就不怕了。毛主席還說，你們再不安排，我要騎着毛驢下西昌。還說，沒有錢，可以用我的稿費。毛主席關於建設大小三線的講話

是很多的，但我手頭沒有資料，只能根據記憶寫了這幾條，這雖不能夠全面反映出毛主席的戰略思想，但也可以看出毛主席非常重視三線建設。

冶金部行動起來

當聽到毛主席說「你們再不安排，我要騎着毛驢下西昌」時，中央各部委、各有關地區立即行動起來，三線建設的熱潮從此開始。鋼鐵工業是重點之一（軍工、煤炭、鐵路都是重點），冶金部迅速調集人馬，開到西南、西北，研究方案，佈置建設工作。建設大軍隨後兼程前進，在三線擺開戰場。

因地理關係，三線建設重點在西南，兼顧西北。冶金部在西南、西北各設了一個領導小組。西南小組由徐馳、李非平、李鐘、韓清泉等負責。我當時在白銀廠蹲點，就兼任西北小組組長，副組長是劉學新。兩個小組都緊張地運轉。雖然「文化大革命」打亂了三線建設的規劃，但建設沒有完全停下來。不到十年時間，西南、西北都建成數以百計的工廠、礦山。三線建設對冶金工業來講，可以說是繼第一個五年計劃之後的又一個建設高潮。粉碎「四人幫」後，特別是中共十一屆三中全會以後，經過整頓、改革、技術改造，三線的冶金企業都成了冶金工業的骨幹企業。

我在這裏介紹幾個有代表性的項目。

攀枝花鋼鐵廠

冶金工業三線建設最大的項目，首推四川攀枝花鋼鐵公司，這也是整個三線建設有代表的項目。說起攀鋼建設，應當追溯到「文化大革命」以前。地質部的勘探隊在20世紀50年代中期，根據40年代地質專家調查的資料，在北自四川省西昌，南至川滇邊界的金沙江，長約二百公里的安寧河谷和金沙江河谷地帶發現了幾處大鐵礦，主要有西昌的太和、德昌的白馬、鹽邊的攀枝花（這是地質隊所在村，因有木棉樹，俗稱攀枝花，因而得名），儲量很大。還在金沙江河谷發現了煉焦煤。因此，產生了在這一帶建設鋼鐵廠的設想。

1958年春天成都會議時，毛主席批准了建設攀枝花的設想。隨後西南協

作區四川省委第一書記李井泉、書記廖志高、楊超（四川省委工業書記）和我坐飛機飛抵西昌，並從西昌到會理一帶考察了一番。當時這一帶經濟十分落後，西昌連一個小機械廠也沒有，老百姓生活也很艱苦。李井泉很感慨地說，沒有想到解放這麼多年，老百姓依然衣不遮體。我們下決心開發這裏的鐵礦，建立鋼鐵廠和其他工業項目，以發展這裏的經濟，並當即決定成立西昌建設委員會和西昌鋼鐵廠籌備處，由楊超兼任建委主任。我聽取了地質隊的彙報，了解到這裏有那麼多的大礦，心中非常高興，但是這裏的鐵礦是含釩、鈦的磁鐵礦，是否能冶煉出鐵來，尚是未知數，必須進行試驗。因此我建議先在西昌建一個小鋼鐵廠進行試驗。同時還選擇了離太和鐵礦很近的西昌飛機場作為將來西昌鋼鐵公司的廠址。可是到了 1962 年，因為調整，國家無力進行準備工作，西昌鋼鐵廠下馬，人員疏散。

隨着攀枝花地區鐵礦、煤礦的逐漸探明，就把從西昌到攀枝花一帶要建設的鋼鐵廠稱為攀枝花鋼鐵廠。但究竟建在哪裏，當時沒有仔細研究。1964年 4 月至 5 月，毛主席兩次談到要建攀枝花鋼鐵廠，說不搞總是不放心，打起仗來怎麼辦？遵照毛主席的指示，由國家計委副主任程子華負責，率領中央各有關部門到西南規劃三線建設，冶金部派徐馳率領工作組前去選擇攀枝花鋼鐵廠廠址。經過對西昌、德昌、米易、攀枝花幾個地區的比較，認為攀枝花地區蘭尖鐵礦最容易開發，應當先開採。而寶鼎煤礦就在鐵礦附近，可以就地供應，加上又有滾滾而來、取之不盡、用之不竭的金沙江水可資利用，實在是一個建廠的好地方。而西昌地震烈度係數大，太和礦儲量雖豐富，但開採難度比較大，水源也比較緊張，所以工作組決定捨西昌而選攀枝花。但攀枝花地區沒有平坦的地方，建一個一百五十萬噸的鋼鐵廠，起碼要五平方公里的廠址，但這裏連一平方公里的平地也沒有，這就成為一個大難題。我國的技術人員是具有創造性的，他們在金沙江邊上一個叫弄弄坪的山坡上，左測量右比較，提出一個大膽的建議，要在 2.5 平方公里的山坡上，依山勢設廠，採用台階式佈置，安排一個大型鋼鐵廠。把一個大型鋼鐵廠建在狹窄的山坡上，這在世界鋼鐵工業建設史上也是無先例的。

鄧小平、李富春、薄一波等親臨現場考察、研究，批准了在弄弄坪建廠的方案，於是一場集科研、設計、建設於一體的大戰迅速展開。

攀枝花鋼鐵廠能不能建設成功，首先取決於能不能在普通高爐中用含二

氧化鈦高達 20% 以上的釩鈦磁鐵礦煉出鐵來。按常規冶煉方法，二氧化鈦在高爐裏是不熔化的，鈦粉粒和鐵水粘在一起，渣和鐵不分，流不出鐵水來。不突破這個難關，就談不到建設鋼鐵廠。於是，一個以周傳典為首的攻克釩鈦磁鐵礦冶煉關的技術專家組成立起來，要在一年之內解決這個世界上還沒有人能解決的冶煉技術難題。專家組先在承德一百立方米高爐進行模擬試驗，後到首鋼六百一十立方米的高爐上試驗，再在西昌兩座二十八立方米小高爐上用攀枝花礦石進行了長期試驗，一次又一次摸索規律，最後得出一套完整的工藝流程來對付在爐內搗亂的二氧化鈦，終於從高爐內流出了鐵水。奔騰而出的鐵水，宣告攀枝花鋼鐵廠可以開建了。不但冶金戰線廣大同志激動異常，黨中央、國務院領導也非常高興。1973 年我和周傳典等人在攀鋼蹲點，在周傳典的主持下，曾經把當時的研究成果彙集成冊，不僅永遠保存了這些資料，表彰了參加攻關的人員的功績，同時還為生產現場的技術人員、工人提供了技術教材。

有了新工藝和設計藍圖後，重擔就落在建設大軍身上。1964 年臘月，成千上萬的建設大軍不分晝夜，奔赴到幾乎沒有人煙的崇山峻嶺之中，在江邊、山溝中支上一個個帳篷，三塊石頭架飯鍋，開始了艱苦的戰鬥。攀枝花鋼鐵廠的建設，是在非常困難的外界條件下進行的，不但要克服地理條件上的種種困難，還要克服氣候上的困難。這裏沒有春夏秋冬四季，只有雨季和旱季，從每年的 9 月到第二年 5 月為旱季，氣候炎熱，滴雨不見，人們就像在蒸籠裏勞動；雨季則經常大雨瓢潑，山洪咆哮，工地隨時有塌坡的危險。但是這些困難沒能嚇倒中國工人階級。然而由於「文化大革命」帶來的思想混亂，導致建設隊伍內部分裂，造成兩派鬥爭不息，影響了工程建設的進度。幸好在那裏「支左」的解放軍代表遵照周總理的指示，防止了兩派鬥爭發展成武鬥，始終以建設為重，沒有長期停工。

當時攀枝花沒通鐵路，一切生活、建設物資都要經成都或昆明運到現場，運量很大，運輸路程很遠，道路崎嶇，山高溝深，困難之大是可以想像到的。但這一艱巨任務得到北京、遼寧、山東、河南、安徽五個省市共一千五百輛卡車的支援，在 1970 年成昆鐵路通車之前，運進三千一百五十萬噸物資（不止是攀鋼一家的，而是鋼鐵、煤、電、交通等所有項目需要的物資和幾萬人的生活用品）。幾十噸、上百噸的數以百計的大件，硬是用汽車拖

進來了。世人常常誇耀第二次世界大戰中英美盟軍在法國登陸後，後勤支援是運輸史上的奇跡，我看攀枝花建設的運輸組織工作和它相比，毫不遜色。有人會說，怎麼能和盟軍在法國登陸相比呢，那是戰爭，希特勒拚命抵抗。可攀枝花建設又何嘗不是在類似戰爭的環境中進行的呢？那時正是「文化大革命」的高峰期，北京「五大領袖」一直想衝攀枝花，由於周總理親自阻擋，沒有闖進去。可是成都、西昌、昆明等地卻烽火連天，造反派的頭頭們沿途設關佈卡，搶貨劫車，不讓通行，弄得攀枝花地區幾乎沒有隔夜之糧，不得不派軍隊押送，才勉強把交通命脈保住。

在攀枝花鋼鐵公司規劃區域內，和攀枝花鋼鐵廠同時建設的還有煤礦、電站、交通、林業、建材等一系列項目。最重要的還是從成都通過西昌、攀枝花到昆明的全長一千公里的鐵路。這是我國最難建的鐵路，其隧道、橋樑之多，超過以往任何一條鐵路。為早日建成這一交通大命脈，數萬築路大軍戰險山、鬥惡水，日夜奮戰。人們常說「戰天鬥地」，然而只有參加過攀枝花鋼鐵廠和成昆鐵路建設的人，才能真正領會「戰天鬥地」的艱難和意義。

俗話說「蒼天不負有心人」，艱苦的勞動終於結出豐碩的果實。1970 年 7 月 1 日，在成昆鐵路全線通車的同時，攀枝花鋼鐵廠第一座高爐流出了鐵水。1974 年從礦山到軋材，鋼鐵廠基本建成了第一期年產一百五十萬噸鋼的大型鋼鐵基地和煤、電、鐵路、建材的全部配套設施，在地處深山的攀枝花形成了一個新型的工業城市——渡口市（後改為攀枝花市）。

攀枝花鋼鐵廠所採用的大型設備，除了幾台大型吊車外，全部由國內製造，這與鞍、武、包三個鋼鐵廠不同。攀鋼所採用的工藝流程，如高爐冶煉含釩、鈦的磁鐵礦，一百二十噸氧氣頂吹轉爐煉鋼，霧化提釩等，都是中國第一次採用。這是我國在美國、蘇聯封鎖的情況下，自力更生的偉大勝利，是值得冶金戰線廣大職工驕傲的。但是，這些國產大型設備，畢竟大部分都是國內第一次製造，又碰上「文化大革命」，質量不過關，投產後不能正常生產，後來又進行了一年多的攻關才解決。

攀枝花建設所以取得成功，還有一條重要的經驗，就是中央有關部門在大規劃的大框框範圍內放權，在基地內部組織統一的指揮機構和總黨委，把各部門的資金捆在一起，統一規劃、統一建設。建設初期，以徐馳、李非平為首的特區黨委、總指揮部實施了有效的領導，真正把各行各業捏在一起，

同心協力，各自負責完成自己所擔負的任務，避免了條條塊塊分割、你拉我
扯白費工的弊端。

前幾年冶金部思想政治研究會在攀鋼開會，我曾講過一次話，我說，北
有大慶，南有攀枝花，都是在國家最困難的時期（大慶在三年經濟困難時期，
攀枝花在「文化大革命」時期）、最艱苦的地方，以最快的速度建設起來的，
比較起來，攀枝花在地理條件、氣候條件、交通條件等方面比大慶更困難一
些。兩個大項目的建成體現了中華民族不怕任何困難的最偉大、最寶貴的精
神。有了這種精神，任何艱難險阻都阻擋不住我們。

中國最大的鋁加工廠

冶金戰線三線建設第二個有重大意義的項目是位於重慶市市郊的西南鋁
加工廠。既然要準備打仗，就要有軍工生產所需要的金屬材料，以製造武
器。建設三線，冶金工業的任務，就是一旦戰爭被強加在我國人民頭上，在
大三線能夠生產軍工所需要的各種品種、規格的金屬材料。為了這一目標，
冶金部在三線建立了配套的冶煉、加工企業。除攀枝花鋼鐵廠外，第二大
的，要算為國防工業提供鋁材的西南鋁加工廠。

冶金部本來有一個哈爾濱輕金屬加工廠，但到了20世紀60年代，哈爾
濱變成前線地帶，再加上蘇聯當年留了一手，沒有給我們配上生產先進飛機
材料的大型設備。因此我們還需要建設一個比哈爾濱輕金屬加工廠更大的鋁
加工廠。這個廠的廠址選擇，最初選在甘肅省與青海省交界處的紅古，準備
在那裏建一個從鋁氧、電解、碳素製品到鋁材加工的完整的鋁基地。單從地
理條件講，那裏確實是一個好地方，有鐵路、有水源、有平坦的場地，又處
在蘭州與西寧之間，可以得到兩省的支援。但從大的地理位置來看，又有些
太靠北了，所以考慮再三，冶金部黨組認為還是把加工廠建在西南為好。在
西南地區，曾選擇遵義作為建廠的廠址。遵義是真正的大後方，離貴陽鋁廠
不遠，又是歷史上遵義會議的舊址，是具有優越條件的，但考慮到當地的工
業基礎薄弱，國家最後決定把這個廠放到重慶市郊區。

這個廠安裝了我國最大的三萬噸模鍛水壓機、1.25萬噸臥式擠壓機、
2200毫米的熱軋和冷軋板機，產品比哈爾濱加工廠提高一個等級。這樣的大

型設備不僅在亞洲是第一流的，就是在世界範圍內，也只有少數幾個工業大國才有這樣的工廠。它可以生產世界上最大的飛機用的鋁材。

西南鋁加工廠雖然重要，但比攀枝花鋼鐵基地的規模小一些，在建設過程中解決困難問題也不如攀枝花那樣及時，再加上當時四川省受「文化大革命」中動亂的影響，直到 1973 年加工廠的一期工程才完成。這個廠的佈置，也受到林彪「山、散、洞」理論的影響，車間分散幾處，最重要的軋板車間竟被從高崗上移到一個低窪地，不但受到洪水的威脅，運料也不方便。好在沒有進洞，沒有造成大的危害。即使有這些缺陷，這個廠的建設投產依然標誌着中國鋁加工工業開始了一個新時代。這個廠和攀枝花鋼鐵廠一樣，證明中國人民有雄心壯志，不管有多大困難，看準了、下決心要辦的事情，就一定能夠辦成。

在西南地區，還擴建了成都無縫鋼管廠、重慶鋼鐵公司、重慶特殊鋼廠、昆明鋼鐵廠、遵義鐵合金廠，完善了貴陽鋼鐵廠，新建了長城特殊鋼廠、遵義金屬材料廠、峨眉鐵合金廠、樂山冶金軋輥廠等一系列工廠。這些工廠細寫起來要費很多篇幅，我只想把水城鋼鐵廠簡要介紹一下。

反覆折騰的水城鋼鐵廠

六枝、盤縣、水城是貴州的三個縣，煤炭儲量二百多億噸，而且煤種齊全，也比較容易開採，是西南三線建設的最大的煤炭基地（另外兩個基地是重慶和攀枝花）。建設六盤水的主要目的，是為攀枝花鋼鐵基地提供煉焦煤和動力煤，和攀枝花鋼鐵廠是一個整體項目。原來規劃把煤運到攀枝花，回來的列車把礦石帶來，所以在水城佈置了一個一百萬噸規模的鋼鐵廠。煤鐵交流，各得其益，是一個很好的規劃。水城鋼鐵廠的建設是與攀枝花同時開始的。從鞍鋼調去一個以陶惕成為首的班子，包括領導幹部和工人，由鞍鋼包建，一些設備也由鞍山支援，先建一個六十萬噸鐵廠。建設進行得很快，一座中型高爐和與之配套的設施很快建了起來。但是「文化大革命」對該廠建設衝擊很大，陶惕成被整死，工程陷於停頓，再也沒有能夠把煉鋼、軋鋼配套設施建設起來，所以有了「水鋼、水鋼，有鐵無鋼」的說法，水城鋼鐵廠成了有名的虧損大戶。20 世紀 70 年代後期，水城鋼鐵廠的經理張子熊很着

急，貴州省委更着急，都想把煉鋼廠、軋鋼廠建起來，使水城鋼鐵廠發揮作用。1977年我和周傳典曾兩次前去幫助規劃，又增建了一座高爐，煉鋼廠也開了工，水城鋼鐵廠的建設又恢復了。後來遇到調整，又耽誤了一些時間，直到1984年，水城鋼鐵廠才有鋼、有材。前後折騰來折騰去，經過二十年，水城鋼鐵廠才建成一個中型鋼鐵廠，浪費很大。

遵義鈦廠和峨眉單晶硅廠

在西南三線建設的有色金屬新建項目，除了鋁加工廠外，重要的還有遵義鈦廠、峨眉單晶硅廠（半導體材料廠）、自貢硬質合金廠。鈦是20世紀50年代新興金屬，也是軍工產品的重要材料，我們曾在撫順鋁廠搞過試驗，取得了成功。三線建設時，就把已取得的工藝技術移植到遵義，建設大型的鈦冶煉廠。那時攀枝花鐵礦中的鈦還不能回收，冶煉所需要的鈦精礦，取之於廣西、廣東和海南島海濱的砂礦，這些地方的海灘沙子裏含有二氧化鈦較高，採用重選方法，可以取得質量很高的鈦精礦。我們建的鈦廠，雖然比世界上當時採用的工藝落後一些，但也能生產高質量的海綿鈦。同時又在遼寧省錦州鐵合金廠建了一個鈦車間，使鈦金屬和鈦材立足於國內。

單晶硅是電子工業必不可少的材料。「大躍進」期間，北京有色金屬研究院研究出生產單晶硅的工藝，並建設了小型生產裝置。為了在三線建立基地，就把有色金屬研究院的人員調到二線，建設正式的生產廠，同時繼續開展研究工作。這個廠子是很成功的，是我國第一個單晶硅廠，可惜也因受了「山、散、洞」的影響，廠址太靠山了，沒有擴展的餘地。以後又在河南省洛陽、陝西省華陰建立了兩個廠。洛陽和華陰相距不遠，建設兩個同樣的廠，顯然有些重複，這是「文化大革命」期間建的，有點欠考慮。

西北三線地區的冶金工業建設

在西北地方，冶金工業的三線建設規模沒有西南那樣宏偉，部分原因是地理位置靠北，部分原因是受投資的限制。但是也建了一些工廠，甘肅境內的白銀鋼鐵廠的銅加工廠、小鐵山的鉛鋅冶煉廠、隴西鋁加工廠、紅古的碳

素廠；陝西境內的寶雞稀有金屬加工廠、西安精密合金廠以及青海西寧的特殊鋼廠和寧夏的鈹、鉭、鈮廠等。同時恢復了甘肅酒泉鋼鐵廠。在寧夏石嘴山鋼鐵廠原址建設了金屬製品廠。下面我也簡單介紹幾個項目。

甘肅酒泉鋼鐵廠之前倉促下馬。當毛主席提出三線建設時，冶金部就決定恢復酒泉鋼鐵廠的建設。酒泉鋼鐵廠離中蒙邊界較近，離我國腹地很遠，算作三線邊緣地帶。1964 年我去酒泉鋼鐵廠幫助制定恢復規劃，決定首先恢復礦山建設，然後恢復高爐、焦爐，建設煉鋼、軋鋼成套設備。鏡鐵山鐵礦在海拔三千米以上，氣候寒冷，條件艱苦，沒有過硬的隊伍是拿不下這座礦山的。為此我把已調到白銀廠的全國聞名的馬萬水工程隊調去開山建礦。馬萬水工程隊是一支思想、技術都過硬的好隊伍，在白銀廠我和他們相處了一個時期，確實很佩服。當我把這個任務交給他們後，全體職工二話沒說，全部服從命令。那時馬萬水已因癌病去世了，但他帶領過的隊伍，依然保持他生前的那種天不怕、地不怕的作風。這支隊伍由馬萬水的繼任者馬明帶上山去，幹得很好。可惜「文化大革命」開始後，把酒泉鋼鐵廠建設又衝掉了，馬明捱了批鬥，馬萬水工程隊也調離鏡鐵山，轉到邯邢礦山去了。酒泉鋼鐵廠拖了許多年，直到 20 世紀 80 年代才建成投產。酒泉鋼鐵廠的上馬、下馬反覆多次，也延續了二十多年，錢浪費了，人也熬老了，這樣的教訓是不應當再重複了。

青海省西寧市西郊，「大躍進」時建有一個小鋼鐵廠，調整時下馬了，廠址荒蕪，省裏準備改建其他工廠。我考察了這個地區，認為在這裏建一個特殊鋼廠比較合適，西北沒有特殊鋼廠的空白也可以補上。省委和部黨組同意我的意見，決定把本溪特鋼廠搬到西寧。本溪特鋼廠規模雖不大，但基礎好，搬遷比較容易。之所以搬本溪特鋼廠，是因為東北地處一線，已有大連、撫順、齊齊哈爾、本溪四個特鋼廠，可以搬走一個。

本溪鋼鐵廠黨委擁護黨組的決定，特鋼廠廣大職工響應黨的號召，連人帶設備迅速搬到海拔兩千米以上的青海高原。建廠非常順利，不到兩年時間就建成投產，而且生產很正常，成為一個先進企業。二十多年來，西寧特鋼廠為國家作了很大貢獻，我認為這是一個最成功的搬遷項目。

本溪鋼鐵廠工作人員很有創造精神，設備和大部分職工搬走後，留下的人利用原有的廠房，又建了一個特鋼廠，結果一個廠變成兩個，貢獻更大。

我很佩服本溪鋼鐵廠同志的全局觀念和開創精神。

寧夏的石嘴山鋼鐵廠也是「大躍進」期間建設的，由於沒有礦石，調整時期下馬了。三線建設時，我到那裏在原地規劃建設一個鋼絲繩廠，也建成了。陝西略陽、甘肅蘭州「大躍進」時也都建有鋼鐵廠，由於三線建設的需要，也都恢復了。再加上新疆八一鋼鐵廠，國家終於在經濟落後的大西北，打下了鋼鐵工業的基礎。

在西北最有戰略意義的有色金屬工業項目，是陝西寶雞稀有金屬加工廠。稀有金屬加工材料是我國極缺的品種，過去雖然採取了一些臨時性的措施和幾個廠協作的方法，也能生產一些，但沒有形成正式生產能力，質量也得不到保證。因此，建設正規的稀有金屬加工廠勢在必行。有色金屬研究院在試驗廠裏已積累了生產經驗，所以就以它們為基礎籌備建廠。經過多次廠址考察，選定了在寶雞市建廠。之所以把廠址選在寶雞，是因為寶雞是隴海、寶成鐵路的交匯點，交通方便，又處在號稱「糧倉」的八百里秦川，工業基礎雖不如西安，但已有幾家大工廠在那裏安家落戶，在西北是一個比較理想的地區。稀有金屬加工廠引進了一部分國外設備，工藝和技術裝備在當時是比較先進的，它的建成改變了我國稀有金屬材料加工，特別是鈦材加工的面貌。

西北的三線建設，也多少受「山、散、洞」的影響，如白銀公司銅加工廠、寶雞稀有金屬加工廠佈置比較分散。特別是稀有金屬加工廠，在「文化大革命」中批鬥我以後，從原來我選定的山前平地搬到山溝裏，造成生產流程和管理上的很大困難。

冶金工業三線建設的得失

有人提出，冶金工業的三線建設究竟是成功還是失敗？或者是得多還是失多？按照實踐是檢驗真理的唯一標準的觀點來衡量，我認為，冶金工業三線建設無論是在西南還是在西北，都是成功的。那時建起來的工廠，在粉碎「四人幫」後，特別是在中共十一屆三中全會以後，都以嶄新的面貌出現在中國大後方，在各個不同方面作出了自己的貢獻。有些企業，如攀枝花鋼鐵廠，已經完成第二期擴建，說明它有生命力，如果不成功，就會像「大躍

進」時期建設的那些「小土群」、「小洋群」那樣自生自滅。但是，畢竟三線建設高潮到來之時，「文化大革命」高潮也到來了。「文化大革命」衝擊了一切，自然也衝擊了三線建設。在動亂期間，一些工廠有的暫時停下來，有的半停，影響了建設速度。從 1964 年到 1974 年，以攀鋼基本建成為標誌，整個三線建設耽誤了兩年到三年時間。這是時勢造成的損失，不是三線建設本身的失誤。再加上林彪插手，大力提倡「山、散、洞」，也給幾個工廠造成了不良後果，這也不是當時戰略決策時的失誤。從多數工廠廠址安排上看，還是合理的。我當時的思想，是抵制「山、散、洞」這個不科學、不經濟的政策的，我選的廠址，沒有一個太分散，更沒有進洞的。

　　冶金工業三線建設所以取得成功，首先是由於廣大職工發揚了愛國主義精神。為了保衛祖國，大家把三線建設看作神聖的事業，不管有多大困難，都全力以赴。只要一聲令下，家可以撤下，背上背包，立即奔向黨所指定的地方。行動之快，不亞於軍隊接受戰鬥命令。在任何艱苦的條件下，都不退縮、不逃避，迎着困難上，飢、渴、寒、熱都不在話下，充分表現出一種大無畏的獻身精神。這就是三線建設的動力所在。現在人們經常談論精神支柱的問題，當時的精神支柱就是祖國利益高於一切。

　　一線支援三線，是冶金工業三線建設得以成功的一條重要措施。三線冶金工業沒有基礎，平地起家，沒有領導和技術力量，沒有生產建設經驗，一時也製作不出那麼多的設備。所以冶金部黨組在佈置時，將許多新建企業都交給一些一線企業，由它們全力支援，直到建成為止。像長城鋼廠、西南鋁加工廠、西安精密合金廠等一大批企業，都有自己的母廠。從領導幹部到工人，從技術到設備，都做到無條件地支援，有的乾脆就是包建。這一決策很成功，許多工廠建設上的困難都迎刃而解了。我認為，這一經驗即使到今天，仍然是有用的。

　　從上到下領導重視，措施得力，是冶金工業三線建設成功的一項重要保證。國務院領導親自拍板定案，省卻了許多扯皮。部裏派遣了大批有經驗的幹部在現場親自指揮戰鬥，隨時解決問題。部裏司、局職能機構全力以赴，保證三線建設的需要。各省、區的黨委和政府大力支持，親自參加決策和建設的領導、各協作單位互相支援，這就爭取了時間。如果沒有「文化大革命」的破壞，一直搞下去，成績會大得多。

　　當然各工業部門三線建設情況不完全相同，有些建成的工廠後來不能很好發揮作用，最後不得不搬出來。但從戰略指導思想上看，三線建設的決策不能説是錯誤的。中國是一個有九百六十萬平方公里土地的大國，有前方、有後方，當前方受到威脅的時候，自然要考慮後方的建設問題。蘇聯反擊希特勒的侵略戰爭，就是因為在烏拉爾地區建設了鞏固的後方，才有支持戰爭、最後舉行大反攻的物質基礎。這條經驗對中國的三線建設是起了作用的。還有，三線是大後方，是中國礦產資源豐富的地區，又是經濟很落後、生活很貧困的地區。從工業佈局、開發資源、發展經濟、改善人民生活方面考慮，建設三線也是有理由的、必要的。至於在部署上有些錯誤造成一些浪費，當然是缺點，是值得總結經驗教訓的。

我參與指揮了中國第一次核試驗

張蘊鈺

我於 1958 年被調到原子武器試驗基地，擔任司令員，親歷了中國第一次核試驗。此事雖已久遠，但那激動人心的一刻仍不時在我眼前縈繞。

核試驗定於 10 月 16 日進行

1964 年 10 月 14 日下午，中國首次核試驗委員會和核試驗委員會的領導人，在試驗場區一座一明兩暗的小石頭房子裏開全體會議，十多名主要領導成員出席。會議最後，中國人民解放軍副總參謀長張愛萍宣佈決定：原子彈 1964 年 10 月 16 日爆炸。

試驗工作的組織領導是極其嚴密和富有成效的，各項準備工作早在 9 月 25 日就已完成。從原子彈的運輸、裝配到偵察、取樣、安全防護、洗消等各個環節都進行過預演，主控站、分控站經過數十次檢驗，已確信原子彈技術狀態是可靠的。幾天前，中國著名氣象專家顧震潮向氣象保障部門提供的一份氣象報告稱，10 月 13 日以後的一週內，是核爆炸試驗理想時段。核試驗黨委決定 10 月 16 日進行核爆炸試驗。14 日 19 時 20 分，原子彈已經放到了 102.438 米高的鐵塔上。

會議結束後，我和李覺首先走出石頭房子，分手後他直奔核試驗的心臟部位鐵塔。作為試驗場區的司令員，我有許多工作要做，首先就是要把爆炸的決定告訴司令部。距開會的房子五六十步就是我住的帳篷，司令部就設在那裏。帳篷裏有幾張行軍牀，我和秘書長朱卿雲、副政委鄧易非、基地副司

令員兼參謀長張英就住在那裏。此時，帳篷內只有張英和幾個參謀人員。

一進帳篷我就興奮地對他們說：「已經定了。10 月 16 日爆炸。」擠在一起的參謀們心裏都明白決定什麼了。

試驗場區的工作計劃原分為「5.1」、「7.1」和「8.1」三個工作目標線，計劃中的各項工作都已按時完成。原計劃中整個試驗場進入待命狀態是 9 月 25 日 24 時前。按我早些時候的想法，能在國慶節之前爆炸原子彈，可以大大宣傳一下中國社會主義建設的成就。我幾次這樣講，張愛萍都一言不發。然而，等到的第一個信息是國慶前不試驗。周恩來總理指示，等國慶邀來的國賓送走後再試驗。

從 9 月 25 日到 10 月 16 日，這是一段漫長的日子，無論是對運籌帷幄的將軍和科學家，還是對枕戈待旦的士兵和普通科技人員，這段日子實在是太難熬了，每個人都像一隻充滿了氫氣的探空氣球，被一根無形的線緊扯着。從 1958 年 12 月，我第一次踏上這片土地時起，每時每刻都在渴望這一天的到來。這些天我什麼都想過，甚至想到失敗，但從沒有想過在萬事俱備的情況下推遲試驗。

對於推遲試驗的原因，僅限於少數領導人知道，但對於因此而造成的時間空當，需要有一個好的措施來填補。張愛萍和劉西堯拿出了很好的辦法，號召所有參試人員進行預防預想查漏補缺，增加演練，繼續任務動員教育。一着看似平常的棋，卻下到了它最理想的位置上，既確保了試驗準備工作的萬無一失，又很好地穩定了參試人員的情緒。在這期間，張愛萍還邀請其他領導和科學家們到孔雀河和古樓蘭王國廢墟進行了一次短途旅行，撿到許多魚螺化石和泥陶碎片，在乾涸多年的古河牀上野餐，追趕驚恐的黃羊群，在輕鬆愉快的氣氛中度過了一天。

那二十多天對每一個人都是一種考驗，尤其是在試驗中要擔負各種操作任務的許多科技人員，增加演練工作時一個簡單的操作程序往往要練上幾十遍，甚至幾百遍。人們都被一種崇高的目標所鼓舞着，一遍又一遍機械枯燥地重複演練，不時聽到有人歎息：「今天天氣真好，又放過了。」

我從石頭房子回到自己住的帳篷時已是晚上 23 時，爆炸的具體時間除了有關操作人員外，對部隊仍然需要保密。這樣，先由張英通過保密電話把時間通知給在某基地的張志善副司令：現在已經是「零」前四十小時了，請按

此時間佈置工作（當時，在時間的安排上，我們確定原子彈起爆時作為「零時」，爆炸當日為「零日」，以便安排「零時」前後幾日、幾時的工作。自第一次核試驗以後一直被沿用下來）。

從氣象部門的詳細報告中得知：10 月 16 日試驗場區的日出時間是 8 時 32 分，日落時間是 19 時 41 分。北京與場區時差約兩小時零五分。15 時爆炸是正午後一小時，光學測量可以達到比較理想的效果。爆炸後尚有四小時以上的作業時間，偵察回收工作可以完成。

安排完已是凌晨 2 點，我躺在行軍牀上，回想在場區長達十八個月的工作，雖說一切工作都圍繞着這次試驗進行，很多工作帶有突擊性，但就試驗場區的整體而言，工程設施、工程質量諸多方面都是從長遠打算來考慮的，一個永久性的大氣層核試驗場已初具規模。在相距不到三年時間，這裏又成功進行了氫彈試驗。

一夜平安無事。

10 月 15 日那一天

10 月 15 日早晨，我起牀後的第一件事，就是仰觀天象，然後和平常一樣到張副總長和劉西堯副部長那裏，看看有什麼新的安排。張愛萍根據我的建議，讓李覺、朱卿雲和我到鐵塔，張震寰副主任到主控站。

從鐵塔回來後，我又隨張愛萍副總長去防化部隊檢查最後的準備情況。這支部隊直屬軍委總參謀部防化兵部，由副部長畢慶堂率領到基地擔任首次核試驗的防化事宜，並同時為基地組建防化部隊。我們多次到這支部隊，今天再次去看望他們。我們到部隊駐地時，部隊已全副武裝準備訓練。張副總長站在隊前對部隊訓話。他的講話慷慨激昂而風趣，很有鼓動性，而我只說了三言兩語，對這樣一支部隊，我已不需要再叮囑什麼了。自 1964 年 5 月從北京來到試驗場區前，這支部隊已經過一年多的準備和訓練。到戈壁灘後，為了練適應能力、耐久力，他們穿着膠質防護衣，帶着儀器跑步爬山，在各種複雜的地形上鍛煉，夏天的正午進行高強度訓練，有時除吃飯外都穿着防護衣。偵察分隊的人還要承受偵察車的顛簸，有的暈車嘔吐了，卻不能摘下面具，只好吐在面具裏。因為「零」後要進沾染區作業，在進入聯試階段後，

他們進行了大量的模擬訓練。進入 10 月之後，羅布泊地區的氣溫下降，天氣逐漸變冷，但他們每次訓練下來都會從防護衣裏倒出不少汗水。現在他們穿着膠質的防護衣已能堅持工作四個小時以上，有的可長達八小時。他們都知道試驗成功之後，當兄弟部隊凱旋的時候，他們還必須在有沾染的爆區工作一段時間。

10 月 15 日這一天，我們乘車跑遍了所有我們負責的參試單位。之後，當我又趕到氣象部門時，已經很晚了，工作人員分別在幾頂帳篷內抄寫來自阿拉山口、和田、敦煌和國際台的氣象預報資料。氣象始終是一個非常重要而複雜的問題，試驗委員會曾多次進行過專題討論。因為不僅在「零日」需要一個理想的天氣，而且在核爆炸之後還要考慮到高空風向對煙雲塵埃的影響。我和負責這裏的韓雲昇處長進行了簡單的討論，在綜合分析各種情況後，韓處長告訴我：「中長期預報都和今天的實況相吻合。」

10 月 15 日晚上，我不知道在整個試驗場區有多少人沒有睡覺，至少在那個晚上沒有人能像以往那樣睡得踏實。多少年後，我還記得那天晚上的月相：上弦月，月亮呈半圓形，從順時針方向看，右邊發亮，試驗場上幾處強烈的燈火在朦朧的月色下有些暗淡昏黃。

我們成功進行了核試驗

10 月 16 日，根據張愛萍的指示，李覺、朱卿雲和我於上午 10 時分別乘兩輛吉普車向鐵塔馳去。對鐵塔上操作的技術專家，我們沒有絲毫的擔心。過去我們總是怕它不「響」，現在卻又擔心萬一在不受控的情況下「響」了怎麼辦？

車在路上疾馳，路旁突現在地面的工號一閃而過，李覺的車尾隨在我的車後。車到鐵塔前，我們在警戒線外下車，簡單地問候值勤的哨兵。李覺對上塔的人說，張司令和朱主任在下面，等一會兒再上去。我向操作吊車的捲揚機手舉手致意，然後圍着鐵塔小步來回走。不一會兒李覺鑽進了鐵塔旁的一間小磚房，那裏安裝着引爆電纜的電閘和一部與鐵塔通話的電話機。

我在離小屋不遠的地方席地而坐。太陽很好，碧空潔淨，地面上有輕微的風，真是一個好天氣。塔上緩慢地放下吊籃，幾個操作手走下來。李覺從

小磚房出來到鐵塔下迎接我們。接着，我和他登上吊籃，朱卿雲留在鐵塔下。吊籃徐徐往上升，把我們送入塔上的工具間內。在那裏，我們清除了身上的靜電，又登上幾級階梯才進入爆室。某院試驗部副主任方正知和他的助手正在做最後的檢查。他簡單地對我們說：「就完了。」然後又繼續埋頭檢查。

這個核裝置在試裝時我已看到過，現在再看忽然覺得它已經具有了活的靈魂。檢查完後，方正知在塔上的最後一項工作是合上起爆電纜的電閘。我把牆上貼着的那張操作規程順手取下來，在上面簽了字：「1964 年 10 月 16 日，張蘊鈺。」

在塔上向四周眺望，極目所見的效應物都靜靜地展開在地面上，整個情景就像大戰前的戰場。

我下意識地摸了摸裝在口袋中的那把能夠起爆這個裝置的鑰匙。

當李覺、方正知和我坐吊籃下來之後，李覺又特地囑咐捲揚機手：「請把毛主席像降下來，忘記了就是政治事故。」

方正知雙手合上小磚房內的電閘，這樣，從鐵塔上的核裝置到主控站的起爆電纜已經接通。此時，我又一次摸了摸緊貼在襯衣口袋裏的鑰匙。

我們一起離開了鐵塔。走出幾百米，我又停下來，向鐵塔看了最後一眼。這座鐵塔在核爆炸後已經面目全非，它的上部在那個驚天動地的瞬間化成了氣體，塔身殘骸扭曲倒在地上，像一具巨大的恐龍骨架，更像一座奇特的紀念碑。二十二年後，這裏豎起了核爆炸紀念碑。

在返回途中，我先到主控站。在主控站的領導還有基地的鄧易非和基地研究所所長程開甲教授。程開甲是 1950 年從英國歸來的學者，1948 年在愛丁堡大學獲得博士學位，是基地最高級的專家和技術負責人。在試驗各項準備工作就緒後，他曾不止一次地對我說：「它不能不響。」

在主控站，我將啟動控制台的鑰匙交給了在現場指揮的張震寰。

我來到白雲崗指揮部的時候，張愛萍說，「K1」指令已經發出。這時炊事人員送來了餃子，老遠就聞到了香味，但吃到嘴裏卻一點感覺也沒有。

「K2」指令發出，我回到自己的位置。

「K3」指令發出後，儀器設備進入自動化程序。9、8、7、6……讀秒聲音讓我感到一種無法形容的激動和緊張。當讀秒結束後，一道強烈的閃光劃破天空，之後是騰空而起的巨大火球。

　　頓時，人們激動歡呼起來，跳躍起來，流着眼淚擁抱在一起，把帽子抛向天空……

　　劉西堯和朱光亞都非常激動，我走過去向他們表示祝賀。張愛萍立即拿起電話，興奮地向周總理報告：「我們成功啦！原子彈爆炸成功啦！」不過周總理反問了一句：「怎麼證明是核爆炸？」周總理的反問使張愛萍這位試驗總指揮有點不知所措。當時我們和所有專家都認為是核爆炸，卻無法正面回答。正在這時，某所技術員工克定報告：「蘑菇雲頂高七千五百至八千米。」他是用一種極其簡單的方法測定的。事先他先定了一個立腳點，用一根刻了標記的木棍瞄準爆心，算出地球的曲率和與爆心的距離，從而速報了「零」後的第一個核資料。

　　經過專家綜合分析後，張愛萍很快再次向周總理報告：「根據多方面證實，確實是原子彈爆炸，很理想，很成功。」

　　「零」後十分鐘，由防化兵組成的偵察第一梯隊二十餘人進入沾染區進行輻射偵察作業；防護工作部回收取樣隊在規定時間內，取回了全部綜合劑量儀和大部分接收放射性沉降物的取樣盤及取樣傘；安放在七個操縱台上的五十多個探頭中，倖存的三十九個均在「零」後半小時開始工作，測得四千餘個資料。於是，一份詳細的文字報告經多方專家之手送到我手裏，由張愛萍和我簽發。這份正式文字報告於 17 時 50 分報給了設在北京二機部的核試驗辦公室，然後由劉傑部長報告給周總理。

　　羅布泊試驗場的核爆炸很快傳遍了世界。當天晚上，周總理在人民大會堂接見大型音樂舞蹈史詩《東方紅》全體演出人員時，莊嚴宣佈：我國在西部地區爆炸了一顆原子彈，成功地進行了一次核試驗！《人民日報》的號外同時正式發佈新聞公報和《中華人民共和國政府聲明》，向世界宣告這一重大突破。

　　當時間指向 10 月 16 日 24 時，我還在重複收聽着新聞公報：「…… 中國在任何時候，任何情況下都不會首先使用核武器 …… 」激動的心情久久難以平靜下來。

聽阿爾希波夫談中蘇關係

閻明復

　　阿爾希波夫是新中國成立初期斯大林任命的在華總顧問，從 1950 年到 1958 年在中國工作了八年。我同阿爾希波夫第一次接觸是在 1955 年夏。當時李富春副總理率中國政府代表團去蘇聯商談中國第二個五年計劃草案，阿爾希波夫負責安排李富春和中國代表團的活動。我當時為李富春當翻譯，同阿爾希波夫接觸較多。特別是有一段時間李富春身體不適，搬到莫斯科郊區原斯大林的別墅休息，阿爾希波夫更是經常去看望，關懷備至。

　　1957 年我調到中央辦公廳翻譯組工作以後，在中央領導會見蘇聯同志的場合下時常見到阿爾希波夫。1958 年，阿爾希波夫奉調回國，此後直到「文化大革命」我一直沒有聽到他的消息。

　　1984 年冬，我已在全國人大常委會工作。正陪同二十多位人大常委到四川、湖北視察。剛到重慶，當地人大的人告訴我，全國人大常委會辦公廳打來電話叫我立即返京，陳雲有事找我。我當天就回到北京，第二天到陳雲住所。陳雲對我說，阿爾希波夫將要訪華，他希望會會老朋友。陳雲要見他，所以要我談談他的情況。我說，中蘇關係惡化以來，阿爾希波夫從未發表過反華言論，最近又主動來華訪問，顯然是為了改善中蘇關係，了解中共領導人的看法。陳雲問了有關蘇聯的情況，我就談了自己了解的一些情況。第二天我又趕回重慶。但人大常委已結束在重慶的視察活動，乘船沿長江而下，途經宜昌赴武漢去了。於是我搭乘客輪趕到宜昌，同人大常委一同乘車去武漢。剛到武漢，當地的工作人員說彭真請我立即返京。於是我又連夜乘火車回到北京。彭真也是為了會見阿爾希波夫做準備，找我了解情況，並叫我出

席了他和阿爾希波夫的會見。

1984 年以後，阿爾希波夫多次訪華，有些活動我參加了，但沒有同他深談。阿爾希波夫在中蘇關係正常化和進一步改善方面做了大量工作。蘇聯解體後，阿爾希波夫當選為俄中友好協會名譽主席，多次訪問中國。他每次訪華我都參加一些活動。1996 年 5 月阿爾希波夫應邀再次訪華，中國人民對外友好協會授予他「人民友好使者」的稱號，並慶祝他八十九歲華誕。我出席了這個隆重的儀式。隨後又陪他到大連，接受大連市長授予他的「大連市榮譽市民」的稱號。

1995 年夏，我受鄧小平的女兒毛毛的委託，到莫斯科有關檔案館查找 20 世紀 20 年代鄧小平在蘇聯學習期間的檔案材料。蘇聯解體後各檔案館的檔案都公開了，在俄羅斯駐華大使羅高壽和俄外交部的協助下，我們找到了不少材料。

在莫斯科逗留期間，我多次去看望阿爾希波夫。我請他回顧了中蘇關係發展中的一些問題，特別是他如何看待中蘇關係惡化的原因。在他的同意下，我作了記錄，有幾次談話還錄了音。以下是阿爾希波夫的談話記錄：

> 20 世紀 50 年代末、60 年代，蘇聯同中國的關係惡化後，我的處境相當險惡。赫魯曉夫不信任我。我是蘇共中央主席團委員，但是有些會議卻不讓我參加。當時我主管同亞洲國家的經濟合作，同這些國家的關係密切，他們又不能不用我。勃列日涅夫時期我的處境好一些，因為在 30 年代，我同他在第聶伯羅彼得羅夫斯克一起工作，我向他建議採取積極態度改善蘇中關係，他既不贊同，也不否定。後來發生了珍寶島事件，蘇中關係正常化當時已無可能。1982 年 11 月勃列日涅夫逝世後，安德羅波夫繼任，我向他建議改善蘇中關係，他肯定了我的意見，但可惜不久他也逝世了。1984 年 2 月契爾年科當選為蘇共中央總書記，他接受了我的建議，決定派我訪華，以了解中國對蘇中關係正常化的看法並推動雙方關係的改善。蘇聯外交部照會中國外交部說，阿爾希波夫希望作為蘇聯大使的客人訪華。中國外交部回答說，阿爾希波夫是中國的老朋友，歡迎他以蘇聯部長會議第一副主席的身份率領蘇聯政府代表團訪華。聽到這個消息我喜出望外，中國的同志沒有忘記我這個老朋友。同年 12 月，我終於再次來到闊別已久的北京，會見了我的老朋友陳雲、

彭真、萬里、薄一波，同姚依林副總理進行了正式會談，簽訂了一系列經濟合作協定，為蘇中關係正常化邁出了一大步，特別是同老朋友的會見，更加堅定了我對改善兩國關係的信心。戈爾巴喬夫當政後，兩國關係有了進一步的改善。1989 年他為了準備訪華並同鄧小平主席會談，委託我牽頭組織當年同中國事務有關的專家，包括外交部、蘇共中央聯絡部、遠東所的學者等，專門研究蘇中關係惡化的原因、後果和改善關係的建議。在討論中，我談了一些情況和看法。

第一，根據兩國的協議，蘇聯幫助中國建立了飛機、坦克、火炮和無線電工廠，提供了當時最現代化的儀器和設備、先進的軍械樣品，如飛機、坦克等。我們還幫助中國建立了生產潛艇的工廠和相應的基地。對蘇聯提供的設備，中國是用易貨方式支付的，軍工技術是用優惠貸款支付的。中國向蘇聯提供了某些戰略物資，如錫、錫精礦和鎢精礦等。中國還向蘇聯提供了大量的日用消費品。

蘇中雙方對於執行各自承擔的義務都非常嚴肅認真。例如，1951年蘇聯企業向中國供貨嚴重拖欠。我報告了斯大林。之後採取了嚴厲措施，撤了十來名部長和副部長的職。此後，嚴格執行對中國的供貨協議便成了不可違反的法律。中國對於履行自己的義務也是持這種態度。這可以舉一例說明。50 年代，蘇聯缺少可兌換的外幣，我們請求中國用外幣支付一部分我們供應的貨物。中國每年向我們提供 1 億至 1.2 億美元，這筆錢主要來自國外的僑匯。1959 年至 1960 年，中國僑匯情況嚴重複雜化，便向我們提供黃金，由我們拿到國際市場出售，從而彌補了蘇聯外匯的不足。這些事實都證明雙方合作是如何密切，它對雙方又是何等重要。

第二，談談共同艦隊問題。我們並未提出共同艦隊這一特殊任務，然而，1958 年赫魯曉夫不得不為此問題專程前往北京。尤金大使報告說，毛澤東表示：由於發生一些極為重要的問題需要討論，他本人願意同中共中央政治局委員去莫斯科，但是，現在他因健康狀況無法成行。收到這份情況報告後，赫魯曉夫決定最好由他本人訪華，時間定為 1958年 7 月底到 8 月初。代表團成員有蘇聯海軍參謀長、我及其他同志。

應當指出，在此之前，中國領導就已決定在華南地區建立一座大型無線電台。我們對該電台有興趣，因為它不僅可以使我們能夠向亞洲一些鄰國進行廣播，而且能夠同我們的太平洋艦隊保持無線電聯繫。

　　當時尤金大使在莫斯科，他見了赫魯曉夫。在談話中他得到指示：
同毛澤東和周恩來接觸時，可以問問能否共同建設和使用上述無線電
台。同時，指示他詢問一下蘇聯潛艇能否進入中國港口並在其中停泊。

　　根據各種情況來看，尤金未能完全正確領會給予他的指示，而向毛
澤東轉達成：我們對於利用中國的軍港感興趣。毛澤東把這種提法理解
成是帶有侮辱性的，是對中國獨立、主權的侵犯。正因為如此，毛澤東
才像上面所說的他本人要去莫斯科親自澄清已經積累起的嚴重問題；正
因為如此，赫魯曉夫也才不得不前往北京。

　　赫魯曉夫在同毛澤東會談中，很快就澄清了關於蘇聯潛艇進入中國
港灣的問題。赫魯曉夫說，蘇聯大使把領導上請他轉達的指示理解錯
了。尤金本來身體就欠佳，不時患病，聽到赫魯曉夫講這番話時，心臟
病發作，好不容易才將他活着送回蘇聯。此後，他再也未能回到中國，
他的大使職務實際上也就到此結束了。

　　至於說無線電台問題，蘇方在會談中的立場是：因為我們想利用該
電台，所以願意支付電台設備費用的 50%，以換取在十年中使用該電台
的權利。曾經設想，蘇聯專家應當同中國專家在電台裏一起工作。中國
拒絕了這個方案。聲稱：中蘇關係是極其密切的兄弟般的關係，既然如
此，中國人不想小裏小氣，如果蘇方想使用，中方準備無償地提供給你
們使用的權利。稍後，中國人的確建成了這座無線電台，而蘇聯確實也
使用過一些時候。後來，蘇中關係惡化了，我們自然也就停止使用了。

　　第三，關於和平共處問題的嚴重分歧。在 1958 年夏天的會談中，和
平共處成為主要問題。赫魯曉夫提出和平共處問題是蘇聯對外政策的基
礎，請求毛澤東對此立場予以贊同和支持。毛澤東十分明確地對這一方
針作出了否定的反應。他說，把和平共處作為社會主義國家對帝國主義
政策的總路線是沒有根據的。帝國主義將繼續推行其顛覆社會主義國家
的路線。赫魯曉夫指出，鑒於當前已經出現了核武器，如果發生衝突就
會導致巨大災難，所以和平共處是一個原則性的立場。他幾次重複這個
論點，說話時顯得急切而衝動，令人感到毛澤東的態度已經使他按捺不
住了。

　　與此相反，毛澤東則顯得冷靜，不動聲色。毛澤東重複了他在 1957
年莫斯科會議上論述的關於核武器是紙老虎，如果帝國主義發動反對社
會主義國家的新的世界大戰，帝國主義將被徹底打倒。對此，赫魯曉夫

反應非常激烈。他說：你怎麼能這麼輕鬆地作這樣的假定呢！我們在戰爭中犧牲了兩千萬人，我們懂得這意味着什麼。你不了解什麼是核武器，而我了解，我看到了核武器的實際應用。毛澤東回答說：核武器是個紙老虎。總之，雙方圍繞和平共處問題的談話進行得非常尖銳、緊張，雙方沒有達成共識。

第四，關於中國製造原子彈問題。從原則上說，這個問題成了造成蘇中分歧的重要原因之一。1955 年，雙方簽訂了關於蘇聯協助中國製造原子反應堆以用於和平目的（發電）的協議。這項協議在很短時期內就實現了。中國建起了一座試驗性工業核反應爐和相應的研究所，該研究所安裝了當時最現代化的蘇聯設備，有最優秀的蘇聯專家在那裏工作，並將有關的科技資料與技術文獻交給了中方。中國付清了建設研究所的一切款項。1957 年，中國提出要求蘇聯提供生產原子彈所需物質的技術。經過多次會談，蘇方終於讓步了，在中國開始建設加工鈾礦石的工廠。1958 年，正當此項工程業已鋪開的關頭，建廠工作被停止了，設備供應也停止下來。參加項目的蘇聯專家無事可做。甚至連中方已付清貨款的設備也不供應了。問題在於，恰恰在這個時候，蘇聯政府提出了禁止生產和試驗核武器的倡議。蘇方請中國支持這個倡議，然而中國一直未予答覆。1959 年，用於核項目的設備供貨完全中斷了。

在此以後，中國專家利用蘇方的圖紙與設備繼續自己研製原子彈。中國人很快就建立起以錢學森為首的科研所，從各高等院校最有才華的青年中挑選出成千名各行業的專家到該所工作。錢學森訪問過蘇聯，講過學，聽過他講座的蘇聯專家反映，他的專業水平非常高。蘇聯專家從他那裏學到不少知識。在錢學森和其他中國專家的努力下，中國的核工業有了長足的發展，到 60 年代中期就生產出核武器。總之，原子彈事件對於雙邊關係產生了極其令人痛心的消極影響。可以說，正是從此開始，中國人失去了對蘇聯的信任。

第五，撤退蘇聯專家是另一個對雙方關係產生消極影響的事件。蘇聯專家對於新中國的建設發揮了巨大作用。中國的每個部委都有蘇聯顧問組，由總顧問領導。總顧問通常是由在蘇聯最有權威的人擔任，往往是副部長或部務會議成員。在中國工廠裏，仿照蘇聯的做法，都建立了工程師室和科研所，其中也有蘇聯專家工作。在中國工作的蘇聯專家人數逐漸增加。蘇聯專家受到中國同志的充分信任。蘇聯專家手中的小紅

本（身份證）實際上成為去任何單位的通行證。有一次發生了一件類似笑話的事就可以說明這一點。幾個年輕的蘇聯專家（記得他們是從鞍鋼來的）到了北京，在城市中心遊逛。他們出示小紅本後就進了中共中央和中央人民政府所在地 —— 中南海。他們問清毛澤東的住處後，向警衛人員出示了小紅本，說他們想同毛澤東聊一聊。毛澤東最後接見了他們。後來我是從中國人那裏知道此事的。當我找到這些專家談話時，他們回答說，「怎麼也未料到毛親自見了我們」，「在談話中，我們只是想知道他生活如何」。還可以舉出一個例子來說明當時彼此間的信任程度。1950 年，根據中國同志的提議，我有時出席中國政府的會議。1951 年我奉召回國，向斯大林彙報蘇中合作協議執行的情況。在談話中，斯大林對我說：看來，你不必參加中國政府的會議，因為「這會使中國人難堪，一個受過壓迫的民族對這類事是非常敏感的」。回到北京以後，我未再出席中國政府的會議，但中國同志還是繼續發給我政府會議的文件。

在工作中，蘇聯顧問總是強調，我們當顧問，就是做助手、提建議，沒有任何權利把自己的意志強加於中國同志。一些蘇聯作者寫文章說，1960 年蘇聯政府從中國撤退專家，是由於中國給專家創造的工作條件令人不能容忍，又根本不聽取他們意見引起的。這種看法有一點對，但並不是全對。

蘇聯專家工作中的困難是從 1958 年中國採取「三面紅旗」的方針開始的。在這一方針的影響下，中國建設現代化企業的速度大大放慢，決定使用以手工勞動為基礎的傳統工藝。這方面的例子就是「小土群」煉鋼法。違反經濟規律和技術規程，無疑給蘇聯專家造成了困難的處境。在「大躍進」時期拋開了一切經濟規律，認為生產發展的主要動力不是物質利益原則，而是人民群眾的熱情。蘇聯專家在這種情況下工作，當然十分困難。此外，中國還取消了一長制原則，實行黨委第一書記領導制。在這種情況下，蘇聯專家的唯一出路就是尋找對中國人施加影響的新途徑。說中國人是儘量有意識地為蘇聯專家製造令人無法忍受的困難，未必是妥當的。撤退蘇聯專家是我們方面施加的壓力，是對中國人不聽話的一種懲罰。撤退專家是蘇共中央首先提出的，也是它下令撤退專家的。赫魯曉夫要求一個月內撤完專家。為此，成立了特別委員會，由下述人員組成：外交部副部長普希金、鐵道部長、航空部長和我等。當時，在華專家大約一千三百人，加上他們的家屬，將近五千人，他們

分散在中國各地。撤退專家用了一個月時間。

這種「火速」撤專家的做法，遭到世界社會輿論的消極評論，當然，尤其受到中國方面的非常不好的反應。蘇聯撤退專家的主要理由是說當時蘇聯國內自己迫切需要這些專家。中國人說，他們理解我們的問題，但請求推遲撤退。例如，周恩來就曾要求推遲一年、一年半或兩三年撤退專家。然而，我們未予同意。

第六，中斷經濟合作，把意識形態的分歧擴大到國家關係。撤退專家還只是局部問題，蘇聯還採取了其他的更為嚴重的措施。1959年，我們提議中國重新審定同蘇聯簽訂的全部經濟合同。1958年雙方貿易總額為 1.8 億盧布。重新審定協議的結果，1959年雙方貿易額降低了 35%。蘇聯停止了向那些在建工廠提供設備。

1960年，由我和外貿部副部長庫梅金組成的蘇聯代表團赴華。我們訪華的目的是撤銷同中國已經簽訂的合同。這樣，我們就採取了國際慣例上沒有先例的行動，因為只有遇到特殊情況，如爆發戰爭，才能中止國家間簽署的協議。1961年，蘇方主動撤銷了先前商定了的合作項目。此後，我們只是向一些尚未建成的項目補足了設備，其總量不超過原定水平的 10%～20%。

原則上講，在這種情況下，中國完全可以向我們提出巨額索賠，向國際仲裁法庭提起訴訟。但是，中國並沒有這樣做。1960年，周恩來在談話中講：「過去的事就讓它過去吧！讓我們大家都不要打官司，不要索賠，不要向仲裁法庭告狀。」在中國實際上同外部世界完全沒有接觸的情況下，中國同蘇聯間的聯繫大大縮小，當然給中國的經濟帶來沉重的打擊。

在上述談話中，周恩來建議我參觀中國的任何一家工廠，由我自己挑選，但有一個條件，就是不要使館人員陪同。我表示願意看一些國防工業企業。我參觀了成都飛機製造廠，這是一個用蘇聯現代化設備裝備的企業。工廠維護得很好，但是車間裏人很少，實際上連一點削刨花都沒有。工廠領導人回答說：因為缺少原材料（過去是由蘇聯供應的），工廠只開工一班。其實，工廠連一班也沒開，找些工人來上班是為了我來參觀而安排的。這只是舉一個例子，說明蘇聯縮小合作之後中國承受了何種困難。

總的來說，可以同意中國人的說法：是我們蘇聯人最先把意識形態

的分歧擴大到國家間的關係上。在中斷同中國的聯繫上，赫魯曉夫的邏輯是與他中斷同阿爾巴尼亞聯繫的邏輯一模一樣。

所有這一切事件都為雙方關係增加了強烈的不信任因素。人所共知，1959 年至 1960 年中國的糧食狀況惡化了，這也是由於「大躍進」造成的。我了解這方面的情況，1960 年赴華前夕，我在蘇共中央主席團會議上提出，鑑於中國的糧食情況嚴重，建議向中國出售一兩百萬噸穀物。赫魯曉夫回答說：「唉！那些人何等傲慢！他們寧願餓扁肚子在地上爬，也不會好好向人求援。」但是，最終主席團就這個問題作出了肯定的決定，委託我試探一下中國人的態度。

在談話中，周恩來對我說，中國國內情況非常嚴重，不少地區出現餓死人的現象。我表示，如果中國向蘇聯提出相應的請求，蘇聯是不會對中國的嚴重情況無動於衷的。周恩來立即理解了所作的暗示，對我講的話表示感謝，說領導上將集體討論上述主意。不久，周恩來答覆我說：領導上已經討論過了，決定對蘇聯同志表示感謝，但對援助表示拒絕，說自行去解決。

1960 年我訪問成都時，聽說陳雲也在那裏，於是提出希望會見他。雙方談話很坦率、真誠。陳雲說，蘇聯應當採取一切可能的步驟來防止決裂，要修補好兩國關係上已經出現的裂痕尚為時不晚。我指出，問題不只在蘇方，必須雙方作出努力。

關於同陳雲的談話，我當時毫不拖延地用密碼報給了莫斯科。回國後，我要求向蘇共中央主席團和赫魯曉夫本人報告中國之行的結果。過了幾天，在科茲洛夫主持下，主席團聽取了我的彙報。我講完後，大家一言不發，過了一會兒，科茲洛夫說，你建議召開主席團會議，我們召開了，聽了你的彙報，就到此結束吧。我再次要求單獨同赫魯曉夫談話，想向他轉達周恩來、陳雲談話時的真情實意，以及他們不想使事情發展到決裂的地步。為此，我曾請赫魯曉夫的助手安排這個會見。幾天後，赫魯曉夫的助手轉告我說：赫魯曉夫得知你的請求後，調閱了由中國發來的所有的密碼電報。他問到，你還想要作哪些補充彙報。我說想彙報我認為很重要的一些個人感受。過了幾天後，赫魯曉夫的助手給我打電話說：赫魯曉夫又重新看了從中國發來的密碼電報，一切他都清楚了，他已無任何問題需要補充了解，他認為沒有必要談了。

第七，主觀因素對蘇中關係的惡化起了極其重要的作用。這特別表

現在中國領導人對赫魯曉夫採取的否定態度上，同樣也表現在赫魯曉夫對中國領導人（尤其是對毛澤東）採取的否定態度上。

這一點在 1954 年赫魯曉夫第一次訪華時已開始表露出一些跡象。當時，蘇聯已通過決議要實行「集體領導制」，因而去北京訪問的是起主導作用的五位 —— 赫魯曉夫、布爾加寧、馬林科夫、米高揚、福爾采娃。中國人那時對此局面不大理解，例如周恩來就曾幾次問過我：誰是代表團團長？我也向米高揚提出了這個問題，他笑着回答說：也有人常問我這個問題，我說我們現在實行的是集體領導。

在這種情況下，中國人不得不自己去澄清究竟誰是代表團團長。結果在歷次談話中中國人最注意的卻是布爾加寧，他儀表堂堂，貌似知識分子的模樣，待人和氣。當時我已覺察到，赫魯曉夫也注意到了這一事實，所以他離開中國時帶着不滿意的情緒和被輕視的感覺怏怏而去。

此外，1954 年還發生了其他一些令人不快的事情。當時簽署了蘇中關係重要文件，簽字儀式以後，中國領導人設便宴招待蘇聯代表團。在宴會中，蘇聯代表相互間的打諢玩笑都翻譯給了中國領導人。

赫魯曉夫向米高揚開玩笑說（米高揚代表蘇方簽的字）：「喂，我們回家以後，我們要在主席團會議上好好地問問你：你在那裏都簽了些什麼東西？」蘇聯代表團成員都哈哈大笑起來，然而中國人的反應卻迥然不同。一向面孔嚴肅的毛澤東不笑並不奇怪，但更嚴重的是劉少奇、周恩來也沒有笑。從一切情況來判斷，中國人認為上述笑話表明蘇方對於簽署的文件有疑慮。

當赫魯曉夫接着又說了一個笑話時，情況更加糟了。他說：「一個村警來找伊萬，問他：『伊萬，你繳稅了嗎？』伊萬回答說：『繳了。』村警說：『那好，你簽個字吧！』伊萬就在紙上摁了個手印。第二年，又照樣辦了。第三年，村警同縣上的警官一起來了，問伊萬：『你怎麼搞的，三年都沒有繳稅？！』伊萬回答說：『怎麼，我繳了！』『那好，那你再簽個字吧！』伊萬又摁了一次手印。他向窗外看了一眼，啊！村警和縣警官已經把牛拉出了院子。伊萬老婆對他說：『哎呵！伊萬，你摁了三次手印，就把三頭牛給拉走了。』」這個笑話更使中國人覺得，蘇聯對於簽署的協議並不太滿意，有疑慮，可能是認為蘇聯吃虧了。

在那次訪問中，還發生了一件令人不快的插曲。根據赫魯曉夫的提議，由於蘇聯缺少勞動力，又簽訂了一個蘇聯從中國吸收一批勞動力的

協議。會談時，講過中方可提供一百五十萬名勞動力的問題。中方領導起草有關文件的是鄧小平。一次，我問他：這方面的文件準備得怎麼樣了？他回答說：「一切都很順利，很快就準備好。」然後，他很感傷地補充說：「又是中國苦力。上個世紀就有中國苦力，而現在又有中國苦力，不同的只是他們去的是蘇聯。」中國的其他領導人誰也沒有這樣說過。

上述引進勞工協議執行得也不順利。第一批中國派出三萬五千名工人。他們都是些剛剛退伍的年輕戰士。把他們派到吉定有色金屬聯合企業去了。過去那裏是勞改營，把中國人都安排在木柵裏去住，當然重新裝修了一番，加上了保溫層，放上了雙層淋。與此同時，我們在該廠的工人則仍然住在地窖裏，實際上同從前的犯人住的一樣。中國人吃的是他們習慣吃的大米、蔬菜，而我們的人吃的是爛土豆。這也引起了我們工人的嚴重不滿。其結果，中國人幹了兩三年，然後回去了，就再也未引進中國工人。

大家都知道，赫魯曉夫在向蘇共二十大作的公開報告中並沒有批判斯大林的內容。唯一公開批評斯大林的是米高揚的發言。中國人密切地注視着二十大的進程，立即譯出會議材料發表在《人民日報》上。此後，中共中央搜集了中共地方黨組織對於大會的意見並加以綜合。關於大會的反應，一般都立即通知給了我。米高揚發言以後，中共中央通知說：從幾個地方中央分局發來了反面意見，對於影射批評斯大林表示不理解，並建議中共中央政治局將上述意見轉達給蘇共中央。

中國人對於赫魯曉夫在秘密報告中批判斯大林的反應更不好。首先，他們強調指出，他們不理解，蘇共未同各兄弟黨，首先未同中共中央事先商量，就採取了這種步驟。中國人着重指出：「斯大林不僅是你們的領袖，而且也是我們的領袖。他是我們意識形態的四個創建人之一。你們怎麼能這樣做呢？」

當時流行過一個提法（最先是莫洛托夫提的）：「以蘇聯和中國為首的社會主義陣營。」中國人說，事先未同他們商量就開展對斯大林的批評，值得懷疑你們事實上是否真的堅持上述提法。

蘇共二十大一開完，米高揚就對中國進行了工作訪問。毛澤東當時在杭州。米高揚從杭州回來後向我說：「我們同毛澤東談了一整夜，沒有睡覺，只有喝茶時才停頓一下。我怎麼也說服不了他。我可以說，一生中這是第一次未能完成中央和政治局的委託。」

蘇共中央主席團被迫作出一定的讓步。例如，由於中國人的堅持，我們在《真理報》上發表了著名文章《關於無產階級專政的歷史經驗》和《再論無產階級專政的歷史經驗》。

1957 年 4 月至 5 月，伏羅希洛夫率領蘇聯最高蘇維埃代表團訪問中國，受到盛大歡迎，這引起赫魯曉夫強烈不滿。

1959 年 9 月至 10 月，蘇聯黨政代表團為慶祝新中國成立十週年訪華，具有極為重大的意義。當時，赫魯曉夫正在美國。蘇斯洛夫率領代表團於赫魯曉夫尚未離美之前，在 9 月底抵達北京。10 月 1 日前，中國方面安排了盛大的慶祝活動，持續了兩天。第一天周恩來作了報告，第二天外國代表包括蘇斯洛夫講了話。

次日，中國在人民大會堂設盛大國宴，有數千人參加。舉行宴會當天，赫魯曉夫乘專機由莫斯科到北京。他受到中國領導人的迎接，被安排在釣魚台國賓館下榻。赫魯曉夫剛一住下就聲稱他一定要講話，並命令葛羅米柯通知給中方。因為所有外賓均已講過話，中國人只好建議他在宴會上講話。

按宴會的安排，開頭先由毛澤東致簡短祝詞，結果是赫魯曉夫一到宴會大廳，立即就上台講話。同往常一樣，他離開準備好的講稿，開始即席發言。在講話中他大談在聯合國如何戰勝了帝國主義，講他同美國人的會談捍衛了和平共處的方針，講在美國如何維護了「我們共同的利益」，宣揚了「戴維營精神」。在講話中，他只講了一兩句同中國有關的話。赫魯曉夫一共講了四十分鐘，加上翻譯共用了一個多小時。

中國人顯然沒有料到這個講話，完全不知所措了。赫魯曉夫講話後，周恩來（而不是毛澤東）致詞。宴會結束回到住地（國宴後毛澤東和中共中央其他領導同志同赫魯曉夫等在中南海勤政殿進行了激烈會談。所謂「宴會結束回到住地」，應為「會談結束後回到住地」—— 作者注），赫魯曉夫大發雷霆。他提議代表團成員們到院子裏散散步，開始用最刻薄的語言諷刺中國領導人的立場。他說：「我在美國花了多大力氣來捍衛他們的利益，沒有想到連句好聽的話都沒有得到！」赫魯曉夫派葛羅米柯去見陳毅，轉達說：赫魯曉夫有急事要處理，不能照事先安排那樣去中國各地訪問了，因為蘇聯國內有急事。次日早 8 時，中共中央政治局成員來為赫魯曉夫送行，但無任何群眾代表。毛澤東也到場了。蘇斯洛夫率團留在中國。赫魯曉夫沒有從北京飛回莫斯科，而是去了海參

崴，然後又去了新西伯利亞。中國人明白了赫魯曉夫原來並沒有任何「急事」。實際上，他「摔門」離開了中國，對中國人給予了極大的侮辱。此次訪問之後，兩國在各個領域的關係開始急劇惡化。赫魯曉夫回到莫斯科後，召開了蘇共中央擴大全會，出席會議的有一千多人。他在講話中稱毛澤東為「老套鞋」，中國人獲悉了此事。

蘇聯對華關係中出現了許多複雜情況，是因為我們不了解中國人，不了解他們的心理。例如，我們曾經決定在旅順口為俄國海軍大將馬卡洛夫建立紀念碑，也曾向中國人試探過他們對此的態度。中國人受到了極大侮辱，他們說絕不容許在中國土地上給一個侵略中國的人立紀念碑。

總的來講，主觀因素對於當時蘇中關係起了巨大作用。莫洛托夫對我講過，整個人類歷史都證明一個事實，即只有個人間的關係決定着社會關係，決定着人與人之間的關係，決定着國家與國家之間的關係。他的這個提法，也許在蘇中關係的領域中充分證實了其正確性。如果試圖探究 50 年代哪些因素影響了蘇中之間的關係，那麼，可以指出下述幾點：

曾經存在過一些重要的客觀因素決定了兩國關係的密切程度。這就是：意識形態、社會制度相同。中國是個工業欠發達的國家，需要蘇聯的幫助。同時，我們之間還有一個共同的敵人 —— 美國、日本、帝國主義勢力。

上面講過，我們已經為中國產品提供了一個廣闊的大市場。同時，對於我們來說，中國人也是一個最有利的伙伴，因為中國當時也是我們能夠向其大量推銷蘇聯高加工產品（機牀、設備等等）的唯一的一個國家。我們同任何一個社會主義國家的貿易，都不如同中國的貿易這樣有利。

中國人實際上接受了我們的國家管理體制和經濟管理體制。對於當時來說，這個體制是發揮了作用的。

我們為中國的工業化創造了條件，協助他們發展了國防工業。

1958 年，中國開始走向世界市場，例如在戰略物資貿易方面，中國已經有了很大的自主性。

但是，有必要強調指出，所有這一切客觀因素都被許多主觀因素罩上了陰影，而經濟聯繫終於成了政治關係的犧牲品。

聽楊尚昆談「四清」運動

蘇維民

20 世紀 90 年代中期，楊尚昆為撰寫回憶錄，先後三次同中央辦公廳的幾位老幹部一起系統地回憶 60 年代的農村「四清」運動。他的回憶，既談了帶領中辦三十多位同志去陝西長安縣蹲點的經歷，也談了對「四清」運動中若干重要問題的看法，具有重要的史料價值。新中國成立以後，我曾長期擔任楊尚昆的秘書，也曾跟隨他到長安縣蹲點。我把他的這幾次談話整理出來，供研究者參考。

「鑽進了牛角」

楊尚昆時任中央辦公廳主任，工作是一年忙到頭，為什麼「四清」運動中還要到長安縣牛角大隊蹲點長達半年時間呢？楊尚昆在談話中講：形勢使然，不過就他個人來說，也的確是想沉下去，認真地蹲一期點。他說：

> 1964 年 3 月 22 日，中央發出毛澤東起草的《關於在全黨組織幹部宣講隊伍，把全黨全民的社會主義教育運動進行到底的指示》，要求從中央到地方除年老體弱有病者外，一律要下去宣講中央關於農村社會主義教育運動的兩個文件，至少一次到兩次。躲避不去的，叫作消極怠工分子。不久，7 月 15 日，劉少奇在南京，要求省、地、縣三級領導幹部分批分期下去蹲點，取得社會主義教育的經驗。他嚴厲地批評江渭清，說沒有經過蹲點調查的人，沒有資格當地委書記、省委書記。在這種情況

下，我對毛澤東說，我也要下去。毛澤東笑了一下說：「可以。下去蹲蹲點好嘛！」

9 月 1 日，我正式寫報告給小平、彭真。報告說：我想在今冬明春的半年內，下到農村去蹲一期點，參加「四清」工作。我離開後，辦公廳工作由龔子榮同志代管，有重大事情請示彭真同志；工、青、婦的日常聯繫，由群眾工作組負責，重大問題由他們請示彭真同志；中監委的聯繫，由彭真同志直接管；調查部的工作（孔原同志已定下去蹲點），由該部直接請示小平或恩來同志；精簡小組還有一些善後工作，可由富春同志照顧（具體工作由周榮鑫同志辦）；編制委員會的工作也可以由富春同志兼顧；人口普查工作已進行完畢，匯總統計工作正在進行，主要是由公安部在做，將來如何向全國公佈，請彭真同志負責；還有一些具體行政、事務工作，等你們同意我下去之後再作安排。在下去之前，把工作安排得這麼具體，表明我當時確實想沉到下面去，認真地蹲一期點。

西北局第一書記劉瀾濤知道我要下去蹲點後，表示希望我到他那裏去，他也決定在長安縣細柳公社蹲點。當時，陝西省委擬在陝北、陝南和關中地區各選一個縣（延安、西鄉和長安）開展「四清」。出於交通方便的考慮，西北局安排我去長安。

1964 年 10 月 20 日，我離開北京。在這以前，中辦的三十多個同志已經先期到達西安。我到西安後，商定中辦的同志分成四個組，其中農村三個組，分別去斗門公社牛角大隊、中豐大隊和灃西公社的灃橋大隊；城市一個組，定在西安開關廠。根據劉少奇提出並經毛澤東同意的，中央機關幹部到地方參加「四清」，應同地方幹部混合編隊並受地方領導的意見，我作為一名普通的工作隊員，化名楊清，到牛角大隊蹲點，不擔任任何領導職務。長安縣的「四清」是由咸陽地區幹部組成的省「四清」工作團咸陽分團領導的。牛角、中豐、灃橋三個大隊，分別由淳化、三原、禮泉縣幹部為主組成的工作隊負責。

長安縣地處「八百里秦川」，是全國著名的富庶地區，氣候溫和，地勢平坦，灌溉便利，土地肥沃，但那時糧棉連年減產，工副業蕭條，農民非常貧困。西北局和陝西省委向我們介紹情況時說，陝西農村階級鬥爭形勢複雜，特點一是民主革命不徹底；二是資本主義勢力頑強；三是高崗等人長期竊據西北地方的領導崗位，一貫執行右傾機會主義路線，影響不可低估。

　　我同中辦到長安農村蹲點的三個組，於 10 月 30 日同時進村，翌年 5 月 16 日結束工作同時離村。除回京參加中央工作會議和春節期間回京休息了幾天外，實際堅持了半年左右時間。和我一同到長安蹲點的中辦同志風趣地說，我們「鑽進了牛角」。

執行了一條「中間路線」

　　長安縣是西北局的「四清」試點縣，集中了上萬人的工作隊，完全撇開當地農村社隊幹部，整個運動由工作隊領導，嚴重地誇大了階級鬥爭形勢。據說斗門公社有 50% 的生產隊領導權不在我們手裏，開展「四清」，首先要奪權。可以說，楊尚昆帶着我們蹲點，工作是很棘手的，但這並沒有難倒他。他以普通社員身份和當地農民同吃同住同勞動，非常巧妙地執行了一條「中間路線」，既達到了「四清」的目的，又沒有搞「左」的一套做法傷害基層幹部，這在當時是十分難能可貴的。這是如何做到的呢？在和我們一起系統回憶這段經歷時，楊尚昆既講了他當年的主要考慮，同時又實事求是地對他當年的做法做了評價。他說：

　　　　離京前，我召集去長安的同志開了一個會。根據中央的精神，主要是強調防右，但同時也指出要從實際出發，實事求是，不要帶任何框框。進村後，我們廣泛接觸貧下中農和中農群眾，聽取各種意見，很快發現那裏的實際情況和我們在西安聽到的有很大出入。幾天以後，我們就分別召開幹部大會和社員大會，說明來意，宣傳黨的政策，發動群眾搞好「四清」；同時說服了地方同志沒有按照當時高舉「階級鬥爭」、「依靠貧下中農」和「四清」三面旗幟，先「搬石頭」奪權，讓幹部靠邊站的做法，而是責成大隊黨支部和隊幹部照常抓生產，安排好群眾生活，同時組織他們學習「前十條」、「後十條」兩個文件，同他們談心，解除他們的顧慮，鼓勵他們放下包袱積極參加勞動，主動交代自己的問題。我們不搞神秘的「紮根串聯」，對幹部也不實行「逼供信」，整個運動進行得比較平穩。

　　　　運動大體分為四個階段。第一階段，用四十天左右時間訪貧問苦，說明來意，發動群眾，建立貧下中農協會，把積極分子組織起來；第二

階段，用九十天左右時間，幫助幹部「洗手洗澡」，進行「四清」；第三階段，用二十天左右時間，進行階級教育；第四階段，也是二十天左右時間，進行組織建設，改選黨、團支部和貧協領導班子，制定當年的生產計劃和分配計劃。

　　我在牛角大隊，雖不參加工作組的領導，但是經常和牛角、中豐和澧橋三個大隊的中辦同志交流情況，分析形勢，研究問題，統一認識，提出建議，供三個隊的工作組領導參考。經過反覆討論，中辦的同志一致認為，三個隊的共同特點是幹部雖有這樣那樣的四不清問題，但主要是思想不純、作風不正，是人民內部矛盾；群眾對幹部的意見很多，但生產積極性並沒有受到太大的挫傷，參加集體勞動的熱情還是比較高的；社員生活普遍困難，原因之一是過度強調以糧為綱，因地制宜發展多種經營受到限制，生產門路窄。中辦的同志下去以後，普遍反映關中地區解放十幾年了，生產還這樣落後，農民生活還這樣艱苦，心情十分不安。

　　總的來說，在整個運動過程中，三個隊都沒有發生亂鬥亂打和非正常死亡的情況，幹部沒有躺倒不幹，維持了正常的生產、生活秩序。運動結束時，也沒有搞幹部大換班，幹群之間經過一定的鬥爭達到了新的團結。

　　當然，問題也是有的。比如牛角大隊運動初期建立的貧下中農監督小組，在一定的範圍內限制了幹部的工作，實際上是奪了一點權的。有的隊對犯錯誤的幹部處理重了一些。有的隊補劃的地主，明顯地劃錯了。牛角大隊補劃了一個地主，把他家的浮財拿出來展覽，以後又開批鬥會。對這件事，當時我雖有些猶豫，但卻沒有制止。今天回過頭來看，在當時的大環境下，總體上不可能不執行「左」的做法，只是在政策允許的範圍內，儘可能地作一些局部變通。大體上講，是執行了一條「中間路線」。

　　通過半年的蹲點，使三個隊的幹部、社員看到我們工作隊確實是誠心誠意去幫助他們解決問題的，並非有意去整人。中辦的同志和地方的同志一起，堅持同社員群眾同吃、同住、同勞動。我進村後，住在貧農潘景連家，和趙宇田、劉吉順住一個屋，被潘老漢引以為榮，逢人便說「我家住了一個老漢兩個娃」。我們剛剛進村時吃派飯，吃飯也是扶貧。那時工作隊員的伙食標準是每人每天四角錢，我們就集中使用，選那些

確有困難需要幫助的困難戶，去吃一個月的飯，預付十二元的伙食費，他就可以用這點錢買些棉布、棉花縫製冬衣，解決過冬問題。春節後第二次進村時，工作隊自己起伙，主要是從衛生考慮，並未提高伙食標準。半年間硬是沒有吃過一次肉。這種同群眾同甘共苦，真正實行「三同」，而不是嘩眾取寵、擺花架子的過硬做法，贏得了群眾的好評。運動後期，直到選出了新的貧協和大隊管委會，我才向群眾公開身份，群眾反映，早就看出了他是個大官。還說中辦的這些同志有來頭，不愧是毛主席身邊的人。運動結束我們撤離時，幾乎是全村人出來送行，依依不捨，感情真摯。我們乘坐的大卡車開走很遠了，人們還不散去。三個村的情景都是這樣。

通過這次蹲點，楊尚昆初步摸到了農村的一些實際情況，深感對農村階級鬥爭形勢的看法以及「四清」運動中的一些做法，都有不少問題值得研究，於是向中央反映。對此，我們當年是知其事，不知其詳。楊尚昆在談話中回憶，他當年還不可能在總體上對「四清」運動提出重大意見，提出的都是一些具體的問題，有這麼幾件事：

　　一是運動後期，我打電話給龔子榮，說有幾個問題請他請示中央：（1）關於劃階級問題，中農劃不劃？如何掌握重新劃地主、富農的標準，對那些一貫表現好，可劃可不劃的是否可以不劃。還有，要不要搞「階級檔案」？陝西有的地方已經印發了「階級檔案表」，這種表非常煩瑣，很難填，也很難填準確，日後無法作為依據。（2）地、富財產動不動的問題。（3）幹部貪污的退賠問題。可否採取檢查從嚴、退賠從寬的原則處理。（4）關於幹部打擊面問題。有的同志說，對幹部只要不開除公職，給予行政撤職、開除黨籍、留黨察看都不算打擊，這是否妥當？龔子榮寫了一個電話記錄送給彭真，彭真也很為難，只好批示：「還是綜合各方面問題，彙集起來看看，可以等西北局討論後，先聽聽他們的意見。」
　　二是回京後，我向中央作的蹲點報告中提出了幾個問題，主要是：（1）關於在運動中如何對待幹部的問題。經過調查，我們認為現任和卸職的幹部中，好的和比較好的佔90%，問題多的佔9%。從這一基本情況

出發，我們把好的幹部作為依靠對象，鼓勵他們積極工作，改進作風，密切同群眾的聯繫；對所有犯錯誤的幹部，堅持「懲前毖後、治病救人」的方針。既放手發動群眾，揭發批判他們的錯誤，又耐心教育，熱情幫助，啟發他們自覺革命。對於有錯誤、有問題，又不檢查、不交代的，決不姑息遷就，但只要認識錯誤，決心改正，就引導他們查危害、挖根源，提高階級覺悟，給以將功補過的機會。經過改選，大隊的幾個主要幹部都連選連任或改任其他職務，生產隊的幹部連選連任或改任其他職務的佔 60% 以上。（2）關於建設好黨的領導核心的問題。在整個運動過程中，我們始終明確必須把整黨建黨工作抓好，給大隊留下一個堅強的黨支部。在牛角大隊，先後召開十餘次黨支部委員會或支委擴大會，嚴肅認真地解決了支委會內的團結問題，在此基礎上改選支委會。改選前，在黨內外再次進行樹立黨的核心領導、認真推舉支委候選人的教育，號召大家挑選最好的黨員擔任新的支委。選舉結果，原來的七個支委有三人連選連任，一人改任生產隊長，三名在運動中表現好的黨員和一名在運動中入黨的新黨員被選進了新的支委會。新的黨支部產生以後，工作組逐步退到第二線，一般問題由黨支部負責處理，重大問題由工作組和支委會共同研究作出決定。在工作組離村一個月前，新的支委會已經完全擔當起領導大隊全面工作的職責了。

三是我回京以後，邀請中央機關一些參加「四清」蹲點的同志座談。我提出一批問題請他們考慮，主要有：（1）「四清」運動究竟要解決哪些問題？按照《農村社會主義教育運動中目前提出的一些問題》（簡稱「二十三條」）規定，整個運動的時間縮短了，那麼搞一期「四清」主要做哪些事？比如建立各種組織就要力所能及。牛角大隊就沒有按規定建立民兵組織。長安縣委書記頂不住，說造個花名冊吧。我說要造你們去造，我不管。我們只抓三大組織：黨支部、貧協、生產管理委員會。還有，長遠生產規劃搞不搞？有的地方搞了，面面俱到，一兩萬字，誰去落實？問題是突擊搞出來的東西，缺乏科學論證，到底有沒有用？（2）關於劃階級。最大的問題是地主、富農的子女和他們的第三代、第四代如何劃成分？比如在延安老解放區，原來的地主、富農早已不在了，他們的下一代定為地富子弟，第三代定為地富家庭出身的子弟，再往下第四代怎麼劃？這部分人佔農村總人口的 8%～10%，這個問題不解決就無法做到團結 95% 以上的群眾。還有，什麼都強調貧下中農成分，好

像貧協比共產黨還純潔。中農有點灰溜溜的，中農的子弟申請加入共青團都很難。我曾對康生說，你不是搞理論的嗎？過渡時期的階級、階級鬥爭、階級關係的變化究竟有什麼說法？他支支吾吾。（3）關於貧協組織，能否長期存在發揮作用？運動中強調貧協作用，運動後還是要堅持黨的領導。貧協要攬權，就會同生產隊，同黨支部發生衝突。（4）關於運動要不要從奪權入手？根據我的了解，真正屬於兩面政權的是極個別的，總不能說建國十五年，反革命政權反而多了。

根據以上這些想法，我在給中辦第二批下去參加「四清」的同志講話中提出：（1）搞運動主要抓大是大非。要有意識地把小是小非放過去，讓他們自己去解決。在農村，最重要的是有一個好的黨支部。一些地方，貧協的地位比黨組織還高，運動中許多問題由貧協作決定，其實背後是工作組在領導，運動後期，黨支部恢復正常工作，貧協就不滿意了。因此改組大隊黨支部，不要拖到運動後期。（2）要自始至終抓生產。抓生產，既要抓糧食，也要抓副業、抓多種經營。至於長遠規劃，不要搞得太煩瑣。我在牛角大隊，只提一個奮鬥目標：畝產千斤糧，百斤皮棉，每戶一頭豬，幾隻雞。簡單明了，家喻戶曉，老人小孩都記得住。

調解胡耀邦和西北局間的矛盾

我們去長安蹲點的時候，正值陝西省委第一書記張德生病重，中央派胡耀邦去接替他的工作，並任西北局第三書記（後任第二書記）。不料沒過多久，他就和西北局發生了很大矛盾，雙方都向楊尚昆反映情況，楊尚昆不得已做了一個「和事佬」。因為雙方的看法差距很大，楊尚昆夾在中間很是為難，但又不得不盡力去做。這是楊尚昆下鄉蹲點碰到的一件大事，現在知道內情的人已經不多了，他詳細地給我們講了緩衝雙方關係的經過。

胡耀邦離開團中央，很想在新的崗位上有所作為。在去陝西前，他已經跑了不少地方，了解了許多情況。到陝西後，他又立即下去巡視工作，先後走了十幾個縣和一些廠礦、學校，多次講話、作報告，對當時一些「左」的做法有意見。他講話有思想、有見地，深入淺出、語言生

動，很受廣大幹部群眾的歡迎。但是，他講話不嚴謹，容易被人抓辮子。

胡耀邦到陝西不久，就向西北局和中央作了題為《走馬到職報陝情》的書面報告。報告中提出的幾個問題，明顯和西北局的看法有分歧。主要是：（1）用資料說明對幹部隊伍中存在的問題估計過於嚴重。他說中央五月工作會議後，省委在西北局的督促和幫助下，揭開了省、地、縣三級領導核心的蓋子。據初步排隊，省一級六十五個廳局，整個爛掉了和問題嚴重的佔 70.7%。九個地市委，問題嚴重的佔 77.8%。一百零三個縣市委，整個爛掉了和問題嚴重的佔 60.1%。全省有六百六十多個幹部受到開除黨籍、開除公職的處分。（2）關於怎樣對待幹部，他說不管我們黨混進了多少階級異己分子，農民和小資產階級出身的幹部還是大多數，他們雖然犯了這樣那樣的錯誤，但不能否認他們的大多數人可以改正錯誤，應當思想批判從嚴、處理從寬，採取大批處分和清洗的辦法，同樣是一種右的消極的錯誤政策。（3）關於農村的階級鬥爭，他說我國現時農村出現了不少剝削壓迫人民的特權分子，還有這樣的一些集團，但還沒有形成一個完整的特權階層。不能說我國農村中已經出現了一個特權富裕階層。（4）關於陝西的農業生產，他說這幾年陝西的農業生產嚴重落後了。抓生產小手小腳，慢慢騰騰；抓階級鬥爭患得患失，憂心忡忡。

1965 年 2 月，胡耀邦到安康地區巡視工作，八天走了七個縣，他在講話中鮮明地提出，春耕大忙在即，幹部可以暫時「不洗手洗澡」，先集中力量抓生產。後來他又把處理幹部的政策概括為四條：（1）凡屬從社教以來處分過重的幹部，一律實事求是地減輕下來；（2）凡屬停職但尚未處理的幹部，一律先放到崗位上去，待問題查清或經過一個時期考驗再做結論；（3）凡屬以前犯有錯誤，但已做過交代的幹部，不再「洗手洗澡」，只要做好工作，搞好生產，將功補過，就一律既往不咎；（4）從現在起繼續幹壞事的人，一律從嚴處理。這四條用《電話通訊》形式，發到各地，縣委立即執行。他還明確指出，社會主義革命的根本目的就是發展生產力，只有生產不斷發展，才能談得上大好形勢；只有領導群眾增了產，才能稱得起是忠誠地為人民服務。他宣佈，一切領導群眾增了產的幹部就是好幹部。西北局主要領導看到了這個《電話通訊》，立即給胡耀邦打電話，批評他提出的四條不妥。

2 月 18 日，我參加中央工作會議後從北京回到西安。當天，西北局

主要領導就向我談了他對胡耀邦的意見。後來胡耀邦也來找我談陝西工作情況和他的一些想法。雙方不同的意見都向我這裏集中，又都希望得到我的支持，由我出面調解。我聽了兩方面的意見，感到雙方思想距離很大，情況也很複雜，不好馬上表態。

3月4日，張德生病逝。6日，在西安人民大廈舉行公祭，公祭後送遺體去公墓時，我搭乘西北局主要領導的車，在車上同他談了5日胡耀邦找我談話的情況，告訴他胡耀邦的態度比較好，承認發《電話通訊》不妥。從公墓返回時，我改乘胡耀邦的車，又同他交換意見，並告訴他西北局將召開會議討論《電話通訊》有關問題，並要我屆時參加會議。當時，胡耀邦表現得有些緊張。

3月11日，西北局開會，先聽取胡耀邦關於陝西工作的彙報。胡耀邦說，省委對面上工作的指導思想，主要是考慮到陝西生產落後了，而春耕大忙在即，必須以「二十三條」為武器，調動一切積極因素，迅速投入組織農業生產的高潮中去。因此，有必要把面上的奪權鬥爭暫時放一下，集中力量抓生產。他承認對處理幹部的「四條」事先沒有經過省委討論，也沒有請示西北局，從組織原則上講有錯誤。會上對胡耀邦進行了批評，指責他只抓生產，不抓階級鬥爭；提出幾個暫停是驚慌失措，給運動吹了冷風，是指導思想上的傾向性錯誤等等。會後，胡耀邦立即給我打電話，表示對會上的許多發言不滿，提出要到中央去說明情況。我勸他要冷靜，聽下去再說。會議一直開到3月17日，胡耀邦已心力俱乏，臥病不起了。

3月下旬，胡耀邦的秘書戴雲來到牛角大隊，帶來胡耀邦病中寫給西北局的信稿，表示認識到處理幹部「四條」是有錯誤的，但對西北局會議上對他的批評解釋得多了一些。我同戴雲對信稿逐段進行了討論，提出了一些修改意見。3月28日至31日，西北局繼續開會。會前，我去醫院看望了胡耀邦，儘量穩定他的情緒。會議最後一天，我發言指出，「二十三條」下達後，耀邦同志思想有片面性，原因是他看到陝西生產落後，很着急，想用緩和革命形勢的辦法來促生產，心意是好的。同時他對前一段面上的社教也有些不同的看法，在中央工作會議以後，他錯誤地認為自己原來的想法是正確的，是符合「二十三條」精神的。是不是說耀邦同志的錯誤已經成為路線上與中央和西北局對抗呢？我看不能這樣說。他有片面性，有搖擺，但不能說他有與中央平行的路線。

在革命與生產問題的關係上，他的認識是正確的。今後怎麼辦？耀邦同志應該在省委會議上作個檢查。耀邦同志的信，寫得是好的，態度是誠懇的，就根據這封信的認識水平作檢查，既不誇大，也不縮小。從現在起，到省委開會之前，大家都不要再議論這個問題了。省委的同志要抖擻精神，挺起腰桿工作。最後，會議宣佈胡耀邦已對他的錯誤作了檢查，省委決定停止執行對幹部的「四條」，問題初步解決，就結束了。

　　4 月 29 日，我去陝南看了面上的「四清」情況後回到西安。這時，胡耀邦的身體尚未恢復，陝西省委的會議也還未召開。我請西北局主要領導考慮，胡耀邦仍在病中，目前農事正忙，召開大規模的省委擴大會議是否合適？可否推遲到夏收後再召開？西北局主要領導表示可以考慮。隨後我又去看望胡耀邦，胡耀邦的情緒仍然很激動。他們二人不直接交談，我夾在他們中間也很為難。我只好對胡耀邦說，要慢慢進入角色，要保持高姿態，又對另一方說，要注意班子的團結，不要影響工作。

　　關於雙方之間的爭論，我在電話中報告了彭真。彭真的意見是西北局的會議不要再開了，互相有意見讓他們直接見面解決。我從陝西回到北京後，又分別向鄧小平、彭真彙報了陝西的情況。對雙方的爭論，小平同志主張等一下，看看再說，不必急。小平同志知道，當時毛澤東對下面的「四清」運動並不滿意，有關爭論的是非也很難說清楚。

事過境遷，三十餘年後，楊尚昆怎麼看待這場爭論呢？他說：

　　現在看來，胡耀邦大體是正確的。胡耀邦對 1964 年下半年全國各地「四清」運動中「左」的做法本來就有看法。到陝西後，對面上「四清」搞奪權鬥爭，亂批亂鬥，處理過重，致使幹部情緒消極，嚴重影響生產，他心情十分着急。他提出四條糾偏措施用心是好的，只是做法急了些，組織程序也不周全，自然會遭到西北局領導的反對。當然，胡耀邦上台伊始，說話不夠謹慎，輕率表態，也容易引起別人對他不滿。在這個問題上，我能夠做的，只能是儘量緩衝當時他們的緊張關係，穩住大局，別無良策。

「二十三條」矛頭指向劉少奇

劉少奇對毛澤東歷來是十分尊重的。但是，在指導「四清」運動中，通過一些具體問題，毛、劉之間逐漸產生了裂痕。這是「四清」運動中的一件大事，對「文化大革命」的爆發有直接的影響。楊尚昆對這件事有比較深入的了解，他和我們簡要地談了談這方面的情況。

1964 年 8 月 5 日，根據毛澤東的提議，中共中央書記處決定由劉少奇主持修改「後十條」。同日，劉少奇帶着田家英離開北京先後去湖北、湖南、廣東、廣西和雲南考察「四清」運動情況，準備在廣州由田家英執筆修改「後十條」。出發前，田家英對我說，他是毛澤東的秘書，隨劉少奇出去思想有顧慮。但是黨中央副主席要他去，他不好不去。田家英還認為，他在 1959 年廬山會議時的一些言論和 1962 年提出「包產到戶」的建議受到批評以後，在政治上毛澤東已經不那麼信任他了。果然，這次田家英隨劉少奇出去，毛澤東認為劉少奇把田家英拉過去了，從此對田家英明顯地疏遠了。

原來，毛澤東幾次提出領導幹部要下去蹲點、親自向群眾宣講兩個「十條」。但是省、市一級領導幹部下去的並不多。1964 年 10 月，中央發出《關於認真討論劉少奇同志答江渭清同志一封信的指示》，再次強調要下去蹲點，省、市委書記們就紛紛下去了。有一次，毛澤東見到我說：「還是少奇厲害！我說了多次叫省委書記們下去，他們就是不動。少奇一罵，他們就下去了。」

1963 年冬，王光美在劉少奇的支持下去河北省撫寧縣盧王莊公社桃園大隊蹲點。王光美在桃園大隊總結的一套「左」的經驗，為劉少奇指導全國「四清」運動提供了依據，認為它是在農村進行社會主義教育的一個比較完整的典型經驗。有一次王光美在北戴河宣講她的「桃園經驗」，一口氣講了五個小時。毛澤東就說：「這個學問就那麼大？什麼問題講五個鐘頭還講不完！」下面的同志對此也有些反映。這個情況我對劉少奇講了，我說你從來對你的夫人要求嚴格，為什麼這次讓她到處去講話呢？劉少奇說：「這也沒有辦法，誰讓人家手裏掌握第一手材料呢。」

這幾件事都引起了毛澤東對劉少奇的不滿。

　　1964 年冬，「四清」運動「左」的傾向進一步發展。為了解決運動中產生的問題，中央利用三屆全國人大一次會議期間各地大多數負責同志都在京的機會，召開一次工作會議，準備再制定一個指導「四清」運動的新文件。我是人大代表，按照中央的通知回京參加會議，同時，參加中央召開的工作會議。

　　這次工作會議由劉少奇主持。在會議進行過程中，毛澤東、劉少奇之間在「四清」運動的性質，以及開展運動的方法等各方面都有分歧，劉受到了毛的批評。會議開始用了五天時間交流情況，提出問題，準備起草文件。關於當時農村的主要矛盾，劉少奇說是「四清與四不清的矛盾」、「人民內部矛盾和敵我矛盾交織在一起」。毛澤東說運動的性質就是解決「社會主義與資本主義的矛盾」，運動的重點是「整黨內那些走資本主義道路的當權派」。劉少奇只好接受毛澤東的意見。

　　根據毛澤東的意見，由陳伯達起草會議《紀要》，題為《農村社會主義教育運動中目前提出的一些問題》，全文共十七條，送毛澤東審閱，毛澤東批「照發」。12 月 28 日，中央辦公廳印發了這個《紀要》。

　　《紀要》印發後，會議繼續進行。12 月 28 日，毛澤東在會上講話，他從 1962 年北戴河會議和八屆十中全會講起，說那個時候單幹風颳得很厲害，鄧子恢就是一個。我講了形勢、階級、階級鬥爭以後，情況就變了。他舉着《中華人民共和國憲法》和《中國共產黨黨章》兩本小冊子，嚴肅地說：《憲法》、《黨章》都是我們自己通過的，為什麼自己又不遵守？我們這些人算不算中華人民共和國的公民？如果算的話，有沒有言論自由？准不准許我們和你們講幾句話？我這個黨員能不能參加你們的會議？毛澤東的這些話是有所指的。因為在一次會議上毛在劉講話時插話，曾被劉無意中打斷；在這次工作會議之前，鄧小平考慮到這是一次例行的工作會議，曾對毛澤東說，你也可以不參加這次會議。

　　根據毛澤東講話精神，12 月 31 日，中央辦公廳發出通知，說《紀要》「中央尚在修改中，請停止下發，並自行銷毀」。1965 年 1 月 3 日晚，毛澤東在中央政治局常委擴大會議上又不指名地批評劉少奇，說「四清」工作隊一萬多人集中在一個縣「搞人海戰術」，工作隊學習文件四十天不進村，是「煩瑣哲學」，反人家右傾實際自己右傾。不依靠群眾，搞神秘化紮根串聯，結果運動冷冷清清。1 月 8 日，毛澤東在《紀要》中加寫了一段話：「所謂四清四不清，過去歷史上什麼社會也能用；所謂黨

內外矛盾交叉，什麼黨派也能用；都沒有說明今天矛盾的性質，因此不是馬克思列寧主義的。」最後《紀要》形成二十三條，1月14日正式發出，這就是那個在當時家喻戶曉的「二十三條」。

毛、劉關係出現裂痕，還可以追溯到1959年廬山會議。廬山會議原本是反「左」，彭德懷的信印發以後，突然變成反右，對此劉並不贊成。1962年七千人大會，劉說，產生困難的原因是三分天災、七分人禍。發生的缺點和錯誤，首先要負責的是中央。顯然，劉的這番話毛是難以接受的。1962年北戴河會議上，毛澤東指責鄧子恢主張包產到戶，同時不指名地批評劉少奇沒有頂住「單幹風」，思想右傾。1964年底毛、劉終於在「四清」運動性質問題上爆發了正面衝突。1965年10月，中央工作會議期間，毛澤東同各中央局第一書記談話時說，中央出了修正主義你們怎麼辦？如果中央出了修正主義，你們就造反。各省有了小三線，就可以造反嘛！過去有些人就是迷信國際，迷信中央。現在你們要注意，不管誰講的，中央也好，中央局也好，省委也好，不正確的，你們可以不執行。毛澤東講的中央出修正主義，指的就是劉少奇。可以說，從那時起，毛澤東已經公開號召全黨向劉少奇造反了。

「四清」是60年代中共發動和領導的一場大規模的群眾運動。多年過去了，對這場運動應該怎麼看？楊尚昆在和我們談話的最後，談了自己的看法：

我認為，不能脫離歷史孤立地評說「四清」。50年代，在當時「左」的思想指導下，農業合作社本來已經發展過快，1958年又匆忙大辦人民公社。試想，在絕大多數農民還沒有摘掉文盲帽子的情況下，如何能在短期內培養出以百萬計的能把每一個生產隊的賬目、倉庫、財物、工分搞得清清楚楚的會計人才？特別是「大躍進」以後「共產風」、浮誇風猖獗，農民的生產積極性受到挫傷，群眾生活普遍困難，在這種情況下，出現幹部多吃多佔現象也就不足為奇了。在大多數社員還沒有吃飽的情況下，幹部們多吃一個饃，多拿一棵蔥，在今天看來根本不成為問題的事，在那時就是大事了。從「四清」入手，教育幹部，調動農民的生產積極性，達到密切幹群關係，克服困難，發展生產的目的，這條路並沒有什麼錯誤，問題在於在「以階級鬥爭為綱」「左」的思想的指導下，運

動越搞越「左」。「二十三條」糾正了「煩瑣哲學」的一套做法是好的，但是把矛頭指向了「黨內走資派」，實際上打擊面更寬了，最終發展成為打倒一切、全面內戰的「文化大革命」。搞過「四清」的地方同沒有搞過「四清」的地方比，生產也沒有明顯地上去，這就說明「四清」至少是一次不成功的政治運動。1981 年中共十一屆六中全會通過的《關於建國以來黨的若干歷史問題的決議》指出：「一九六三年至一九六五年間，在部分農村和少數城市基層開展的社會主義教育運動，雖然對於解決幹部作風和經濟管理等方面的問題起了一定作用，但由於把這些不同性質的問題都認為是階級鬥爭或者是階級鬥爭在黨內的反映，在一九六四年下半年使不少基層幹部受到不應有的打擊，在一九六五年初又錯誤地提出了運動的重點是整所謂『黨內走資本主義道路的當權派』。……不過，這些錯誤當時還沒有達到支配全局的程度。」我認為這個評價是恰如其分的。

　　楊尚昆蹲點半年，突出地體現了他優良的工作作風和工作方法，既忠實地執行中央的指示，又實事求是，獨立思考，善於創造性地完成任務。1988年夏，我因公出差去西安，抽了一點時間去我蹲點的原灃橋大隊所在地馬王村看了看。馬王村面貌依舊，只是覺得人比過去少了些，據說年輕人都出去打工了。我找到時已七十八歲但身體健壯的董化宇老人，他一眼就認出我來了，不等我問候他，他卻把當時到這裏參加「四清」的中辦工作人員問了個遍。他仍住在原來的那幢「廈子房」，居住條件似乎沒有什麼改善，但屋裏彩電、冰箱、洗衣機一應俱全，真是今非昔比。他說現在共產黨的政策好，大家都過上好日子了，那時你們來只能給你們吃「攪團」，現在吃啥有啥。他希望中辦的工作人員都能回去看看。多年過去了，村裏人對我們這些「四清」工作隊員，仍然這樣親切！我想，如果不是「四清」中我們執行了楊尚昆的一條「中間路線」，恐怕就不會有今天這樣的氣氛了。

把歷史的真相告訴人民

——採訪王光美及其子女的回憶

孫興盛

尋找機會

1978 年 9 月，共青團中央機關刊物《中國青年》復刊。在圓滿解決因報導「天安門事件」而引起的復刊風波後，深受鼓舞的我們還有一個特別強烈的願望，就是要宣傳報導在「文化大革命」中遭受林彪、「四人幫」殘酷迫害的老一輩無產階級革命家，特別是被打成「中國頭號走資派」、被扣上一大堆「莫須有」罪名的共和國主席劉少奇的悲慘遭遇，把歷史的真相告訴全國人民和廣大青年。

1979 年 1 月，在人民大會堂召開的春節聯歡會上，當劉少奇的夫人王光美再一次出現在公眾面前時，人們懷着對劉少奇無比深切的懷念和崇敬，紛紛湧上前去和她緊緊握手和熱烈擁抱，許多人失聲痛哭。但要公開報導劉少奇，還很困難。不久，中國革命博物館舉辦重新修正過的「中國共產黨黨史陳列（民主革命時期）」。我們抓住這個機會，採用「參觀巡禮」的報導形式，全面系統又簡明扼要地報導了各個時期老一輩無產階級革命家和民主黨派領袖人物的豐功偉績，列出他們的名字、刊登他們的照片，將林彪和「四人幫」顛倒的歷史再顛倒回來，祭奠那些遭受過誣陷和迫害的不朽英靈。我用的題目是周總理的一句名言——「只有忠實於事實，才能忠實於真理」，特意突出中共七大上劉少奇作的《關於修改黨章的報告》的照片。這是「文化大革命」劉少奇被打倒以來在報刊上第一次公開刊登他的照片。沒想到，這篇報導在

《中國青年》1979 年第 11 期發表後，《新華文摘》全文轉載，引起了強烈反響。

　　這時，我們終於打聽到王光美的住址和電話。文藝部宋文郁主任非常高興，要我馬上打電話聯繫，爭取儘快登門拜訪。我撥通電話，正好是王光美接的，我便自報家門，代表雜誌社同人表示深切問候。我說，少奇同志生前一直非常關懷和支持我們《中國青年》，1959 年我們還連續刊登過少奇同志秘書的長篇回憶錄《跟隨少奇同志回延安》。王光美說：「我還有這個印象，你們找我有事嗎？」我說：「我們一直很想拜訪您，約請您為我們寫寫少奇同志……」我的話還沒說完，王光美就明白了，立即說：「實在對不起，我現在確實很忙，工人日報社、人民日報社還有新華社都找我，有的要寫少奇同志在安源，有的要寫少奇同志在延安和新四軍的情況……」我知道這是在婉拒我們，便立即說：「這些我們都不寫，只想專門寫少奇同志在『文革』中遭受的迫害，讓全國人民知道歷史真相。」王光美「啊」了一聲，我又重複了一遍。她停了會兒問：「你們敢嗎？」我說：「當然敢！這是我們編輯部的共同願望和決心，我們領導想親自登門拜訪您，當面聽取您的意見，希望您在百忙中見我們一面。」王光美停了停爽快地答應：「那好，你們來吧。」

　　1979 年底的一個上午，宋文郁、陳漢濤和我從三里屯雜誌社騎車，直奔木樨地王光美家，王光美熱情接待了我們。我們過去雖然沒有親眼見過王光美，也無法想像這十多年噩夢般歲月她是怎麼熬過來的，但從她慈祥的笑容和兩鬢飄逸的一縷白髮，可以看出她堅韌不屈的樂觀主義精神，令我們特別感動。

　　宋文郁首先說明來意，從回憶 1959 年由劉少奇的秘書呂振羽和江明口述、他參加記錄整理（筆名聞君）的長篇回憶錄《跟隨少奇同志回延安》，在《中國青年》上連載，引起強烈反響談起，表明這次登門拜訪，就是想請光美同志寫寫回憶劉少奇的文章。王光美表示，她的身份不宜寫回憶文章，目前也沒有這種心境。我們表示理解，提出請她的子女寫回憶父親的文章，或者接受我們的採訪也行。王光美還是有些猶豫：「孩子們都還年輕……」我們馬上解釋，《中國青年》本來就是青年人的刊物，由子女們來回憶最好。王光美又問：「你們想請他們談什麼呢？」宋文郁明確表示，專門談「文化大革命」這一段，把歷史的真相告訴人民和青年。王光美看着我們，很慎重地問：「你們敢寫，刊物能登嗎？！」我們表示既敢寫也能登。我拿出準備好的《中

國青年》復刊第一期刊物送給她看，宋文郁則特意介紹了我們三人寫的「天安門事件」英雄和刊登「天安門詩抄」引起的風波，以表明我們旗幟鮮明的態度和堅定的決心。王光美一邊聽，一邊翻看刊物，沉吟了一會兒說：「這樣吧，我願意把你們的意見轉達給孩子們，贊同你們和他們當面談，至於孩子們願不願寫回憶文章，願不願意接受你們的採訪，那要由他們來決定。好不好？」我們聽了非常欣喜，懇請王光美務必把孩子們都約齊，儘快會面。

坦誠與信任

1980 年元旦剛過，王光美打電話來，約我們和她的子女會面。我和宋文郁趕到王光美家，幾位年輕人已在客廳等候，見我們進來，都很有禮貌地站起來。王光美向我們介紹她的大女兒劉平平、二兒子劉源、三女兒劉亭亭，還有一個小女兒瀟瀟，「文化大革命」時太小，只有五六歲，就不參加我們的採訪了。茶几上放着幾本《中國青年》復刊第一期，看來他們反覆研究過了。

我打量着這三位共和國主席的子女，雖然都不曾見過，也不知道源源和亭亭，但平平的名字早在當年清華大學紅衛兵小報上刊登的《智擒王光美》上就知道了。他們跟想像中的「高幹子女」不同，看上去非常樸素平易，氣質不凡，談吐不俗，既流露出殘酷歲月的深深傷痕，又頗為樂觀大度。我相信我們會合作得很好。

劉氏姐弟沒有任何客套話，開門見山地說，聽母親轉達了你們的意見，也看了你們的復刊號，今天想當面聽聽你們的想法和打算：第一，你們為什麼要我們寫回憶父親「文化大革命」受迫害的這段歷史？第二，你們敢不敢揭示和寫出全部事實真相，有沒有駕馭這些材料的能力？第三，文章寫成後貴刊敢不敢、能不能全文發表？

劉氏姐弟很坦率，我們完全理解，能否做出滿意的回答，是成敗的關鍵。於是，我們也坦誠地回答：第一，黨中央即將為少奇同志平反，這是大前提。少奇同志慘遭迫害是「文化大革命」最大冤案，是歷史的悲劇。我們之所以要專門寫這一段，就是要把這段歷史真相告訴人民，特別是廣大青年，從中展現少奇同志的崇高品格，讓人們永遠記住這血的教訓，絕不能再讓這樣的悲劇重演。由少奇同志的子女來寫回憶父親的文章，比記者採訪

的文章更為親切、真實和感人。第二，至於敢不敢寫出全部歷史事實真相，十一屆三中全會已開過，實事求是是共產黨的思想路線，已深入人心。三中全會前，我們敢寫出「四五天安門事件」真相，引起那麼大的風波也沒退縮，那麼今天，我們更有直面坦陳少奇同志遭受迫害的全部真相的勇氣。第三，文章寫成後，本刊一定能全文發表。這不是我們文藝部幾個人的事，今天到這裏來，是經過本刊總編輯和編委會共同研究同意的，這些意見是我們大家共同的決心。

整整一個下午，我們和劉氏三姐弟交談十分融洽，我們的坦誠和決心終於贏得他們的信任，取得了共識。王光美時不時也插幾句話，給予熱情支持。雙方商定採訪從元月 10 日開始連續作戰。最後，王光美留我們在她家一起吃便飯，我們也不客氣地答應了，邊吃邊聊，如同在家的感覺。

震撼心靈的採訪

採訪從 1980 年 1 月 10 日開始，每天上午、下午都談，連續長談了四天。這是王光美及其子女劉平平、劉源和劉亭亭姐弟三人坐在一起，第一次全面系統地回憶和講述那段真實的歷史，憋了十多年的心裏話，講得那麼坦誠、悲憤、熱烈、奔放，就像江水沖開閘門洶湧澎湃。他們忍着深深的悲痛，講述「文化大革命」如何突然掀起，在北京主持中央一線工作的劉少奇渾然不知；講述《炮打司令部》大字報前後劉少奇的不理解和困惑；講述劉少奇如何據理駁斥林彪、康生和江青一伙的誣陷，用生命捍衞憲法和保護幹部；講述劉少奇和王光美無私無畏地面對殘酷批鬥，肉體和精神的雙重摧殘和折磨⋯⋯

回憶是非常痛苦的，尤其是王光美一直承受着最大的心痛：聽着孩子們哭述她傷心，自己講起悲慘遭遇也傷心。儘管殘酷的批鬥和十多年監獄早已磨煉出鋼鐵般的意志，她也強忍不住老淚橫流，講到傷心處擺擺手：「不說了！不說了！」捂着鼻子背過身去，或者到客廳和餐廳一角擦淚，由孩子們講；一會兒又轉過身，忍不住插話講述起來。有一次瀟瀟回來，姐姐哥哥擁着小妹，講起最後生死離別，向趙阿姨「託孤」，瀟瀟忍不住當着記者的面失聲痛哭。當講到劉少奇生命垂危時被押往開封一個秘密的「特別監獄」，含冤

慘死時白髮一尺多長，運往火葬場時雙腳還在吉普車外面拖着時，這撕心裂肺的悲痛，使王光美再也忍不住，跑到房間裏嗚咽好一陣，稍微喘過氣又出來一起回憶述説。

我和宋文郁聽着他們的講述，殘酷的歷史真相使我們異常震驚；看着他們悲痛欲絕而又剛毅無比的情形，我們也忍不住熱淚盈眶。宋文郁是位老記者，他激動地對我説：「在我二十五年的記者生涯中，進行過無數次採訪，而如此震撼心靈的採訪，這還是第一次。」是的，這是我們畢生最難忘的採訪。那時我們沒有答錄機和攝像機這些設備，全靠我們緊緊握住筆，用極大的毅力克制着顫抖，還要不時揩着模糊眼睛的淚水，不停地記錄着。我們的採訪是「殘忍」的，因為這是在王光美和劉氏姐弟心頭撕開最悲痛的傷口。但是，為了向祖國和人民報告歷史真相，為了子孫後代不再發生這類慘劇，我們又必須繼續採訪下去。

平平、源源和亭亭也講述了他們被攆出中南海之後的悲慘遭遇，講述他們和鄧小平、彭真、楊尚昆等領導人的孩子們都成了無家可歸的孤兒，到處東躲西藏，賣血為生；為了躲避搜捕，十四歲的亭亭居然敢從五層樓的窗戶鑽出去，緊貼着牆翻上樓頂逃命；為了尋找爸爸媽媽，源源深夜逃出監督勞動的農村，靠一把炒黃豆，走了三天三夜趕上火車；而平平從流放的農場跑了幾百里，趕到火車站，火車剛剛啟動，她一把揪住車門拚命呼喊掙扎，被火車甩下來暈倒，裝進吉普車往回拉，剛甦醒又拚命往外跳。他們無路可走，只有寫信找毛主席，毛主席批示「父親已死，可以見媽媽」。母子們這才得以在秦城監獄重逢。接着，孩子們又開始尋找父親的骨灰，由於「四人幫」和「專案組」的嚴密封鎖和阻撓，那又是非常艱難、充滿悲憤和痛苦的歷程。直到粉碎「四人幫」之後，才找到最後一年多一直跟在劉少奇身邊的原衛士長、警衛和護理人員了解情況。王光美出獄後，首先是要查找劉少奇「專案組」的有關材料，查閱到當時的原始醫療記錄檔案。從醫療記錄裏看到，劉少奇病重發高燒時，醫護人員被迫一邊高呼口號一邊罵，一邊打針，劉少奇兩隻胳膊和腿已經被針扎爛，「全身沒有一條好血管」。劉少奇長時間疼痛難忍，雙手亂抓。「專案組」不給止痛，卻給他兩個硬塑膠瓶子捏在手裏，瓶子最後已完全變成「葫蘆」形了。這些真實而具體的記錄，成了康生、謝富治一伙「迫害狂」的罪行鐵證。

王光美也講述了她十二年的監獄生活。她說，她最想念的是孩子們，尚未成年就經歷了那麼多苦難；最擔心的是怕他們年輕衝動，幹出傻事來。所以，孩子們每次來監獄看望，她總是要叮囑他們一定要牢牢記住爸爸的囑咐，一定要做人民的好兒女，無論在什麼時候、什麼情況下，都不能做對不起黨、對不起人民、對不起國家的事，絕對不能做對不起爸爸的事。王光美很欣慰地告訴我們，她生的四個孩子都很爭氣，沒有做出任何對不起祖國和人民的事。在最艱難的日子裏，在最困苦的條件下，他們都沒有放棄自學，而且非常刻苦。當國家恢復高考時，他們全憑自己的實力取得了優異成績。平平當上了翻譯，後又留學美國，在以後四年裏共取得一個學士、兩個碩士學位，並獲得博士學位，創下該校歷史奇跡。亭亭考入人民大學，後又成為新中國第二個考入美國哈佛商學院並獲得碩士學位的人。瀟瀟以當年總分第二考入北京大學，後又保送德國攻讀生物學碩士。我們採訪時，源源剛從北京師範學院畢業，同我聊起畢業分配的事。作為劉少奇和王光美唯一的兒子，他不打算出國留學，而是要遵從父親的遺願到最艱苦的基層工作，立志做人民的好兒子、多為人民辦好事。他不肯去條件較好的東南沿海地區，而是選擇父親生前工作過、視察過、最後在那裏去世的河南省，在父親生前視察過的公社擔任副主任，要替父母和家人報答河南人民的恩情。

連續四天採訪初步告一段落後，宋文郁和我向雜誌社編委會詳盡彙報。儘管大家都是親身經歷過「文化大革命」全過程的，但許多事實都是第一次聽說，都非常震驚和感動，認為這是非常珍貴、非常難得、具有重要歷史價值的回憶，是對「文化大革命」的有力控訴，一定要「下決心搞好，下決心在第三期發，下決心給足篇幅！」

送審風波

採訪全部完成後，宋文郁和我動手寫初稿，連續奮戰了一個多星期，共四萬來字，排出大樣送王光美和劉氏姐弟審閱修改。他們花了很大心血，非常認真仔細，字斟句酌，核對事實，補充修改，最後由源源定名為《勝利的鮮花獻給您》。

大家都很清楚，這篇文章分量太重，必須送審。問題是怎樣送審、找誰

拍板，我們想走條捷徑、打個「擦邊球」。考慮到源源他們上面的「叔叔們」多，能不能由源源他們幾個孩子出面，直接找時任中共中央書記處書記、中宣部部長王任重，懇請他儘快審閱，能有文字批件最好，口頭默許也行，再送團中央審就好說了。源源他們都贊成這個辦法。

我們正準備送審，1980 年 3 月 1 日下午 2 時半，團中央書記處書記胡啟立打電話來說：「聽說你們又抓了一篇大稿子，是專門寫劉少奇在『文革』中的事，送來我們看看。」總編輯關志豪和宋文郁立即趕去彙報有關情況。胡啟立是團中央老領導，幹校時和中國青年雜誌社人員在一起，大家都很熟。他和藹而又認真地說：「要發表這樣重大的文章我們要過問，立即送文章清樣給我和（李）瑞環同志看看。」我們立即照辦。當晚 8 時，電話又通知關、宋到團中央第一書記韓英處談「劉稿」事，胡啟立、李瑞環在座。聽取了我們情況彙報之後，韓英肯定地說：「書記處同志認為，青年社抓這樣的稿子是好的，因為事關重大，一定要按規定送中央主管部門審稿。」並決定，由關、宋陪胡啟立和李瑞環一起親自拜訪王光美。

當時，毛主席紀念堂剛建好，劉少奇也還沒有正式公開昭雪平反，特別擔心這篇文章發表後，會引起青年人和群眾對毛主席不滿，怕出事、顧慮多是可以理解的。當晚 9 點半到王光美家，由胡啟立和李瑞環向王光美說明，團中央領導支持發表這篇回憶文章，因為事關重大，應按規定送中央主管部門審稿。王光美表示理解和贊同，同時也講道：「我本人和孩子們至今都是非常崇敬毛主席的，寫這篇文章是非常慎重、非常認真的，實事求是地告訴人民歷史真相，不會影響對主席的敬仰，請大家放心。」最後商定由平平和源源出面送審。

我們急切地等待着送審結果。3 月 6 日，源源打電話告知，任重叔叔已看過文章，基本通過。我們懷着滿心喜悅趕到劉家，看到王任重退回的送審清樣，還有一封短信，全文是：

平平、源源：
　　看了《勝利的鮮花獻給您》，總的來說是好的，可以發表。
　　一、文字找個秀才再壓縮一些，重複的地方要刪去。
　　二、有個地方把事實再查清楚，我註上了。

三、我邊看邊改了幾字，供參考。

最後請光美同志過目定稿即可。

祝你們化悲痛為歡樂。

任重

三月二日

　　我們把批文抄件帶回社裏，大家都很高興。編委會立即調整刊物版面，讓攝影記者劉全聚去劉家拍攝照片，還專門設計了刊物封面，青年印刷廠的師傅們加班加點改樣排版，確保這期刊物按時出版發行。同時，我們把王任重的信和準備情況，及時報告給胡啟立和李瑞環，請他們放心。

　　就在我們連夜加班，正要簽字付印時，情況突然有變！源源來電話說，剛剛接完任重叔叔的電話。任重叔叔說他看完文章後睡不着覺，反覆考慮，這篇文章分量太重了，裏邊涉及的一些重要事件他都不知道，尚需仔細斟酌。為了慎重起見，他請示了華國鋒主席。華主席認為這樣的文章還是緩發為宜，要考慮到廣大人民群眾的心理承受能力；要是把文章中劉少奇捱鬥的慘酷場面和去世時白髮一尺多長的情景刪去，還是可以發表的。

　　我們一聽，全傻眼了。可是，既然是送審，已有明確指示，就必須嚴格執行。幸好我事先早準備好一篇文稿，是郭晨、裘之倬根據安源老工人回憶和有關資料編寫的《少奇同志在安源》，我重新改寫過，並請王光美為本刊寫信，講「文化大革命」初期，劉少奇駁斥一些大字報和文章歪曲安源罷工，表達對安源人民的深厚感情。因為《工人日報》也提出這個要求，當時工人日報社的社長、總編都是從中國青年雜誌社調過去的老領導，兩家關係一直都很好，便寫給兩家同時發表。

另闢蹊徑

　　第三期付印安排妥當之後，我們又趕到劉家商量怎麼辦。大家一起分析華主席的意思，「緩發」緩到什麼時候為宜？刪改又刪到什麼程度方可？這篇回憶文章本來就是要寫劉少奇在「文化大革命」中悲慘遭遇的歷史真相，如果刪去捱鬥場面和被迫害致死的情況，這篇文章就失去價值和意義了。我們

不幹，劉氏姐弟更是非常激動地表示：寧可不發表，也決不同意刪改！要是刪改了，以後還怎麼用？！態度十分堅決。

可是，大家摧心剖肝，辛辛苦苦忙了整整三個月，難道就這樣算了？不！不能前功盡棄。中共中央準備在 5 月隆重舉行劉少奇追悼大會，我們提出再次力爭全文發表，如果實在不行，就另闢蹊徑，以記者採訪劉少奇子女的名義，用訪問記的形式重新改寫一篇，既不影響以後全文發表，又能趕在追悼會前表達兒女們對父親的緬懷和愛戴。源源想了想，覺得也只有這個辦法較好，大家都贊成先試試。

此舉成功的關鍵，就是必須弄清楚王任重請示華主席的指示精神和他認為怎麼做才行，而這只有親自向王任重請示才好。經我們理論部主任李禹興幫助聯繫，同宋文郁一起到中央宣傳部拜見王任重，說明情況和我們的想法。王任重是我們的老作者，從 50 年代起就經常給我們寫文章，既是行家又平易近人。他和藹而又無奈地表示，主要是這篇文章事關重大，尤為敏感，華主席也是從大局考慮，還是慎重一點緩緩為好。我們表示理解，提出改寫「訪問記」的方案，請王任重指教。王任重說，你們的建議不失為一種辦法，可以考慮。他指着文章清樣說，像回憶《炮打司令部》大字報後，有關少奇同志批鬥捱打的段落，林彪一號通令後，少奇同志秘密關押開封監獄，最後慘死的段落，的確是太悲慘了，怕讀者一時承受不了，最好是迴避為宜。

得到王任重的支持和明示，宋文郁和我連續奮戰好幾天，順利完成，標題採用劉少奇對孩子們最後的沉重囑託「一定要做人民的好兒女」，副題為「劉平平、劉源、劉亭亭回憶爸爸劉少奇」，全文 1.5 萬字。28 日，宋文郁和我帶着剛排好的訪問記，向王光美和源源他們講述了拜訪王任重的情況。源源還是明確表示，不贊成對文章大塊刪節，好爭取以後有機會全文發表，同意我們記者寫訪問記。於是，我們拿出訪問記小樣，源源大致翻閱了一遍表示基本同意，還要請母親過目才能最後敲定。宋文郁反覆解釋，這篇訪問記只是涉及你們回憶文章的部分內容，不影響今後全文發表。源源笑了。

3 月 29 日上午，源源來電話說，母親看了小樣後表示同意。當天下午，我們又趕緊交王任重審閱。王任重翻着小樣笑道：「你們行動很快喲，我基本同意，還得仔細看看，還要給書記處同志看，你們再補送五份小樣來。」我們立即照辦。31 日下午，王任重批了下來。最後，按時付印。

1980 年 4 月 11 日，新出版的《中國青年》第 4 期，封面是一棵傲然挺立的青松，內文刊登了「本刊記者宋文郁、孫興盛」寫的這篇訪問記。4 月15 日，《工人日報》用一個半的版面全文轉載。我們到王光美家送刊物，他們正忙着劉少奇追悼會的事，這正好作為我們和全國青年敬獻給少奇同志英靈的一朵鮮花！得知全國和海外三百多萬讀者正在爭相閱讀，他們都會心地笑了。我們也不無感慨地說，在目前情況下，這次沒有爭取到全文發表，實在遺憾。過些時日，當你們爭取到全文發表時，可別忘了我們，一定要交本刊發表。

1980 年 12 月初，正是中華人民共和國最高人民法院特別法庭公審林彪、江青反革命犯罪集團的時候，源源來電話告訴我們，為了配合公審，中央決定全文發表《勝利的鮮花獻給您》。我們正要歡呼，他又說，中央沒有說要你們刊物發表，指定給《工人日報》發。我們一聽，又傻眼了！大家都很不理解、很焦急。我們趕到劉家了解情況，想再力爭一下。源源說，是總書記耀邦同志批准全文發表，考慮到少奇同志是我黨工人運動的傑出領袖，由《工人日報》發為好。我們無話可說了！

源源表示：「為了尊重貴刊和你們編輯記者付出的勞動，我已告訴《工人日報》，在全文發表時，一定要註明本文是應《中國青年》雜誌之約而作。」我們也表示，只要能全文發表，至於是由《中國青年》發，還是由《工人日報》發，都是一樣的。少奇同志講得好，「歷史是人民寫的」，我們共同的責任和心願，就是要把歷史的真相告訴人民，如今終於實現了！

不可迴避的問題

前面回顧了我們採訪、整理、送審等全過程，還有一些沒有寫進文章的問題，是不可迴避的。宋文郁太忙，就由我去補充採訪，繼續請教。那天正碰見劉少奇的子女們在房間裏商量父親追悼會的事，王光美對我說：「小孫，我們沒有把你當外人，家裏的事都不迴避你，你有什麼不清楚的儘管提出來。」

於是我就說我還沒弄明白，劉少奇原本是毛主席的接班人、親密戰友，後來兩人怎麼出現那麼大的矛盾、分歧呢？有人說從 1956 年中共八大他們就

有分歧和權力之爭，而毛主席在《炮打司令部——我的一張大字報》中説的是「聯繫到 1962 年的右傾和 1964 年的形『左』而實右的錯誤傾向」。到底是怎麼回事呢？王光美坦誠相告來龍去脈，使我深受教益，時隔多年，仍然記憶猶新。

劉少奇 1922 年和毛主席相識，後來長期從事工人運動和白區工作，有很長一段時間和毛主席不在一起。但劉少奇的睿智卓識、傑出才幹和卓越功績，贏得了毛主席和全黨信任。1943 年 3 月，中共中央調整領導機構，毛主席、劉少奇和任弼時三人組成書記處，毛主席第一次正式當選為政治局和書記處主席，劉少奇第一次擔任書記處書記、軍委副主席，成為毛主席的親密助手，兩位偉人同時成為全黨全軍的第一和第二把手，從此更加親密地合作。

從 20 世紀 50 年代開始，中共中央分一線、二線，劉少奇主持一線工作。國家這麼大、事情那麼多，情況非常複雜又都沒有經驗，劉少奇看問題的角度、深度和工作風格與毛主席不盡相同，難免有些不同看法，而且毛主席經常有些新思考、新想法，劉少奇總覺得有點跟不上。如在農業合作化運動中，在資本主義工商業社會主義改造中，在探索社會主義經濟建設中，有些問題就曾有過不同角度的看法和想法，都是屬於工作中正常的意見差異，從無權力之爭，也沒有影響兩人感情。劉少奇非常尊重毛主席、緊跟毛主席，忠心耿耿地維護着黨的團結統一和步調一致。

在 1956 年中共八大上，劉少奇作的《政治報告》是按照毛主席講的《論十大關係》為基準起草的，各項報告和決議都是毛主席和中共中央經過充分的調查研究、深入討論通過的，充分體現了黨中央領導集體是緊密團結、相互尊重、相互學習的。八大閉幕不久，毛主席認為決議中有關社會主義社會主要矛盾的提法還不夠完善，對決議中的一句話的提法表示懷疑。這句話是：「這一矛盾的實質，在我國社會主義制度已經建立的情況下，也就是先進的社會主義制度同落後的社會生產力之間的矛盾。」這是陳伯達在八大閉幕式前提出，經毛主席同意臨時加上的。毛主席此時並沒有否定決議中關於主要矛盾和主要任務的基本論斷。後來他還作過這樣的表示：「先進的社會制度與落後的生產力的矛盾，雖然這句話説的不夠完善，但是得到了好處，並未發生毛病。」（毛主席改變八大關於社會主義社會主要矛盾的正確論斷，是在 1957 年反右派運動以後的事。）

　　中共八大前後，國內外發生了一些重大事件，的確令人深思。首先是波匈事件和蘇聯領導集團內部的激烈鬥爭，影響極大；接着，國內也出現了不少群眾遊行示威、罷工、罷課，農民鬧退社、鬧缺糧的嚴重風潮，甚至出現毆打鬧事等事件。這對於剛剛建國七年，還沉浸在歡悅、自豪和自信中的中國共產黨人來說，無疑是極大的震撼。

　　為了鞏固新中國和執政地位，中共中央決定，從政治思想和經濟建設兩個方面來解決問題：一方面是要正確處理人民內部矛盾，整黨整風，鞏固執政地位；另一方面是想通過一系列大的改革，把全國人民的積極性都發動起來，以推動社會主義經濟建設快速發展。於是在 1958 年，毛主席提出社會主義建設總路線、「大躍進」和人民公社「三面紅旗」，大家都是一致贊成和擁護的。在剛開始的一段時間，「三面紅旗」也的確調動起廣大人民群眾極大熱情，創造出不少令人興奮的成果。大家都以為找到了高速度發展社會主義的正確道路，沒想到結果犯了嚴重的「左」傾錯誤，高指標、強迫命令、瞎指揮、大辦鋼鐵、大辦食堂和浮誇風、「共產風」等，造成很大損失。大家也有些不同看法和意見，但大都認為主要是下面執行的問題。1959 年廬山會議本來是要糾「左」，卻又錯誤地批判了彭老總，在全國掀起反右傾運動，促使「左」的錯誤更加嚴重，在很大程度上造成了三年經濟困難，新中國遭受巨大災難，這才感到問題的極端嚴重性。在總結三年困難原因、尋找克服困難的辦法問題上，兩位偉人之間才開始發生真正意義上的意見分歧。

兩位偉人的分歧

　　1962 年初，中央擴大工作會議（通稱七千人大會）在北京召開，總結建國以來特別是 1958 年以來的成績和經驗教訓，共克時艱。劉少奇在大會口頭報告中，提出「三分天災、七分人禍」這種在當時聽起來頗有些刺激性的話，對毛主席來說不會是愉快的。他們對形勢的分析判斷，有明顯的不同意見，可以說，這是兩人分歧的開端。

　　七千人大會之後，劉少奇仍然主持中央工作，又在解決困難的措施上同毛主席產生了分歧，這就是農業生產中的包產到戶問題。包產到戶是一種統稱，實際上包括 20 世紀 60 年代初在我國農村形成的各種形式的以家庭為主

要單位的生產責任制。毛主席曾在 1961 年同意安徽省委第一書記曾希聖試驗包產到戶。劉少奇內心是贊成在農村搞包產到戶的，但為慎重起見，沒有在公開場合明確表明態度。1962 年初，田家英從湖南農村調查回京向劉少奇彙報工作，提出農村實行包產到戶的意見。劉少奇表示贊同，並同意田家英向毛主席彙報。在此期間，陳雲、鄧小平等也在不同場合表示了贊同包產到戶的意見。但出乎劉少奇意料，毛主席不僅沒有同意包產到戶的主張，而且嚴厲批評了田家英等人。儘管田家英彙報說是個人意見，但毛主席在同劉少奇談話時，仍對劉少奇前一階段在京主持工作表示不滿，指責他在包產到戶問題上為什麼沒有頂住。此後，劉少奇收回了自己的意見，並在接見中央下放幹部的談話中，專門講了鞏固集體經濟的問題。

毛主席從反修防修戰略出發，決定在全國城鄉發動一場普遍的社會主義教育運動，即「四清」運動。劉少奇對此是贊同的，他認為「大躍進」以來黨內和社會上確實存在着相當嚴重的投機倒把、貪污盜竊等腐敗現象，黨內確實存在走資本主義道路的人，對這些必須花大力氣整頓，必須對廣大共產黨員和幹部進行社會主義教育。

社會主義教育運動有一個發展過程。這個教育運動應當怎麼搞，並不是一開始就有了一套具體的方針、政策和方法。毛主席在探索，劉少奇在探索，共產黨的各級領導也在探索。在探索中，總會有不同的意見發生。隨着運動的深入進行，毛主席和劉少奇主要在運動的性質和工作方法上出現了分歧。1964 年 12 月 15 日至 1965 年 1 月 14 日，中共中央政治局在北京召開中央工作會議。會議期間，毛主席多次對劉少奇進行不點名的嚴厲批評。

首先是在運動的性質問題上，劉少奇的着眼點主要放在整頓基層組織的基層幹部上，主要是投機倒把、貪污盜竊等經濟領域問題，並且把出現的問題主要作為人民內部矛盾來處理。他雖然提出過「追上面的根子」，但仍認為問題主要在下面。因此，他多次提出，現在的主要矛盾是「四清」與「四不清」的矛盾、黨內外矛盾交叉在一起，敵我矛盾和人民內部矛盾交叉在一起。毛主席顯然不同意這種看法。他更多考慮的是黨內當權派會不會出修正主義的問題，反覆強調階級矛盾、階級鬥爭和反修防修的嚴重形勢。七十一歲生日那天，毛主席特意用自己的稿費請許多人吃飯。他在給大家遞煙時舉例說，現在用幾盒香煙就可以把一個黨支部書記給賄賂了；如果把女兒嫁給一個幹

部，那就要什麼有什麼，他們與工人階級和貧下中農是兩個尖銳對立的階級了。他堅定地認為，黨內有產生修正主義的危險，特別是那些「當權」的腐敗幹部最危險。正是基於這種估計和看法，他決定把農村「四清」（清賬目、清倉庫、清財物、清工分）和城市「五反」（反對貪污盜竊、反對投機倒把、反對鋪張浪費、反對分散主義、反對官僚主義）合在一起，統稱「四清」運動，改為「清政治、清經濟、清組織、清思想」。他反覆強調，「四清」運動的性質是社會主義和資本主義的矛盾，是兩條道路的鬥爭，重點是整黨內走資本主義道路的當權派。

在運動的具體做法上，毛主席對劉少奇也是不滿意的。王光美問我搞過「四清」沒有，我說在大學的最後兩年參加過兩次「四清」，落實「前十條」和「二十三條」都參加過。王光美又問我，你對「桃園經驗」怎麼看？當着王光美的面，我不知道如何回答是好。毛主席雖然一開始沒有對「桃園經驗」表示不同意見，但後來還是不點名地進行了嚴厲批評，主要是批評工作隊搞「人海戰術」、「煩瑣哲學」、「紮根串聯，搞神秘化」。毛主席強調要相信群眾、依靠群眾，放手發動群眾起來鬥爭。

這次會議起草和通過了《農村社會主義教育運動中目前提出的一些問題》（簡稱「二十三條」）。會後，劉少奇主動找毛主席，做了自我批評。此後，他又在自己家裏連續舉行有部分中央領導人參加的黨內生活會，聽取對自己的批評和幫助，並委託陳伯達把每天生活會的情況向毛主席彙報。儘管劉少奇做了這些努力，但毛主席和劉少奇之間的裂痕並沒有消除。毛主席寫的那張《炮打司令部——我的一張大字報》中，就把 1964 年形「左」實右的錯誤傾向作為劉少奇的一條罪狀。1970 年 12 月，當斯諾問毛主席從什麼時候明顯感到必須把劉少奇從政治上搞掉時，毛主席也回答說是制定「二十三條」那個時候。

我不禁問：毛主席發動「文化大革命」，是不是就是為了打倒少奇同志？王光美明確表示：「不是！」發動「文化大革命」是同「四清」運動緊密聯繫在一起的，不是個人恩怨問題。「二十三條」下發全黨後，並沒有產生「立竿見影」、「轟轟烈烈」的效果，反倒更加冷冷清清，搞不下去。這是因為「四清」運動的許多提法都改變了，從中央到各地「四清」工作隊和廣大幹部群眾都不理解，都不知道「黨內走資派」是什麼意思、指哪些人，「清政治」、

「清思想」該如何搞。大家無所適從、顧慮重重，生怕搞錯了犯「反黨」錯誤。農村、工廠發動不起來，連江青直接插手的文藝界也搞不起來，《海瑞罷官》也批不起來。毛主席從來沒有感到如此失落，很不甘、很氣憤，斥責北京市委是「針插不進、水潑不進」、文化部是「才子佳人部」、中宣部是「閻王殿」等，直接怪罪中央一線同志領導不力、右傾保守，甚至是在有意袒護和抵制。

　　一貫愛窺視和揣摩毛主席心事和想法的林彪、康生和陳伯達一伙早已看在眼裏，極力拉攏江青達成交易，林彪幫江青從部隊打開文藝界缺口，樹江青為全國「文藝旗手」；康生則敏感地發現北京大學「四清」運動中聶元梓等人對學校黨委的不滿大有文章可做，制定了「從北大點火，往上搞」的策略，完全避開在一線主持中央工作的劉少奇、周恩來和鄧小平，派康生老婆曹軼歐到北大直接策動他們造學校和北京市委的反，貼出火藥味極濃的大字報，震動了中央高層領導。劉少奇、周恩來和鄧小平都支持北京新市委的嚴肅批評，強調「黨有黨紀，國有國法」、「內外有別」。以康生為首的「中央文革小組」，對劉少奇的表態極為不滿，暗地裏寫信向毛主席告狀，並以「絕密」件寄去大字報底稿。1966 年 6 月 1 日，毛主席批示同意，向全國全世界播發了聶元梓他們的大字報。林彪、江青、康生和陳伯達他們一伙特意抬出「毛主席親自發動」的名義點火造勢，終於以學校為突破口，以學生運動為「好形式」，在「橫掃一切牛鬼蛇神」等極具煽動力的口號鼓動下，使「文化大革命」闖然而起，轟轟烈烈。劉少奇請示毛主席後，主持政治局常委擴大會議商量對策，並經毛主席同意，決定派工作組控制混亂局面，維護社會穩定。而以康生為首的「中央文革小組」卻鼓動造反學生抵制，掀起反工作組浪潮，少奇和鄧小平與康生、陳伯達的直接矛盾迅速激化。1966 年 7 月 18 日晚毛主席回到北京，陳伯達他們「惡人先告狀」，劉少奇趕到豐澤園時卻吃了「閉門羹」。

　　圍繞工作組問題，劉少奇和毛主席發生了嚴重矛盾和激烈衝突。1966 年 8 月 4 日，在中共八屆十一中全會的小會上，毛主席大發脾氣，嚴厲批評少奇他們害怕群眾，劉少奇忍不住當面頂撞：「革命幾十年，死都不怕，還怕群眾？！」毛主席批評派工作組是鎮壓群眾運動搞專政，劉少奇又當堂抗辯：「怎麼能叫專政呢？！派工作組是中央決定的。」而且決心抗到底：「無非是下台，不怕下台！」這是劉少奇生平第一次，也是唯一一次與毛主席正面衝

突。毛主席也不曾想到劉少奇會當眾這麼堅決地對抗自己和群眾運動，回想起以前的分歧更為生氣，第二天就寫了《炮打司令部——我的一張大字報》，表明他決心搬掉劉少奇和鄧小平這兩個「文化大革命」運動的最大障礙。

我問，少奇同志為什麼非要在工作組和群眾運動問題上「頑抗到底」呢？王光美的分析給我很大啟發。毛主席在領導革命和建設、糾正黨風反對腐敗時，歷來都是熱衷於大搞群眾運動，喜歡轟轟烈烈，而且是「放手發動」。可這是一把「雙刃劍」，轟轟烈烈中湧動着無政府主義極左思潮，可以使熱情變成狂熱衝動，甚至失去理智；如果不能及時加強領導、正確引導，就很容易失控，產生極大的破壞力。「文化大革命」闖然而起，無政府狀態相當嚴重，劉少奇敏銳地感到極左的危險，認為必須派工作組控制局面，抵制極左思潮。只可惜，毛主席始終沒有理解劉少奇，最後連他自己也被林彪、康生、江青一伙及其極左運動害得很慘。

關於毛主席與劉少奇的分歧及其惡化的來龍去脈，王光美不贊成在孩子們的回憶文章中寫很多。我們很理解、很尊重這個意見。

平心而論

不過，我還是特別注意，也很想知道，王光美和孩子們是不是特別恨毛主席。人們都以為，劉少奇的悲劇，是毛主席一手造成的，要不是他重用林彪、康生、陳伯達、江青一伙，「文化大革命」不會搞成那樣，造成那麼大的災難。他們能不恨毛主席嗎？！但在整個採訪過程中，我感到他們每次講到毛主席與劉少奇的分歧，都是相當平和、實事求是的。說他們一點不怨恨也不是，先是有怨有恨，後來有怨無恨，早已跳出個人及家庭悲劇的拘囿，更為客觀、公正、理智、豁達。

王光美告訴我，「文化大革命」有它的歷史必然性和複雜性，毛主席用那些人也是有歷史緣由和認識過程的，發動那樣大規模的群眾運動，不可能不用那些人，即使不用他們，也必然會有和他們類似的一幫人跳出來興風作浪，毛主席根本不可能管得住。平心而論，毛主席雖然對劉少奇很不滿，寫了大字報，但還是當人民內部矛盾，當作自己同志犯錯誤，並沒有立案審查，更沒有要把劉少奇整死。在 1966 年 10 月中央工作會議上，毛主席還

説：「不能完全怪劉少奇同志、鄧小平同志。他們兩個同志犯錯誤也有原因。」「對少奇同志不能一筆抹殺。」他還有針對地説：「對劉、鄧要准許革命，准許改。説我和稀泥，我就是和稀泥。」毛主席對劉少奇也是很關心照顧的，劉少奇提出要到群眾中去鍛煉，毛主席勸他：「你年紀大了，就不要下去了。」建工學院造反派「勒令」劉少奇去「檢查」，毛主席立即批示周總理「我看還是不宜去講。請你向學生方面做些工作」，從而保護了劉少奇。

1967 年 1 月 13 日夜裏，毛主席在人民大會堂單獨召見劉少奇，詢問王光美和孩子們的近況，很客氣，也沒有批評劉少奇。當劉少奇當面請求辭去全部職務、回老家種地，懇請解放廣大幹部，盡早結束「文化大革命」，使黨和國家少受損失的時候，毛主席沒有生氣，也沒有表態，一直沉吟不語，只是不停地吸煙。過了好一會兒，毛主席才建議劉少奇讀幾本書，卻把書名説錯了。畢竟是幾十年的親密戰友，毛主席最後把劉少奇一直送到門口，親切地囑咐他：「好好學習，保重身體。」毛主席藏在內心深處的苦衷，就連劉少奇都看出來了，回家以後他對王光美説：「主席對我是有限度的，但是，群眾發動起來了，主席自己也控制不住。」這次相見，竟成永訣。

不堪回首

王光美和子女們都很清楚，真正要把劉少奇和家人置於死地的，正是林彪、康生、江青和謝富治他們一伙。他們將中央文革小組凌駕於政治局和常委之上，江青又有着特殊身份，牢牢地操縱着「群眾運動」，熟練地運用着「階級鬥爭」，又善用「筆桿子」大造輿論，轟轟烈烈地將極左推向極端，既極力左右毛主席，迫使毛主席違心地不同意他們也不行，又迅速地大規模地「清君側」，孤立毛主席，不僅是要打倒老帥、老將、老幹部，還要暗地裏往死裏整。毛主席越想保誰，他們就越是把誰往死裏整，劉少奇就是被他們陰謀殘害而死的。

1966 年 8 月 12 日，在八屆十一中全會閉幕會上，劉少奇在常委中從第二位降到第八位，林彪升到了第二位。選舉後，劉少奇表態，願承擔所有責任，並請求辭去常委、國家主席等所有職務。這時，唯有林彪情不自禁地叫「好」，當即站起來主動要和劉少奇握手，其野心昭然若揭。

　　1967 年 2 月中旬，毛主席在會上講，九大時要選劉少奇為中央委員。這便使林彪、康生、江青、謝富治這伙人非常緊張。他們大都是靠打倒劉少奇起家的，特別害怕劉少奇「東山再起」。一旦如此，他們不僅難以獵取「國家主席」位置，現在的地位也恐怕不保。他們感到劉少奇活着就是最大威脅，「後患無窮」，必欲置之死地而後快。於是，他們便立即在毛主席面前造謠誣衊，藉所謂「二月逆流」事件，説「劉少奇代理人」還在抵抗運動，「從上至下各級都有這種反革命復辟現象」，極力動搖和改變毛主席的態度。他們非常懂得，要徹底打倒劉少奇就必須「立案審查」，單用毛主席清楚的現實問題是不行的，必須用毛主席不清楚的歷史問題，而劉少奇從來沒有「歷史舊賬」，和毛主席之間更沒有「歷史積怨」的空子可鑽，於是他們就利用毛主席最賞識的「革命小將」「紅衛兵」搜尋「歷史罪證」，將誣衊劉少奇策劃和批准所謂「六十一人叛徒集團」的材料、證明劉少奇有「叛徒」、「內奸」和「工賊」問題的所謂「歷史材料」，都擺到毛主席面前，使得毛主席真的覺得自己「不知道劉的歷史情況」，不得不在 3 月 21 日同意「調查」劉少奇的「歷史問題」。於是，他們把這當作「尚方寶劍」，暗地裏把劉少奇往死裏整。一是立即成立龐大的「專案組」，由康生、江青、謝富治直接掌握，一手操縱和控制處理劉少奇的大權，用卑鄙殘暴的逼供手段造假證據，甚至將毛主席明令保護的著名歷史學家翦伯贊夫婦逼得自殺身亡。毛主席和周總理得知大發雷霆，責令「嚴肅處理」，而他們只讓專案組長作個「檢查」了事，仍舊迅速編造《關於叛徒、內奸、工賊劉少奇罪行的審查報告》，欺騙毛主席、黨中央和全黨、全國人民。二是切斷電話線，斷絕劉少奇同毛主席、周總理及政治局的一切聯繫，嚴密封鎖全部消息，讓劉少奇沒有任何機會和辦法申訴。三是掌握輿論，先羅織罪名，掀起一輪輪大批判高潮，造成「徹底打倒」的既成事實。四是緊緊控制和不斷策動「紅衛兵」和造反派多次舉行大規模批鬥大會，藉群眾的手，用慘無人道的暴力手段把劉少奇往死裏整。他們趁毛主席不在北京，策動幾十萬「紅衛兵」和造反派成立「揪劉火線」，圍困中南海。特別是 8 月 5 日中南海「批鬥劉鄧陶大會」，康生老婆曹軼歐以「中央文革特派員」身份，親臨現場指揮，覺得「火藥味不濃」，命令打手們「要殺氣騰騰」，將七十歲高齡的劉少奇打得鼻青臉腫腿瘸，再也直不起來。他們按照林彪「一號命令」，把病危的劉少奇秘密押往開封「特別監獄」，最後劉少奇死在那裏。

他們還製造王光美「特務」案，林彪親自判決死刑「立即執行」。毛主席看到「判決書」，立即寫下「刀下留人，要留活證據」幾個大字，王光美才保住性命。在這場浩劫中，劉少奇一家有四位親人被迫害致死，六位骨肉關進監獄，連只有六七歲的瀟瀟也捱過圍攻和批鬥。

難怪，有一天我剛到王光美家門口，聽見上面樓道裏傳來人們的叫罵和捶門聲。王光美把我拉進屋裏說，那是曹軼歐的家。康生的骨灰盒放在八寶山一號大廳，被人們揭去覆蓋的黨旗，盒上滿是咬牙切齒吐的一層層痰和口水，以及用香煙頭燒燙的累累痕跡，曹軼歐不得不把骨灰盒抱回家。這座公寓大樓裏，大都是剛落實政策搬進來的老同志，誰沒有捱過他們的整？於是這些老同志輪番在曹軼歐家門口抗議，有的還在門口貼上抗議大字報。

永遠的懷念

我們生平最難忘的採訪順利完成，平平、源源、亭亭的《勝利的鮮花獻給您》已全文發表，在全國引起強烈反響，我們感到特別欣慰。使我沒有想到的是，我做了一點分內的事，卻讓王光美始終記在心裏。

此後的歲月，王光美一家都很忙，我不便打擾，很少見面，但一直保持聯繫和深厚友情。王光美特意簽名送我一套《劉少奇選集》，近二十年來幾乎年年春節都給我寄她親筆簽名的賀年卡，劉少奇百年誕辰時還寄我一套少奇紀念郵票，我都珍藏着。1986 年我因病住 305 醫院，王光美帶着源源愛人去看望住院的老廚師郝苗，看見我便親切問候我的病情，還讓源源愛人叫我「叔叔」，我真是不敢當。

1998 年冬，在首都機場大廳，我正辦登機手續，王光美匆匆趕飛機，老遠看見我就打招呼。我忙上前握手問候，她說是去河南參加紀念少奇同志的活動，為「幸福工程」看望那裏的貧困母親。我看見她老多了、瘦多了。這位和自己人民緊緊相依為命的偉大母親，用她那瘦弱身軀僅有的一點餘熱，溫暖着天下母親，讓人心痛又無限敬佩。

2004 年 6 月，我從報上看到王光美親自召集，由源源親自聯絡，毛主席和劉主席兩家後人相聚一堂，共話友情，使經歷過那個年代的人格外驚喜和感動。這使我想起在中央書記處研究室工作時，聽老中辦的人講，自從毛主

席仙逝之後，毛主席和江青生的女兒李訥身體和精神都很不好，常住醫院，不能上班，獨自帶着兒子生活非常艱難。王光美剛從監獄出來得知此情，就帶着家裏的趙阿姨找到李訥，親自購買廚房用具幫她安家，料理家務，打掃衞生，談心聊天，關心她的身體和生活。可我們採訪時，王光美和孩子們從來沒有提過這些事。後來，李訥新婚，愛人王景清在延安時曾是劉少奇警衞員，結婚時王光美帶着孩子們熱烈祝賀，兩家來往更為親密。再後來，李訥兒子王效芝結婚，是源源做的媒，在新婚典禮上，源源一席講話，感動了婚禮上的所有人。在王光美家裏，至今掛着毛主席和王光美及孩子們親切談話的巨幅照片。不僅如此，林彪女兒豆豆當年在河南病了，誰也不敢在報告上簽字，也是源源簽的字，安排她回北京治病。

　　源源跟我講，這不是「相逢一笑泯恩仇」，我們「相逢一笑」時還是很講原則是非的，從來不迴避那段歷史悲劇。雖然結局各不相同，每個人的親身經歷和感受也不同，但這場悲劇是共有的，是刻骨銘心的，常常成為我們共有的話題。但是，作為後來人，包括我的母親，都不願意總是生活在歷史的噩夢中，去記恨歷史、記恨已逝的人，更不會將仇恨傳到後輩人身上，而是應該用科學歷史觀實事求是地去重新審視那段歷史，真正了解和理解發生那場悲劇的歷史背景、歷史條件和歷史原因，多多理解偉人們的真實心跡，多多寬容偉人們的歷史局限和過失，多想想老一輩們親密團結、同心同德、共同創建我們黨和國家勝利輝煌的美好一面，多吸取那些有益於向前看朝前走的歷史經驗。這場歷史悲劇給我們最大的精神遺產，就是使我們懂得，只有團結和諧，才有幸福美滿、繁榮富強；如果分裂內鬥「窮折騰」，必然是災難重重、悲劇無窮。現在，黨中央團結和諧、親密合作，健全民主與法制，既堅決懲治腐敗絕不手軟，又提高執政興國的黨性修養，證明我們黨更加成熟了。這是爸爸生前的願望，也是母親最感欣慰的。所以，在她晚年感到自己力不從心、時日無多的時候，讓我把兩家後人邀在一起聚聚、吃個飯，共敍情誼。其實，這不是第一次，卻是母親生前最後一次，表達了她的心意，實現了她的願望。

　　是啊，正是在王光美的倡導和帶領下，兩位偉人的後代拂去歷史的塵埃，友情長存，這既是告慰兩位偉人在天之靈，也是給人民和歷史一個交代、一個示範，體現出王光美的高風亮節、博大胸懷和無疆大愛。2006年

10 月 17 日，我從新聞中得知八十五歲高齡的王光美在 13 日凌晨仙逝，急忙趕往劉家，又到 305 醫院悼念，多年不見的源源迎着我，萬般悲切。靈堂四周，勝利的鮮花簇擁着王光美笑容燦爛的遺像。我眼前浮現出當年採訪時的美好情景，心頭湧起陣陣悲痛，噙着熱淚，向中華民族這位傑出女性深深鞠躬致敬！

《部隊文藝工作座談會紀要》產生前後

劉志堅

1966 年 2 月，江青在上海召開的部隊文藝工作座談會（以下簡稱「座談會」），以及會後產生的《林彪同志委託江青同志召開的部隊文藝工作座談會紀要》（以下簡稱「紀要」），是「文化大革命」前夕的一個重大事件。特別是「紀要」曾被認為是「以毛主席為代表的無產階級司令部發出的革命號令」，「是粉碎資本主義復辟的重要文件」。在後來的「文化大革命」中產生了惡劣的影響和作用。

中共十一屆三中全會後，黨史界和文藝界對江青召開這個「座談會」的陰險目的，以及「紀要」的錯誤和流毒作了揭露和批判。1979 年 5 月，經中共中央批准，撤銷了「紀要」。但是，這次「座談會」召開和「紀要」炮製的經過情況，人們並不知曉。由此出現了各種不切實際的分析和揣測。為了準確地分析研究「文化大革命」的歷史，深刻揭露林彪、江青的反革命政治陰謀，我有責任將有關資料提供出來，因為我是當時參加並了解這次「座談會」的知情者之一。根據我的工作日記、回憶和有關人員的回憶，有關檔案資料，對這次「座談會」的召開和「紀要」的產生，作如實的介紹，是必要的。

當時的政治歷史背景

「座談會」的召開和「紀要」的產生是有深刻的政治歷史背景的。

首先是黨內在關於社會主義社會階級鬥爭的理論和實踐上「左」的錯誤，發展得越來越嚴重。從 1962 年 9 月中共八屆十中全會上毛澤東「重提階級鬥

爭」起，經過 1963 年至 1965 年間，在部分農村和少數城市基層開展的社會主義教育運動，加上當時中蘇論戰和國內反修防修運動的影響，黨內關於社會主義社會的階級鬥爭問題的「左」的錯誤發展得越來越嚴重。在 1963 年 5 月制定的《關於目前農村工作中若干問題的決定（草案）》（即「前十條」）中，認為「當前中國社會中出現了嚴重的尖銳的階級鬥爭情況」。9 月制定的「後十條」，又提出要「以階級鬥爭為綱」。1964 年五六月間的中央工作會議進一步認為中國已經出了修正主義，「有三分之一的權力不在我們手裏」。11 月，有人向中央報告，「領導權不在我們手裏的不是三分之一的問題，而是不止三分之一的問題」。1965 年 1 月，在制定關於農村「四清」運動的「二十三條」時，提出這次運動的重點「是整黨內那些走資本主義道路的當權派」。這樣，把階級鬥爭的矛頭越來越指向中共黨內和黨的領導機關。在九十月間的一次政治局常委會上，毛澤東提出：「如果中央出了修正主義，你們怎麼辦？很可能出，這是最危險的。」12 月，由於林彪等人製造了羅瑞卿冤案（誣陷羅瑞卿要奪權），加深了毛澤東對中央出修正主義的憂慮，並考慮防「政變」問題。

　　其次是在意識形態領域發生了愈來愈嚴重的「左」的偏差。在「以階級鬥爭為綱」的錯誤思想指導下，1963 年至 1965 年間，在意識形態領域開展了一系列政治批判，「左」的偏差越來越嚴重。問題的發端是在 1962 年 9 月召開的八屆十中全會上，康生誣陷小說《劉志丹》「是為高崗翻案」。他寫條子向毛澤東誣告說：「利用小說進行反黨活動，是一大發明。」毛澤東在會上唸了這張條子，從此開始了對小說《劉志丹》的批判。接着江青發難，她於 1963 年 5 月在上海組織人寫文章，點名批判孟超改編的昆劇《李慧娘》和廖沫沙的「有鬼無害論」，掀起了文藝界的公開點名批判運動。9 月到 11 月間，根據江青提供的情況，毛澤東多次對文藝工作提出嚴厲批評，說：「舞台上都是帝王將相，家院丫鬟。」「推陳出新，出什麼？出封建主義，資本主義？」並且批評文化部是「帝王將相部、才子佳人部，或者外國死人部」。12 月 12 日，毛澤東在中宣部編印的《文藝情況彙報》上對彭真、劉仁寫了一個批示，說：「各種文藝形式——戲劇、曲藝、音樂、美術、舞蹈、電影、詩和文學等等，問題不少，人數很多，社會主義改造在許多部門中，至今收效甚微。」「許多共產黨人熱心提倡封建主義和資本主義的藝術，卻不熱心提

倡社會主義的藝術，豈非咄咄怪事」（這就是《關於文學藝術的兩個批示》之一）。根據這個批示，1964 年 4 月，文藝界進行整風，檢查問題。5 月，中宣部起草了一個關於整風情況的報告草稿，正在修改的時候，江青得知，硬把這個報告草稿要去送給毛澤東，6 月 27 日，毛澤東在這個報告草稿上批示：「這些協會和他們所掌握的刊物的大多數（據說有少數幾個好的），十五年來，基本上（不是一切人）不執行黨的政策，做官當老爺，不去接近工農兵，不去反映社會主義的革命和建設。最近幾年，竟然跌到了修正主義的邊緣，如不認真改造，勢必在將來的某一天，要變成像匈牙利裴多菲俱樂部那樣的團體」（這就是《關於文學藝術的兩個批示》之二）。這個批示引起了更大震動，文藝界不得不再次整風，學習「社會主義教育運動」的有關文件，進一步檢查問題，點名批判了田漢、夏衍等一批著名作家和文藝理論家。8 月，康生指令中宣部向中央書記處寫批判電影《北國江南》、《早春二月》的請示報告，毛澤東批准了這個報告，認為：「可能不只這兩部影片，還有別的，都需要批判。」江青、康生、陳伯達藉此機會，大施淫威，任意捏造罪名，點名批判了一大批電影、小說、戲劇等文藝作品。一些尚在討論中的文藝理論觀點，如「寫中間人物」、「現實主義深化」等，被當作資產階級或修正主義的文藝思想加以批判，認為是「修正主義文學主張」，「資產階級的反動文藝理論」。對文藝界錯誤的、過火的批判，很快擴大到整個意識形態領域，並同政治上的「左」傾錯誤相互影響，「左」的偏差越來越嚴重。黨內有人認為如果說全國有三分之一單位的領導權不在無產階級手裏，那麼，文藝界還要超過三分之一，有的單位已經發生了「奪印」的問題。一些文藝作品被無中生有地同政治問題聯繫起來，製造了黨內上層的糾葛。從 1962 年起，江青多次向毛澤東進讒言，說吳晗的《海瑞罷官》有問題，要批判。1964 年，康生又向毛澤東說吳晗的《海瑞罷官》與廬山會議有關，是替彭德懷翻案。毛澤東開始不同意，末了還是被「說服」了。1965 年 2 月，在上海，江青伙同張春橋、姚文元秘密炮製批判《海瑞罷官》的文章，11 月 10 日上海《文匯報》未同中宣部打招呼即發表了姚文元的《評新編歷史劇〈海瑞罷官〉》，把文藝學術領域裏的批判運動推向了高潮。由於彭真等人不同意姚文元的觀點，對批判進行了抵制，中央內部分歧加深。12 月 21 日，毛澤東在杭州同陳伯達談話時說：「《海瑞罷官》的要害問題是罷官。嘉靖皇帝罷了海瑞的官，1959 年我們罷了

彭德懷的官。彭德懷也是海瑞。」這樣，文藝領域的批判，成了完全政治性的問題。

　　儘管如此，中共中央政治局的多數人還是對批判吳晗不積極。彭真、陸定一等還設法對批判運動加以約束，多方保護吳晗。知識界對批判運動也採取消極態度，進行抵制。

　　最後是江青與林彪互相勾結、互相利用。江青早有政治野心，要「露崢嶸」，只是沒機會。她曾抱怨「劉少奇他們專了我十多年的政，不讓我參加黨的活動」。1962 年後，黨內在思想文化方面，「左」的錯誤的發展，使她有了可乘之機。她從文藝戰線打開走向政治舞台的通道。她極力插手黨的文藝工作，儘管她打着毛主席的旗號，以特殊的身份出現，但還是遭到了黨內不少同志的抵制。1962 年江青找中宣部、文化部四位正副部長談話，她說：「在舞台上、銀幕上表現出來的東西，大量是資產階級、封建主義的東西。」要他們批《海瑞罷官》，遭到部長們的拒絕和反對。1962 年底，江青以蹲點為名，到北京京劇一團搞所謂京劇革命，遭到北京市委抵制。1964 年上半年，江青插手京劇現代戲會演，搶「文藝革命旗幟」，公然污衊文藝舞台「一大、二洋、三古」，鼓吹「京劇革命是意識形態領域中的第一仗」。在會演總結時，周揚針鋒相對地指出：「挖掘傳統，搶救遺產，提倡流派、拜師等等，本身也是對的。」下半年，江青在北京找李希凡寫批判《海瑞罷官》的文章，被拒絕。於是江青只好到上海找張春橋策劃，由姚文元執筆。文章出籠後，受到了從中央到地方各方面的抵制和批駁。全國報紙，除上海外，沒有一家及時轉載。發小冊子也不順利。1965 年 11 月下旬，羅瑞卿路過上海，江青問他說，批《海瑞罷官》的文章北京沒有轉載，《解放軍報》為什麼也不轉載？羅瑞卿即給我打電話說：批《海瑞罷官》的文章很重要，《解放軍報》應當儘快轉載。《解放軍報》這才於 11 月 29 日全文轉載了姚文元文章。後來全國報紙雖然都奉命轉載了文章，但共鳴者寥寥，反對姚文，為吳晗辯護者倒不少，當時文匯報社收到的來信來稿中，反對姚文的就有三千多件，許多大學教授據史駁斥，為吳晗爭辯。江青對此十分「氣憤」，她說，「我的話更沒人聽」。要請「無產階級專政的『尊神』來攻他們」。

　　江青先找羅瑞卿，要到部隊開文藝座談會，被拒絕了。在林彪捏造罪名打倒羅瑞卿之後，江青就轉而去找林彪。1966 年 1 月 21 日，江青從上海去蘇

州找林彪，以「文藝革命」為題，進行政治交易。江青想藉助林彪的地位和權力，達到自己的政治目的；林彪也想利用江青的特殊身份，也明白江青的來頭，因此，二人一拍即合。林彪即通過葉群為江青開座談會進行安排。這是林彪、江青互相勾結、互相利用的開始。

部隊文藝工作座談會就是在這種黨內面臨嚴重政治危機的複雜情況下，由江青提出召開的。

「一人談」的所謂座談會

座談會是在十分秘密的狀況下，採取不正常的方式進行的，實際上是江青系統拋售「左」的一套文藝觀點的講壇。名為座談，實際上是她一人談。整個座談會的準備和開會都是由江青一人決定，從不徵求總政的意見，也不同參加座談的人商量。

會前，總政治部領導和包括我在內參加會議的人都毫無思想準備，不知道要談什麼問題、怎麼個談法。

1966 年 1 月下旬，林彪讓葉群打電話給當時總政治部主管宣傳、文化工作的我說：江青要找幾個部隊搞文藝工作的、管文藝工作的同志談談部隊文藝工作問題。參加的人不要太多，只要四五個人，去幾個什麼人，你同肖華商量，把名單報「林辦」，最好肖華去。葉群還說：可能要研究三大戰役的創作，你們準備一下。我把這個情況向肖華作了彙報。我們二人研究，決定由當時的文化部長謝鏜忠、副部長陳亞丁、宣傳部長李曼村參加。誰帶隊呢？我執意請肖華去，因葉群說最好肖華去。肖華一再推辭。要我去，說：「我事情很多，身體又不好，文藝方面的情況又了解不多，你是主管宣傳文化的，了解情況，還是你去。」我只好同意。名單經總政黨委會通過後由我電話告訴了葉群。葉群說：名單可否，她要向江青報告。讓我等電話。此時，總政新調任為文化部長的謝鏜忠還正以他原來擔任的總政群眾工作部部長的身份在東北某部農場處理問題。我即讓人催他趕快回京上任。同時，李曼村還要《星火燎原》編輯部黎明準備三大戰役的資料，以備研究三大戰役創作之用。過了幾天（這時我因重感冒住進了 301 醫院），葉群回電話說：江青同意這幾個人去座談，但開會的時間、地點，要由江青確定，你們等候江青秘書的

電話通知。到這個時候，江青開這個會怎麼個開法，座談些什麼，我們總政
的人仍不知道。我向肖華提出，是否先商量一下，對部隊文藝工作要有個統
一的看法。肖華同意，親自帶李曼村、謝鏜忠和陳亞丁到醫院我的病房，研
究去上海後談些什麼、怎麼談的問題。關於部隊文藝工作，大家一致認為：
全軍剛舉行過第三屆文藝會演，出了像「豐收舞」、「民兵舞」、「洗衣歌」等
一些好的作品，有的經毛主席和周總理看過，並肯定了，部隊文藝工作的方
向是對的，成績是主要的，毛主席《關於文學藝術的兩個批示》上指出的那
些問題，部隊沒有搞，搞的是現代題材、部隊題材。關於會議的開法，大家
也搞不清江青想怎麼開。研究結果，幾個人共同的意見是：江青如果對部隊
文藝工作有什麼批評，不要當面爭辯，就是「帶耳朵聽」，少發表意見。江青
這個人疑心大、脾氣也大，對她的話，要多聽少說，有什麼問題帶回來研究
再說。對地方文藝工作情況不了解，不要隨便表態；關於部隊文藝工作的情
況，可以如實彙報。

　　1月底，江青秘書電話通知我說，江青確定會議在上海開，你們2月2日
就來上海。在出發去上海的前一天（2月1日），葉群又給我家裏打電話，說
林彪有幾句話，要轉達給江青，接着一字一句唸了林彪的話。林彪說：「江青
同志昨天到蘇州來，和我談了話。她對文藝工作方面在政治上很強，在藝術
上也是內行，她有很多寶貴的意見，你們要很好重視，並且要把江青同志的
意見在思想上、組織上認真落實。今後部隊關於文藝方面的文件，要送給她
看，有什麼消息，隨時可以同她聯繫，使她了解部隊文藝工作情況，徵求她
的意見，使部隊文藝工作能夠有所改進。部隊文藝工作，無論是思想性和藝
術性方面都不能滿足現狀，都要更加提高。」我一字一句記錄後，葉群又叫
我複述了一遍，她逐字逐句作了核對。之後，葉群又交代，我們同江青見面
後，首先要當面把林彪的話傳達給江青。

　　2月2日上午，我們一行六人（包括秘書劉景濤、編輯黎明）乘飛機去上
海，為行動方便，六人都着便服，到上海後住延安飯店。

　　當天下午，江青先派人送來《毛主席於 1944 年在延安看了〈逼上梁山〉
後寫給平劇院的信》等三份文件，要我們先看看。接着又派張春橋把我接到
「丁香花園」江青住處談話。我向她報到後，原原本本轉達了葉群讓轉達的林
彪的那幾句話。江青聽後微微笑了笑，說：「請你們來，不是開什麼會，主要

是看電影，在看電影中講一點意見。」這次見面是報到性的，江青沒多說什麼就結束了。下午5點，江青又叫我、李曼村、謝鏜忠、陳亞丁等人到錦江飯店小禮堂見面並談話（張春橋在座）。一開始，江青就宣佈了幾個不准：「不准記錄，不准外傳」，特別是「不准讓北京知道」。還查問我們帶竊聽器沒有。接着，她就談了一通文藝方面的問題，說「我們的文藝界不像樣，讓帝王將相、才子佳人、洋人死人統治舞台」，「有一條與毛主席思想相對立的反黨反社會主義的黑線專了我們的政」。「現在該是我們專他們的政的時候了。」「現在的論戰，還只是前哨戰，決戰時機尚未到來。」江青這個講話實際上為座談會和後來的「紀要」定了調子。江青講話後，上海市委書記陳丕顯請參加座談會的人一起吃晚飯。晚上同江青一起看電影《逆風千里》。這樣，「座談會」就算開場了。

從2月2日下午開始，到20日結束，「座談會」分兩段：2日下午至10日為一段；16日至20日為一段。其中10日至15日沒有開會，因為2月9日下午江青說她有事，「座談會」得停幾天。我當即給林彪辦公室打電話，彙報了江青同我們四次談話的精神，並請指示。2月10日，我和李曼村乘飛機回京處理工作，16日返回上海繼續開會。

「座談會」沒有個日程安排，也沒有個議題，每天的活動都聽江青安排。她說談就談，說不談就散。十一天裏，主要活動是四項：

（1）看電影、戲劇。這是「座談會」的主要活動，先後看了三十多部電影和三場戲。每天放什麼電影，什麼時間放，都由江青安排。她到場看電影十三次，指定放映影片二十一部。在看電影、看戲過程中，她想起什麼就談什麼，不讓別人插話。我們四人只是聽她談，有時她問什麼，回答一下，一般不插話。張春橋、陳伯達有時也來看電影，隨着江青的話插幾句。

（2）個別交談和集體座談。個別交談八次，每次半小時至一小時。大多是吃過中午飯後，江青秘書來電話叫我去。每次談話，江青都沒有什麼提綱，而是想到哪兒講到哪兒，經常內容重複，有時一個問題沒談完又談另外一個問題。每次我一去她就講，不問什麼，也不讓插話，她講累了就散。因為江青規定談話內容不許記錄，我只好每次聽江青談話回來，就憑記憶給李曼村、謝鏜忠和陳亞丁說一說，並讓陳亞丁作些追記，以備回去作彙報用。

據我當時的日記和回憶，江青找我的八次談話的內容是：第一次，就是

剛到上海報到的那一次，主要是我轉達林彪的那幾句話；第二次是 2 月 3 日下午，主要是江青談她怎樣給毛主席當秘書，當「文藝哨兵」，如何親自買票下劇場，發現京劇存在很多問題，內容、表現方法、唱腔等方面都不行，毛主席的批示沒有得到貫徹，所以她要搞京劇革命；第三次是 2 月 5 日下午，講京劇改革要改唱腔，舞蹈動作，難度很大；第四次是 2 月 8 日晚上，講外國電影問題；第五次是 2 月 9 日下午，講她搞京劇改革遇到的困難，北京市委不支持；第六次是 2 月 16 日下午，談文藝工作，也談到對一些影片，如《抓壯丁》等的看法；第七次是 2 月 17 日下午，談要修改電影《南海長城》問題；第八次是 2 月 17 日晚，談要趁參加過三大戰役的人還在，軍隊要負責把三大戰役寫出來。有幾次談話中，還談到 30 年代的文藝問題。

集體座談一共四次：2 月 2 日晚見面談一次；2 月 9 日晚接見《南海長城》劇組談話一次；2 月 18 日、19 日下午集體聽江青談話兩次。集體座談也是江青一人講，大家聽，講完就散。

（3）閱讀有關文件和材料。江青神秘地給我們四人閱讀了毛主席的兩篇著作。一篇是《毛主席於 1944 年在延安看了〈逼上梁山〉後寫給平劇院的信》（這封信 1951 年在《戲劇報》上發表過，當時題為《看了〈逼上梁山〉以後給作者的信》。其中還有一段話：「郭沫若在歷史話劇方面做了很好的工作，你們則在舊劇方面做了此種工作。」此次，這一段沒有了，題也改了）。另一篇是《毛主席同音樂工作者的談話》。還閱讀了上海文藝界整風的情況等九個有關文藝工作的材料。江青非常神秘地交代，這些材料，只供你們幾個人閱讀，不准傳出去。

（4）江青接見《南海長城》的導演、攝影師和部分演員，同他們談話三次。主要談她看了《南海長城》樣片後的看法和修改的意見。她認為既然叫《南海長城》，就不能只有民兵，還要有陸軍、海軍和空軍，現在這個樣子不行，人物表演、藝術，都不行，要進行修改，等等。

在「座談會」期間，楊成武路過上海，去看了江青，同時也看過我們，說：江青抓部隊文藝工作，機會難得，要很好地重視。

整個「座談會」實際是江青一人談，我們四人始終貫徹了臨行前一起商定的「多聽少說」、「不爭論」的原則，很少發表意見。江青也不讓我們多插話。

江青講話由於不准記錄，除我事後讓陳亞丁作了簡要追記外，並沒有文字記載。根據我和李曼村的回憶和陳亞丁的「追記」，以及會後整理的「江青談話紀要」，江青談話的主要內容有以下幾個方面：

（1）自我吹噓，抬高自己。

說她是「山東諸城人，十幾歲從濟南到青島，以後到上海，和主席結婚後在主席身邊。在延安時當協理員。進了北京給主席當秘書，管『外參』。這幾年主席讓我當『文藝哨兵』」。吹她如何親自作調查研究，「戴着大口罩到戲院看戲」，「發現牛鬼蛇神、帝王將相、才子佳人統治我們的舞台」，「文藝界有很多問題，到處是牛鬼蛇神、一塌糊塗」。於是她把這些情況報告了主席，「主席才有了兩個批示」。還說《武訓傳》的錯誤也是她發現的。評《海瑞罷官》的文章是她在上海搞的。還吹噓她如何搞京劇改革，搞芭蕾，沒有好劇團、好演員，她「像叫花子要飯似的去要演員」。說經她改革的京劇，過去的基本功都不夠用了。還吹她如何和主席平起平坐。

（2）吹捧林彪。

江青在談到她搞京劇改革、抓文藝批評沒人支持時說：「我沒有辦法呀，困難呀，春節期間去蘇州向林總談了我的意見，我要請『尊神』，請解放軍這個『尊神』支持我。林總完全同意我的意見，同意我找你們幾位談一談。我不敢隨便找呀，我是得到林總批准才找你們的。」在談到部隊文藝工作時，她說：「在林彪同志的領導下，部隊文藝工作畢竟比地方好些。」

（3）誣稱在文藝方面「有一條反黨反社會主義的黑線」。

江青多次說毛主席「在二十四年前的講話」「一直貫徹不下去」。文藝界是「帝王將相、才子佳人、洋人死人統治着舞台，毛主席多次批評，他們就是不聽」，「為什麼會這樣呢？我想了很久，想通了，這是在文藝方面，有一條與毛主席思想相對立的反黨反社會主義的黑線專了我們的政，建國十七年來，他們一直在專我們的政。」「再也不能這樣下去了。」

（4）攻擊、誣陷周總理等中央領導和文藝界的領導。

在一次談話中，江青說：「前年根據主席的指示，我開了一次音樂座談會。在會上，我提出了……樂隊要中西合璧，有人說這是非驢非馬。是個騾子也好嘛！這次會是毛主席贊成的，中央文化部都把它封鎖起來，不向下傳達。周總理另外又開了民族音樂座談會，又講了要先分後合，要洋的就是洋

的，中的就是中的，搞純粹的民族樂隊，不許混雜。這是錯誤的，不符合毛主席思想的，他是應該作檢討的。」她還攻擊北京市委不支持文藝改革，不給她好劇團、好演員，專了她的政。主席的話都不聽。她還攻擊羅瑞卿。有一次談到部隊文藝工作時，我説：「部隊文藝方向是對的，成績是主要的。」江青馬上打斷我的話，説：「在主席批示文藝界基本上不執行黨的文藝路線後，羅瑞卿説部隊文藝方向已經解決了，是錯誤的。」還説：軍隊也不是在真空裏，八一電影製片廠出了像《抓壯丁》這樣的壞片子，「我看了以後哭了」，八一廠那個陳播沒有階級感情，不能當廠長。她還攻擊八一廠「人員嚴重不純」，「創作幹部藝術思想上問題很大」，要整頓。江青還攻擊、誣陷周揚、夏衍等人，説：「文藝界基本上不聽主席的，聽周揚、林默涵、夏衍這些人的。」還誣陷這些人「有的原來就是特務，有的叛變了，有的爛掉了，有的掉隊了」。還説，周揚、彭真專了她的政。説：「夏衍這幫傢伙主張『離經叛道』，我認為他們就是離馬克思列寧主義、毛澤東思想之經，叛人民戰爭之道，完全是反對毛主席的。」「《聶耳》是給夏衍樹碑立傳的。」她攻擊文化部不像共產黨領導的文化部，讓他們批《海瑞罷官》就是不批，她只好到上海找人。

（5）指責和否定大量的電影和文學作品。

江青看一部電影就否定一部，無端指責建國以來的電影和文藝作品，説：有的是不寫正確路線，專寫錯誤路線的；有的是美化敵人，歌頌叛徒的；有的是醜化勞動人民和軍隊的；有的是頌揚戰爭苦難；有的是宣傳和平主義；有的是寫談情説愛，低級趣味；有的不寫英雄人物專寫中間人物；有的寫英雄人物，寫一個死一個；有的是為活着的人樹碑立傳……看了幾十部電影，江青認為「沒有一部滿意的」。周恩來親自抓的大型音樂舞蹈史詩《東方紅》，她也認為問題不少。《南征北戰》她説也有問題，修改一下也可以。只有《平原遊擊隊》她認為勉強可以。對八一廠的《海鷹》，她只肯定了上半部是「我們的」。她説：「《兵臨城下》演了很久沒人批評，《解放軍報》是否寫篇文章批判一下。」她還全盤否定 30 年代文藝，説「國防文學」的口號是資產階級的；「大眾文學」好一點，是魯迅的；「左」翼文藝運動是王明路線；等等。她還説：「塑造工農兵的新英雄人物，是社會主義（文藝）的根本任務。我就是這麼去做的。」對一些外國電影，江青也橫加指責，説《靜靜的頓河》

這個片子非常糟糕，主人公是個土匪、叛徒。她還説，文藝問題上有資本主義的東西，也有修正主義的東西。批文藝上的修正主義不能只捉丘赫拉依，要捉大的，要批判肖洛霍夫。

此外，江青還談了創作方法、電影技巧和創作三大戰役、修改《南海長城》等問題。

對江青上述談話，我們四人當時並沒有認識到她的惡毒用意，認為主要精神主席在「兩個批示」中都講過。我只是感到江青對建國以來的文藝工作「否定過多」。我們四人在吃飯時議論過這個問題。我們對江青説八一廠「組織不純」、「部隊文藝方向上也有問題」等也有意見。我還感到「江青對周總理，對中央文化部太不尊重，批評得過多」。對江青反對寫中間人物也有看法。我在 2 月 10 日休會回北京後，11 日上午即向肖華（當時蕭勁光也在坐）彙報了「座談會」的情況，並談了我的看法：一是「否定過多」。我説：我們看了的電影，許多群眾認為是好的，江青都説不行，京劇不行，這麼多電影不行，那群眾看什麼？那電影院、戲院不就關門了。二是中間人物應該寫，我説：寫英雄的不行，寫中間人物不行，那寫什麼？中間人物是客觀存在，還是應該寫的，還是可以演的，不然沒法寫了。肖華、蕭勁光都表示贊同這個看法。肖華説：這些問題怎麼辦，開完會後再研究。

總之，整個「座談會」，主要是看電影和江青「一言堂」的談話。

「紀要」的炮製

「座談會」結束後，產生了一個「紀要」。這個「紀要」原來是我們四人，為準備回京後向總政黨委彙報，而起草的一個記錄江青談話精神的彙報提綱。後來經過江青、陳伯達、張春橋親手炮製，大量增刪，反覆改寫，增加了許多原來沒有的東西，內容和面貌大變，變成了一個以「座談會」為名，實為江青、陳伯達、張春橋一伙推行「左」的文藝思想和意見的所謂「座談會紀要」。從我們四人起草的第一個彙報提綱稿子算起，先後寫了八個樣稿，反覆修改達三十次之多，字數由三千來字增加到一萬多字。毛澤東曾三次親自對「紀要」稿作了重要修改。

2 月 19 日，江青説沒有什麼可説的了，她有事，暫告一段落，你們可以

回去了。我當時想，看了十多天電影，江青談了這麼些沒有條理的、零零碎碎的話，總得理出個頭緒來，回去才好向總政黨委彙報。於是我同李曼村、謝鏜忠、陳亞丁一起，根據江青多次談話的精神和陳亞丁的「追記」，逐段逐句進行了討論，並由黎明記錄，陳亞丁修改，寫成了《江青同志召集的部隊文藝工作座談會紀要》（以下簡稱「彙報提綱」）。

這個「彙報提綱」約三千字，寫了三個部分：

第一部分寫座談經過。寫了四層意思：一是葉群要我向江青轉達的林彪吹捧江青的那段話。二是肖華、楊成武重視這次「座談會」的話。三是會議過程中看了些什麼文件，看了多少電影和戲，江青分別談了幾次話。四是對江青談話的一般性評價，說她「對主席思想領會深」，「親自種試驗田」等。

第二部分寫江青在座談中談的「許多極為重要的意見」。根據「追記」，把江青的多次談話內容綜合了八條，主要觀點是：

（1）「在文化戰線上存在着兩條道路的尖銳鬥爭，」江青說，「主席在延安文藝座談會上的講話到現在已二十四年了，就是推不下去，原因就是在文藝工作中有一條與主席思想相對立的反黨反社會主義的黑線。文藝界有人所講的『離經叛道』，就是離馬克思列寧主義、毛澤東思想之經，叛人民戰爭之道。在這個問題上，十幾年來，實際上是他們在專我們的政。我們一定要進行文化戰線上的社會主義革命，搞掉這條黑線」。

（2）「文藝戰線兩條道路的鬥爭，必然要反映到軍隊內部來，軍隊也不能例外。」「例如八一電影製片廠也出現了《抓壯丁》的壞作品。」

（3）「文化革命也要依靠解放軍。」

（4）「文化革命要有破有立，領導人要親自抓。搞出好的樣板。」

（5）「文藝工作要搞民主，走群眾路線。」「文藝創作要實行三結合。」

（6）「開展文藝評論」。江青說：「文藝上的反修鬥爭，不能只捉丘赫拉依之類小人物，要捉大的，捉肖洛霍夫，要敢於碰他，他是修正主義文藝的鼻祖。」

（7）「在創作方法上，要採取革命的現實主義和革命的浪漫主義，不要搞資產階級的現實主義浪漫主義。」江青說，過去有些作品，「不表現正確路線，專寫錯誤路線」，「不寫英雄人物，專寫中間人物」，「專搞談情說愛」，「這些都是資產階級的、修正主義的東西，必須堅決反對」。

(8)「從思想上、組織上整頓文藝隊伍。」

第三部分寫落實措施。為了使江青的意見「在思想上、組織上、工作上落實」，準備採取八條措施：

(1)「預定在 4 月召開創作會議。」

(2)「成立三大戰役創作辦公室，組織三大戰役創作隊伍。」

(3)「在 1967 年 10 月 1 日前，拍好《南海長城》電影。」

(4) 認真清理部隊的電影、戲劇和作品。

(5)「整頓總政八一電影製片廠。」

(6)「開展文藝民主，對戲劇、電影、文藝作品的審查走群眾路線，實行三結合，大家把關。」

(7)「組織一個寫文藝評論文章的班子。」

(8)「總政黨委加強對文藝工作的領導。」

20 日晚，「彙報提綱」寫好後，即送上海警備區列印了三十份。當時我們四人還研究了這個稿子給不給江青的問題。如果「不給她呢，她知道後，肯定會發脾氣，為什麼背着她，不告訴她！要是給她一份呢，她可能會不滿意」。考慮的結果，還是送她一份。2 月 21 日，我把「彙報提綱」送一份給江青。22 日下午，我們一行六人乘飛機到濟南後，我給住在南山賓館的林彪送了一份「彙報提綱」，並簡要彙報了座談情況。林彪聽了彙報後說：「這個材料搞得不錯，是個重要成果。這次座談在江青主持下，方向對頭，路線正確，回去後要迅速傳達，好好學習，認真貫徹。」第二天（23 日）上午，我們一行由濟南回北京。

我們乘飛機剛到北京，在機場上即接到了江青秘書從上海打來的電話，説這個材料「根本不行，歪曲了她的本意」。「沒有能夠反映她的意思」，「給她闖了大禍」，還説「現在不要傳達，不要下發」。並要我派人去上海，她幫助修改。她還説，她已告訴了毛主席，毛主席要陳伯達、張春橋、姚文元來參加修改。當天下午，我立即將上海座談會的情況和林彪意見，向肖華作了彙報，商定陳亞丁帶原稿去上海參加修改。並向陳亞丁交代：江青要怎麼改，就怎麼改，有什麼問題回來再説。2 月 25 日，陳亞丁返回上海。

2 月 26 日，張春橋把陳亞丁接到錦江飯店，商量修改稿子的事。江青見到陳亞丁就説：「你來了，很好。」「你們要搞『紀要』，事先也不同我商量

一下，搞好了，臨走丟下來，逼我簽字，有什麼辦法，逼上梁山嘛，搞就搞吧！要搞就要搞準確，搞完整。」「我把你們搞的那個東西，請陳伯達、張春橋推敲了一下，伯達有些意見很好，我要他寫出來，他一會兒就來，一起商量一下。」陳伯達到後，江青就主持討論修改問題，並問陳伯達：「老夫子，叫你寫一下，你寫出來沒有？」陳伯達拿出他寫好的幾張紙，談了修改意見：第一，「十七年文藝黑線專政的問題，這很重要，但只是這樣提，沒頭沒尾」。「要講清楚這條文藝黑線的來源。它是 30 年代上海地下黨執行王明右傾機會主義路線的繼續」，「把這個問題講清楚，才能更好地認清解放後十七年的文藝黑線，這條黑線是從那個時候就開始了」。第二，「要講一段文藝方面的成績」，「江青親自領導的戲劇革命……搞出了像《沙家浜》、《紅燈記》、《智取威虎山》、《紅色娘子軍》芭蕾舞、交響音樂《沙家浜》等，這些，真正是我們無產階級的東西」，「這些都要寫一下。這樣，破什麼立什麼就清楚了」。江青聽後高興地說：「伯達的意思很好，幫我們提高了，擊中了要害，很厲害。」「這一來有些人的日子就不好過了！」張春橋也說：「經老夫子這一點，我對問題更清楚了。」江青要陳亞丁把陳伯達寫的和張春橋已經改過的稿子，全改寫在一份上。

　　陳亞丁根據江青的意見，連夜把陳伯達寫的和張春橋改的，改寫在一份稿上。他把音樂舞蹈史詩《東方紅》也列入文藝革命的成績上。

　　27 日上午，張春橋把陳亞丁接到康平路張春橋辦公室，兩人又作了些改動。當天晚上，江青、張春橋、陳亞丁又對修改稿作了討論。江青的主要修改意見有兩點：第一，不同意把《東方紅》列入優秀劇目中，說「主席不會同意的」。第二，「關於要表現革命的英雄主義和革命的樂觀主義，不要宣揚苦難的文字沒有表達清楚」。她要求「再改一改，明天再議一下」。討論後，陳亞丁又連夜改了一遍。28 日上午又和張春橋作了些文字上的改動。當晚又讀給江青聽。江青說，就這樣，可以「傳達了」。並要陳亞丁帶幾份給我、李曼村、謝鏜忠看一下，有什麼意見打電話告訴她。第二天，陳亞丁即帶着修改稿回北京。

　　這次修改，題目仍叫《江青同志召集的部隊文藝工作座談會議紀要》，結構仍分三個部分，但內容作了很大增刪、改寫，加進了許多座談時沒有談過的東西。第二、第三部分的「雙八條」，增加為「雙九條」。全文由三千字增

加到五千五百字左右。內容上的修改、增刪，重要的有以下幾方面：

（1）增加了美化江青的話。「彙報提綱」在第一部分末尾寫了一段：「江青同志對主席思想領會深，又作了長時間的、充分的調查研究，親自種試驗田，有豐富的實踐經驗。這次帶病工作，熱情、誠懇地幫助我們，給了我們很大啟發、教育和鼓舞。」這次修改時，又增加了一段美化江青把江青說得似乎很謙虛的話，說「在座談開始和交談中，江青同志再三表示：對主席的著作學習不夠，對主席思想領會不深，只是學懂哪一點，就堅決去做……」

（2）把有「江青同志的意見」的地方，改為參加「座談會」的人的「認識」或「座談的成果」。如把「彙報提綱」中「在這次座談中，江青同志對當前文化革命和部隊文藝工作，談了許多極為重要的意見，據我們領會，主要有以下幾點……」改為：由於閱讀了主席的著作和有關材料，聽了江青的許多極為重要的意見，看了電影和革命現代京劇，「從而加深了我們對毛主席文藝思想的理解，提高了對社會主義文化革命的認識。其中感受最深的，有以下幾點」。又如：把「彙報提綱」中「我們認為江青同志這些意見都是非常正確的，符合軍隊情況」，改為「通過座談，我們對上述問題有了明確的認識」。把「彙報提綱」中「為了使江青同志的這些意見在思想上，組織上落實」，改為「為了使這次座談的成果在思想上、組織上落實」。我當時就感到，江青既想通過「紀要」把她的思想觀點反映出來，又不想寫成是她說的，要以解放軍的口來說她想說的話。當然，當時我們沒有看出這是江青的陰謀。

（3）為「文藝黑線專政論」進行理論上的論證。「彙報提綱」第二部分第一條是按江青的說法，寫了「文藝工作中有一條與主席思想相對立的反黨反社會主義的黑線」，未作論證。這次修改，加上了這一反動論點的理論根據，引了馬恩列斯和毛主席關於文藝的一些論述。把這一段增改為：主席的這篇講話從發表到現在已經二十四年了，「而文藝界在建國後的十五年來，都基本上沒有執行，被一條與主席思想相對立的反黨反社會主義的黑線專了我們的政，這條黑線就是資產階級的文藝思想，現代修正主義的文藝思想，和三十年代文藝思想的結合。『寫真實』論、『現實主義廣闊的道路』論、『現實主義的深化』論、反『題材決定』論、『中間人物』論，等等，就是他們的代表，而這些論點都是毛主席在《在延安文藝座談會上的講話》中，早已批判過的」。還加了一句「十幾年來，真正歌頌工農兵的英雄人物，為工農兵服務的

好的或者基本上好的作品也有，但是不多；不少是中間狀態的作品；還有一批是反黨反社會主義的毒草」。

（4）增加了攻擊羅瑞卿的內容。在講軍隊文藝工作一條中，說羅瑞卿關於「部隊文藝方向已經解決了」的話，是「在毛主席指出文藝界十五年來基本上沒有執行黨的方針以後」講的。還說：「羅瑞卿同志錯誤的文藝思想對軍隊的文藝工作是有影響的，要徹底肅清。」

（5）篡改無產階級文藝的根本任務，全盤否定 30 年代文藝。說什麼「要努力塑造工農兵的英雄人物，這是社會主義文藝的根本任務」。「要破除對所謂 30 年代文藝的迷信，那時，左翼文藝運動政治上是王明的『左』傾機會主義路線，組織上是關門主義和宗派主義，文藝思想實際上是俄國資產階級文藝評論家別林斯基、車爾尼雪夫斯基的思想，即資產階級思想。當時左翼的某些領導提出的『國防文學』這個口號，就是資產階級的口號」，等等。全盤否定了 30 年代的左翼文藝。

（6）對一些文藝作品進行無端指責。說：有的作品「塑造起一個英雄形象，卻讓他死掉，人為地製造一種悲劇的結局」；寫中間人物「實際上是落後人物，醜化工農兵形象」；「而對敵人的描寫，卻不是暴露敵人的階級本質，甚至加以美化」；寫了一些愛情的作品，就是「『愛』和『死』是永恆的主題」。

陳亞丁帶着修改後的稿子回北京後，便把修改情況向我和謝鎧忠作了彙報。3 月 1 日，我批：「列印，除文化部自己所需外，送總政黨委、宣傳部、報社各一份，送我五份，擬批送林副主席、江青同志、肖主任、楊代總長等」。陳亞丁按批示，將修改稿列印了一百份。

本來稿子修改結束時，江青說稿子經張春橋、陳亞丁修改後，她就「不管了」，可以「傳達了」。但事後，她又在不徵求我們意見的情況下，把稿子鉛印了送毛澤東審閱。毛澤東「很重視，對『紀要』親自作了修改」。毛澤東第一次審閱時，修改共十一處，其中重要的有：

（1）在標題上加了「林彪同志委託」六個字。標題成了「林彪同志委託江青同志召集的部隊文藝工作座談會紀要」。

（2）把稿子第一部分中「江青同志在上海召集劉志堅……」改成「江青同志根據林彪同志的委託在上海召集……」

（3）在「徹底搞掉這條黑線」之後，加了「搞掉這條黑線之後，還會有

將來的黑線，還得再鬥爭」。並在這一條之後，單獨加了一段：「過去十幾年的教訓是，我們抓遲了。毛主席說，他只抓過一些個別問題，沒有全盤地系統地抓起來，而只要我們不抓，很多陣地就只好聽任黑線去佔領，這是一條嚴重的教訓。1962 年十中全會作出要在全國進行階級鬥爭這個決定後，文化方面的興無滅資的鬥爭也就一步一步地開展起來了。」

（4）在「要破除對所謂三十年代文藝的迷信」後面，加了「三十年代也有好的，那就是以魯迅為首的戰鬥的左翼文藝運動。到了三十年代的後期」一句。在「要破除對中外古典文學的迷信」後面，加了「古人、外國人的東西也要研究，但要用批判的眼光研究，做到古為今用，外為中用」。

（5）在第四條「毛澤東思想的指導下」前面及第九條「讀一輩子毛主席的書」之間，都加了「馬克思列寧主義和」幾個字。

毛澤東在作了上述修改後，又指示「請陳伯達同志參加，再作充實和修改」。

根據毛澤東的指示，江青在上海找陳伯達、張春橋再次對稿子進行充實和修改。3 月 8 日，江青電話通知我和陳亞丁去看毛澤東改動的地方。3 月 10 日上午，我同陳亞丁乘飛機到上海，下午，江青給我們看了毛澤東修改的稿子，並要我們考慮意見，一起討論修改，還說主席指示請陳伯達參加修改。3 月 11 日下午，江青派人把陳伯達修改的稿子送給我和陳亞丁看。以後三天，在陳伯達參加下，江青、張春橋、陳亞丁又對稿子逐條進行了修改補充。我參加看了一些電影和兩次討論。除了對幾處提法提了點意見外，因我認為「稿子既然主席改過了，也就可以了，要補充些什麼，也只是聽陳伯達、江青說，而且 30 年代文藝上的爭論我也不知道」。所以具體修改的事，由陳亞丁參加。14 日修改完畢，15 日我返回北京。

這次修改補充的內容比較多。把二、三部分的「雙九條」增加為「雙十條」。全文由五千五百字增加到一萬字左右。重要的修改、補充內容有：

（1）在第一部分恢復了原稿本來提到的肖華、楊成武的名字。增寫了一段話：「肖華同志和楊成武同志，對這次座談都表示熱情贊助和支持，指示我們一定要按照江青同志的意見辦，並對江青同志這樣關心部隊的文藝工作表示感謝。」

（2）在第二部分第一條中刪去了馬恩列斯的論述，增加了毛澤東的《關

於正確處理人民內部矛盾的問題》等三篇著作。並增加了反「火藥味」論、「時代精神匯合」論兩個所謂文藝黑線的代表論點。

（3）增寫了吹捧江青和樣板戲的內容作為第二條。全文近九百字，即從「近三年來，社會主義的『文化大革命』已經出現了新的形勢，革命現代京劇的興起，就是最突出的代表」。一直到「把社會主義文藝革命進行到底，還需要我們作長期的艱苦的努力」。

（4）把「文化革命也要依靠解放軍」的提法，改為「文化革命解放軍要帶頭」。

（5）加了一段評價斯大林的話，說：斯大林「對資產階級的現代派文藝的批評是尖銳的，但是他對俄國和歐洲的所謂經典著作卻無批判地繼承，後果很壞」。「我們應當接受斯大林的教訓。」

（6）在講文藝批評一條中增加了一段：「對於文藝理論方面一些有代表性的錯誤論點，和某些人在一些什麼《中國電影發展史》、《中國話劇運動五十年史料集》、《京劇傳統劇目初探》之類的書中企圖偽造歷史，抬高自己，以及所散佈的許多錯誤論點，就要有計劃地進行徹底的批判，不要怕有人罵我們是棍子。」

（7）把第九條（現第十條）中「從思想上組織上整頓文藝隊伍」，改為「重新教育文藝幹部，重新組織文藝隊伍」。並接着寫了一大段理由，即「由於歷史的原因，在全國解放前，我們無產階級在敵人統治下培養自己的文藝工作者要困難一些……不論是創作思想方面，組織路線方面，工作作風方面，都要堅持黨性原則，反對資產階級思想的侵襲，同資產階級必須劃清界限，決不能和平共處」。

（8）在第三部分加了第一條，「根據林彪同志建議，總政治部已經把《毛澤東論文藝》一書，印發全軍文藝工作者人手一冊」。據我回憶，林彪根本沒有這個建議，這樣寫，是江青對林的吹捧。

這次修改稿印出後，江青「又送主席審閱」。3月14日晚，江青給毛澤東寫了一封信，信的全文如下：

　　　　因為伯達同志乘的是下午四點多的火車，我託他帶給你的那份座談紀要，沒有來得及看，他走後我才發現沒有加紅槓。他那份大概也沒有

來得及加。現送上加紅槓的一份，請批示。雙紅槓是你改的，單紅槓是伯達、志堅、春橋、亞丁四位同志和我一塊商量着改的。好處是有些問題說的比前次的充分一些，缺點是長了一些。此外，也恐有不妥之處或不夠策略的地方，請指出並修改。我只是不安，怕又影響你的睡眠。志堅同志明日回京，亞丁同志尚在這裏等。你不要趕，他們的創作會議四月初才開。

毛澤東收到江青的信和稿子後，「再次作了修改」。根據陳亞丁當時的傳達，毛澤東第二次修改，重點是第二部分，在十幾個地方作了內容的增刪和文字的修改，重要的有：

（1）把第二部分第一段「其中感受最深的，有以下幾點」改為「下面是在這次座談中大家商議和同意的幾點意見」。

（2）把第三條中「羅瑞卿同志卻在毛主席指出」一句中的「毛主席」改為「黨中央」。

（3）把「文化革命解放軍要帶頭」改為「文化革命解放軍要起重要作用」，並刪去了末尾「高舉毛澤東思想偉大紅旗」一句。

（4）在第五條中，把「左翼文藝工作者並沒有解決同工農兵相結合這個問題」，改為「有些左翼文藝工作者，特別是魯迅，也提出了要為工農兵服務和工農自己創作文藝的口號，但是並沒有系統地解決文藝同工農兵相結合這個根本問題」。又在第一次修改的「古人、外國人的東西也要研究」後面，加了「拒絕研究是錯誤的」。

（5）在第九條，把「採取毛主席提出的革命的現實主義和革命的浪漫主義相結合的方法」中的「毛主席提出的」六個字刪去了。

（6）在第十條「黨性原則是我們區別於其他階級的顯著標誌」後面，加了「須知其他階級的代表人物也是有他們的黨性原則的，並且很頑強」一句。

（7）在稿子的最後加了一句：「以上整個座談記錄所說內容，僅供領導同志們參考。」

毛澤東在作了上述修改後，於17日對江青的信和報送的「紀要」稿作了批示：「此件看了兩遍，覺得可以了。我又改了一點。請你們斟酌。此件建議用軍委名義，分送中央一些負責同志徵求意見，請他們指出錯誤，以便修

改。當然首先要徵求軍委各同志的意見。」

3月18日，江青又通知我和謝鏜忠、李曼村去上海討論「紀要」定稿問題。3月19日上午，我和謝鏜忠、李曼村到達上海，下午江青就召集我們（還有陳亞丁、張春橋），看毛澤東修改過的稿子，並徵求意見。一見面江青就說：你們給我闖了大禍。張春橋接着說：因禍得福嘛！（李曼村回憶說，張春橋的「意思是說：我們搞那個東西不行，才有他的這個」。）江青問我們對「紀要」還有什麼意見。我們對「重新組織文藝隊伍」的提法提了意見，認為這樣寫涉及對整個文藝隊伍的估價，起碼部隊文藝工作方向是對的，隊伍也是好的，建議把「組織」二字，改成「整頓」。江青不同意改，說毛主席已經同意，不能改了。要大家通過這個稿子，並把毛澤東3月17日的批示拿給大家看。張春橋也幫腔說：「不要再猶豫了，改了這麼長的時間了，行了，行了！」江青說：「如果你們沒有意見，就算定下來了。」並交代說：「鬥爭很複雜，周揚在蘇州養病，聽說我在同你們座談文藝問題，好緊張，跑到上海來看春橋，打聽消息，春橋沒有告訴他。你們回去後，沒有正式傳達前，不許外傳，要保密，這是一條紀律，定下來，一定要守紀律。」還說：「這個稿子要給林總一份。」她要親自給林彪寫一封信。當時，修改稿由張春橋拿去印成大字鉛印稿。陳亞丁則為江青起草了給林彪的信。經江青修改後的信全文如下：

林彪同志：

　　根據你的委託，我於2月2日至20日，邀請劉志堅等四位同志就部隊文藝工作問題進行了座談。座談後他們整理了個座談紀要送給你和軍委其他領導同志，也送給我一份。我看了，覺得座談紀要整理得不夠完整，不夠確切。因此，請春橋、亞丁兩位同志一起座談修改，然後，送主席審閱。主席很重視，對紀要親自作了修改，並指示請伯達同志參加，再作充實和修改。我於3月10日至15日，請伯達、志堅、春橋、亞丁四位同志一起討論修改後，又送主席審閱，主席再次作了修改，並於17日批示：「此件看了兩遍，覺得可以了。我又改了一點，請你們斟酌。此件建議用軍委名義，分送中央一些負責同志徵求意見，請他們指出錯誤，以便修改。當然首先要徵求軍委各同志的意見。」19日，我又

請志堅、春橋、鏜忠、曼村、亞丁五位同志一起座談，大家一致同意這一紀要。現將座談紀要送上，請審批。

此致
敬禮！

江青
1966 年 3 月 19 日

當時林彪就住在上海，他收到江青的信和「紀要」後，就把我找去，要我代為起草一封給軍委常委的信。我讓陳亞丁執筆起草了一個稿子送去，林彪認為調子太低，陳亞丁又改了一遍，加上一些對「紀要」評價的話，又送林彪審定。林彪給軍委常委的信全文如下：

賀龍、榮臻、陳毅、伯承、向前、劍英諸同志：

送去江青同志 3 月 19 日的信和她召開的部隊文藝工作座談會紀要，請閱。這個紀要，經過參加座談會的同志們反覆研究，又經過主席三次親自審閱修改，是一個很好的文件，用毛澤東思想回答了社會主義時期文化革命的許多重大問題，不僅有極大的現實意義，而且有深遠的歷史意義。

十六年來，文藝戰線上存在着尖銳的階級鬥爭，誰戰勝誰的問題還沒有解決。文藝這個陣地，無產階級不去佔領，資產階級就必然去佔領，鬥爭是不可避免的。這是在意識形態領域裏極為廣泛、深刻的社會主義革命，搞不好就會出修正主義。我們必須高舉毛澤東思想偉大紅旗，堅定不移地把這一場革命進行到底。

紀要中提出的問題和意見，完全符合部隊文藝工作的實際情況，必須堅決貫徹執行，使部隊文藝工作在突出政治、促進人的革命化方面起重要作用。

對紀要有何意見望告，以便報中央審批。

此致
敬禮

林彪
1966 年 3 月 22 日

　　3 月 22 日晚，林彪修改審定後，交代我把他的信和「紀要」，「分別送給軍委各位常委，看常委有什麼意見，如果沒有意見就送給中央，由中央來批發」。3 月 23 日上午我們帶着定稿的「紀要」和林彪的信（即《林彪同志給賀龍等同志的信》）返回北京後，即按林彪的交代，分送給軍委各常委。同時交代陳亞丁起草一個給中央的報告。

　　在此期間，毛澤東對「紀要」作了第三次修改。據陳亞丁當時傳達，主要有四個地方改動：一是把第二部分第二條中的「歌頌我們偉大的黨和偉大的領袖毛主席英明領導的文藝作品」，改為「歌頌我們偉大的黨，黨的領袖和其他同志們英明領導的文藝作品」。二是把第五條中，「從根本上消除一切剝削階級的意識形態的革命」，改為「從根本上消除一切剝削階級毒害人民群眾的意識形態的革命」。三是在第七條中「在文藝批評」一句之前，加上「使專門批評家和群眾批評家結合起來」。四是把第三部分中的「學習江青」，改為「仿照江青」。經過毛澤東這次修改，「紀要」就最後定稿了。

中央對「紀要」的批發

　　3 月 30 日，我看軍委常委們沒有提出什麼修改意見，都畫了圈，就找陳亞丁修改以軍委名義向中央和毛主席寫的請示即《軍委的請示》。全文如下：

　　中央、主席：
　　　　軍委常委同志一致同意《林彪同志委託江青同志召開的部隊文藝工作座談會紀要》，認為這是一個在文藝工作方面高舉毛澤東思想偉大紅旗的很系統很完善的文件，部隊必須堅決貫徹執行。現送上這一紀要和林彪、江青同志的兩封信，請審批。

　　　　　　　　　　　　　　　　　　　　　　　　　　　　　軍委
　　　　　　　　　　　　　　　　　　　　　　　　1966 年 3 月 30 日

　　當日，即將「請示」、「紀要」和江青給林彪的信、林彪給軍委的信，一起上報中央。因當時中央總書記鄧小平到外地視察工作，不在北京，報中央的一份就送給了常務書記彭真。彭真看後，說一份不夠，要二十份。我又讓

人送去十九份。3 月 31 日，彭真辦公室通知，要總政替中央起草一個轉發
「紀要」的批語。當日我找李曼村、謝鏜忠、陳亞丁一起商量起草了一個批
語，立即送彭真。批語全文如下：

> 中央同意《林彪同志委託江青同志召開的部隊文藝工作座談會紀
> 要》。這一文件很好，很重要，高舉毛澤東思想的偉大旗幟，抓住了當前
> 文藝工作上一些根本性的問題。紀要對文藝戰線上階級鬥爭形勢的分析
> 和所提出的原則、方針、政策，不僅適合於軍隊，也適合於地方，適合
> 於整個文藝戰線。各級黨委應當聯繫本地區、本部門文藝工作的實際情
> 況，認真研究，貫徹執行。

彭真收到批語後，立即於 4 月 1 日以傳文 [66]8748 號批發「紀要」，分
送毛澤東、朱德、周恩來、鄧小平等中央領導核閱，同時另送陳伯達和康
生。毛澤東於當日批示：「已閱，同意，退彭真同志。」4 月 2 日，康生在傳
文上批道：「退彭真同志，這個文件很重要，寫得很好。同意中央的批語。第
七頁有一句作了一點文字調整，請核定。」4 月 3 日下午，我去看望中央文化
部副部長蕭望東，向他談了上海文藝座談會的情況。回家後，我着重看了林
彪給軍委常委的信後，感到我們替中央寫的批語太一般化，當晚，我找李曼
村、謝鏜忠、陳亞丁到京西賓館，又起草了第二個批語，增加了幾句講「文
化革命」意義和重要性的話。第二天送給彭真，彭真說，文件已經發出。第
二個批語就沒有用。

4 月 10 日，中央用傳文的批語（即我們起草的第一個批語），以中發
[66]211 號文件，將「紀要」批轉下達到縣團級黨委。並附發了 1944 年 1 月 9
日《毛澤東同志看了〈逼上梁山〉以後寫給延安平劇院的信》。

4 月 16 日，毛澤東召集政治局常委擴大會議，討論了彭真的所謂錯誤。
撤銷了「文化革命五人小組」。中央領導認為我們替中央起草的那個批語，對
「紀要」的評價講得還不夠，要重寫。陳亞丁根據中央領導口授的要點，重新
寫了一個批語，並交江青修改。江青找張春橋推敲了一遍，即送中央。

5 月 2 日，中央辦公廳以中發 [66]254 號文件發出《關於收回第 211 號中
央文件的通知》。通知說：

中央批發的《林彪同志委託江青同志召開的部隊文藝工作座談會紀要》，在批語上中央有新的補充，現將已經印發的文件收回，限 5 月 10 日前由各級黨委（黨組）辦公廳（室）負責，如數收齊，退回中央辦公廳機要室。新的文件將於 5 月 10 日前發出。

隨後，中央發出了有新批語的文件。新批語就是由陳亞丁起草，江青、張春橋修改後送中央的那一份，經中央審定後，還是以中發 [66]211 號文件發出，批語落款時間還是 4 月 10 日。

新批語全文如下：

各中央局，各省、市、自治區黨委，中央各部委，國家機關和人民團體各黨委、黨組，人民解放軍總政治部：

在整個社會主義時期，文學藝術領域是無產階級同資產階級這兩個階級、社會主義同資本主義這兩條道路之間的鬥爭的一條極其重要的戰線。在我國，堅持還是反對馬克思列寧主義、毛澤東思想，這是區別社會主義文藝還是資本主義文藝的分水嶺。社會主義的文藝，為無產階級政治服務，為工農兵服務，為鞏固和發展無產階級專政和社會主義制度服務。修正主義的文藝，也就是資本主義的文藝，為資產階級政治服務，為地富反壞右服務，為復辟資本主義準備精神條件。這是一場很尖銳的階級鬥爭。

毛主席一向十分重視文藝戰線的階級鬥爭。毛主席的《新民主主義論》、《在延安文藝座談會上的講話》、《看了〈逼上梁山〉以後寫給延安平劇院的信》、《關於正確處理人民內部矛盾的問題》、《在中國共產黨全國宣傳工作會議上的講話》等著作，是我國和各國革命思想運動的歷史經驗的最新總結，是馬克思列寧主義世界觀和文藝理論的新發展，為我們的文藝工作指出了正確的方向。全國解放以後，文藝戰線上的多次重大鬥爭，和近三年來的社會主義「文化大革命」，都是毛主席親自領導的。但是，中央有關部門和絕大多數黨委，對文藝戰線上的階級鬥爭卻一直認識很不夠，抓得很不夠，沒有認真地貫徹執行毛澤東文藝思想和黨的文藝方針、政策。這種嚴重的情況必須迅速地切實地加以改變。

這次林彪同志委託江青同志召開的部隊文藝工作座談會，是一個高

舉毛澤東思想偉大紅旗的座談會。經過毛主席三次親自修改的座談會紀
要，對當前文藝戰線上階級鬥爭的許多根本問題，作了正確的分析，提
出了正確的方針、政策，是一個很好的、很重要的文件。中央完全同意
這個文件。它不僅適合於軍隊，也適合於地方，適合於整個文藝戰線。
各級黨委應當聯繫本地區、本部門文藝工作的實際情況，認真討論，認
真研究，貫徹執行。

　　此件軍隊發至團黨委，地方發至縣委和文化機關黨委。傳達範圍，
由各級黨委酌情決定，文藝工作者可以適當放寬。

中共中央

1966 年 4 月 10 日

　　中央兩次批轉「紀要」都是以機密文件下發的，傳達範圍限在縣團級
以上。在第一次批發後，中央辦公廳還於 4 月 15 日發出通知，說：「中發
[66]211 號文件，不要登黨刊，並注意保管，切勿遺失。」4 月初，《解放軍報》
當時的負責人提議把「紀要」改寫成社論發表。我請示肖華，他批准了這個
建議。於 4 月 18 日以題為《高舉毛澤東思想偉大紅旗積極參加社會主義文化
大革命》的社論，在《解放軍報》發表。全文九千八百多字，把「紀要」的
精神基本反映出來。社論發表後，引起了文藝界的關注。

　　1967 年 5 月 29 日，「紀要」公開發表，它同 1966 年 4 月中央文件轉發的
「紀要」相比，有二十多處文字或內容上的變動。重要的有：

　　（1）在第一部分刪去了劉志堅、謝鏜忠、李曼村、陳亞丁的名字。刪去
了《毛澤東同志看了〈逼上梁山〉以後寫給延安平劇院的信》和《毛主席同
音樂工作者的談話》，改為「毛主席的有關著作」。

　　（2）把第二部分第二條中「在黨中央的領導下」，改為「在毛主席為首的
黨中央的領導下」。把「京劇改革」改為「京劇革命」。把「這是對社會主義
文化革命將會產生深遠影響的創舉」，改為「這是一個創舉，它將會對社會主
義文化革命產生深遠的影響」。

　　（3）把毛澤東第三次修改時寫的歌頌「黨的領袖和其他同志們」中的「和
其他同志們」刪去了。

　　（4）在第五條加了「我們應當十分重視社會主義革命和社會主義建設的

題材，忽視這一點是完全錯誤的」。

（5）全部刪去了第三部分的十條措施。

這些修改是何時、何人所為，我們參加座談會的人都不知道。因在這之前，1967 年 1 月 4 日，我就被江青一伙以「對抗『中央文革』」、「在軍內貫徹資產階級反動路線」、「破壞江青召開的部隊文藝工作座談會」等罪名打倒了。接着，1967 年 5 月，李曼村、謝鏜忠也相繼被扣上「反對『文化大革命』」等罪名被打倒。

1979 年 3 月 26 日，總政治部給黨中央和中央軍委寫了《關於建議撤銷一九六六年二月部隊文藝工作座談會紀要的請示》，指出：「十幾年來的實踐證明，『紀要』提出的一系列觀點和結論，是完全違反馬克思列寧主義、毛澤東思想根本原理的，也是完全不符合我國文藝戰線的實際狀況的。」「我們建議中央作出正式決定，撤銷這一文件。」5 月 3 日，中共中央發出《中共中央批轉總政治部〈關於建議撤銷一九六六年二月部隊文藝工作座談會紀要的請示〉的通知》，指出：「中央同意總政治部一九七九年三月二十六日的請示，決定撤銷中發 [66]211 號文件，即中央批發的一九六六年二月部隊文藝工作座談會紀要。對受『紀要』影響被錯誤批判、處理的人員和文藝作品，要實事求是地予以平反；對過去曾經宣傳、執行過『紀要』的各級組織和個人，不必追究政治責任。」

這樣，那個由江青策劃，以不尋常的方式召開的所謂座談會和在「文化大革命」中起了惡劣作用的「紀要」，最終被黨和人民徹底否定了。

我和「三家村」始末

李 筠

　　史學界關於「三家村」的研究，大致說可分為三個階段：最初主要是辯冤，從事實真相和道理是非說明「三家村」不是反黨反社會主義的反革命修正主義集團，而是當時為了某種政治目的而製造出來的一個現代文字獄。此案於 1979 年得以平反昭雪。接着，開始了三個人個案研究的階段，分別對鄧拓、吳晗、廖沫沙的個人經歷、學術成果進行收集、整理和評價，出版了《鄧拓文集》、《吳晗文集》、《廖沫沙文集》和他們的傳記。如：《鄧拓傳》、《吳晗傳》、《廖沫沙的風雨歲月》，以及美國歷史學家馬紫梅女士的《時代之子——吳晗》，等等。在這基礎上，開始進入了研究的第三個階段，即「三家村現象」的研究，把他們三人作為那個時代的整體歷史現象，探討「三家村」怎麼成為「文化大革命」的導火線、「三家村」出現的歷史背景、時代作用以及「三家村」本身的文化歷史價值。花城出版社《三家村文庫》的出版就是一個有力的說明。為了促進「三家村現象」研究的深入，我作為當事人之一——《三家村札記》的責任編輯，願意做提供資料的工作，把我所知道的關於「三家村」前前後後的情況原原本本地提供出來，以供中共黨史研究者參考。本文主要是資料性的東西，不是研究「三家村現象」的論文，當然，敍述中也會反映作者的某些觀點。

《前線》創刊的前前後後

　　提起「三家村」，不能不提到中共北京市委主辦的政治理論刊物《前線》。

這是因為：第一，《三家村札記》是《前線》雜誌上開設的一個雜文專欄；第二，「三家村」的「村長」鄧拓是《前線》的主編，廖沫沙是常務編委，吳晗是該刊的主要撰稿人；第三，特別是由彭真撰寫的《前線》發刊詞，與「三家村」有着直接的思想聯繫。因此，有必要把《前線》雜誌的成立和辦刊經過作一比較詳細的介紹。

1958 年 4 月，中共中央發出通知，要求各省、市、自治區加強理論隊伍建設，倡導創辦理論刊物。通知下發後，中央創辦了《紅旗》雜誌，各省、市、自治區紛紛創辦起一批理論刊物。

根據中央的指示，1958 年 5 月 2 日，彭真召開北京市委常委會，討論並通過了《關於建立理論工作隊伍的決定（草案）》。在這次會議上，彭真首次透露了他要辦一個理論刊物的計劃。彭真説，「北京做了許多工作，有許多典型經驗，沒有總結，沒有提高到理論上來，北京在輿論和意識形態方面不夠有力量」，因此要好好辦一個理論刊物，否則沒法「指導實際工作」。彭真親自指定市委常委張文松和市委宣傳部暫時負責刊物的籌備。

要辦刊，首先要解決的是刊名、主編及編委人選、刊物的指導思想。在這些問題上，北京市委給予了高度重視，期望和要求也很高。

7 月 14 日，彭真專門召集市委常委會聽取市委宣傳部《關於創辦市委理論刊物的意見》。當時市委宣傳部提出了二三十個刊名，如躍進、公社等，彭真都不滿意，要求宣傳部再提幾個。在主編人選問題上，彭真考慮到鄧拓。他説：「鄧拓來了就好辦了。」

當時任人民日報社社長、總編輯的鄧拓，在 1957 年反右派鬥爭中因沒有在《人民日報》上和報社內積極組織大鳴大放，遭到毛澤東的「書生辦報」、「死人辦報」的嚴厲批評，受到冷落的鄧拓不得不離開《人民日報》。

鄧拓被罷官後，彭真通過中組部把他調到北京市委，任書記處書記，分管文化教育工作。

鄧拓到任後，彭真在 10 月初召開了北京市委書記處會議，正式宣佈成立以鄧拓為首的編輯委員會。編委會的成員是：鄧拓（市委書記處文教書記）、陳克寒（市委書記處書記）、蔣南翔（市委常委、高教黨委第一書記、清華大學校長兼黨委書記、高教部長）、楊述（市委常委、宣傳部長、高教黨委第二書記，後調科學院）、范瑾（市委常委、副市長、北京日報社社長）、程宏毅

（市委常委、副市長）、廖沫沙（市委委員、統戰部長）、趙凡（市委書記處書記、副市長）、張文松（市委常委、教育部長）、張大中（市委候補委員、宣傳部副部長）、陸禹（市委委員、工交部副部長）、李晨（市委委員、教育局局長）、王漢斌（市委候補委員、辦公廳副主任）十三人，其中常務編委八人。

接着，鄧拓抽調人馬，着手組建《前線》編輯部，並確定編輯人員的分工：蕭遠烈，協助鄧拓、張文松負責總的日常編輯工作，後任命為編輯部主任；許文，負責工業交通，後任命為工業組組長；吳瑞章，負責農業，後任命為農業組組長；李光遠，負責思想理論，後任命為理論組組長；李筠，負責文化教育，後任命為文教組組長；韓佳晨，負責評論。以後蘇星曾擔任過短期的編輯部副主任。《前線》從創刊到結束，除韓佳晨調走外，其餘五人都堅持了下來。

關於刊物的名稱，彭真親自審查，對宣傳部提供的名單仍覺得不滿意，他曾提議刊物取名為《戰線》。經過多次討論，反覆斟酌，直至 11 月 4 日，彭真才最後將刊物定名為《前線》。為此，他給鄧拓寫了封信：「鄧拓同志：請你最後再和書記處同志們一商。刊物的名字是否即定為前線。」後來，彭真解釋說：「前線」兩個字有戰鬥性。「我想了很久，提出了這個名字，意思是北京什麼工作都應當站在最前線。」於是北京市委的理論刊物便有了個能體現北京市指導思想的響亮名字。彭真還親自為《前線》題寫了刊名。

那麼，《前線》總的指導原則是什麼？《前線》發刊詞開宗明義地指出：「《前線》是北京市委主辦的理論刊物。它將用毛澤東思想即馬列主義普遍真理跟中國革命和建設的具體實踐相結合的思想，用不斷革命的精神，指導自己，努力使自己成為北京市黨的組織及時地反映現實，指導實踐，改造現實的思想武器。」

這個發刊詞的構想體現了彭真對當時社會現實的思索與認識。1958 年 10 月底，彭真在北京市委書記會議上提出：發刊詞要「同過去的文章不同，這次的鋒芒要對工人階級和無產階級政黨內的不良傾向，不是針對資產階級」。「這個發刊詞主要解決的是理論與實際的關係，批判主觀主義，即批判教條主義、經驗主義。」會後不久，彭真將張文松、項子明、項淳一、王漢斌、張彭五人召到自己家裏，詳細口授了發刊詞的內容。事後，依記錄整理出了發

刊詞第一稿。彭真親自動手改寫，經過幾次反覆修改，終於寫成《站在革命和建設的最前線》。

稿子寫成後，彭真將其印發給蔣南翔、胡繩過目，以徵求大家的意見。11 月 8 日，彭真專門召集市委常委討論發刊詞。會上有人提出，發刊詞中「他們太喜愛舞台上員外老爺的四方步了」這句話太尖銳了，最好改得緩和些。彭真説：「我就是要寫得尖銳些，文章糊裏糊塗沒有棱角，我最討厭了。我寫這些東西，不是憑空想出來的，我腦子裏都有模特兒。」在討論中，彭真還特意就他提出的「按客觀可能達到的最高速度，健康地前進」這一口號，徵求大家的意見。李琪認為這個口號「（主客觀）兩方面都講到了，可以」。

1958 年 11 月 25 日，《前線》創刊號與廣大讀者見面。而時隔幾十年後再回頭細讀這篇發刊詞，愈發覺得它的分量。

發刊詞的第一個主題，是強調要正確認識主客觀的關係問題，即根據客觀實際的可能性和必要性，最大限度發揮主觀的能動性，以客觀上可能的最高速度，健康地前進。這就要求人們在改造現實的實踐中，實事求是地、老老實實地按客觀規律辦事。

在 1958 年那個時代，提出這樣鮮明的觀點，確實不簡單。發刊詞鋒芒直指與客觀規律相悖的各種社會現實，這需要很大的勇氣，也反映了彭真的膽識。「對於工作中的成績和缺點，做得對或者不對，必須採取馬列主義的老實態度，都當作客觀事物對待，是就是、非就非，好就好、壞就壞，多就多、少就少，該怎樣就怎樣，嚴肅謹慎地對待。」這些彭真式的口氣和用詞，對我們來說，是再熟悉不過了。這篇發刊詞的出台，從一個側面反映了正確思想與「左」傾思潮的抗爭。因此「文化大革命」發動後，發刊詞便成了「彭真獨立王國的反黨綱領」。

發刊詞的另一個主題，是旗幟鮮明地反對各種不良傾向，反對中庸主義、中游主義和對群眾運動的吹毛求疵派。彭真在論及這些問題時，用詞是非常尖銳的。例如他在談到反中庸主義時，就正面指出：我們極少數同志也傳染上了馬列主義的市儈、「鄉原」作風。

創刊號發出後，有些讀者來信請求解釋「鄉原」。鄧拓於是讓我寫了一篇小文章，解釋它的出處及含義，最好與發刊詞聯繫寫。「鄉原」一詞最早出自孔子之口，孟子又做了一番解釋。用現在的話來說，「鄉原」就是賊光油滑、

八面玲瓏的市儈，是中庸主義者的別名。文章寫出後，鄧拓將原題《釋鄉原》改為《要識破「鄉原」的真面目》，發表在 1958 年 12 月 11 日的《人民日報》上。

對於這篇發刊詞，鄧拓是非常重視的。他一再地強調，發刊詞是《前線》整個刊物的基本指導思想，同時也是編輯部工作的準則，任何工作都必須以可能達到的最高標準來要求自己。而實際上，發刊詞也成了北京市委、市政府工作的指導思想。在市委比較大的工作會議上，發刊詞曾多次被印發學習，作為檢查北京市委工作的一個標準。

《前線》創刊號出來後，受到了社會的關注。在安排創刊號的具體內容時，鄧拓要求市委書記們每人寫一篇，「這樣創刊號才有分量，才能打響第一炮，引起大家的注意和重視，沒有這樣重頭文章是不行的」。《前線》第 1 期發行量達到十八萬份，以後基本維持在三萬至五萬份。

從《燕山夜話》到《三家村札記》

20 世紀 50 年代末 60 年代初，由於「大躍進」的失誤，國家經濟工作遭受了新中國成立以來一次最大的挫折，人民付出了慘重的代價。從 1961 年起，中共中央決定實行「調整、鞏固、充實、提高」八字方針，開始糾正實際工作中「左」的錯誤。這實際上是對極左錯誤的一次有力的撥亂反正。而「三家村」在這一過程中扮演了什麼角色，起到了怎樣的作用，則是應該認真加以研究的重要課題。

對於糾正「大躍進」的錯誤，解決面臨的嚴重困難，北京市委的態度是認真的、積極的。除了認真貫徹中央的八字方針，解決工農業生產和人民生活的實際困難外，在思想文化戰線，也作了不懈的努力，對幹部和知識分子中反右傾擴大化的錯案，堅決迅速地予以甄別糾正。鄧拓是主管文教的市委書記，在 30 年代曾寫過《中國救荒史》，他對現實的認識更為清楚。1961 年 6 月，三聯書店重印此書時，鄧拓在「緒言」中很尖銳地指出：「災荒基本上是由於人和人的社會關係的失調而引起的人對自然條件控制的失敗所招致的物質生活上的損害和破壞。」

在市委常委討論如何克服困難時，鄧拓提出了自己的看法。他強調解決

實際工作中的困難，要有思想工作相配合，明確地提出了提倡讀書的口號。1961 年 1 月 11 日，北京日報社范瑾傳達了鄧拓關於報紙宣傳的講話，有一段是這樣講的：要改變那種一下班就看不下去書的狀況。報紙要提倡讀書，方能使精神振奮起來。多讀書，才能開闊眼界，就不會斤斤計算。胡喬木讓《人民日報》多搞一些世界風光，境界高一些，不要計算天天吃幾兩。現在正是學習的好時候，報紙要多發一些古人發憤圖強、發憤讀書的故事。

當時大家都覺得這話說得很對，在困難時期，確實需要多讀書，以良好的精神狀態，去克服物質的匱乏。

這番講話後，《北京晚報》的編輯找到鄧拓，請他給晚報寫文章。最初是寫《詩畫配》，而後在《五色土》副刊上開了《燕山夜話》的欄目。時間是1961 年 3 月 19 日，開宗明義第一篇就是《生命的三分之一》，大力提倡讀書。

《燕山夜話》出刊後，受到了廣大讀者的喜愛。《前線》編輯部的人也都覺得文章寫得好，並認為鄧拓既然是《前線》的主編，應給《前線》寫文章，於是直截了當地向鄧拓提出，讓他在《前線》上開個專欄。鄧拓開始沒答應，後來我們一再磨他，鄧拓說：同時開兩個專欄，恐怕有困難。這樣吧，我找些人一塊兒寫，行不行？於是鄧拓、吳晗、廖沫沙的《三家村札記》就被《前線》編輯部的人拉上馬了。

記得是在 1961 年 9 月 20 日左右，《前線》編輯部約鄧拓、吳晗、廖沫沙三位寫稿，在四川飯店吃了一頓飯。當時邊吃邊談，定下來四件事：一是專欄的名稱。鄧拓說，咱們三個人合開一個雜文專欄，就叫三家村吧。於是起了「三家村札記」這個俏皮的名字。鄧拓還提到過，「札」字最好用老寫的「劄」。二是署名的問題。鄧拓提出就效仿馬鐵丁等合作的辦法每人取一個字如何。吳晗取吳字，鄧拓的筆名為馬南邨，取一南字，廖沫沙取一沙字，於是叫吳南沙。後廖沫沙提出用他的筆名繁星的星字，遂定名為吳南星。三是文章的寫法。文章不要太長，以《前線》的一個頁碼為準，千字文，題目自己選擇，按各自的專長隨便寫。每期上一篇，輪流撰稿。另外，指定我為《三家村札記》的稿件連絡人。

到 1962 年 9 月或是 10 月的時候，「三家村」又第二次在四川飯店碰頭，請吃飯的目的主要是催要稿件。編輯部主任蕭遠烈簡要說了讀者對專欄的反映，希望三位抓緊按時供稿。然而這次會面並沒有產生什麼效果，稿子照樣

難催。缺稿的時候，只好將《前線》現有的稿子補上。因此，《三家村札記》一百九十八篇文章中，有五篇不是鄧、吳、廖寫的。其中李光遠寫了《從善如登》，李文寫了《關心業餘創作》，張世績寫了《禁於未發》。有兩篇是我寫的：《不平等的平等》、《談海派》。這兩篇後來被姚文元的批判文章作為黑話摘引上了。

《三家村札記》從 1961 年出刊到 1964 年停刊，共堅持了三年。在當時的政治氣候下，雜文專欄難以持續下去。吳晗給鄧拓寫了封信，說題目難找，工作也忙，建議不寫了。鄧拓、廖沫沙表示同意。《三家村札記》在最後一篇《遇難而進》的文章中落下了帷幕。

現在回過頭來看「三家村」，就應把它放在一個更大的歷史背景下來考察，它的出現，不是一個偶然的現象。

1956 年社會主義改造基本完成後，中共八大提出我國社會的主要矛盾，不再是無產階級和資產階級的矛盾，而是人民對於經濟文化迅速發展的需要同當前經濟文化不能滿足人民需要的狀況之間的矛盾。黨和全國人民的主要任務是大力發展生產力，儘可能迅速地實現國家的社會主義現代化。

但是八大的思想沒有能夠貫徹下來。1957 年反右派鬥爭，1958 年的「大躍進」和人民公社化運動，「左」傾思潮進一步泛濫。從 1958 年底至 1959 年 7 月，中央先後召開一系列會議來糾正經濟建設方面「左」的錯誤，文化領域也對「左」的偏向提出批評。但是幾次糾偏，是在充分肯定三面紅旗的前提下進行的，沒有從根本上觸及和指導思想上的錯誤。廬山會議後「左」傾錯誤又重新泛濫，國民經濟出現了三年嚴重的困難。接二連三的政治運動，也使文化科學界廣大知識分子思想壓抑，心情不舒暢。為此，中央在 1961 年實行八字方針。1962 年，「七千人大會」對幾年來黨的工作中出現的「左」的錯誤作了一次比較集中的清理。在調整經濟、文化政策期間，許多帶有法規性質的條例相繼出台，諸如《農業六十條》、《人口及糧食問題九條》、《手工業三十五條》、《商業四十條》、《科研十四條》、《高教六十條》、《工業七十條》和《文藝八條》等。《燕山夜話》、《三家村札記》就是這個調整時期的產物，它是思想文化回歸到正確路線上的一種表現，和《前線》發刊詞一脈相承。

當然，《燕山夜話》、《三家村札記》並非每篇文章鋒芒都直指無知、不實

事求是、輕視教育和文化傳統的時弊，但總的傾向是可以肯定的。在實事求是精神的召喚下，「三家村」把對現實社會問題的思考凝練成文字，就不可避免地觸及「左」傾的錯誤，從而在文化思想領域內引起了交鋒。

具體到文章中，有幾件事值得記述。

《三家村札記》最初發表了吳晗的《古人的業餘學習》和廖沫沙的《從走路和摔跤學起》，鄧拓對我說：沒有打響，言不及義。當時我很不理解，只覺得那兩篇文章寫得不錯嘛。不久，鄧拓寫出了《偉大的空話》，對當時說大話、說假話、主觀主義、形式主義的不良思想作風給予了有力的抨擊。

廖沫沙的《怕鬼的「雅謔」》發表於赫魯曉夫焚毀斯大林遺體後不久。寫完這篇稿子後，廖沫沙打了電話讓我去取。後來他告訴我，此文是從反修的角度入手的。廖沫沙還寫過《向老虎求教》、《看看歷史上的「蠢豬」》，但是當時有規定，反修的文章一律由中央報刊發表，從這個角度考慮，《三家村札記》沒有採用。

1962 年 5 月，吳晗在《前線》第 10 期上發表了《說道德》，認為對統治階級的道德可以批判地繼承。稿子送來後，我也沒看出什麼問題，因為說道德，總不能割裂傳統。但這篇文章在對馬列詞句的引用以及理論的闡述方面有不夠周嚴的地方。發表後，編輯部收到了一個名叫張文清的讀者來信，他從學術角度對吳晗的《說道德》提出不同意見。我把信送給鄧拓，鄧拓說給吳晗看一看。吳晗閱畢，又寫了一篇《再說道德》。於是張文清再來信，與吳晗爭鳴。後來，編輯部給張文清去信，聲明他的稿件已給吳晗看過，並將稿子送給一位專門研究道德的同志，請他提出意見，《前線》不再刊登了。不久，《光明日報》發表了別人的文章，對吳晗的道德繼承論提出不同看法，吳晗於是寫了《三說道德》，刊登在《光明日報》上。因發表了兩說道德，在批整「三家村」時，《前線》被嚴厲地批判為「反黨反社會主義的工具」，並被扣上了「包庇吳晗壓制革命群眾言論」的帽子。

鄧拓的《專治健忘症》發表後，曾收到一個名叫戚益的讀者的來信，信中質詢鄧拓，健忘症到底指什麼，是否有影射。我把戚益的信拿給鄧拓，鄧拓寫了批語：「文章是就事論事。關於雜文的寫法，確實是值得探討的。許多讀者也都提出過這類問題，本刊發表的雜文，比較強調正面談問題，不太主張過於隱晦和影射的方法。」根據鄧拓的批語，我加上其他讀者的一些反映，

給戚益回了信。這件事後來也成為《前線》壓制批評、包庇「三家村」的黑材料。

批判初起

經過調整，到 1962 年國民經濟狀況開始好轉，三年困難的緊張局面得以緩解。但是在貫徹調整方針的同時，就不可避免地與「三面紅旗」發生尖銳的矛盾。在 1962 年 9 月的八屆十中全會上，毛澤東從反修防修的角度，重提階級鬥爭，並在抓階級鬥爭的前提下，批判「黑暗風」、「單幹風」、「翻案風」。「左」傾思想重新抬頭，並向正確思想進行反攻。文藝界也接受並貫徹執行了毛澤東關於在文藝戰線和社會科學戰線反對「修正主義」的指導思想。

1963 年 3 月，中共中央批轉了文化部黨組《關於停演「鬼戲」的請示報告》。5 月，江青在上海組織了圍剿《李慧娘》的文章——《有鬼有害論》。結果，廖沫沙發表在《北京晚報》上的《有鬼無害論》遭到了批判。

《有鬼有害論》發表後，廖沫沙很被動。北京市委不能不管，於是在統戰部組織了內部批判。會上，廖沫沙作了檢討，說自己的文章有些文字用得不恰當，不應當宣傳鬼等。在市委的一次會議上，廖沫沙又再次檢查了錯誤。廖沫沙寫書面檢查的時候，找過我和《北京晚報》的人員，請我們幫他找些相關的材料。1965 年 2 月 18 日，廖沫沙的檢查刊登在《北京晚報》上，編者按說他的檢查是誠懇的。當時北京市委覺得用這個辦法就可以把賬還清了。彭真也說過：「廖沫沙關於《有鬼無害論》的檢查作得不錯，別人要再扭住不放，就是對方的問題。」廖沫沙在統戰部實際上已靠邊站，後來到了北京郊區搞「四清」去了。

然而中央上層對「三家村」的批判僅僅是開了個頭。1964 年 8 月，華北局會議在北戴河召開，彭真、劉仁都前往參加。忽然有一天我接到了從北戴河打來的長途電話，讓我在兩天內趕寫一篇批判吳晗道德繼承的文章，寫完後送往北戴河。同時，劉仁、鄧拓電召吳晗到北戴河寫檢查。

我的文章寫完後，送交北戴河由鄧拓修改定稿。過幾天，稿子返了回來。文章題為：《無產階級對剝削階級的道德是革命呢，還是繼承？——就「道德繼承論」與吳南星同志商榷》，署名是金世偉（北京市委的諧音），前

面還加了編者按。編者按說：金世偉同志的這篇文章，針對吳南星同志的「道德繼承論」，提出了原則性的嚴肅批評，我們認為這是一場很有意義的爭論。吳南星同志的《說道德》和《再說道德》兩篇文章，發表於本刊《三家村札記》欄內。《三家村札記》是雜文專欄，由幾位作者輪流撰寫，均署名吳南星。現在看來，我們當時採取這種做法本身就不妥當，因為實際上文章既非集體創作，而作者意見又非完全一致。吳南星同志的《說道德》和《再說道德》兩篇文章是經過本刊編輯部看了的。我們當時對於剝削階級的道德，沒有從「革命呢還是繼承呢」這個根本問題上加以考慮，對於吳南星同志的文章只是做了一些枝節的修改，就同意發表了。這是原則性的錯誤，同時，在原則性問題上做了無原則的遷就，也是錯誤的⋯⋯

　　金世偉的文章送回來後，我得到的指示是：「等那邊的話再發。」直到1966年4月，北京市委在組織對鄧拓的批判時，劉仁在發言中提及金世偉這篇文章，並說了這句話：對吳晗，中央認為不公開批判。

　　現在看來，對吳晗的批判從1964年8月就已經開始了。否則，北京市委不會採取如此陣勢，以「金世偉」之名，加了編者按作自我批評和檢查，北京市委當時頂着很大的壓力。金世偉的文章被扣下不發，並不是北京市委的主張，而是中央考慮所做出的決定。究其因，也許是最高領導層覺得公開批判的時機未到，也許是中央內部的意見分歧。

　　1965年初，江青以搞戲劇改革為名，到北京進行調查研究。市委指定宣傳部長李琪陪同。據李琪的夫人李莉回憶，江青很難侍候，很霸道，不講道理。她以特殊的身份凌駕於各級黨委之上，企圖砍殺北方昆劇院和地方劇種，不許老演員登台演出。當時北京市委覺得這樣的安排不妥當，對江青進行了抵制。李琪對江青很有意見，給彭真寫了封信，說江青飛揚跋扈、盛氣凌人、唯我獨尊，簡直比武則天還難侍候。後來，別人告訴李琪：江青來北京就是專門來摸北京市委這個「老虎屁股」的。不久，「北京市委是大北京主義」、「眼中無我」、「破壞戲劇革命」等大帽子紛紛而下，矛盾和鬥爭進一步激化。

　　北京之行的同時，江青在上海方面則秘密開始組織對《海瑞罷官》的批判文章。1965年11月10日，姚文元《評新編歷史劇〈海瑞罷官〉》出台，意識形態領域的批判鬥爭，進入了新的階段。

最後的抗爭

姚文元的文章發表後，大家都沒有思想準備。《文匯報》如此點名批判北京市副市長、民主同盟的負責人和著名學者，確實非同尋常。

上海的做法，違反了 1965 年「文化革命五人小組」關於學術批判不要戴政治帽子，點名要經過中宣部，批判要以中央報刊為準的規定。彭真指示《前線》、《北京日報》不要轉載。

11 月 13 日，鄧拓召集范瑾、李琪研究吳晗《海瑞罷官》的問題，讓我也參加了。鄧拓在會上說：「不知吳晗反應如何？」當即他給吳晗掛了電話：「你看了文章，怎麼樣？」吳晗說：要是學術問題，我可以跟他辯論；他扣政治帽子，這是陷害。我 1959 年寫的文章，怎麼知道 1961 年有單幹風？鄧拓也覺得吳晗講得有道理。在這次會上，鄧拓還說了一句這樣的話：聽說《海瑞罷官》同彭德懷問題有聯繫，不知是真是假，咱們也不摸底。

最後，會議決定《前線》和《北京日報》開展學術批判，給《北京日報》抽調一批人組成學術批判小組。《前線》分工主要批判吳晗的「道德繼承論」，指定我為《前線》學術批判小組的負責人。

到了 11 月底，隨着形勢的發展，拒載姚文已不可能。11 月 28 日，彭真、劉仁、鄭天翔、萬里、鄧拓、周揚商討北京各報刊轉載姚文的問題，決定在 11 月 29 日見報；為避免震動太大，只《北京日報》一家轉載；轉載時，加了彭真審定的編者按語：「幾年來，學術界、文藝界對《海瑞罷官》這齣戲和吳晗同志寫的其他文章是有不同意見。我們認為，有不同意見就該展開討論。」11 月 30 日，《人民日報》也刊載姚文，根據周恩來、彭真的意見，加上了按語，希望通過辯論，能夠進一步開展各種意見之間的互相爭論和互相批評。

北京報紙轉載姚文元的文章後，北京市委仍力圖將氣勢洶洶的批判控制在學術範圍之內，抵制江青、張春橋等人把批判向「左」的方向推進。

1965 年 12 月 2 日，鄧拓、范瑾召集《北京日報》、《前線》學術批判小組人員開會，傳達北京市委的基本態度。鄧拓說：對這次爭論，要有個基本態度。接着他解釋了《解放軍報》、《人民日報》、《北京日報》三個按語的不同之處。鄧拓說：《解放軍報》按語鮮明，是因為軍隊內部不搞百家爭鳴和學

術討論。但是現在吳晗的問題不是已有了結論，不是已肯定《海瑞罷官》是一株大毒草，不是一批判《海瑞罷官》，吳晗也罷官。吳晗本來不是寫戲的，別人請他寫，但寫着寫着自己就陷進去了，就自比海瑞，就像郭老自比蔡文姬，孟超自比李慧娘一樣。李慧娘確實是罵賈似道的。吳晗的問題看發展，將來發展到什麼程度再說。

鄧拓說，現在首先當學術問題來討論。要培養一個良好的風氣，先當學術問題來搞，即便是政治問題處理起來也比較穩當。政治問題和學術問題要分開，如果一下分不清，就先當學術問題來處理。要把不好的風氣扭過來，形成毛主席講的又有集中又有民主，又有紀律又有自由，又有統一意志又有個人心情舒暢、生動活潑的政治局面。當然，姚文元提出政治問題也不能迴避，在真理面前人人平等，都有發言權，不是一批評就不得了，就有覆滅的危險，就不能工作了。批評是為了更好地工作，過火的批評也應糾正，不能一棍子打死。現在首先要緩和這個局面，應該有人寫文章，肯定姚文元的文章哪些地方是對的，哪些地方過火；吳晗哪些地方是對的，哪些地方確實錯了。這場學術界的大辯論不可避免，它牽扯到歷史人物評價問題、道德觀點評價問題，等等。問題不是那麼簡單，問個為什麼你那時候要寫《海瑞罷官》就完了。不是一棍子打死吳晗，不要一邊倒，倒向姚文元，或者倒向吳晗。要實事求是，辨明是非，就按《北京日報》的按語搞。對寫文章的要求，總的是言之有物，有針對性，有資料，有觀點。

鄧拓還談到文章的具體分工問題。鄧拓提出研究《海瑞罷官》，大家可以研究劇本本身的問題，材料觀點都要站得住，姚文元的引文就有毛病。吳晗講他 1959 年寫《論海瑞》，是反右傾機會主義的，後來馬連良請他寫劇本，改了七稿，1961 年 8 月 8 日定的稿，同年上演，演到 1962 年 8 月。他原來題目是《寫海瑞》，第四稿才改為《海瑞罷官》，是大家提了意見才改的。為什麼寫罷官，因為周信芳有海瑞上書、海瑞背縴。為了不重複，才寫的《海瑞罷官》。我們要從這裏研究他的思想發展過程，他對海瑞很感興趣，最突出的是什麼？原先以退田為主，後來改為除霸為主，但為什麼要改為海瑞撤職呢？當時劇本的中心是什麼？為什麼突出這件事？1961 年定稿時為什麼不考慮當時的形勢呢？吳晗的歷史觀也有一點兒問題，是不是歷史唯物主義要弄清楚，道德問題、歷史和歷史劇的問題都是題目。海瑞是中小地主的代表，

問題是把他劃到哪個陣營去。

12月初，彭真指示鄧拓寫一篇批判吳晗的文章。鄧拓寫作前讓我把金世偉的文章找出來給他。鄧拓這篇文章的題目是：《從〈海瑞罷官〉談到「道德繼承論」——就幾個理論問題與吳晗同志商榷》，署名趙凱。文章前加了《前線》編者按語，指出：趙凱同志的這篇文章，從吳晗同志新編的歷史劇《海瑞罷官》問題談到他的道德繼承論的若干基本觀點，提出了原則性的不同意見，與吳晗同志商榷。趙凱同志把「道德繼承論」和海瑞罷官聯繫來討論，我們贊成這樣做。希望讀者根據「百花齊放，百家爭鳴」的方針，熱烈參加海瑞罷官問題的討論，以及由此而引起的其他有關問題的討論，使我們的科學藝術得到進一步的發展……該按語的其他內容與金世偉文的按語基本相同。

鄧拓把文章送交彭真，彭真認為太簡單了，讓他再改寫。鄧拓重新改寫，最後經市委書記處傳閱，彭真定稿，署名向陽生，12月12日在《前線》、《北京日報》以顯著的位置同時發表。這篇文章以學術討論的語氣，對吳晗的道德繼承論提出不同意見。發表時原文的編者按刪去不用。鄧拓曾跟我說過，《人民日報》、《光明日報》過去都發表過錯誤的文章，也沒有做自我批評，所以彭真在定稿時沒有採用。

向陽生文章發表後第二天，根據北京市委的基本調子，《北京日報》刊出了我寫的《對待〈海瑞罷官〉能操兩可嗎？》。12月25日，《前線》發表我署名為艾力耘的文章：《以革命的批判精神評價歷史人物》。在「文化大革命」中，此文被說成是繼向陽生《從〈海瑞罷官〉談到「道德繼承論」——就幾個理論問題與吳晗同志商榷》之後，拋出的又一篇為吳晗救命的大毒草，一個勁地把吳晗反黨反社會主義的政治問題往所謂「純學術」問題上拉。同一天，《北京日報》還刊登了我署名為險峰的文章《百家爭鳴是堅定的無產階級政策》。當時《文匯報》曾就《北京晚報》「稱兄道弟」一組文章，用一個整版的篇幅展開討論，同時發表了署名勁松的批判文章。鄧拓看過後對我說：「勁松這篇文章有來頭，是張春橋寫的。」「這種情況使北京很被動，我們也要趕快批評一下。」我的文章寫完後，李琪稱讚道：「真是南有勁松，北有險峰！」

在趕寫向陽生文章的同時，鄧拓還根據彭真的指示，寫信給吳晗，讓他迅速寫一個關於「海瑞罷官」的自我檢查。信中說：「你的思想問題，恐怕主要的還是對於歷史唯物主義的根本問題沒有弄清楚」，「你的文章無論是自

我批評或者對姚文元文章的批評意見我們認為都應該充分發表，不要顧慮重重」。於是吳晗寫了《關於〈海瑞罷官〉的自我批評》一文，就有關《海瑞罷官》中的若干學術問題進行説明和解釋，辯解了《海瑞罷官》劇與「單幹風」、「翻案風」無關，在某些問題上違心地承認了錯誤。吳晗的檢查刊發在 12 月 27 日的《北京日報》上。

但是這場有關《海瑞罷官》的討論一開始就不是什麼學術討論，而是一場預先策劃好的政治陰謀，搞吳晗只不過是個突破口罷了。

姚文元的文章發表後，鄧拓感覺到這場鬥爭的複雜性。1965 年 12 月 19 日，在《前線》組長會上，鄧拓曾指出，海瑞問題的文章不止是一個人寫過的，早在 1959 年《解放日報》就發表過蔣星煜的《南包公海瑞》，並且加了編者按説，海瑞的故事流傳很廣，這個人一不為名，二不為利，把海瑞吹捧了一番。姚文元文章發表後，《文匯報》在 1965 年 12 月重新登出了蔣文，但沒有同時刊載《解放日報》的編者按。當時鄧拓很不服氣，要批判就都批判，現在發表蔣文，卻又留了一手自己的按語，他懷疑這裏可能有名堂。

會議之後，鄧拓讓我向吳晗查詢蔣星煜是上海的什麼人，並讓他的秘書寫個讀者來信寄《文匯報》，質問《解放日報》也發表過吹捧海瑞的文章，為什麼不先檢查自己就批評別人。但信最終沒有發出。

1965 年 12 月 21 日，毛澤東在杭州和陳伯達等人談話説：「姚文元的文章也很好，點了名，對戲劇界、歷史界、哲學界震動很大，但是沒有打中要害。要害問題是『罷官』。嘉靖皇帝罷了海瑞的官，1959 年我們罷了彭德懷的官。彭德懷也是『海瑞』。」此言一出，《海瑞罷官》的主題從「退田」變為「罷官」，吳晗的問題，具有了反黨的性質，政治批判的分量加重了。

1966 年 1 月 16 日，許立群召集北京六個報刊編輯部會議，仍力圖把學術討論文章的局勢控制一下。許立群説：「按規定有關的批判文章，要送到中宣部辦公室。」這次六報刊編輯部會議我參加了。根據鄧拓的授意，我發言説：我們沒有計劃捲入這個討論，《前線》篇幅有限，當前工作很多要宣傳，要面向工農兵，搞通俗化，我們已刊載了三篇文章，主要是還賬，因為我們過去發表了兩説道德。我們的文章引出了吳晗的自我批評，使大家有了批判的靶子。以後如果有對吳晗問題政治性結論文章，我們轉載。

1966 年 2 月 3 日，彭真主持召開「五人小組」擴大會議，就批判吳晗的

情況和繼續開展學術問題進行討論，其目的仍是試圖約束這場運動中的極左思潮和做法。會議擬定了《關於當前學術討論的彙報提綱》，即《二月提綱》。《二月提綱》把對《海瑞罷官》的批判及由此展開的關於道德繼承、清官、讓步政策、歷史人物評價和歷史研究的觀點方法問題的討論，劃定為「學術批判」的性質；規定採取放的方針，反對自以為是。

《二月提綱》發向全國後，學術批判的空氣上升，政治批判有所抑制。1966 年 2 月 18 日、21 日、24 日，北京六個報刊編輯部會議傳達貫徹執行。

在這一時期，有件事須交代一筆，這就是 1966 年 2 月初，關鋒夜訪鄧拓。鄧拓當時感到很奇怪：我和關鋒根本沒有來往，他找我幹什麼呀？第二天，鄧拓告訴我：康生打電話給他，說關鋒對向陽生的文章有意見，你們可以約個時間談談。

受康生的指使，關鋒跑到鄧拓辦公室，對鄧拓施加壓力說：向陽生的文章沒有談及政治，實際上是為吳晗開脫。特別是你，同他一起寫過文章，這樣做不恰當。吳晗講繼承忠孝等不是抽象的，有其具體內容，講孝是罵我們的。關鋒接着提出，勞動人民的道德可以繼承，卻又非兩面性等一些意見。

鄧拓對關鋒的答覆是：《北京日報》不是我管的，范瑾和書記處同志要我寫向陽生這篇文章，我就寫了。原來曾想在文章中做些檢查。鄧拓還對關鋒特別聲明：這件事彭真沒有管。對於關鋒的指責，鄧拓說：我不是沒有談到政治問題，文章末尾還是談了。

後來鄧拓告訴我，關鋒那天還對他說了不少吹捧的好話。在暴風雨來臨的前夕，康生一伙的用意何在？

1966 年二三月間，毛澤東同意了彭真主持制定的《二月提綱》，但也批准了江青一伙搞的《部隊文藝工作座談會紀要》。這個「紀要」炮製出的「文藝黑線專政」論，把矛頭對準了整個中國文化思想界。1966 年 3 月 18 日至 30 日，毛澤東在杭州同康生、江青等人的談話中，揭了彭真和北京市委的蓋子，定《三家村札記》、《燕山夜話》是反黨反社會主義的性質。4 月中旬，彭真在政治局開始受到批判攻擊，《二月提綱》遭到否決的命運，北京市委只好以不斷檢查的方式，來擺脫益發困難的處境。

1966 年 4 月 6 日至 11 日，在劉仁、萬里、鄭天翔「三人領導小組」和李琪、宋碩、范瑾、張文松組成的「四人辦公室」的主持下，《北京晚報》、《北

京日報》、《前線》、北京出版社、高教局、教育局、文化局等單位，在市委
交際處對鄧拓進行一定範圍的批判。這次批判，主要是對鄧拓提出問題，但
結論是「鄧拓是擁護三面紅旗的，在頂單幹風、自由市場等方面同書記處是
一致的」。「鄧拓除《三家村札記》外，其他文章都是正確的。」

　　這樣的舉動顯然過不了關。北京市委的黨報黨刊迫不得已地自己出來組
織批判。1966 年 4 月 16 日，《北京日報》以三個版的篇幅，在《關於「三家
村」和〈燕山夜話〉的批判》標題下，發表了一批材料，並刊發了《前線》、《北
京日報》的編者按。但是時隔不久，《解放軍報》、《光明日報》在 5 月 8 日發
表了高炬、何明的文章：《向反黨反社會主義的黑線開火》、《擦亮眼睛、辨別
真假》，《北京日報》的「4．16」按語被認為是對「三家村」的「假批判、真
包庇」，受到了批評。緊接着《五一六通知》發表，揪出了所謂「彭、羅、陸、
楊反黨集團」，北京市委被改組。從「三家村」身上點引的「文化大革命」的
厲火開始蔓延全國。

我所知道的「文化大革命」發動內情

李雪峰

批判羅瑞卿

1965 年 12 月 7 日，接到通知要我到上海參加中央的會議。當時我正在下面抓「四清」，我從河北永年縣趕回北京，8 日由北京飛到上海，行前對會議內容一無所知。

12 月 9 日開始開會。會議由林彪主持，毛主席沒有參加，會議的主要內容是批判羅瑞卿。

批判羅瑞卿的起因，是 11 月林彪讓葉群從蘇州到杭州向毛主席告羅的狀。林彪讓葉群到杭州，告訴她要躲開什麼人，直接找到主席。葉群到了杭州也不容易見到毛主席。主席也不知道她有什麼事，讓她等。她就和主席的秘書徐業夫談了談。她在杭州打電話請示林彪，想給主席寫個東西送上去。林彪批評她：你糊塗！真蠢！意思是必須向毛主席本人講。葉群又去，寫了一個條子，要求面談。這樣才見到毛主席。

據說葉群講了五個小時，主席聽了五個小時。主席問得很仔細，但一直不表態。最後，主席相信了葉群的話。

這時羅瑞卿正在雲南視察工作。12 月 10 日，中央要他馬上回來，到上海開會。羅瑞卿完全沒有思想準備，接到通知就飛往上海。一下飛機，由上海市委書記陳丕顯和空軍司令員吳法憲迎接，將他送到一個地方，警衛森嚴，實際是軟禁。羅瑞卿是搞保衛工作的，他一住下，馬上就明白自己已失去自由，非常生氣，又莫名其妙，也不知道為什麼。他始終沒有參加會議。李井

泉不知道，還給羅瑞卿送橘子。

我參加的那個組由總理主持，有賀龍，還有葉群等知情人。

葉群在會上介紹她與主席談話的過程。她揭發羅瑞卿和劉亞樓兩個人躺在牀上，密談一直到天黑（劉亞樓已於 1965 年 5 月病故，生前為空軍司令員）。葉群說羅瑞卿要劉亞樓轉告她四條意見：

（1）林總早晚要退出政治舞台。不退也要退，現在不退出，將來也要退出政治舞台。

（2）要好好保護林總的身體。

（3）今後林總再不要多管軍隊的事情了，由羅總長去管好了。

（4）一切由羅管，要放手叫他去管。還說羅罵林是「佔着茅坑不拉屎」，等等。

在會上，鄧小平比較和緩，傳達了毛主席 12 月 2 日在海軍的報告上對羅瑞卿問題作的批示，內容是：「那些不相信突出政治，對於突出政治表示陽奉陰違，而自己另外散佈一套折中主義（即機會主義）的人們，大家應當有所警惕。」總理也很謹慎，態度不很明朗。賀龍講了幾句。

林彪在會議上宣佈撤銷羅瑞卿的職務（包括中央書記處書記、副總理、公安部部長、國防部副部長、總參謀長、軍委秘書長）。

我當時想，羅瑞卿是聽毛主席話的，和毛、林的關係從來都是可以的，怎麼一下子成了現在這樣？！

會上規定不准記錄，也沒有講怎麼傳達。會議開得十分秘密。13 日會議結束。

16 日我飛回北京。要向下傳達，因為沒有記錄只能是口頭傳達。我當時兼北京軍區政委，在軍隊本應由軍隊的廖漢生傳達，但他說軍隊、地方一塊傳達，非要我傳達。我是第一政委，沒辦法，只好傳達了。我也沒多說，寫了一個很短的提綱，後來又在華北局傳達，要點就是毛主席決定開會批判羅瑞卿，大家都贊成。會後，軍隊就開始批羅了。

拿掉羅瑞卿，不等於說毛主席就十分信任林彪。主席考察幹部是反覆的、長期的。他批評彭德懷時就說過林彪：「別的事都是馬列主義，就是對他

自己的病的看法是唯心主義。」林將自己的病看得過重了。抗美援朝這麼大的一件事，高級幹部理應為之拚命的，然而主席提出讓林彪指揮時，他竟推了，還認為不應出兵，自己跑到蘇聯養病去了。這件事和斯大林有什麼關係不知道，但很可能是走的高崗這條線。高崗和斯大林有直接的來往，而高崗進行反劉少奇活動首先找的就是林彪。聯繫到早在長征途中的會理會議上林彪就反過主席，主席碰到困難的時候林彪會怎麼樣，主席一定會反覆考察的。

1964 年 9 月 28 日至 10 月 12 日，羅馬尼亞領導人毛雷爾、齊奧塞斯庫在中國訪問期間，曾勸中國同蘇聯和好。主席頂了，意思是不行，要和好，蘇聯總要有個表示，先講話（自我批評），百分之九十的責任應該是他們的；林彪就在一旁說百分之九十九。「文化大革命」初期，主席講不宜搞急剎車，林彪就趕快講：如果急剎車可能摔下來。林彪總是這樣，總是表示和主席的意見完全相同，而且講得比主席講得還厲害。主席一講完話，他馬上講兩句話，第一句是毛主席發表了非常重要的指示，第二句是我完全擁護。他的這些做法也可以使主席從另一個方面考慮：你一直捧我做啥？實際上，林彪越是捧主席，主席就越警覺。本來，把羅瑞卿搞下去，林彪就突出了，但主席對林彪也不完全放心，自己一直牢牢掌握着軍隊。不然為什麼定了一條：「文化大革命」期間不准調動軍隊，調一個排也要軍委主席簽字，就是必須由毛主席簽字。可見毛主席還是不完全放心，不讓林彪有權調動軍隊。

第一次杭州會議

1966 年上半年實際是「文化大革命」的準備、醞釀時期。

上海會議後，1966 年 1 月 21 日，江青由上海趕到杭州和林彪商量「文藝革命」問題。林彪向總政下達指示，2 月 2 日至 20 日，江青根據林彪的委託在上海召開部隊文藝工作座談會。江青説：「在文藝方面，有一條與毛澤東思想相對立的反黨反社會主義的黑線」，「這條黑線專了我們十七年的政」，「該是我們專他們的政的時候了」。3 月 22 日，林彪將座談會「紀要」報中央常委。「紀要」經毛主席修改三次，再由林彪報中央，4 月 10 日以中共中央文件下發。

3 月 8 日凌晨，邢台發生地震。我們正在天津召開華北局書記處生活會。

8 日晚周總理召開緊急會議，研究進行救護、救災工作。我當時表示要去邢台。總理說：你先不動，我先去。

總理赴邢台視察後，12 日到 16 日在天津參加華北局的會議。16 日總理作報告，會議結束，我們回到北京。

會議還未結束時，我就接到通知，讓我到杭州開會。

17 日我從北京乘飛機到上海，而後乘火車到杭州，我們住在新落成的西泠賓館。忙中偷閒，住下後遊了蘇堤。

當天下午 5 時我們就到主席那裏開會，主席住在劉莊。參加會議的有中央政治局成員加上六大區書記，周總理、彭真都在。鄧小平沒有來，他為了躲開處理羅的事，到「三線」視察去了。林彪似到場。

這次會議我有記錄，會開得很自由，沒有正式報告，主要是毛主席講。他先是扯些閒話，很隨便的，然後講到「文化革命」，點了喬木的名字（他未到會），批評了吳冷西，說：「我看你們只是半個馬列主義者，半個三民主義，你們自己做結論，算不算馬列主義？」大家也聽出來不只是這幾個人的事，而是批評文化工作方面的問題。主席也沒有講得那麼透。

大家聽着，啞口無聲，誰也不能表態。陶鑄是勇敢的，敢講話，這次也很謹慎。參加會議的人相互之間也不敢多說話，又都想試探一下，了解情況，但是誰也不主動，也不敢主動。

當時彭真的地位還可以，是中央秘書長，還管着羅瑞卿的事。記得會議中間，他去接電話，回來說羅瑞卿（3 月 18 日）跳樓把腿摔壞了。這時毛主席有些驚訝的樣子，問：「為什麼跳樓？」然後講了一句：「真沒出息！」聽起來那意思是官司剛開始打，就跳樓，官司還在後頭呢。我想主席還在觀察，從事後的事態發展也可以看出。主席為什麼講這句話，因為中央還未做結論嘛。主席還在考慮還可能牽扯到什麼人。

三月會議主要點了楊尚昆、陸定一的事，還聽了江青介紹召開部隊文藝工作座談會的情況。會議對羅瑞卿的揭露就多了。一邊倒，群情激憤。光聽會上的揭發，羅瑞卿的問題就大了。20 日上午會議結束。21 日，陶鑄領頭，大區書記們參觀了花塢、玉泉。我們離開杭州到上海。23 日從上海飛回北京，當天召開書記處會議。

第二次杭州會議

杭州會議後，學術批判不斷升溫。4月9日至12日中央在北京召開書記處會議，會議內容之一就是研究學術批判的問題。

會後馬上就召開了第二次杭州會議，又叫政治局常委擴大會議。

我於14日從邯鄲返京，15日飛上海，從上海到杭州。當時來的人比較少，就安排在西泠賓館（八層）。

彭真來得晚，我們還換了一下房子，住在同一層。

葉帥也來得晚，來了就問我：「這個會議是幹什麼，三月不是剛開了會？」

我說：「我也不知道。」

葉帥說：「送彭真上飛機時，彭真和我講了兩句話，說現在又出事了，他出事了。」

彭真到杭州後，要求和毛主席見面談話。彭真和徐業夫講時我正在旁邊。彭真說：「我要求和主席見面，只講二十分鐘。請你轉告。」徐業夫會轉告的，可是主席沒有見彭真。這樣我們就知道事情大了。

會還沒有正式開，18日關於彭真問題的材料就出來了。一個材料是4月16日《北京日報》以三個版的篇幅發表的批判吳晗、鄧拓、廖沫沙「三家村」的文章，並加《北京日報》、《前線》的編者按。在編者按中有所檢查，並提到《前線》發刊詞。康生講這是個假批判，真包庇，假裝自我批評。又說《前線》也發了一篇文章，他始終沒有看到。我們知道「三家村」的問題牽涉到北京市委。

4月18日，《解放軍報》發表社論，是按照江青召開的部隊文藝工作座談會紀要的精神寫的。社論宣佈：無產階級「文化大革命」的高潮已經到來。

19日開始開會。

20日、22日、24日、25日在主席那裏開了幾次會。主席談得很活躍、和緩，但講話中插的那幾句話就重了。主席說：北京的空氣很沉悶，他不願在那裏住，願到上海來。那時柯慶施和江青已聯繫較多。1965年初，江青就躲到上海來密謀策劃批判吳晗的《海瑞罷官》一文。

我們在西泠賓館吃過飯出去散步時，六個大區書記沒有一個敢和彭真並行，也不和他講話。我還和他講話，因為彭真1938年就是我的上級，關係可

以。但我們也只能講些廢話「天熱了……」，誰也不敢講正題。

4 月 21 日，劉少奇訪問巴基斯坦、阿富汗、緬甸三國後回到杭州，主持了類似政治局的會議。因為少奇從 3 月 26 日就不在國內，對這段情況根本不了解，所以會議實際是總理主持。在會上少奇點了兩個人的名。

王任重說：主席講得很好，很重要，是否將毛主席的講話整理成一個文件下發全黨。陳伯達說：那你根據你的記錄寫一下。這就是《五一六通知》的由來。王任重記錄的特點是誰的話都記，但只記要點。我的記錄是記毛主席的原話，但是別人的插話就記不下來了。我一看他的記錄同我的不盡相同，就沒有往外拿我的記錄稿。王任重起草的文件，後來改動很大，康生說改了八遍。但也有另一種說法，比如劉志堅回憶：4 月 14 日總理把他叫到釣魚台 8 號樓說，中央確定他和陳亞丁到上海參加一份中央文件的討論和修改，這就是《五一六通知》。16 日他倆飛到上海，當天陳伯達、康生、江青召開會議讓大家討論，5 月 1 日劉志堅回到北京。這就是說，第二次杭州會議還沒有開，中央已在組織人起草《五一六通知》了。

4 月 24 日，會議基本通過《中國共產黨中央委員會通知》（即《五一六通知》）草稿。

會議結束，中央指定我和宋任窮兩個人同彭真一道乘飛機回京，明是陪送，實是押送。在 26 日晚杭州到上海的火車上，27 日上海到北京的飛機上，我們都沒話講。開始三個人在一起，面對面乾坐着，後來宋任窮離開前艙，到工作人員那邊，只剩下我和彭真。大家心裏都明白，我們倆的任務是「護送」他回來。

到機場後，我們各自坐車走了。後來有人說我把彭真交給安子文了，這是不對的。

上海會議搞羅瑞卿，三月會議點楊尚昆、陸定一，四月會議批北京市委，批彭真。這時誰都知道，問題剛剛開了個頭，遠沒有完。誰也搞不清下一步如何發展。這時的北京大家都很緊張，到處打聽消息。

五月政治局會議

五月政治局會議一般說法是 3 日開始，先召開了幾次座談會，由康生、

陳伯達、張春橋介紹情況。我更多的精力是放在北京市、華北局，準備開華北工作會議，工作十分緊張。

5月7日中央文件正式通知，我去北京接彭真的工作任第一書記，主持北京市工作。

5月11日下午中央政治局擴大會議第一次全體會議由劉少奇主持。毛主席仍在外地沒有回來參加。

我坐在第一排，對着主席台的左手。我的左邊是聶帥，右邊是彭真。我走進去，坐下看見桌子上放着一張文件，字有核桃大，我拿起來看是林彪的手書，未看得很清楚，大致是說他證明葉群和他結婚時是純潔的處女之類的話，說嚴慰冰的揭發信全係造謠。

彭真已經知道是我接他的工作，他交代我去後應注意的事。他站在那裏俯身對我說：「你去了之後……」剛開始講，聽見有人在後面拿着什麼材料唸。彭真一聽就火了，態度激昂，回過身朝着後面大聲說：「誰是第一個喊叫萬歲的！」證明歷史上是他先喊主席萬歲的。坐在主席台上的劉少奇馬上制止，吵架就停了。

此時，當我拿起來看林彪的手書，還未看明白，就聽見聶帥拿着林彪的手書，生氣地衝着主席台上的人說：「發這個做啥？收回！」這等於是給主席台上提意見。

這事和政治局又沒關係，這種事還發文件，丟人！可笑！這個文件是針對陸定一和他夫人嚴慰冰的。這麼嚴肅的會，發這種文件，真讓人啼笑皆非！很快文件就被收回了。

不久，中央派人通知彭真，停止他出席會議。

從會上看，劉少奇是同情彭真的，認為他有錯誤，但不同意這樣搞。看得出劉少奇有氣，壓力很大，表情不自然。他主持會議，等於反對他自己。總理也很慎重，不講話。康生挺得意。

5月16日上午9時，在人民大會堂召開政治局擴大會議第二次全體會議。會議仍是劉少奇主持。鄧小平講話，介紹《五一六通知》內容。

討論通知時，大家都是贊成的，沒有提出不同意見。因為是擴大會議，劉少奇說所有參加會的人都有權舉手。全體舉手通過，一字未改。這個《中國共產黨中央委員會通知》，因為是5月16日通過的，又叫《五一六通知》。

通知重點批判《二月提綱》，說它是「反對把社會主義革命進行到底，反對以毛澤東同志為首的黨中央的文化革命路線，打擊無產階級左派，包庇資產階級右派，為資產階級復辟作輿論準備」，是「徹頭徹尾的修正主義」。通知說，「撤銷原來的『文化革命五人小組』及其辦事機構，重新設立『文化革命小組』，隸屬於政治局常委之下」。通知中最嚴重的話是：「混進黨裏、政府裏、軍隊裏和各種文化界的資產階級代表人物，是一批反革命的修正主義分子，一旦時機成熟，他們就要奪取政權，由無產階級專政變為資產階級專政。這些人物，有些已被我們識破了，有些則還沒有被識破，有些正在受到我們信用，被培養為我們的接班人，例如赫魯曉夫那樣的人物，他們現正睡在我們的身旁，各級黨委必須充分注意這一點。」《五一六通知》一通過，形勢就嚴重了。

這次會議還通過了中央工作小組關於羅瑞卿錯誤問題的報告。

會議休息了兩天，到 18 日繼續開，仍是劉少奇主持。林彪在會上發表講話，即有名的「五一八講話」。

林彪在正式講話前問陸定一：「我對你怎麼樣？」

陸定一說：「很好。」

林彪說：「我對知識分子歷來是很尊重的（言外之意，我知道你是大學生），你怎麼那麼整我？」

因為林彪點了名，會後，政治局常委繼續開會，決定停止陸定一出席會議。當時，我們還在外面沒有走。陸定一則在旁邊的屋裏等着。

鄧小平喊我進屋，讓我和李富春去跟陸定一談話，通知他不再出席會議。

李富春非叫我領頭。我讓他：「你是政治局的。」

我們倆站起來，從開會的地方到陸定一房間的門口只有幾步路，誰也不願意走在前面，一直並行，走得很慢。走到門口，他推我，我年輕，只好服從。一進門，我就靠邊坐下。坐下後，應由他先說，他又推說讓我先說。陸都看到了。我只好先講。傳達了鄧小平的一句話：「中央決定從現在起停止陸定一同志出席這個會議。」這是小平找我談的，誰找富春說的我不知道底細，只能講這一句。既不能批評，也不能同情。

陸定一說：「雪峰同志，我可是要搞共產主義的，我還希望我能看到共產主義！」他講話的聲音很大。看出他負擔很重。我們也無法回答。

我勸慰：「會議定了，休息吧。事情總會弄清楚的。」富春也説：「是啊，事情總會弄清楚的，中央決定……」

林彪講話事先做了準備，他有個簡單的提綱，字有核桃大，他説：「這次是政治局擴大會，上次毛主席召集的常委擴大會，集中解決彭真的問題，揭了蓋子。這一次繼續解決這個問題。羅瑞卿的問題，原來已經解決了。陸定一、楊尚昆的問題，是查地下活動揭出來的，醞釀了很久，現在一起來解決。四個人的問題是有聯繫的，有共同點。主要是彭真，其次是羅瑞卿、陸定一、楊尚昆。」他殺氣騰騰，大講「政變」，從古到今包括世界各國的政變，認為我們社會主義國家也會有。他沒有點名，但大家都知道是指劉少奇。劉沒有講什麼。

5月23日，會議通過對彭、羅、陸、楊的處理決定，進行專案審查。調陶鑄擔任中央書記處常務書記，兼中宣部部長，調葉帥任中央書記處書記兼軍委秘書長，我任北京市委第一書記。討論時我説：「我一個人不行，調一個人做副書記。」候選人提了兩個，吳德和華北局的什麼人。1936年我和吳德搭過班子。他在棗園工作過，康生了解他。最後決定吳德任第二書記；郭影秋、高揚文、馬力為書記。

24日又發了《關於陸定一同志和楊尚昆同志錯誤問題的説明》，這兩個文件都下發到縣團級。

康生、陳伯達騙我到北大講話

5月25日上午政治局擴大會議結束，下午2時許，北京大學哲學系黨總支書記聶元梓等七人在北大學生食堂的東牆上貼出大字報，題目是《宋碩、陸平、彭珮雲在文化革命中究竟幹些什麼？》，宋碩是北京市委大學部副部長，陸平是北京大學黨委書記，彭珮雲是北大黨委副書記。大字報的矛頭直指北京市委大學部和北大校黨委，也就是指向北京市委。後來才知道這是康生搞的，他早就派他老婆曹軼歐等人到北京大學串聯了。

大字報一出來就將黨內矛盾公開了，而且這是1957年以來第一次在北大出現大字報，一下子就引起轟動。學校內部，學生馬上分成兩派，一派是反對大字報的，一派是擁護大字報的，兩派各説各的理，互不相讓，形成對

立。在辯論中青年人火氣大，有個別人動手，以致互相推推搡搡。而且北大
有許多留學生，消息馬上傳到國外。北大的校門歷來是敞開的，外面的人聞
訊後紛紛進去看大字報。

這天晚上我接到陳伯達的電話，他要我去北大，說：「形勢嚴重，怕大字
報上街，怕串聯。現在很多人到北大看大字報，怕人們上街遊行。」看來他
們放了火，還不知毛主席的態度，怕火燒到自己，急於穩住陣地。

我說：「我不能去，因為中央沒有正式通知，師出無名。」這時吳德已到
北京，但我和吳德還未正式到北京市委上班，以華北局的名義去也不行。

陳講：「形勢嚴重，很可能發生遊行。在北大如何貼大字報要做工作，不
要上街。」我想，非中央講話不可，我也不能給主席打電話，現在夜半三更，
也不能和少奇聯繫，因而沒有答應。又拖了一下。

陳伯達着急了，第三次給我打電話，話講到這種程度：「非你老兄出面不
行了。」我還是不答應，他又說：「我們一塊去。」他是政治局候補委員，已
內定是「中央文革小組」組長，負責運動的。我沒有辦法，只好同意了。

這時外事辦副主任張彥也來電話說，他剛從康老那裏回來，康老讓我和
蔣南翔一起去。康老的意見是，大字報可以出，但不要搞到各個學校去，不
要上街。總理也指示了幾條：正面講毛主席的偉大決定，對大字報要做幾條
規定。工作要說服，不能壓，要負責人親自去做工作。張彥說：先和你打個
招呼，康生還要找你。

過了一會，康生就來電話了。我先講了張彥轉告的話，他說：蔣南翔已
經來過了，你不來也可以。我說：陳伯達來過電話，要我講話。康生聽了表
示可以。

這時，陳伯達又來電話催我。我說：「我等你。」我考慮，我一個人上台
讓群眾一包圍，我連個報信的人也沒有，就找解學恭、池必卿來開會商量。
我說我在台上，你們散在台下，聶元梓是太行的幹部，池必卿可以做做聶的
工作。這一切都安排好了，已是12點多了。我和陳伯達聯繫，陳這時卻說：
「我正在改一篇社論，去不了。」陳伯達要我去北大後開個緊急會議（這暴露
了康、陳兩個人的互相勾結）。

我趕到北大臨湖軒時，陸平正在主持校黨委會。教育部部長蔣南翔、副
部長劉仰嶠也在。他們已經開過了一個八百人的黨團員幹部會。我先聽了一

段彙報，就説：「已經開過了，那就算了吧。」蔣説：「雪峰同志你既然來了，我們就再開一次。」

陪我上主席台的是劉仰嶠和張彥。又要開會，我講什麼？我就叫張彥再提供一些情況，傳達周、康、陳的指示。我一邊聽一邊想，心裏生氣，為什麼把我推到台上，算啥！我請張彥先講講，我主持會。他不講，我問總理還有什麼指示，他説沒有了。

等於原班人馬又開了一次會，在黨團幹部會上我講了二十五分鐘。後來群眾概括為幾條：（1）不提倡寫大字報；（2）大字報要內外有別；（3）要有領導；（4）要有步驟；（5）不一定開大會聲討；等等。

會後，我回到家裏，睡不着，心裏考慮，中央還未吭氣，我這樣做合適不合適？天還沒大亮，就給少奇打了個電話，不想碰了個釘子。我剛説我在會上代表中央、包括總理講了話，他馬上頂了一句：「你不能代表！」

我趕快就説：「那怎麼辦？我馬上寫一個檢討，需要公佈就公佈。」

少奇説：「那也不要。」説完就把電話掛上了。我一聽就知道事情不在我這兒。這句話把我解脱了。

通過這一天的事，覺得康、陳是對我來了個突然襲擊。本來我對康、陳有些看法，但當時也不敢太懷疑，因為他們都是老資格的同志。

毛主席決定發表第一張大字報

5月31日，陳伯達親自到人民日報社，改組人民日報社，撤了吳冷西社長的職務，宣佈中央確定派工作組進駐。這是中央派的第一個工作組，而且由陳伯達宣佈，並由他領導。

改組後的第二天，6月1日，《人民日報》發表社論《橫掃一切牛鬼蛇神》。社論指出：「革命的根本問題是政權問題。……有了政權，就有了一切。沒有政權，就喪失一切。因此，無產階級在奪取政權之後，無論有着怎樣千頭萬緒的事，都永遠不要忘記政權，不要忘記方向，不要失掉中心。」這篇社論實際將林彪五一八講話精神公佈於眾。社論宣佈：「一個無產階級文化大革命高潮，正在佔世界人口四分之一的社會主義中國興起。」

6月1日，我們正在開華北工作會議，由我傳達五月政治局擴大會議的

決定。下面遞了一個條子，說是由康老那裏送過來的文件。我打開一看是康生寫的條子。內容是毛主席在杭州對聶元梓大字報的批示，並說今天就要公佈。毛主席批示的內容，因為時間倉促，看得很匆忙，我已記不清了。考慮到事關重大，我在會上唸了康生寫的條子。

6月1日晚8點，中央廣播電台全文播放了聶元梓的大字報，毛主席稱讚它是「全國第一張馬列主義的大字報」。這一下子火就點起來了。康生欣喜若狂，他有一次在大會上說：「大字報廣播後，我感到解放了。」而大字報廣播後我就十分被動，因為我在北大的講話與毛主席的評價顯然不同。

當天晚上，張承先率少數工作隊員進了北京大學。

6月2日，《人民日報》第一版以醒目標題《北京大學七同志一張大字報揭穿了一個大陰謀》，全文刊登了聶元梓的大字報，並發表了評論員的文章《歡呼北大的一張大字報》。評論員的文章說「北京大學是『三家村』黑幫的一個重要據點，是他們反黨反社會主義的頑固堡壘」，並說北大的黨組織是「假共產黨，是修正主義的『黨』」，說「你們的『組織』就是反黨集團，你們的紀律就是對無產階級革命派實行殘酷無情的打擊」。各高等院校紛紛效仿北大，揪鬥校系領導，衝垮各級組織，從此全國高校陷於混亂，一發而不可收。

「文化大革命」初期的北大工作組

張承先

「文化大革命」初期，中共中央決定派我為北京大學工作組組長，代行北京大學黨委書記職務，領導北大的「無產階級文化大革命」運動。在風口浪尖上，我經歷了一場不尋常的嚴重鬥爭。在處理北京大學「六一八」亂揪亂鬥事件中，被江青指責為「鎮壓了革命」。康生宣佈我犯了「反黨、反社會主義的資產階級右傾機會主義路線錯誤」，我隨即被打倒。

關於「文化大革命」，中央在《關於建國以來黨的若干歷史問題的決議》中指出：「歷史已經判明，『文化大革命』是一場由領導者錯誤發動，被反革命集團利用，給黨、國家和各族人民帶來嚴重災難的內亂。」我在北京大學領導「文化大革命」運動中的親身經歷深刻地說明了這一點。

陳伯達、康生是以林彪為首的和以江青為首的兩個反革命集團的重要成員，在製造內亂中起了極其惡劣的作用。他們在北京大學「文化大革命」中進行了醜惡的表演，對這一段歷史許多人並不清楚。在一些歷史著作中也敍述不詳，甚至有的以訛傳訛。我作為當事人，有責任將這一段歷史記錄下來。

一

1966 年 5 月，我正在北京參加中共中央華北局主持召開的華北地區「無產階級文化大革命」工作會議（當時我任中共河北省委書記處書記）。在會上聽了 5 月 18 日林彪在中共中央政治局擴大會議上講話的傳達。他在講話中大講世界上「政變成風」，並稱中國有些人陰謀搞政變，他們要殺人。會上

還傳達了彭真、羅瑞卿、陸定一、楊尚昆等人的所謂「反黨錯誤」。當時感到氣氛很緊張。在這次會上還傳達學習了中共中央決定發動「文化大革命」的《五一六通知》。

當時，我對這一通知進行了反覆認真的研讀。通知提出：要「高舉無產階級『文化大革命』的大旗，徹底揭露那些反黨、反社會主義的所謂『學術權威』的資產階級反動立場，徹底批判學術界、教育界、新聞界、文藝界、出版界的資產階級反動思想，奪取在這些文化領域中的領導權，而要做到這一點，必須同時批判混進黨裏、政府裏、軍隊裏和文化領域的各界裏的資產階級代表人物，清洗這些人，有些則要調動他們的職務，尤其不能信任這些人去做領導文化革命的工作，而過去和現在確有很多人是在做這種工作，這是異常危險的」。「混進黨裏、政府裏、軍隊裏和各種文化界裏的資產階級代表人物，是一批反革命的修正主義分子，一旦時機成熟，他們就會要奪取政權，由無產階級專政變成資產階級專政。這些人物，有些已被我們識破了，有些則還沒有被識破，有些正在受到我們信用，被培養為我們的接班人。例如赫魯曉夫式的人物，他們現正睡在我們的身旁。各級黨委必須充分注意這一點。」讀到這些段落，真使我大吃一驚，心裏想情況有這麼嚴重嗎？出於毛主席在我心中的崇高威望，我又不能不相信，也不敢懷疑。當時只是考慮自己覺悟不高，認識不清，要努力學習提高自己的覺悟，跟上毛主席的重大戰略部署。同時認真對照檢查我在河北主管的文教工作，考慮在這方面工作中有無問題，想來想去也沒有感到多大問題。

6月1日下午，我突然接到通知，讓我在傍晚到北京飯店向北京新市委第二書記吳德領受任務。吳德對我說：毛主席決定要向全國廣播北京大學聶元梓七人於5月25日貼出的大字報，廣播後北京大學黨委可能陷入癱瘓狀態，中央決定任命你為北京大學工作組組長，並由你代行北京大學黨委書記職務，要趕在廣播前進駐北京大學，領導北京大學的「文化大革命」運動。當晚召開了華北局和北京新市委負責人參加的緊急會議，討論工作組進駐北京大學的工作方針和行動計劃。然後，吳德和華北局負責人蘇謙益、池必卿、黃志剛帶領我急急忙忙趕到北大，召開北京大學黨委會議，宣佈了華北局決定。這時中央人民廣播電台已於晚8點廣播了聶元梓七人大字報。6月2日零點30分，緊急召開了全校黨團員、幹部、學生幹部大會，宣佈華北局決定。

我講了話，表示：堅決支持北京大學的革命運動，放手發動群眾，把北京大學的「無產階級文化大革命」進行到底！

這個突如其來的任務，使我感到擔子很重，壓力很大。北京大學聚集了很多全國聞名的學者，是全國著名的高等學府。而我對北京大學的情況一無所知，對「文化大革命」怎樣搞法也心中沒底。只是覺得在「天子」腳下的北京大學搞運動可非同一般，只能搞好，不能搞壞。搞不好，不只是對中央無法交代，對國內外也將產生不良影響。怎麼辦？我考慮再三，感到務必要謹慎從事，嚴格遵照毛主席的「沒有調查就沒有發言權」、「堅持對上負責與對下負責的一致性」、「政策和策略是黨的生命」等一貫教導去做，絕不能下車伊始就胡亂開展「鬥爭」。在具體工作中，一是依靠領導，堅決按中央的指示辦事；二是深入調查研究，摸清北京大學的情況。

工作組的派出為何如此匆忙？我當時並不知情，後來才知道事情的經過是這樣的。北京大學聶元梓七人大字報是在康生秘密策劃下搞出來的。1966年 5 月 14 日，康生派人以中央理論小組調查組的名義到北京大學調查，由他的妻子曹軼歐任組長。曹多次找到聶元梓面談有關「文化大革命」的問題。曹還兩次找北京大學黨委常委、法律系主任陳守一談話，說：北京大學的學術批判有問題，你應該揭發，你如果同意揭發，還會有人和你一同出面揭發。兩次都遭到了陳守一的拒絕。曹軼歐於是表示：此事「算了」，但又叮囑他對這件事嚴格保密不能與任何人談。5 月 23 日晚，果然如曹軼歐所說「還會有人出面揭發」，這就是經她面談的聶元梓。聶元梓在邀集某些人商量之後，決定從北京市委大學部副部長宋碩 5 月 14 日關於「文化大革命」的講話開刀，寫出了題為《宋碩、陸平、彭珮雲在文化革命中究竟幹些什麼？》的大字報，向北大黨委和北京市委發難。大字報寫出後，於 5 月 25 日公開貼在學校大飯廳東牆上，引起了全校的思想混亂和激烈爭論。大多數師生員工認為：這是一張用誣衊不實之詞攻擊誣陷北大黨委和北京市委的大字報。北京大學公開貼出大字報的事也在社會上引起轟動。當晚華北局書記李雪峰和國務院外辦副主任張彥到北大召開黨員幹部會議，傳達國務院有關文件，批評聶元梓等人的大字報不應該貼在外面。周總理指示說：「大字報可以貼，但北京大學是涉外單位，要內外有別。」強調黨有黨紀、國有國法，要認真遵守。由於聶元梓的行為受到了周恩來總理的批評，學校內也有些幹部師生批評了

聶元梓大字報中的一些誣衊不實之詞，於是曹軼歐派人將大字報底稿取走送給康生，康生背着當時在北京主持中央工作的劉少奇、周恩來、鄧小平等人將大字報直接送給在外地的毛主席，並讓曹軼歐告訴聶元梓要「頂住」。據康生自己在 8 月 4 日的北大全校大會上說：「6 月 1 日下午 4 點，我接到通知（指廣播聶元梓大字報的通知），我感到聶元梓同志解放了，我……也感到解放了，因為我們當時是支持這張大字報的，我們也受到了壓力。」由此可見大字報出籠與康生等人的關係。

康生的這種突然行動，使當時在北京主持中央工作的劉少奇、周恩來、鄧小平等人陷於被動狀態。在這種緊急情況下，在北京主持中央工作的領導按照過去黨領導運動的通常做法，決定派出工作組，領導「文化大革命」運動，免得使運動陷於無領導的混亂狀態。我就是在這種緊急情況下被派往北京大學的。

二

1966 年 6 月 1 日晚 8 時，中央人民廣播電台向全國廣播了聶元梓七人大字報，當夜就有許多人給廣播電台打電話提出質詢和抗議。當晚收到質詢抗議電話五十九次。6 月 2 日《人民日報》頭版以《北京大學七同志一張大字報揭穿了一個大陰謀》為主題，全文發表了這張「革命」大字報，並在配發的評論員文章《歡呼北大的一張大字報》一文中，稱「北京大學是『三家村』黑幫的一個重要據點，是他們反黨反社會主義的頑固堡壘」。隨後陳伯達掌握下的《人民日報》又連續發表了《橫掃一切牛鬼蛇神》、《觸及人們靈魂的大革命》、《撕掉資產階級「自由」、「平等」、「博愛」的遮羞布》等一系列社論，把聶元梓封為「革命左派」。這就在北京大學引起了極大的震動。而聶元梓則認為她勝利了，向「圍攻」（聶元梓自稱廣播前她受到了「圍攻」）她的人展開了猛烈反擊，校園內出現了混戰局面。許多青年學生出於對毛主席的熱愛，出於保衛中共中央、保衛毛主席的熱情，也紛紛貼出大字報。從 6 月 1 日到 6 月 6 日校內共貼出大字報五萬多張，各種觀點都有，其中也有反對聶元梓的大字報。每天來北京大學看大字報的有近萬人。北京許多學校派人來北大聲援，不斷有人訪問聶元梓並向她取經。聶元梓一時成為「英雄」人物。

北京大學的「文化大革命」運動在這種強大的輿論下，迅速激發起來。

　　6月4日，陳伯達到北京大學看大字報，了解情況。他對北大工作組說：「北大是地、富、反、壞、右的堡壘，是資產階級反對無產階級的堡壘，他們是在培養資產階級、反革命和叛徒的接班人，是一個很頑固的堡壘，堡壘要從內部攻破，我們要有自己依靠的人。」陳伯達回去後，《人民日報》於6月5日發表了題為《做無產階級革命派，還是做資產階級保皇派》的社論。社論說：「北大社教運動後期，召開的國際飯店會議」，「是1965年發生的一個極端嚴重的反革命事件」，「北京大學的鬥爭，是無產階級革命派和資產階級保皇派之間的鬥爭，是馬克思列寧主義、毛澤東思想和修正主義的鬥爭，是無產階級教育路線和資產階級教育路線的鬥爭，是革命和反革命的鬥爭，是極其尖銳的階級鬥爭」。這個論斷當時也使我感到十分突然。因為，1964年開始的北京大學社教（「四清」）運動是經過反覆的。開始由中宣部派出的北大社教工作隊認定北京大學已經爛掉了。後來由於有不同意見，中央書記處決定進行複查，決定由北京市委書記處書記萬里主持國際飯店會議進行複查，結果否定了聶元梓等人對北大黨委的「揭發」和中宣部工作隊所作的結論。中央書記處在鄧小平主持下，專門討論了北大社教運動問題，認為北京大學是辦得比較好的社會主義大學，只是有些問題。陸平同志（北大黨委書記）是好同志，也只是有些錯誤。對中宣部工作隊在北京大學社教運動中的工作方針和做法提出了嚴肅批評。當時，我還聽說毛主席說過「看來陸平還是個好同志」。對中央已經作了結論的事，陳伯達輕易地予以徹底推翻，並把國際飯店會議稱為反革命事件，必然在北京大學引起更大的混亂。果然，《人民日報》的這篇社論一發表，北京大學內部就圍繞着社教運動的歷史舊賬，展開了激烈的鬥爭。聶元梓對在國際飯店會議上不贊成她的觀點的人開展無情鬥爭，進行打擊報復，並要揪鬥萬里（工作組以萬里是中央任命的北京新市委的領導成員為理由，拒絕了她的要求），給工作組造成了很大的壓力。

　　在聶元梓發動的這場鬥爭中，鬥爭方式簡單粗暴，打人、罵人、揪頭髮、撕衣服、戴高帽子遊街，使北京大學的混亂狀態不斷升級。《人民日報》發表《橫掃一切牛鬼蛇神》的社論後，把青年學生在毛主席號召下煥發的革命熱情，進一步引向了「橫掃一切、懷疑一切、否定一切」的方向，開始漫無邊際地「橫掃」起來。北京大學著名歷史學家翦伯贊在「橫掃」中，遭到

人格污辱，其住所被貼上「廟小神靈大，池淺王八多」的對聯。有些前來北京大學聲援的外校學生，隨便勒令被報上點名的「黑幫人物」出來交代問題，有一次一些中學生打掉了陸平的眼鏡。在這種激烈動盪、一片混亂之中，如何站在運動前面領導運動，成為當時十分迫切又非常難辦的問題。

　　聶元梓七人大字報廣播之後，原北京大學黨委及所屬黨總支，除聶元梓掌握的哲學系外，全部陷於癱瘓。當時的首要任務是建立工作組的各級機構，取代垮了的各級黨組織。北京新市委在中央支持下，從中央機關、解放軍和各省市抽調了大批幹部，充實加強北大工作隊的力量。6月7日，從校到系（除哲學系外）全部實現了工作組的領導。據6月10日統計，北京大學共有二百零八名工作隊員。在校一級成立了北大工作組領導小組，我擔任領導小組組長，副組長有曹軼歐（她早已以中央理論小組調查組組長名義進駐北大，後改為「中央文革小組」調查組）、劉仰嶠（高教部副部長，後來調回高教部）、楊以希（中央組織部副部長）、彭林（中國人民解放軍海軍航空兵政治委員）、武振聲（中央文辦秘書長）、張德華（團中央候補書記）。聶元梓任領導小組辦公室主任，楊克明（北大七人大字報主要成員之一）為辦公室副主任。

　　在建立健全工作組各級組織領導的同時，中央對北京大學「文化大革命」運動如何進行作了一系列指示。

　　6月3日下午，新市委第一書記李雪峰，在大專院校代表會上講話並傳達了中央指示，分析了北京市「文化大革命」的形勢，提出：6月1日廣播了北京大學第一張大字報後，北京市「文化大革命」運動轟轟烈烈開展起來，在鬥爭方式、方法上也出現了一些值得注意的問題。運動剛剛開始，領導還沒有講運動怎樣開展，出現些問題也是正常現象。運動在打破常規開展起來的新情況下，領導要站在運動的前面領導運動。任何革命群眾不是執行正確的政策，就是執行盲目錯誤的政策。北京市委過去的領導出了嚴重問題，但北京市廣大共產黨員是好的，不能設想北京市的黨組織都壞了。有些同志犯了錯誤是執行了前市委以黨的名義發的文件和指示，有的同志自身有毛病有錯誤，要主動檢查，取得群眾信任和諒解。有些人即使與黑幫有關係也應起來主動決裂，黨是允許革命的。中央要求各級黨委站在運動的前面領導革命運動。既要放手發動群眾，又要掌握政策，有些方面要劃些槓槓。經中央同意

開展運動的八條要求是：一是大字報要貼在校內；二是開會不要妨礙工作、教學；三是遊行不要上街；四是內外區別對待，不准外國人參觀，外國留學生不參加運動；五是不准到被揪鬥的人家裏鬧；六是注意保密；七是不准打人，污衊人；八是積極領導運動，堅守崗位。這些政策要儘快通知下去和群眾見面。北京大學雖然儘快傳達了這些指示，但北大運動實際上已經突破了這些樊籬。這些指示給我最深的感受是：工作組一定要站在運動的前面領導運動，要放手發動群眾，注意掌握政策。

6月7日，校系工作組全部到位後，新市委第二書記吳德於8日來北京大學傳達了新市委的指示：北京大學這張大字報成為「文化大革命」全線進攻的號角。現在看來不少單位的領導已經積極起來領導這一場運動了，但也有相當多單位的領導還採取消極態度，有不少單位出現了「兩派對罵」的尖銳狀況。「革命派和保皇派進行着一場搏鬥。」現在要狠抓領導權，這裏有個奪權問題。目前情況下，還要強調放手發動群眾，當然要有領導，要講政策。所謂有領導，首先要把群眾發動起來；講政策，首先是支持革命群眾，然後是劃一些政策界限。現在主要是怕搞亂了，我們不應該怕大民主，不要怕這怕那，不要束縛群眾手腳。群眾運動開始可能亂一些，這合乎規律，也可能大亂一場，然後再一分為二。只要我們旗幟鮮明，打擊方向明確，加強領導也亂不到哪裏。只要群眾真正起來了，情況就會好一些。運動不是按設想的發展，我們原想分期分批進行。大字報一廣播，一聲號令，全面開花。我們不能用常規辦法領導運動。我們要高舉毛澤東思想偉大紅旗，有氣魄地領導運動。雪峰同志講的八條是中央精神，當然是對的。有人從積極方面理解，有人從消極方面理解，束縛限制群眾。例如上街有兩種不同的上街。對北大聲援，那麼多人敲鑼打鼓去，也是上街嘛！關於「內外有別」的問題，比如互相看大字報就不能限制，不是很多人到北大看大字報嘛！總之要有政策，政策首先要支持革命群眾起來革命。工作隊是臨時調來的，來不及訓練，思想準備不足，對學校「文化大革命」怎麼搞不大清楚，工作隊員要在運動實踐中提高自己，邊戰鬥邊整訓。越是放手發動群眾，越容易使運動健康發展。我們說要造氣勢，不是說不要求做深入的細緻的思想工作。在組織上要抓組織革命隊伍，依靠「左派」，爭取中間，分化右派，孤立打擊頑固的反黨反社會主義分子。現在北大「左派」已經起來，當前的問題是爭取中間，中

間一過來，右派就會分化。總之，要放手發動群眾，現在發動得還很不夠。關於這次運動鬥爭的目標是「反黨反社會主義反毛澤東思想」的「資產階級代表人物」，在黨內是「走資本主義道路的當權派」，在黨外是「反黨反社會主義的資產階級學術權威」。鬥爭不是對有資產階級思想、世界觀沒有改造好、但並不反共的知識分子。群眾起來不管是重點不是重點，都燒一下很難免。要引導他們把目標集中在批判重點上，不要轉移鬥爭目標。

根據新市委傳達的這些中央指示，結合北京大學實際情況，我與工作組領導小組人員醞釀後認為：在北京大學，奪取領導權問題已經解決，已經湧現出一支「左派」力量，現在是放手發動群眾，壯大革命力量，依靠與提高「左派」，大力爭取中間派，明確鬥爭目標，注意掌握政策，結束混戰局面，把運動引向深入健康發展的問題。根據這一認識，我對運動中的幾個問題進行了認真的思考和研究，現將當時的一些想法記敘如下：

（1）關於要站在運動前邊領導運動。

北京大學當時的實際情況是，聶元梓七人大字報廣播之後，以聶為首的「無產階級左派」在北大崛起，北大的「無產階級文化大革命」「轟轟烈烈」地搞了起來。根據這一情況，北大工作組明確表示要「支持左派、依靠左派」，並安排聶元梓為北大工作組領導小組辦公室主任，楊克明為辦公室副主任，全面掌握運動情況。但在實際接觸中，我感到聶元梓對這場「文化大革命」運動的性質任務和所要達到的目的並無深刻的了解，運動中帶有個人情緒、發洩個人不滿，鬥爭目標不明確，矛頭對準在過去運動中與她持有不同觀點的人，對準由他們自己主觀認定的「資產階級保皇派」。鬥爭方式簡單粗暴，不講政策，出現打人、罵人、戴高帽子等現象，鬥了一些不該鬥的人，使校園內形成混戰局面。特別是感到，聶元梓等把「無產階級革命派」的圈子劃得太小，不注意爭取中間力量，不注意團結一切可以團結的人，脫離了廣大群眾。而大多數群眾，雖有革命熱情，但有很大的盲目性，如果沒有共產黨的堅強領導，必然像中央指示中所說的那樣「執行盲目錯誤政策」。因此，要搞好北京大學的「文化大革命」，只靠聶元梓等人搞是不行的，「依靠左派還要提高左派」，必須加強黨的領導，制止混戰局面，把運動引入正軌。由於北京大學各級黨組織已陷於癱瘓，領導權已轉移到工作組手裏，北京大學的「運動領導權」問題已經解決了。當前實現黨的領導的關鍵，是工

作組必須站在運動的前列來領導運動。如何實現領導是一個迫切需要解決的
問題，其中也有個提高工作組的領導水平，取得領導資格的問題。因此工作
組和廣大工作隊員需要進行戰地培訓，要邊學習提高、邊參加和領導運動，
「在戰爭中學習戰爭」。

（2）關於放手發動群眾問題。

在北京大學搞好這場「文化大革命」，必須放手發動群眾、壯大革命力
量，必須要把北大的廣大革命幹部、廣大黨團員、廣大革命知識分子、廣大
學生發動起來，把一切可以團結的人團結起來；要按照中央社教運動「二十三
條」的精神，在團結 95% 以上群眾的基礎上，團結 95% 以上的幹部。而北京
大學雖然已經湧現出一股「左派革命力量」，但這股力量還不大，他們又不善
於團結廣大群眾，對他們主觀認定的「資產階級保皇派」一律加以排斥，不
加區別地進行鬥爭，使相當一部分群眾對運動持懷疑和消極態度。經工作組
深入調查摸底排隊，北京大學「文化大革命」運動雖然表面上「轟轟烈烈」，
但真正動起來的不過 30% 左右。處於中間狀態的佔有很大比例。面對這種情
況，工作組必須高舉毛澤東思想偉大紅旗，開展大學大議，深入發動群眾、
放手發動群眾，在「提高左派」的同時，爭取中間派，壯大革命群眾力量，
這是搞好「文化大革命」的關鍵所在。

（3）關於注意掌握政策。

在北京大學進行「文化大革命」，必須特別注意掌握政策。北京大學是高
級知識分子集中的地方，進行「文化大革命」不把廣大高級知識分子團結起
來、發動起來是不可能搞好的。在運動中要善於抓住主要矛盾，明確鬥爭目
標，目標要集中對準「真正的頑固的反黨反社會主義分子」。不能說北大領導
出了問題，北大的黨組織和黨員幹部就都壞了。要解除各種各樣人的思想顧
慮，使得有這樣那樣缺點錯誤的人「洗手洗澡」輕裝上陣。要團結一切可以
爭取團結的人，形成一支革命大軍。

（4）對於學術領域裏的問題、意識形態領域中的問題，解決起來要持特
別慎重的態度。

吳德報告中指出：這次運動鬥爭的目標是「反共反社會主義的資產階級
學術權威」，「不是對有資產階級思想、世界觀沒有改造好、但並不反共的知
識分子」。因此，特別要注意區別兩類不同性質的矛盾，不能把純學術問題和

政治問題混淆起來。即便是對「反共反社會主義的資產階級學術權威」，在批判中也必須堅持擺事實、講道理的方針。毛主席説過，對學術問題，要通過「百家爭鳴」來解決，對思想認識問題，要説服不能壓服。現在簡單地採取打人、罵人、扣帽子、打倒在地的方法不能解決任何問題，反而會適得其反。對像翦伯贊這樣著名的歷史學家，更不能採取污辱人格的辦法。

（5）在北大進行「文化大革命」的任務是很重的，必須採取「積極又穩步前進」的方針。

領導北京大學的「文化大革命」運動，首先要抓好學習。通過學習毛澤東思想和文件，提高認識，擦亮眼睛，進行深入調查研究，找出重點人和重點事，並認真研究、弄清其問題的性質，對不同問題採取不同政策加以解決。這樣逐步推進，才能把「真正的頑固的堅持反黨反社會主義的反革命分子」孤立起來，暴露出來，達到「加以清除」的目的。抗日戰爭和解放戰爭時期，我在冀魯豫邊區工作，對湖西「肅托」和太行整風中冀南三大隊「肅反」造成嚴重後果的沉痛教訓記憶猶新，現在面對北京大學這樣複雜的情況，我認為必須慎重行事，絕不能再重複歷史上的錯誤。

以上這些考慮，先在領導小組內進行醞釀，交換意見，又召開了若干座談會徵求群眾意見。針對群眾中存在的種種疑慮，經領導小組討論後，形成了《高舉毛澤東思想偉大紅旗，放手發動群眾，壯大革命力量，明確鬥爭目標，貫徹黨的政策，依靠北大廣大革命幹部、革命知識分子和同學進行無產階級文化大革命》的動員報告。6月13日，在三千名積極分子大會上作了報告，經過討論、聽取反映後，又進行了修改補充。6月15日，在全校一萬三千人的群眾大會上作了動員報告。這個報告的基調和指導思想是「左」的，但在當時卻具體回答了全校師生員工存在的各種各樣的疑慮和問題，指出了這次「文化大革命」的性質和意義，明確了鬥爭目標，講明了黨的方針政策，以及在鬥爭中應該採取的方法和策略，客觀上起到了安定人心的作用。對北京大學已經出現的亂揪亂鬥現象，當時指出，「有些人有氣，出現這種情況是可以理解的」，主要原因是領導沒有跟上去，但明確今後不能再這樣搞，這樣搞不但不利於「文化大革命」進行，反而容易讓壞人鑽空子。強調「文化大革命」必須在工作組領導下有計劃、有步驟、有秩序地進行。這個動員報告當時得到了全校廣大師生員工的擁護。根據系工作組反映，許多師生説：「這

是一個高舉毛澤東思想偉大紅旗，既敢於革命，又善於革命的報告。」七人大字報成員之一、後被任命為工作組辦公室副主任的楊克明曾參加了調查工作和座談會、參與了報告的起草與修改，對這個報告也表示非常贊同。當時作這個報告的目的，是想通過這個報告統一思想，統一認識，把北京大學的「文化大革命」運動納入有領導、有計劃、嚴格按黨的方針政策辦事的軌道上來。

三

1966 年 6 月 18 日上午，工作組召開全體工作隊員大會，研究 6 月 15 日全校動員大會後的情況，討論如何進一步貫徹大會精神、領導好這場運動。9 時左右，在校園內又突然爆發了亂揪亂鬥事件。三十八齋前還設了「打鬼台」，四處揪人。工作組領導小組聞訊，立即停止會議，讓各系工作組迅速回到各系，制止亂揪亂鬥。我也立即趕赴現場，在兩處鬥得最兇、最集中的地方講了話，講明共產黨的政策，強調指出不講政策的「革命」是不可能取得勝利的，最終制止了亂揪亂鬥。

據當天下午匯總的情況統計，前後有六十多人被揪鬥，多是一般幹部，被鬥者頭上戴高帽，臉上塗黑墨，身上貼大字報；罰跪、揪頭髮、撕衣報、拳打腳踢、遊鬥。更加惡劣的是，還發生了多起污辱女性的流氓行為。經查明，在這場亂揪亂鬥事件中，有四個人行為惡劣。一個是庶務科的工人叫劉佳賓，此人原是國民黨黨員，當過國民黨部隊的上尉連長，被我軍俘虜後，隱瞞身份混入我們內部，上星期就曾帶頭打過三個人，這一次又是他第一個帶頭打人。還有一個人在三十八齋前參加亂打亂鬥，我到場講話後，其他人都表示要聽「毛主席的話、按照黨的政策辦事」，並隨即散去。而此人卻在散會後兩分鐘不到，又揪來個女同志進行亂打亂鬥。工作組成員趕到後質問他：「剛才張承先同志講了話，大家都擁護，你為何還要這麼做？」他蠻橫地說：「你們工作組憑什麼不讓我鬥？」又問他是哪個部門的，他說是北大附中的，經查附中並無此人。後查明，此人名叫修××，1962 年因偷竊被開除，現在沒有正當職業。再就是有一個自稱是東語系姓黃的，是「打鬼台」亂鬥人的主角，帶頭打人，共打了八個人。他還專門找女同志作為鬥爭對象，趁機猥褻婦女。後查明此人並不姓黃，原名陳××，有流氓習氣，人稱

「小阿飛」。還有無線電系學生夏××，混入生物系參加鬥爭會時，他上台扯掉被鬥女同志的褲子，並在女同志身上亂摸，後又在台下猥褻女同學。這個人過去一貫搞流氓行為，曾在王府井大街商店裏偷東西被抓住，受過留黨察看處分。

除以上這些壞人外，參加亂打亂鬥的還有兩種人，一種是本身有辮子可抓，怕大火燒到自己身上，趁機表現自己的。如政治系二年級有個調幹生楊××，曾積極反對過聶元梓的大字報，這天在亂打亂鬥中表現也很兇，當很多同學勸他「要進行說理鬥爭，不要打人」時，他大喊「要堅決地打，非打不可」。另一種人是單純的個人報復出氣。

在亂揪亂鬥中，還有人故意製造場面，讓外國人拍照。有跡象表明這場亂揪亂鬥是有人預謀和策劃的。據房產科有個工人反映，17 日晚上歷史系有個學生給校外打電話說，「明天上午工作組開會，是個好機會，工作組不來，我們鬥我們的，工作組來了我們就把他們攆出去」。根據工人王煥反映，在三十八齋前有七個未戴校徽不明身份的人用電話到處聯繫說：已鬥爭過什麼人，現在正在鬥什麼人。還發現十幾個騎自行車的人到處搜尋他們想批鬥的人，並把這些人拉到同一個場合，在一個「鬥鬼台」進行批鬥。從這些情況看，這次亂揪亂鬥很可能是內外結合、有組織有計劃的行動。

初步摸清情況後，經過領導小組研究，決定要抓住這一事件作為「反面教材」，對群眾進行一次政策教育，把問題交給群眾討論，辯明是非。根據這一決定，在 18 日晚 10 時召開了全校師生員工廣播大會，由我作廣播講話，向廣大群眾說明了亂揪亂鬥的真相。指出：這次亂揪亂鬥與以往的亂揪亂鬥性質不同，以往的亂揪亂鬥是有些人不懂政策感情用事；經過 15 日動員大會，在講明政策後又發生這種情況，便不是一個簡單的認識問題了，說明在亂揪亂鬥中已經被壞人鑽了空子，製造了混亂，給「文化大革命」運動抹了黑。我講了應該從這次事件中汲取的三條教訓，其一是要按毛主席指示，按黨的政策辦事；其二是打破舊秩序後要建立新秩序，要建立糾察隊，維持革命秩序；其三是搞好這場革命要在工作組領導下進行，工作組是支持同學們搞革命的，背着工作組搞秘密串聯活動是錯誤的。要求同學們對今天發生的事件展開大討論，來一次大檢查，提高認識、提高政策水平。並查一查，搞亂揪亂鬥的是些什麼人？他們的目的是什麼？對這次廣播講話，廣大師生反

映是好的，有的同學説：「我們鬥爭目標不明確，方法不對，混戰了一場，確實被壞人鑽了空子。」有的工人説：「還是得按政策辦事，不能亂來。」在群眾討論的基礎上提出：進行全系批鬥必須經系工作組批准，進行全校批鬥必須經過校工作組領導小組批准；依靠「左派」建立糾察隊，維護鬥爭秩序；為防止壞人混入，對外校來聲援者，安排專人熱情接待，但禁止外校來人在北大揪鬥人。經過這次動員之後，有人再想煽動亂揪亂鬥確實比較困難了。當時認為：北京大學的「文化大革命」運動進入了穩步深入發展階段。

北京大學工作組領導小組把處理「六一八」亂揪亂鬥事件的情況寫成「九號簡報」。當時在京主持中央日常工作的劉少奇看到後，於 6 月 20 日向全國批轉了這個簡報，批語是：「現將《北京大學文化革命簡報（第九號）》發給你們。中央認為北大工作組處理亂鬥現象的辦法是正確的、及時的。各單位如果發生這種現象，都可參照北大的辦法處理。」

關於「六一八」事件的性質，在「九號簡報」上以及中央的批示中，説的都是「亂鬥現象」。但陳伯達當時認為，「六一八」事件不簡單，是一個反革命事件，一定有一個「地下反革命司令部」，要把這個「地下司令部」挖出來。他還具體提示要按照他創造的天津「小站『四清』經驗」來搞，為此還指派張恩慈來北京大學繪製北大的「反動系統表」。我在河北工作時，了解陳伯達在天津市（當時屬河北省）南郊區小站搞「四清」的情況。小站原來是個先進單位，受到過表揚。陳伯達在小站搞出了三個「反革命集團」，説小站是「反革命集團」掌權，並株連到南郊區委書記。對此，當時許多人是有不同看法的。陳伯達要求在北京大學按「小站經驗」來搞，我是有所保留的，並在實際工作中採取了慎重態度。康生在對「六一八」事件性質的認識上是與陳伯達持同樣觀點的。在《北京大學文化革命簡報（第九號）》發出後，北大工作組領導小組決定寫一個正式報告，即《關於北京大學二十天文化革命情況的報告》，由工作組副組長兼秘書長張德華負責起草。在這個報告中，因受到了陳伯達觀點的影響，在反映「六一八」亂揪亂鬥情況時，作了這樣的表述：「我們抓住這場反革命分子製造混亂，破壞文化大革命的事件⋯⋯用以教育群眾接受教訓。」這個報告寫成後張德華送給我和曹軼歐審閱，當時我由於工作太緊張，就説先送「曹大姐」審閱。曹軼歐閱後，批了一段話説：「德華同志：報告寫得很好，在策略運用上狠下了一番功夫，沒有什麼不

同意見，只是在不關重要的地方添了幾個字，如認為不妥也可以刪掉。」這份報告曹軼歐肯定後即發出了，我沒有看，也沒有簽名，甚至圈也沒有畫。當時曹軼歐在北大工作組領導小組中是受到特別尊重的。因為她是「中央文革小組」派來的，直通「中央文革」，她認可了即可上報。曹軼歐與康生息息相通，她了解的情況隨時向康生反映，康生的意見隨時由她到北大貫徹，由曹軼歐認可的東西，當然也是康生認可的。對於《二十天文化革命情況的報告》中提到的反革命分子的破壞，當時大家並未十分在意，認為就是指在「六一八」事件中暴露出來的少數壞人，並沒有把事件的參加者都看成反革命分子。在處理「六一八」亂揪亂鬥事件中，除對暴露出來的四個壞人加以處理外，並沒有抓反革命。當時的主要工作，是放在處理亂揪亂鬥事件後，如何狠抓學習，提高認識，掌握政策，更深入地發動群眾，特別是爭取中間群眾，以壯大革命力量等方面。同時，進行深入的調查研究，摸清情況，對重點人和重點事進行分析研究，弄清性質、區別對待，以便集中力量向「反黨反社會主義分子」進攻。

北大「文化大革命」的經驗，在一段時間內是得到北京新市委肯定的，「中央文革小組」這一時期也沒提出什麼意見。這從康生態度上也可以看出來。7月3日康生找我談話，說曹軼歐今後主要負責「中央文化革命小組」辦公室的工作，仍兼任北大工作組領導成員，繼續與北京大學聯繫。我當即表示同意，並向康生請示，問他對北大「文化大革命」運動有什麼意見和指示，康生說沒有什麼意見。在7月6日，在市委書記處書記郭影秋召開的全市工作團（隊）負責人會議上，交流了「文化大革命」的經驗，專門讓北京大學工作組介紹了經驗，得到了與會人員的肯定。

四

1966年7月12日下午，地球物理系陳必陶等五名同學貼出了《把運動推向更高階段》的大字報，批評工作組在運動中不敢放手發動群眾。工作組領導小組決定通過這張大字報，進一步貫徹「放」的方針，把運動搞活。7月15日上午，市委負責人吳德、郭影秋來北京大學聽取領導小組關於圍繞陳必陶大字報進行辯論的情況彙報。吳德說：「六一八」事件中，好人是多數，壞

人極少，但好人也做了檢討，好處是警惕性提高了，副作用是對工作組的意見不敢提了。加上工作組控制得比較緊了些，運動死巴了。現在正確處理陳必陶這張大字報，是把運動搞活的關鍵。下午領導小組召開各系工作組長會議，傳達了吳德的講話，決定拿出三天時間進行工作組的整訓。

7月17日凌晨1點半，我突然接到吳德的電話，傳達李雪峰的指示，說對「六一八」事件要重新進行估計。次日上午，李雪峰在北京市委書記處會議上，對北大工作組領導小組進行了批評。他說：對「六一八」事件估計錯了，這件事是萬人革命的行動，估計這個事件是反革命事件是錯誤的，估計錯了就應當進行自我批評。北大的「文化大革命」十八天「轟轟烈烈」，一個月「冷冷清清」，跟這件事有很大關係。當天下午，列席會議的武振聲副組長向北大工作組領導小組傳達了李雪峰的批評。領導小組多數成員對新的估價思想上想不通，我當時思想也不通。當日，我找到吳德提出不同意見。我說：處理「六一八」亂揪亂鬥事件得到了中央的肯定並通報了全國，怎麼能一下子又說成是革命事件呢？！吳德對我作了解釋，要求我轉彎子，說這樣檢查有利於爭取主動。當時，我感到如果完全按照這樣的口徑向全校進行檢查，廣大工作隊員和廣大群眾想不通，會引起新的思想混亂。因此，怎樣檢查頗費腦筋。經過領導小組的醞釀，決定了檢查的調子。然後召開全校廣播大會，由我代表領導小組做動員檢查報告，檢查了認識問題。我說：關於「六一八」事件，確實有極少數壞人鑽空子，製造了混亂，但我們對敵情估計過高了，對群眾的革命熱情估計不足，並採取了一些限制和束縛群眾手腳的措施，影響了運動生動活潑的局面。工作組決心進行整改，現在就整訓，用三天的時間開展大鳴、大放、大字報、大辯論，集中批評工作組領導工作的缺點錯誤。工作組引火焚身的行動，在全校引起了很大反響。繼陳必陶五人大字報後，出現不少批評工作組的大字報。但許多學生表示支持工作組。說工作組是革命的，是在革命中出現的缺點錯誤，批評工作組是為幫助工作組。當時全校運動活躍了起來，連教授馮友蘭也出來貼了大字報。工作組決定根據群眾意見改進工作，進一步放手發動群眾，把運動搞活。

7月19日夜，聶元梓突然在哲學系發表講話，稱「工作組犯了方向、路線錯誤」。聶元梓講話後，晚11時哲學系學生在大飯廳等處設立演講台，傳播聶元梓的講話，批評工作組是保皇黨。當晚我已吃過安眠藥睡下了，突然

被叫醒，得知聶元梓講話的內容後，根據聶元梓提出的問題召開了領導小組緊急會議。在領導小組會議上，大家對聶元梓的做法非常氣憤，説聶元梓曾任領導小組辦公室主任，工作組所有工作情況她是清楚的，處理「六一八」事件她也是表示同意了的，為什麼又跳出來反對工作組。楊克明也表示非常氣憤。他表示「聶元梓本身有很多問題，需要向領導反映，讓領導了解聶元梓是個什麼樣的人，這個人是不能依靠的」。領導小組研究認為，對這個新情況必須迅速向北京市委彙報，取得領導的指示。楊克明表示願意隨我一同去北京市委彙報聶元梓的問題。我於 7 月 20 日晨，到市委找到了李雪峰。李雪峰聽了彙報後説：你們不能把聶元梓的講話簡單看成是違犯組織紀律問題，要從政治上考慮問題，要考慮工作組本身工作上有什麼問題。他要工作組聽取聶元梓的意見，並廣泛聽取群眾意見，對工作中的缺點或錯誤多做自我批評，爭取主動。當談到楊克明在外邊等着向他彙報聶元梓的情況時，李雪峰説：「不聽了，你們趕快回去。」我們隨即趕回學校貫徹李雪峰的指示。

事後得知，就在聶元梓發表反對北大工作組講話的同一天，在中央政治局常委擴大會議上爆發了一場關於工作組問題的激烈爭論。據 7 月 23 日李雪峰在全市各工作組組長會議上的傳達，中央政治局常委在 7 月 19 日和 22 日召開了擴大會議，討論「文化大革命」運動的情況。陳伯達在 19 日的會議上提出了反對派工作組的意見，認為工作組起了「壞作用」。劉少奇在會上説，大學裏要不要派工作組的問題，是從當時怎樣實現黨的領導方面考慮的，派工作組比較機動。工作組的領導有缺點、出了毛病，但多數基本上是好的，現在還是幫助教育他們的問題。鄧小平説：多數工作組是好的，不能撤，主要是教會他們如何做工作；多數工作組的成員是好人，搞「文化大革命」沒有經驗，對工作組的估計不能説都壞了，現在主要是幫助教育工作組。政治局會議上還對如何開展運動的問題進行了研究，如何開展大辯論、辯論中如何領導、鬥爭面不能太寬、要明確鬥爭目標等。會議強調要學習毛主席著作，用毛澤東思想武裝頭腦，把隊伍組織好。聽了傳達之後，我感到聶元梓 19 日晚的反工作組演説是有來頭的，她的演説與陳伯達同日在中央會議上的發言絕不是偶然的巧合，二者之間關係頗耐人尋味。就在這次傳達會上，我作了發言，主要講了北京大學的整改情況。

聶元梓 19 日發表反工作組的講話之後，北京大學內部圍繞着反對工作組

和支持工作組展開了尖銳的鬥爭。當時工作組根據市委的指示，正在認真研究考慮聶元梓的意見，並分頭到各系廣泛聽取廣大群眾的意見。我也親自下到歷史系去向學生徵求意見。從當時反映的意見看，大多數師生不同意聶元梓的觀點，對她帶頭反對工作組的行為很不滿，並要求工作組「站起來」領導「革命」。21日校園內貼出不少大字報，大多是要求聶元梓就她反對工作組的演說澄清事實、回答問題的。這段時間有不少學生不斷找我，反映對聶元梓的意見，有的表示要貼聶元梓的大字報，其中就有中文系學生張少華（我當時並不知道她的背景）。我勸告同學們說：聶元梓七人的大字報是經毛主席肯定的，你們貼她的大字報，就把陣營搞亂了，絕不能這樣搞。希望大家還是幫助工作組進行整改。

五

正當工作組認真進行整改，並在整改中得到大部分師生支持的時候，江青在陳伯達陪同下，於7月22日和7月23日兩次來北京大學調查，說是了解北大「文化大革命」運動的情況。第一次來調查時，我正在召開工作組會議，聽取各方面對工作組的意見，準備做檢查。聽說江青來了，正在與聶元梓談話，我感到不便前去打擾，以免干擾了「中央文革」的調查研究工作，因此讓一位工作組的副組長去接待，並說明我正在開會做檢查，什麼時候要聽取工作組的彙報，我即前往。但江青與聶元梓談話以後就走了，並未要求聽工作組的彙報。後來聽說，江青、陳伯達這次來北大調查，說得不多。江青說：「我沒有多少話要講。因為我對情況不了解，我代表毛主席來看望你們，聽聽你們的意見，看看大字報。」陳伯達說：「我們不清楚情況，要調查研究」；「工作組要走群眾路線」；「要採取辯論的方法把道理講清楚」；「我們還要了解情況，回去後要研究」；等等。第二天，江青、陳伯達再次來北大調查時，我正好去北京市委聽傳達報告，晚上吳德留我談話，回到北大已經很晚了。聽接待江青的人說，已向江青說明，我去了市委。這次來北大，江青也沒表示要聽工作組的彙報，在聽取了聶元梓等方面的意見後，江青發表講話說：「我們都站在你們革命派一邊。」還說：「革命派跟我們在一塊，誰不革命誰就走開。」陳伯達在講話中強調：「江青同志講的也是代表『文化革命

小組』要講的。」還説：「要聽取不同的意見，我們的意見是：説『六一八』
是反革命事件是不對的，是錯誤的。」而一個月前正是他首先認定「六一八」
事件是「反革命事件」，並要求追查「地下反革命司令部」的。現在他不僅來
了一個一百八十度的大轉彎，而且閉口不提自己過去曾經發表的意見，反而
板起面孔大批別人的所謂錯誤，真使人感到齒冷。這次江青、陳伯達到北大
進行的「調查」，完全把工作組甩在一邊，只與聶元梓等少數人接觸，説明他
們在如何對待工作組的問題上已經胸有成竹，預示着一場大風暴即將到來。

　　江青、陳伯達講話之後，在北京大學進一步掀起了反工作組的浪潮，但
北京大學內部在反對和支持工作組的問題上仍有激烈爭論。7月25日晚，康
生、陳伯達、江青、王力、關鋒、戚本禹等人到北京大學召開座談會，隨後
又召開了有萬人參加的全校「辯論大會」。會上的辯論很激烈，多數發言者不
贊成説工作組在處理「六一八」事件中犯了路線錯誤。康生在會上發言説：「北
大的『文化大革命』，你們是主人，不是工作組是主人」，公開號召群眾起來
反對工作組的領導。支持聶元梓的人登台批判工作組，説工作組把「六一八」
革命事件打成是反革命事件，把北京大學「轟轟烈烈」的「文化大革命」鎮
壓了下去，把學校搞得「冷冷清清」，犯了方向路線錯誤。對他們的觀點，有
許多同學登台加以批駁，説工作組是革命的，在處理「六一八」亂揪亂鬥事
件的問題上是正確的，工作組是「延安」，而絕不是「西安」。

　　7月26日，北京市委召開各工作組組長會議，我參加了這次會議。會上
李雪峰講了話，並傳達了毛主席24日、25日在中央政治局擴大會議上的講
話。李雪峰説：前天和昨天開了兩次會，總的方面主要講「文化大革命」運
動，其中幾乎都講的是大學工作組要撤退，要改變派工作組的政策。他傳達
毛主席的話説：「文化大革命無非是革兩個命。一個是鬥壞人，搞黑幫；一
個是搞資產階級反動學術權威。」「搞他們（指資產階級反動學術權威），你
們（指與會者）行啊？我看你們不行，省委也不行，我也不行。」「什麼教學
改革，我也不懂，只有依靠群眾，從群眾裏邊集中起來。」「要改變派工作組
的政策。現在工作組起的什麼作用呢？兩個作用。一個作用，阻礙的作用；
一個是不會，一不會鬥，二不會改。」「工作組一不能鬥，二不能改，半年不
行，一年也不行，只有他們本單位的人才能鬥、才能改，鬥就是破，改就是
立，有破有立，只有依靠他們才行。」在當時中央的會議上，有些領導談了

各大學工作組的情況，有的認為北京大學的情況比較好。「限制了民主，向人家檢討了。」毛主席說：「我回北京的前四天（毛主席是 7 月 18 日回北京的），我是傾向保張承先的，但是有許多工作組是阻礙運動的。」會上有人講道：工作組的同志是從全國來的，多數是好的，有從解放軍來的。毛主席說：「什麼海軍、空軍、陸軍，什麼張承先，你行？你行？你行？（指在座者）我也不行。」當有人談到貼第一張大字報的聶元梓等七人中有四五個人現在不贊同聶元梓時，毛主席說：「分裂就分裂，不在聶元梓這個人有缺點，這是政治，她打了第一槍。」聽了傳達後，我感到毛主席當時的想法就是要放手發動群眾，不怕亂，在亂中暴露問題，然後一分為二。對照這一指導思想，北京大學工作組在前一段工作中強調的要有領導、有步驟、有秩序地開展運動的方針，肯定是不符合毛主席意圖的。但毛主席雖然批評了北大工作組，也只是說北大工作組不會革命、阻礙革命，並沒有說工作組反對革命，是保皇黨。由此看來，我們的「錯誤」還是被看作是工作中的錯誤，只要我們誠心誠意地檢討自己的錯誤，是可以取得黨和群眾的諒解、順利撤出北京大學的。我在這次傳達會上表態說：工作組在撤出學校之前，要站出來向群眾作一個自我批評。然而形勢的發展卻完全出乎我的意料。

就在 7 月 26 日市委傳達毛主席談話的當天晚上，江青等人再次到北京大學主持召開了萬人「辯論大會」。康生、陳伯達、張春橋、姚文元、王力、關鋒、戚本禹、曹軼歐和「中央文革」其他成員都參加了大會。北京市委的李雪峰、吳德等人得到消息之後，也急急忙忙趕來參加會議。這個會議實際上成了批判鬥爭我的大會。會上，爭論得非常激烈，雙方相持不下，氣氛十分緊張。大會進行中，幾個北大附中的學生也上台來「揭發」：說北大附中工作組壓制了他們，不讓他們革命，他們幾次找張承先反映意見，有時靜坐半天，張承先都不見他們，最後見了，不但不支持他們革命，反而批了他們一頓，云云。在這些中學生發言時，江青積極插話鼓勵，並帶有煽動性地說：「大家看看張承先的官架子有多大，我來北大，他就不見我。」上面我已講過，她兩次來北大「調查」都趕上我有事分不開身，這些情況也都向她作了說明，她也沒表示要聽工作組的彙報，現在她卻這樣說，實際上是公開鼓動學生起來反對工作組。在當時那種情況下，對這種事情是無法辯白的，我只能對幾個中學生提出的問題做了解釋。我說：北大附中的工作是由張德華分

管的。附中在運動中出現了違反政策的現象，如提出「打倒一切大大小小的權威」的口號，鬥爭普通教師，提出「老子革命兒好漢，老子反動兒混蛋」的口號，亂鬥學生，等等，對此工作組的人員進行了勸阻。當有的學生不服來找我提意見時，我讓張德華先出面接見他們，進行說服教育；後來有的學生非要見我不可，其中為首的幾個是幹部子弟（記得有彭小蒙、宮小吉等人），我即接見了他們，並以長輩的身份批評了他們違反政策的一些做法。我說明情況後，會場上鴉雀無聲，看來江青的煽動並沒有發生作用。

這時又有人上台來「揭發」說：「在『六一八』事件後的大討論中，西語系的一名女生孫××被逼自殺了。」這一聲人聽聞的「逼死人命」事件引起了會場的轟動，有人高喊「張承先交代！」「張承先交代！」對這個所謂的「逼死人命」的問題，我事先一無所知，當時只好說：我沒有聽說過有這件事，我查一查，如果確有此事，要認真處理。當時，自工作組成立以來一直是領導小組成員的曹軼歐在主席台上跳起來高喊：「張承先要老實交代！」有的同學對這種做法不滿，遞上一個條子，要求當場宣讀。條子中質問會議主持者：「你們是幹什麼的？你們有頭腦沒有？逼、供、信是不符合毛澤東思想的；我警告你們，如果繼續這樣下去，會脫離群眾的。」康生聽後勃然大怒，發脾氣說：「只許工作組逼死人，就不許我們問一問嗎？」事後查明，西語系確有一名女生因婚戀問題自殺未遂，根本與「六一八」事件後的大討論無關。會後，西語系的同學立即貼出大字報澄清事實真相，並質問歪曲事實的人意欲何為？西語系的工作組組長方明也立即對此事進行了調查了解，以備江青查問。但此事的事實已明，也就無人過問了。

由於在「辯論大會」上未能壓倒支持工作組的意見，聶元梓的積極追隨者孫蓬一上台發言，拋出了一枚「重型炸彈」。他說：「我剛從中宣部了解到，張承先在天津與陸定一有秘密勾結。」當時陸定一已經受到公開點名批判，把我和他拉在一起，無疑是一頂很大的政治帽子。所以，他的話音一落，會場上又響起了一片「張承先交代！」的喊聲。我一聽他把問題扯到北大以外的事情上去，就感到聶元梓等人已經沒有什麼文章可作！我沉着地走到擴音器前說明事實真相。我說：1965年春天，陸定一確實曾到天津休養，那時我正在天津醫院住院治病。河北省委秘書長通知我說：中宣部部長陸定一來天津休養了，你是省委分管文教工作的書記，應該去看望一下。我即去招待

所看望了陸定一，並陪他吃了一頓飯。當時，中宣部副部長許立群也在座，聽他說是來向陸定一彙報學校「四清」工作的。當我問他們學校「四清」準備如何搞時，他說準備按延安整風的方式來進行。這次會面後，我即回醫院治療，以後沒再與陸定一等人見面。我們之間的接觸，完全是正常的工作關係。聽了我的說明之後，會場上的群眾很平靜，沒有人再追問這一問題。

此後，仍有不少群眾上台來為工作組辯護。我當時心中很着急，我想大家千萬別再登台為工作組辯護了，越辯護江青等人越下不了台，場面越難收拾。果然江青忍不住出來說話了，她情緒激動地高聲喊道：「我揭發，張承先是個壞人。他把階級鬥爭搞到我家裏來了，我的女兒李訥在歷史系受到壞人的迫害，這個壞人是張承先支持的。中文系有個叫張少華的是個騙子，她自稱是我的兒媳婦，根本沒有這回事，我根本不承認。這個騙子也是張承先支持的。」對她的這種「揭發」，廣大師生感到十分驚愕，會後很多師生議論，真不像話，怎麼把家庭問題也扯進來了。還有的同學故意問我：「你是怎樣把階級鬥爭搞到主席家中去的？」我唯有報以苦笑，說，我也不知道是怎麼回事。

「辯論大會」的最後，陳伯達代表「中央文革」作了結論，他說：「對『六一八』事件怎麼看，是革命事件！看成是反革命事件是不對的。對工作組的問題是階級鬥爭的問題。在以張承先為首的工作組問題上辯論得這樣激烈不是偶然的，是階級鬥爭的反映。我贊成大家的意見，撤銷以張承先為首的北大工作組，這是一個阻礙同學們走上革命道路的壞工作組，一個障礙物，是壓制你們革命的蓋子。有的同學為工作組塗脂抹粉，除了別有用心的人不說，在一些同學中，好像沒有工作組就不能革命了？要把壓在同學們頭上的蓋子揭掉，讓同學們自己起來革命。建議北京市委撤掉以張承先為首的工作組。」隨後，李雪峰代表北京市委口頭宣佈撤銷工作組。江青建議北京大學「成立『文化革命委員會』或『文化革命代表大會』，作為文化革命運動的權力機關，自己起來鬧革命」。她還點名要聶元梓籌建這個委員會。

26日「辯論大會」之後，工作組即已無法進行工作，事實上被聶元梓奪了權。28日成立了以聶元梓為主任的「北京大學『文化革命委員會』籌備委員會」。工作組處於挨批判的狀態。從7月30日至8月3日，校「文革籌委會」連續召開了三次全校批鬥大會，批鬥我和張德華，清算工作組的所謂

錯誤。

8月4日，康生、江青再次來到北大參加大會，代表「中央文革」對北大「文革籌委會」的成立表示祝賀，並再次主持對工作組的批判。會上康生正式宣佈撤銷工作組，並對工作組「錯誤」定了性。他說：「聶元梓的大字報是20世紀60年代『北京公社』宣言書，馬克思恩格斯對巴黎公社是什麼態度，你張承先又是什麼態度！你把工作組的反革命的二十天報告仔細看一下，認真對照一下，完全是反動的報告，完全是反革命的立場，把革命群眾說成反革命。」「你在北大鎮壓了革命！這是什麼行為？是反黨、反社會主義、反毛澤東思想的行為！」「你們犯的是反黨反社會主義的資產階級右傾機會主義錯誤！」聽了康生的話，我感到十分震驚。康生一向道貌岸然，我也一直把他當作老一代無產階級革命家加以尊重，稱他為「康老」，沒有想到竟然是一個兩面派。早在北京大學「文革九號簡報」發出後不久，曹軼歐曾悄悄地給我通氣說，中央對我們處理「六一八」事件是很滿意的，並將向全國批轉我們的簡報。從曹的口氣中透露，這個消息是從康生那裏得來的，康生本人也是同意的。至於工作組的《二十天文化革命情況的報告》，則正是他的老婆曹軼歐批發的，他也沒有表示過不同意見。現在他反過來說這是反革命報告，這種翻雲覆雨的做法哪裏還像一個共產黨員呢？關於工作組的「錯誤」問題，在聽到的毛主席的指示中，只是說工作組「阻礙革命」、「不會革命」，怎麼到了康生口裏就變成了「鎮壓革命」的「三反」行為了呢？這樣無限上綱，豈不是要置人於死地嗎？其實工作組在江青、康生、陳伯達眼中，算不了什麼。他們抓住「六一八」制止亂揪亂鬥事件大做文章，給北大工作組扣上「鎮壓革命」的罪行，其目的在誣陷劉少奇，誣陷他派工作組鎮壓革命，在全國推行了資產階級反動路線。江青在大會上作了發言，說：「工作組是有靠山的。有什麼靠山你們就揪他出來。」江青還要求學生揪住工作組不放，說：「什麼時候你們認為不願意聽他們那一套了，再叫他們走。」康生、江青講話之後，參加大會的北大附中的兩個學生跑上台來掀掉了我的座位，並用皮帶劈頭蓋臉地抽打我。江青對此不但不加制止，還熱烈擁抱了打我的那個女中學生。事後，我被打的事情不知怎麼傳到了毛主席那裏。吳德傳達毛主席的指示說：張承先可以和工作組一塊出來，張承先有心臟病，有錯誤可以批判，但不能整死。此後，在北京大學的批鬥會上，包括我1967年二次被揪回北

京大學的批鬥會，我都沒有再被打過。我能安全地撤出北京大學而沒有被整死，不能不說毛主席的這句話起了保護作用。

8 月 13 日，根據北京市委的決定，北大工作組全部撤出了北京大學。工作組撤出後，在北京市委黨校進行整訓。整訓的主要內容是批判我的「錯誤」。這一時期，全國也掀起了批判工作組的所謂「資產階級反動路線」的浪潮。整訓中，北大工作組廣大隊員對於康生、陳伯達、江青等人對北大工作組所作的結論是不同意的。主持這次整訓的原工作組副組長彭林是位老紅軍，他就在同我的個別談話中表示不理解，說「我們到底犯了什麼路線錯誤？」整訓中，廣大工作隊員在檔案內發現了曹軼歐的材料，特別是發現《關於北京大學二十天文化革命情況的報告》是她批的，上面並沒有我的簽字，大家對康生在群眾大會上的表演非常氣憤，連續三次派代表到北京市委，要求曹軼歐回來檢查交代。北京市委當然不敢答應。工作組廣大隊員的氣沒有地方出，就把曹軼歐的批語用大字報公佈了。在批判我的會上，有的人故意問我：你和曹軼歐是如何炮製「反革命報告」的。我只好說：「我是工作組組長，報告的指導思想是我的，至於誰批發，那只是個手續問題。」會後有的人私下對我說，你這樣答覆好，如果你把曹軼歐拉出來，康生是絕不會放過你的。

工作組整訓結束之後就解散了，我繼續留在北京聽候中央處理。到 1966 年 10 月左右，吳德派秘書來向我傳達他的口頭意見，說北大工作組問題還是一個工作中的政治路線錯誤，市委也要承擔一部分責任，並說經請示中央同意，讓我回河北。這樣我就離開北京回到了河北。但北京大學的事並未就此了結。1967 年初，聶元梓等人又根據江青的指示把我揪回了北大。到北京大學後，孫蓬一與我談話，並讓我看了江青批件，大意是說對張承先不能輕輕放過，要揪回來批透鬥臭。根據她的這一「指示」，對我進行了多次批鬥，這些批鬥會的規模並不大，主要是追後台。重點追問鄧小平通過他的兒子給工作組下了什麼「黑指示」。我回答說，我根本不知道北京大學裏有鄧小平的兒子，系工作組也沒有向我反映過這一情況，根本不存在鄧小平通過他的兒子給工作組下指示這回事。追來追去沒有結果，但就是不放我離開北京大學，把我軟禁在一個學生宿舍裏達半年之久。直到後來中央發出通知，提出在運動中不要揪住工作組問題不放，這才放我回到河北省。

「全國第一張馬列主義大字報」出籠經過

彭珮雲

1966 年 5 月 25 日，在康生及其妻子曹軼歐策動下，北京大學聶元梓等七人在北大校園裏貼出大字報，攻擊、誣衊中共北京市委大學科學工作部、北京大學黨委主要領導宋碩、陸平、彭珮雲。康生背着在北京主持中央工作的劉少奇、鄧小平，將這張大字報的影印件送給了當時在南方的毛主席。6 月 1 日，毛主席決定由中央人民廣播電台向全國廣播這張大字報，從此點燃了「文化大革命」的烈火。近年來，有些人發表文章，認為這張所謂「全國第一張馬列主義大字報」的出籠，是出於少數教師的自發行動，而不是康生、曹軼歐等人所指使。對此，北大一些在「文化大革命」中捱過批鬥的老同志反映強烈。在這裏，我想談一談我所了解的「全國第一張馬列主義大字報」的出籠經過，側重介紹「文化大革命」前夕北大的一些情況。

社教運動和北大黨內矛盾

事情得從北大的社會主義教育運動説起。1964 年，社教運動已經在農村普遍開展，而城市尚處在試點階段。可能是為了推動城市社教運動深入開展，1964 年 7 月，中央宣傳部選擇北大作為試點單位，派了一個調查組進駐北大。組長是中央宣傳部副部長張磐石。我原本在北京市委大學科學工作部任大學組組長，長期擔任聯繫北大黨委的聯絡員，這時被派到北大任黨委副書記，組織關係暫時轉到北大，但在行政上仍然是市委的幹部。

當時「左」的思想越來越嚴重。調查組顯然也是帶着「左」的思想框框

來的。1964 年 8 月 29 日，調查組寫了「一號報告」。「一號報告」説：在北京大學，資產階級知識分子進攻是很猖狂的，特別突出地表現在教學和科研領域。校內帝國主義、蔣介石、修正主義特務間諜活動，貪污盜竊分子、流氓分子的活動也相當嚴重。北大黨委的階級鬥爭觀念薄弱，對這些問題沒有認真抓。結論是：北大幹部隊伍在政治上嚴重不純，「根據」主要是人事檔案中記載的幹部的家庭出身、社會關係和歷史情況。當時北大校、系兩級的領導幹部中，多數是解放前入黨的共產黨地下黨員，部分是解放初入黨的黨員。他們的家庭出身一般不好，因為在那時有錢才能上大學。也有個別幹部有個人歷史問題，比如曾參加過三青團之類的反動組織。調查組就根據這些誇大説北大幹部大都是出身於大地主、大資產階級、大漢奸、大特務家庭。他們根本不去研究幹部的具體情況，考察他們是否在入黨時已向黨交代了歷史問題、是否已和家庭劃清了界限。

張磐石把報告遞給了中央宣傳部部長陸定一，陸定一又將報告送給了彭真。當時彭真既是北京的市委書記，又是中央政治局委員、書記處書記。他看了報告以後，沒有對內容作評價，只是説，你們應該去系統地研究一下。他説，這些學校的高級知識分子包括黨政幹部的家庭出身、社會關係、個人經歷是複雜的，參加革命以後的表現也各不相同，其中也會有壞人、資產階級分子，或者雖然參加了革命，但是與反動階級政治思想界限不清楚或者不完全清楚。他還説，估計其他學校情況大概也差不多。彭真建議調查組再作調查，慎重研究，弄清楚北大領導幹部的政治面貌。解放後，北大黨委一直由北京市委直接領導，市委對北大幹部的情況和成長過程比較了解，心中有數。為進一步弄清情況，當時主持北京市委日常工作的劉仁指示市委大學科學工作部副部長宋碩組織一些人，重新查看北大幹部的檔案，把問題弄清楚。

調查組當時並沒有按彭真的意見去做，沒有做什麼調查，就開始發起鬥爭了。他們一個系一個系地找人談話，動員一些人給陸平和北大校黨委提意見。10 月 21 日，調查組搞了一個《關於在北大進行社教運動的初步計劃》，聲稱要搞清學校各級組織的領導權究竟是在資產階級手裏，還是在無產階級手裏，要重新組織革命的階級隊伍。11 月，中央宣傳部從全國各個大區抽調文教部門和高等學校的負責人，組成了一個龐大的工作隊，任命了五人領導小組，張磐石任組長、工作隊黨委書記兼隊長。工作隊人數一度達到

二百六十人，其中中層以上的領導幹部多是從外地調來的，同時還吸收了一些北大社教運動中的積極分子參加。

從 11 月開始，陸平和校黨委就捱批鬥了。我當時三十六歲，在黨內第一次被批鬥。鬥爭動輒上綱上線，弄得誰也不敢同我說話，真讓人受不了。黨委被奪權，由工作隊來領導全校工作。工作隊公開點陸平和我的名，說我們對抗工作隊，搞陰謀活動，破壞社教運動。我的行政關係還在市委，經常要向市委彙報北大的情況，也把市委大學科學工作部的意見帶回北大。我記得「文化大革命」中宋碩曾經抱怨說：「鬥我們這些小幹部幹嗎？」實際上調查組是想「追根子」，要追出誰在給我們撐腰。在他們看來，這個根子就是北京市委。

11 月 29 日，調查組和工作隊又寫了「二號報告」，提出北大黨委實際上是「走資產階級的道路方向」。鬥爭進一步加劇。七個校黨委書記、副書記，鬥了五個；二十個系總支書記，鬥了十八個。本來校黨委、各系黨總支的成員都是一起工作、集體決策，現在卻被人為地分為兩部分，一部分是重組的革命隊伍的成員，一部分成了「反革命」。還有一些黨員系主任和黨員教授以及一些中層幹部都不同程度地被批鬥。1965 年 1 月 11 日，張磐石在全體工作隊員和積極分子大會上說：「整個北大，從校到系，二十條戰線（指二十個黨總支），已經被團團包圍起來，鬥爭氣氛十分激烈、十分尖銳，生動活潑，熱火朝天。在鬥爭的烈火下，牛鬼蛇神開始退卻，有些頑固集團開始分化。」他鼓勵大家乘勝前進，而且特別強調：鬥，就是革命派；不鬥，就是機會主義。工作隊還專門編了關於遼瀋戰役、淮海戰役和平津戰役中毛澤東有關作戰方針的文章，完全把被批判的人當作敵人。他們在全校找了幾百個積極分子，人為地把共產黨員隊伍一分為二，一部分人拉出來作為依靠對象，動員他們來揭發、批判另一部分人。例如技術物理系是搞核物理的，當時對放射性元素的防護措施比較差，好多人受到影響，其中有家庭出身好的，也有家庭出身不好的。但是那些家庭出身好的人，就將這個問題上綱上線為階級報復，認為這是在有意識地傷害工農幹部，所以相關的人員就變成了階級異己分子、階級敵人。造成這種情況有多方面的原因，現在看來，主要是由於「左」的思想，使得很多個人恩怨、幹部任免、是非爭議、工作分歧等黨內矛盾和人民內部矛盾都在運動中牽扯到了一起，導致一部分人鬥另一部分人，

出現了無限上綱甚至無中生有的狀況，造成幹部隊伍的嚴重分裂。

我當時雖然捱鬥，但還允許星期六晚上回家。回到城裏我就找宋碩彙報北大的情況。我們覺得工作隊的報告是「唯成分論」，市委也不同意工作隊「左」的做法。

彭真與兩次國際飯店會議

1965 年 1 月 14 日，中央發出《農村社會主義教育運動中目前提出的一些問題》（簡稱「二十三條」）。現在看來，「二十三條」仍然堅持以階級鬥爭為綱，提出運動的重點是「整黨內走資本主義道路的當權派」。但是，由於要糾正過「左」的《關於農村社會主義教育運動中一些具體政策的規定》（簡稱「後十條」），「二十三條」也提出要正確地估計形勢，相信幹部的大多數，實行群眾、幹部、工作隊的三結合，反對粗暴鬥爭，對幹部要採取嚴肅、積極、熱情的態度，要把搞好生產作為檢驗運動的一條重要標準等正確思想。

彭真和北京市委認真貫徹「二十三條」。1 月 23 日至 24 日，市委召開了學習貫徹「二十三條」的會議。陸平和我都參加了，並發了言。我講了北大社教運動中的問題，陸平也對社教運動提了意見。會後，我們的意見被送到了中央。張磐石得知我們在市委會議上的講話，很不滿意。他在會上當着領導的面也說要聽取我們的意見，會後卻發動人指責我們反攻倒算，繼續堅持他的錯誤，不貫徹落實「二十三條」。因此，北大社教運動中出現的問題一時難以糾正。

3 月 3 日，中央書記處召開會議，陸定一彙報文教部門社教運動試點的情況，會上專門討論了北大社教運動的問題。張磐石和北京市委書記處書記、常務副市長萬里也參加了這次會議。經過討論，鄧小平講了幾點意見，大意是：北大是比較好的學校；陸平同志是好人，犯了一些錯誤；北大不存在改換領導的問題。北大社教運動有成績，也有缺點錯誤。缺點錯誤有幾條，一是沒有實行群眾、幹部、工作隊三結合，這個問題不只是北大有，中央要承擔責任（彭真在發言中也說，前一段的問題主要由中央負責）；二是對北大的情況估計錯誤，當作「爛掉了」的單位去搞運動，以奪權問題對待，這是一個錯誤；三是鬥爭方式有嚴懲的毛病。鄧小平還說，運動搞了幾個月，也沒

有落腳到教學上。今後運動要按照「二十三條」的精神辦事。根據彭真的提議、鄧小平的指示，會議決定中央宣傳部和北京市委分別召開工作隊幹部會和北大幹部會，用「二十三條」統一思想，解決「頂牛」問題，迅速扭轉局面，共同搞好社教運動。彭真還特別交代北大黨委不要先批評工作隊，應該就自己工作中的問題作自我批評，要維護團結。

3月5日，中央宣傳部召開北大全體工作隊員會議，也吸收北大黨委常委參加。陸定一講話，傳達了中央書記處的意見，講解了「二十三條」，要求大家聯繫實際，檢查前一段的北大社教運動，並宣佈將北大社教運動的五人領導小組擴大為八人，增加校黨委書記陸平、副書記戈華、彭珮雲。

3月9日至19日，北京市委在國際飯店召開了北大黨員幹部會，學習貫徹「二十三條」。萬里傳達了中央書記處會議的精神，要求大家總結工作，統一思想，受批判的人和批判別人的人，都要站到黨的立場上來，在批評與自我批評的基礎上達到新的團結。

張磐石雖然參加了中央書記處會議，但他就是不認錯，也不貫徹執行「二十三條」的精神和中央書記處的指示。這時，工作隊黨委副書記、副隊長常溪萍實在看不過去，就給黨中央寫信，談了北大社教運動中的一些問題，希望上級派人來檢查。常溪萍是上海市委教育衛生工作部副部長、華東師大黨委書記兼校長，是一位很好的老同志。鄧小平和彭真都對他的信做過批示。中央辦公廳派人找常溪萍談話。常溪萍列舉事實，反映張磐石對「二十三條」和中央書記處會議精神的錯誤態度和做法，一是搞家長制，沒有民主作風，獨斷專行；二是太「左」了，把北大問題看得過於嚴重，把一些正確意見當成右傾錯誤。後來因為這件事，常溪萍在「文化大革命」中受迫害致死。

3月19日，中央宣傳部主持日常工作的副部長張子意給北大社教工作隊全體隊員作報告，着重指出前一階段運動中間的缺點錯誤，批評「二十三條」發出以後，工作隊無聲無息。這個報告把道理講得很充分。

4月2日，中央宣傳部又在民族飯店召開北大工作隊部分骨幹座談會，檢查、總結北大社教工作的問題。會議一直開到4月6日。接着中央宣傳部又召開了全體工作隊員大會，北大校、系主要領導幹部也參加了。陸定一、張子意等人講了話，對工作隊的錯誤進行了分析批評。會上陸定一宣佈撤銷張磐石工作隊隊長的職務，任命許立群為隊黨委書記兼隊長，並宣佈增加常溪

萍為北大社教運動領導小組成員。領導小組成員由八人增加到九人，許立群任組長。

新的工作隊領導對前一段的工作做了一些善後處理，北大黨委也能抓教學工作了，但是黨內還有思想分歧，不能團結。彭真認為，如果要想北大社教運動繼續進行，取得較好的結果，必須在北大共產黨員當中進行一次整風教育，通過和風細雨的批評與自我批評來清理思想、分清是非，實現新的團結，否則北大今後無法正常工作，而且北大社教運動對其他高等學校的影響也不好澄清。

6月29日，彭真親自向北大黨員幹部和全體工作隊隊員作了一個重要報告。這個報告的主要精神是動員黨員幹部為了黨的事業進行整風，要自覺革命，分清大是大非，增強黨性，加強團結，把北大辦得更好。針對當時一些人的思想，彭真專門講了增強黨性，正確地對待批評與自我批評的問題，批評了那些在個人小事上「糾纏不休、滔滔不絕的爭論愛好者」。

7月下旬，中央宣傳部、高等教育部和北京市委聯合發出通知，在國際飯店召開北大黨員幹部整風學習會，校系主要幹部及部分支部幹部和有不同意見的人員參加。由原社教運動九人領導小組成員加上三個領導部門的負責人組成會議領導小組，許立群任組長，市委文教書記鄧拓任副組長。

7月29日開始的第二次國際飯店會議，參加的有二百五十多人。我們先是學習了毛澤東和劉少奇關於增強黨性、正確地開展黨內鬥爭的指示。繼而，校黨委、系總支負責人帶頭清理思想，開展批評與自我批評。這樣搞了一個多月，絕大多數單位工作人員之間的隔閡有所消除，團結也有所恢復，基本上達到了整風的目的。9月4日，會議就基本結束了。只剩下三個系，即經濟系、技術物理系、哲學系。技術物理系、經濟系的會多開了一段時間，很快就結束了。最後只剩下聶元梓所在的哲學系分歧很大，問題也很多，一直開到1966年1月，矛盾沒有解決，會議領導小組認為再僵持下去也沒有意義，就宣告哲學系的整風學習會結束。

1966年6月5日，《人民日報》社論《做無產階級革命派，還是做資產階級保皇派？》，把第二次國際飯店會議說成是長達七個月之久、圍攻革命派的「極端嚴重的反革命事件」。實際上，1965年9月4日大部分人就走了，技術物理系和經濟系開會時間稍長一點，只有哲學系一直拖到1966年1月。第二

次國際飯店會議的主旨是要求大家自我批評，增強團結，消除隔閡，共同把北大辦好。這些指導思想，都是彭真親自提出的。現在看來，彭真 1965 年 6 月 29 日報告裏講的道理，基本上是對的。雖然受當時「左」的影響，他也說到要檢查兩條道路的問題，但是對黨內鬥爭應該怎麼做，同志之間應該怎樣對待批評，會議堅持了「團結—批評—團結」的原則，強調「真理面前人人平等」，批評了「唯成分論」的錯誤。對於始終不進行自我批評的聶元梓也沒有任何處分。

現在回想起來，為什麼彭真要用這麼大的力氣來抓北大社教運動中的問題呢？正如他在報告裏所講的，如果不糾正前一段的錯誤，全國高等學校都照這個辦法去搞，怎麼辦？如果北大是個資本主義熔爐，全國還有幾個社會主義熔爐？如果北大是資產階級統治的學校，全國還有多少無產階級統治的學校？當時，北大搞社教，北京市的大學都很緊張，整天打聽到底怎麼回事。大家都岌岌自危，因為執行的都是一樣的路線，做的工作也差不多，幹部的家庭出身也相近。

近年來一些人的文章根據「全國第一張馬列主義大字報」某些署名者的說法，說哲學系出現一些積極分子並非突然，大字報是在基層黨內矛盾激化的情況下由少數教師自發寫的。但是這些人一直沒有講當時黨內發生了什麼矛盾，是什麼性質的矛盾，他們在矛盾的旋渦中扮演了什麼角色？只是說因為黨內有矛盾，對領導不滿，所以寫大字報。實際上，《關於建國以來黨的若干歷史問題的決議》對社教運動講得很明確。這個運動就是在「左」的錯誤影響之下搞的。黨內同志間是有一些意見，但根本不是階級鬥爭，不是敵我矛盾。哲學系的同志在社教運動最後思想也統一不起來，「文化大革命」開始時，少數人又把問題提了出來，並且上綱上線到敵我矛盾的高度。這就是「全國第一張馬列主義大字報」出籠前北大的背景。

康生、曹軼歐與「第一張大字報」

關於「全國第一張馬列主義大字報」出籠的經過，中央批轉中紀委關於康生問題的審查報告裏面講得很明確，是在康生幕後策劃、他和妻子曹軼歐的指使下炮製出來的。北大黨史校史研究室黨史組的人寫過一篇文章，叫《康

生、曹軼歐與「第一張大字報」》，在《百年潮》2001 年第 9 期上發表了，列
舉了大量材料，把到底為什麼説「全國第一張馬列主義大字報」是康生、曹
軼歐指使炮製出來的，講得很清楚。因此，對這個問題，我只是簡略地説説。

1966 年 5 月中旬，我帶着歷史系的一些學生在北大昌平分校搞半工半
讀的試點。曹軼歐在《五一六通知》發出前幾天帶着一個調查組匆匆忙忙趕
到北大。這時北京市委機關已經出現了揭發批判市委領導的大字報。現在看
來，當時康生已經知道毛主席想自下而上發動「文化大革命」的意圖，處心
積慮利用這個機會渾水摸魚。他抓住北大一些人對於「二十三條」發出以後
糾「左」的不滿，煽風點火，唯恐天下不亂，想通過北大的運動整北京市委，
最後鬥倒劉少奇、鄧小平。曹軼歐調查組進入北大以後多次跟社教運動的積
極分子講，就是要從北大往上揭，揭發陸平、宋碩、市委。1967 年 1 月 22
日，康生在一次講話中明確講，派這個調查組的目的就是要「調查彭真在學
校裏搞了哪些陰謀」。

康生、曹軼歐是通過張恩慈了解北大情況的。張恩慈原來是北大哲學系
青年教師，在社教運動中是積極分子，1965 年 7 月，被調到馬列主義研究
院。調去以後，張恩慈通過曹軼歐向康生反映了北大社教運動的情況。我覺
得，康生之所以選擇北大作為突破口，當然首先因為北大是一所重要的學
校，同時和北大社教運動遺留的問題有很大關係。康生通過張恩慈對此了解
得很清楚，所以就派調查組到北大來了。

曹軼歐調查組的意圖很明顯。一到北大，我們就感到他們是來整我們
的。曹軼歐找陸平談話。陸平要求向她彙報工作，她根本不聽，打個招呼就
走了。學校為調查組準備了住處，他們不住，卻住在西頤賓館，背着北大黨
委進行反對陸平和校黨委的秘密活動。曹軼歐還到處打聽我，問彭珮雲到
哪裏去了。打聽到我在北大昌平分校後，曹軼歐就派張恩慈帶着兩個人專門
去昌平分校搜集我的材料，但不找我談話。曹軼歐還曾去鼓動陳守一。陳守
一當時是北大黨委常委、法律系主任，負責學術批判，資格很老，影響也比
聶元梓要大。因此，曹軼歐就兩次動員他揭發陸平，並説，往上揭，沒你的
事，你揭了就沒有你的責任了。但陳守一嚴詞拒絕。她蠱惑不了陳守一，只
好去找聶元梓。

關於康生、曹軼歐指使炮製「全國第一張馬列主義大字報」，據我在「文

化大革命」後了解到的情況，證據是充分的，主要是三條：

一是「文化大革命」中康生的自白。康生在 1967 年 1 月 22 日的一次講話中提到，1966 年 5 月他派了一個調查組到北大，「聶元梓同志的大字報就是在我愛人他們的促動下寫的」。

二是劉仰嶠 1979 年 7 月 16 日提供的情況。劉仰嶠是教育部副部長，他曾跟曹軼歐一塊去北大，也是調查組的一位負責人。他說：「大字報出來後，張恩慈告訴我：大字報是在曹軼歐授意下由他出面和楊克明商量後楊克明寫的。」「調查組的工作是按曹講的方針幹的，都是在曹具體指使下進行的。」劉的結論是：「大字報的主謀是康生、曹軼歐，串聯是張恩慈，執筆是楊克明，聶元梓搞成第一名是因為聶是總支書記。」

三是大字報執筆人楊克明 1967 年寫給戚本禹和江青的信，以及 1978 年大字報署名者寫的揭發材料。楊克明 1967 年 7 月寫的《北京大學的全國第一張馬列主義大字報的產生經過》專題報告稱：「『中央文革』的曹軼歐同志帶領調查組來到北大！張恩慈也跟着曹大姐來了，這對我們是特大喜訊！」「就在這關鍵時刻，康生同志、曹軼歐同志通過張恩慈指示我們：可以寫大字報，這樣做影響大，作用大，能解決問題。」楊克明在 1978 年 12 月寫的情況是這樣：「我聽到《五一六通知》傳達後⋯⋯到馬列主義研究院找張恩慈說：我們也要向中央反映才好。張說：現在中央通知已下達，向上反映材料還少得了，上面哪裏看得過來那麼多。他又說：現在北京市委機關裏已經有人貼了大字報，還是這樣來得快。我當時覺得他的話有道理。」楊克明在 1978 年 6 月寫的材料裏還講：「張恩慈的話對我確實起了啟發作用，又可說是暗示作用。」有的人現在卻又說大字報是他們自己發起的，沒有人指使。顯然，前後矛盾嘛！事實就是事實，想抹掉是不可能的。

在這裏我還想講一下「全國第一張馬列主義大字報」集中攻擊的宋碩講話。宋碩講話實際上是在北京市各校黨委書記會上傳達華北局指示的內容，這在宋碩講話和陸平傳達宋碩講話時都明確地講了。可是「全國第一張馬列主義大字報」的作者們把華北局三個字刪掉，硬說這是宋碩、陸平和彭珮雲搞的「陰謀詭計」，以此欺騙群眾，欺騙中央。1966 年 6 月 1 日晚，工作組進校宣佈停止北大黨委的工作。據工作組簡報載，天津大學一名同學在聽了中央人民廣播電台的廣播後給北大來信稱：「我們校黨委書記蘇 × 的所謂指

示與宋碩講話一模一樣。蘇 × 剛從北京開會回來，不知他們開的什麼會，受了什麼人的指示。」蘇 × 與宋碩講的一模一樣是因為他們都是傳達華北局的指示，這也可以證明宋碩講話絕非宋碩、陸平、彭珮雲的陰謀詭計。聶元梓等人真是欲加之罪不擇手段地誣陷。

最後我想強調一點，對「文化大革命」中中央已有明確結論的一些重大問題，絕不要違背事實隨意發表翻案文章，這無助於人們正確地汲取歷史教訓。

關於「中央文革小組」的一些情況

穆　欣

　　「文化大革命」初期，我曾在「中央文革小組」工作過一段時間。我於
1966 年 5 月初住進釣魚台國賓館，從這時起到 1967 年 8 月，我在那裏住了
十五個月。1966 年 8 月底，因為有人寫信向江青告密誣陷我「罵過江青有神
經病」，又在一些事情上冒犯了江青，她責令我停止工作一個來月；1967 年 1
月中旬，江青又責令我回光明日報社「參加運動」、「接受群眾批評」，被批
鬥了一個月。從此我不再參加「中央文革小組」的會議，文件也被停發了。
2 月底再回到釣魚台，每天被「發配」到《人民日報》「管版面」（實際沒有
「管」）。只是這個小組對外的集體活動，每次還都通知我前往參加，直到 8
月初江青再次責令我回報社「參加運動」。其間我在「中央文革小組」正式工
作的時間，實際上總共不滿七個月。而江青一伙給予的「酬報」是近八年的
冤獄（1967 年 9 月 7 日至 1975 年 5 月 14 日）。

　　「文化大革命」是一場災難，它把億萬人民和整個民族拖入空前的浩劫之
中。當時曾經掌握了中央很大部分權力的「中央文革小組」，是製造這場災難
的指揮部。這個小組到處煽風點火，在全國造成空前的全面內戰，而它內部
也是硝煙瀰漫，爭鬥不已。

　　這裏記述的，是我住在釣魚台期間的見聞和以後聽到的有關「中央文革
小組」的一些情況。

（一）美麗的釣魚台成了「全面內鬥」的指揮台

「中央文革小組」成立之初，即住進北京西郊的釣魚台國賓館。這座賓館是在古釣魚台以北修建起來的，地處首都名勝玉淵潭東岸，是北京著名的園林之一。玉淵潭古時叫望海樓，也稱釣魚台。早在金代，這裏就已成為帝王遊樂的場所，後為歷代帝王垂釣的地方。清朝乾隆年間曾在這裏興建行宮。

1958 年 10 月建起來的這座國賓館，專供接待來華的國家元首、政府首腦和社會名流。這座賓館包括古台在內，面積四十二萬平方米，其中湖水面積五萬多平方米。初時沿湖四周建起的別墅樓共計十五座，其後又添建了一座貴賓樓和建築面積共四千五百平方米的一座現代化的俱樂部。

「中央文革小組」成員於 1966 年 5 月初住進釣魚台的時候，大都住在 15 號樓。初時未設辦公室，只有從中央聯絡部調來的矯玉山一人做秘書，忙得幾乎二十四小時連軸轉。6 月末又從馬列研究院調來王廣宇做秘書，仍然忙得難有喘息的工夫。其後陸續又調進來一些人，開始形成辦公室。後來，調來的工作人員逐漸多起來，15 號樓難以容納了，7 月初將辦公室搬往 11 號樓。

7 月初，由康生主持在 11 號樓開會正式成立「中央文革小組」辦公室。決定由穆欣、戚本禹、曹軼歐負責，穆欣為召集人。下設文電組，由穆欣兼管；簡報組，由戚本禹兼管；調查組，由曹軼歐負責。

7 月中旬，江青從上海回到北京前，辦公室又從 11 號樓搬到 16 號樓。7 月 20 日，江青從上海回到北京即住進釣魚台，康生、張春橋、陳伯達、姚文元、王力、關鋒、戚本禹、尹達都住在釣魚台，其後王任重、劉志堅等也住進來，「中央文革小組」陸續佔用了這座國賓館的七座樓房。17 號樓的小禮堂和大會議室也經常為小組所使用。

自從「中央文革小組」住進來後，釣魚台成了發號施令、指揮全國「文化大革命」的「指揮台」，成為搞亂全國、搞亂全黨、製造天下大亂的策源地。

（二）最無政府、最無章法的所在

「中央文革小組」的內部關係矛盾重重，充滿錯綜複雜的爭鬥。

陳伯達身為「中央文革小組」組長，但並無實權，凡事都得看江青眼色。

江青依仗「第一夫人」的名分，狐假虎威，經常「假傳聖旨」（她在各種場合聲稱「我代表毛主席」說東道西），處處挾持陳伯達。每逢小組開會，不管原定幾點鐘開會，如果江青還沒有來，陳伯達就和大家等着。江青到了，陳伯達馬上宣佈「開會」。如果陳伯達和她有了分歧，江青就叫會議停下來，拉着陳伯達到隔壁房間去「打通思想」，其他人包括「顧問」康生，都只好耐着性子待在會議室裏等着。直等陳伯達被「打通」了回來，會議才能繼續進行。江青心胸狹窄，喜怒無常，會上談論問題，稍有不如心意，就會撒野放刁。江青在小組裏儼然就是女皇，無論什麼時候、什麼事情都得讓着她點兒。

在這個小組裏頭，好多事情都不成體統。例如，最得江青寵信的小組成員戚本禹，上躥下跳，全無章法。江青要整什麼人，都叫他去打頭陣，先放炮，他為江青立了「功」：戚本禹在《紅旗》雜誌發表的《評〈前線〉、〈北京日報〉的資產階級立場》中，誣陷鄧拓是「叛徒」，第二天晚上鄧拓就含恨離開人間；戚本禹夜裏去抄田家英的家，第二天上午田家英也含恨離開人間；在一次會議上，「中央文革小組」副組長、「全軍文化革命小組」組長劉志堅反映軍隊院校學員衝擊國防部大樓的情況，話還沒有說完，坐在旁邊的戚本禹竟然粗暴地打斷他，拍着桌子謾罵劉志堅「胡說八道」，江青不但不制止戚本禹反而指責劉志堅，說：你是老傢伙，為什麼跟年輕人吵！他是我們「中央文革」的造反派，他可以造你的反！

在有關「文化大革命」的一系列重大問題上，「中央文革小組」內部從一開始就存在着不同意見和爭論。在陳伯達主持起草《關於無產階級文化大革命的決定》（即「十六條」）過程中，劉志堅和王任重等就提出過一些重要的不同意見。如在決定第四條「讓群眾在運動中自己教育自己」中說：「要去掉怕字。不要怕出亂子，毛主席經常告訴我們，革命不能那樣雅致，那樣文質彬彬，那樣溫良恭儉讓。」劉志堅在討論中曾經建議刪去「不要怕出亂子」，「革命不能那樣雅致，那樣文質彬彬，那樣溫良恭儉讓」這一段話。他認為這是毛澤東過去在《湖南農民運動考察報告》中講的話，現在引用，搞得不好，「造反派」就會在「文化大革命」中拿當年貧苦農民對待惡霸地主的辦法，來對待本單位的領導幹部，來解決人民內部矛盾問題。但陳伯達還是堅持要寫上。陳伯達說：要革命就不能怕亂，毛主席的話沒有過時，「文化大革命」也不能文質彬彬。最終，劉志堅等人的意見沒有被採納。「十六條」草稿原來

有二十三條，經陶鑄、王任重、張平化等人參與修改為十五條。在中共八屆十一中全會小組討論這個草稿時，劉志堅基於「部隊無論如何不能亂」的思想，提出要對軍隊的運動有一條「但書」，作出某些特殊規定和限制，以利於部隊保持穩定。這個意見多次遭到江青、陳伯達一伙的反對，劉志堅據理力爭，堅持加上這一條，並得到周恩來、陶鑄和老帥們的支持，後經全會通過，在文件中加上一條（作為這個文件的第十五條）：「部隊的文化革命運動和社會主義教育運動，按照中央軍委和總政治部的指示進行。」這個文件也由原來的十五條變成十六條。

「中央文革小組」內部，在堅持黨的領導還是取消黨的領導（「踢開黨委鬧革命」）、穩定軍隊還是搞亂軍隊、對幹部「打倒一切」還是區別對待，以及在工作組存廢問題、炮轟劉鄧或是保劉鄧等問題上，也都存在着尖銳的分歧和鬥爭。概括起來，就是「要亂」和「怕亂」兩種意見的鬥爭。

江青依仗權勢，要求周圍的人都得唯她的意志是從，不能容忍任何不同意見，凡是她不喜歡的人，認為可疑的人，或是不馴服的人，都要加以排斥，進行迫害。1966 年底，江青伙同林彪颳起「一月奪權」風暴之前，接連把「中央文革小組」顧問陶鑄、副組長王任重、劉志堅「打倒」，趕出「中央文革」，唆使造反派對他們揪鬥和殘酷迫害。

當時王任重是「中央文革小組」副組長，又經毛澤東同意，擔任北京市的「文化大革命」顧問。因為他抵制江青一伙的極左做法，在「中央文革小組」的會議上經常受到江青和陳伯達、張春橋等人的指責。江青指責他：架子大，個人搞一攤子，幹什麼事都不與「文革小組」其他人商量。對他的言行時時找碴兒，對他的工作處處掣肘。

中共八屆十一中全會後，江青抓住北京市印發西城區紅衛兵《緊急呼籲書》一事，在「中央文革小組」內部會議上連續對王任重進行批判，誣衊他是什麼「背着『中央文革』搞陰謀活動」。1966 年 12 月 16 日，江青對王任重突然襲擊，當眾點了王任重和周榮鑫、雍文濤的名，還逼周、雍二人「站出來讓大家看看」，事後又在「中央文革小組」開會批判王任重，並要王任重回湖北去，把他趕出「中央文革」，同時還佈置蒯大富派人去湖北揪鬥王任重。

陶鑄是中共中央政治局常委、中央書記處常務書記，又兼「中央文革小組」顧問。陶鑄初來北京工作時，江青曾妄圖拉攏他反對鄧小平。但是陶鑄

按照黨的原則辦事，沒有這麼做。八屆十一中全會站出來批評鄧小平的，只有謝富治一個人。對謝富治的發言，陶鑄沒讓發簡報，只搞了個特刊，在小範圍裏發，江青很不高興。八屆十一中全會後，周恩來主持政治局會議。當時中央有兩套班子，「中央文革」一套，周恩來一套。陶鑄協助總理工作，他們對「中央文革小組」的會議凡通知的都參加。陶鑄在參加「中央文革小組」的會議及其他場合常和江青發生爭吵。1966 年 11 月 29 日，江青召開科委系統萬人大會，主管科委工作的聶榮臻和陶鑄事先都不知道。陶鑄到會時說了一句「怎麼事先也不通告一下？」江青就厲聲說：「你發火就要造你的反，要打倒你！」又一次，在人民大會堂河北廳開會，江青說，「只要是寫第一張大字報的，就必須承認他是革命左派」，並且要陶鑄照此「原則」去保這個、保那個。陶鑄抵制說：「我不能不問動機，不問政治背景。」當場兩人發生爭吵。江青發火，拍着沙發扶手號叫。陶鑄氣極了，伸手拍到茶几上，並且跳起來回擊：「你也干涉得太多了，管得太寬了！」江青撒潑混鬧，周恩來只好宣佈散會。此後江青即對陶鑄處處刁難。陶鑄對張春橋處理上海「安亭事件」違背中央原則提出批評，支持上海市委，即遭江青一伙圍攻。1966 年 12 月 6 日，林彪親自主持常委會批判工交座談會提出來的工交企業「文化大革命」的「十五條」時，江青一伙又對陶鑄大張撻伐。12 月下旬一次會議上，江青一伙再次圍攻陶鑄，說他是「最大的保皇派」。陶鑄駁斥說：「我保黨的幹部，為什麼不應該保？」江青說：「你保的一伙是壞人！」陶鑄反問有什麼證據？康生竟把一個名叫「任重」的特務硬安到王任重頭上，血口噴人：「你保的王任重是一個 CC 特務。」

　　1967 年 1 月 4 日，江青伙同陳伯達，背着周恩來和陶鑄本人，當眾煽動造反派「打倒」陶鑄。這天下午「中央文革小組」在人民大會堂接見「武漢赴廣州專揪王任重造反團」的時候（當時王任重在廣州治病），江青、陳伯達和康生都在會上公開點陶鑄的名，硬說他是王任重的「黑後台」。

　　江青說：「王任重的後台是誰？是陶鑄！你們哪，先不要去廣州，先在北京，先揪陶鑄！他是你們中南地區最大的走資派！為了挽救他，我不遺餘力，我對他有耐心，費了很大的勁去幫助他，可他就是不肯改悔！他是劉鄧路線的新的代表人物！」

　　陳伯達說：「陶鑄同志到中央來並沒有執行以毛主席為代表的無產階級革

命路線，實際是劉鄧路線的忠實執行者。劉鄧路線的推廣是同他有關係的，他想洗刷這一點，但後來變本加厲。例如你們到中南局去，你們了解很多情況，王任重是有後台老闆的，一個後台老闆就是陶鑄。他在北京接見你們的態度是完全錯誤的，他是『文化革命小組』顧問，但對文化革命的許多問題，從來沒有跟我們商量過。他獨斷專行，不但背着『文革小組』，而且背着中央，你們揭得很好，給我們很多支持，感謝你們。」

江青又說：「他獨斷專行，是中國最大的保皇派！我跟他吵了多次架，每次我都幾乎昏過去！他鎮壓我，他還鎮壓『中央文革』！」

康生誣陷陶鑄說：「他是叛徒！希望同學們把材料收集起來，整理出來，有材料擺出來了，你們就勝利了。」從此陶鑄遭到殘酷迫害，1969 年 11 月 30 日終被迫害致死。

就在江青一伙同陳伯達宣佈「打倒」陶鑄的同一天，他們又當眾宣佈「打倒」了「中央文革小組」副組長劉志堅。

劉志堅作為「全軍文化革命小組」組長，始終堅持「軍隊不能亂」的思想，盡力抵制江青一伙的極左做法。如 1967 年 10 月 1 日，部隊二醫大「紅縱」一派的頭頭在天安門城樓上向毛澤東、林彪反映說：軍隊院校「鎮壓群眾」，與地方做法不同，給群眾限制太多。林彪就令「全軍文革小組」立即發一個緊急指示，讓軍隊「文化大革命」完全按地方一樣搞。「全軍文革小組」只得起草一個《關於軍事院校無產階級文化大革命的緊急指示》。這個文件的草稿基本上堅持黨的領導，並儘可能在具體做法上作了一些保留。林彪叫把文件草稿送到「中央文革小組」審改。江青、陳伯達、康生、張春橋看了，對草稿十分不滿，立即大刪大改。張春橋把改了的稿本交給劉志堅的時候，還說「一個字也不准再改動」。劉志堅為此同張春橋爭吵起來。劉志堅說：「取消黨的政治領導，這在我軍是史無前例的。」張春橋詭辯說：「黨的領導就是毛主席的領導，就是毛澤東思想領導。」當時爭論激烈，卻毫無結果，這個文件最後還是發下去了。緊急指示下達後，給軍隊造成了很大的混亂，北京相繼發生了多起衝擊軍事機關、揪鬥領導幹部的事件。劉志堅根據葉劍英等的指示精神，主持起草了一份《關於各總部、國防科委、軍種兵種機關必須經常保持戰備狀態的通知》，禁止衝擊軍事機關、揪鬥領導幹部的行動。林彪把這個通知轉送給「中央文革小組」，又被陳伯達以「藉戰備壓革命」的罪名

扣壓不發。

1966 年 11 月 13 日和 29 日，周恩來和陳毅、賀龍、徐向前、葉劍英四位元帥在北京工人體育館兩次接見軍隊院校來京師生。劉志堅奉命領導「全軍文革小組」的人組織了這兩次大會。總理在會上的講話，幾位老帥堅持黨的領導、穩定軍隊、正確對待革命幹部的正義呼聲和正確主張，在全軍和全國各地群眾中獲得共鳴。這就引起江青一伙極大不滿。事後劉志堅來「中央文革小組」開會時，江青竟指責說：「軍隊這些接見，是鎮壓群眾。」他們煽動極左派學生鬧事，張貼大標語指責軍隊「執行了一條自上而下的又粗又長又黑的資產階級反動路線」，妄稱要對幾位老帥「批判」。其後，在關鋒直接支持、煽動下，四十幾所軍隊院校來京學生成立了「批判資產階級反動路線籌備處」，定於 1967 年 1 月 5 日召開「批資大會」，指名要陳毅、葉劍英到會「接受教育」。

江青無理取鬧、故意整人達到十分無聊的程度。1967 年 1 月 3 日，當她接到四十多所軍隊院校「批判資產階級反動路線籌備處」的請帖後，在「中央文革小組」開會時就誣衊劉志堅「搞陰謀」。她從手提包中拿出「批資大會」的請帖，胡說什麼發給劉志堅和賀龍的請帖顏色特別紅，而發給她以及空軍司令吳法憲和海軍李作鵬、王宏坤、張秀山的請帖顏色就淡一些，指責說：「這不就是在搞陰謀？」事實上，所發請帖的顏色都是一樣的。

周恩來聽到有關「批資大會」的消息，1 月 3 日中午親自到釣魚台同「中央文革小組」商定，設法勸說學生不要開這個會。1 月 3 日、4 日兩個晚上，周恩來和總參、總政負責人、「中央文革」全體、「全軍文革」全體，以及四十幾所軍隊院校來京學生代表，在人民大會堂西大廳開會。總理耐心地聽取學生們發言，細心地做說服工作，學生們已接受總理的勸說，表示可以不開「批資大會」。劉志堅遵照總理關於顧全大局的指示精神發言作了自我批評。當他講到自己有點「折中主義思想」，又想發動群眾又害怕搞亂的時候，康生突然站起來打斷他的話，蠻橫地拍着桌子說：「劉志堅，你不是什麼折中主義，你就是劉鄧資產階級反動路線在軍隊的代表！這個會要開，要批，要鬥，就是要批鬥你劉志堅！」原來情緒已經平息下來的造反派，立即又被康生煽動起來，當場馬上喊叫「打倒劉志堅」的口號。江青和陳伯達火上加油，誣衊劉志堅說：在軍內貫徹資產階級反動路線的，就是以劉志堅為首的「全

軍文革小組」。它不和軍委聯繫，它不和「中央文革」聯繫。劉志堅不向「中央文革」請示⋯⋯他誰也不請示。⋯⋯主席回來叫撤工作組，他遲遲不撤。經過他們這一番發作，總理兩個通宵所做的工作全部告吹。此後軍隊院校來京造反派掀起了更大規模的衝擊國防部和各軍事機關的行動，「全軍文革辦公室」也被查封。1月19日，由關鋒指揮造反派學生在工人體育館召開了批鬥劉志堅的萬人大會，劉志堅從此被關押逼供、無情折磨，遭受了長達七年九個月的殘酷迫害。

「中央文革小組」這種混亂的無政府狀態，不但引起許多小組成員不滿，也曾受到毛澤東多次批評。1967年2月初，毛澤東在政治局常委擴大會上批評「中央文革小組」沒有建立起來制度，沒有民主集中制。他說，「中央文革小組」沒有正式會議作過決定，各人說各人的，康生說一套，陳伯達說一套，江青說一套。還批評說，不只是「中央文革小組」內部沒有民主集中制，對上也沒有報告。他對「中央文革小組」攻擊大批黨和國家領導人的情況表示不滿，特別是對江青、陳伯達擅自打倒陶鑄一事非常生氣。他要中央專門召開會議，對江青和陳伯達進行了嚴厲批評。

1967年2月6日，毛澤東在一次會議上嚴厲批評說，你們「文化革命小組」，毫無政治經驗，毫無軍事經驗。老幹部統統打倒，你們掌權掌得起來？江青眼睛向天，天下沒有幾個她看得起的人。陳伯達和江青從來沒有勸過我，一個要節制一點，一個對幹部要寬大一點。犯了錯誤就打倒，就要打到自己頭上來了。你們就不犯錯誤？陶鑄是犯了錯誤，可是一下子就捅出去，不同我打招呼。上脫離，下沒有同幹部群眾商量。毛澤東還在2月10日的會議上，當面嚴厲批評陳伯達和江青。他氣憤地說：你這個陳伯達，你是一個常委打倒一個常委！你這個江青，眼高手低，志大才疏，你眼裏只有一個人！打倒陶鑄，別人都沒有事，就是你們兩個人的事。我查了記錄，別人要不就是沒有到，要不就是沒說話。只有陳伯達講了話，江青插了話。

毛澤東決定立即把張春橋、姚文元從上海召回北京，由「中央文革小組」開會批評陳伯達和江青。毛澤東的嚴厲批評，使「中央文革小組」亂了陣腳，慌作一團。陳伯達很緊張，曾說他想自殺。2月14日，「中央文革小組」開了會，江青躲起來，裝病不參加，會上只批評了陳伯達，根本沒有批評江青。江青對毛澤東的批評只當耳邊風，事後仍然我行我素，為所欲為。「中央文革

小組」繼續堅持懷疑一切，打倒一切，到處煽風點火，搞亂全國。終於造成全國混亂的局面，無政府主義發展到無法收拾的程度。

（三）挑動派性混戰的「總後台」

「中央文革小組」開頭比較鬆散。7月中旬辦公室成立、江青從上海回京後，小組成員天天在釣魚台碰頭。當時「文革小組」主要管學術界、教育界、文藝界、新聞界、出版界發生的事情。中央政治局常委還在起作用，毛澤東不在北京，中央常委聽取「文化大革命」情況彙報會由劉少奇主持。那時「中央文革小組」不管地方的事，其職權是負責向中央反映「文化大革命」運動情況，無權下發指示。小組成員的活動，主要是到各機關、學校看大字報（但不表態），或者找人談話，了解情況。北京什麼地方出事，就到那裏去。同時接待群眾來訪。《五一六通知》規定這個小組「隸屬於政治局常委之下」，實際上江青直接對毛澤東負責，陳伯達管的《紅旗》雜誌和奪權後的《人民日報》，也只對毛澤東負責，從不請示政治局常委和中央書記處。

中共八屆十一中全會對中央領導機構作了重大改組。林彪在政治局常委的地位一下子升到了第二位，並成為中央唯一的副主席。這個時候的「中央文革小組」，根據全會通過的《關於無產階級文化大革命的決定》，已成為「無產階級文化革命的權力機構」，便於江青和陳伯達、康生一伙攬權，到處發號施令。全會以後，毛澤東主持常委會，直接領導「文化大革命」運動。江青和陳伯達、康生有事直接向毛澤東彙報。周恩來參加「中央文革小組」的會議，但向毛澤東彙報時署名的是陳伯達、康生、江青。周恩來不簽字，他有事要報告毛澤東，就單獨報告。

中共八屆十一中全會後，毛澤東決定召開常委擴大會，批評劉少奇和鄧小平。會議由林彪主持，常委與「中央文革小組」成員參加。林彪、江青都認為劉少奇已經打倒，鄧小平最危險，是他們篡黨奪權的最大障礙，便將矛頭直接指向鄧小平。林彪把鄧小平的問題說成是敵我矛盾。鄧小平已無法工作，把他分管的專案委員會、中央聯絡部、中央調查部等交給康生去管。這時雖然還有一批中央書記處的書記，卻沒有開過中央書記處的會議。當選為中央政治局常委和中央書記處常務書記的陶鑄，曾經正式提出健全書記處的

建議，被江青反對掉了。轉過年來，1 月 11 日，中央致「上海各革命造反團體」的賀電上，毛澤東打破過去一直由中共中央、國務院、中央軍委三家署名的慣例，讓加上了「中央文革小組」，此後同類電報、文件即由四家署名。2 月初，毛澤東就在常委擴大會上說：「現在是『文革小組』代表了書記處。」

這時的「中央文革小組」幾乎天天開會，討論各單位、各地區「文化大革命」的情況以及運動中出現的各種問題。辦公室的機構也逐漸擴大，工作人員也逐漸增多。在辦公室前述的文電、簡報、調查三個組以外，又陸續成立了三個不歸辦公室管的單位：來信組、快報組和記者站。

來信組負責處理各地給陳伯達、江青和「中央文革小組」的信件，把信中所反映的重要情況及所提出的重要問題，摘要編發在內部刊物上。快報組是為迅速、及時地向中共中央反映有關運動情況而建立的機構。這個組所出版的《快報》，特點是篇幅小，速度快，記者寫來的報導隨到隨印隨發，有時一個鐘頭內出版多次。王力主管的記者站是人數最多的一個單位，開始時由部隊抽調幹部一二百人（大多數都未做過新聞記者），均以「解放軍報記者」名義派往各地（其後又從地方抽調一些人，有的以《人民日報》、《光明日報》、《紅旗》雜誌記者名義活動）。這些記者從各地發回情況，及時刊登在記者站編印的《文革簡報》、《快報》等內部報刊上，供中央領導和「中央文革小組」成員參考。

這些由「中央文革小組」操縱的《快報》、《文革簡報》以及《電訊快報》之類，雖也曾及時地向中央反映過不少重要的真實情況，但也經常受到江青一伙的矇騙，通過這種渠道「謊報軍情」、「製造輿論」以影響毛澤東和中共中央的決策。江青一伙通常採取的手段，就是經由他們中間的一個或兩個人，先向自己聯繫的紅衛兵頭頭（蒯大富、韓愛晶、聶元梓、王大賓、譚厚蘭「五大領袖」或者其他造反派頭頭），暗中「洩露」某些「玄機」、散佈某些尚未向毛澤東請示或者明知毛澤東一時還不允許而他們又急於動作的「意圖」，讓這些頭頭以發表個人意見的方式，到群眾中去傳播這些真真假假、似是而非的「小道消息」，蠱惑人心，造成議論紛紛、沸沸揚揚的氣氛。「記者」聽到這些議論加以報導，通過《快報》影響毛澤東和中共中央的決策。

「文化大革命」初期，中央決定將劉少奇、鄧小平作為黨內問題處理。1966 年 10 月 25 日，毛澤東在中央工作會議上講話的時候，曾當面對劉少奇

説：「有錯誤就改。誰要打倒你？我才不要打倒你哩！」江青一伙當時不敢公開違抗。12月18日，「中央文革小組」在人民大會堂接見首都紅衛兵「一司」、「二司」造反聯絡站、「三司」、「首都兵團」以及部分院校革命派代表，江青、張春橋等都出席了。當時，「一司」有人遞條子給江青説：「準備揪出劉少奇、鄧小平。」江青看過這張條，當場回答説：「劉少奇、鄧小平是黨內問題，中央可以解決。現在搞他們不適合，不策略，對於他們在黨內、黨外的影響，群眾還需要一個認識過程。在清華和北大不是有人貼劉少奇的大字報嗎？主席親自派陳伯達同志去糾正。……」

　　江青當眾講的這些話，當然是「表面文章」。就在當天下午2時，張春橋又在中南海西門約見蒯大富，鬼鬼祟祟地對他説：「中央那一兩個提出資產階級路線的人至今仍不投降」，「你們革命小將應該聯合起來，發揚徹底革命精神，痛打落水狗，把他們搞臭，不要半途而廢」。蒯大富聽了，心領神會。他心裏明白，張春橋所指的「那一兩個」，明白無誤地就是指劉少奇、鄧小平；「搞臭」，就是要用一切手段把他們打倒。但當蒯大富向張春橋保證「請首長放心，我保證照辦」以後，張春橋卻又狡詐地眨眨眼睛，把嘴一抿輕聲説：「關於這次談話的內容，你儘可能去行動，但不准對任何人説；你説，我也不承認。」蒯大富回到清華大學，當天下午4時就在「清華井岡山兵團總部」召開會議，決定要「把打倒劉少奇的運動推向社會」。一週以後，12月25日，蒯大富率領五千餘眾衝向天安門，舉行遊行示威，沿途張貼標語，高呼口號，第一次公開把「打倒劉少奇」、「打倒鄧小平」的反動口號推向社會。張春橋的「授意」，變成了「群眾」的「行動」。對於這次「行動」的幕後活動，《快報》和記者站的「記者」、編輯都被蒙在鼓裏，自然會以最快的速度，把它當作運動的「新動向」在《快報》上反映。在此之前，「中央文革小組」的顧問康生，在人民大會堂一次接見造反派組織的會議結束後，也曾乘着會完人散的時機，偷偷地把一包供作打倒劉少奇的「材料」交給蒯大富，叮囑他「好好批判」。

　　「中央文革小組」派出的「解放軍報記者」出版的《快報》，實際上成了江青一伙煽風點火、製造動亂的輿論工具。這些穿軍裝的「解放軍報記者」很多不是現役軍人，更不是什麼軍報記者。他們同江青一伙掛鈎，有的踢開各地黨委，到處「造反」，煽風點火，通風報信，直接指揮各地的運動。

這些記者中的一些人，為了迎合林彪、江青一伙的胃口，不惜胡編亂造，製造事端，陷害地方領導。如在 1967 年 4 月 19 日，正在北京參加軍委擴大會議的武漢軍區司令員陳再道、政治委員鍾漢華，奉命到釣魚台彙報武漢「文化大革命」運動情況。彙報會由周恩來主持，「中央文革」成員參加。他們如實地彙報了武漢的情況後，周恩來讓「中央文革小組」儘快地接見一次武漢的造反派，幫助武漢軍區對造反派做工作。江青表示同意，並讓戚本禹代表「中央文革小組」安排在 4 月 21 日接見。江青還說，這次接見她不參加，理由是她的身份不同，如果她參加接見，會抬高武漢造反派的「身價」。

彙報會結束後，鍾漢華懷着一番好意，向武漢軍區黨委常委傳達了會議精神，目的是為了及時指導軍區的「支左」工作。為了防止不必要的麻煩，他還特地作了規定，只傳達到軍區黨委常委這一級，絕對不准再往下傳。這本來是很正常的事。可是，這事被「中央文革小組」派駐武漢的「解放軍報記者」插手一攪和，卻造成了極其嚴重的後果。這位記者探得此事，就通過《情況反映》，連夜報到北京，說武漢軍區傳達了「中央文革」19 日會議的有關指示，詢問這些指示是否屬實。第二天下午，江青派人把刊載這篇報導的《快報》送給陳再道並興師問罪，江青在這篇《情況反映》上批示：「陳再道、鍾漢華：這是怎麼回事？以勢壓人！我們不理解。閱後退江青處。」

陳再道、鍾漢華看了這個盛氣凌人的指示，感到震驚。他們知道江青難惹，忙打電話向武漢軍區有關人員查問真相。原來是一位負責「支左」的工作人員，在列席軍區黨委常委會後向「支左」辦公室的工作人員吹風，被「記者」知道後立即密報的。陳、鍾二人當即向江青寫了書面報告，說明他們並沒有用「中央文革小組」名義壓制武漢地區造反派的意思。同時表示，這件事沒有處理妥善，他們也有責任，接受批評，堅決改正。

他們及時把書面報告送給江青，按說這件事可以結束了。可是江青不依不饒，仍然揪住不放。4 月 21 日凌晨 2 點，總政治部一個幹部奉「中央文革小組」之命，前往陳再道、鍾漢華住的京西賓館，沒收了他們 4 月 19 日參加彙報會時作的記錄。同時傳達了「中央文革小組」對造反派的接見已被取消，「中央文革小組」不再幫助武漢軍區做工作。自此以後，對於武漢軍區的請示報告，「中央文革小組」一律不予答覆。4 月 27 日，軍委擴大會議結束。這時各大軍區的司令員、政治委員都接到參加慶祝「五一」節活動的通知，唯獨

給陳再道、鍾漢華下達了離開北京的「逐客令」。陳、鍾二人只好離開北京，打道回府。在武漢火車站「迎接」他們的，是火藥味濃烈的大標語：「徹底粉碎帶槍的劉鄧路線！」「打倒陳再道，解放全中原！」……兩個多月後，爆發了林彪、江青策劃挑起的震撼全國的「武漢七二〇事件」。

當各地群眾組織分裂為兩大派，雙方尖銳對立，彼此火拚不已的時候，江青一伙常將「分裂群眾」的罪名強加在他們急欲打倒的某些「走資派」、「黑幫」身上，誣陷他們「挑動群眾鬥群眾」，指責他們是某一派群眾組織的「黑後台」，以此煽動、唆使另一派群眾揪鬥這些革命老幹部，乘機渾水摸魚。

「文化大革命」開始不久，北京高等院校的紅衛兵組織就分裂為兩大派：北京航空學院「紅旗戰鬥隊」頭頭韓愛晶，和清華大學「井岡山兵團」的蒯大富、北京大學「新北大公社」聶元梓結成「天派」；北京地質學院「東方紅公社」王大賓和北京師範大學「井岡山兵團」譚厚蘭、從蒯大富「井岡山兵團」分裂出來的「井岡山414總部」結成「地派」。從表面看，兩派你死我活，互相對立，一直發生武鬥，但是從幕後看，他們的「黑後台」都在釣魚台，均由「中央文革小組」操縱。有人說，這兩大派「就像一根線上牽着的兩個木偶」，是很恰當的比喻。例如，1967年1月中旬，在「奪權」風暴中，他們暗中叫「天派」在北京工人體育場召開十萬人大會批鬥肖華。此事被毛澤東制止，肖華未曾到會，籌辦這場大會的「天派」頭頭們很着急，江青一伙就決定由「中央文革小組」出面調遣「地派」糾集人馬衝進會場，大鬧一通，把「天派」組織的這場大會衝散。當時相互廝殺、鬥得頭破血流的各派頭頭，大都沒有覺察到這一點。

江青操縱的首都大專院校紅衛兵「五大領袖」之一的第三司令部司令蒯大富，1970年11月間被拘留押解回清華大學受審查時，覺得冤枉，以為自己的行動都是「按照『中央文革』的部署」行動，到頭來怎麼不見江青一伙替他開脫呢？蒯大富滿腹委屈，給江青寫信求救，申訴他在江青一伙指揮下建立的那些「汗馬功勞」，為當前的遭遇「鳴冤」。可是這時江青已經進入了中央政治局，大權在握，哪裏還會再理睬他們這輩走卒？蒯大富所寫的信如同石沉大海，沒有任何回音。其後他被北京市中級人民法院以反革命罪判處有期徒刑十七年、剝奪政治權利四年。蒯大富於1987年10月31日刑滿獲釋後，回顧當年往事，「坦誠而又痛心」地說：「二十二年前，我們那一代熱血

青年，天真而狂熱，幼稚而殘忍，昏然盲從而懷疑一切，激昂慷慨而又隨波逐流，極端的行動變為人性的扭曲。於是，起初成為混戰的工具，之後淪為浩劫的犧牲品。似乎也是在劫難逃。」

「五大領袖」中的女將譚厚蘭，則於 1970 年 6 月被調回北京師範大學隔離審查，以後被北京市公安局以反革命罪逮捕。她在獄裏寫的檢查中懺悔說：「我是一個在『文化大革命』中一度追隨林彪、江青反革命集團，對黨、對人民犯了罪的人。」「回想自己在十年浩劫中的所作所為，目無法紀，在『造反有理』的口號下，可以隨便剝奪別人的人身自由，隨便把人打倒。我在反擊所謂的『二月逆流』中，就是這樣對待譚震林副委員長和余秋里副總理的。我還對另一些黨和國家領導人進行了人身迫害。…… 我是罪人，也是見證人。」

（四）七任「辦事組長」的不同下場

江青是一個權力迷，又是迫害狂。凡是她認為可疑或者不馴服的人，就會受到她的打擊、迫害、批判、鬥爭，隔離審查，關進牢房。因此，在江青的「後院」，經常籠罩着恐怖的陰影，那裏的氣氛讓人感到心悸。在江青手下工作，誰也掌握不了自己的命運。

這個小組一成立，組長陳伯達事事都得讓她三分。自從 1966 年 8 月 30 日中共中央通知：在陳伯達病假期間或今後離京外出期間，「中央文革小組」組長職務由江青代理，她就將「代理」變作「取代」，實際上奪了陳伯達的權。儘管陳伯達很快「康復出院」，並不曾「外出」過，她卻一直把這個小組的領導權牢牢掌握在自己手裏，頤指氣使，「指揮一切」，什麼事兒她都插上一手，對誰都是「橫挑鼻子豎挑眼」，不讓人們有片刻安寧。

對「中央文革辦公室」（辦事組）的工作人員，江青着眼挑剔、着力打擊的是它的主要負責人。「中央文革小組」從成立到消亡的三年間，這個辦公室負責人被撤換過六次。前後任職的七屆負責人，除肖力（即李訥）外，我和宋瓊、王廣宇、閻長貴、矯玉山以及王力，無一例外地都遭到了厄運。

我這個辦公室召集人，江青一直看着不順眼，在小組成員中也經常指責我「跟不上」。1966 年 8 月下旬，就被她「找碴兒」令我停止工作並撤銷了

這個「召集人」的職務。

我被撤銷了辦公室「召集人」的「差事」，改由王力管理辦公室的工作。1966 年 12 月初，江青決定改變辦公室的名稱，成立「辦事組」。辦事組由宋瓊、陳滿池、楊子才、張文榮、王廣宇五人負責，宋瓊、陳滿池分任正副組長。宋瓊、楊子才、張文榮是從《解放軍報》快報組調來的，陳滿池本是記者站的副組長，他繼續留在花園村記者站，始終沒有到釣魚台辦事組來就職。沒有多久，江青派到解放軍報社的肖力，於 1967 年 1 月 13 日率領軍報造反派奪權。宋瓊及從軍報一同到辦事組的工作人員被江青打成解放軍報社「胡癡反黨小集團」。解放軍報社造反派把宋瓊等人揪回報社批鬥。此後，辦事組改由王廣宇、矯玉山負責。同年 9 月 1 日，王廣宇又被江青強令「回本單位參加運動」，回到馬列研究院接受批鬥，改由原任江青秘書的閻長貴和矯玉山分任正副組長。1968 年 1 月 13 日，矯玉山又被江青誣為「特務」，下令逮捕，改派肖力為組長。

從 1967 年 1 月到 8 月 31 日，王廣宇是任職最長的辦事組負責人。1 月初，王力、戚本禹都告訴他：「中央文革小組」決定由王廣宇任辦事組組長，矯玉山任副組長。辦事組雖然實際上由王廣宇管，卻沒正式宣佈。王廣宇任勞任怨，不計較名義，始終刻苦勤奮地工作。江青仍常對他挑剔，對他找碴兒，稍有「怠慢」，就會遭到斥責。江青曾經罵他：「我看你總像還沒睡醒似的，一見你就想批評你。年紀輕輕的怎麼這樣沒有精神？」一次陳伯達指着王廣宇問江青：「他是辦事組長嗎？」江青竟然搖了搖頭。弄得王廣宇十分尷尬。

釣魚台 16 樓會議室隔壁是辦公室接長途電話的房間，江青常拉陳伯達到這裏個別長談，「打通思想」。1966 年 8 月初，為了便於記錄各地打來的電話，文電組特請中央辦公廳三十九局電話總機技術人員來，在電話機上安裝了一個擴音機。這本是出於工作需要，極為平常的事，稍有常識的人都懂它的用途。擴音機剛安上不幾天，被拉着陳伯達過來「打通思想」的江青看到了，立刻「沒事找事」，大發脾氣，硬說是王廣宇他們安裝的什麼「竊聽器」。她把經辦此事的王廣宇找來嚴厲訓斥，強令把電話機拆掉。

開會作記錄本是一般慣例。「中央文革小組」開會時，江青卻不准作記錄，常常因此找碴兒。她在口頭上強調什麼「機密性」，實際上是心懷鬼胎，

一切言行都害怕「記錄在案」，留下痕跡。後來周恩來經常主持「中央文革」
碰頭會。開頭他曾吩咐：每次開會由「中央文革小組」辦事組和總理辦公室
派人作記錄。頭一次，矯玉山、周家鼎來作記錄，「平安無事」，江青沒有反
應；第二次改換王廣宇來記錄，周恩來剛開始講話，江青一見王廣宇在作記
錄，立刻問：「我們開會還要作記錄嗎？是誰叫你來的？」會議室頓然鴉雀無
聲，氣氛緊張。葉群馬上驚慌地説：「不是我叫來的！」這時周恩來説道：「是
我叫來的！」轉身又對王廣宇説：「今天不用記了！」周恩來是代表中央常委
來釣魚台主持「中央文革」碰頭會的，他的決定，就這樣被江青粗暴地推翻
了。這也表明江青對周恩來不尊重和對他的敵視情緒。

　　1967 年 8 月 31 日，周恩來主持「中央文革」碰頭會，宣佈王力、關鋒
「隔離審查」後，第二天晚上，江青就叫張春橋、姚文元找王廣宇談話。張春
橋説：「決定你馬上回原單位參加運動，以後需要你的時候再叫你來。」王廣
宇回到馬列研究院，就遭到造反派軟禁，不讓回家，逼他「揭發王力、關鋒
的罪行」。馬列研究院造反派也不斷地點他的名，對他施加壓力。1968 年 3
月 4 日晚上，陳伯達等三人突然來到馬列研究院「造反總部」，逼王廣宇「交
代問題」——早先戚本禹曾讓王廣宇到人民文學出版社去取過一份魯迅的手稿
（《答徐懋庸並關於抗日統一戰線問題》原稿），取回後當即交給戚本禹。這
時陳伯達突然前來討要，並誣陷王廣宇「賣掉了、私分了、銷毀了」。他們不
聽王廣宇申説，不容許他分辯，當即把他關進功德林監獄，後又關押在南苑
的一個監獄，1972 年 1 月又轉押到秦城監獄，直到 1975 年 5 月 16 日才被釋
放出獄。實際上，他們誣陷王廣宇「賣掉了、私分了、銷毀了」的這份魯迅
的手稿，早由戚本禹交給江青，當時仍收藏在釣魚台「中央文革小組」保密
室裏。他們拿這個來逼王廣宇，只不過要捏造一個逮捕他的「由頭」。

　　在王廣宇之後擔任辦事組負責人的閻長貴、矯玉山也都被江青投入秦城
監獄。矯玉山是最早調到辦公室來的，一直勤勤懇懇、夜以繼日地工作。
1967 年 12 月 5 日，毛澤東、周恩來、李富春等中央領導，以及「中央文革小
組」的陳伯達、康生、江青、戚本禹、姚文元等接見「中央文革小組」、總理
聯絡員辦公室、聯合接待室工作人員時，矯玉山還帶領辦事組的人參加了這
次接見、合影。不料到 1967 年 12 月底，「中央文革小組」收到從香港國際書
店寄來的一個郵包。辦事組保密室的人打開來一看，全是 30 年代江青在上海

做演員時的有關報刊和照片。他們知道這些東西都是江青的最大忌諱（當時稱作必須「防擴散」的「核心機密」），唯恐遭江青怪罪，馬上送交矯玉山。矯玉山看都沒有看，立即送交擔任江青秘書的姚文元。江青懷疑矯玉山看過這些材料，第二天就叫姚文元到辦公室找他查問：郵件是怎樣收到的？有哪些人看過這些材料？逼令矯玉山迅速寫個報告。兩天後，江青和張春橋、姚文元在會議室密談，見矯玉山進來，江青竟然指着矯玉山說：「他們這些人不是我們的人，要進行審查！」「他們是特務，是監視我們的，安了竊聽器。」張春橋接着說：「是的，現在我連給上海打電話都不敢打了，就是安了竊聽器！」1968 年 1 月 13 日凌晨，矯玉山在中南海懷仁堂被江青下令以「特務」罪名拘捕，直接送進秦城監獄，被「審查」了七年半之久，1975 年 5 月 16 日方獲釋出獄。

原任江青機要秘書並在王廣宇被江青撤掉職務後一度擔任辦事組組長的閻長貴，也被江青以「莫須有」的罪名關進秦城監獄。在辦事組擔任總支部書記的王道明，工作人員中兩個最得力、最積極的張根成（來自解放軍瀋陽部隊）、周占凱（來自解放軍濟南空軍部隊），也被江青妄加罪名關進監牢。甚至擔任江青警衛的孫立志，也被江青誣陷「偷」了她的鑰匙，被抓進監獄關了七八年。

辦公室和辦事組前後七任負責人中，只有最後一位肖力「穩坐釣魚台」，沒有任何風險。1968 年初，矯玉山被江青關進秦城監獄後，肖力即繼任辦事組組長。其時江青一伙搶班奪權鬧得正兒，周恩來則在任何情況下都不交權。中央政治局和中央書記處都被「中央文革小組」取代後，根據毛澤東的意見，一切重大問題都拿到「中央文革」碰頭會上議處。這個「碰頭會」，是黨的體制被「文化大革命」衝垮後冒出來的一個不倫不類的權力機構。周恩來一直主持「中央文革」碰頭會。每次會前，都由周恩來吩咐秘書趙茂峰擬定議程和通知，交由中央辦公廳發送。有一次開會時，江青說，「文革」碰頭會通知不發給「文革」辦事組，給她的工作造成被動，今後應由「文革」辦事組發通知。周恩來聽了後，顧全大局，不願讓江青為這些事吵吵鬧鬧，回去就對秘書說，以後通知就由「中央文革」辦事組辦。但考慮到肖力初管辦事組，周恩來怕她對這個工作不熟悉，就讓秘書代肖力草擬一個會議通知的樣子，好心好意地送去供她參考。不料江青卻對周恩來說：「你看，連你的秘

書都不放手，通知還得代擬。」周恩來回去把這事告訴了趙茂峰，說：「你給肖力寫個檢查吧。」秘書理解總理的處境，就照總理的意思辦。趙茂峰說：「我就只好給肖力寫了個檢查，檢查只寫了一頁紙，經總理看後發出。總理反倒有點過意不去了，因為是他交代的事，到頭來又讓我去檢討。我倒沒有什麼，這是對『四人幫』嘛。從這以後，發通知的權就在『文革』辦公室了，但主持會議仍是總理。……」

在這樣的情況下，自然沒人敢碰肖力一下。肖力擔任組長直到中共九大，江青、張春橋、姚文元都當選為中央政治局委員（康生、陳伯達仍當選為中央政治局常委），獲得了他們追逐的權力，「中央文革小組」作為江青一伙篡黨奪權工具的「歷史使命」已告終結而「自行消亡」。

（五）她在「後院」也是「懷疑一切，打倒一切」

除辦事組的歷屆頭頭遭到江青的迫害外，「中央文革小組」所屬的宣傳組、文藝組、理論組部分成員，在江青「懷疑一切，打倒一切」的思潮下，也先後遭到江青一伙的誣陷和迫害。

1967 年一二月間，在江青伙同林彪煽動全國奪權風暴中，「中央文革小組」在釣魚台相繼成立了取代中共中央宣傳部的宣傳組、取代國務院文化部及全國文聯的文藝組。前者的成員有王力、唐平鑄、胡癡，由王力任組長；後者的成員有戚本禹、金敬邁、李英儒、舒世俊、陸公達、劉巨成，由戚本禹任組長。其後又成立了理論組，也由戚本禹負責。

宣傳組成員除唐平鑄、胡癡相繼遭到江青一伙迫害外，當時調到宣傳組擔任辦公室主任的李廣文也遭到迫害。李廣文原任中共中央高級黨校一部主任兼校委委員。他曾任中共山東省委書記，1963 年進中央高級黨校研究班學習，畢業後留校工作。在康生先前擔任中共中央華東局副書記兼山東分局書記時，李廣文曾在其領導下工作過。李廣文看穿了康生的真面目，給毛澤東寫了一封信，揭發康生的罪惡，並於 1968 年 10 月 8 日在中央高級黨校內貼出揭露康生的大字報。康生利用權勢，唆使黨校造反派對李廣文批鬥，把他打成「現行反革命分子」加以拘留。1969 年 11 月被逮捕，冤獄歷時將近十年。1979 年 8 月 13 日，經中共中央黨校委員會批准予以徹底平反。

　　文藝組在沙灘《紅旗》雜誌社辦公。被調到文藝組任副組長的青年作家金敬邁，以及文藝組成員李英儒、劉巨成等都受到江青的迫害，冤獄多年。金敬邁寫的《〈歐陽海之歌〉創作前後》一文，詳細記述了這一段不幸遭遇。

　　金敬邁原是廣州軍區戰士歌舞團的編劇。他因 1965 年 10 月出版所寫的長篇小說《歐陽海之歌》成名。這本小說的發行數量迅速達到兩千萬冊，金敬邁一時成了廣大青年讀者崇拜的作家。江青得知這種情況，就以她將別人創作的「樣板戲」攫為己有的類似手段，妄圖把這本受到廣大讀者歡迎的小說，打上「江記」的印記。江青採取慣用的手法，先對這本小說發出「指示」——提了三條「修改意見」，經總政治部文化部部長謝鎧忠傳達給作者：一、不要把歐陽海寫成職業乞丐；二、歐陽海的哥哥不要被國民黨拉去當兵；三、「最後四秒鐘」的描寫不好，一定要改掉。並告訴金敬邁，這是非改不可的！

　　作者聽了陶鑄的意見：「不要改，不要一聽什麼意見就改。」頂住沒有改。金敬邁說：「沒有料到，正是這件事，埋下了幾乎置我於死地的禍根。」

　　1967 年 4 月初，江青將金敬邁從廣州召來北京。4 月 11 日，江青在京西賓館當着周恩來和陳伯達、康生、張春橋、謝富治、葉群等許多人的面，向金敬邁發難。江青一見金敬邁進門就劈頭訓斥説：「金敬邁，怎麼，我提的那幾條意見，你不改？你真是個大作家呀，這麼大架子！」接着又是一陣恫嚇：「我告訴你，你那『最後四秒鐘』呀，是《雁南飛》！（《雁南飛》是蘇聯一部描寫衛國戰爭的電影。當時報刊上批判它寫了英雄臨死前對生命的留戀，是修正主義的大毒草。）我是為了保護你，看你還是個解放軍，才沒有對紅衛兵小將們講。只要我說一聲，他們早就揪你的人，燒你的書了！」（按：江青認為，「最後四秒鐘」的描寫，是寫了歐陽海「對死的恐懼」和對「生命的留戀」，是污衊了英雄，是大毒草。）江青還說：「書裏那兩段『黑修養』怎麼來的？……我看你就是中『黑修養』的毒太深，你還是為劉少奇樹碑立傳嘛！你這是搞『兩個司令部』嘛！你到底是哪個『司令部』的！」還說把引用劉少奇《論共產黨員的修養》的兩段話，「光刪去不行，要消毒，要批判！」江青不給金敬邁喘息的機會，一口氣罵得他無法下台。虧得周恩來出面解圍，才使江青緩和下來……

　　金敬邁被迫對《歐陽海之歌》作了修改。「不僅刪去了修養中的兩段引

文，而且進行了批判。對『最後四秒鐘』的那點『愛』，也毫不痛惜地『割』掉了。」

這樣一來，在江青看來，好像小說就變成「她的」了。她對金敬邁的態度，頓時來了個一百八十度的大轉彎。江青讓他參與領導「五一」節文化活動和《在延安文藝座談會上的講話》發表二十五週年紀念活動。「五一」節，金敬邁以「中國人民解放軍負責人」的身份上了天安門；當天晚上，江青親自帶領他去見在天安門城樓上觀看焰火的毛澤東。江青肉麻地介紹說：「主席！這就是『我們的作家』金敬邁同志。」5 月 23 日，又讓金敬邁在首都紀念《在延安文藝座談會上的講話》發表二十五週年的萬人大會上發表講話。江青指派金敬邁任「中央文革小組」文藝組副組長……

金敬邁以後回憶到這段經歷的時候，無限感慨地說：「一切都像演戲一樣。不久，我成為慶祝『五一』文化活動的負責人；不久，我又兼任『《在延安文藝座談會上的講話》發表二十五週年』紀念文章的定稿人；又不久，我以『解放軍負責人』的身份上了天安門；再不久，我成了『中央文革』文藝組的實際負責人。」

但是事隔不久，江青的殘酷迫害卻又降臨到金敬邁頭上。這年國慶節前，謝富治、戚本禹等叫金敬邁去北京圖書館清理 30 年代涉及江青的書報刊物，送往沙灘中央宣傳部辦公室，鎖進保險櫃裏封存。此事剛一辦完，參與其事的文藝組成員劉巨成就被江青下令抓起來。關於金敬邁，江青說：「用金敬邁，本來就出於『不得已』，現在看來金敬邁不是我們的人。」國慶節後，戚本禹秉承江青旨意，就在文藝組召開會議批鬥金敬邁。當時並未宣佈他的「罪名」，戚本禹說：「金敬邁不能繼續在北京工作！」

接着到來的，就是一場牢獄之災。金敬邁說：「由謝富治簽發的逮捕令。以我『收集中央領導同志的黑材料、陰謀反對毛主席』和『趁毛主席南巡時，陰謀綁架毛主席』的罪名，將我反銬雙手，投入秦城監獄。在秦城監獄裏，七年零四個多月，2678 天。然後，釋放出獄，送河南許昌某農場勞改，485 天——兩項相加，3163 天。三千多天，也算『彈指一揮間』！『四人幫』居然倒了，我和江青『交換場地』，她進了秦城一號……」

金敬邁在獄中飽受折磨和迫害，1975 年 5 月從監獄裏出來的時候，雖然年方四十五歲，卻已「滿頭白髮」、「步履蹣跚」了。

　　理論組由戚本禹負責，辦公機構設在中南海中央辦公廳內。調來主持全組工作的楊永志，原是《紅旗》雜誌哲學史組的編輯。以後又陸續從部隊調來廖初江等幾位學習毛主席著作積極分子。戚本禹交代給他們的任務是搜集劉少奇的全部著作，整理、編印出來「供批判用」，先後印出過十幾本。1968年1月13日，戚本禹被捕後，楊永志就被揪回《紅旗》雜誌社批鬥，造反派竟誣陷他「包庇劉少奇」，說他對劉少奇「假批判，真包庇」。因他不堪忍受長期的殘酷批鬥，一度精神失常。他把白布單撕開，纏到頭上「戴孝」，手裏打個白幡，自言自語說：「我是劉少奇的孝子賢孫！」光景淒慘，以後他又被謝富治抓到公安部關起來，直到1975年夏天才獲得釋放。

　　當時在「中央文革小組」工作過的幹部，都是由黨組織從各地區各單位抽調到這裏來的。這些人對於發動「文化大革命」的決定深信不疑，懷着對毛澤東真誠的崇拜，以「反修防修」為出發點參加這場運動。儘管對這場突然到來的政治風暴缺乏精神準備，還「很不理解」、「很不得力」，但是基於對共產黨的忠誠，對毛主席的熱愛，無不全心全意地投入工作，力圖跟上毛澤東的「偉大戰略部署」。其時這裏的工作千頭萬緒，工作節奏十分緊張，特別是在辦公室（辦事組）工作的人員，經常夜以繼日、廢寢忘食地工作，相當辛苦。當然，因為受到個人崇拜、極左思潮的影響，不少人雖然在有些事情上有懷疑和抵觸，卻不可能不執行照辦，這就不可避免地或多或少說錯話、做錯事，損害了黨和人民的利益。

　　受到江青迫害的大多數人，儘管艱難，還是頑強地經受住了這場嚴峻的考驗。在那烏雲滾滾、黑夜茫茫的日子裏，對中國共產黨，對社會主義建設的光輝前景，始終懷有希望，充滿信心，堅信寒冰終將融化，春天即將到來。大家的心願沒有落空，終於迎來了勝利的時刻：高興地看到了林彪的死亡和「四人幫」的毀滅，幸運地盼到了徹底平反，恢復名譽，重新為革命工作、為人民服務的日子。

　　歷史是最無情的，對任何人也都是最公正的。林彪、江青一伙已被永遠釘上歷史的恥辱柱，康生、謝富治死後也未能逃脫歷史的審判。黨已平反了林彪、江青製造的無數冤假錯案，廣大受迫害者得到了平反。正如金敬邁在自己的冤案平反以後所發出的無限感慨：「本來世事自有公論。誰優誰劣，誰個流芳百世，誰個已被或是將被釘在恥辱柱上，不在乎傳媒如何說法，老百

姓心頭，早就刻着呢。不是有句詞叫『銘刻在心』嗎？」他的這些話，正道出了千百萬被害者的心聲。

我在駐越使館見證的援越抗美

李家忠

20 世紀 60 年代，美國炮製「北部灣事件」，把戰火擴大到越南北方。中國作為越南的大後方，全力支援越南人民的抗美救國鬥爭，直至越南南方完全解放，實現全國統一。我當時作為中國年輕的駐越外交幹部，在某種程度上可以說是這場鬥爭的見證人。

美國的侵略圖謀和戰爭升級

1964 年 8 月 4 日，美國藉口其軍艦遭到越南海軍的襲擊，一手製造了「北部灣事件」，把戰火擴大到越南北方。1965 年 6 月 8 日，美國公然宣佈美軍參戰。到 1965 年底，侵越美軍增加到 18.4 萬人，1967 年增至 38.5 萬人，1969 年增至 54.4 萬人。南越（越南共和國）偽軍也擴大到近一百萬人。

與此同時，美國飛機對越南北方的轟炸也逐漸升級。1965 年出動 25 萬架次，1966 年 79 萬架次，1967 年 108 萬架次。年投彈量從 6.3 萬噸增加到 13.6 萬噸，最高年份達到 22.5 萬噸。

「北部灣事件」發生後的第二天，中國政府便發表聲明，嚴正指出：「美國點起了侵略戰火，越南民主共和國就取得了反侵略的行動權利。」「越南民主共和國是中國唇齒相依的鄰邦，越南人民是中國人民親如手足的兄弟。美國對越南民主共和國的侵犯，就是對中國的侵犯。中國人民絕不會坐視不救。」幾天後，北京市百萬工人、農民、機關幹部、民兵以及街道居民走上街頭，舉行聲勢浩大的示威遊行，聲援越南人民反對美國武裝侵略的鬥爭。

1965 年 2 月 7 日和 8 日，美國空軍連續轟炸和掃射了越南北方廣平省和永靈特區。中國政府於 2 月 9 日、2 月 13 日和 3 月 4 日三次發表聲明，莊嚴宣告：「中國人民是早已做了準備的，並且懂得如何援助越南人民和印度支那人民趕走侵略者。」「六億五千萬中國人民堅決支持兄弟的越南人民同美帝國主義鬥爭到底。」2 月 10 日，北京一百五十萬人在天安門廣場集會示威，憤怒聲討美國的侵略罪行，堅決支援越南人民的抗美鬥爭。

1967 年 4 月 25 日，中國外交部就美國飛機轟炸越南海防市發表聲明，指出：「美帝國主義是中越兩國人民不共戴天的敵人。」七億中國人民將「永遠同越南人民團結在一起，戰鬥在一起，徹底打敗美國侵略者，不達目的，誓不甘休」。

同年 5 月 21 日，中國外交部就美國飛機轟炸越南民主共和國首都河內發表聲明，指出：「中國人民同美帝國主義鬥爭到底的決心是下定了的。中國人民支援兄弟的越南人民抗美救國戰爭的決心也是下定了的。越南人民必將徹底打敗美國侵略者，取得最後勝利。」

1970 年 5 月 20 日，毛主席發表了著名的「五二〇聲明」——《全世界人民團結起來，打敗美國侵略者及其一切走狗》，重申「中國人民堅決支持印度支那三國人民和全世界人民反對美帝及其走狗的革命鬥爭」。

援越抗美的戰略部署

在給予越南人民強大道義支持的同時，中國向越南提供了巨大的人力、物力支援。

1963 年 3 月，中國人民解放軍總參謀長羅瑞卿訪問越南。同年 9 月，越南人民軍總參謀長文進勇訪華。在兩次訪問中，雙方共同研究了中國如何援助越南和如何配合作戰的問題，並就《中越兩軍協同作戰計劃》和《中國支援越南軍事裝備和後勤物資計劃》達成協議。

1965 年 5 月 25 日，在周恩來總理主持下，組成了包括外交部、鐵道部、交通部、總政、總後、海軍空軍、鐵道兵、工程兵、總參作戰部等二十一個單位的援越協調小組，統一組織、實施援越事宜。另成立了由李先念、薄一波、羅瑞卿等七人組成的領導小組，負責掌握援越的方針政策，審批新增援

越項目。而全部援越工作則由周總理統一指揮。

與此同時，中共中央中南局書記陶鑄於 1965 年春率領廣東、廣西、雲南、湖南等南方省、區委第一書記非正式訪問越南，商談一旦美國侵越戰爭進一步擴大，這幾個省、區如何援助越南的問題。胡志明主席親往機場迎接。我當時正在大使館工作，至今仍珍藏着陶鑄一行同大使館全體工作人員的合影。

毛主席和周總理想越南人民之所想，急越南人民之所急，對援越工作考慮得十分細緻。周總理多次強調：「要把援助越南問題看作我國援外工作中頭等重要的事情。」周總理要求運往越南南方戰場武器裝備的包裝要「便於運輸、便於攜帶、便於使用、便於隱蔽」。針對越南戰士的身材和體力，提出彈藥包裝最大重量不能超過二十五公斤，大米包裝每袋五十公斤。毛主席還特別囑咐有關部門：「一定要為越南戰士配備蚊帳，給他們製作的壓縮餅乾要分量輕、營養好。」為此，上海利民食品廠徹底轉產，專門為越南南方戰士生產壓縮餅乾。為保證營養，每袋壓縮餅乾裏還加放一包肉鬆。此外，根據毛主席的指示，中國還為越南南方部隊每個連配備一台熊貓牌收音機。

為解決在美國飛機狂轟濫炸情況下的運輸問題，周總理決定開闢一條從廣西北海經海南島三亞直達越南的秘密航線。一批批中國小型貨輪經過北部灣，在晚間駛向越南南方海岸，把船上用多層塑料袋包裝的大米投向海灘附近，米袋隨着海浪漂浮到海岸，船上打出信號，越南南方遊擊隊立即把大米搶運到內地。美偽軍發現後，多次向中國貨輪開槍，不少中國海員為此付出了寶貴的生命。

中方還支付外匯，開闢了一條通往柬埔寨境內西哈努克港（今磅遜港）的秘密運輸線，把物資運到柬埔寨的鸚鵡嘴地區，再轉運到越南南方各根據地和遊擊區。與此同時，中國又同越方商量，開闢了一條貫穿越老邊界和越柬邊界崇山峻嶺的秘密運輸線，即胡志明小道。為進一步提高運輸效率，周總理於 1970 年派李強和方毅率團對胡志明小道進行現場考察，同越南領導人商討改善運輸條件的措施。考察團回國後，周總理親自聽取彙報，決定把土路改成碎石路，並增加支線，使之既能直行，又能橫通。越南總理范文同說：「把這條土路修成碎石路，成為全天候的運輸通道，這是周總理對我們的啟發。」

援越部隊在越南的貢獻

　　1965 年 4 月，越南勞動黨第一書記黎笋、政府副總理兼國防部長武元甲受胡志明主席的委託，率黨政代表團到達北京，要求中國擴大對越南的援助，並向越南派出工程兵、鐵道兵和高炮部隊。4 月 8 日，劉少奇代表中方表示，援越抗美是我們應盡的國際主義義務和義不容辭的責任。我們的方針是：「凡你們需要的，我們這裏有的，我們盡力援助。你們不請，我們不去，你們請我們哪一部分，我們就派哪一部分。這主動權完全掌握在你們手裏。」毛主席還曾對胡志明主席說：「咱們是一家人嘛！有什麼困難？要人有人，要物有物，你不要客氣。」

　　就這樣，應越方的要求，從 1965 年 10 月到 1968 年 3 月，中國先後向越南派出高炮、工程、鐵道、後勤等支援部隊。出國前，總政治部給各部隊頒佈了《援越抗美部隊人員紀律守則》，明文規定要「尊重越南民主共和國，尊重越南勞動黨，尊重胡志明主席，尊重越南人民，尊重越南人民軍」，還規定要「愛護越南的一山一水、一草一木」，「認真為越南人民做好事」。我援越部隊進入越南境內後，都自覺遵守守則的各項規定。舉兩個例子：援越部隊的後勤供應雖然相當充足，但吃不上新鮮蔬菜。由於守則已明確規定要愛護越南的一草一木，援越部隊便不敢就地開荒種菜。胡志明主席得悉這一情況後說，沒關係，中國援越部隊來到越南，就是為了愛護越南的一草一木。得到胡主席的關照，援越部隊很快解決了種菜問題。第二個例子是：當時，援越工程部隊施工都是晝夜三班倒，夜間照常施工。一次，一名戰士下夜班回營房，剛剛打開房門，只見一隻老虎睡在戰友的牀下，戰友也睡得正香。這位戰士意識到，一旦老虎醒來，很可能會把戰友吃掉，至少也會把戰友咬傷。但部隊的紀律是不得傷害越南的野生動物，因此這位戰士不敢擅自向老虎開槍。最後，還是硬着頭皮跑去請示上級首長，得到同意後趕回營房。幸好老虎和戰友都還沒有睡醒，戰士向老虎開了槍，保住了戰友的性命。

　　出於保密的需要，中國援越部隊都身穿藍色軍服，部隊也不稱「師」、「團」，而稱「支隊」、「分隊」，一個支隊就是一個師，一個分隊就是一個團。為了讓中國援越部隊能及時了解抗美鬥爭的形勢，越南中央統一委員會每月都向中國駐越大使館提供一份介紹材料。大使館領導指派我負責將材料翻譯

成中文，並列印一百餘份，分發給援越部隊各單位。中國援越部隊在越南執行任務期間，作戰、施工、後勤和交通運輸等費用，全部由中方承擔，不增加越南方面的任何負擔。中國援越部隊發揚一不怕苦、二不怕死的精神，同越南軍民一起，用鮮血和生命保衛越南北方的領空，保證越南北方運輸線的通暢，中國每天都有幾百輛汽車專門負責運送各種援越物資。中國高炮部隊和工程部隊共作戰兩千餘次，擊落美國飛機 1707 架，擊傷 1608 架，俘虜美國飛行員四十二人。中國援越工程部隊不顧夏日的酷暑，晝夜施工。越南交通部長潘仲慧說：「你們修路大軍整整戰鬥了三年，為越南人民立下了不朽的功勞。」

1970 年 7 月，中國援越部隊圓滿完成國際主義任務，全部撤回中國。

炮火下的中國大使館

1965 年春，我作為年輕的越語翻譯，第一次被派到駐越使館工作。當時美國正逐步把侵越戰爭擴大到越南北方。面對這種嚴峻的形勢，根據國內的指示，使館的工作也相應作了調整，以適應戰爭環境的需要。首先，使館內所有的女性全部撤回國內，留下的男同志也都做了必要的準備。在支部大會上，我和其他黨員一樣，表示一定要堅守崗位，不怕犧牲，誓死同越南人民並肩戰鬥到底，以實際行動接受祖國人民的考驗。不久，使館武官處一位和我年齡相仿的工作人員赴越南南方執行一項秘密任務。臨行前，他將一封寫好的家信交給我說，如果他回不來，就讓我替他把這封信寄出去。我接過信，一面感到它分量的沉重，一面在心中默默地說，如果組織上讓我去執行這樣的任務，我也一定會做得和他一樣，絕不後退半步。

當時，河內市的備戰氣氛越來越濃，到處都修建了防空洞和個人掩體，市中心的還劍湖四周修起了一個巨大的環形防空壕。全市各條街道都裝有廣播喇叭，可隨時向市民通報美國飛機的行蹤。中國援越工程部隊在使館院內修建了四個鋼筋水泥的防空洞，每個都可容納二十多人，並能承受敵機投下的七百磅重的炸彈。使館辦公室和宿舍的玻璃窗都糊上了米字形紙條，以防一旦被炸時玻璃片四處飛濺。此外，還準備了蠟燭和火柴，防備停電。使館的工作人員每人都準備了一件藍色棉大衣和一個手電筒，便於夜間鑽防空洞

時使用。

不久，美國飛機便開始對河內和越南北方其他城市進行大規模轟炸，使館的正常工作秩序也隨之被打亂。當聽到廣播中說「同胞注意，敵機距河內五十公里」時，大家便要放下手中的工作；當廣播中說「同胞注意，敵機距河內二十公里」時，便要馬上進入防空洞。有時還未來得及進入防空洞，就已聽到敵機投擲的炸彈的爆炸聲和越南防空部隊的高炮聲。待美機轟炸過後，廣播中便說「同胞注意，敵機已經遠去」，這時，我們再走出防空洞，繼續工作。即使夜間，美機也會經常轟炸。為此，每天從晚上 11 時到次日清晨 6 時，使館都安排兩個人值班，主要任務是當有空襲警報時，負責催促沒睡醒的人趕快進防空洞，並關閉所有電燈。為保證一旦使館被炸後仍能繼續工作，越南政府在和平省一個偏僻的山腳下，為我們提供了一個疏散的基地，裏面裝備有同國內保持通信聯絡的電台，並派兩名年輕的工作人員駐守。

我從小在和平環境中長大，沒有經過戰爭的鍛煉，雖已在支部大會上表示了不怕犧牲的決心，但起初精神上仍不免有些緊張，夜間跑向防空洞時，聽到附近越南高射機槍震耳欲聾的響聲，並看到它們噴出的一道道火舌，把天空染得通紅，會不由自主地心跳加快。但幾天過後，便逐漸適應和習慣了，甚至有時出於好奇，還在鑽防空洞前將使館僅有的一台答錄機放在一個露天的地方，讓它錄下敵機的轟炸聲和越南防空部隊的高炮聲，然後拿來聽聽，覺得很有意思。我在使館工作的五年，已記不清總共鑽過多少次防空洞。當時中央電視台派到越南的軍事記者周居芳，每遇到敵機轟炸，便立即扛着攝像機向最高的地方跑去，以便攝下越南高炮擊中敵機的場面。他這種一不怕苦、二不怕死的精神，使我們深受感動。

那時河內市區只有一座橫跨紅河的大橋，名為龍邊橋，全長 1681 米，它自然成了美國飛機轟炸的重點目標。每次大橋被炸，都由中、越兩國工程部隊共同搶修。在這種情況下，當中國外交信使來河內時，使館前往迎接的人員都要帶上橡皮船筏，一旦大橋被炸，也能保證信使能乘船筏安全到達使館。我們每次外出，最擔心的也是大橋被炸，只要能順利通過大橋，心裏便踏實了許多。一次，我和石秉毅送何克強等兩位信使去河內嘉林機場。為爭取時間，便從一條小路穿過。不料當汽車行至小路中間時，看見有一顆炸彈橫臥在面前，擋住了去路。炸彈的半截埋在地下，半截露出地面。我們無法

判斷它是否為定時炸彈，更不知道如從它上面越過，會不會由於震動而引起爆炸。但如從原路退回，肯定會耽誤信使的航班。時間已很緊迫，容不得多作考慮。經過兩三分鐘的商量，我們一致決定從炸彈身上衝過去。現在，已經退休的何克強和我同住一樓。兩年前我同他談起當年那次經歷，他說，那時年輕氣盛，一心想着趕上飛機航班，顧不得去考慮其他。這也是當時我們幾個人的共同想法。

　　美國深知中國是支援越南抗美的大後方，因此美國飛機在轟炸河內時，絕對不會放過中國大使館。在河內舉辦的一個抗美戰爭戰利品展覽會上，我曾親眼看見一幅繳獲的美國飛行員隨身攜帶的軍用地圖，上面標有一個個轟炸目標的具體位置，其中就有中國駐越大使館。那時，越南軍方尚不能掌握美國飛機從泰國空軍基地起飛的動向，每次都是由中國軍方通過熱線，及時向中國大使館武官處通報，再由大使館武官處立即通報越南軍方。1966 年 12 月 14 日午餐時，武官處王茂興通報說：「請大家抓緊用餐，有情況。」聽了這幾句話，我們便都明白了，飯後迅速進了防空洞。午後 3 時許，美國飛機多批轟炸河內。先有四架美機在中國大使館附近上空活動，其中兩架在使館上空盤旋兩圈後，於 3 時 24 分向使館俯衝，發射一枚空對地導彈，炸毀了使館電影廳大樓西南角，樓頂近一半被摧毀，門窗玻璃全部破碎。與使館一街之隔的大使官邸和新華分社的門窗也大部分被炸毀。幸虧使館的人員及時鑽進了防空洞，沒有造成人員傷亡。下午 6 時 15 分，胡志明主席來到大使館，向朱其文大使表示慰問。朱大使、陳亮參贊和陳皓武官陪同胡主席視察了被炸現場。當聽說大使館和新華分社的人員沒有受傷時，胡主席說：「那就好！那就好！」之後，胡主席又詢問大使館有多少人，防空洞能否確保大家的安全，大使館有沒有疏散的計劃。朱其文大使一一作了彙報。胡主席對朱大使和在場的大使館官員說：「房子被炸了，算不了什麼，今後可以建更好的，只要人在，我們將繼續戰鬥。」此前，越南外長阮維禎，副外長黃文利、阮基石和河內行政委員會主席（市長）陳維興也前來使館表示慰問。第二天，朱大使在使館舉行記者招待會，揭露和譴責美國侵略者的罪行。12 月 16 日，中國外交部發言人發表聲明，強烈譴責「美帝國主義向中國人民蓄意進行的嚴重挑釁行為」。那時正值「文化大革命」，使用的語言也帶有當時的色彩。聲明說：「美帝國主義竟然明目張膽地向中國駐越南的外交代表機構開火，妄圖

用戰爭的恐嚇，試探中國人民支援越南人民同美帝國主義戰鬥到底的決心。美帝國主義真是瞎了眼睛，看錯了對象。越南人民是嚇不倒的，中國人民也是嚇不倒的。」「中國大使館和新華分社的全體工作人員，對美帝國主義這一嚴重的戰爭挑釁行動表示極大的憤慨和最強烈的抗議。」並表示：「一定更高地舉起毛澤東思想偉大紅旗，為支援兄弟的越南人民爭取抗美救國鬥爭的最後勝利，不惜作出任何犧牲，以完成祖國人民交給的任務。」

對於安葬在越南北方各省的中國援越烈士，中國大使館一刻都沒有忘記。大使館武官處對每位烈士的墓地都有詳細的記載。幾十年來，每年清明節，使館的領導和工作人員都要為烈士掃墓，並用援越抗美的事跡對館員進行革命傳統和國際主義教育。近幾年，有一些烈士的家屬到越南為親人掃墓，使館武官處都派人陪同前往。我擔任大使期間，每次也都安排時間同他們見面，一起吃一頓飯。越方對中國援越烈士墓也十分重視，每個墓地都有專人看管。越南的烈士墓碑上刻有「祖國記功」四個字，中國援越烈士的墓碑上都刻有「世代銘記烈士的恩情」的字樣。每年我們去掃墓時，越南外交部、越中友協和當地的黨政官員也都和我們一同前往。1999 年適值新中國成立五十週年，越方專門撥款對所有中國援越烈士墓進行了全面維修。越共中央委員、主席府辦公廳主任、越中友協主席阮景營親自陪同我前往越南河北省陶美鄉，為中國烈士掃墓。2000 年清明節，我和使館部分人員到越南北部的高平省祭掃中國烈士墓，越共中央委員、高平省委書記農鴻泰，省人民委員會主席（省長）譚香和省人民議會主席、省祖國陣線主席一起出面接待，和我們一起為烈士們上香和敬獻花圈。農鴻泰書記還三次和我們一起用餐。當我對高平省精心保護中國援越烈士墓表示感謝時，農鴻泰說：「越南和中國是近鄰，高平省和中國廣西壯族自治區更是近鄰。中國烈士為支援越南抗美救國鬥爭而獻出了寶貴的生命，中國烈士就是越南烈士。保護好中國烈士墓，是我們義不容辭的責任。」

犧牲的中國烈士，都是中華民族風華正茂的優秀兒女，他們的年齡和我也相差無幾。烈士們為了越南人民反侵略的正義事業獻出了寶貴生命。每次站在烈士墓前，我心情都格外激動。在高平省，當我把一份禮物送給越南的看墓青年，向他表示感謝時，我禁不住一下將他抱住，熱淚奪眶而出。我感謝他和所有的越南看墓人，讓中國烈士靜靜地在越南的土地上安息。

　　1975 年 4 月 30 日，越南南方解放武裝力量一舉攻克西貢，即今胡志明市，至此越南南方完全解放，從而宣告了越南抗美救國鬥爭的徹底勝利。

中國恢復在聯合國席位的過程

熊向暉

周總理正告基辛格：你們要在聯合國製造「兩個中國」，中國政府堅決反對，一定公開批駁。基辛格說：請你們對我們的總統少用些尖銳的形容詞

1971 年 5 月，巴基斯坦方面轉來美國總統尼克松的口信，說他準備來北京同中國領導人交談中美關係正常化以及彼此關心的問題，為此先派他的國家安全事務助理基辛格秘密訪華，進行預備性會談。毛澤東主席決定，以周恩來總理的名義經巴方轉告美方，表示同意。

總理組成工作組，由軍委副主席葉劍英、尚未就職的首任駐加拿大大使黃華、總理助理熊向暉、外交部歐美司司長章文晉、禮賓司副司長王海容參加總理同基辛格的會談。譯員為冀朝鑄和唐聞生。

總理對準備參加會談的人員說，作為號稱世界頭號強國的總統，尼克松要來訪問沒有外交關係而且互相敵視二十多年的中國，這是國際關係史上前所未有的，表明尼克松確有改善對華關係的需要。但他受到種種制約，步子不會邁得很大。去年主席同斯諾講到尼克松希望來京面談一事時說：「談得成也行，談不成也行。」這是我們的基本態度。

在為會談準備的資料中，有一篇是《關於我國在聯合國的代表權問題》。主要內容為：(1) 美國一直頑固地阻撓恢復我國在聯合國的合法席位。它在 50 年代的主要手法是，操縱聯合國大會（簡稱聯大）的多數通過決議：「延期

審議（後改為『不審議』）關於排除中華民國政府的代表或讓中華人民共和國中央人民政府的代表取得席位的任何提議。」它在 60 年代的手法是，操縱聯大多數通過決議：「根據《聯合國憲章》第十八條，任何主張改變中國代表權的建議都是一個重要問題。」憲章第十八條規定，「重要問題」須由「到會及投票三分之二多數決定之」。(2) 自 1961 年起，先由蘇聯，後由阿爾巴尼亞等國，在每屆聯大提出「恢復中華人民共和國在聯合國合法權利」的議案，均未獲通過。1970 年在第二十五屆聯大上，阿爾巴尼亞、阿爾及利亞等國又提出這一議案（簡稱「兩阿提案」），經大會表決，51 票贊成，49 票反對，首次獲得多數。但因這屆大會通過了美國炮製的「重要問題」提案，仍把我國排除在聯合國之外。(3) 1957 年 1 月 27 日，毛主席在省市自治區黨委書記會議上說：「我們也不急於進聯合國，就同我們不急於跟美國建交一樣。我們採取這個方針，是為了儘量剝奪美國的政治資本，使它處於沒有道理和孤立的地位。不要我們進聯合國，不跟我們建交，那麼好吧，你拖的時間越長，欠我們的賬就越多。越拖越沒有道理，在美國國內，在國際輿論上，你就越孤立。」

總理說，不同基辛格談聯合國的問題。

基辛格於 1971 年 7 月 9 日至 11 日秘密訪華。總理在同他的會談中，就兩國關係正常化問題全面闡明我國的原則立場。基辛格表示，中美關係正常化需要一個過程，美國明年大選，尼克松將會連選連任，在他第二屆總統任期內，將同中華人民共和國建交。在此以前，美國將維持和台灣的現有關係，同時將採取一些有利於而不是有損於中美關係正常化的措施。

雙方商定，今後將通過中國駐法國大使黃鎮進行聯繫。

基辛格主動告訴總理：尼克松已經決定，美國今年將支持中華人民共和國取得聯合國和安全理事會（簡稱安理會）的席位，但不同意從聯合國驅逐台灣的行動。在尼克松訪華前，如果美國聽任台灣失去聯合國的席位，將使尼克松總統處於非常困難的境地。總理馬上正告基辛格，你們要在聯合國製造「兩個中國」，中國政府堅決反對，一定公開批駁。基辛格說，請你們對我們的總統少用些尖銳的形容詞。

在向主席彙報此事時，主席說，我們絕不上「兩個中國」的「賊船」，不進聯合國，中國照樣生存，照樣發展。我們下定決心，不管是喜鵲叫還是烏鴉叫，今年不進聯合國。

美國政府説：「在處理中國代表權問題時，聯合國應當認識到中華人民共和國和中華民國都是存在的⋯⋯」

7 月 16 日，中美雙方各自發表了內容相同的公告，宣佈「尼克松總統於1972 年 5 月以前的適當時間訪問中國」。從 7 月中旬到 10 月中旬，關於中國在聯合國的代表權問題出現了以下情況：

（一）7 月 15 日，阿爾巴尼亞、阿爾及利亞等十八國駐聯合國的代表給聯合國秘書長吳丹的信中説：「我們奉本國政府之命，謹要求閣下將題為『恢復中華人民共和國在聯合國組織的合法權利』的問題作為緊急問題列入第二十六屆大會的議程。按照大會議事規則第二十條，隨函附去解釋性備忘錄和決議草案。」

這十八個國家是：阿爾巴尼亞、阿爾及利亞、古巴、幾內亞、伊拉克、馬里、毛里塔尼亞、也門民主人民共和國、剛果、坦桑尼亞、羅馬尼亞、索馬里、蘇丹、敘利亞、也門、南斯拉夫、贊比亞、巴基斯坦。「決議草案」全文如下：

> 聯合國大會：
> 回顧《聯合國憲章》的原則，
> 考慮到，恢復中華人民共和國的合法權利對於維護《聯合國憲章》和聯合國組織根據憲章所必須從事的事業都是必不可少的，
> 承認中華人民共和國政府的代表是中國在聯合國組織的唯一合法代表，中華人民共和國是安全理事會五個常任理事國之一，
> 決定：恢復中華人民共和國的一切權利，承認她的政府的代表為中國在聯合國組織的唯一合法代表，並立即把蔣介石的代表從它在聯合國組織及其所屬一切機構中所非法佔據的席位上驅逐出去。

（二）8 月 2 日，美國國務卿羅傑斯發表了《關於中國在聯合國的代表權的問題的聲明》。8 月 17 日，美國駐聯合國首席代表喬治·布什致函聯合國秘書長，要求將「中國在聯合國的代表權問題的議題，列入第二十六屆大會議程」，並正式提出美國政府的主張。

　　鑒於美方由羅傑斯而不是由尼克松發表聲明，總理決定，我方相應地由外交部發表聲明，駁斥美國政府提出的主張，全面闡明中國政府的立場。

　　8月20日發表了總理親自主持擬定的《中華人民共和國外交部聲明》。

　　聲明指出：「美國政府宣稱，『中華人民共和國應當有代表權』，同時又主張『應當不剝奪中華民國（指蔣介石集團，下同）的代表權』。這是尼克松政府在聯合國製造『兩個中國』的陰謀的大暴露。對此，中國政府和中國人民絕對不能容忍，並且堅決反對。」

　　聲明指出：「美國政府說，『在處理中國代表問題時，聯合國應當認識到中華人民共和國和中華民國都是存在的，並且應當在規定中國代表權的方式中反映出這一不容爭議的現實』。這真是荒謬絕倫。世界上根本不存在『兩個中國』，只有一個中國，就是中華人民共和國，台灣是中國領土的一部分，是中國的一個省，在二次大戰後就已歸還祖國。這才是不容爭議的事實。美國用武力侵佔中國的台灣和台灣海峽，絲毫不能改變中華人民共和國對台灣的神聖主權。只是由於美國的武裝保護，早已被中國人民唾棄的蔣介石集團才得以在台灣苟延殘喘。二十多年來，美國政府硬把蔣介石集團塞在聯合國裏，竊據中華人民共和國的席位，這是對中國內政的粗暴干涉，也是對聯合國的極大嘲弄。」

　　聲明說：「必須指出：中華人民共和國在聯合國的合法權利之所以被剝奪，是美國政府一手造成的。二十二年前，中國人民推翻了蔣介石集團在中國的反動統治。中華人民共和國從成立那一天起，就是代表中國人民的唯一合法政府，聯合國中的合法席位理所當然地屬於中華人民共和國。聯合國有不少會員國，曾經發生過政權的更迭，包括國家名稱的改變，但都沒有影響它們在聯合國的席位。恢復中華人民共和國在聯合國的合法權利，本來是一個簡單的程序問題。而美國卻玩弄種種手法，橫加阻撓，其目的就是把蔣介石集團保留在聯合國之內，從而把中華人民共和國排斥在聯合國之外。」

　　聲明說：「恢復中華人民共和國在聯合國的合法權利和把蔣介石集團驅逐出聯合國，這是一個問題的不可分割的兩方面。」聲明轉述了7月15日阿爾巴尼亞、阿爾及利亞等十八國提出的決議草案的內容，並指出：「這是恢復中華人民共和國在聯合國合法權利的唯一正確和合理的主張。」

　　聲明最後強調：「中國政府鄭重聲明：中國人民和中國政府堅決反對『兩

個中國』、『一中一台』或類似的荒唐主張，堅決反對『台灣地位未定』的謬論，堅決反對『台灣獨立』的陰謀。只要在聯合國裏出現『兩個中國』、『一中一台』、『台灣地位未定』或其他類似情況，中華人民共和國政府就堅決不同聯合國發生任何關係。中國政府的這一嚴正立場是不可動搖的。不管任何人，在任何時候，用任何方式推行『兩個中國』、『一中一台』之類的陰謀，都永遠不可能得逞。必須把蔣介石集團從聯合國及其一切機構中驅逐出去，中華人民共和國在聯合國的一切合法權利必須完全恢復。」

（三）9月20日，第二十六屆聯大開幕，選舉印尼外長馬利克為主席。9月22日，美國又同日本等國一起，向聯合國提出了「同中國在聯合國的代表權問題有關」的兩項決議草案：

（1）《關於重要問題的決議草案》，主要內容是：「在大會提出的結果將導致剝奪中華民國在聯合國的代表權的任何建議都是憲章所規定的重要問題。」

這一決議草案的聯合提案國是美國、日本等十九國（後增為二十二國）。

（2）《關於代表權問題的決議草案》（後稱「雙重代表權決議草案」）主要內容是：「確認中華人民共和國的代表權，並且建議讓它得到安全理事會五個常任理事國之一的地位；確認中華民國繼續擁有代表權。」

這一決議草案的聯合提案國是美國、日本等十七國（後增為十九國）。

（四）9月13日林彪叛逃，自取滅亡。總理忙於處理善後，穩定局勢，抽不出時間召開會議研究美、日等國的提案。他指示：外交部的聲明已把該說的問題說清楚，可用《人民日報》評論員的名義發表文章，對美國以及長期追隨美國敵視我國的日本佐藤榮作政府進行揭露和批判。

9月25日，《人民日報》發表了題為《堅決反對美國製造「兩個中國」的陰謀》的評論員文章。9月26日，《人民日報》發表了題為《佐藤反動面目的又一次大暴露》的評論員文章。

毛主席說，還是那句老話，我們絕不上「兩個中國」的「賊船」，今年不進聯合國

經美方提出，我方同意，基辛格一行十四人定於10月20日乘美國總統專機「空軍一號」抵達北京，為尼克松訪華作具體安排。黃鎮大使轉來基辛

格提出的準備討論的問題。

總理決定，由外交部代部長姬鵬飛以及熊向暉、章文晉、王海容參加他與基辛格的會談，譯員仍為冀朝鑄和唐聞生。由於葉帥已主持軍委工作，忙不過來，只參加禮節性活動。

從 10 月 15 日起，總理多次召開會議，分析國際形勢，研究將同基辛格會談的問題及我方的對案。總理還聽取了關於我國在聯合國席位問題的彙報。彙報的同志說，為了保住蔣幫在聯合國的席位，美國政府使出渾身解數。據外電報導，尼克松親自向許多國家的首腦寫信；美國駐幾十個國家的使節積極開展「拉票外交」；羅傑斯和布什已和一百多個國家的代表談了二百多次；美國還用「準備提供援助」或「準備撤銷援助」的辦法對一些國家進行利誘或威脅。8 月 17 日，布什已向聯合國秘書長提出美國政府的主張，9 月 22 日，美國又作了改變：一是將一個提案變為兩個提案，形成「雙保險」；二是把美國一國的提案變為多國提案，造成更大聲勢，並可多拉贊成票。美國以為它炮製的兩個提案都會以多數票通過。特別是「雙重代表權」提案有欺騙性。羅傑斯 10 月 4 日在聯大的發言說，「美國希望看到中華人民共和國到大會來」，「我們希望看到它作為安理會的一個常任理事國」，美國只是反對「驅逐中華民國」。他說，「雙重代表權」的方案「符合聯合國要具有普遍性的原則」，「符合現在有兩個政府對中國的領土和人民行使主權的實際情況。」

總理說，「一個中國，兩個政府」的謬論，實際上是「兩個中國」、「一中一台」的變種。我們絕不能以犧牲對台灣的領土主權為代價，換取聯合國席位。

10 月 20 日中午，基辛格一行到達北京。下午，總理同他開始會談。當晚 9 時許，主席約見總理、葉帥、姬鵬飛以及熊向暉、章文晉、王海容、唐聞生。

總理彙報說：基辛格事前沒有經過黃鎮大使通知我們，今天突然告訴我，尼克松明年訪華結束前，應該發表中美聯合公報。不發表公報，人們會認為他同中國領導人的會談沒有成果，是一次失敗的訪問。如果等他來了以後才起草公報，時間太倉促，肯定搞不好。他這次來的主要任務就是同我們談公報。他準備了一個草案，尼克松已經看過，讓他全權處理。在他回國以

前，要把公報定下來。我覺得，搞一個雙方都能同意的公報很困難。要不要搞，請主席指示。

主席說：等他交出草案再研究。要搞，就搞個好公報，不搞屁公報。總而言之，尼克松來，發表公報也行，不發表公報也行。

總理說：這樣好。我們就能處於主動地位。

主席說：聯合國大會前天開始辯論中國代表權問題。為什麼尼克松讓基辛格在這個時候來北京？

葉帥說：大概他認為美國的兩個提案穩操勝券。

主席問：大會提案過半數贊成就能成立，過半數要多少票？

章文晉答：現在聯合國會員國總數是一百三十一，如果都是有效票，過半數就是六十六票。

主席問：三分之二要多少票？

章文晉答：八十六。

主席說：當年曹錕還能收買那麼些「豬仔議員」，如今美國掛帥，日本撐腰，還有十幾個國家跑腿，搜羅六十六票，不在話下。

主席問我：阿爾巴尼亞、阿爾及利亞……你們叫「兩阿提案」，能得多少票？

我說：今年「兩阿提案」內容和去年一樣。去年得到的贊成票是五十一。從去年聯大表決到現在，同我們新建交的聯合國會員國有九個，加上很快就要建交的比利時，一共十個。他們都會贊成「兩阿提案」。這樣，今年「兩阿提案」可能得到六十一張贊成票，這是滿打滿算，離過半數還差五票，實在很困難。

主席說：就算過半數，那個「重要問題」一通過，就要八十六票才能驅逐「中華民國」。

主席問：聯合國哪天表決？

章文晉說：今年的辯論，發言的人要比往年多，大概要辯論十幾天。估計 10 月底、11 月初進行表決。

主席問：基辛格哪天走？

總理說：10 月 25 號上午。

主席說：聯合國的表決不會那樣晚。美國是「計算機的國家」，他們是算

好了的。在基辛格回到美國的那一天或者第二天，聯合國就會表決通過美國的兩個提案，製造「兩個中國」的局面。所以，還是那句老話：我們絕不上「兩個中國」的「賊船」，今年不進聯合國。

恢復中國在聯合國席位的決議一通過，
聯大會場「充滿了興奮的龍捲風」

基辛格提出的中美聯合公報草案，我方不能同意。在總理主持下，我方草擬了對案，遵照主席的指示作了修改後，送給基辛格。到 10 月 24 日，雙方尚未達成協議。基辛格決定推遲一天離京。25 日上午，雙方對大部分內容基本取得一致意見。25 日晚 10 點到 11 點 35 分，雙方再次討論。休會後各自進行推敲。26 日晨 5 時半復會，最後基辛格表示，除其中一句須請尼克松決定外，都可定下來。26 日晨 8 時會談結束，總理向基辛格告別後離開。他又一夜未眠。

葉帥與我方有關人員同基辛格一行共進早餐後，分乘汽車到首都機場。「空軍一號」起飛後不久，派駐機場的人跑來報告說，外交部值班室來電話，說聯大通過了「恢復中國在聯合國席位的決議」。

葉帥說，剛才基辛格在汽車裏還對我講，美國的兩個提案肯定能得到半數以上的贊成票，中國進入聯合國還得再等一年。美國總統專機配備最先進的通信器材，基辛格這時也一定會知道這個消息，不知他作何感想？

姬代部長說，主席多次指示，今年不進聯合國。

我睡到下午 5 時許，接到通知，讓我晚上 7 點半到人民大會堂福建廳開會。我還得悉，總理下午起牀後指示，姬代部長在今晚伊朗臨時代辦舉行的招待會上的講話稿要加上幾句：聯大通過了阿爾巴尼亞等二十二國提案，這是全世界人民的勝利，中國政府對提案國以及伊朗和其他主持正義的國家表示感謝。總理還指示，如果外國使節和外國記者問我們是不是派代表團，就說「我還不知道」。

不久，我收到外交部送來的特急件。其中有聯合國秘書長吳丹給「北京中華人民共和國外交部長」的電報，內稱：「先生，我榮幸地通知你，10 月 25 日舉行的聯合國大會第 1976 次會議上，以七十六票贊成、三十五票反對、

十七票棄權通過了下述決議：(略) 順致最崇高的敬意。」電中引述的「決議」，與「兩阿提案」的「決議草案」完全相同。在特急件中，我最感興趣的是外國通訊社關於這次聯大表決中國代表權問題的有關報導。綜述如下：

（一）10 月 18 日開始，聯大進行「關於中國在聯合國的代表權問題」的專題辯論，24 日辯論結束，約八十個會員國的代表發了言。共同社發言的情況表明，支持「兩阿提案」和支持美、日等國提案的代表「基本上旗鼓相當」。合眾社：「週末正在進行秘密外交。通常在星期六關門的很多代表團都照常工作。」美聯社：「10 月 25 日上午，美國召集它的聯合提案國舉行最後一次戰略會議。美國大使表示相信，為阻止把國民黨中國從聯合國驅逐出去而作的努力將會成功。」

（二）10 月 25 日晚，在大會主席馬利克主持下進行表決。馬利克接受一些會員國要求今晚對所有的動議都採取唱名表決的辦法。

（1）在正式表決前幾分鐘，美國指使某國代表提議推遲表決有關中國代表權的一切提案，「以便說服一些仍然動搖的國家支持美國提案」。大會「以五十六票對五十三票、十九票棄權否決了得到美國贊同的推遲表決的動議」，使美國「受到程序上的嚴重挫折」。(路透社)

（2）大會聽取了十七個國家的代表在正式表決前解釋他們將怎樣投票的發言。馬利克主席宣佈每人發言限於十分鐘。最後三個發言的人依次是阿爾巴尼亞副外長馬利列，「國民黨中國外交部長」周書楷，美國大使布什。「聯合國寬敞的、黃色的大廳裏擠滿了代表和觀眾。」(合眾社)

（3）美國代表和日本代表要求首先表決「規定驅逐國民黨中國需要三分之二多數票通過的『重要問題』提案。表決結果是：六十一票贊成，五十三票反對，十五票棄權。『重要問題』提案獲得先議權」。(合眾社)

（4）馬利克主席宣佈對「重要問題」提案進行唱名表決。「代表們在點名過程中應答時，大廳裏氣氛緊張」；「當電子表決計票牌上的燈光表明，美國的這一提案快要被否決時，代表們高喊支持」。大會以五十九票反對、五十五票贊成、十五票棄權否決了「重要問題」提案。「當電子計票牌上出現的表決結果表明美國的建議被擊敗時，大廳裏立刻沸騰起來」，「擠得滿滿的會議廳中發出了長時間的掌聲」。「聯合國代表們今晚擊敗了美國為保住台灣在聯合國的席位而做出的努力，從而為北京進入聯合國鋪平了道路。他們在走廊裏

高聲歡笑、歌唱、歡呼、拍桌子。」（路透社、合眾社）

（5）「周書楷為了挽回一點面子，在馬上就要對阿爾巴尼亞等國驅逐台灣的提案進行表決之前，跑上講壇宣佈中華民國退出聯合國」（合眾社），周和他的手下一幫人離開會場。在匆忙舉行的一次記者招待會上，「周的助手向記者散發了用打字機打的一項很長的聲明，這表明他們本來就作了表決結果對他們不利的準備。事情終於結束了。周書楷自稱舒了一口氣。他說：『這是卸下了我們肩上的一個包袱。它是二十一年來一直套在我們脖子上的一塊大磨石。』」（路透社）

（6）大會主席宣佈對阿爾巴尼亞等國提出的「恢復中華人民共和國在聯合國組織中的合法權利」的「決議草案」進行唱名表決。美國代表布什跑上講壇，要求從這一「決議草案」中刪去「立即把蔣介石的代表從它在聯合國組織及其所屬一切機構中所非法佔據的席位上驅逐出去」一段。在代表們的反對聲中，「大會主席馬利克裁定，這個要求不合議事規則」。（路透社）

大會以七十六票贊成、三十五票反對、十七票棄權、兩國缺席的壓倒多數，通過了這一「決議草案」，成為 2758 號決議。

「由於阿爾巴尼亞提案被通過，美國的一項與此對立的關於『雙重代表權』的提案就自然而然被擊敗了。」（美聯社）「這是美國自聯合國成立以來遭到的最慘重的失敗。」（合眾社）

共同社報導說：「八小時的馬拉松式會議以後，25 日午後 11 點 20 分終於是阿爾巴尼亞提案通過了的決定性的瞬間。中國回到聯合國，由此而被正式承認了。『我們勝利了』，『中國萬歲』，各國語言的歡呼聲在會場內四起。贊成中國參加的各國代表以三分之二的人數而淹沒了會場。他們全部站起，高高舉起雙手向會場四周歡呼，會場充滿了興奮的龍捲風，主席的聲音完全聽不見了。馬利克主席用英語宣佈『提案通過了，其內容將立即向中華人民共和國通告』，又響起了一陣波濤般的掌聲。中國是在自己不在場的情況下，受到了聯大總部過半數的祝福，被賦予揮動大手進入國際社會的權利。」

（三）表決結束後，美國駐聯合國首席代表布什發表談話說：「任何人都不能迴避這樣一個事實——雖然這可能是令人不快的，剛剛投票的結果實際上確實代表着大多數聯合國會員國的看法。」（路透社）

「美國的失敗結束了一場進行得最為緊張的游說努力，國務卿羅傑斯和駐

聯合國大使布什一而再、再而三地同這個世界性組織差不多每一個會員國的官員都談了話。」「一位人士說，『我們不知道是怎麼回事，我們本來認為我們會成功的』。」「在華盛頓，國務院說，不打算馬上就大陸政權的席位問題發表評論，但是，明天將發表一項聲明。」（美聯社）

毛主席風趣地説，我對美國的那根指揮棒，還有那麼多的迷信呢

我於晚上 7 時 1 刻到了福建廳。外交部的有關人員先後入座。葉帥來後不久，總理和參加完伊朗使館招待會的姬鵬飛、喬冠華、韓念龍到達。大家都喜氣洋洋。

總理問：現在聯合國會不會出現「兩個中國」、「一中一台」的局面？蔣幫能不能再進聯合國？「台灣地位未定論」在聯合國有沒有市場？

按慣例，回答總理的問題，必須説明理由，有根有據。發言的人員引用可靠的材料，一致認為不會發生總理提出的那些情況。

總理聽後表示滿意。同時指出，美日反動派不會甘心失敗，我們還要保持警惕。

總理又提出，主席本來指示，今年不進聯合國。現在怎麼辦？先聽聽大家的意見，再請示主席。

發言的人員都認為，聯大已經通過決議，我們必須進入聯合國，但是我們毫無準備。主席經常教導，不打無準備之仗。聯合國大會開了一半，去不去無所謂。主要是安理會，一年到頭，隨時要開會。問題多，麻煩大，光是搞清楚那套議事規則，就得花很大功夫。現在儘快選定常駐安理會的代表、副代表和工作人員，集中時間進行準備，過了年再去。

總理説，馬上參加，的確有困難。過兩個月再參加，那也説不過去。能不能想出別的辦法？

這時，王海容走進來説，主席起牀以後，馬上看外交部送去的那些材料，剛剛看完。主席説，請總理、葉帥、姬部長、喬部長、熊向暉、章文晉，還有我和唐聞生，現在就去他那裏。

到了中南海主席住處，已是晚上 9 點多。主席坐在沙發上，滿面笑容。

他指指在美國出生的唐聞生說,小唐呀,密斯南希‧唐,你的國家失敗了呀,看你怎麼辦哪。

總理說,主席本來指示……

不等總理講完,主席笑着打斷說,那是老皇曆嘍,不作數嘍。

總理說,我們剛才開過會,都認為這次聯大解決得乾脆、徹底,沒有留下後遺症。只是我們毫無準備,特別是安理會比較麻煩,現在就參加,不符合主席「不打無準備之仗」的教導。我臨時想了個主意,讓熊向暉帶幾個人先去聯合國,作為先遣人員,就地了解情況,進行準備。

主席說,那倒不必嘍。聯合國秘書長不是來了電報嗎?我們就派代表團去。(主席指指喬冠華)讓喬老爺當團長,熊向暉當代表,開完會就回來,還要接待尼克松嘛。派誰參加安理會,你們再研究。

總理說,就讓黃華作副團長,留在聯合國當常駐安理會的代表。

主席說,黃華到加拿大當大使不到四個月,現在就調走,人家可能不高興咧。

總理說,做做工作,加拿大政府會理解的。主席說,好,那就這麼辦。

主席以他特有的口吻說,今年有兩大勝利,一個是林彪,一個是聯合國。這兩大勝利,我都沒有想到。林彪搞鬼,我有覺察,就是沒有想到他跑外國,更沒有想到他坐的那架「三叉戟」飛機,摔在蒙古國,「折戟沉沙」。對聯合國,我的護士長(吳旭君)是專家。她對阿爾巴尼亞那些國家的提案有研究。這些日子她常常對我說,聯合國能通過。我說,通不過。她說,能。我說,不能。你們看,還是她說對了。主席風趣地說,我對美國的那根指揮棒,還有那麼多的迷信呢。

在大家的歡笑聲中,主席拿起外交部國際司填寫的聯大對阿爾巴尼亞等國提案表決情況,一面看,一面說,英國、法國、荷蘭、比利時、加拿大、意大利,都當了「紅衛兵」,造美國的反,在聯合國投我們的票。葡萄牙也當了「紅衛兵」。歐洲國家當中,只有馬耳他投反對票,希臘、盧森堡和佛朗哥的西班牙投棄權票。除了這四國,統統投贊成票。投贊成票的,亞洲國家十九個,非洲國家二十六個,拉丁美洲是美國的「後院」,只有古巴和智利同我們建交,這次居然有七個國家投我們的票。美國的「後院」起火,這可是一件大事。一百三十一個會員國,贊成票一共七十六,十七票棄權,反對票

只有三十五。表決結果一宣佈，唱歌呀，歡呼呀，還有人拍桌子。拍桌子是什麼意思？（總理解釋説，在會場拍桌子，表示極為高興。）那麼多國家歡迎我們，再不派代表團，那就沒有道理了。不高興的人也有，「蔣委員長」就是頭一個。美國國務院説要發表聲明，還沒有看到，不過是一篇「弔喪文」。

主席興致很高，講了將近三個小時。主要內容有：

（一）主席説，毫無準備怎麼辦？我講過，不打無準備之仗。我也講過，在戰爭中學習戰爭。現在請總理掛帥，抓緊準備。最重要的是準備在聯合國大會的第一篇發言。主席説，1950 年，我們還是「花果山時代」，你（指喬冠華）跟伍修權去了趟聯合國。伍修權在安理會講話，題目叫作「控訴美國武裝侵略中國領土台灣」。控訴就是告狀，告「玉皇大帝」的狀。那個時候「玉皇大帝」神氣十足，不把我們放在眼裏。現在不同了，「玉皇大帝」也要光臨花果山了。這次你們去，不是去告狀，是去伸張正義，長世界人民的志氣，滅超級大國的威風。給反對外來干涉、侵略、控制的國家吶喊聲援。第一篇發言就要講出這個氣概。接着主席談了這篇發言應包括的內容。他説，第一要算賬，這麼多年不讓我們進聯合國，中國人民和世界人民都有一股子氣。主要是美國，其次是日本，要點它們的名，不點不行。對提案國要一一列舉。第二，要講講聯合國成立以來世界形勢的變化。就是這次同基辛格談公報講的，「國家要獨立，民族要解放，人民要革命，已成為不可抗拒的歷史潮流」。要講點歷史，1776 年美國獨立戰爭，1789 年法國大革命，1917 年俄國十月革命，都是偉大的，但是都沒有 1945 年以來這樣大的規模。要講講中國，自力更生，艱苦奮鬥，推翻三座大山，取得國家獨立、民族解放、新民主主義革命勝利。這不是吹牛，是事實。目的是給世界人民鼓勁。美國必須從台灣撤走它的武裝力量，不論是誰，要把台灣從中國分割出去，都是癡心妄想。第三，要講講我們對國際問題的基本態度。這次同基辛格談公報的許多話可以用。我們反對帝國主義的戰爭政策和侵略政策，反對超級大國的霸權主義，支持一切被壓迫人民和被壓迫民族的正義鬥爭。各國人民的鬥爭都是互相支持的。要宣傳五項原則，大小國家一律平等，中國屬於第三世界，永遠不做超級大國，反對大國欺侮小國，強國欺侮弱國，不許任何國家操縱聯合國。還要講些什麼，請總理考慮。總而言之，要旗幟鮮明、「高屋建瓴」、「勢如破竹」。「勢如破竹」是晉主司馬炎的「三軍總司令」杜預講的，

此人號稱「《左傳》癖」。他帶兵佔領武昌，準備進攻東吳的首都建業。一個「二桿子」參謀向他建議，現在長江漲水，等明年再打。杜預說：「今兵威大振，如破竹之勢，數節之後，皆迎刃而解，無復有着手處也。」果然一舉成功，「三分天下歸一統」。做文章就要「勢如破竹」，才能說服人。

（二）主席說，曹操是大軍事家。諸葛亮在《後出師表》裏稱讚他：「曹操智計，殊絕於人，其用兵也，彷彿孫吳」，同時也批評他打過敗仗。怎麼批評的？請「參座」講講。葉帥背誦如流：「困於南陽，險於烏巢，危於祁連，逼於黎陽，幾敗北山，殆死潼關。」

主席說，「幾敗北山」，說的是夏侯淵戰死以後，曹操爭奪漢中的事。《後出師表》三處提到夏侯淵，另外兩處是「夏侯敗亡」、「夏侯授首」。夏侯淵是曹操的一員大將，曹操封他為征西將軍，擔任漢中的「警備司令」。劉備攻打漢中，夏侯淵把主力部隊部署在定軍山，命令張郃守住東圍。劉備「引蛇出洞」，先打張郃，夏侯淵分兵一半親自援助張郃，被黃忠砍了頭。有一出京劇就叫《定軍山》，是譚鑫培、譚富英的拿手戲。你們看看《魏書》的夏侯淵傳。當初夏侯淵打了幾次勝仗，曹操寫信提醒他：「為將當有怯弱時，不可但恃勇也。將當以勇為本，行之以智計；但知任勇，一匹夫敵耳。」「當有怯弱時」，就是要想到自己的弱點和不足，有打敗仗的可能。夏侯淵把曹操的告誡不當一回事，結果全軍覆沒。你們去聯合國，困難很多，要「以勇為本」，更要注意「為將當有怯弱時」。代表團團長就是「將」，不要被勝利沖昏頭腦。送你們兩句話，一句是我寫的：「沒有調查就沒有發言權」；一句是田家英幫我寫的：「虛心使人進步，驕傲使人落後」。

（三）主席說，我們在聯合國的方針是「團結大多數，孤立極少數」。二十二個提案國是我們的患難之交，要同它們講團結。其他投票贊成我們的五十四個國家也要團結。對投棄權票的十七個國家要正確對待。在美國那樣大的壓力下，它們不支持美國，用棄權的辦法對我們表示同情，應當感謝它們。投反對票的三十五個國家不是鐵板一塊，也要做工作。團結是有原則的團結，原則就是我們對國際問題的基本立場。我們當前的口號是：維護各國的獨立和主權，維護國際和平，促進人類進步。用這個口號團結大多數。

周總理對日本報人説，我們對聯合國還不那麼熟悉，所以一定要謹慎。但是，這不是沒有信心

在總理親自領導和精心安排下，圍繞出席聯合國的各項工作緊張而有序地展開。

（一）10月27日，外交部成立參加聯合國工作籌備小組，由喬冠華、熊向暉、唐明照、章文晉、凌青組成。小組按總理指示，草擬了到聯合國工作的設想。主要是：(1) 根據「為將當有怯弱時」和「以勇為本」的精神，代表團領導成員要謙虛、謹慎，重視調查研究，多方了解情況，及時檢查總結。(2) 催促聯合國秘書長立即將蔣幫代表從聯合國所屬一切機構中驅逐出去，同時向他表明，我們現只參加安理會和大會的幾個委員會、經濟及社會理事會等主要機構的工作，對其他機構將逐步派人參加。(3) 以會務工作為重點，以安理會為會務工作重點。交際活動擇重要者參加。(4) 把平等協商的精神帶進聯合國，對討論的問題，先同友好國家協商。表決時，根據我國的原則立場決定態度，或贊成，或反對，或棄權，或不參加，或提出修改，或提出保留。在安理會不輕易使用否決權。(5) 對外活動不亢不卑，不輕然諾。(6) 代表團內按會務、新聞信息、行政等分組，各指定專人負責。(7) 嚴守紀律，注意節約。

（二）10月28日，《人民日報》發表了總理授意並審定的社論《歷史潮流不可抗拒》。社論首先提到聯大通過了「阿爾巴尼亞、阿爾及利亞等二十三國的提案」（27日獲悉，聯大表決前，塞拉勒窩內——後譯為塞拉利昂——要求列名提案國）。社論説：「這次聯大表決的結果，反映了各國人民要求同中國人民友好是大勢所趨，人心所向」，「也反映了美帝國主義在聯合國內把它的意志強加給別人的蠻橫做法，遭到了越來越多國家的抵制和反對」。社論揭露日本佐藤政府「為美國在聯合國製造『兩個中國』的陰謀奔走效勞」，「結果卻是枉費心機」。社論最後説：「中國人民一定要解放自己的神聖領土台灣！台灣一定會回到祖國的懷抱！」

（三）10月28日晚，總理接受了日本《朝日新聞》編輯局長後藤基夫的採訪。在談到聯合國以「超過三分之二的多數」通過了阿爾巴尼亞等二十三國的提案時，總理説：「美國的計算機失靈了」，「這對美國政府是個意外，對

中國政府也是出乎意料」。「聯合國成立已經二十六年，可是被中國人民推翻的蔣介石集團一直佔據中國的席位，這完全是不合理的、不能忍受的，今天的現象也是這股子悶氣爆發的結果。」總理說：「全世界多數國家和人民歡迎我們，我們還要不去恐怕不可能了。」「中國有句老話：『臨事而懼。』我們對聯合國還不那麼熟悉，所以一定要謹慎。但是，這不是沒有信心。」（後藤基夫將電訊稿送我外交部新聞司核對無誤。《朝日新聞》於 11 月 6 日頭版頭條發表，標題是《周總理在中國重返聯合國後首次發表談話》。）

（四）10 月 29 日，《人民日報》及各大報發表了總理審定的《中華人民共和國政府聲明》。聲明說，第二十六屆聯大「以壓倒多數通過了阿爾巴尼亞、阿爾及利亞等二十三國的提案」，「這是美帝國主義二十多年來頑固堅持剝奪我國在聯合國合法權利的政策和在聯合國內製造『兩個中國』的陰謀的破產」，「這是全世界人民和一切主持正義的國家的勝利」。聲明說：中國政府和中國人民對「在這場鬥爭中，作出了卓越的貢獻」的提案國政府，以及「起了重大作用」的「友好國家」表示衷心感謝。聲明指出：「美日反動派不甘心於他們的失敗」，「甚至妄想讓蔣介石集團以所謂『台灣獨立』的名義重新擠進聯合國」，「絕不容許他們的陰謀得逞」。聲明最後說，中國即將派出代表參加聯合國工作。中國「將同一切愛好和平和正義的國家站在一起，為維護各國的民族獨立和國家主權，為維護世界和平、促進人類進步的事業而共同奮鬥」。

（五）由外交部核心組提名，中央批准，「中華人民共和國出席聯合國第二十六屆大會代表團」團長為喬冠華，副團長為黃華，代表為符浩、熊向暉、陳楚，副代表為唐明照、安致遠、王海容、邢松鸛、張永寬。黃華為中國常駐聯合國安全理事會代表，陳楚為副代表。姬代部長將上述名單電告聯合國秘書長吳丹。

由外交部核心組提名，總理同意，決定了中國代表團十八名秘書、十一名隨員、九名職員，以及兩名記者和兩名外交信使的名單。新華社記者高梁以代表團秘書的名義，帶領五名工作人員先去紐約預作安排。外交部徵得加拿大政府同意後，電告黃華離職到巴黎等候。

經總理決定，姬代部長覆電吳丹：「關於中華人民共和國名字的按字母次序排列問題，請按開頭的英文字母 C 排列，即 China, The People's Republic of China」。

（六）從 11 月 1 日起，《人民日報》在《熱烈祝賀恢復我國在聯合國的合法權利》的通欄標題下，逐日全文刊載許多國家的元首、政府首腦、外交部長等發來的賀電、賀信。（11 月 13 日新華社發表公告，「奉命對此表示衷心的感謝」。）

（七）11 月 3 日，外交部在人民大會堂舉行宴會，衷心感謝二十三個提案國和各友好國家在聯合國對我國的寶貴支持。李先念副總理出席。除赤道幾內亞尚未在北京建立使館外，其他提案國的駐華使節和夫人，對這一提案投贊成票的「友好國家」（包括英國、蘇聯）以及尚未加入聯合國的友好國家（包括朝鮮、越南、民主德國）的駐華外交使節和夫人應邀出席。姬代部長在講話中說，「國家要獨立，民族要解放，人民要革命，已成為當代不可阻擋的世界潮流」。「聯合國的事，要由參加聯合國的所有國家共同來管」。阿爾及利亞駐華大使塔列布代表二十三個提案國講話。他說，「聯合國大會作出了歷史性決議，這首先是中國人民長期鬥爭的結果，是毛澤東主席外交路線的勝利」。他說，「各國人民再也不理會美帝國主義的利誘和威逼，因此，美國的提案失敗了」，「這是我們的勝利，是一切為自己的幸福和人類的幸福而鬥爭的人民的勝利」。他說，「被壓迫人民需要中國的強大聲音」，「各國人民將看到人民中國同在聯合國外一樣，在聯合國內大力支持他們的正義事業」，「直到這些事業取得徹底勝利」。

（八）11 月 4 日晚 10 時，總理接見代表團除黃華以外的全體人員，作了重要指示。隨後，總理修改了陳楚起草的以喬冠華名義發表的兩篇講話，一是以毛主席指示為基本內容的在聯合國的第一篇發言，一是總理口授的到紐約機場的講話。機場講話很簡短。其中說，「中國人民同世界各國人民一向是友好的」，「美國人民是偉大的人民，中美兩國人民有着深厚的友誼。我們願藉此機會，向紐約市各界人民和美國人民表示良好的祝願」。

毛主席說，在聯合國要搞統一戰線。國際統一戰線與國內統一戰線的根本區別是，沒有誰領導誰的問題

11 月 8 日晚 8 時，主席約見總理、姬鵬飛、喬冠華、符浩、熊向暉、

陳楚、唐明照、安致遠、王海容、唐聞生、章文晉及回國述職的駐法大使黃鎮、駐蘇大使劉新權。

　　在談到「沒有調查就沒有發言權」時，主席說，這是針對教條主義者講的，至今我認為這句話還是對的。對這句話的理解不要偏。客觀事物不斷發展變化，人的認識總是趕不上這種變化，認識總是落後於實際。要求把一切都調查清楚再說話，再辦事，那就永遠不能說話，永遠不能辦事。了解了主要情況、本質情況，就可以作出判斷，就應該下決心。我一向反對下車伊始，哇啦哇啦的人，那樣的人成事不足，敗事有餘。他們自以為了不起，光想當先生，不願當學生。有的人打過仗，有點功勞，或者自以為有點功勞，吃飯、拉屎、睡覺、做夢，都念念不忘他那點功勞。說他沒有什麼功勞，他就說，沒有功勞，也有苦勞；沒有苦勞，也有疲勞。這是低級趣味。這幾年，部隊有些人的思想被林彪搞亂了。瀋陽軍區提出「反驕破滿」，提得好，我就讓全軍學習。我最近常講，軍隊要謹慎，這是有的放矢。今年在聯合國打了一個大勝仗，這個勝仗主要是我們的外國朋友幫我們打的，我們沒有理由翹尾巴。現在是「盛名之下，其實難副」。所以我講「為將當有怯弱時」。還是「三個臭皮匠，勝過一個諸葛亮」。遇事要商量，要多謀善斷，不要像袁紹那樣「多謀寡斷」，更不能「不謀專斷」。謹慎不是謹小慎微。看準了的，該說就說，該做就做。

　　毛主席說，在聯合國要搞統一戰線。這是國際統一戰線，和國內統一戰線有同、有不同。根本區別是，國內統一戰線是不同階級的統一戰線，無產階級必須掌握領導權；國際統一戰線是不同國家的統一戰線，沒有誰領導誰的問題。大小國家一律平等，誰也不應該領導誰，誰也不應該聽誰的領導。過去我們說以蘇聯為首，因為它是老大哥，為了對付帝國主義，必要的時候讓它牽個頭，開會的時候讓它當主席。但是它要掌握領導權，搞父子黨、父子國，這就完全錯誤了。美國總是要別的國家聽它的，這就是搞霸權主義。霸權主義應該被打倒。所以，搞國際統一戰線就要平等協商，絕對不能以大國自居，頤指氣使，絕對不能干涉人家內政，絕對不能有領導人家的想法。

　　主席還談到陳毅的病況，談到 1967 年 2 月外交部的一些司局長和回國的一些大使、參贊一共九十一人，寫大字報批判造反派對陳毅的誣衊。主席說，我是九十一人的戰友咧。主席還講《五七一工程紀要》。總理解釋，

「五七一」是「武裝起義」的諧音。這是林彪反革命集團陰謀暗害主席、發動反革命政變的綱領。主席說，等一會把這件東西唸給他們聽。要儘快全文印發到全國各個黨支部。總理說，這裏面盡是惡毒誹謗主席的讕言，怎麼能印發？主席說，怎麼不能？一個字都不改，原原本本發下去，讓所有的黨員所有的群眾都知道。

主席對總理說，馬上打電報給黃鎮的助手，讓他轉告基辛格，我們的代表團在美國期間，美國政府必須保證安全。如果出了問題，唯美國政府是問。

主席還對總理說，明天代表團出發，在北京的政治局委員、候補委員，黨政軍各部門負責人，再加上幾千名群眾，到機場歡送，要大張旗鼓地熱烈歡送。也通知外國使館，去不去由它們自己決定。

離開主席住處已是晚上 10 點多，總理帶我們到人民大會堂，拿出一份《五七一工程紀要》，讓章文晉唸。唸完後，總理作了一些說明，對代表團又作了一些指示。散會時，已是 9 日凌晨了。

中華人民共和國代表團首次出席聯合國大會。
大會主席和五十七個國家的代表致詞歡迎。
會場上洋溢着對中國友好的氣氛

11 月 9 日下午，中華人民共和國出席聯合國大會代表團乘飛機離開北京。新華社報導說，「周恩來、葉劍英……李先念、紀登奎、李德生、汪東興、郭沫若、姬鵬飛等黨政領導同志，首都革命群眾和中國人民解放軍指戰員四千多人前往機場熱烈歡送」。「歡送隊伍裏響起了『熱烈歡送我國出席聯大代表團！』『毛主席的革命外交路線勝利萬歲！毛主席萬歲，萬萬歲！』的歡呼聲，熱烈的鑼鼓聲和掌聲，機場上呈現出一派十分熱烈的革命氣氛。」「代表團成員繞場一周，向揮動着花束、彩帶的群眾和前來送行的各方面負責人告別。他們同前來送行的各國使節一一握手。」

代表團抵達上海後，轉乘法航班機前往巴黎。晚上途經仰光時，緬甸外交部副部長、政治司司長、禮賓司司長等到機場迎送，並在機場為我代表團舉行招待會。10 日凌晨途經卡拉奇時，巴基斯坦駐卡拉奇專員、外交部禮賓司代表等到機場迎送，巴中友協秘書長獻了花環。途經開羅時，受到埃及外

交部部長辦公室主任、禮賓司副司長等人的迎送。途經雅典時，受到尚未與我國建交的希臘外交部禮賓司司長和第一政治司司長的迎送。10 日下午到達巴黎時，受到法國外交部亞澳司副司長的迎接。

11 月 11 日上午，黃華與代表團其他成員會合，乘法航班機前往紐約。當日中午抵達肯尼迪機場。到機場歡迎的有二十三個提案國及其他一些國家駐聯合國常任代表、聯合國禮賓處處長、紐約市公共事務專員，以及數百名美國友好人士和華僑代表。喬冠華在機場發表講話。在先遣人員陪同下，代表團成員住進羅斯福旅館。所到之處警衛森嚴。

美聯社報導説：「國務院官員對喬到達時的講話感到高興，白宮不因喬沒有提到美國總統和美國政府而不快，因為他是出席聯合國會議，不是訪問美國。」

從 11 日下午到 14 日，代表團主要成員分別拜會了第二十六屆聯大主席馬利克和一些友好國家的代表團，探望住院治療的聯合國秘書長吳丹。

15 日上午 10 時許，代表團五位代表及譯員唐聞生在聯合國禮賓處處長引導下進入會議廳，在中國代表團的席位上入座。許多友好國家的代表立即前來向他們表示歡迎和祝賀。會議於上午 10 時半開始。大會主席馬利克首先致歡迎詞。他説：「今天上午，中華人民共和國代表團第一次在聯合國大會就座。作為大會主席，我很高興地歡迎這個代表團。這是一個具有歷史意義的時刻。中華人民共和國現在開始參加世界這個主要的政府間組織的工作。毫無疑問，由於中華人民共和國參加工作，聯合國的工作成效將得到加強。」

馬利克致辭後，許多國家的代表相繼走上講台致詞歡迎中國代表團。在他們的發言過程中，要求發言的代表不斷增加，原定上午結束的會議在中午稍事休息後，下午繼續開會，一直開到下午 6 時 40 分。共有五十七個國家的代表（包括美國、日本、蘇聯）在會上致了歡迎詞（匈牙利的代表用中文發言）。有的代表已準備了發言稿，由於時間不夠而未能發言。大多數代表的歡迎詞熱情洋溢，表達了對中國人民的信任、鼓勵和兄弟般的情誼。不少代表在發言中讚揚毛主席對中國人民革命和建設事業的領導。現摘錄六個國家代表的發言片段：

科威特的代表説：「10 月 25 日的夜晚發生了在聯合國和國際大家庭的史冊上具有歷史意義的事件。聯合國大會終於決定糾正了對中國人民所犯下的

錯誤。」「沒有中國的參加，聯合國就是徒有虛名。」「恢復中華人民共和國在聯合國的合法權利將使新時代的人類的前途變得燦爛。」

法國代表説：「中國在我們當中就座了屬於她的席位，不公正和荒謬的狀況終於結束了。」「我們歡迎這個十分偉大的國家和十分偉大的人民。」「我們由於中國的文明、歷史、勇敢、尊嚴和她正在進行的巨大努力而對她表示歡迎。」

阿爾巴尼亞代表説：「世界上所有的進步人民都凝視着中華人民共和國，因為她是各國人民自由和獨立事業的最強大的保衛者，是各國人民主權的最強大的保衛者。偉大的人民中國在國家生活的各個方面取得了巨大的勝利，她已成為社會主義與和平的堅強不屈的堡壘，成為美帝國主義和蘇聯社會帝國主義霸權計劃的不可逾越的障礙。」

贊比亞代表説：「今天，中華人民共和國代表團的入席是一個具有偉大的政治和歷史意義的時刻。」「它標誌着過去舊的、過時的政治的結束，標誌着一個新的現實主義和充滿希望的時代的開始。」「從此以後，聯合國是一個新的組織了，它再也不是原來的那個組織了。」

坦桑尼亞代表説：「我欽佩中國人民，欽佩他們為爭取自己的尊嚴和獨立而進行的英勇鬥爭，欽佩他們對全世界解放鬥爭的堅決支持。我們還對他們在自己的偉大領袖毛澤東主席的令人鼓舞的領導下，在科學技術方面的努力所已經取得的和正在繼續取得的驚人進步表示敬意。」「我們特別高興看到中華人民共和國恢復了她在這個組織中的合法地位，因為我們相信，聯合國把這個國家看成一個支持各國人民的自決與獨立權利、反對形形色色的壓迫和不公正的十分可貴的成員國。」

智利代表説：「智利從一個不結盟國家的立場出發，向中華人民共和國致敬。」「在中國已不再有什麼苦力、官僚，萬能的外國剝削者已經完蛋了。今天，一個由尊嚴的、鞏固團結的、充滿信心和革命活力的自由人們組成的民族出現了。」「中國從落後、破壞、饑荒、水災和瘟疫的廢墟上站起來，在短短的一些年裏在農業和歷史、教育和公共衛生、征服宇宙和原子方面——還有在使集體和個人的道德臻於完善方面取得了非凡的進展。」「我們向新中國的領袖毛澤東致敬——毛澤東是長征的革命鬥士，是思想家、詩人，他鼓舞和經常指導他的人民，把知識變為主觀的經驗，並使這種經驗同持久的革命

態度融合起來。」「在毛澤東看來，帝國主義有兩重性。它既是鐵老虎，又是紙老虎。智利像其他小的附屬國一樣，正在為爭取完全的主權、收回自己的天然資源和實行自決而鬥爭。但是它正在同一個恫嚇、威逼和妨礙它的強有力的鐵老虎進行鬥爭。」「我們相信帝國主義將被推翻」，「在對中華人民共和國表示歡迎的時候，我們希望十分坦率地強調她在歷史的心目中擔負的巨大責任」。他還用西班牙語朗誦了毛主席的詞《減字木蘭花‧廣昌路上》。

在各國代表致歡迎詞以後，喬冠華在長時間的掌聲和歡呼聲中，登上聯合國大會講壇，宣讀了毛主席授意、周總理審定的講話（主要內容已如前述）。

《紐約時報》刊登了喬冠華講話的全文。路透社報導說：「這篇講話使許多外交官感到震動。第三世界的代表們熱烈鼓掌。美國代表和蘇聯代表臉色陰沉。」法新社評稱：「喬的嚴厲的講話使人毫不懷疑，無論是人民中國進入這個世界組織，還是尼克松總統即將對中國的訪問，都不會使北京改變它在重大問題上的政策。」德新社評稱：「在國際講壇上非常少有的這種坦率和誠實的發言，表明了北京對聯合國的政策以及對外政策意圖的輪廓，表明了人民中國將使自己成為中小國家的喉舌和支持者。」共同社評稱：「這一展示基本方針的演說，是不折不扣的在聯合國歷史上最重要的演說之一，它的意義和反應將迅速波及地球上的一切地區。這篇演說闡明了以毛澤東思想為基礎的中國國際政策，坦率地表明了中國的原則性立場，明確地表示了中國作為中小國家的代表對超級大國壟斷聯合國的局面進行挑戰的姿態。」基辛格寫道：「中國人什麼東西都不會浪費掉的。我在公報草稿中刪掉的那些有爭論的話，幾乎全部寫進在聯合國的初次發言中了。為此，我指示喬治‧布什表示遺憾，說北京決定以『華而不實的放空炮』來作為加入這個世界性組織的起步。」

新華社報導，12 月 18 日晚，我國出席二十六屆聯大的代表團團長喬冠華，代表符浩、熊向暉，副代表王海容和代表團部分隨行人員，在完成了他們在本屆聯大的工作任務後，乘飛機離開紐約回國。12 月 22 日下午，他們到達北京。周恩來等黨政領導、首都群眾和人民解放軍指戰員四千多人到機場熱烈歡迎。黨政軍各部門負責人，各國駐華使節也到機場迎接。

當晚 8 時許，主席在住處約見總理、喬冠華、熊向暉、王海容、唐聞生。主席引用孫中山先生的話說：「革命尚未成功，同志仍須努力。」

台灣當局鼓吹台灣「重返」聯合國，不過是白日做夢

1996 年 10 月 25 日，《人民日報》評論員在題為《捍衛聯合國憲章的宗旨和原則》的文章中說：「近年來，台灣當局勾結國際反華勢力，在聯合國內外掀起了一股否定 2758 號決議，鼓吹台灣『重返』聯合國的喧囂。」這篇文章對台灣當局編造的「種種奇談怪論」進行了有力的批駁，這裏無須重複，只引用美國新聞處 1971 年 10 月 18 日所報導的當時美國駐聯合國首席代表布什先生「今天在大會上就中國代表權問題所作發言全文」中的一段話：

> 讓我們現實地記住這一點：中華民國一旦被驅逐，它作為一個單獨的會員國 —— 不管以什麼名字或稱呼 —— 被重新接納入聯合國的可能性將會幾乎等於零，因為根據憲章，中華人民共和國可能否決主張接納它的建議。

布什先生的話說得很清楚，但如果刪去其中的「幾乎」二字，就更為準確了。簡單地說，所謂台灣「重返」聯合國，不過是台灣當局白日做夢。

毛主席在粉碎林彪反革命政變
陰謀的日子裏

汪東興

一

　　毛主席身體健康的時候，每年都要外出視察工作，返程時間一般在 9 月底。1971 年 8 月 15 日 13 點，我們陪着已經七十八歲高齡的毛主席又出去視察了。16 日到武昌。在武漢，毛主席同武漢軍區兼湖北省負責人劉豐談話一次；同劉豐及河南省負責人劉建勳、王新談話一次；同已調國務院工作仍兼湖南省負責人的華國鋒談話一次。離武漢前，還同劉豐談話一次。28 日到長沙。在長沙，毛主席同華國鋒和湖南省負責人卜占亞談話一次；同廣州軍區兼廣東省負責人劉興元、丁盛，廣西壯族自治區負責人韋國清談話一次。後又同華國鋒、卜占亞、劉興元、丁盛、韋國清集體談話一次。31 日到南昌。在南昌，毛主席同南京軍區兼江蘇省負責人許世友、福州軍區兼福建省負責人韓先楚、江西省負責人程世清談話兩次。毛主席沿途的歷次談話，我都參加了。在湖南，毛主席還同我單獨談話一次。一路上，毛主席在談話中多次強調：「要搞馬克思主義，不要搞修正主義；要團結，不要分裂；要光明正大，不要搞陰謀詭計。」他反覆講：我們這個黨已經有五十年的歷史了，大的路線鬥爭有十次。這十次路線鬥爭中，有人要分裂我們這個黨，都沒有分裂成。這個問題，值得研究。1970 年廬山會議，他們搞突然襲擊，搞地下活動，為什麼不敢公開呢？可見心裏有鬼。他們先搞隱瞞，後搞突然襲擊，五個常委瞞着三個，也瞞着政治局的大多數人，除了那幾位大將以外。那些大

將，包括黃永勝、吳法憲、葉群、李作鵬、邱會作。他們這樣搞，總有個目
的嘛！我看他們的突然襲擊、地下活動，是有計劃、有組織、有綱領的。綱
領就是設國家主席，就是稱「天才」。有人急於想當國家主席，要分裂黨，急
於奪權。林彪那個講話，沒有同我商量，也沒有給我看。他們有話，事先不
拿出來，大概總認為有什麼把握了，好像會成功了。可是一説不行，就又慌
了手腳。這次廬山會議，只提出陳伯達的問題。保護林副主席，沒有作個人
結論，他當然要負一些責任。對這些人怎麼辦？還是教育的方針，就是「懲
前毖後，治病救人」。對林還是要保。回北京以後，還要再找他們談談。不
過，犯了大的原則的錯誤，犯了路線、方向錯誤，為首的，改也難。

　　當時，我意識到毛主席的這些談話，是要幫助一些地方的黨、政、軍負
責人，提高對 1970 年發生在廬山九屆二中全會上鬥爭的認識，爭取團結和盡
力挽救在廬山會議上犯了錯誤的人，其中也想挽救林彪和黃永勝等人。

　　9 月 3 日，毛主席到達杭州。下車之前，毛主席同浙江省的黨、政、軍
負責人南萍、陳勵耘、熊應堂談話。在四十分鐘的談話中，毛主席詢問了他
們幾個對廬山會議的認識，並對他們説：「你們有什麼錯？吳法憲在廬山找陳
勵耘等人談了他們搞的那一套，上廬山在空軍八個中央委員內部有通知啊！」
陳勵耘説：「在廬山吳法憲找我談時，陰一句、陽一句，這個人説話是不算數
的。」毛主席説：過去我講過，一個傾向，掩蓋着另一個傾向，誰知掩蓋着
一個廬山會議的主要傾向！接着，毛主席説明了他們是受騙、受矇蔽的；並
説明黨對犯錯誤的人，還是採取「懲前毖後，治病救人」的方針，不能抓住
辮子不放。毛主席説，廬山會議，主要就是兩個問題，一個是設國家主席問
題，一個是稱「天才」問題。説反天才就是反對我。那幾個副詞，我圈過幾
次了。(1968 年 9 月，《人民日報》為紀念 1962 年 9 月 18 日毛澤東給日本工
人的題詞，發表了《世界革命人民勝利的航向》的社論。毛澤東刪去了社論
草稿中的「毛澤東同志天才地、創造性地、全面地繼承、捍衞和發展了馬克
思列寧主義，把馬克思列寧主義提高到了一個新的階段」等文字。1969 年，
毛澤東刪去了九大政治報告初稿和提交九大通過的黨章初稿中「天才地、創
造性地、全面地」三個副詞等文字。1970 年 4 月，毛澤東在修改紀念列寧誕
辰一百週年的兩報一刊社論《列寧主義，還是帝國主義？》的初稿時，刪去
了「毛澤東同志全面地總結了無產階級專政的正反兩個方面的歷史經驗，天

才地創造性地運用唯物辯證法，分析了社會主義的矛盾」等文字。）毛主席又說，廬山這件事，還沒有完，還不徹底，還沒有總結。

不出毛主席所料，在廬山會議上遭到挫敗的林彪一伙不但不思悔改，反而開始了謀害毛主席、策動反革命武裝政變的陰謀活動。

1971 年 2 月，林彪、葉群和林立果在蘇州密謀後，派林立果到上海，召集「聯合艦隊」的主要成員周宇馳、于新野、李偉信在秘密據點開會，從 3 月 21 日至 24 日，制定了反革命武裝政變計劃——《五七一工程紀要》。3 月 31 日深夜，林立果在上海召開了有江騰蛟、王維國、陳勵耘、周建平參加的所謂「三國四方會議」，指定南京以周建平為頭，上海以王維國為頭，杭州以陳勵耘為頭，江騰蛟「進行三點聯繫，配合、協同作戰」。

在毛主席此次南方視察期間，林彪一伙千方百計地刺探毛主席的行蹤和毛主席同沿途各地負責人的談話內容。9 月 5 日，廣州部隊空軍參謀長顧同舟聽到毛主席在長沙談話內容的傳達後，立即密報給林立果。9 月 6 日，武漢部隊政委劉豐違背毛主席的叮囑，把毛主席在武漢的談話內容告訴了陪外賓到武漢訪問的李作鵬。李作鵬當天回到北京就告訴了黃永勝。當晚，黃永勝又將毛主席的談話內容密報給在北戴河的林彪和葉群。

林彪、葉群、林立果等人接到顧同舟、劉豐的密報後，感到自己暴露無遺了，決計鋌而走險，對在旅途中的毛主席採取謀害行動。

9 月 7 日，林彪指示林立果，向「聯合艦隊」下達「一級戰備」的命令。

9 月 8 日，林彪寫下手令：「盼照立果、宇馳同志傳達的命令辦。」

這樣一來，危險便時刻向毛主席逼近。當時，陳勵耘掌握着杭州的警備大權，直接指揮毛主席住所的警衛工作。我們住在杭州，無異於進了虎穴。

在中共九屆二中全會上，毛主席已識破了林彪的陰謀。這次南方視察，毛主席從北京到杭州沿途同當地負責人的談話中又了解到葉群、林立果陰謀活動的一些情況。9 月 8 日晚上，毛主席又得到新的消息說：杭州有人在裝備飛機；還有人指責毛主席的專列停在杭州筧橋機場支線礙事，妨礙他們走路。這種情況過去是從來沒有的。一些多次接待過毛主席的工作人員，在看望他老人家時反映了一些可疑的情況。毛主席當機立斷，採取措施，對付林彪一伙的陰謀，首先把我找去，提出要把專列轉移。

我問毛主席，專列是向後轉移，還是向前轉移？向後是轉到金華，向前

是轉到上海。我還建議，也可以轉向紹興，即轉向杭州到寧波的一條支線上。

毛主席說：「可以。那樣就可以少走回頭路了。」

當時，毛主席還不知道林彪有個手令，也沒掌握林彪一伙進行武裝政變的計劃。但是，毛主席根據了解到的種種情況，思想上、行動上已有了充分準備。

我從毛主席住地出來，馬上就打電話找當時負責毛主席在杭州警衛工作的陳勵耘。接電話的是陳勵耘的秘書。他接到電話後，馬上就跑到我的辦公室來，說：「陳政委有事，您有什麼事請跟我講。」

我說：「專列要轉移，這個事對你講，你能辦成？」

秘書說：「能。」

我就說：「你可以試着辦一下，不過還是要找到陳政委。」

我得到這個情況後，就找張耀祠交代：「趕快去找專列乘務組同志。將火車馬上開走。」當時，天氣太熱，我還要求在專列轉移到新的停車地點後，給毛主席的主車和餐車上面搭個棚子，以便防曬。張耀祠很快就落實了。

這些情況，我都報告了毛主席。毛主席同意這麼辦，並說這個辦法好。

毛主席的專列於 9 日凌晨轉到靠近紹興的一條專線上。

10 日中午，毛主席對我說：「走啊！不要通知陳勵耘他們。」

我說：「主席，不通知他們不行。」

毛主席問：「為什麼呀？」

我說：「不通知不行，您不是一般人。來的時候，都通知了；走的時候，不通知不好。路上的安全，還是要靠地方保衛。」

毛主席又說：「那就不讓陳勵耘上車來見，不要他送。」

我說：「那也不行，會打草驚蛇。」

毛主席考慮了我的建議，接着又問我：「你的意見是……」

我說：「您看，是不是請南萍、陳勵耘……」

我剛說到這裏，毛主席打斷我的話說：「還有一個，就是空五軍的軍長白宗善，這個人也請來。為什麼這次沒有請他見面？」

我回答說：「馬上就通知他。」

南萍等人被請來以後，毛主席在自己休息的房間裏又同他們談了一次話。當毛主席見到白宗善，同他握手時便問：「你為什麼不來看我！」陳勵耘

連忙解釋説：「他那天在值班。」

這次談話，講了廬山九屆二中全會的問題、中共歷史上幾次路線鬥爭的問題、軍隊幹部的團結問題、戰備問題。談話中，毛主席還説：不要帶了幾個兵就翹尾巴，就不得了啦。打掉一條軍艦就翹尾巴，我不贊成，有什麼了不起。三國關雲長這個將軍，既看不起孫權，也看不起諸葛亮，直到麥城失敗。毛主席在談話中，再一次批評了林彪、黃永勝。他還針對當地領導人鬧不團結，講了一個春秋時代齊魯兩國長勺之戰的故事，寓意深長。他説，齊國和魯國打仗，我是幫魯國，還是幫齊國啊？魯國小，人少，只是團結得好。齊國向魯國進攻，魯國利用矛盾，把齊國打敗了。

在他們談話的時候，我就佈置專列做開車的準備。毛主席同他們談了半個小時。談完後，我請他們到我的房間裏休息。

我回到毛主席那裏，請示説：「到上海後停在哪裏？」

毛主席説：「停在上海郊外虹橋機場專用線，顧家花園就不進去了。」

我説：「上海那邊的通知，是不是通知王洪文？」

毛主席説：「是。這個電話由你們打。」

當時，陳勵耘在我的房子裏，我就只好在毛主席那裏給王洪文打了一個電話。

10日13點40分專列由紹興返回，14點50分抵達杭州站。在離開杭州去上海的時候，我們沒有通知其他的人送，陳勵耘卻來了。陳勵耘到車站後，不敢同毛主席握手，也不敢接近毛主席。他心裏有鬼，當時神情很不自然。

他跟我握手時問我：「車開後，要不要打電話通知上海？」

我説：「你打電話給王洪文或者王維國，這兩個人都可以，就説我們的車出發了，還是在那個支線上停住。」以後我了解，陳勵耘確實打電話通知了王洪文。

後來據陳勵耘交代：8日晚上他有事，就是因為于新野到了杭州。于新野是找陳勵耘佈置任務的，但于新野有一些疑惑，不知道出了什麼事。于新野還追問毛主席到底在杭州講了些什麼話，陳勵耘就把毛主席同他們的談話內容報告了于新野。當時，于新野告訴陳勵耘，要在杭州、上海、南京之間謀害毛主席。據我們後來了解到的情況，陳勵耘在接待于新野的房子裏，掛着

一張毛主席像，陳勵耘一看到毛主席像就發愁。

從後來「聯合艦隊」成員的供述和我們調查得到的材料看，他們準備採用多種辦法來謀害毛主席：

第一種辦法：如果專列停在上海虹橋機場專用線上，就由負責南線指揮的江騰蛟指揮炸專用線旁邊飛機場的油庫，或者向油庫縱火。據王維國交代，他們安排由王維國以救火的名義帶着「教導隊」衝上火車，趁混亂的時候，先把汪東興殺死，然後殺害或綁架毛主席。

第二種辦法：這個辦法是準備在第一種辦法失敗後採用的。就是在毛主席的專列通過碩放鐵路橋時炸橋和專列，製造第二起「皇姑屯事件」。然後他們再宣佈是壞人搞的。碩放橋在蘇州到無錫之間，他們已經到那裏看了地形，連炸藥怎麼安放都測量和設計好了。

第三種辦法：如果碩放炸橋不成，就用火焰噴射器在路上打火車。周宇馳講，火焰噴射器可以燒透幾寸厚的鋼板。朝火車噴射，很快就會車毀人亡。王維國、周宇馳等人也到鐵路沿線看過地形了。他們準備從外地調火焰噴射部隊。由於我們行動提前，這個部隊沒有來得及調來。

第四種辦法：這個辦法是要陳勵耘在杭州用改裝的伊爾—10飛機轟炸毛主席的專列，由陳勵耘負責在飛機上裝炸彈。據陳勵耘後來供述：于新野找他佈置任務時，他曾提出杭州沒有可靠的飛行員，于新野答應回去向領導彙報，派一個飛行員來。他們準備派誰呢？派魯珉。魯珉當時是空軍司令部的作戰部部長。陳勵耘說：「那就好，那就幹！」陳勵耘還說，用飛機轟炸專列的辦法是可靠的。9月9日，于新野在上海對王維國說：「我們這次出動飛機炸，除飛機上的武器外，還要再加配高射機關槍，用來掃射從火車上跑下來的人。」

從這幾種辦法可以看出，林彪一伙謀害毛主席的手段是何等陰險毒辣！

當于新野同王維國一起策劃時，王維國又提出，如果毛主席下車住在顧家花園怎麼辦？于新野說，他看了地形，如果毛主席住在顧家花園，可以把王維國的「教導隊」帶上去，在住地附近埋伏好，用機槍把前後堵死，先把警衛部隊消滅，再衝進去。王維國還向于新野表態說：「首長（指林彪）的命令，我一定執行。」于新野、王維國都認為，在上海動手，地形比杭州要好，對他們更有利。9日下午，于新野坐飛機回北京前，王維國同他一起看過一次

地形，他們決定就在上海謀害毛主席。

于新野一回北京，就到西郊機場向林立果彙報。林立果在西郊機場的平房和它旁邊的空軍學院裏都有辦公室，那裏是他的據點。林立果馬上將謀害毛主席活動的進展情況報告給了在北戴河的林彪和葉群。這時，林立果和周宇馳對江騰蛟說，北線由王飛指揮，南線由你指揮，你要趕快回南方去。

王飛當時是空軍司令部的副參謀長，是「聯合艦隊」的骨幹成員。他們在北線預謀的行動，是要把在京的周總理、朱委員長、葉帥、聶帥、徐帥、劉帥等人都害死，也包括江青、張春橋、姚文元。王飛等人把釣魚台、中南海的地形都看了。周總理當時就住在中南海。他們打算用坦克衝中南海。王飛說，北京上空是禁飛的，用坦克可以把中南海的牆撞開。在他們密謀的過程中，還有人提議用導彈打中南海。他們說來說去，找不到一個合適的方案。

林彪知道搞政變的行動已經全面展開了，他有帶兵的經驗，怕單靠「聯合艦隊」這幾個人沒有把握，他要親自指揮一個大「艦隊」，他通過葉群把黃永勝、吳法憲、李作鵬、邱會作都調動起來了。那幾天，他們的電話聯繫十分頻繁，常常兩三部電話機同時講話，一講就半個小時、一個小時。據調查：9 月 10 日，黃永勝同葉群通話五次，其中兩次通話時間竟長達九十分鐘和一百三十五分鐘。同日，林彪給黃永勝寫信說：「永勝同志：很惦念你，望任何時候都要樂觀，保護身體，有事時可與王飛同志面洽。」他們稱毛主席為「B—52」。當葉群給吳法憲打電話問 B—52 的情況時，吳法憲向她報告了毛主席在杭州同陳勵耘等人的談話內容。

現在想來，那時的形勢是極其危險的。但毛主席並沒有把他掌握的危急情況全部告訴我，他老人家沉着地待機而動。當時，我也發現有些現象不正常，我們不能再在杭州住下去了，便轉往上海。由於我們行動快，使得陳勵耘、王維國等人措手不及。10 日 15 點 35 分，我們從杭州發車，18 點 10 分就到了上海。這次隨毛主席外出，我帶着中央警衛團幹部大隊一百人，前衛、本務列車都上了部隊。專列一到上海，我就把當地的警衛部隊全部撤到周邊去了，在毛主席的主車周圍全換上中央警衛團。離我們的專列一百五十米遠的地方是虹橋機場的一個油庫，要是油庫着火了，專列跑都跑不掉，所以特別派了兩個哨兵在那裏守衛。

到上海安排好後，我去見毛主席。毛主席說，要南京部隊司令員許世友

來上海談話。我們就打電話找許世友，不巧，許世友下鄉去了。

10日晚上，毛主席同上海負責人王洪文見面，但沒有談幾句話。王洪文住在車下的房子裏，他還要我也搬到車下來住，我謝絕了。

第二天上午，許世友來了。毛主席與許世友、王洪文和我，談了兩個小時的話。毛主席說：犯點錯誤是不要緊的，有的屬於認識問題。現在有的同志有些認識不到嘛，那就等待，而且要耐心地等待嘛。毛主席又說：要爭取主動，有了錯誤，不認識，不改正，在那裏頂着不好，這會加重錯誤，包袱越背越重，甩掉包袱，輕裝上陣，人就舒服了。他還指出：有人在搞陰謀詭計，不搞光明正大；在搞分裂，不搞團結。許世友表示：廬山會議問題，按毛主席的指示辦。

談到中午，毛主席說：「到吃中午飯的時間啦！今天，我就不請你們在車上吃飯了。王洪文，你請許世友到錦江飯店去吃飯，喝幾杯酒。」

許世友說：「汪主任，你也去。」

我說：「不去了，謝謝。」

毛主席當着他們的面對我說：「汪主任，你把他們送走以後，再回來一下。」

我送許世友、王洪文下車時，看到王維國也來了，他一直在休息室裏等着毛主席召見，然而毛主席沒有找他談話。王維國見我們時，表情異樣。王洪文把他拉上車，與毛主席在車廂門口握了一下手，就被我送下了車。

我下車送走許世友、王洪文、王維國等人後，馬上回到車上去見毛主席。

毛主席問：「他們走了沒有？」

我說：「走了。」

毛主席馬上說：「我們走，你立即發前衛車。」

我說：「不通知他們了吧？」

毛主席說：「不通知。誰都不通知。」

我們執行毛主席的命令，立即發了前衛車。13點12分，我們的車也走了。

專列開動時，車站的警衛員馬上報告了在錦江飯店吃飯的王洪文。王洪文小聲告訴許世友說：「毛主席的車走了。」

許世友很驚訝地問：「哎呀！怎麼走了？」

王洪文對許世友說：「既然走了，我們還是吃飯吧。」

王洪文、許世友、王維國等人吃了兩個多小時的中午飯，吃完飯時已經是下午了。許世友便乘一架伊爾—14 趕回南京，然後到車站接我們。

我們專列 18 點 35 分到南京，在南京站停車十五分鐘。許世友在南京站迎接，毛主席說：「不見，什麼人都不見了，我要休息。」

我下車見了許世友，我跟他說：「毛主席昨天晚上沒睡，現在休息了。毛主席還說，到這裏就不下車了。」

許世友說：「好！」他接着問我：「路上要不要我打電話？」

我說：「不用了，我們打過了。」

許世友又問：「蚌埠停不停？」

我說：「還沒有最後定。一般的情況，這個站是要停的，但主席沒定。」

專列從南京開出後，到蚌埠車站是 21 點 45 分，停車五分鐘。9 月 12 日零點 10 分到徐州，停車十分鐘。到兗州時是 2 點 45 分，沒有停車。到濟南時是 5 點，停車五十分鐘。在濟南車站，我打電話給中辦值班室。要他們通知紀登奎、李德生、吳德、吳忠到豐台站，毛主席要找他們談話。專列到德州時是 7 點 40 分，停車二十分鐘。11 點 15 分到天津西站，停車十五分鐘。

12 日 13 點 10 分，專列在豐台停車。毛主席與紀登奎、李德生、吳德、吳忠和我談了話，一直談到下午 3 點多鐘才結束。在談話中，毛主席談了黨史上歷次路線鬥爭，談了 1970 年盧山會議上的鬥爭，以及盧山會議後採取的甩石頭、摻沙子、挖牆腳的做法，談了華北批陳整風彙報會及黃、吳、葉、李、邱等人的檢討。繼續強調：要搞馬克思主義，不要搞修正主義；要團結，不要分裂；要光明正大，不要搞陰謀詭計。要堅持「懲前毖後，治病救人」的方針，要「團結起來，爭取更大的勝利」。

過去，毛主席從來沒有白天到北京站下車的，這次是個例外。下午 15 點 36 分，專列由豐台開出，16 點 5 分到北京站。毛主席下火車後坐汽車回到中南海。

從杭州動身到這時，毛主席已經三天沒有休息好了。到中南海，我對毛主席說：「您睡吧。」

毛主席對我說：「你也睡一睡吧。」

我說：「我也回去睡一睡。」

回來後，我打電話給周總理，周總理還不知道出了什麼問題，感到詫異。他問：「你們怎麼不聲不響地就回來了，連我都不知道。路上怎麼沒有停？原來的計劃不是這樣的呀。」

我回答總理說：「計劃改了。」我還說，電話上不好細說，以後當面彙報。

這時，林立果等人正在加緊策劃和實施謀害毛主席和中共中央其他領導人的陰謀，突然接到王維國從上海打來的電話，報告毛主席的專列已經離開上海。這幫傢伙被嚇壞了，林立果連聲說：「糟糕！糟糕！」

林立果探聽到毛主席確實於9月12日下午回到中南海的消息後，深感謀害毛主席的陰謀已經破產。他在驚恐之餘，給北戴河的葉群打電話，說情況緊急，兩小時以後飛往北戴河，並說，他走後北京由周宇馳指揮。林立果還對周宇馳等人說，現在情況變了，我們要立即轉移，趕緊研究一個轉移的行動計劃。

他們要轉移到哪裏去呢？他們要按照早在《五七一工程紀要》中密謀的方案，即謀害毛主席不成，就轉移到廣州去另立中央政府，分裂國家。這就是審判林彪反革命集團時所說的「兩謀」：一個是陰謀殺害毛主席；另一個是陰謀帶領黃永勝、吳法憲、李作鵬和邱會作南逃廣州，另立中央政府，分裂國家。

為了轉移，他們安排了五架飛機飛往廣州：一架256號「三叉戟」，是林彪的專機；另外再安排一架「三叉戟」給黃永勝等乘坐；第三架是伊爾—18；第四架是安—12運輸機，可以裝汽車；第五架是安—24，也可以裝防彈車。此外，他們還打算為林彪再準備一架伊爾—18。林立果在電話中把這些安排都報告了林彪。林彪說：「立即轉移。」隨後，林立果傳達給王飛說：「你這樣安排對。林副主席決定立即去廣州。」

據後來調查得知，林彪他們有一個先談判、後動武的計劃，他們想到了廣州以後，先提出條件同北京談判。但他們估計談判成功的可能性小。這樣，他們就計劃在廣州立即召開師以上幹部會議，進行動員，並宣佈成立中央政府。要動武，就聯合蘇聯，南北夾擊。林立果要求通知廣州部隊空軍參謀長顧同舟，要他安排好車輛和房子。林立果還對于新野說，馬上打電話給上海的王維國，通知他9月13日早上有一架伊爾—18飛機在上海着陸，把警衛團二中隊換下來，讓王維國的空四軍「教導隊」和上海的「聯合艦隊」

成員做好準備，搭乘這架飛機去廣州。林立果還要求于新野給空軍軍務部打電話，通知馬上準備好三十支手槍、兩支衝鋒槍，並多準備一些子彈。這些策劃佈置下去後于新野立即去空軍大院協助江騰蛟、王飛組織人員轉移。周宇馳揮着胳膊對江騰蛟和王飛說：「他媽的，成敗在此一搏！」

12 日晚 8 點左右，周宇馳在空軍學院召集王飛、于新野一伙開了一個秘密會議。會上確定，由王飛、于新野負責組織人員，保護林彪一伙南逃。他們計劃：13 日早晨 8 點，林彪由山海關機場直飛廣州；13 日早晨 7 點，黃永勝、吳法憲、李作鵬、邱會作等人則由北京西郊機場直飛廣州。

然而，事與願達。玩火者必自焚。歷史無情地證明：林彪的「兩謀」，不過是一伙陰謀家的垂死掙扎而已，他們是逃不脫失敗的命運的。

二

離北戴河西海灘兩公里處的聯峰山松樹林中，有一棟兩層小樓，這就是當時林彪、葉群住的中央療養院 62 號樓（原為 96 號樓）。1971 年 9 月 12 日天色漸黑時，林彪、葉群在這裏正忙着調兵遣將。可表面看來，62 號樓卻是十分平靜的。林彪、葉群在接到林立果馬上要飛到北戴河的電話後，還要了一個花招，宣佈當天晚上要為他們的女兒林立衡與她的戀愛對象張清霖舉行訂婚儀式。葉群指示秘書和工作人員說，不請人吃飯，但要準備好煙、糖果、茶等，另外再準備兩部電影招待大家。他們這樣做，顯然是要轉移工作人員的注意力，掩蓋他們的陰謀活動。

晚間，葉群還與林立衡一起看電影，電影的名字叫《甜甜蜜蜜》。8 點多，林立果乘專機飛到山海關機場，9 點到了林彪住地。林立果送了一束鮮花給林立衡，表示祝賀。林彪、葉群搞陰謀的事，林立衡當時不知道。林立衡與葉群平時就有矛盾，葉群有事總是背着她。林立衡是個很聰明的人，她看出林立果到這裏後，家裏好像有事不讓她知道。葉群一退場，她也從電影室出來，到林彪的房間外邊去聽。她聽到林彪、葉群、林立果三個人在一起談話，隱隱約約地說要去什麼地方。林立衡聽到這些話，心裏很緊張。她馬上去向當時在北戴河保衛林彪的 8341 部隊的副團長張宏和二大隊的隊長姜作壽報告。

晚上 9 點 20 分左右，張宏、姜作壽聽到林立衡的報告，姜作壽立即打電話將情況報告給在北京的中央警衛局副局長張耀祠。張耀祠立即趕到我的辦公室，說：「情況很緊急，怎麼辦？」我馬上打電話找周總理，周總理當時正在人民大會堂福建廳開會，主持討論將在四屆全國人大會上作的政府工作報告的草稿。

我將林立衡報告的情況向周總理報告後，周總理問我：「報告可靠嗎？」

我回答說：「可靠。」

周總理還對我說：「你馬上打電話通知張宏，如果有新的情況，立即報告。」

我和張耀祠當時都守在我的辦公室裏。這時，張宏又來電話說：「林立衡還報告，她聽接林立果的汽車司機講，林立果是乘專機從北京來的，這架專機現在就停在山海關機場。」我馬上又將這個情況報告給周總理。

這時，周總理已經不能繼續主持開會了，他來到東大廳的一間小房子裏處理北戴河的問題。他打電話要我別離開電話機。我說，不會離開，我就在電話機旁邊等着。周總理隨後打電話把正在大會堂參加政府工作報告草稿討論會的吳法憲找來，問他知道不知道有一架飛機到北戴河去了，吳法憲說不知道，並說他要問一問空軍調度室。周總理要求吳法憲立即去問。吳法憲就到另一個房間打電話去了。周總理這時又打電話給我，讓我立即轉告北戴河的張宏，讓張宏去查一查，山海關機場是不是有一架專機？並要求我如果有什麼新情況，馬上向他報告。我從張宏那裏很快就得到答覆說，他已問過山海關機場，確實有一架專機，專機的機組人員正在休息，這個機場歸海軍管理。我立刻將這一情況報告了周總理。

晚上 11 點半，周總理親自打電話給葉群，周總理問葉群：「林副主席好不好？」

葉群說：「林副主席很好。」

周總理問葉群知道不知道北戴河有專機，葉群一開始時騙周總理說她不知道。

稍微停一下，葉群又說：「有，有一架專機，是我兒子坐着來的。他父親說，如果明天天氣好，要上天轉一轉。」

周總理又問葉群：「是不是要去別的地方？」

　　葉群腦子反應很快，回答周總理說：「原來想去大連，這裏的天氣有些冷了。」

　　周總理說：「晚上飛行不安全。」

　　葉群說：「我們晚上不飛，等明天早上或上午天氣好了，再飛。」

　　周總理又說：「別飛了，不安全，一定要把氣象情況掌握好。」

　　周總理還說：「需要的話，我去北戴河看一看林彪同志。」

　　周總理提出要去北戴河，這一下子葉群警覺了，她慌了。周總理要是一來，林彪南逃廣州，另立中央政府的陰謀也就破產了。葉群勸周總理不要到北戴河來，她說：「你到北戴河來，林彪就緊張，更不安。總之，總理不要來。」

　　這時，周總理在人民大會堂，我在中南海南樓，都忙得不可開交。周總理派李德生到空軍司令部作戰值班室去協助他臨時負責指揮，還派楊德中陪吳法憲去了西郊機場。

　　林彪聽了葉群的彙報，得知周總理要來北戴河。他說：「我也不休息了，今晚反正睡不着覺了。你們趕快準備東西，我們馬上走。」此時，葉群更加驚慌，也說：「越快越好。」

　　這樣的命令一下，62 號樓的人就忙開了，但是他們都不知道為什麼要走得這樣快。林彪的汽車立刻被調到了他的住房門口。林彪快要上車時，葉群派人找過林立衡。

　　林立衡自從報告了林彪要去外地的情況後已經不敢再回去了。這時，二大隊執勤的哨兵也向大隊部報告，說林彪住地很亂，搬東西的人來來往往。

　　林彪和葉群、林立果先後上了汽車。林彪問林立果和警衛秘書：「去伊爾庫茨克要飛多少時間？」

　　林立果說：「很快就到。」

　　林彪問完後，汽車就開動了。林彪的警衛秘書坐在前座上，後邊是林彪、葉群、林立果等人。汽車衝過崗哨時，哨兵攔阻，葉群命令司機衝過去。警衛秘書突然改變主意，叫一聲「停車」，司機沒有聽，只是將車速稍微慢了一下，警衛秘書就打開車門跳下車。汽車裏有人向他開了槍。張宏、姜作壽等看到這些，坐車追了上去。

　　林彪的紅旗牌轎車時速開到一百公里左右，張宏他們乘坐的吉普車根本

追不上，等追到山海關機場的時候，林彪已經上了飛機，由於緊張和慌亂，林彪的帽子和葉群的圍巾都掉在地上。飛機還未加完油就起飛了，專機的兩個駕駛員，只上去一個，領航員、通訊報務員都沒有來得及登上飛機。

張宏他們在機場上把林立果找對象選來的幾個「美女」拘留了。這些「美女」當時都領了槍，她們拿着槍不讓我們警衛戰士進屋。張宏對她們說：「你們這是幹什麼！我們是保衛林副主席的，你們怎麼這個樣子！」警衛戰士一進去就把她們的槍繳了。

13 日零點 32 分左右，我接到張宏從山海關機場打來的電話，說林彪等強行登上飛機，已經起飛了。

與此同時，林立衡也打電話對我說：「聽到飛機響了，好像是上天了。」

我對她說：「你報告得遲了一點。」

她對我說：「剛聽到飛機聲。」

我對她說：「我現在沒有時間接你的電話。」就把電話掛了。

我立即打電話給周總理，說：「毛主席還不知道這件事，您從人民大會堂到毛主席那裏，我從中南海南樓到毛主席那裏，我們在主席那裏碰頭。」我叫張耀祠同我一起去，我說：「你要去主席那裏守電話。」我們和周總理幾乎是同時到了毛主席那裏。

我們正向毛主席彙報時，吳法憲從西郊機場打電話找我，說林彪的專機已經起飛三十多分鐘了，飛機在向北飛行，即將從張家口一帶飛出河北，進入內蒙古。吳法憲請示，要不要派殲擊機攔截？我說：「我立即去請示毛主席，你不要離開。」

當時，毛主席的房子裏沒有電話，電話在辦公室裏，離我們向毛主席作彙報的房間還有幾十米遠。我馬上跑步回去，報告毛主席和周總理。毛主席說：「林彪還是我們黨中央的副主席呀。天要下雨，娘要嫁人，不要阻攔，讓他飛吧。」周總理同意毛主席的意見，讓我馬上去傳達給吳法憲，我又跑回值班室，只告訴了吳法憲一句話，就是不要派飛機阻攔，沒有告訴他其他內容。

這時是 9 月 13 日凌晨 1 點 12 分。林彪專機從起飛時算起，已經飛了四十分鐘，快要飛出國境了。把這架專機放過去，這是毛主席、周總理的意見。這個意見是對的。要是把這架專機攔截下來，那可不得了！會在全國造

成不好的影響。林彪是黨的副主席，我們當時並不知道他要飛到哪裏去，做什麼事，攔截專機，我們怎麼向全國人民交代！後來才知道，當時的實際情況是林彪、葉群經過長期策劃，認為只要毛主席健在，無論是威望，還是文武方面，他林彪都不是對手。所以林彪想出三個計策：上策是謀害毛主席，奪取黨和國家最高領導權；中策是南逃廣州，另立中央政府；下策是北飛叛逃國外。

9月13日凌晨3點多，我們還沒有離開毛主席住地，空軍司令部又打來了電話，説調度室報告，北京沙河機場有一架直升機飛走了，機號是3685，機上有周宇馳、于新野、李偉信和正副駕駛員共五人，直升機向北飛行。我馬上將這個情況報告毛主席和周總理，毛主席和周總理異口同聲地説：「下命令，要空軍派飛機攔截。」空軍的殲擊機升空以後，由於天空很黑，直升機又沒有開航行燈，殲擊機沒有找到目標。

駕駛直升機的飛行員是陳修文。這個同志很好，後來被追認為烈士，他當時裝着很焦急的樣子，喊叫説沒有油了，要降落下去加油。其實油是夠的。周宇馳説不能降落，降落下去，大家就都別想活了。周宇馳還謊稱，林副主席已經坐「三叉戟」專機在烏蘭巴托降落了，你們不要害怕，出了國境就行。

陳修文聽周宇馳這樣一講，便操縱飛機搖晃了一下，然後利用飛機晃動的機會改變了航向。這時，天已經發亮，陳修文看到頭頂上的殲擊機了。周宇馳他們也看到了，很緊張，陳修文這時開始往回飛，並將羅盤破壞了。周宇馳發現後，問陳修文為什麼改變飛機的航向。陳修文説，頭上有殲擊機，如果不機動飛行的話，可能要被打下來。周宇馳又問陳修文，羅盤怎麼不對。陳修文説羅盤早就出了故障。這樣一來，周宇馳只能感覺航向有變化，而不知道飛機往哪裏飛。陳修文知道方向，他駕駛飛機經張家口、宣化等地又飛回北京。直升機在懷柔沙峪的一個空地上空盤旋了五圈後，開始降落。當直升機降落在離地還有二十米時，周宇馳開了兩槍，把陳修文打死了。陳修文旁邊的副駕駛員陳士印，將陳修文身上流出來的血抹在自己的臉上，躺在飛機上裝死，否則他也被害了。

周宇馳、于新野、李偉信從直升機上爬下來後，就往山上跑，一直跑到累得跑不動時才停下來。周宇馳説：「這樣不行，早晚都是死，跑是跑不了

的，咱們今天就死在這裏吧。」他還說：「有兩種死法，第一種是如果你們怕死，我就先把你們打死，然後我再自殺；第二種是如果你們不怕死，那就自己死。」說完這些話，周宇馳就把帶在他身上的林彪的手令和林彪給黃永勝的親筆信撕了。這兩個被撕的罪證，後來都找到了。

于新野說：「我們還是自己死，不用你打，你喊一、二、三，我們同時開槍。」當周宇馳喊過「一、二、三」後就聽「砰！砰！砰！」三聲槍響，可是倒下的只有兩個人。李偉信怕死，他把槍彈射向了天空。看到周宇馳和于新野兩個人都躺在地上死了，李偉信爬起來就跑。這時，民兵已經趕到，就地把李偉信抓起來了。當時，李偉信還喊：我要找衞戍司令。

9月14日上午8時30分，蒙古人民共和國外交部打電話通知中國駐蒙古大使館，說副外長額爾敦比列格約見中國駐蒙古大使，要通報一架中國噴氣式飛機在蒙古失事的情況。中午12時20分，中國駐蒙古大使將飛機失事的情況報告中國外交部。外交部在代外長姬鵬飛主持下召開了黨組會，並將這個情況很快報告給中共中央。當時，我們都在人民大會堂東大廳開會，是中央辦公廳副主任王良恩接到的報告。

周總理看到報告後，在會場上對我說：「得到了一個重要消息，你是不是馬上去報告毛主席？」

我說：「我馬上就回去報告毛主席。」隨後，我就把這個消息報告了毛主席。

毛主席想了一下，問我：「這個消息可靠不可靠？為什麼一定要在空地墜下來？是不是沒有油了？還是把飛機看錯了？」

我說：「飛機到底是什麼情況，現在不清楚，大使準備去實地勘察。目前還不知道飛機是什麼原因墜落下來的。」

毛主席又問我：「飛機上有沒有活着的人？」

我說：「這些情況都不清楚，還要待報。」

這個消息雖然很不具體，但它卻使毛主席、周總理和參加會議的中央政治局大多數人心裏的石頭落了地。

我國駐蒙古大使後來到飛機失事的現場去了解了情況，飛機墜毀在蒙古溫都爾汗附近肯特省貝爾赫礦區南十公里處，是中國民航256號「三叉戟」飛機，機上八男一女，全部死亡。關於飛機墜毀的情況和外交部交涉的情

況，大使和經辦的外交官已都有文章發表，是可靠的。

不久，我們把降落在懷柔的直升機上繳獲的林彪的一些文件，如林彪的手令、給黃永勝的信等調出來看時，在場的黃永勝、吳法憲、李作鵬、邱會作等都驚呆了。

林彪叛逃後，就如何處理同林彪有密切關係的黃永勝、吳法憲、李作鵬、邱會作等人的問題，毛主席對周恩來說：「看他們十天，叫他們坦白交代，爭取從寬處理。老同志，允許犯錯誤，允許改正錯誤，交代好了就行。」

但是，黃永勝這些人，在十天中既不揭發林彪的罪行，又不交代自己的問題，什麼都不坦白。十天後，毛主席把我找到他的住處說：「黃永勝他們怎麼處理了？你去問一問總理。」

於是，我馬上趕到人民大會堂新疆廳向周總理彙報，說毛主席催問對黃永勝等人的處理情況。

周總理讓我等一下，待他接見完外賓後，同他一起乘車去見毛主席。當我同周總理到達中南海毛主席住所後，周總理向毛主席報告說，他們在拚命燒材料。

毛主席說：「是啊，那是在毀滅證據嘛。這些人在活動，是要頑抗到底了！」

周總理對毛主席說：「我馬上辦，今天晚上辦不成，明天早上一定辦成。」

周總理和我從毛主席那裏出來後，周總理對我說：「你不能離開中南海，要嚴加保衛毛主席的安全。我們有事時可以找張耀祠、楊德中，必要時找你。」我當時向周總理建議不要在集體開會時解決，要分開來，一個人、一個人地辦。

後來是在人民大會堂福建廳向黃永勝等人宣佈中央對他們實行隔離審查的決定的。當時，怕他們反抗，把福建廳的煙缸、茶杯都端走了。周總理對他們宣佈說：「限你們十天坦白交代，爭取從寬處理，你們不聽。這個事還小呀？還有什麼事比這個事更大！你們對黨對人民是犯了罪的。現在宣佈對你們實行隔離審查。」

一場陰險狠毒的反革命政變就這樣被徹底粉碎了。人民終於將這伙野心家、陰謀家押上了審判台，永遠釘在歷史的恥辱柱上。

中共中央在 1981 年所作的《關於建國以來黨的若干歷史問題的決議》中

指出：「一九七○年至一九七一年間發生了林彪反革命集團陰謀奪取最高權力，策動反革命武裝政變的事件。」「毛澤東、周恩來同志機智地粉碎了這次叛變。」歷史的事實確實是這樣的。

　　毛主席在與林彪反革命集團的鬥爭中，以他異常豐富的鬥爭經驗，成功地識破、挫敗了林彪集團在廬山九屆二中全會上陰謀奪取最高權力的宗派活動。此後，他採取了一系列措施，逐步削弱了林彪集團的勢力。1971 年南方視察期間，毛主席又以其偉大的政治家、戰略家的膽識，成功地挫敗了林彪反革命集團策劃的暗殺、分裂等一系列陰謀，在與林彪反革命集團策動的反革命武裝政變與分裂活動的殊死搏鬥中，奪取了全面勝利。中國共產黨沒有被分裂，中華人民共和國沒有被分裂，中國的歷史避免了一次大倒退。

我所知道的「乒乓外交」

趙正洪

　　人的一生中，能直接參與重大歷史事件的機會是很少的，能直接參與世界重大歷史事件的機會更是微乎其微。正因為是這樣，所以到了晚年，「如煙往事俱忘卻」的時候，這些重大事件反而更加凸顯出來。我親身經歷的「乒乓外交」就是當年轟動世界的一件重大歷史事件。作為這件事的直接參與者，我看了一些有關此事的文章，總感到有不盡完善和與歷史有出入之處。為此，我今天盡自己所能，將當年的歷史事件如實寫出，供人評説。

戰前受命

　　1970 年，當時的國家体委軍管會召集會議，研究我國是否派隊參加第三十一屆世界乒乓球錦標賽的問題。「文革」中，我國的乒乓球隊伍受到很大摧殘。第一個世界冠軍容國團、主教練傅其芳被迫害致死，訓練全部停止，體委機關內也是派性甚濃，再加上我國已有兩屆未參加世界乒乓球錦標賽，因此是否參加第三十一屆世界乒乓球錦標賽的確不好下決心。

　　在這次會上，當時的軍管會負責人説：「明年是舉行第三十一屆乒乓球賽的一年。世界輿論認為中國隊應該參加，要是沒有中國隊參賽，就不能稱為世界性的比賽。因為中國乒乓球隊水平高，參加比賽才能反映當今世界乒乓球運動的技術水平。」經過研究，軍管會議決定，向中央寫報告，請示毛主席、周總理批准派隊參賽。

　　隨後，外界的推動力越來越大了。1971 年 1 月 25 日下午，日本乒乓球

協會會長後藤鉀二先生一行四人來到北京，邀請中國派乒乓球代表團參加第三十一屆世界乒乓球錦標賽。後藤先生認為沒有高水平的中國隊參加，就不能算「世界級」比賽，當晚就向我有關方面遞交了一份會談紀要。中日雙方的會談是在周總理親自關懷下進行的，因而比較順利，幾個技術性問題很快解決了。1971 年 2 月 1 日，中日雙方在北京簽署了會議紀要。但是最後中國隊是否參賽，仍有待中央拍板。

當時距比賽日期 3 月 28 日不到兩個月，距參賽報名截止日期只剩下十天了。時間緊迫，參賽準備工作必須加速進行。軍管會要我負責乒乓球隊的訓練工作。當時我剛剛被解除「群眾專政」不久，才恢復工作。因此接受這項工作後，我基本上泡在乒乓球訓練館。運動隊多年沒訓練了，抓起來有些吃力。但運動員、教練員熱情很高，練習很刻苦。有時軍管會研究參賽的政治問題也通知我參加。

有一次周總理接見軍管會領導，討論第三十一屆世界乒乓球錦標賽的問題，把我也找去了。周總理主要是了解軍管會的意見和參賽準備情況。他在會議結束時要求把詳細情況準備一個方案，然後上報。

散會後，我趁機找到周總理，提出了想回部隊工作的要求。因為「文革」中我雖然在體委被批鬥、關押，但我還一直保留着軍籍，現在被「解放」了，我想回到部隊去。周總理聽完了我的話後，對我說：「第三十一屆世界乒乓球錦標賽，我國要參加的話，準備由你率隊去日本。這種情況下你怎麼能回部隊呢？這是一項重要任務，『文革』以來第一次派隊出國比賽，你可不能三心二意啊！要集中力量，抓好訓練，做好思想工作，技術上要抓緊訓練。」總理的一番話使我深受感動。「文革」前，乒乓球隊就經常受到周總理的關懷。幾次參賽回來，周總理總要設家宴招待參賽隊員、教練員和團長、領隊、體委副主任。總理每次都風趣地事先打招呼：「我請你們到我家吃飯，錢我出，但要自帶糧票。」席間總理和大家談笑風生。有時周總理還拉上我這個技術不怎麼樣的人一起打一盤乒乓球。

「我隊應去」

向周總理彙報後，軍管會根據總理接見時的指示精神，組成了出席第

三十一屆世界乒乓球錦標賽的中國代表團。經上級批准，代表團領導班子由我、符志行、魯挺、王曉雲和宋中組成。我任團長，符志行、魯挺、王曉雲任副團長，宋中代乒協主席。符志行實際上是代表團政委。我仍分工抓訓練。經過一段突擊訓練，運動員基本恢復了原來的技術水平。當時我國年青一代選手中有幾名後起之秀，外國人不摸底。這也是我們的優勢。

但是，當時國際形勢風雲變幻。中蘇對峙，蘇聯大兵壓境。美國雖然開始與我國進行某種接觸，但中美關係在當時仍是嚴峻的。中日並無外交關係。我國參賽的消息傳出後，蔣介石集團的特務、日本右翼勢力紛紛活動。在這樣的國際形勢下，國家体委領導班子對是否派隊參加又有些猶豫。3月14日晚，召開了有體委領導、代表團成員參加的會議，研究去不去的問題。我也參加了會議。會上展開了爭論，基本上分成兩種意見。一種認為，我們應該去。理由是我們已經報了名，如果不去，有損我國信譽；另一種意見是，在國際上有幾股敵對勢力千方百計想破壞我隊參賽，我隊不應該去。有的人說：「我國乒乓球隊在世界上很有名望。我們花那麼大本錢培養出的這支隊伍，把家底都端出去如果出了問題，那損失可太大了。」會上不同意去的佔多數。我雖然認為我隊應該去，但自己剛出來工作，無職無權不宜表態。

大家討論完，已經是下半夜了。周總理打電話要聽彙報。韓念龍、王新亭、劉春、曹誠、宋中和我去向周總理彙報。周總理聽完彙報，沉思片刻說：「不去怎麼能行？我們怎麼能不守信用呢？」他耐心地闡明了我隊要去的理由，最後果斷地說：「我們信守諾言，參加第三十一屆世界乒乓球錦標賽。」總理邊說邊抽出鉛筆親自給毛主席寫報告。寫完後馬上由秘書送給毛主席。當天早上，毛主席批示傳到體委。毛主席批示：「照辦。」還批道：「我隊應去」，「要一不怕苦，二不怕死」。至此塵埃落定，我隊決定出征日本。

出征之前

毛主席的批示下來後，準備工作更加緊張地進行了。由於是停賽多年後第一次參賽，不少人心情緊張。我也是如此。當時軍管會的一些人對我說：「七個冠軍都要拿回來，一個也不能丟！」有的甚至說：「這次比賽一定要打好，打不好，不僅是個檢討的問題。」有的老同志和我開玩笑說：「老趙啊，

這可是『文化大革命』以來第一次出去啊，要不拿幾個冠軍回來，你就在飛機上跳海吧，別回來了。」雖然是玩笑話，但壓力之大，可想而知。當時周總理常強調，體育比賽中要「友誼第一，比賽第二」，有關領導卻強調「七個冠軍都要」。當時我隊雖然經過訓練，水平有所恢復，但如何強調把友誼和拿冠軍的關係處理好，我心中沒底。為了不辜負毛主席、黨中央的希望，不辜負周總理的信任，我決心紮紮實實做好工作。

我認為千條萬條，抓好運動員的工作是基礎。我先後找了教練員徐寅生，運動員莊則棟、李景光、梁戈亮、鄭敏之、林慧卿等個別談心、摸底。莊則棟說：「拚，沒事。」李富榮說：「這次比賽男女各拿一兩個冠軍問題不大，都拿不可能。」一些新隊員表示：「我們沒有參加國際比賽的經驗，但我們拚命去幹。」運動員鬥志高昂，刻苦準備，我心裏感到踏實了些。

代表團黨委開展了強有力的思想工作。主要是針對嚴峻的國際形勢和比賽中可能遇上的情況，加強教育。要求大家在國際鬥爭中既要站穩無產階級立場，又要貫徹「友誼第一，比賽第二」的方針，廣交朋友，擴大影響。新運動員則加強心理素質訓練。在技術上組織教練員、運動員逐一檢查，針對弱點加強訓練，研究制服主要對手的方法和策略。全體隊員決心爭取勝利。我也增強了信心。

3月16日晚9點30分，周總理接見即將在第二天啟程的全體中國乒乓球代表團成員，包括運動員、教練員、工作人員和代表團領導共六十餘人。

周總理首先強調了參加第三十一屆世界乒乓球錦標賽的重要意義，同時對參賽的政治、技術情況及有利條件講得一清二楚。總理把大道理講得通俗易懂，對乒乓技術也講到了點子上。他很懂乒乓球。最後，他又再三強調了「友誼第一，比賽第二」的方針。我們原打算由莊則棟代表全團人講話，莊則棟也作了準備。但當莊則棟要講的時候，周總理制止他說：「讓趙團長講。」我說：「堅決按照毛主席的教導、周總理的指示辦，組織好參賽。貫徹『友誼第一，比賽第二』的方針，廣交朋友，提高警惕，保證安全，力爭政治、技術雙豐收，為國爭光。請總理並轉告毛主席他老人家放心。」我講完後，總理點了點頭。

接見結束時，大家都走了之後，周總理又對我說：「這次參加三十一屆世界乒乓球錦標賽，是『文革』中第一次派運動隊出去參加世界比賽，它的意

義是很大的，責任重大，情況極端複雜。你是打仗出身的，也可以説是身經百戰的人。西路軍打得很殘酷，你跟李先念同志打到新疆，是很艱難、很不容易的。這次去，與真槍實彈面對敵人打仗是大不一樣的，這是一場特殊的戰鬥。你要很深刻地理解主席的指示。」我向總理保證，主席的指示，已經字字句句記在心中，「一不怕苦，二不怕死，堅決完成任務」。總理説：「好！這是主席批給我的，你不僅要記住，還要認真貫徹主席的指示和中央的方針。在複雜的情況下，遇事要十分慎重，要多與黨委同志們研究。要提高警惕，保證大家的安全。」我表示一定要按總理的指示辦，堅決執行主席和總理的命令。總理緊緊地握了我的手，我更加感到肩上的擔子沉重。

初到日本

總理接見後第二天，代表團乘飛機到廣州，再由廣州乘火車抵達香港。為了保證代表團全體人員的安全，到香港時沒有住旅館，全團住進了新華社香港分社辦公室。

在香港等飛機時，周總理非常關心運動員的健康，派專人給我們送來了當時國內很緊張的球蛋白針劑。總理在電話中親自對我交代：「球蛋白是預防感冒的，你要親自過問這項工作，讓每個人都打一針。代表團全體同志都要打，特別是運動員一定要打。你要一個人一個人落實。」周總理還讓人送來一份紀念巴黎公社一百週年的紀念文章，讓我們組織學習。

為了代表團的安全，周總理親自安排代表團搭乘兩架聯邦德國航空公司的飛機前往日本。聯邦德國那家航空公司的總經理為了表示重視，親自乘坐我所乘的那架飛機一同前往。另一架飛機也有聯邦德國那家航空公司的高級經理人員陪乘。

3月21日，飛機準時從香港起飛。飛機飛臨台灣上空時，聯邦德國那位總經理向我介紹：「下面是台灣海峽。」我特別向下看了看，想到當年在空軍率部隊到福建參戰，把蔣介石的飛機趕出福建省上空，不禁感慨萬千；又想到眼下這場國際舞台上的鬥爭，想到周總理的關懷、指示，更加感到任務的艱巨。

兩個多小時後，飛機到達日本上空。先到的一架飛機在空中逗留，等我

們的飛機先着陸。飛機停穩後，我從飛機的窗口往下一看，羽田機場停機坪到處是人。我們還未下飛機，日本方面幾位負責接待的人上來接我們。日本警察也登機了，對我表示要盡力保護代表團的安全。剛下飛機，記者和來歡迎的人就圍得水洩不通。我被人群前呼後擁地推上了汽車，連我們自己的記者都來不及拍照了。機場戒備森嚴，警察出動了三四千人。機場人群中有拿五星紅旗的，也有手持國民黨旗的。

乘車去住處的沿途，道路兩邊到處是歡迎代表團的人群，有人舉着五星紅旗，喊着歡迎代表團的口號。當然也有少數人拿着青天白日旗，拿着擴音器吱啦吱啦到處亂竄。這也早在我們的意料之中。

日本警察還是很負責任的。代表團統一住在東京一家大旅館，日方到處都派有警察站崗。愛國華僑也自發地組織起來，在旅館輪流站崗。我在日本期間有八個人形影不離地跟着：四位日本警察，四位華僑。氣氛相當緊張。

到東京第二天，我們代表團就到一所學校開始訓練，後來和日本學生一起訓練，隨便參觀。這一下轟動了。東京各報紛紛發表文章說：「中國變了。其他國家訓練時保密，不允許別人看，而中國隊卻是公開訓練，不論是運動員、學生、市民都可以看。」還讚揚我們：「中國乒乓球代表團的友好態度，出乎預料。」公開訓練擴大了我國與日本廣大人民群眾的接觸，廣泛影響了日本各界人士，各國記者也廣為報導，擴大了我國民間體育外交的影響面。

在名古屋

代表團在東京短暫停留後，移師名古屋，包下了一家滕久觀光旅館。愛知縣警察總部佈置了大批警察，日本警視廳特地派專員到名古屋坐鎮指揮。就是這樣，每天仍有七八起國民黨的特務和反動分子到中國代表團住處遊行、罵街、燒毛主席像、燒中國國旗。他們一來，我們就向日方提出抗議。當局就派警察驅趕。有時還有壞人趁我們到訓練和比賽場時，向我們扔只燃燒不爆炸的火藥包。我們有充分的思想準備，有強大的祖國做後盾，根本不怕這些人搗亂，照樣去訓練，去接觸群眾。但是為了完成周總理交給我的任務，我的工作是十分緊張的。除了和運動員一起去訓練、比賽場地外，在旅館時就讓翻譯給我讀當天的各種報紙，注意分析日本各界輿論。當時日本新

聞界和有關方面拚命挖新聞，有時到了很讓人擔心的程度。甚至有時代表團領導人之間的開會談話，第二天就見報了！

代表團領導人根據總理「友誼第一」的指示，開展了體育外交活動。在東京我先後會見了中島健藏先生、後藤鉀二先生、西原寺公一先生，王曉雲會見日本朋友就更多了。我們參觀了名古屋的大學和豐田汽車廠。所到之處，我們感到日本人民對中國人民是很友好的。日本各界有識之士對代表團的生活、安全都花了很多的心血。名古屋電視台請我和莊則棟由後藤先生陪同到電視台，向日本人民講話。我們還拜訪了朝鮮僑民協會會長，大家一起開了聯歡會，共唱《金日成之歌》，朝鮮民主主義人民共和國乒乓球代表團也參加了，氣氛頗為熱烈。

正式比賽開始了。我每天在看台上觀戰，有時下來到比賽休息廳和運動員們談談，鼓鼓勁。在團體比賽中，氣氛很緊張，我的心都快提到了嗓子眼兒，雙手握拳，手心都濕了，比過去打仗還緊張。如果那時有心臟病，早就發作了。尤其在當時那種政治氣氛下，剛出來工作的我，心理壓力實在是大！為了保證運動員的安全，每次帶隊外出，我都等在車門口，運動員上齊後，我才上車。為此有些日方官員好心地向我提出勸告，怕我這個團長遭到槍擊不好交代。可為了運動員的安全，我仍堅持這樣做。

我隊在男子團體比賽中奪得了冠軍。新秀梁戈亮發揮了很好的作用，大家都很高興。接着是女子團體決賽，我隊由林慧卿、鄭敏之參加與日本隊的決賽。結果我隊輸給了日本隊。下場後，林、鄭失聲痛哭，氣得連飯都不想吃。我就對她們說：「勝敗是兵家常事嘛！我看你們本領就是比日本隊員強，誰個不說中國這對橫拍女將技術高強、本領好。這次就是輸了幾個球嘛！是偶然的失手嘛，還有兩場比賽，把女單、女雙都奪過來，依我看你們完全有這個本領。我過去打仗，一次仗沒打好，也很生氣，下決心第二仗一定要打好。你們痛哭流涕，不想吃飯，這種心情我很理解、很同情。你們再比賽，我在台上用心給你們使勁。打球我不會，也上不了台。打仗我保險要衝在你們前面。打球我是無能的人，全看你們的了。」

女子單打、雙打，中國隊雙雙奪魁，她們高興得哭起來了。我就跟她們開玩笑：「我是孔明，估計正確吧。我給你們編個順口溜：林鄭輸也哭，贏也哭，林鄭的眼淚是珍珠，先流的是銀珍珠，後流的是黃珍珠。」她們又打又

鬧，非常高興。經過全體運動員的努力，又奪得男女混合雙打冠軍，我才鬆了一口氣。但另有一件事讓我緊張起來了。

「乒乓外交」

有一天，我隊從比賽館乘汽車回旅館。開車之前，一個長頭髮的美國運動員科恩向大轎車連連招手，跳上車時，他才發現上錯了車。大轎車內的中國運動員倒都認出他是美國運動員科恩。莊則棟這時站在科恩身邊。他親切地對科恩說：「我們中國人民和美國人民一直是友好的，今天你到我們車上，我們大家都很高興。我代表同行的中國運動員歡迎你上車。為了表達這種感情，我送給你一件禮物。」出訪前，曾有過規定：不和美國隊員手把手；不與美國人主動交談；比賽場上不與美國隊交換國旗。看到莊則棟這些舉動，我心裏頗為緊張，拉了他一下。莊則棟笑着對我說：「你當團長顧慮多，我是運動員沒關係，你放心吧。」莊則棟送給科恩一幅杭州織錦，織錦上是黃山風景畫。科恩非常高興地說：「你們邀請了好多國家運動員訪問中國，我們美國運動員能不能去？」這一消息在當地馬上傳開了。有的記者問科恩是否願意訪華，科恩回答得很乾脆：「中國人非常好，我當然想去。」

團體賽結束後，組織觀光，中國運動員又一次與美國運動員有所接觸。他們問：「聽說你們邀請了加拿大和英國乒乓球隊去你們國家訪問，是真的嗎？」我們說：「有此事。」他們又問：「什麼時候能輪到我們美國隊去呢？」我們當時不好回答，只是一笑了之。

實際上在科恩與莊則棟接觸後，我們就及時報告了北京。北京第二天回答：「告訴美國朋友，將來訪華總是有機會的。」美國隊再度提出訪華後，我們又打電話請示北京，答覆還是那句話。當時代表團天天與北京通話兩次。毛主席看到有關中美隊員接觸的簡報後，提出一天要通話四次。代表團由外交部一個工作人員專門負責此事，在北京外交部也有專人負責，雙方聽到熟悉的聲音後才通報情況。北京幾次回電都是那句話。我們就根據北京的指示，把這個意思向日本朋友和有關方面發佈了。後藤鉀二先生多次詢問，我們也以此相告。

4月7日上午，中國乒乓球代表團在滕久觀光旅館的花園裏舉行遊園會，

當我們興致勃勃地跟亞非拉各國運動員、教練員和領隊在歡樂的樂曲聲中互相交談、唱歌、跳舞時，一位工作人員匆匆走到我跟前，急促地說：「趙團長，北京來電話，叫你立即回房去。」我回到房間後，工作人員把電話記錄本遞給我，電話記錄上寫着：「關於美國乒乓球隊要求訪華一事，考慮到該隊已多次提出要求，表現熱情友好，現在決定同意邀請美國乒乓球隊包括負責人在內來我國訪問。可在香港辦理入境手續，旅費不足可補助。請將辦理情況、該隊來華人數、動身時間等情況及時報回。」看完電話記錄後，我既高興又緊張，馬上派人把宋中叫回。宋中看了電話記錄後，我馬上叫他去找美國乒乓球隊，向他們正式發出邀請。當時比賽已結束，去晚了可能美國隊就回國了。與此同時又派人去請日本文化交流協會的村岡久平先生來，請他把邀請美國隊訪華一事迅速轉告後藤鉀二先生。由於事情突然，我們來不及事先和後藤先生打招呼，請村岡久平向後藤先生轉達我們的歉意。

安排完畢後，由我向外界宣佈，以代表團團長的身份，邀請美國隊訪華。這一下轟動了，記者裏三層外三層，紛紛詢問我是不是真的發出邀請了。其中日本記者最多。我一再回答：「我們確實發出邀請了。」

村岡久平乘車到後藤鉀二先生家中時，很多記者正圍着後藤先生問：「據美國代表團的消息，中國代表團已邀請美國代表團訪問中國，是否有此事？」後藤先生再三說：「沒有這回事。中國代表團不會邀請美國代表團訪華的。」正在大家扯着嗓子大喊大叫時，村岡久平到了後藤面前，對他說：「中國代表團趙團長要我轉告您，他們剛剛向美國代表團發出邀請，請他們去中國……」沒等村岡說完，後藤大發脾氣：「這麼大的事也不打個招呼，太不夠朋友了！我剛剛答覆了新聞界，中國決不會邀請美國隊訪問中國。這下子讓我說什麼好呢？」村岡說：「趙團長說事情突然決定了，來不及先通報，請您原諒。」過了一會兒，後藤親自找到我們，問是怎麼回事。我就把詳情對他做了說明。這樣他的氣也消了。

宋中和翻譯王家棟找到美國乒乓球隊負責人哈里森和斯廷霍文，對他們說：「中國乒乓球代表團正式邀請美國乒乓球隊訪問中國。」哈里森感到很突然，一時不知如何回答。他平靜下來後，連連說：「真沒想到，但這是件好事，非常感謝你們的邀請。」美國隊經過請示國內，接受了邀請。美國隊負責人哈里森辦完了訪問中國的一切手續之後，我們代表團也離開了名古屋，

訪問了大阪、神戶、福岡、札晃等地。所到之處受到當地政府周到的接待，日本人民對我們很友好。

在此期間，日本各大報連篇累牘地報導了「乒乓外交」這一戲劇性事件，都登在頭版頭條，叫作「小球推動了地球」。

返國途中

4月28日，代表團在東京乘飛機回國。飛行途中，我反覆考慮，毛主席、周總理交給的任務是否完成了，有沒有辜負毛主席、周總理的重託。這次比賽，中國隊拿了四項第一（男子團體、女子單打、女子雙打、男女混合雙打）也算不錯了。更重要的是，通過運動員之間的交往，邀請美國乒乓球隊訪華，使中美關係產生了引人注目的變化。在比賽中，我們還與亞非拉許多國家的運動員、教練員交了朋友。黨中央、毛主席、周總理的指示我都執行了，自己覺得很高興，不由得在飛機上哼起了我最喜歡唱的歌曲：八月桂花遍地開，鮮紅的旗幟豎呀豎起來；張燈又結彩呀，張燈又結彩呀……唱一曲《國際歌》慶祝蘇維埃（這首歌是1931年在江西成立蘇維埃時唱的）。戰爭年代，打了勝仗，我總要叫警衛員買隻雞，叫幾個戰友吃一吃、唱一唱。

下午，飛機到達香港。新華社香港分社社長梁靈光、祁峰和香港知名人士霍英東、費彝民等都到機場來歡迎我們。出機場後，又遇上了成千自發地來歡迎我們的香港同胞。他們和運動員們又握手又擁抱，唱歌、高呼口號，情景感人。

代表團在香港住了五天，新華社梁社長、祁社長及香港知名人士霍英東等分別為代表團舉行了盛大的歡迎宴會。白天，代表團中的運動員分別到工廠、學校為工人、學生做乒乓球表演。九龍有關方面為了應廣大群眾觀看乒乓球表演的要求，專門修了一個能坐兩千人的大棚子。觀看比賽的群眾情緒高漲，氣氛熱烈。

代表團離開香港時，成千上萬的同胞夾道歡送代表團，爭先恐後地與代表團成員握手、擁抱。更為感人的是有三百多名同胞陪代表團一起乘火車到深圳。我們要分開時，難分難捨，熱淚滾滾。

代表團到廣州時，廣東省的黨政軍領導到車站熱烈歡迎。他們紛紛說：

「代表團取得了政治、技術雙豐收勝利。」此時我的心情用我在香港寫的一首詩來表達，是最恰當不過的了：

> 終出牛棚心不靜，蹉跎歲月憤難平。
> 總理給我交重任，率領球隊到東瀛。
> 乒乓外交舉世驚，賽場內外傳友情。
> 發出小球轉地球，中美關係化堅冰。

哪知回國後又遇上一個小小的波瀾。

賽後餘波

出國參賽前，有關領導對我隊一旦與朝鮮民主主義人民共和國隊相遇時的對策，從中朝友誼的大局出發，曾研究過一個意見。由於我當時剛剛工作，負責此事的人並未告訴我，結果在比賽中，我隊一個主力隊員把朝鮮民主主義人民共和國隊的一個主力隊員淘汰了。在比賽前，我曾考慮過是否「讓」一下，但有個人說：「世界比賽哪有讓他國之理。」我覺得也對，便未堅持。回國後總理問及此事，我主動承擔了責任。後來總理了解到我確實不知道情況，氣就不那麼大了。但他又批評了我另一件事。比賽結束後，中日兩隊進行了一場友誼比賽，中日雙方各派四名男運動員、四名女運動員參加。教練問我如何打，我想反正是友誼比賽，就說：「八仙過海，各顯神通。」結果把日本男女隊員全打敗了。在場的日本朋友都有點面子上下不來。回國後在人民大會堂，周總理批評我說：「已定下『友誼第一，比賽第二』的方針，你為什麼『八仙過海』啊？」總理對李先念說：「趙正洪是你的老部下，是跟你過祁連山到新疆的老同志啦，你也批評批評他。」李先念說：「趙正洪啊趙正洪，你哪來那麼多舊東西呢？什麼八仙過海，各顯神通！要好好認識錯誤。」

我檢討了自己沒有貫徹執行總理關於「友誼第一，比賽第二」指示所犯錦標主義的錯誤。周總理接着嚴厲地批評了知道情況的有關方面負責人。他說要派人到朝鮮賠禮道歉，「負荊請罪」。

後來由我、韓念龍、宋中以及那位我國運動員一起到了朝鮮。我們受到朝鮮方面的熱烈歡迎，住到平壤郊區的一個高級賓館裏。到後第三天，金日成主席接見了我們。首先是韓念龍把黨中央、毛主席、周總理決定我們來朝鮮的意思報告了金日成主席，接着我國那位運動員表示了歉意。我馬上接着說：「我是團長，沒有貫徹執行毛主席和周總理的指示，這是我的錯。」金日成主席馬上插話：「你說得不對，你當團長，你們黨和國家叫你帶隊出去比賽，光打敗仗行嗎？比賽都想戰勝對方，這是人之常情嘛。就連老子和兒子下棋也是誰也不讓誰嘛！在世界錦標賽上，哪有一個國家願意輸給另一個國家，沒有這個道理嘛。在比賽的時候，你當運動員，誰讓誰呀！我理解毛澤東同志、周恩來同志為中朝兩黨、兩國友誼做出的努力。請轉告他們，中朝兩黨、兩國人民的友誼是用鮮血凝成的，是牢不可破的！」金日成主席的一番話反映出了一個無產階級革命家的寬廣胸懷。當天晚上，朝鮮外交部長舉行了一個盛大的宴會歡送我們。我們圓滿地完成了那次「負荊請罪」的外交使命。

事後想想，那次中國乒乓球隊出師日本，絕不僅僅是與美國隊開展了「乒乓外交」。實際上在當時那種歷史條件下，毛主席、周總理之所以為全隊定下了「友誼第一，比賽第二」的基調，就是以體育作為整個外交政策的突破口。我們在這次比賽中還拒絕與朗諾集團對壘，莊則棟對記者發表的不與朗諾集團隊員比賽的聲明，影響很大。這樣的比賽的確要服從國際政治鬥爭的需要。我們在比賽中不僅僅對美國開展了「乒乓外交」，應當說中國隊從出國比賽之日起，中國對世界的「乒乓外交」就開始了。重溫這一段歷史，對我們今天進行改革開放，也是有借鑒作用的。我相信，後來者在評價還將舉行的一屆又一屆世界乒乓球錦標賽時，一定會特別關注第三十一屆，因為那一次球桌上的「乒乓」聲的確震動了世界。

基辛格秘密訪華和尼克松訪華公告的發表

黃　華

基辛格秘密訪華前的國際形勢

20 世紀 70 年代到來之前，中美關係開始醞釀重大的變化。這與當時國際局勢的發展和變化有關。美國深陷侵越戰爭泥潭，在與蘇聯爭霸中處於被動，對中國保持敵對狀態。蘇聯爭奪世界霸權的勢頭強勁，咄咄逼人，與中國關係惡劣，在中蘇、中蒙邊境陳兵百萬。中蘇邊境多次發生蘇方挑釁行動，1969 年 3 月中蘇在珍寶島發生了較為嚴重的一次軍事衝突。

準備參加總統競選的尼克松，早於 1967 年 10 月就在美國《外交季刊》發表《越南後的亞洲》一文，第一次提出不能永遠與中共隔離的看法。在第二年的競選中他又對記者説：我們絕不能忘記中國，必須經常尋求機會與它談判，如同與蘇聯談判一樣。與此同時，中國領導人則在考慮如何改變兩面受敵的局面。這年冬天，毛澤東主席饒有興趣地看了美國總統競選的材料和專家認為尼克松可能當選的分析，還看了尼克松寫的《六次危機》一書。1969 年 1 月，尼克松就任美國總統，他認為在內政方面可做的事情不多，準備在對外政策上大顯身手。他在總統就職演説中説：「讓所有的國家都知道，在本屆政府任職期間，我們的通信聯絡線路將是暢通無阻的。」根據毛主席的意見，《人民日報》全文刊登了這篇演説。十天以後，尼克松指示他的國家安全事務助理基辛格，鼓勵與中共改善關係。3 月，尼克松訪問法國時對戴高樂表示，尋求與中國改善關係是美國政府的主要課題之一。7 月，美國放寬美國人來華旅行的限制。8 月，尼克松對巴基斯坦總統葉海亞·汗和羅馬尼亞總

統齊奧塞斯庫表示，美國無視中國的政策是錯誤的，並通過兩國建立了兩條通向中國的傳話渠道。美國國務卿羅傑斯也在澳大利亞說，竭誠歡迎與中共重開談判。9 月 11 日，周恩來總理與蘇聯部長會議主席柯西金在北京首都機場會晤。尼克松馬上命令基辛格給剛剛上任的美國駐波蘭大使斯托塞爾接連發去三封電報，督促他趕快建立與中國大使的接觸。這就有了 12 月美國大使在華沙一個時裝展覽會上追逐中國使館翻譯的趣事，導致美國大使到中國大使館與中國代辦會晤，然後恢復中斷了兩年多的中美大使級會談。

就在珍寶島事件發生的時候，毛主席指示，由陳毅、徐向前、聶榮臻、葉劍英四位元帥研究一下國際問題。他們先後提出了兩份研究報告《對戰爭形勢的初步估計》和《對目前局勢的看法》，認為在中、美、蘇大三角關係中，中蘇矛盾大於中美矛盾，美蘇矛盾大於中蘇矛盾；在目前美、蘇兩國都急於打中國牌的情況下，中國處於戰略主動地位。他們建議，恢復中美會談，爭取打開中美關係的僵持局面。11 月，周總理寫信給毛主席說，尼克松的動向似宜注意。在恢復了的中美大使級會談上，美方表示：無意參加反對中國的聯盟，也不支持勃列日涅夫主義；願意同中國討論台灣問題和中美間的所有雙邊問題，並討論一項聯合宣言，肯定兩國政府遵守和平共處五項原則；準備派代表到北京直接商談，也願在華盛頓接待中國代表。中方表示：台灣是中國領土，必須商定從台灣和台灣海峽撤走美國的一切武裝力量，才能從根本上改善中美關係，並推動其他問題的解決；如果美方願意派部長級代表或總統特使到北京商談，中國政府願予以接待。

1970 年 3 月，美國支持朗諾在柬埔寨發動政變，推翻西哈努克政府；5 月美軍侵入柬埔寨，擴大在印度支那的侵略戰爭。中國政府譴責美軍入侵柬埔寨，毛主席發表《全世界人民團結起來，打敗美國侵略者及其一切走狗》的「五二聲明」，中斷中美大使級會談。這是支持印支人民、全世界人民反對美國侵略的鬥爭，也是告誡尼克松政府，中國不會拿原則作交易。在此情況下，尼克松否定了內部的反對意見，堅持認為：改善美中關係不僅不會引起美蘇對抗，反而會使蘇聯急於與美國妥協，同時也是美國調整亞太政策成功的關鍵。華沙會談已不能適應當前需要，應採取高層會談方式，繞過具體問題，先謀求美中和解。

1970 年 6 月，美軍自柬埔寨撤出。7 月，中國提前釋放因間諜罪在華服

刑的美國主教華理柱；美國批准向中國出售柴油機。10 月 1 日，斯諾同毛澤東出現在天安門城樓上。幾乎就在這個時期，尼克松對《時代》雜誌記者說：「如果我在死以前有什麼事情要做的話，那就是到中國去。如果我去不了，我要我的孩子們去。」11 月 10 日，巴基斯坦總統葉海亞‧汗告訴周總理，尼克松準備派高級人員，甚至是基辛格與中國對話。中方傳回給美方的答覆是，如果尼克松總統真有解決台灣問題的願望和辦法，中國歡迎美國總統特使來北京商談。不久，中方得到了美方的答覆稱，在北京舉行高級會談是有益的，不應限於台灣問題，應包括解決其他問題。羅馬尼亞總統齊奧塞斯庫也在為中美傳話，尼克松更在 10 月 26 日歡迎齊奧塞斯庫的宴會講話中第一次有意和完整地使用了中華人民共和國的國名。

　　12 月 18 日，毛主席同斯諾談話表示：「如果尼克松總統願意來，我願意和他談。當旅行者來談也行，當總統來談也行。」過了年，斯諾於 1971 年 2 月離開中國，在意大利和美國刊物上發表了毛主席的談話。這篇文章在美國和國際上引起了巨大的反響。

　　1971 年 3 月底，在日本名古屋舉行的第三十一屆世界乒乓球錦標賽，中國和美國都派乒乓球隊參加了。毛主席十分關注賽場內外事態的發展，要護士長給他細讀《參考資料》的有關報導，要我乒乓球代表團增加每天向國內電話彙報的次數。恰好半個月前美國政府取消了持美國護照來華的限制，美國隊員向中國隊員表示了訪華的願望。毛主席明智地作出了邀請美國隊訪華的決斷。

　　4 月，美國乒乓球隊被邀訪華，受到我方十分友好的接待。周總理對民間先於官方的安排很感滿意，他還幾次向美乒乓球隊人員和美國記者強調，中國的大門是永遠向美國人民敞開的。

基辛格的秘密訪問

　　為了絕對保密，中美間的聯絡完全靠特別信使攜帶密件或口信的方式進行。經過中美雙方幾次特別信使的傳話，尼克松決定委派基辛格秘密訪華。

　　1971 年 5 月 29 日，毛主席決定，以周總理的名義向尼克松傳口信，表示歡迎基辛格博士作為美方代表來華舉行秘密的預備性會談，為尼克松總統訪

問北京做準備工作。周總理在口信結尾表示：「熱烈期待基辛格博士在北京會晤。」基辛格原是德國猶太人，1938 年移居美國，1943 年入美國籍。戰後他進哈佛大學，專攻國際問題，獲博士學位，有一系列重要著作問世，成為國際戰略問題的權威，是幾屆美國政府的外交或軍事顧問。尼克松當了共和黨候選人並被選為美國總統後，任命基辛格為國家安全事務助理，使他成為尼克松打破中美關係僵局的軍師和特使。

基辛格對中國的訪問是在高度保密的情況下進行的。雖然中美最高層已有重大的信息交流，尼克松和基辛格本人對這次訪問還不是很有信心，把它當作一次必需的冒險來進行，於是以「波羅行動」為代號，像七百年前意大利的馬可·波羅那樣冒一次險。6 月 30 日，白宮發言人齊格勒在新聞發佈會上宣佈，尼克松總統將派基辛格博士前往南越、泰國、印度、巴基斯坦進行為期十天的訪問。7 月 1 日，基辛格啟程，兩天後到達西貢，同南越總統和美國大使晤談，眾多記者緊盯着基辛格的一舉一動，《紐約時報》、哥倫比亞廣播公司報導了他的活動。第二天基辛格到了曼谷，記者不多，渲染也少些。6 日基辛格抵新德里，反戰示威者迫使他從邊門溜出飛機場。8 日基辛格抵巴基斯坦新首都伊斯蘭堡，只有三個記者跟着，他很高興。按既定日程，他需要在巴基斯坦停留四十八小時。他先去總統府拜會葉海亞·汗總統，在美國大使館同大使共進午餐，然後出席葉海亞·汗總統特意為他舉行的便宴。在宴會達到高潮時，基辛格突然手捧腹部，連叫難受。南亞地區那時流行德里痢疾，基辛格突然肚子疼是不會令人奇怪的。葉海亞·汗總統大聲説，伊斯蘭堡天氣太熱，會影響基辛格恢復健康，要他到伊斯蘭堡北邊群山中葉海亞·汗的別墅去休養。基辛格正在遲疑不決，葉海亞·汗總統堅決而懇切地説，在一個伊斯蘭國家，要依主人而不是客人的意志作決定。基辛格手下的一位特工，馬上派他的一個同事到那裏去打前站，了解情況。宴會結束，基辛格正在賓館休息，打前站的特工打電話回來説，那裏的別墅不宜於居住。基辛格只好請巴方把那位倒霉的特工扣留在山中，因為這只是一齣戲，基辛格並不是要去那裏，而是要去中國。

第二天，7 月 9 日伊斯蘭堡的凌晨 3 時半，基辛格在賓館起牀，吃早飯，4 時同他的隨行人員乘巴基斯坦外交秘書蘇爾坦·汗駕駛的軍用汽車去機場，他戴上了一頂大簷帽和一副墨鏡，以免偶然路過的行人把他認出來。在

機場，基辛格一登上巴基斯坦航空公司的波音飛機，就看到從中國來迎接他的外交部美大司司長章文晉和其他中國官員。沒想到的是，也在機場的一位巴基斯坦籍的倫敦《每日電訊報》記者認出了基辛格，問巴基斯坦官員基辛格要去哪裏。巴基斯坦官員回答是基辛格要去中國。這位記者連忙回到辦公室，向倫敦報社發了一條報告這一重要消息的急電，幸好倫敦的值班編輯「槍斃了」這條消息，罵這位記者準是喝醉了，基辛格怎麼會去中國？真荒唐！

而在四千公里以外的北京，我們認真地準備基辛格的秘密來訪，也已經有些日子了。我在1971年初即已接到中央通知，到加拿大任大使，前站人員已於2月出發去渥太華。4月初，周總理通知我另有任務，暫推遲赴任時間，並向加方打招呼，取得諒解。5月下旬，在周總理主持下，中央政治局研究了中美會談的方針。會後，周總理就此向毛主席寫了報告，得到毛主席的批准。中央並決定為此項任務成立由周恩來、葉劍英和我組成的中央外事小組。有一天晚上，周總理帶我去向毛主席彙報，在說到基辛格將在巴基斯坦山區失蹤時，毛主席說：「黃華同志，你也失蹤嘛！」這樣，我這個已被北歐四國駐華大使設宴餞行的人就把自己關在釣魚台國賓館4號樓裏一個多月，潛心為基辛格訪華做準備。釣魚台國賓館有大大小小十八幢花園洋樓。為接待基辛格博士一行，葉帥本想為貴賓選一幢大一點的樓，但是大的樓和中等的樓都讓「中央文革小組」的人和陳永貴、吳桂賢佔用了，只剩下4號和5號兩幢小樓。5號樓作為客房，4號樓由工作班子使用。為此，葉帥很是生氣。

當時，周總理為談判成立了專門的班子：葉帥、我、章文晉、周總理特別助理熊向暉、禮賓司副司長王海容以及英文翻譯冀朝鑄、唐聞生等。這個班子仔細分析了國際形勢和美國情況，反覆討論了會談方案，對尼克松、基辛格的政治觀點、個人歷史、個性和特點都作了研究。周總理經常親自主持討論，他也看了尼克松的著作《六次危機》、尼克松在堪薩斯城剛發表的演說和尼克松喜歡的電影《巴頓將軍》，讀了基辛格的主要著作。外交部根據不卑不亢、以禮相待的精神，上報了接待基辛格來訪的具體方案，並與有關單位配合做好一切安排。巴基斯坦葉海亞·汗總統對基辛格秘密訪華事宜十分重視，對各個環節包括航行做了充分準備。7月6日中午，試航的巴基斯坦波音飛機抵達北京南苑軍用機場，章文晉、熊向暉和王海容等人去機場迎接。

8 日清晨，巴基斯坦專機返航，章文晉、王海容、唐聞生和禮賓司接待處處長唐龍彬隨機去巴基斯坦迎接基辛格一行。7 月 9 日北京時間正午 12 時，基辛格等六人在章文晉一行的陪同下乘巴基斯坦專機抵達南苑軍用機場，葉帥、我、熊向暉和外交部禮賓司司長韓敍到機場迎接。基辛格一行下榻於釣魚台國賓館 5 號樓。

1971 年 7 月，正值「文革」的高潮時期，北京市內處處掛着革命和反帝標語。為了使基辛格的秘密訪問不至洩露，經請示毛主席，決定一切標語保持原樣。在從機場到釣魚台的道路兩邊不時出現大幅標語，如「打倒美帝國主義和一切反動派」，由我陪車的美國負責東南亞事務的高級官員霍爾德里奇問我，路邊標語寫的是什麼內容，我如實給他翻譯，他感到很不自在。直到見到周總理，他的緊張感才得以消失。

周總理與基辛格的六次會談

從 7 月 9 日下午至 11 日下午 1 時基辛格離開北京，周總理同他進行了六次會談，地點在釣魚台國賓館 5 號樓或人民大會堂的福建廳。我方參加人員有：周總理、葉帥、我、章文晉、熊向暉和王海容。美方參加人員是：基辛格、霍爾德里奇、斯邁塞（負責印支事務的官員）和洛德（基辛格特別助理）。在場的還有中方的翻譯、記錄員。周總理按照中國尊重客人的習慣請基辛格先談，基辛格便從公文包裏拿出足有七釐米厚的資料夾，讀起他同尼克松一起起草的一篇很長的講稿。我們都耐心地聽着。基辛格讀完後，周總理說：交談嘛，何必照着稿子唸呢？基辛格說：我在哈佛教了那麼多年書，還從未用過講稿，最多擬個提綱。可這次不同，對周恩來總理我唸稿子都跟不上，不唸稿子就更跟不上了。基辛格的幽默把大家都逗笑了，會談的氣氛也輕鬆了許多。

基辛格一開頭就說，尼克松總統仔細閱讀了美國《生活》雜誌刊載的毛主席與斯諾的談話。尼克松總統有一個信念，強大的發展中的中華人民共和國對美國的任何根本利益都不構成威脅。在沒有同你們討論和沒有考慮你們意見的情況下，美國不會採取涉及你們利益的任何重大步驟。周總理表示，歡迎尼克松總統來中國。中美兩國人民是願意友好的，邀請你們的乒乓球隊

訪華就是證明。周總理着重談了台灣問題，強調台灣是中國領土不可分割的一部分。1949 年，美國國務卿艾奇遜發表的中美關係白皮書承認，台灣問題是中國的內政，美國不干涉中國的內政。朝鮮戰爭爆發，美國把台灣包圍起來，宣佈台灣地位未定。這是關鍵。我們主張，美國的一切武裝力量和軍事設施應當限期從台灣撤走。「美蔣共同防禦條約」是非法的，我們不予承認。

周總理説，尼克松總統給我們的口信是「要走向同中國和好」，這就應當使中美關係正常化，包括承認中華人民共和國是代表中國的唯一合法政府，台灣是屬於中國的不可分割的一部分，而且在第二次世界大戰後已歸還了中國。基辛格説，美國不支持「兩個中國」和「一中一台」，也不支持「台獨」。如果沒有朝鮮戰爭，台灣也許早已是中華人民共和國的一部分。目前美國在台灣的軍事力量，有三分之二與印支戰爭有關，美國已決定儘快結束印支戰爭，在本屆政府任期內撤出三分之二駐台美軍，隨着中美關係的改善，再撤出其他部分。關於台灣的政治前途，美國保證不主張「兩個中國」或「一中一台」，不鼓勵、不支持「台獨」運動，不再重複「台灣地位未定論」。關於正式承認中華人民共和國為中國的唯一合法政府這一政治問題，預計在尼克松政府下屆任期的前半段可以解決。關於恢復中國在聯合國席位問題，基辛格表示將放棄需要三分之二多數票的重要問題提案，同意以簡單多數票接納中國，並同意中國取得安理會席位，但驅逐台灣問題美國仍堅持須經三分之二多數通過。周總理發言反對此議，表示對進聯合國的問題中國並不急，問題是美國將陷於矛盾和困難之中。

之後，基辛格提出，希望中方出於仁慈，提前釋放仍在中國服刑的幾名美國犯人。那時在中國服刑的美國犯人，既有朝鮮戰爭期間侵入我領空進行間諜活動的美國中央情報局特工唐尼和費克圖，也有在越南戰爭期間侵入我領空的美軍飛行員史密斯和費林。周總理表示，根據中國的法律，表現好的罪犯可以縮短刑期。越南戰爭尚未結束，與此戰爭有關的美國犯人無從考慮他們的釋放。事後，中國政府於 1971 年釋放了費克圖，1973 年釋放了唐尼。等到美越停戰協定簽署和生效，中國政府與越南政府釋放美俘採取同步行動，把史密斯和費林押解出境交給美方。

在六次會談中，周總理和基辛格多次談了總的國際形勢和其他一些重要的國際問題。基辛格表示，在二戰中歐洲損失慘重，日本徹底失敗，因而歐

洲和亞洲都出現了真空，美國被迫捲入世界各個地區，給自己造成了預料不到的困難。美國要調整對外政策，今後對外承擔義務要有條件，一些國家受蘇聯威脅而不能抵禦時美國才進行干預。周總理説，二戰結束以來，世界大戰沒有打起來，但局部戰爭從未停過。美國到處伸手，蘇聯急起直追，進行對外擴張，結果都陷入了困境。兩個超級大國的爭奪，使世界局勢一直處於緊張和動亂之中。尼克松總統在堪薩斯城講話中説，世界出現了五個力量中心，中國是其中之一，世界要從軍事競爭轉向經濟競爭。周總理繼續強調説，中國反對超級大國的強權政治。目前中國在經濟上比較落後，即使將來強大了，我們也不做超級大國。中國珍視自己的獨立，準備好對付同時從幾個不同方向來的進攻。在説這段話時，周總理發現，可能由於正在旅途，基辛格還不知道尼克松的這篇在堪薩斯城的演説，便讓我們的同志會談後複製多份，送給基辛格等。基辛格很感謝，也有些尷尬。關於其他的國際問題，周總理着重談了印支問題，説這個問題是當前最緊迫的問題，要求美軍和一切外國軍隊盡速撤出印支三國，讓印支人民自己解決自己的問題。周總理批評美國的方案是拖，走一步，看一步，結果反而增加問題，使問題更加複雜化。

關於尼克松應邀訪華的公告

除了就上述問題，中美雙方各自闡述自己的觀點和意向，並有所交鋒外，雙方還討論和解決了當時需要解決的兩個具體問題：一是確定不再恢復中美大使級會談，建立新的直達雙方最高層的秘密聯繫渠道——巴黎渠道，中方連絡人是中國駐法國大使黃鎮，美方連絡人是曾任尼克松翻譯的駐法武官沃特斯。另一個而且更重要的問題是，商定雙方將同時發表尼克松將應邀訪華的公告。

因周總理在 7 月 10 日晚上另有重要活動，根據他的指示，我和章文晉先與基辛格就公告談了一輪。雙方都提出了一個稿子。我們的稿子比較簡單，説基辛格來中國，同我們進行了會談，尼克松總統準備來中國訪問。美方的稿子渲染基辛格同我們這次的會談，涉及亞洲和世界和平的基本問題，是以誠摯、建設性的方式進行的；而尼克松的來華訪問將有助於重建兩國人民的

聯繫，並對世界和平作出重大貢獻。我表示，台灣問題都還沒有解決，其他問題怎麼談得上？關於尼克松的來訪，美方的稿子強調是中國邀請。我説這不大符合事實，我們是同意邀請。基辛格也不同意我們稿子，説那樣就像是尼克松自己邀請自己訪華。雙方會談暫停後，我根據周總理事前的指示，直接去見毛主席向他彙報。當毛主席聽我説基辛格認為中方草案的意思是尼克松自己邀請自己訪華時，大笑着説，要改，要改！當我們告別毛主席走出他的書房時，我回頭看了看毛主席，只見他仍坐在沙發椅上，躬身向前，兩臂抱膝，雙手幾乎着地。我問王海容，主席這是什麼意思。王海容説，主席在向你們行大禮呢。我趕快説，不敢當，請主席保重。7 月 11 日上午，在周總理提示下，我們對我方草稿略加修改，再與基辛格會談時，即刻取得了一致，雙方皆大歡喜。最後商定的公告全文是：

　　　　周恩來總理和尼克松總統的國家安全事務助理基辛格博士，於一九七一年七月九日至十一日在北京進行了會談。

　　　　獲悉，尼克松總統曾表示希望訪問中華人民共和國，周恩來總理代表中華人民共和國政府邀請尼克松總統於一九七二年五月以前的適當時間訪問中國。尼克松總統愉快地接受了這一邀請。

　　　　中美兩國領導人的會晤，是為了謀求兩國關係的正常化，並就雙方關心的問題交換意見。

　　獲悉（knowing of）兩字是周總理的傑作，避開了誰主動提出訪華的問題，這使美方尤其感到適當和體面，基辛格因而在尼克松總統「接受了這一邀請」之前加上了「愉快地」這一副詞，投桃報李。公告不把尼克松的訪華説成是將對世界和平作出重大貢獻，而是點明要謀求兩國關係的正常化，不只是像美方初稿所説的重建兩國人民的聯繫。基辛格在同周總理的會談中主動談到美國將逐步從台灣撤軍，卻不願談中美關係正常化，把它推到尼克松的下一總統任期。美方的公告稿是與此一致的。關於尼克松訪華的具體時間，因聽説尼克松要訪蘇，周總理曾在與基辛格的會談中問過，是否定在 1972 年 5 月 1 日以後。基辛格表示，最好在 3 月或 4 月，而且是先來中國。當周總理向毛主席彙報公告的最後定稿談到尼克松 5 月以前來中國時，毛主

席説，公告一發表，就會引起世界震動，尼克松可能等不到 5 月就要來。此後的事實果然如此。

中美關於尼克松訪華的公告同時在中國和美國宣佈。公告在中國國內和全世界引起了強烈的震動。周總理主持中央政治局會議，研究中美會談後各方可能出現的情況和可能發生的變化，並對此作出部署。

由於長期以來我國廣大幹部和群眾抱有濃厚的反美情緒，雖有 1970 年 10 月 1 日毛主席同斯諾在天安門城樓上的出現，大家也知曉毛主席同斯諾 12 月 18 日的談話內容，又有美國等五國乒乓球隊訪華，但一般人都把這些看作是改善中美關係漫長道路的開始，耐心地等待變化。但是尼克松訪華公告的發表使中美關係正常化進程一下子拉得很近，許多人對此思想準備不足，可能一時接受不了。兄弟國家更是這樣。於是，周總理緊急安排在公告發表前做國內外同志的工作。

7 月 12 日，周總理在人民大會堂召開了在京兩千多名中高級幹部大會，用了三個多小時講國際形勢、中美關係和我國對外政策。周總理又於 13 日至 15 日飛河內、平壤，向越南和朝鮮黨的領導人通報基辛格秘密訪華和中美會談的情況。周總理在返回北京後又立即向住在北京的西哈努克親王作了同樣通報。這樣，由於毛主席和周總理的崇高威信，周總理不遺餘力的説理和通報工作，使我國幹部和友好鄰邦的領導理解和支持中國黨和政府的重大決策。被稱為尼克松「效庫」（英文「shock」一詞的日本譯音）的公告在世界各地激起強烈反應，同美國關係緊密的日本政府也僅是提前一小時才被通知此事。日本朝野生怕被再度甩在一邊，便開始認真考慮同中國恢復邦交之事。這個公告對一些國家在聯合國關於恢復中國合法席位問題上的態度也有重要影響。

基辛格離華後，我作為中國首任駐加拿大大使於 7 月 23 日抵渥太華履新。三個月以後的 10 月 25 日，第二十六屆聯合國大會經過激烈的辯論，通過了恢復中華人民共和國在聯合國的合法席位並把蔣介石集團驅逐出聯合國的 2758 號決議。這時基辛格剛結束他 10 月 20 日至 26 日（北京時間）的第二次訪華，正在去機場回美國的路上。他還不知道聯大這個決議的消息，不知道三個月前他對周總理説的主張在聯合國大會保留蔣介石集團會員國地位的計劃已徹底破產。毛主席親自點將，組成以喬冠華為團長、我為副團長的

中國代表團出席本屆聯合國大會。我向加拿大總理特魯多辭行時，他十分友好地表示理解並為我祝福。11 月 9 日，我結束在加拿大的使命，飛往巴黎與中國代表團會合，然後去紐約參加聯合國大會。代表團完成任務回國後，我作為中國駐聯合國和安理會的首任常駐代表，留在紐約工作。

尼克松訪華和我與基辛格在紐約的秘密聯絡

1972 年 2 月 21 日，尼克松偕夫人帕特里夏在國務卿羅傑斯、基辛格等的陪同下，乘美國總統專機抵達北京，對中國進行為期七天的歷史性訪問。當時我在紐約，從電視中看到了全部盛大的場面。

尼克松抵京後三小時，毛主席在中南海會見了他和基辛格，從哲學問題講起，談笑風生，寓意深刻地講了許多，肯定了尼克松、基辛格最近兩年在中美接觸中所起的重要作用，並說我們談得成也行，談不成也行，何必那麼僵着呢？當晚，周總理在人民大會堂為尼克松舉行的歡迎宴會上說，尼克松總統的來訪，使中美領導人有機會直接會晤，謀求兩國關係正常化，並就共同關心的問題交換意見，是中美關係史上的創舉。美國人民是偉大的人民。中國人民是偉大的人民。促使兩國關係正常化，爭取緩和緊張局勢，已成為兩國人民強烈的願望，總有一天要實現。尼克松總統的講話富有哲理，還引用了毛主席的詩句「一萬年太久，只爭朝夕」。此後幾天，周總理同尼克松就兩國關係和重大國際問題進行了長時間的討論。喬冠華和基辛格繼續商談訪問結束時要發表的聯合公報。2 月 26 日。周總理陪尼克松一行去杭州，27 日到上海。在上海，雙方就聯合公報最後達成協議，28 日正式發表，稱為《上海公報》。在《上海公報》中，美國表明對「一個中國」的原則不持異議，同意從台灣和台灣海峽撤出美國的軍事力量，在和平共處五項原則的基礎上與中國和平共處。《上海公報》既陳述了中美雙方的共同點，也用各自分別表述的方式將彼此的分歧講得明明白白，創造了世界外交文書的新風格。

2 月 28 日，尼克松滿意地離華返美，周總理也從上海飛回北京。毛主席指示，安排五千人到機場迎接周總理。周總理從機場直驅中南海，向毛主席彙報說：「尼克松高興地走了。他說他這一週改變了世界。」毛主席說：「哦？是他改變了世界？哈哈，我看還是世界改變了他！」

　　《上海公報》在世界發生的影響的確很大。3月中旬，1954年中英建立的代辦級外交關係升格為大使級。接着，中國同荷蘭的外交關係也升為大使級，中國同希臘建交。隨之而來的是，當年9月下旬日本首相田中角榮的訪華和中日建交，接着是中國同聯邦德國、澳大利亞建交。這一年，中國同十八個國家建交或提升外交關係級別，是新中國成立以來同外國建交最多的一年。

　　《上海公報》開始了中美關係走向正常化的進程，但還有許多事要做，許多障礙要克服。由於我常駐紐約，基辛格建議在他和我之間建立一條與巴黎渠道並行的、中美間的另一條秘密聯繫渠道——紐約渠道，得到中國政府的同意。當中美雙方討論互設聯絡處時，基辛格仍要求繼續保持紐約渠道，中方的答覆是：機密的、緊急的、不便用聯絡處的事，還是用紐約渠道。於是，1972年和1973年，我和基辛格在紐約有許多次避人耳目的秘密會晤，我們於約定的時間在紐約曼哈頓43街的一所公寓裏進行秘會。我和基辛格會面時，我方出席的有過家鼎和施燕華兩位外交官，美方出席的有溫斯頓·洛德。每次美方派一輛陳舊的轎車直接開到我駐聯合國代表團大樓底層的車庫接我們去43街。基辛格和洛德兩人準時在二樓的一間客廳裏等候我們，並為我們準備了茶點。雙方各自坐下後，寒暄一番，即進入正題。在寒暄中，基辛格談笑風生，並高興地享用茶點。會晤的內容，主要是基辛格向我通報美蘇核會談、在巴黎的美越會談、美日關係等情況。我們也就中美關係互通信息，我還曾因美機入侵廣西、投彈、發射導彈，在越南炸沉中國漁船等事向基辛格提出中國對美國的強烈抗議。會晤情況，基辛格直接向尼克松和白宮報告，美國國務院對我們的會晤一無所知。我們向國內的報告也是絕密的，代表團的其他人員一概不過問。這種會晤是中美兩國在沒有正式建交的情況下進行的特殊形式的外交來往。它避開了媒體，免受外界干擾，又解決了一些實際問題。我們安排了美方官員的幾次訪華，推動了中美之間的一些貿易、科技和文化往來，使中美雙邊關係取得了一些進展。這也是我在紐約工作中的一個重要組成部分。

中日邦交正常化親歷記

江培柱

我出生於山東，在東北長大，童年經歷了抗日戰爭那段艱難的歲月。新中國成立後進入大學學日語的時候，遭到父老鄉親的一致反對。他們說日本鬼子那麼壞，你還要學他們的語言？！我說，這是工作的需要，再者，從事中日友好交流也是我的志願。正是組織上的這一安排和我的選擇，使我畢業後到外交部工作，有機會得以從事對日工作。剛開始工作的時候，中日關係尚處於無邦交的僵冷時期。當時我很羨慕別的司處的同事，可以出國到主管國家地區辦業務、學習和深造，而近在咫尺的中日兩國，卻遙遠而冷漠，僅有非官方的民間交往，還要繞道經香港去。

到了 20 世紀 70 年代，情況逐漸發生了變化。隨着我國實力的發展壯大，國際聲望、地位日益提高。我國在聯合國的合法席位得以恢復，一些同我國無邦交的國家要求同我國建交、同我國人民友好合作的呼聲一浪高過一浪。長期敵視、遏制我國的美國也派基辛格秘密訪問我國，謀求兩國關係的正常化。當時的日本佐藤內閣卻依然無視現實，在「兩個中國」的死胡同裏掙扎，做着「螳臂當車」的幻夢。然而，日本國內要求中日友好、實現邦交正常化的呼聲席捲日本，我國長期以來推行的「民間先行，以民促官」的對日政策和大量友好工作顯現出明顯的效果。雙方交往日趨頻繁，關係也更為密切。我們這些從事外交工作的人，也以民間的身份，參與多次訪日代表團和接待日本訪華團，親歷了兩國推進邦交正常化的全過程。有趣和巧合的是，我所經歷的中日邦交正常化的幾個重要片段，幾乎都與「土」字沾邊。

「土密碼」辦大事

　　1971年3月，第三十一屆世界乒乓球錦標賽在日本名古屋舉行。世乒賽組委會委員長、日本乒協會長後藤鉀二向我國發來正式邀請。由於「文革」與世界體壇隔絕多年的我國體育界，就派隊參加與否的問題請示中央。報告最後送到毛主席那裏。毛主席作了重要批示：我隊應去，要一不怕苦，二不怕死，準備死幾個，不死更好。大家得知，競相傳告，欣喜非常。鑒於這是「文革」後我國首次派團出國比賽，又值我國調整改善與加強對外關係的關鍵時刻，國家体委與外交部協商會簽並報中央批准，組成由運動員、教練員、外事人員共六十多人的大型代表團，由國家体委的趙正洪任團長，多年負責對日外事工作的王曉雲擔任副團長，宋中任秘書長。我們幾個外交部和中日友協的幹部，也分別以秘書、翻譯等身份隨團前往。

　　我代表團在「友誼第一，比賽第二」和推進中日友好的方針指引下積極進取，努力工作，獲得優異成績。運動員在比賽中敢打敢拚，技術和精神面貌都有很好的表現，取得了男團、女單、女雙、男女混雙四項冠軍並與包括美國在內的各國選手廣交朋友，切磋技藝，增進了了解和友誼。副團長王曉雲等外事工作人員則利用這次參賽的大舞台，積極開展工作，同日本各黨派、團體、各界朋友進行了廣泛而頻繁的接觸，為中日友好助威加油，為改善兩國關係奔走，拉開了「乒乓外交」的帷幕。日本媒界一致稱在日本颳起了一股強勁的「王旋風」，掀起了前所未有的「日中熱」。

　　特別值得一提的是，正是在這屆世乒賽期間，我代表團正式向美國乒乓球代表團發出了訪華邀請。毛主席高瞻遠矚的戰略決策，以「小球轉動大球」，不僅打開了長期處於敵對、隔絕狀態的中美兩國交往的大門，也贏得了世界。

　　本來我代表團所帶的經過中央批准的邀請方案是不包括美國的，「如美國隊要求訪華，可予婉拒」。4月6日晚，國內通過密碼電話傳來指示：為增進中美兩國運動員和人民之間的友誼，正式邀請美國乒乓球隊於三十一屆世乒賽之後訪華。我從帶來的「土密碼」——一本《中日大辭典》中譯出，趕忙報告代表團領導。

　　4月7日下午，比賽仍在愛知縣體育館大廳緊張進行。觀眾為選手們的精

湛球藝歡呼、喝彩，掌聲雷動。就在此刻，體育館地下一層的會客廳也是「於無聲處聽驚雷」。我代表團秘書長宋中緊急約見美國乒乓球代表團負責人哈里森，向他轉達了對美國乒乓球隊的訪華邀請。哈里森很是激動，感謝中方的邀請並答應立即報告國內，他表示，相信全美上下都會為之高興。結果，以美國乒協主席格雷厄姆‧斯廷霍文為團長的代表團 4 月 10 日即飛抵北京開始了正式訪問，美國代表團包括哈里森和蒂姆博根等乒協官員和在名古屋曾同中國運動員有過接觸的乒乓球選手格倫‧科恩等人。他們的訪問獲得成功並得到了周恩來總理的親切會見。周總理說，你們應邀來訪打開了兩國人民友好交往的大門。

這件事情對我個人來說尤其難忘。可能不會有人想到，在當時訪日參賽的條件下，包括邀請美國代表團訪華這樣機密非凡的信息都是通過「土密碼」電話傳送的。那時中日兩國關係尚未正常化，我國駐日機構——備忘錄貿易辦事處也未設立密碼通信。前後方聯繫靠託帶信件，緊急時只有打國際電話，而不宜公開的機密，就只能靠自己設定「土密碼」。此次赴日前，我們商定，前後方電話窗口的名字為「陳東新」，以 20 世紀 70 年代日本最新版的《中日大辭典》作為臨時密碼冊，我帶上一本隨代表團赴日，外交部亞洲司日本處留一本。屬於絕密、機密的指示和請示報告一律通過「土密碼」傳送，機要內容的字詞以大辭典頁碼、左右邊以及行、序再加上固定數字，在電話上傳達。因此，我打給「陳東新」的電話和「東新來電」常常夾雜着不少阿拉伯數字，需要「譯」出才能明白，這恐怕是最為原始又最難破譯的密碼通信了。

佐藤面如土色

1971 年 8 月，八十八歲高齡的日本自民黨眾議員、反主流派元老松村謙三先生與世長辭。松村先生為日中友好和恢復邦交奔波勞碌，貢獻極大。他曾四次訪華，與周恩來總理會晤交談，達成以「漸進積累的方式」改善兩國關係、實現兩國關係正常化的共識，他是中日雙方當時聯繫渠道內日本方面的最高負責人。周總理一得知松村病逝的消息，直接在當日的大本《參考消息》上批示，要即刻發唁電和派身份較高的人前往日本弔唁，接着又具體交

代和指派對外友協會長、中日友協負責人王國權（前駐波蘭大使）偕隨行人員王效賢及我專程去東京參加葬禮和弔唁活動。這一舉動充分體現了我國領導人和人民對松村為改善中日關係作出貢獻的讚賞，也是對頑固推行錯誤對華路線的日本佐藤政府的一大打擊。

8月25日，我們一行在經香港到達東京的時候受到了熱烈歡迎。不僅日本各黨派、團體、朝野的新老朋友、華僑、華人與朝總聯代表都到機場歡迎，日本內閣也開會決定派官房長官竹下登和官房副長官三原朝雄前往機場迎接。

松村的追悼會和葬禮在東京築地本願寺舉行。葬儀樸素而莊重，大廳佈滿花圈、輓聯。有名氣的政治家，經貿界頭面人物，文化藝術、體育衛生各界人士，黨派團體的負責人以及松村先生家屬、親朋和生前友好共四千多人到場。由於專程從國外前來弔唁的只有我國的王國權會長一行，所以我們成了全場矚目的貴賓。

追悼大會首先特別宣讀了周恩來總理發來的唁電，電文讚揚這位卓有遠見的政治家把晚年獻給日中友好事業，作出了重大貢獻，深為中國人民所欽佩。王會長單獨向松村先生遺像鞠躬致哀，並按日本習俗進香。他代表周總理、代表中國各界向松村先生家屬表示了慰問。

作為主祭人的自民黨總裁佐藤榮作一進場便主動前來與王國權會長握手並低下頭說：「蒙長途跋涉前來，辛苦了，我深表謝意。」而王會長只是點了點頭，作為禮儀性應對，幾乎未予理睬。佐藤猶如吃了一記悶棍，似乎還想表白什麼，又覺得無趣，不得不悻悻而去。後來他在追悼會結束離場前又專門到王會長面前握別說：「長時間的葬禮辛苦了，回國後請代為問候周恩來總理。」王國權仍未作應答，佐藤再次碰了一鼻子灰。我想，「此時無聲勝有聲」，不語更有千鈞力。我站在旁邊看到佐藤當時的表情是：面如土色，難堪至極。其實早在佐藤得知王國權會長要來參加葬禮的時候，就曾多方設法通過自民黨內同中方關係密切的藤山愛一郎、古井喜實、田川誠一等人安排與王國權的會晤，均遭拒絕，今日佐藤之下場，已在我們的意料之中。

王國權會長利用松村葬禮前後的各種機會、場合與日本各界人士進行了廣泛的接觸，老朋友自不待言，還結識了不少新朋友。一些順應形勢、轉變想法，試圖在中日關係上有所作為的政治家，尤其希望同王國權會長會面交

談。王會長便因勢利導，做了不少爭取工作，收到很好的效果。自民黨實力派人物三木武夫、大平正芳和中曾根康弘、保利茂等人，王會長都和他們有過直接或間接的接觸。這和後來在醞釀自民黨總裁選舉時，他們以中日關係正常化作為外交政策協議，形成黨內倒佐藤榮作的派系聯合不無關係。

「土沙盤」傳達指示

1972 年 7 月，內外交困的佐藤榮作內閣為田中角榮內閣所取代，給中日關係帶來了新的轉機。就在這個關鍵時刻，我國上海芭蕾舞劇團按計劃啟程訪日進行公演。演員和舞美班底都來自上海，而團長是我駐東京備忘錄貿易辦事處前一把手「日本通」孫平化。我們一些來自外交部和對外友協的工作人員也參與其中，全團共二百零八人。我的工作是團長秘書兼外聯，還負責與國內的聯繫。

當我們從北京出發，乘車經廣州到香港時，還是佐藤內閣執政，而飛抵日本東京的時候田中內閣已經產生。真是時隔三日，兩屆內閣，變化神速。田中首相在第一次內閣會議上就明確表示，「要以實現同中華人民共和國邦交正常化為急務」。對此，周總理也立即回應發表講話說，田中新內閣要加緊實現中日邦交正常化，「這是值得歡迎的」。兩國政府首腦的呼應表態，預示着中日關係黎明曙光的到來。孫平化率團抵達日本後，立即與我駐東京聯絡處的新首席代表肖向前和代表團以及聯絡處的有關人員一道投入了緊張的工作。不久，隨我農業代表團來訪問日本的外交部日本處陳抗處長帶來了周總理的重要指示。他把我們都叫到了駐東京聯絡處。為保密起見，他在「土沙盤」上連寫帶說，一字一句如實作了傳達。「土沙盤」就是小孩在幼兒園和學校用的那種簡易文具複寫板，寫過後一拉，字就消失了。周總理指示說，田中要加緊實現中日關係正常化，我們表示歡迎，這是毛主席的思想和戰略部署。毛主席講，我們要採取積極態度，對方能來談就好，談得成談不成都行，總之現在已經到了火候。這回不能只「颳旋風」了，要落地。周總理針對孫平化、肖向前的名字，生動地指出，孫平化就是要「萬丈高樓平地起」，肖向前要「繼續向前」。「平地起高樓」和「繼續向前」，就是要在已有民間外交日積月累的基礎上，通過廣泛細緻的工作，推動田中下決心採取行動實

現訪華，以最終解決中日邦交正常化問題。我們根據周總理的指示，把要做的事情、工作和要見的人一一排隊，制定了詳細的活動日程表。

上海芭蕾舞劇團的節目《白毛女》和《紅色娘子軍》，內容情節動人，演員技術高超，演出獲得好評，廣大觀眾從中增進了對我國的了解和感情。與此同時，孫平化、肖向前等人則利用觀看演出、外出拜訪、宴請會見等機會，廣泛接觸各界新老朋友，分別不同對象，有針對性地做了大量工作。在與日本政治、經濟、文化、藝術、輿論媒體各界以及友好團體交流的基礎上，他們先後四次會見了大平正芳外相，就兩國關係正常化問題進行了充分的交談。隨後，8 月 15 日，田中首相在東京帝國飯店會見了孫平化和肖向前，內閣官房長官二階堂進、首相秘書官木內昭胤、小曾啟一、中國課課長橋本恕等陪同會見。在當時日本和台灣當局還保持着所謂的「外交關係」的情況下，現任首相正式會見我國訪日代表團負責人和駐日機構代表尚屬首次。孫平化、肖向前向田中正式轉達了周恩來總理對他的訪華邀請。田中首相愉快地接受了邀請並感謝周總理的深情厚誼。田中認為，一海之隔的日中兩國解決關係正常化問題的時機已經成熟。他表示，將在進一步協調黨內意見，做到在「萬無一失」的情況下，前往中國以求「有終之美」。

在這次會見後，中日雙方都向記者發佈了有關消息。這實際上等於預發了田中近期將訪華的新聞公報。這就意味着推動田中訪華的工作收到實效，兩國人民期盼已久的中日邦交正常化即將成為現實。

「目暖」酒香楓葉紅

1972 年金秋，組閣剛剛兩個多月的日本內閣田中角榮首相，接受我國周恩來總理的邀請，偕大平正芳外相、二階堂進官房長官等五十二名高官成員，乘道格拉斯 DC—8 型日航專機於 9 月 25 日 11 時 30 分直達北京，開始對我國進行正式友好訪問。隨行的還有八十多名媒體記者和近百名先期抵京的電視轉播和衛星地面站的技術人員。

早在中日民間來往頻繁的 20 世紀 50 年代，毛主席、周總理就說過，兩國恢復邦交這樣的大事還得靠當政的領導人，但日本只有下了台的首相才來中國，不過我們可以等待，北京的機場隨時準備為之開放。實際上，我國政

府也一直準備採取行動，實現中日關係正常化。20 世紀 50 年代中期，周總理向當時的鳩山一郎首相發出了正式的邀請，兩國駐日內瓦的總領事還就促進中日關係正常化問題進行過直接接觸。但囿於美國壓力，日本無法實施獨立自主外交而作出回應，致使我國的中日兩國官方關係正常化設想與計劃未果而擱淺。

轉眼近二十年過去，以「決斷和行動力」著稱的田中首相終於來到了北京。周總理和中央軍委副主席葉劍英、全國人大常委會副委員長郭沫若以及外交部長姬鵬飛、外交部顧問廖承志（時任中日友協會長）等都親臨機場迎接。在周總理與田中首相握手的那一歷史瞬間，作為為中日友好事業獻身的普通一員，我內心深深為祖國強大昌盛、人民從勝利走向勝利而感慨。我相信田中首相也是感觸滿懷，他對於日本曾經加害過的中國人民所給予的熱情歡迎和款待不會無動於衷。田中在釣魚台寫下的詩句「鄰人目暖吾人迎」，並表示要在日本離宮改造為迎賓館的時候請周總理作為第一位客人訪問日本，如此等等均可資證明。

歡迎儀式結束後，周總理從機場親自陪同田中首相等日本貴賓，驅車到釣魚台國賓館，國賓館 18 號樓迎來了第一位訪華的日本首相。

稍事休息後，周總理在人民大會堂安徽廳會見田中首相、大平外相、二階堂進官房長官以及代表團隨行的主要成員。賓主在圍成蹄形的沙發上就座，呈現出親近的家庭氣氛。記者們搶着拍下這珍貴的鏡頭並從中領略到了熱情又親切的濃厚氛圍。

田中首相對周總理說：「剛剛喝了一點茅台，略有醉意，感覺很好，但是酒興未盡，會談完了還要喝點。」周總理會意，馬上說：「願意喝，可以再送些給你，把你的『威士忌』換成茅台。」田中點頭致謝並說：「確實是好酒，比『伏特加』更好，『威士忌』也比不上。」周總理指着在座的外交部副部長韓念龍說：「茅台酒產在他的家鄉貴州省，是紅軍長征時候發現的。『威士忌』喝多了會上頭，而『伏特加』不如茅台柔和。」田中連連點頭稱是。後來記者對此曾多有報導和引申評論。

「添了麻煩」掀起波瀾

田中首相一行抵京當日下午，中日雙方就邦交正常化的談判立即正式展開。談判分為三個層面：一是中日兩國總理與首相的小範圍限制性會談；二是兩國外長的會談；三是雙方主管官員級別的工作會談。兩位總理和首相主要就重大的原則問題進行陳述並交換意見，外長根據首腦會談的精神和指示，商討起草聯合聲明，由主管負責官員具體落實文字。日方參加上述後兩個層面會談的成員分別有大平外相，二階堂進官房長官，外務省亞洲局局長吉田健三、條約局局長高島益郎、中國課課長橋本恕等。中方參加會談的有外交部姬鵬飛部長、韓念龍副部長，外交部顧問廖承志、張香山，亞洲司司長陸維劍、副司長王曉雲，日本處處長陳抗等。

在整個中日邦交正常化談判過程中，中日兩國總理和首相先後舉行了四次會談，兩國外長舉行了三次正式會談、一次非正式會談。我作為工作人員參加了姬外長與大平外相的會談以及修改確定《中日聯合聲明》文字的一些具體工作。

我方關於中日邦交正常化的基本立場與見解以及《中日聯合聲明（草案）》，是 1972 年 7 月由周總理全面闡述，通過訪華的公明黨委員長竹入義勝帶回日本轉告田中首相、大平外相的。日方關於談判的議題是由小坂善太郎率自民黨各派議員團訪華時帶來的。就在田中首相訪華前夕，日方託資深議員、大平外相的親信古井喜實帶來了日方在研究我《中日聯合聲明（草案）》後擬出的《聯合聲明大綱》。中日雙方對邦交正常化的基本想法以及有關問題處理意見大體一致，但在對我方所提復交三原則、台灣問題以及對第三國關係的認定與文字表述上還存在分歧，有待商榷。因而整個談判的過程，歷經艱辛，充滿了鬥爭。可以說，《中日聯合聲明》的每一段文字，乃至每個用詞的敲定都費盡了心思，凝結着血汗。

雙方談判中最先遇到的難題是日方對侵華戰爭的道歉的表態。這個問題是由田中首相在周總理為他舉行的歡迎宴會上講話引起的。本來在互換草案中，中日雙方同意在前言中簡述一段歷史的回顧和日方表示道歉，但是未落實文字。田中首相在周總理為他舉行的歡迎宴會上的祝酒詞中，輕描淡寫地提到日本在戰爭中給中國「添了麻煩」，出席宴會的中方人士聽了都感到很吃

驚、很彆扭，當場就議論開來，表示不滿。田中的這一表態公開報導後更是引起了廣大公眾的強烈反感與憤慨。

周總理在第二天與田中首相會談一開始就坦率而嚴肅地指出，日本軍國主義的侵略，使中國人民蒙受深重災難，其結果也使日本人民深受其害，「前事不忘，後事之師」，這樣的經驗教訓日本政府應當牢牢記住。而「添了麻煩」意思太輕，許多人想不通，接受不了，更不要說那些有殺父傷親之仇的人了。田中首相向周總理作了些表白和解釋，說他首先是要反省、道歉，向中國人民謝罪，承認講得不夠，要設法改。

我方談判和接待班子中有不少是山東和東北人，對日本侵華都有親身經歷和體會，幾乎每個人都能說出日本軍國主義罄竹難書的種種罪行。無論是撫順的「萬人坑」，還是哈爾濱的「731」細菌殺人工廠，一樁樁、一件件都是日寇屠殺中國人民駭人聽聞、令人髮指的血證。千百萬人生命財產的巨大傷亡與損害豈能用一句「添了麻煩」了結？！我私下對橋本恕說，連我上大學學日文，家鄉父老都反對。他們痛恨「日本鬼子」，正因為他們是那場戰爭的受害者呀！日方不考慮中國人民的感情，怎麼能行得通呢？

針對日方對「添了麻煩」詞義的解釋，我方還搬出了日本出版的辭書、辭典，一一查出「添了麻煩」、「反省」、「道歉」、「謝罪」等字詞的含義以及程度，表明用「添了麻煩」來道歉的不足、不當。橋本等人連連稱「厲害」、「折服」！

後來在兩國外長會談中，日方表示願意照中方的意見修改，準備拿出一個方案來商量。9月27日晚，毛主席會見田中首相時一上來就問起「那個『添了麻煩』的問題吵得怎麼樣了？」田中稱，已經基本解決，可以按中方的習慣改。毛主席高瞻遠矚地說：「吵出結果就好，天下總沒有不吵架的，不打不相識啊！」當天夜間，在姬外長與大平外相第三次會談中，大平提出並親自口述對戰爭加害反省的措辭，為中方所接受。最後寫進《中日聯合聲明》的就是大平口述的文字：「日本方面痛感日本國過去由於戰爭給中國人民造成的重大損害的責任，表示深刻的反省。」我方的嚴正立場和日方的反省、謝罪之意，寫進了莊嚴的歷史性文件，為我們經常所說的「以史為鑒，面向未來」留下了依據。

「心似巨岩碎大濤」

　　中日邦交正常化前，日本同台灣保持着「外交」關係，日台之間還簽訂過所謂「和平條約」，而日本要實現同中國邦交正常化，自然就要與台灣「斷交、廢約」。中方早就提出了恢復邦交三原則，即日方承認：中華人民共和國政府是代表中國人民的唯一合法政府，台灣是中國不可分割的一部分，「日台條約」是非法的、無效的，應予廢除。

　　田中上台後，甘冒政治與生命的危險，優先實現日中邦交正常化。他派自民黨老資格議員小坂善太郎率各派議員訪華，以最終協調統一黨內意見；同時派執政黨副總裁椎名悦三郎去台灣安撫、摸底。然後自己來華談判，最後解決問題。田中首相承認，謀求復交，就只能取消同台灣的官方關係，可是不願造成混亂，不願視與台灣「建交、締約」並宣佈雙方「戰爭狀態的結束」從一開始即為非法。田中還要求中方體諒他面臨的現實困難，並予以照顧。大平外相也表明對復交三原則並無任何異議，但日本政府是「日台條約」的當事國，負有責任，如果完全接受中方見解，等於多年來一直欺騙國會和國民。日方希望找到符合其立場的表達以維護日本在台利益與人身安全（當時日台年度貿易額有十二億多美元，日赴台每年十八萬人次，台赴日每年五萬人次，在台日本公民共三千八百人）。隨後，在兩國外長談判時，代表日方作主旨發言的外務省條約局局長高島益郎還從法律的角度講述了所謂「日台條約」以及「戰爭狀態結束」、「賠款已經處理完畢」的「合法性」。

　　有鑒於此，如何處理台灣問題在《中日聯合聲明》中的表達方式、內容，就成為中日邦交正常化談判的最大難點，談判的氣氛也一度趨於緊張。

　　在這種情況下，密切關注談判進程的周總理，把握大局，有剛有柔，表現出了原則上的無比的堅定性和具體方式上的靈活性，推動談判朝達成協議的方向前進。針對談判面臨的最大問題和困難，周總理在與田中首相會談中首先肯定、稱讚田中實現中日邦交正常化的決心與勇氣，對田中表示理解我復交三原則以及一旦和中國建交即與台灣「斷交」，「日台條約」也隨之失效的説法表示讚賞，認為「這是對我們的友好態度」，也只有在這一前提下才可能對日方面臨的困難予以照顧，而不是相反。周總理還指出，一定要從政治的高度而不是拘泥於法律條文來處理問題才是正確的。

　　接着，周總理極為嚴肅地批駁了日方外務省條約局局長在發言中死摳條文不放，把舊金山和約、「日台條約」都拿出來作為依據的錯誤説法，「顯然是無視事實的，本末倒置，也不符合田中、大平對復交的意願和精神」。

　　聯繫日本對華賠償問題，周總理説，遭受日本侵略戰爭損失的主要是大陸。我們是從友好大局出發，也不想使日本人民負擔賠償之苦才主動放棄賠款要求，而已經被中國人民推翻逃到台灣的蔣介石，當時就已無任何資格代表全中國，他所謂的「放棄」只是慷他人之慨。日方如今還死抱着「蔣介石已經處理完畢」，因而認為不必再提、也不領情的態度，「實在是令人驚詫和憤慨，完全不可容忍」。

　　周總理的發言，義正詞嚴，有據有理，使日方無言以對，也讓我們這些參與談判工作的人深受教育。

　　聽了周總理的話，田中首相當場表示，中國把恩怨置之度外，從大處着眼，本着互諒互讓的精神處理問題，日方坦率地評價中國的立場，並再次表示深深的謝意。田中表示願意繼續考慮中方的意見並同意由外長繼續開動腦筋，磋商寫入《中日聯合聲明》的合適措辭。

　　針對周總理的嚴肅批評，在雙方會談結束後，一回到釣魚台國賓館，田中便把外務省官員叫到自己的房間，對他們嚴肅地講道：你們受過高等教育，都是很有學問的，不要鑽牛角尖，靠你們提出解決問題的見解和辦法，責任由我來負。

　　眾所周知，田中首相曾經多次對人講過對周總理的深刻印象和欽佩之情。此次來華，在與周總理直接對話、接觸以後，他曾在賓館白紙上寫出了如下評價周總理的詩句：「軀如楊柳搖微風，心似巨岩碎大濤。」對周總理由衷敬佩躍然紙上。

　　在中日最後一輪首腦會談時，田中告訴周總理，他已經明確指示大平：《中日聯合聲明》發表後立即對外宣佈中止同台灣的「外交關係」，「日台條約」也隨之廢止。他還向周總理保證：日本不支持「台獨」，對台灣無領土野心，日後如對台有什麼舉動，願向中方打招呼。雙方還同意暫時擱置釣魚島的爭議。

　　周總理稱讚田中為實現中日復交所作的貢獻。他説重建邦交首先要講信義。此次田中首相來華已經體現了中國古語「言必信，行必果」的精神。周

總理特地把《論語》中的這六個字題贈田中，以示中日新關係從「言必信」開始，日方要汲取過去半個世紀的教訓，在新的基礎上繼續開拓兩國關係。田中深為感動，也以東方人特有的方式作了回贈，揮筆題寫了「信為萬事之本」六個大字。這是出自日本飛鳥時代當政者聖德太子之口、曾經載入日本舊憲法的一句話，田中以此表達他恪守信義、履行承諾的心願。

絞盡腦汁「苦汗泉」

9月27日上午，田中首相在姬外長陪同下遊覽長城，大平外相隨行。兩位外長在往返長城的路上也沒有停下手上的工作，一直在就《中日聯合聲明》的內容表述等進行商談。大平談了在前言中加入理解復交三原則和關於「結束戰爭狀態」以及兩國「儘快」交換大使等問題，並表示當晚提交日方最後對案。此次長城遊覽途中兩國外長的對話成為日程之外追加的外長非正式會談。

大平外相一覽長城的雄偉壯觀，感慨無限。為了寄託滿腔情懷，也為了紀念此次訪華，他寫下了一首七言詩：「長城蜿蜒六千里，汲進蒼生苦汗泉。始皇堅信城內泰，不知抵抗在居心。山容城壁默不語，榮枯盛衰幾如夢。」詩中寫出了對中國老百姓修建長城付出艱辛勞動甚至流血、流汗的感觸。我想，作為輔佐田中的外相，作為日方復交談判的主將，為達成中日邦交正常化的協議，寫就《中日聯合聲明》，大平也是絞盡腦汁、苦汗如泉湧！想到周總理對人講過的「大平內秀而博學，輔佐田中很得力，有大平才有田中，才有日中復交」的話，深感果然如是。

9月27日夜，中日兩國外長舉行第三次正式會議，在兩國首腦會談達成基本一致的基礎上，敲定符合雙方立場的聯合聲明。雙方談判到了最關鍵的時刻：兩位外長就「結束戰爭狀態」、復交三原則和台灣問題的表述進行最後的商定。

對於幾個關鍵問題，經過對雙方所提方案、對案的討論和比較，中日雙方基本達成協議：「我方同意在日方表述理解與接受復交三原則的前提下，聯合聲明中可不提及『日台條約』、避開『確認戰爭狀態結束』字樣。」

關於「結束戰爭狀態」問題，雙方同意在正文中以「聲明公佈之日起，

兩國之間不正常狀態宣告結束」取代「確認戰爭狀態結束」的表述，而在前言裏寫明「戰爭狀態的結束，中日邦交的正常化，兩國人民這種願望的實現，將揭開兩國關係史上新的一頁」。原來我方方案正文裏「不正常狀態」前還有一個「極」字，大平認為「極不正常狀態結束，容易造成尚有某種程度上不正常的誤解，莫如換成『迄今為止』」。我方接受了這一提議。

關於台灣問題，日方認為，日本是《波茨坦公告》的當事國，在台灣問題上接受和簽署的是這一公告。對於中、美、英三國發表的《開羅宣言》，日方認為自己並不是當事國。最後經過協商，雙方在台灣問題的表述上達成妥協。首先在《中日聯合聲明》的前言中寫明：「日方在充分理解復交三原則的立場上謀求實現邦交正常化。」然後在正文裏寫道：「日本承認中華人民共和國政府是代表中國人民的唯一合法政府，日本充分理解與尊重台灣是中華人民共和國不可分割的一部分這一立場並堅持遵循《波茨坦公告》第八條。」該公告第八條規定「《開羅宣言》之條款，必須完全實施」，而《開羅宣言》宣佈，「台灣應歸屬中國」。日方就這樣以間接的方式，接受了台灣是中國一部分的立場。

關於我方原來所提的有關台灣問題的三項默契（即台灣是中國領土，解放台灣是中國的內政；《中日聯合聲明》公佈後，日本自台灣撤銷使館並採取有效措施使台灣自日本撤館；解放台灣時，對戰後在台日本團體和個人投資與企業予以適當照顧）。日方認為，實質性內容已寫入《中日聯合聲明》，因此雙方沒必要再搞默契與口頭諒解，也免得日本國會審查，懷疑其中有什麼秘密協議，反而造成日本內閣被動。

兩國外長午夜會談還在緊張地繼續，周總理也一直等在辦公室，隨時聽取進展情況和最後信息，所以會談中間，姬外長兩次要我出去打電話報告。周總理同意會談最後商定的內容和文字，並指示立即把它印成文件呈毛主席。至此，經過兩國外長和有關官員的徹夜奮戰，雙方已經就所有的重大問題取得一致，並字斟句酌地敲定了《中日聯合聲明》的措辭。

我為周總理把簽

《中日聯合聲明》全部達成協議後，姬外長又當面向周總理作了扼要的彙

報，外交部禮賓司司長韓敍接着報告了簽字儀式的安排。當時我們談判班子也在場，當談到何人出任我方把簽人時，周總理環視大家說：找一個年輕人嘛！而在談判和接待班子裏，我算是最年輕的了，於是這無比榮幸的重任就落在我的肩上。

1972 年 9 月 29 日上午 10 時，《中日聯合聲明》簽字儀式在人民大會堂舉行。舉行儀式的三樓大廳紅氈鋪地，綠絨罩桌，四周佈滿了五彩繽紛的鮮花，散發着沁人肺腑的芬芳。周總理和田中首相在插着兩國國旗的簽字長桌前並排而坐，姬外長和大平外相分別坐在周總理左側和田中首相的右側。身後站立着的有葉劍英、李先念、郭沫若、廖承志等中方領導人以及有關人士和二階堂進等日方高官和隨行人員。

在莊嚴、神聖的歷史性時刻，我榮幸地站在周總理身旁，身着赴日訪問時新做的深藍色中山裝，履行光榮的使命。當我看到周總理在茶色燙金文本上寫下「周恩來」三個大字後，就將文本拿給姬外長簽字，隨後交換給日方把簽人，再把田中、大平簽過字的文本送給姬外長簽名後擺在周總理面前。周總理寫畢，起立與田中首相有力地握手交換文本，並共飲香檳互致祝賀。此時場內掌聲、笑聲、碰杯聲、歡呼聲響成一片，全場變成了歡樂的海洋，大家一起見證了中日邦交正常化實現的歷史性瞬間，共同慶賀兩國關係新時代的開始。

新中國第二次大規模成套技術設備的引進

陳錦華

　　20 世紀 70 年代前半期，在毛澤東主席的支持下，由周恩來總理領導，國務院業務組直接籌劃和組織，我國對外經濟工作開拓出一個新的局面，掀起了自 50 年代從蘇聯、東歐國家大規模引進技術裝備之後，新中國歷史上的第二次大規模成套技術設備引進高潮。這次成套技術設備的引進，對解決我國國民經濟中的突出問題，加快現代化進程，促進相關產業加快發展，縮短與世界先進水平的差距，以至對後來的對外開放和參與經濟全球化合作與競爭，起到了承前啟後、率先示範的作用。

　　我當時作為輕工業部（1970 年 7 月，由紡織部、一輕部、二輕部三個部合併組成）計劃組副組長，後來又兼任輕工業部成套設備引進辦公室副主任，直接參與了新中國第二次大規模成套技術設備的引進工作。這次成套技術設備引進，對外實際簽訂的項目共計二十六個，我直接參與領導、組織實施了五個，其中有四個化纖項目，即上海石油化工總廠、遼陽石油化纖總廠、四川維尼綸廠、天津石油化纖廠，再加上做洗衣粉原料的南京烷基苯廠。這五個項目屬於 20 世紀 70 年代初的世界先進水平，投資額佔二十六個項目全部投資的 35.39%。

　　下面，我就所了解的第二次大規模成套技術設備引進的有關情況，以我直接參與的五個項目為重點，做一回顧，並談談我個人的一些感受和看法。

決策背景

　　1972 年 1 月初，我正在京西賓館參加全國計劃會議。有一天，國家計委的顧秀蓮對我說，中央決定引進化纖和化肥的成套技術和設備，要我代起草個報告。當時，輕工業部部長錢之光召集曹魯、焦善民、李正光、王瑞庭等人一起商量，認為這是非常重要的決定，應當儘快把這件事情辦起來。報告起草以前，李先念和華國鋒專門組織了討論，我在他們討論的基礎上起草了《關於進口成套化纖、化肥技術設備的報告》，交給了顧秀蓮。1 月 22 日，報告由國務院業務組李先念、華國鋒、余秋里三位署名上報。2 月 5 日，周總理很快作了批示：擬同意，即呈主席……批示。毛主席和其他中央領導很快圈閱。兩天後，即 2 月 7 日，李先念就把報告退余秋里、錢之光、白相國（時任外貿部長）辦。

　　為什麼在 1972 年初決定從國外引進成套技術設備，並且一開始把重點放在成套化纖技術設備上呢？當時的背景是：

　　第一，政治氣候的變化和政策的調整。1970 年 8 月 31 日，毛主席在中共九屆二中全會上寫了《我的一點意見》，揭發陳伯達的問題。之後，在全國開展了「批陳整風」運動。1971 年 9 月 13 日，林彪叛逃。「九一三事件」是「文化大革命」中的重要轉折，客觀上宣告了「文化大革命」在理論和實踐上的失敗。從此，國內的政治氣候有了很大的變化。在毛主席的支持下，1971 年 10 月，周總理主持中央日常工作後，着力調整幹部政策、經濟政策以及其他方面的政策，在一系列相繼召開的全國性專業會議上，通過批判極左思潮和無政府主義，包括對外工作中一些「左」的錯誤做法，來消除「文化大革命」對經濟方面的破壞性影響，恢復政治生活和國民經濟的正常秩序。周總理針對由於受林彪鼓吹「突出政治」的影響而普遍存在的不敢抓生產、抓業務的傾向，批評說：極左思潮就是搞「空洞的、抽象的、形而上學的東西，誇誇其談，走極端」。他強調「運動與業務不能對立」，鼓勵各級幹部理直氣壯地抓生產，抓業務。1972 年 10 月 14 日，根據周總理的指示精神，《人民日報》用一個整版的篇幅發表了《無政府主義是假馬克思主義騙子的反革命工具——學習筆記》等三篇批判極左思潮和無政府主義的文章，在全國引起很大反響。周總理領導的批判極左思潮，得到了黨內外絕大部分幹部和群眾的

擁護，國內局勢明顯好轉。在當時「四人幫」動不動就扣政治帽子，批判「洋奴哲學」、「賣國主義」的情況下，周總理領導的批判極左思潮和調整政策，對引進成套技術設備的重要性是不言而喻的。

第二，我國國際交往的恢復和擴大，西方發達國家急於同我國做生意。1971 年 10 月，第二十六屆聯合國大會以壓倒多數通過決議，恢復我國在聯合國的一切合法權利，同時接納我國為安理會常任理事國，這是「文化大革命」發動以後我國國際環境改善的一個重要方面。另外一個重要方面，就是 1972 年 2 月美國總統尼克松的訪華，打破了兩國關係間二十多年的堅冰，中美關係正常化進程正式啟動。在此基礎上，中美兩國不斷擴大、加深彼此間的交往。毛澤東在會見尼克松的時候，批評了「文化大革命」中我國對外貿易領域閉關自守的錯誤做法，他說：「你們要搞人員往來這些事，要搞點小生意，我們就死也不肯。十幾年，說是不解決大問題，小問題就不幹，包括我在內。後來發現還是你們對，所以就打乒乓球。」中美《上海公報》明確提出「平等互利的經濟關係是符合兩國人民的利益的」。雙方「同意為逐步發展兩國間的貿易提供便利」。我國恢復聯合國的合法席位和中美關係的緩和，大大改善了我國的國際環境，推動產生了我國對外建交的又一次高潮，特別是日本、加拿大、西歐諸國等西方發達國家紛紛同我國建交。外交關係的突破帶來了對外經貿合作關係的新契機。進入 20 世紀 70 年代以後，西方發達國家面臨着嚴重的經濟危機，生產力過剩的矛盾大大暴露，產品、設備、技術都急於找出路，對同我國做生意十分感興趣，這就為我國引進成套技術設備創造了有利條件。

第三，國內紡織工業原料供應不足的矛盾日益突出，導致紡織品產量上不去，人民群眾的穿衣問題長期得不到很好解決。當時，我國紡織工業的原料主要是天然纖維，而在天然纖維中又主要是棉花，但棉花的產量長期停留在四千多萬石的水平上。毛主席曾經講過：「解放這麼多年，吃飯和穿衣問題還解決不好，怎麼向人民交代？」他指示：必須把糧食抓緊，必須把棉花抓緊。20 世紀 70 年代前後，每年都要召開棉花會議，各級幹部參加，把主要產棉縣的縣委書記、縣長也找來，周總理親自主持，給大家做工作，要求各地多種棉花、多賣棉花給國家。我記得有一次棉花會議，周總理對到會的重點產棉縣的縣委書記，一個一個問情況。當問到常熟縣縣委書記的時候，周

總理講了講常熟的情況，還考了考他。周總理問他：你知道你們常熟有個翁同龢嗎？常熟縣縣委書記說知道，翁同龢是清朝光緒皇帝的老師。周總理接着又問：翁同龢有一個很有名的對聯，你知道嗎？常熟縣委書記說不知道。周總理就講：當時有一個諷刺清政府大官的對聯，上聯是「宰相合肥天下瘦」（宰相指的是李鴻章，安徽合肥人），下聯是「司農常熟四方荒」（翁同龢先後任戶部侍郎、尚書，江蘇常熟人）。這看起來好像是周總理隨便講一個對聯，講一個掌故，實際上周總理有很深的用心，他是利用這個機會對幹部進行教育，要幹部一定要胸懷四方，不能只看到自己，還要看到國家，要看到天下，不能肥了自己的田就忘了別人的地，以此動員幹部多種棉花。即使這樣，實際上 1971 年我國的棉花產量才四千三百萬石，比 1970 年減產 7.6%。四千三百萬石棉花，扣除農民自己用的棉花，扣除軍用和城市居民用的絮棉，能夠用於紡織的只有三千一百萬石。種棉花有一個糧棉爭地的問題，如果增加棉花產量，就要擴大棉田面積，勢必減少糧田，進而引起吃飯問題，那就會影響全局，畢竟糧食還是最重要的。棉花生產的困難，導致紡織工業不能多生產，影響了人民群眾的穿衣問題。

　　從 1954 年 9 月政務院第 224 次會議通過《關於實行棉布計劃收購和計劃供應的命令》開始，到 1983 年宣佈取消布票，我國實行了長達三十年發布票的政策。至於每年發多少布票，則要經過反覆計算，由中央、毛主席最後批准，以中央文件的形式來規定。根據氣候冷暖的不同，各地發布票多少稍有差別，大體上就是十六尺、十八尺、二十尺的樣子。我現在工作快六十年了，一半生涯是在紡織工業部門工作的，先後擔任過部長秘書、研究室主任、計劃組副組長等，我深深感到穿衣問題對家家戶戶的牽動。現在的年輕人不能理解這樣的事情，什麼叫「新三年，舊三年，縫縫補補又三年」，「老大穿新的，老二穿舊的，老三穿補的」，現在哪有這種事情？都成了歷史故事了，但是當年就是這樣過來的。所以穿衣問題的解決，上面牽動中央，下面牽動家家戶戶。當時世界上已經實現工業化的國家，它們解決穿衣問題的出路，都是走發展化學纖維工業、以工業原料代替農業原料的道路，化學纖維佔它們紡織用原料的比重達到 40% 左右。為了解決我國紡織業的原料問題，進而解決穿衣問題，紡織工業部曾借鑒工業化國家的經驗，專門向中央寫報告提出「實行天然纖維和化學纖維並舉」的「兩條腿走路」的方針，中央批

准了這個報告，但化學纖維主要是合成纖維的技術問題國內很長時間解決不了，只能發展纖維素纖維，即粘膠纖維。後來發展了一些維尼綸纖維，但由於纖維質量不好，品種適應面很窄，不受群眾歡迎。人民群眾最歡迎的滌綸（商業名稱叫「的確良」）、腈綸（人造羊毛）這些纖維，當時幾乎沒有，結果仍然解決不了穿衣問題。所以到 20 世紀 70 年代初，人民群眾的穿衣問題，越來越成為中央領導要着力解決的一個關係國計民生的突出問題。毛主席就講過，要為人民至今衣被甚少着想。我國引進成套化纖設備有着明顯的緊迫性。

第四，國內石油生產的突破，使我國發展石油化工有了可能。1959 年，我國石油產量 373 萬噸，自給率只有 40.6%。1965 年，由於大慶等油田的發現和開發成功，我國石油產量達到 1131 萬噸，完全實現了自給。到 1972 年，我國的石油工業發生了重大的變化，原油產量達到 4567 萬噸，不僅能夠自給，而且還用不完。「文化大革命」中有一個情況，就是有些省市區因為打派仗，鬧無政府主義，煤炭工業癱瘓，沒有煤炭發電，只好緊急地把一些電廠由燒煤改為燒油，這是非常浪費、非常不應該的做法。但是從中也可以看出，當時我國生產的石油，除了用做燃料之外，有可能拿出部分來作為生產化學纖維的原料。這就為我國引進成套化纖設備奠定了原料基礎。

上述四個背景情況，綜合在一起，使得我國從國外大規模引進成套技術設備的決策時機成熟了，條件具備了。現在設想一下，這幾個因素缺哪一個，當時從國外進行引進成套技術設備的工作都是困難的。由於周總理的高瞻遠矚，我國很好地把握了決策機遇，再早是不可能的，再晚一點就要受損失。

除這四個背景因素以外，還有一件對當時我國引進成套技術設備的決策產生重要影響的事情。我是從李先念、余秋里那裏聽到這件事情的。1971 年八九月間，毛主席到南方視察。他有一個習慣，也是一種工作方法，就是每到一地，讓身邊的工作人員到社會上做調查，看看社會上有什麼反映。在長沙的時候，毛主席給身邊的工作人員放假，讓他們到處走走，買點東西，搞些調查。有一位身邊工作人員回來後很高興，毛主席問她是怎麼回事。她說，辛辛苦苦排了半天隊，終於買到一條「的確良」褲子。現在年輕人不懂，稍微年紀大一點的人都知道，過去穿褲子是講究褲線的，棉布沒有褲線，「的

「確良」有褲線，而且不皺，所以當時穿上一條「的確良」褲子是很神氣的，但是很不容易買到。毛主席對此很驚訝。「九一三事件」以後，毛主席同周總理談起這件事，問：為什麼不能多生產一點？周總理說：我們沒有這個技術，還不能生產。毛主席又問：能不能買？周總理說：當然可以。事後周總理找李先念、余秋里，要他們研究辦這件事情。對這件事情，我沒有看到任何原始材料，但是從 1972 年 1 月我所起草的《關於進口成套化纖、化肥技術設備的報告》中可以得到一點印證。這個報告算了一筆賬：我國進口四套化纖生產設備以後，「的確良」的產量總數將達到十九億市尺。城鄉人民對「的確良」的需要，將進一步得到更好的滿足。報告通篇都是講大道理、算大賬，沒有講具體的問題，唯獨對「的確良」講了具體數字。可見我聽到的說法應該是事出有因，報告中特地講了「的確良」可能就是一個回應。

大規模引進計劃的策劃與確定

我國第二次大規模成套技術設備的引進，從最初四套化纖和兩套化肥約合四億美元的方案，到最終確定為二十六個大型項目約合四十三億美元方案的出台，前後經歷了一年左右的時間，國家計委有四個報告。

第一個報告是由我起草的國家計委 1971 年 1 月 16 日《關於進口成套化纖、化肥技術設備的報告》。報告指出：為了充分利用我國石油和天然氣資源，迅速發展化學纖維和化肥原料，擬向國外進口成套化纖、化肥裝備和部分的關鍵設備。化纖方面，擬從法國、日本進口四套裝置，約需 2.7 億美元。建成後每年可生產合成纖維二十四萬噸，約等於五百萬噸棉花，可織布四十億尺。引進這四套設備的廠址，擬放在四川、遼寧、上海、天津。化肥方面，進口兩個三十萬噸大型合成氨廠設備，建在四川和大慶。報告還提出為在晉南建設用煤作原料的三十萬噸合成氨廠，同時加快全國正在建設的二十五個合成氨廠的進度，以及為改造、擴建老廠要進口的關鍵設備、部件和鋼材，需要九千萬美元。另外，再進口生產合成材料的部分單機、材料，需外匯四千萬美元。共計四億美元。報告提出，立即組織三個技術考察小組出國考察，並將國內配套工程分別列入長期和年度計劃，爭取在 1974 年、1975 年建成或形成生產能力。

2月7日，經毛主席、周總理以及其他有關中央領導批准後，正式辦理實施。接着，由主管此事的輕工業部和工作上有密切聯繫的燃化部組成考察組，分別到西歐、日本考察，選擇引進對象。經過兩個月的考察，5月給國務院寫了考察情況和進口化纖設備安排方案的請示報告。24日，李先念批准同意，並委派柴樹藩主持同外商談判。此前，柴樹藩在幹校勞動，是周總理提名把他緊急調回來的。柴樹藩熟悉對外工作，為人正直。1975年底批判所謂「右傾翻案風」時，國務院開會，王洪文在場，批判「洋奴哲學」。當有人指着柴樹藩批判外貿部賣國時，柴樹藩予以反駁，説外貿部錯誤很多，但「賣國主義」一條沒有。一時語驚四座，全場啞然。但他講得理直氣壯，批判的人也拿不出任何證據，王洪文也奈何他不得。此是後話。當時經過一個多月的談判，柴樹藩向國務院提交了《進口化纖設備談判進展情況的報告》。9月2日，周總理將報告批給李先念、余秋里，並詢問：「能否提前先搞一套日本化肥設備、一套三菱油化設備、一套日本『旭化成』（公司），是否都是從石油中提煉。」9月19日，李先念對國家計委、外貿部《關於提前從日本進口化肥、化纖設備的報告》作了批示：「擬同意。（華）國鋒、（紀）登奎同志批。（前已報中央。）」由此第一批進口化纖、化肥設備的報告正式決定下來。

在我起草《關於進口成套化纖、化肥技術設備的報告》的時候，由於全國計劃工作會議正在召開，這一消息不脛而走，很多地方幹部紛紛要求把引進項目放在他們那裏。當時初步確定，引進三至四套成套化纖設備，分別放在紡織工業比較發達、原料短缺而人口又比較多的地區，如上海、天津、遼寧、四川。稍後由輕工業部和國家建委、燃化部、交通部、水電部等組織工作組到遼寧、上海、天津、四川等省市實地調查廠址情況，考察廠址的各方面條件。經過預選和比較，最後確定上海市的建在金山縣的金山衛，遼寧省的建在遼陽，天津市的建在北大港，四川省的建在長壽。工作組將進口成套化纖項目選廠工作寫成簡報呈送國家計委並報李先念、華國鋒。

經過半年多的談判、選廠址等準備工作，我國順利解決了四套化纖設備和幾套化肥設備、部件問題，邁出了引進成套技術設備的第一步。由於與國外談判、出國考察、選址籌建等各方面工作進展非常順利，於是有的部門如冶金、燃化、機械、電訊、民航、水電、鐵道、三機部、四機部等部門都跟了上來，也想藉此機會引進一些先進的技術，紛紛寫報告，提出引進項目和

派團（組）出國考察，了解發達國家的技術發展水平，了解國際市場行情，以便貨比三家，把那些技術先進、價格合理、適合我國國情的設備引進來。這是後來從國外引進成套技術設備規模擴大的內部因素。同時，西方國家對我國引進項目也表現出極大的熱情。遼陽化纖項目是從法國引進的，在談判過程中，因為一千多萬美元的價格分歧，合同遲遲簽訂不了。法國總統蓬皮杜訪華時，親自出面做工作，在法國駐華使館宴請周總理，談這件事情。我聽周總理的隨行人員講，蓬皮杜說，這個項目的簽訂會在全世界引起轟動，希望我國政府在價格上讓步，最後周總理從大局考慮同意了，中法雙方終於把這個合同簽了下來。這個合同的簽訂，的確在國際上引起很大的反響，很多西方國家由此看準了這個機會，紛紛要和我國做生意。這是導致從國外引進成套技術設備規模擴大的外部因素。

第二個報告是武漢鋼鐵廠引進一米七軋機。1972 年 8 月 6 日，國家計委向李先念、紀登奎、華國鋒並國務院呈送了《關於進口一米七連續式軋板機問題的報告》，由此引進成套技術設備工作從石化工業擴大到鋼鐵工業。長期以來鋼鐵工業一直是我國工業的重點行業，但質量、品種不行，滿足不了國內需要，稍稍好一點的板材都依靠進口。為了解決這個問題，早在 1959 年、1964 年，冶金部就曾兩次提出在武鋼建設一米七熱軋、冷軋薄板軋機。1971 年，冶金部第三次提出在武鋼建設一米七軋機。國家計委同意冶金部的意見，向國務院呈送了這個報告。這個報告提出：「軋鋼能力不足，鋼鐵品種不配套，特別是板、管少，是當前國民經濟發展中的一個比較突出的問題。⋯⋯因此，冶金部要求進口一米七連續式軋板機一套，包括熱連軋機、冷連軋機、鍍鋅機組、鍍錫機組、硅鋼片機組等設備，以便增加二百萬噸左右鋼板的軋製能力，其中冷軋鋼板八十萬噸左右。」報告還指出，在國內多生產一些軋機的同時，從國外進口少量關鍵品種軋機。經查詢，進口一套新的連續軋板機約需二億美元，雖然用外匯較多，但與每年進口三百萬噸鋼板所花約三億美元相比，還是合算的。報告建議由冶金部、一機部、外貿部、國家計委指派人員成立專門小組來負責這項工作。周總理批示：擬照辦，並批送毛主席和在京的中央政治局成員審批。8 月 21 日，中央、國務院正式批准從聯邦德國、日本引進一米七軋機，建在武鋼。

第三個報告是 1972 年 11 月 7 日國家計委向國務院報送的《關於進口成

套化工設備的請示報告》。報告建議進口六億美元的二十三套化工設備。這時，煤炭、石油、化工、機械、軍工、水利、電力、交通、輕工、林業等其他工業部門，經過出國考察也紛紛提出從國外引進技術設備項目，引進範圍不斷擴大。至此，各部門匯總的三批引進技術設備項目，包括新提出的引進項目，周總理感到很零碎，同時認為，既然有這麼好的機遇，事情就應該做大一點，所以指示國務院業務組和國家計委把這些項目合併起來，「要準備採取更大規模的引進方案」。

第四個報告是「四三方案」。1973 年 1 月 2 日，根據周總理的指示和國務院業務組研究的意見，國家計委向李先念、紀登奎、華國鋒並周總理報送《關於增加設備進口、擴大經濟交流的請示報告》，即「四三方案」。李先念隨即把這個報告送給周總理。經過討論和修改，3 月 22 日，國務院原則上批准了這個報告。報告提出，由於「我國的對外關係迅速發展，國際威望空前提高，帝國主義、社會帝國主義想孤立我們反而孤立了他們自己。資本主義世界經濟危機進一步加深，急於找產品市場，找資金出路。積極利用這一大好時機，擴大對外經濟交流，不僅有利於配合國際政治鬥爭，而且有利於加速國內經濟建設」，「我們研究，擬在今後三五年內，集中進口一批成套設備和單機設備，爭取在『五五』計劃期間充分發揮作用。目的是，引進新技術，支援農業，加強基礎工業和輕工業，加速我國社會主義建設步伐。初步提出進口四十三億美元的方案」。後來又追加 8.8 億美元，整個方案共計 51.8 億美元。

報告在確定引進技術設備項目的時候，提出了六條原則：一是堅持獨立自主、自力更生的方針。「要集中力量，切切實實地解決國民經濟中幾個關鍵問題」。二是學習與獨創相結合。後來周總理針對有人提出的「左」的做法，即「一批二改三用」，認為不恰當，強調對引進技術，應當「一學、二用、三改、四創」，即在消化、吸收後，再創新、改革。三是有進有出，進出平衡。四是新舊結合，節約外匯。引進項目儘量建在老廠，利用原有的公用工程及生活設施，減少投資。五是當前與長遠兼顧。六是進口設備大部分放在沿海，小部分放在內地。這六條原則成為我國第二次大規模引進成套技術設備的指導方針。報告還建議，由國家計委及各部委組成進口設備領導小組，「像第一個五年計劃期間抓『156』項進口項目那樣，紮紮實實地把建設任務抓緊

抓好，盡早投產見效」。

　　第二次大規模引進成套技術設備的項目共計二十六個，包括化學纖維四套，即上海石油化工總廠、遼陽石油化纖總廠、四川維尼綸廠、天津石油化纖廠；石化三套，一套是北京石油化工總廠（現為燕山石油化工公司）的三十萬噸乙烯，一套是吉林石化公司的 11.5 萬噸乙烯及配套項目，一套是北京化工二廠的氯乙烯設備；大化肥十三套，具有年產三十萬噸合成氨、四十八萬噸或五十二萬噸尿素的生產能力，分別建在河北的滄州（滄州化肥廠）、遼寧的遼河（遼河化肥廠）、黑龍江的大慶（大慶化肥廠）、江蘇的南京（棲霞山化肥廠）、安徽的安慶（安慶化肥廠）、山東的淄博（齊魯第二化肥廠）、湖北的宜昌（湖北化肥廠）、湖南的洞庭（洞庭化肥廠）、廣東的廣州（廣州化肥廠）、四川的成都（四川化工廠）和瀘州（瀘州天然氣化工廠）、貴州的赤水河（赤水河天然氣化肥廠）、雲南的水富（雲南天然氣化工廠）；烷基苯項目一套（南京烷基苯廠），有材料說是十套，這是不準確的，從一開始就是定的一套，建在南京；大型電站三套，分別建在天津北大港、河北唐山陡河、內蒙古赤峰元寶山；鋼鐵項目兩套，一套是武鋼的一米七軋機，一套是南京鋼鐵公司的氯化球團。另外還有四十三套機械化綜合採煤機組，以及當時具有世界先進水平的透平壓縮機、燃汽輪機、工業汽輪機等單個項目。這二十六個項目都是投資億元人民幣以上的特大型項目，其中投資在十億元以上的有遼陽石油化纖總廠（29 億元）、武鋼的一米七軋機（27.6 億元）、大慶化肥廠（因為是用日元貸款，受匯率調整影響，投資加大到 26.7 億元）、上海石油化工總廠（20 億元）、天津石油化纖廠（13.5 億元）；只有兩個項目相對較小，即北京化工二廠的氯乙烯設備和南京鋼鐵公司的氯化球團。

　　1972 年，我國決定從國外引進成套技術設備的項目時，全國進出口總額只有 48.4 億美元，其中進口二十二億美元，而根據《關於增加設備進口、擴大經濟交流的請示報告》的計算，引進這批成套技術設備需要四十三億美元，加上利息，可能需要五十多億美元。總投資折合成人民幣二百一十四億元。這在當時來說都是不小的數目。1972 年，全國基本建設的總投資不過四百一十二億元，這二十六個項目就佔二百一十四億元，實際上後來還超過了這個數字。從這兩組資料可以看到，我國第二次從國外大規模引進成套技

術設備，中央、國務院是下了多麼大的決心，也只有像周總理這樣的領導才能下這樣的決心，而且實踐證明這個決心是非常正確的，體現了周總理等中央領導對世界經濟科技發展趨勢的深刻洞察。現在可以設想，如果當年沒有周總理那樣的遠見、那樣的決心和魄力，我國第二次大規模引進成套技術設備的項目提不出來，即使提出來也可能做不到。

項目的落實和建設情況

我國第二次大規模引進成套技術設備項目的落實情況，是相當理想的。到 1979 年，這二十六個項目的合同履行完畢。二十六個項目總共花了 39.6 億美元，比「四三方案」的規定少了三億多美元，實現的程度差不多是 92%。我覺得，在當時的歷史條件下，能夠實現到這樣的程度，是一個了不起的成就。這二十六個項目的建設情況，從總體上來說是好的。據截至 1979 年底的統計，這二十六個項目中，已有二十個建成投產，平均每個項目的建設工期是三年零八個月，其中最長的五年。國內同期第四個五年計劃安排的一批大中型項目，平均每個項目的建設工期長達十一年。當時有一個順口溜，是講天津拖拉機廠建設情況的，非常形象：「天拖天拖天天拖，大姑娘拖成了老太婆；八年打敗了小日本，十年建不成個天拖。」這個順口溜流傳得很廣，甚至傳到毛主席耳朵裏了。毛主席曾引過這個順口溜，批評國內基建項目建設時間拖得太長。產生這種情況的原因很複雜，當時正值「文化大革命」，各種干擾、破壞、搗亂的事情很多，再加上項目本身資金不夠，或是材料、設備不能保證供應，這樣就把搞基本建設變成了吃基本建設，年年靠國家撥款，靠不上就等，以致工期一拖再拖。三年零八個月與十一年相比，顯然這批從國外引進的成套技術設備項目的建設速度，比國內第四個五年計劃安排的一批大中型項目的建設速度要快得多，而且國內安排的大中型項目的建設規模也小得多。比如根據「四三方案」引進的十三套大化肥項目，年生產能力三十萬噸合成氨、四十八萬噸或五十二萬噸尿素，平均建設週期為三年零四個月，而從 1971 年到 1979 年國內投資建設的十九個中型化肥廠，規模十萬噸合成氨，平均建設週期卻長達五年零十月，比較起來，後者的生產規模只有前者的三分之一，但建設時間卻差不多是前者的將近一倍。

　　這批引進的成套技術設備項目之所以建設進度比較快，與周總理、鄧小平、陳雲、李先念、余秋里、谷牧等中央和國務院領導的領導、關心和支持是分不開的。他們在這些項目的引進、落實和建設方面，花了很多心血和很大的精力，有問題反映到他們那裏，都能得到及時解決。比如周總理一直強調，這批引進項目對外履約，一定要重合同，守信用，不能把事情辦壞。上海石油化工總廠是建在上海金山衛填海造地而成的軟土層上。在建設初期，日本商人反映那裏的地基不好，土層比較軟，打了很深的樁，仍怕出事故。周總理對這件事情非常關心，可以説是相當着急，又是批示又是找人當面交代，要求一定要採取措施確保工程質量，千萬不要出事情。我們在實際工作中深切感受到，對於這批引進項目，周總理等中央和國務院領導確實擔了很大的風險，如果萬一出了什麼事情，「四人幫」就會藉機發難，對他們進行批判攻擊。

　　鄧小平對這批引進項目給予了積極的支持。1973 年 6 月，他剛剛復出工作不久，就到上海石油化工總廠建設工地視察。當時鄧小平正在抓整頓，基本建設是重點整頓的一條戰線。所以他回到北京後就對谷牧説，上海石油化工總廠建設進度很快，要谷牧在金山主持召開一個現場會，介紹他們的經驗，推動基本建設戰線的整頓工作。谷牧對鄧小平説，這些年國家建委開會，每年都要上海石油化工總廠介紹經驗，這個現場會是否不開了？鄧小平説，不行，還是要開，而且要以國務院的名義開，要各省各部參加。於是，在谷牧的領導下，由宋養初、李景昭、李後、李灝、李夢白、焦善民和我，還有牛迪義等做具體的準備工作。會議於 1975 年 8 月在上海石油化工總廠召開，國務院各部委、各地管基建的負責人、「四三方案」所有引進的項目負責人都參加了。谷牧代表國務院在會上作了報告。這次會議開得很成功，對當時基本建設的整頓工作起了很大的推動作用。

　　這批引進的成套技術設備項目在實施、建設過程中，也不斷受到「四人幫」及其在各地黨羽的干擾、破壞，造成了一些惡果。這批引進項目簽約日期差不多都是在 1973 年，但是到 1974 年初，「四人幫」一伙召開「批林批孔」大會，在全國發起「批林批孔」運動，以「批現代的儒」、「黨內的大儒」，批「周公」、批「宰相」，來影射攻擊周恩來。江青還一手炮製「蝸牛事件」和「風慶輪事件」，以及對大慶化肥廠進行指責、干預，嚴重影響和打亂了引

進成套技術設備工作的部署。

「蝸牛事件」，就是引進彩色顯像管的問題。當時我國正在研製彩色電視，但在技術上過不了關。記得我們當時在前門飯店開全國計劃會議，國家計委要求各省把自己生產的電視機都拿到會上來展覽。我們去參觀，真是慘不忍睹，藍的不藍，紅的不紅，三原色完全錯亂，成了彩色電視機無彩色。為了改變這種狀況，早日解決彩色電視機的技術問題，四機部組織陝西咸陽等企業的同志組成我國彩色顯像管考察團到美國調研，準備進口一套彩色顯像管生產線。考察結束後，美國生產玻殼的康寧公司送給考察團每人一個該公司自己生產的水晶蝸牛。江青知道這件事情後，藉機發難，特地到四機部講話，說美國人送我們蝸牛是「罵我們，侮辱我們，說我們爬行」，說引進彩色顯像管是「屈服於帝國主義的壓力」，是「崇洋迷外」，大罵國務院搞「賣國主義」、「洋奴哲學」。並要四機部把「蝸牛」退到美國駐華聯絡處，提出「抗議」。她還說：「美國這條生產線，我們不要它的了。」周總理機智地指示我國駐美國聯絡處查清事實真相和美國的風俗習慣。調查的結果說明，蝸牛在美國是作為禮品和陳設的工藝品的，象徵幸福、吉祥。康寧公司並無惡意。查明事實真相以後，中央政治局討論決定收回江青在四機部的講話。但是，在「蝸牛事件」的影響下，引進彩色顯像管生產線的工作被迫推遲了幾年，其他引進工作也受到很大衝擊。

「風慶輪事件」的經過是：為了儘快發展我國的遠洋運輸業，1964 年，周總理作出造船和買船並舉的決定，得到毛主席的同意。1970 年，周總理又指示，力爭在幾年內基本結束主要依靠租用外國輪船的局面，把立足點放在國內造船上，在國內造船一時不能滿足需要時，適當買一些船，把遠洋運輸的主動權掌握在自己手中。風慶輪是當時我國自行研製的九艘萬噸級貨輪中的一艘，是上海江南造船廠為交通部上海遠洋運輸分公司建造的。交通部曾擔心國產主機、雷達等「五大件」設備性能不能適應遠航，為安全起見，規定使用國產「五大件」的輪船，包括風慶輪，只跑近海。1974 年初，在「四人幫」的煽動下，江南造船廠的工人和風慶輪海員在「批林批孔」運動中貼出大字報，提出「我們要革命，風慶輪要遠航」。同年，風慶輪遠航地中海，交通部派出李國堂、顧文廣兩位上風慶輪協助工作。風慶輪於國慶前夕返回上海港，「四人幫」黨羽捏造誣陷李國堂、顧文廣兩人的材料，把他們扣留在上

海進行批鬥。江青就藉此事，批「交通部確有少數崇洋迷外、買辦資產階級思想的人專了我們的政」，指責國務院、交通部在造船問題上的「洋奴哲學」、「崇洋賣國」，矛頭直接針對當時主持國務院工作的鄧小平。「四人幫」一伙在中央政治局會議上發難，遭到鄧小平的批駁。後來，他們又背着周總理和中央政治局，派王洪文到長沙向毛澤東誣告周恩來、鄧小平等。王洪文說，為風慶輪的事，江青和鄧小平在會上發生爭吵，吵得很厲害，看來鄧小平還是過去「造船不如買船，買船不如租船那一套」，又說，鄧小平有那樣大的情緒，是與最近醞釀總參謀長人選一事有關，北京現在大有廬山會議的味道，等等。毛主席聽後，當即批評王洪文，告訴他有意見當面談，這麼搞不好，並叫他不要跟江青搞在一起。周恩來在醫院裏得知這件事情後，同紀登奎、華國鋒、李先念、鄧小平等談話，了解了中央政治局會議情況及「風慶輪事件」經過，然後兩次召見王海容、唐聞生，向她們介紹整個事情的經過，着重替鄧小平講話，委託她們向毛主席傳話，說經他向參加會議的人員了解，鄧小平並非像江青宣傳的那樣揚長而去，而是李先念把他勸走的。鄧小平走後，張春橋說，他早就知道鄧小平要跳出來。江青也說她是有意問鄧小平對這個問題的意見。看來他們是事先準備好要整鄧小平。後來，由於毛主席表示支持鄧小平，這才解決了「風慶輪事件」問題，挫敗了「四人幫」一伙妄圖給引進成套技術設備工作加上「洋奴」、「爬行」等罪名的政治陰謀。

1975年，江青直接插手大慶化肥廠化肥裝置的引進工作，說什麼大慶是我國自力更生的典型，為什麼引進洋人的東西，叫嚷要調查是誰在搞「洋奴哲學」，要把正在建設的化肥廠拆掉。康世恩找孫敬文研究對策，決定要周太和到中央檔案館查找中央審批原件。他們找到了毛主席用紅鉛筆圈閱的文件，上寫有周總理同意的批簽，以及李先念、葉劍英圈閱的記錄，複印送江青，江青看了毛主席的批閱件才不得不罷休。

「四人幫」對引進成套技術設備工作的干擾破壞，嚴重干擾和影響了這批引進項目的建設進度。我當時兼任輕工業部成套設備引進辦公室副主任，每天都要了解工程建設的進度情況，但是在「批林批孔」運動以後很長一段時間，各地忙於「批林批孔」，情況不能及時上報。現場搞「大批判」，搞「上掛下聯」，向上掛到國務院，向下聯到工地現場的大小頭頭，弄得工程建設非常困難，遼陽石油化纖總廠工地最嚴重的時候一度處於癱瘓狀態。

　　「四人幫」對引進成套技術設備工作干擾破壞造成的惡果，除了嚴重影響這些引進項目的建設進度以外，對工程建設質量的影響也是嚴重的。王洪文從上海調到中央工作以前，說要帶幾個重型炮彈到北京去，上海石油化工總廠工程也算一個，他指示上海市「革命委員會」和上海石油化工總廠建設要打破老框框，打破基建程序，樹一個樣板。前面曾經提到，1975 年 8 月，國務院在上海金山召開現場會，與會人員對上海石油化工總廠較快的工程建設進度反映很好，很是佩服，但他們都是行家，也發現了不少工程質量問題，有的甚至非常嚴重，擔心不能安全生產。比如，石油化工工廠有大量的管道，管道焊接要求是非常嚴格的，焊接了以後都要百分之百地拍 X 光片，檢查焊接的質量，但對這些，上海石油化工總廠卻沒有全部認真做，有些閥門未研磨就裝上了，將來可能造成物料嚴重洩漏，後果不堪設想。當時會議編發的一種對上的簡報（不發代表），就把這個情況登上了。9 月 20 日，國家建委向國務院彙報現場會議情況，提到與會代表對質量問題的意見，認為設備檢驗、安裝情況不好，擔心將來出事情。李先念聽後很着急，當即同余秋里和谷牧一起研究，決定派一個工作組到上海，專門檢查工程質量，並指定由我帶隊。參加工作組的有國家建委、輕工業部、燃化部的人員，另外，李先念還特地囑咐我帶上大慶的老師傅和燃化部的工程技術人員。當時毛主席號召學大慶，特別是學習大慶工人的「三老四嚴」，我們帶上大慶的老師傅，就堵住了「四人幫」在上海的黨羽的嘴，使他們不敢公開反對，這算是一種政治智慧吧。

　　9 月 27 日，我帶着李先念親筆寫的信趕到上海，見了上海市「革命委員會」工交組的唐光煊、魯紀華，經過一番商議，於國慶節前趕到金山。當時上海石油化工總廠上上下下的確很重視抓工程建設進度，但對質量重視不夠，我們發現質量問題確實很多。當時有一種無形的力量，講質量似乎就是否定成績，有些人對這個問題很敏感。我們工作組既要檢查質量，糾正失誤，又不能讓大家感到是來找碴子，否定成績，處境確實微妙。上海石油化工總廠工程指揮部提出 9 月 28 日乙烯裂解爐點火，向國慶獻禮。這個口號對於動員全廠抓緊工程建設進度確實起了積極的作用，有關單位以此為目標，日夜奮戰。但是，從確保安全、質量第一的意義上說，「9‧28」點火不具備條件。我們在現場，知道如果點火是要出事故的，而且不是以後出事故，當

時就要出大事故。但是上海市「革命委員會」為了宣揚「四人幫」抓建設的
成績，非要點火不可，連報紙、電台都做好了準備，上海的《解放日報》、《文
匯報》為此準備的報導清樣都排出來了。我們工作組認為這是圖虛名，沒有
實際意義，不能這麼做，就打電話請示輕工業部錢之光部長。錢部長同意我
們的意見，要我們做指揮部的工作。由於我們態度堅決，並且打着錢部長的
招牌，才使有關人員勉強接受，把點火改為烘爐。其實烘爐當時都不具備條
件。這之後，由於中央正在抓整頓，在我們工作組的推動下，上海市委、市
「革命委員會」不得不出面在現場開了一次會。會上，工程指揮部發了言，大
慶的老師傅講了話，沒有讓我們工作組的人發言。總之，由於「四人幫」及
其黨羽的干擾和破壞，對國務院召開的金山現場會提出的問題落實得並不理
想，質量問題的整改也還是不認真。1976 年 7 月 15 日，第二次點火投產，因
為質量問題，沒有成功。直到 1976 年 12 月 30 日，「四人幫」已經被打倒了，
第三次點火才獲得了成功。後來，上海石油化工總廠投料生產，工藝生產裝
置大的質量問題沒有發生，但公用工程問題不少，曾多次發生管道破裂，漏
水、漏氣。當時如果不堅持鬥爭，質量問題會更多，會對後來的安全生產造
成嚴重威脅。

實踐證明，對於一個技術複雜、工藝的系統性和集成度都很高的現代化
工程來說，組織建設和生產，不要規章制度，不要檢查監督，就會造成災
難。上海石油化工總廠在我國第二批引進的成套技術設備項目的建設中，算
是做得比較好的，但是嚴重的質量問題也一再發生，這是在無政府主義和極
左思潮泛濫的情況下，「四人幫」「打破框框、打破基建程序」的指示造成的
惡果。我想，如果沒有「四人幫」的干擾破壞，這批引進項目的建設會搞得
更快更好。

重大作用和深遠影響

第一，這次大規模成套設備的引進，貫徹了「集中力量切切實實地解決
國民經濟中幾個關鍵問題」的重要原則。這是「四三方案」規定的六條引進
原則中的第一條原則。當時，我國國民經濟面臨許多問題，其中影響面最大
的是 8.7 億人的吃飯、穿衣等問題。

在吃的方面。第一個五年計劃執行優先發展重工業的方針，農業、輕工業不受重視，發展受到影響。1958 年，也就是第二個五年計劃的起步之年，又遇到「以鋼為綱」的「大躍進」運動，國民經濟的比例關係受到嚴重破壞，農業、輕工業進一步被擠壓。接着，三年自然災害，加上工作中的失誤，造成人民生活的極大困難。為了改變這種狀況，中央決定實行「農、輕、重」方針，對國民經濟進行調整，提出在安排國民經濟計劃時，首先安排和保證農業、輕工業的需要。1961 年 12 月 2 日，中央書記處會議決定搞十年計劃，並分為兩個階段，1967 年以前（即第三個五年計劃期間）要基本解決吃、穿、用問題。1964 年 4 月底，國家計委提出《第三個五年計劃（1966—1970）的初步設想（彙報提綱）》，規定「三五」計劃的基本任務是：「第一，大力發展農業，基本上解決人民的吃、穿、用問題。」李富春説：「我國『一窮二白』，有六七億人口，吃、穿、用是個大問題，只有把人民生活安排好，才能更好地建設。」李富春還分析説，工業規劃，要體現支援農業、農輕重、吃穿用各個方面，要把這些都帶動起來，重點是什麼？是否主要是化學工業，因為化學工業產品繁多，全與支援農業、農輕重、吃穿用、提高工業產品質量品種、加強國防有關。化工解決了，即解決了這五個方面的問題。在這段時間，國家計委安排了各部委彙報，其中第一個就是化學工業部黨組關於化學工業長期計劃方案的彙報。根據李富春的意見，國家計委的「三五」計劃綱要還優先列出了化肥、化纖的發展目標。

1964 年 5 月 10 日到 13 日，毛主席連續四天聽取國家計委彙報。他認為國際局勢出現了新的變化，我國周邊環境出現了緊張氣氛，戰爭的危險依然存在。毛主席把這些看得很重，幾次提出要準備打仗。在聽取彙報十多天後召開的中央工作會議上，毛主席明確提出要進行三線建設。這樣就把「三五」計劃準備解決吃、穿、用問題的指導思想完全改變了。毛主席還講了兩個拳頭（農業、國防工業）、一個屁股（基礎工業）的觀點，批評國家計委的規劃是「屁股沒有坐穩」。「要把基礎工業適當搞上去，其他方面不能太多，要相適應。」這樣，農輕重的方針實際上改變了，解決吃穿用問題已不可能。不久，「文化大革命」爆發，極左思潮、無政府主義泛濫，農業、輕工業再次受到破壞，人民生活的困難更加嚴重地突現出來。從「大躍進」以後，經過三年困難時期，再到「文化大革命」時期，糧食、棉花的生產供應長期徘徊，甚至

每況愈下。直到「四三方案」引進四套化纖和十三套化肥技術設備以後，情況才日漸改善，並最終為 20 世紀 80 年代解決溫飽問題奠定了有力的物質基礎。

糧食生產，由於受耕地面積限制，我國多年的努力方向都是提高單位面積產量。提高單產有很多條件，其中最重要的條件之一是肥料，所謂「莊稼一枝花，全靠肥當家」，就是這個道理。我國化肥工業，在著名化學家侯德榜的主持下，設計了「碳化法合成氨流程製碳酸氫氨」工藝，規模為年產兩千噸裝置，這也就是我們通常所稱的「小化肥」。全國共建了 1533 個。小化肥數量上來了，但質量不行，它的肥效，即有效養分只有 17.7%，有些還達不到。而當時國際上已經興起的大型化肥廠生產的尿素，有效養分高達 46.3%，肥效接近「小化肥」的三倍。據農業部門施用資料介紹，施用一公斤尿素可增產稻穀四至五公斤。尿素受到廣大農民的熱烈歡迎。

我在前面講過，「四三方案」的最早引進計劃是四套化纖、兩套化肥，後來發現這批裝置先進，生產的尿素增產效果顯著，就很快擴大到十三套。以後，又繼續引進，結合國內的國產化設備配套，大化肥總數達到三十三套，年產尿素 1593 萬噸。按照 1:4 或者 1:5 的增產效果計算，1593 萬噸尿素可增產稻穀近六千五百萬至八千萬噸，增產效果十分顯著。我國吃飯問題的解決，特別是稻穀的增產，除了農村實行聯產承包責任制的改革因素外，主要得益於兩條，一條是袁隆平的雜交水稻高產品種，一條就是尿素。沒有這兩項物資技術條件，面對市場急驟增長的大米需求，我們將無法應對。化工部部長孫敬文曾對我講過，他們算過一筆賬，1977 年底，「四三方案」中引進十三套大化肥，已有七套投產，到 1978 年 6 月，累計生產尿素 361 萬噸。如果進口同樣數量的尿素，按當時國際市場價格計算，要用外匯 5.2 億美元，超過這七套化肥裝置引進所用外匯的一倍。因此，從經濟上算賬，是非常合算的。我國農業增產，以全世界約 10% 的耕地解決了佔世界 21% 的人口的吃飯問題，化肥的作用功不可沒，「四三方案」的引進設備功不可沒。

在穿的方面，引進化纖成套設備，解決穿衣用原料問題。新中國的化纖工業沒有基礎，1957 年的總產量才二百噸，是做人造絲的。通過多年的努力，到「四三方案」引進這批設備之前的 1972 年，我國的化纖產量也只達到 13.7 萬噸，佔當年國內紡織原料的 5.5%，和西方發達國家化纖在紡織原料中佔 40% 相比差得太遠，根本解決不了紡織原料不足的問題。通過這次引進，

四套化纖技術設備起到了「老母雞」的作用，加上後來改革開放大環境的推動，我國化纖工業迅速發展，到 2003 年，全國化纖產量達到 1161 萬噸，佔全世界化纖產量的三分之一，比美國都多。我國已成為世界第一化纖大國。2003 年，我國使用的紡織原料總量為一千七百多萬噸，其中化學纖維 1181 萬噸，佔纖維總量的三分之二還要多，這對於衣着的豐富多彩，對於滿足社會各方面的需要，提供了強有力的物質基礎。它們的用途，大體上是衣着用佔三分之一，家庭裝飾等用佔三分之一，工業用佔三分之一。這個使用格局，與美國等發達國家相比，已大體相當。這也從一個重要方面反映了我國紡織工業的發達程度，特別是化學纖維對改變紡織原料結構的重大作用。從「衣被甚少」到成為世界第一紡織大國，我們只用了不到二十年的時間，這在世界紡織史上是創紀錄的。現在我國生產的紡織品不僅能夠滿足國內的需要，還大量出口，2003 年出口額達到 804 億美元。人民的衣着越來越豐富多彩，在人們日常生活中每天都少不了的衣、食、住、用、行中，我認為，解決得最好的是穿衣問題。現在穿的情況，國內最發達的城市和經濟欠發達地區比較，差別不是很大。其他吃的、住的、用的、行的方面則差距太大，沒有辦法比較。同樣，和西方發達國家比較，無論是同美國比較，還是同歐洲比較，老闆和老闆比，一般人和一般人比，我們穿的算是相當不錯，差別也不是很大。所以我覺得，「四三方案」這批化纖技術設備的引進起到了非常大的作用，沒有這批項目的引進，人民群眾的穿衣狀況根本達不到今天的水平。

　　在用的方面，我舉一個例子，就是做洗衣粉原料的烷基苯項目。洗衣粉是現在每家每戶每天都少不了的，城市也好，農村也好，都是如此。但是過去要憑證供應，數量極少，洗衣服主要靠肥皂。肥皂是用天然油脂做的，三年困難時期，人都沒有吃的了，哪裏還有油脂用來做肥皂呢？當時李先念找我們研究，通過試驗的合成脂肪酸工藝技術放大以後，搞了一批小廠，用化學原料來生產肥皂。但是因為一些技術問題沒有解決，生產出來的肥皂臭味太大。李先念給我們講笑話：煤礦工人從井下上來，沒有肥皂洗手，臉是黑的，老婆不讓上牀，後來用了合成脂肪酸做的肥皂，有一股臭味，老婆還是不讓他上牀。當時就是那樣一個局面。後來我們把幾十個技術落後的小廠統統關了。這主要是靠了南京烷基苯廠，當時引進的規模為年產 5.2 萬噸，後來經過改造擴建，2003 年的產量達到 93453 噸。他們還同台灣的企業合資，又

建了兩個廠，三個廠加在一起，2003 年的產量是 14.6 萬噸，除了充分滿足國內需要外，還以 14.4% 的產量出口。

　　早在 1964 年，李富春在研究第三個五年計劃時，就設想以化工為重點，帶動工業發展，解決吃、穿、用問題。應當講，李富春講的這個大思路，是先進的、正確的，是當時工業化國家實行重化工業政策並取得巨大效果的成功經驗。可惜在當時的歷史條件下，他的正確思路沒有被毛主席採納。十年之後，在周總理的領導和主持下，這個思路實踐了，成功了。歷史證明，在工業化的過程中，集中力量發展重化工業，是不可逾越的階段。在一個有十三億人口的大國，解決自然資源短缺的突出矛盾，尤其需要走好這段路。

　　第二，通過這次大規模成套設備的引進，我們才真正對外部世界，特別是西方發達國家有所了解。新中國的第一次大規模成套設備的引進，對象主要是蘇聯、東歐國家。儘管它們當時把自己比較好的技術給了我們，但是因為它們本身就有局限性，這些技術大多是第二次世界大戰以前的美國技術，到 20 世紀 50 年代在世界上已經不能算是先進技術了。再加上當時蘇聯實行「兩個陣營」的理論和政策，蘇東國家實際上是自成體系和自我封閉的，它們對西方世界的了解非常有限，更談不上對我們與世界的交流合作提供幫助。第二次大規模成套設備的引進，是新中國成立以來第一次同西方發達國家進行大規模的交流與合作，合作伙伴主要來自日本、聯邦德國、法國、意大利、荷蘭、瑞士和美國等。本來早在 1964 年 1 月，毛主席在聽取工交會議彙報的時候就講過，我考慮到一定時候，可以讓日本人到我國來辦工廠，開礦，向他們學技術。後來因為國際形勢的持續緊張和「文化大革命」的發動，毛主席的這個設想一直沒能實施，一直到八年以後，也就是 1972 年才得以實施。這批項目的引進，不僅帶來了西方發達國家的先進技術、先進工藝和先進設備，還帶來了先進管理理念和管理方法，帶來了廣泛的最新市場信息，我們通過這批設備的引進，切身感受到了外部世界的變化，看到了究竟什麼是技術先進、什麼是高度發達的工業、什麼是高效率的勞動生產，對我國和西方發達國家的差距有了深刻的認識。我國工業化的道路究竟怎麼走，我覺得不通過這批項目的引進，是感受不深的。舉一個例子，當時我們的一個年產十萬噸合成氨的中型化肥廠，職工一般都需要上千人，甚至更多，但是我們引進的年產三十萬噸合成氨的大型化肥廠，職工定員只有一百多人，兩者

勞動效率相差十多倍。當年國家計委李人俊主持審查這批項目，部門和地方工作的人員怎麼都不同意把人減下來，各種機關科室、託兒所、食堂等後勤人員統統都要保留。這也是不難理解的，我們過去都只是從書本上看到西方發達國家現代化大生產的專業化、大協作的情況，實際上我們自己做的，還是長期堅持小而全、大而全。這種做法導致了我們企業的負擔越來越重，背的包袱越來越大，使國有企業一直擺脫不了困境。

第三，通過這次大規模成套設備的引進，為國家和地方培養了人才，造就了一支對外工作的隊伍，積累了經驗，為以後的對外開放和參與經濟全球化的合作與競爭，創造了比較好的條件。我們通過第一次大規模成套設備的引進，培養了一大批技術專家和管理幹部，但是這批幹部的局限性是很明顯的，主要表現在技術、企業管理上。通過第二批大規模成套技術設備的引進，我們培養的人才、訓練的隊伍，才真正從西方發達國家得到了先進的技術、管理知識，積累了同西方發達國家打交道的經驗，懂得了同資本主義國家打交道的一些門徑，特別是怎麼利用國際資本市場籌措資金、怎樣引進軟件、怎樣開展更高層次的合作問題等。據我所知，參與領導第三次大規模引進的很多骨幹，都是從參與第二次大規模成套設備引進項目的人員中調去的。

改革開放以來，我們能夠取得西方國家用半個世紀甚至上百年時間才達到的成就，應該歸功於鄧小平理論，歸功於共產黨的基本路線和基本經濟制度，歸功於我國政府的開放政策。但是，第二次大規模成套技術設備引進的作用，我覺得是功不可沒、不可忽視的，它確實起到了承前啟後、示範帶頭的作用，使我們較早地從蘇聯、東歐國家轉向西方發達國家，轉向積極全方位地參與經濟全球化。如果沒有當時的工作，沒有它打下的基礎、創造的條件，我們以後面臨的困難要多得多，解決這些困難所要付出的代價也會大得多。

財政在「文化大革命」中苦撐危局

王丙乾

「文化大革命」十年，政治形勢動盪，社會秩序混亂，規章制度遭到破壞，國家財政受到衝擊。在這種情況下，由於得到周恩來總理的支持和李先念的領導，財政部仍然堅持正常的業務工作，保障了國家財政的正常運轉。這是「文化大革命」中財政部的主流，在當時能夠做到這一點確實是難能可貴的。這一時期，我相繼擔任財政部預算司副司長、司長、部黨組成員、「革命委員會」副主任，開始參與財政部業務領導工作，值得回顧的地方不少，現將印象最深的幾件事概要說一說。

國家的財政大權不能奪

在「文化大革命」中，財政部也受到了衝擊，特別是在 1967 年連續受到奪權和大批鬥的考驗。但是在中共中央、國務院的堅強領導下，特別是在周總理的親自關懷下，財政部廣大幹部確保國家財政大權始終掌握在黨中央的手裏，為保證國家政權正常運轉，作出了歷史性貢獻。

「文化大革命」初期，我在上海紡織四廠搞「四清」。上海「一月革命」後，形勢很亂。有天晚上，紡織四廠領導悄悄找到我，說北京讓你回去，你快走吧，到明天就走不了了。我聽後連夜乘火車趕回北京。回到北京時財政部卻已經發生了很大變化，到處貼的是大字報。有張大字報說建國以來財政部執行的是劉少奇的「黑線」。我很氣憤，回去就寫了張大字報貼了出來，針鋒相對、旗幟鮮明地指出：建國以來財政部執行的是毛主席的「紅線」。

在「一月革命」的衝擊下，中央和國家機關各部委的領導幹部，大都成為紅衛兵和造反派揪鬥的對象。面對這種險惡的情勢，周總理悲憤不已，深感不安，決定採取保護措施。經與幾位副總理商議，他提出以國務院通知開會、彙報工作和寫檢討等名義，讓受衝擊的部長、副部長們住進中南海「工字樓」宿舍，保護起來，其中就包括主持財政部日常工作的副部長吳波。

1967 年 1 月，財貿口的造反派在「中央文革小組」的支持下，開始醞釀奪財政部的權。1 月，財政部的造反派宣佈打倒吳波，奪財政部的大權。財貿口各大專院校的造反派也進駐財政部，成立所謂「接管委員會」。財政部的工作幾近癱瘓。周總理得知這一情況後，立即派李先念到財政部解決問題。李先念到財政部後先找造反派代表談話，規勸他們放棄奪權，但被造反派代表拒絕。李先念非常氣憤，對造反派代表和支持造反派奪權的個別領導幹部進行了嚴厲批評。然而，造反派不但不服從，反而把他的指示在各個造反派組織中宣揚，然後串聯起來，提出「打倒李先念」的口號。周總理在聽取李先念的彙報後，決定與李先念一起，接見財貿口的群眾組織代表，制止造反派奪權，保住國家的財政大權。

1967 年 2 月 17 日，周總理代表中共中央在國務院小禮堂主持召開財貿口領導幹部和群眾組織代表會，嚴正宣佈財政大權屬於中央，不容造反派奪取，要立即繳回，並當場下令解放軍戰士將支持造反派奪權的財政部某位副部長逮走。周總理這一迅雷不及掩耳的行動是得到毛主席同意的。

周總理的鬥爭藝術很高明，他沒有說不能奪權，只是說中央財政大權不能奪，只能監督。這就宣佈並確立了這樣一條原則：凡中央和國務院各部門的權，特別是國家外交、財政等權，都屬於中央、屬於毛主席，造反派不准奪取，從而在中央和國家機關有效地剎住了這股邪風。

周總理在和造反派代表談話時，還多次談到財政部的成績，指出在最困難的時候，我們財政上把外債還清了，把內債也很快還清了，赤字沒有了。世界上哪一個國家能夠跟我們相比呀？帝國主義、反動派、修字號三類國家，不是有外債，就是有內債，像美國那樣，有多少內債呀！財政上有赤字，還有多少億的各種內債。財政部正是在毛主席路線的指導下，才取得這樣偉大的成績。周總理積極支持李先念的工作，他說，先念同志曾經提出不兼任財政部長，毛主席說不行，得兼。毛主席信任他，我們信任他。周總理

講完之後，李先念在講話中也對造反派代表提出了嚴厲批評。

1967 年 2 月 18 日，周總理、李先念又在中南海接見了財貿口部長、司局長。我也參加了這次接見，對當時的情況記憶猶新。周總理對財政部造反派奪權很生氣，教導我們要捍衛國家財政大權。周總理說：「政府大權如外交、財政、公安、國防、經濟大權，怎麼能奪！」周總理指出，國防、公安大權既不能奪，也不能監督。財政算第二類，可以監督，但不能奪。中央規定業務權只能監督，超過了限度，就要走到邪路上去。誰要奪中央的財政大權、經濟大權，我們就要起來保衛。不起來捍衛毛主席直接掌握的大權，就是犯罪。聆聽了周總理的講話，我十分激動。我覺得多虧黨中央和國務院對財政部的支持，特別是周總理的親自關懷，否則真不知道會造成什麼樣的後果，會給國家帶來多大的損失。

會後，李先念在周總理的支持下，堅決不讓造反派奪財政部的權，堅決支持財政部各部門照常工作。1967 年 2 月 25 日，財政部向國務院各部委和各省、直轄市、自治區財政廳局發電指出：根據周總理的指示，國家財政大權屬於中央，財政部的革命造反組織只能奪運動的領導權，不能奪財政部的業務領導權，但對業務可以進行監督。現在我部黨組已經恢復工作，業務領導權已經收回。前財政部「革命造反司令部」，以「造反司令部」名義發出的有關財政工作方面的文件一律無效。

因為財政部工作的重要性和在財政部出現的這些鬥爭的複雜性，中共中央、國務院為防止各種可能的破壞，確保對中央財政大權的控制及其正常運轉，果斷地決定對財政部實行軍事管制。1967 年 7 月 1 日，中共中央、國務院、中央軍委、「中央文革小組」公佈《關於對財政部實行軍事管制的決定》。決定指出自即日起對財政部實行軍事管制，成立軍事管制委員會（簡稱軍管會），任命殷承禎為軍管會主任。軍管會下面成立「抓革命、促生產」的兩個班子，負責部內工作。決定還指出，實行軍事管制後，對外活動如需要以行政首長名義簽署或接洽的，仍按過去規定辦理。行政首長已撤職或停職的，應由上級指定適當人選以代理人名義出面。黨中央、國務院的這一決定受到了財政部廣大幹部和群眾的擁護。

1967 年 7 月 19 日，財政部軍管會發出通知，決定成立臨時業務領導小組。經軍管會研究，報請國務院同意，在沒有組成有群眾代表參加的業務領

導班子之前，確定在軍管會統一領導下，由劉洪章、吳波、謝明、姚進、王程遠和我組成臨時的業務領導小組。劉洪章、吳波分任正副組長，具體負責主持業務行政方面的工作。

軍管會保護了一大批老幹部，對於基本維持財政工作正常進行、保證財政部業務工作不間斷發揮了歷史作用。特別是軍管會主任殷承禎，在原則上堅決貫徹黨中央和國務院的指示，放手讓業務組開展工作，不干涉財政業務，對財政部原來的司局長也採取保護和支持的態度，不讓他們隨便遭到批鬥。還值得一提的是，在當時的背景下，殷承禎對李先念非常尊重。中央讓李先念就「二月逆流」事件回財政部作檢查的時候，殷承禎親自去門口迎接。李先念做完報告時，他還帶頭鼓掌，並在會後寫了簡報，向中央反映先念同志的檢查報告好。這在當時是對李先念很大的支持。

財政業務在「文化大革命」中照常堅持

1969 年 10 月，林彪「一號命令」下達後，財政部各業務司局除留少數人組成業務組外，其餘人員都下放到湖北沙洋五七幹校勞動。財政部由六百多人縮減成為七十多人的業務組。當年，國務院精簡機構，人民銀行併到財政部，一起在財政部大樓裏辦公，所以機關大樓門口掛兩塊牌子：「中華人民共和國財政部」、「中國人民銀行」。財政部與人民銀行合併後，業務上分為四個組：綜合組（由原來財政部預算司和人民銀行的計劃局組成）、財政業務組（由財政部業務司局組成）、銀行業務組（由人民銀行業務司局組成）和辦事組（由財政部和人民銀行的辦公廳組成）。每個組下面又分為幾個小組，基本上一個司局一個小組。我擔任綜合組組長。在當時人手少和社會複雜的情況下，財政部留下來的人依然堅持工作。當時工作量非常大，規定每週一、二、四、五晚上都要加班，遇有急事，加班時間更多。在中共中央、國務院的領導和支持下，國家的財政業務在「文化大革命」中靠幾十個人依然艱難維持，基本保持正常運轉，為維持財政平衡、維護國家財經秩序、支持經濟建設和開展對外援助起到了重要作用。

（一）貫徹中央四個文件，竭力維持財政平衡

在全國颳起奪權的風潮中，兩派群眾嚴重對立，武鬥日趨頻繁，無政府

主義思潮惡性膨脹。在一段時間內，企業管理混亂，財務制度鬆弛，截留國家利稅的行為不斷發生；投機倒把、偷稅漏稅現象嚴重，財政工作陷入重重困難，財政收入連續下降，很難維持財政平衡。針對這種情況，為了確保財政工作的順利開展和實現國家財政收入任務，維持財政平衡，中共中央及時採取了果斷措施，發出一系列通知，對上述現象，堅決進行了抵制和鬥爭，極大地支持了財政部門的工作。

1967 年 6 月 22 日，在周總理的親自過問下，中共中央及時發出了《關於進一步「抓革命、促生產」，增加收入，節約支出的通知》，指出一切企業納稅單位都要努力增加生產，按規定向國家繳納稅款和利潤，不許挪用和拖欠；已經挪用的，必須歸還；已經拖欠的，必須補交。同年 8 月 20 日和次年 2 月 18 日，針對不少單位借「文化大革命」混亂之機，鋪張浪費，亂花公款以及把集體所有制企業隨意轉為全民所有制企業等歪風，又先後發出了《關於進一步實行節約鬧革命，控制「社會集團購買力」，加強資金、物資和物價管理的若干規定》和《關於進一步實行節約鬧革命，堅決節約開支的緊急通知》。

1968 年 1 月 18 日，中共中央又及時發佈《關於進一步打擊反革命經濟主義和投機倒把活動的通知》。當時有些人不顧國家利益、集體利益和長遠利益，單純追求個人暫時利益，強行要恢復和擴大過去關於工資福利制度中已經廢除的一些錯誤措施；並煽動一些不明真相的群眾要求晉級加薪，隨便向國家伸手要錢要物資，鼓動學徒工、臨時工、合同工、輪換工要求轉為正式工；煽動學校的畢業生對工作分配及分配後工資待遇等問題提出各種不合理的經濟要求；一些幹部不講原則，隨意簽字答應條件，有些機關、企業、事業單位，不按國家規定，強行向銀行貸款，隨意分掉黨費、團費、工會福利費、機關職工福利費和企業的職工福利基金等。這股風氣一時甚囂塵上，給財政和銀行工作帶來了更大的被動和困難。通知對此進行了堅決反擊，對於制止當時的混亂情況起到了重要作用。

以上四個文件，都用中共中央、國務院、中央軍委、「中央文革小組」名義以佈告的形式發佈，張貼在牆上，佈告周知，讓全國人民都知道。這是在當時那種特殊形勢下採取的一種不得已的辦法，這樣就有權威性，要不然我們宣傳人家聽不進去。

「文化大革命」十年中，有四年出現財政赤字，但六年是維持平衡的。雖然總體上是有赤字的，但是如果沒有中央連發的四個文件，沒有財政部努力維持平衡，赤字會更大。

（二）針對時弊，強調財政制度和財經紀律

新中國成立十七年以來，國家財政分配體系中形成了一整套行之有效的規章制度。這些規章制度，保證了國家財政政策法令的順利貫徹執行與財政收支任務的勝利完成。

可是，在「文化大革命」中，國家財政制度和財經紀律受到嚴重踐踏。由於無政府主義的泛濫，無視國家財經紀律，有章不循，各行其是的現象到處都是。在此期間，預、決算制度也曾一度中斷和未嚴格執行，1967 年、1968 年兩年國家就沒有正式的預、決算報告，形成新中國財政史料上的空白。在收入方面，侵佔、截留國家財政收入，化預算內資金為預算外資金以及擴大成本範圍者有之；公開抗稅不繳和超越許可權減稅免稅者有之。在支出方面，基本建設投資「大敞口」，花錢「大撒手」，施工吃「大鍋飯」的情況相當普遍。有些企業管理混亂，長期虧損，靠國家補貼過日子，卻心安理得。有些單位亂建樓堂館所，大肆請客送禮，揮霍浪費國家資金，卻不以為恥，反以為榮。所有這些，實際上造成了許多合理的財政規章制度「不破自廢」的嚴重後果。這不但踐踏了財經紀律，分散了國家財力，而且敗壞了黨風和社會風氣，腐蝕和毀滅了一批幹部。

在這種背景下，我讓部裏各個司局整理新中國成立以來的財政制度文件。當時整理出的文件非常多，我們就挑出最重要、針對當時時弊的文件彙編在一起，以財政部辦公室的名義印發了《財政制度摘編》。這本書對於各機關和企事業單位認真執行財政制度，發揮了積極的作用。

1971 年林彪叛逃墜機之後，在該飛機殘骸中發現了外匯。有工作人員到財政部查問林彪外匯的來源。財政部的人回憶說，是曾有兩個軍官來財政部要過外匯，但財政部堅持財政制度和財經紀律，沒有批。後來查清林彪的外匯是從別的渠道得到的。這件事受到周總理的表揚。

（三）堅持召開財政工作會議，推動財政工作

「文化大革命」期間，在時局複雜的背景下，財政部依然堅持召開財政工作會議，分析財政收支情況，交流經驗，為推動財政工作發揮了積極作用。

1967 年 10 月，財政部召開全國財政工作會議。會上，財政部軍管會正、副主任殷承禎、劉洪章作了講話，我作了《關於 1967 年國家財政收支情況的說明》。1968 年 9 月中旬，全國財政工作座談會分別在北京、杭州、長沙、瀋陽、西安五個地方同時召開，歷時五至七天。會議認為由於貫徹了「要進一步節約鬧革命」和中共中央 2 月 18 日《關於進一步實行節約鬧革命，堅決節約開支的緊急通知》，全國群眾性的節約工作做得很出色。經過一番艱苦努力，初步可以實現收支平衡，並略有結餘。1970 年 3 月，全國計劃會議財政座談會召開，我在座談會上作了發言。1970 年 7 月，財政部召開全國財政銀行工作座談會，着重討論了財政銀行工作的改革問題。在當時那樣混亂的情況下，組織這些會議非常困難，今天想來，實在難能可貴。這些會議的召開，對支持、保證各地、各部門財政工作的正常運行，發揮了很大作用。

（四）國家財政在困難中支持經濟建設

十年動亂期間，國家財政在困境中發揮分配、監督的職能，多次採取增加收入、節約支出、凍結單位在銀行的存款、壓縮社會集團購買力、控制貨幣投放等措施，除了保證國家最低限度需要的經常性開支外，集中有限財力，積極支援了國家經濟建設和工農業生產的發展，在那樣混亂的情況下，仍然取得了不少成績。

在這十年期間，農業方面，建設了大批水利工程，使其配套發揮效益，農業現代化的裝備水平也有了較大提高，從而使糧食生產保持了比較穩定的增長。

工業方面，建設了一批大型工業企業。最突出的是石油工業在這個時期中進一步探明了石油資源，國家原油產量 1976 年達到八千七百多萬噸，使中國由貧油國一躍成為能夠自給自足的產油國。

交通運輸方面也有進一步的改善和加強。這個時期建成了一些內地鐵路幹線。南京長江大橋全長六千七百米，是具有世界先進水平的雙層鐵路、公路兩用橋，於 1968 年完工。

科學技術方面，取得了一批重大成果。這個時期，我國廣大科技人員在秈型雜交水稻的育成推廣、核技術、人造衛星、運載火箭等尖端科學技術研究方面取得了豐碩成果。

當然，國家財政通過其分配活動取得這些建設成就，是在我國社會主義

制度下廣大工人、農民、知識分子、革命幹部辛勤勞動的結果，是全國人民在承受極大災難中付出巨大代價取得的。這絕不是，也絕不可能是「文化大革命」帶來的。「文化大革命」嚴重阻礙和桎梏了社會生產力的發展。如果沒有這場十年浩劫，國家建設必將有更大的財力保證，財政資金分配活動將會失誤更少，整個經濟效益將會大大提高，中國經濟建設的成就將會更大。

（五）堅持開展對外援助

我國對外援助從新中國成立以後就已開始。1966—1970 年，中國繼續支持亞、非、拉美第三世界國家爭取民族解放、發展民族經濟，向三十七個國家提供了巨額援助。1970 年，毛主席會見巴基斯坦總統葉海亞·汗，在談話中批評第四個五年計劃安排的對外經濟援助太少，特別是對巴基斯坦的經濟援助很不夠，提出要由原定的二億元增加到五億元。1971—1975 年，即第四個五年計劃期間，中國先後向六十多個國家和地區提供了援助，建立了經濟技術合作關係，特別是支援印度支那三國抗美救國戰爭，使中國對外援助支出急劇增長。在此期間，對外援助總金額比上一個五年計劃期間增長一倍以上。到 1972 年底，對外經濟援助超過四百億元，其中越南、朝鮮、阿富汗佔80%。當時我國自身經濟和財政非常困難，還為發展中國家提供了數目相當可觀的財政援助，體現了無產階級國際主義精神。

隨着我國對外關係的迅速發展，要求我國給予援助的國家也越來越多。但是，我國國民經濟嚴重困難，財政收支出現了較大赤字，沒有力量再拿出過多資金進行對外經濟援助。為此，中共中央於 1975 年 4 月決定壓縮和調整我國對外援助支出，決定在第五個五年計劃期間，將援外支出佔財政支出的比例，由「四五」時期的 6.5% 降到 5% 以內，援外資金總額基本維持「四五」時期的水平。同時，要求援助項目一定要保質保量，經濟實用，使受援國得到效益，真正體現無產階級國際主義精神。

財政工作的整頓和推進

1971 年，林彪反革命集團被粉碎後，周總理和鄧小平先後主持中央工作。他們面對「文化大革命」造成的混亂局面，憂心忡忡，決定儘快通過整頓，使各行各業進入正軌，改變混亂局面。財政部在這一時期也開始了一系

列整頓工作。

（一）第一次整頓

1971 年，林彪反革命集團被粉碎後，周總理明確指出，現在我們的企業管理亂得很，要整頓。1972 年，財政部為了貫徹周總理關於整頓的精神，在國民經濟領域開始了第一次整頓。1972 年 10 月，財政部在「加強經濟核算，扭轉企業虧損」會議上，堅定了「政治掛帥要掛在業務上」的認識，提出「國家要積累」的觀念，號召大家促進生產，抓社會主義積累。這種思想上的整頓，澄清了一些是非，給財政、經濟工作的整頓打下了基礎。在整頓機構方面，全國各地陸續恢復了稅務機構，增加了稅務人員。原附設在財政部業務組下面的稅務組，也於同年恢復稅務局建制。與此同時，在財政部恢復中國人民建設銀行總行，各省、市、自治區恢復建設銀行分行。機構的恢復和人員的充實給財政工作帶來了新的生機和活力。在整頓企業財務方面，國家計委、財政部、農業部集中批判了林彪的「政治可以衝擊一切」，「只要算政治賬，不要算經濟賬」的錯誤思想，提出切實抓好企業整頓、嚴格實行經濟核算、落實企業生產計劃、改進企業管理制度等一系列措施。通過國民經濟第一次整頓，整個財政工作有了轉機，經濟形勢和財政形勢有了好轉。

這一時期，在整頓的同時，我們還抓住美國尼克松總統訪華之後，以美國為首的西方資本主義國家部分解除對我國封鎖禁運的時機，大規模從西方國家引進設備，以推動經濟發展。以進口成套化纖、化肥技術設備為突破口，不斷擴大對外引進交流規模，最終形成了 1973 年 1 月 5 日國家計委向國務院提交的《關於增加設備進口、擴大經濟交流的請示報告》。這份報告建議，利用西方處於經濟危機、引進設備對我國有利的時機，在今後三五年內引進四十三億美元的成套設備。這個方案被通稱為「四三方案」，是打破「文化大革命」時期經濟貿易領域被封鎖局面的一個重大步驟。以後，在此方案基礎上，又陸續追加了一批項目，計劃進口總額達到五十一億多美元。

（二）鄧小平復出和第二次整頓

1973 年夏季的一天，軍管會通知我、殷承禎和蔣樂民下午到國務院西花廳開會。這次會議要求各部門軍、幹、群各一名代表參加。到了西花廳不久，周總理健步來到大廳，向大家宣佈：今天我把你們的一位老領導請了回來，他就是鄧小平同志。此時鄧小平被請了出來和大家見面，全場響起了熱

烈的掌聲。接着周總理說，小平同志恢復工作是毛主席、黨中央決定的。毛
主席說小平同志「綿裏藏針」，思想強、工作能力強。周總理還說小平同志雖
然受了批評，但精神仍很好，不氣餒，現在先恢復國務院副總理的工作，其
他工作待毛主席、黨中央另行決定。我能親身見證這一歷史時刻，感到一種
莫大的幸運。不久鄧小平又恢復了中央政治局委員的職務，並擔任了中央軍
委副主席兼解放軍總參謀長的重任，後來又擔任中共中央副主席職務。

　　1975 年 1 月，四屆全國人大一次會議在北京召開，鄧小平被任命為國務
院第一副總理。周總理帶病參加會議，並作了政府工作報告。他在報告中重
申，要在本世紀內實現農業、工業、國防和科學技術現代化的宏偉目標。四
屆全國人大象徵着國家在「文化大革命」的後期，已有意把工作重點轉移到
經濟建設上來。

　　1975 年，財政工作在全面整頓中，採取一系列措施，整個工作又有了新
的進展。1975 年初，四屆全國人大任命張勁夫擔任財政部長，同時撤銷財政
部軍事管制委員會，恢復「文化大革命」前的司、局組織建制，逐步把財政
工作納入正常軌道。

支持唐山救災重建

　　「文化大革命」的十年裏共發生了八次震級較高、破壞力較大的地震災
害，始於 1966 年，終於 1976 年，天災與人禍共始共終。財政部對地震災害
十分關心，不僅撥款救災重建，還多次派人到現場慰問和調研。我在這裏着
重談談親身參與救災工作的唐山大地震。

　　1976 年 7 月 28 日凌晨，河北省唐山市發生了里氏 7.8 級地震，並波及天
津、北京及附近地區。地震使唐山市工業建築震毀 90%，民用建築幾乎全部
震塌，造成 24.2 萬人死亡，重傷 16.4 萬人，直接損失達三十億元。這對於當
時中國經濟發展及財政狀況，真可謂雪上加霜。

　　唐山大地震發生後，華國鋒和中央一些領導親臨視察。我和陶省隅代表
財政部於地震發生的第二天去唐山地震災區，查看了機關、學校和企業的受
災情況，研究如何救治，並和河北省的領導同志見了面。我就帶了陶省隅一
個人，當時剛剛地震，去的人不能太多。預算方面，我自己都懂，沒有必要

帶人。唐山是一個工業地區，這次去了解情況，主要是接觸工廠，考慮怎麼恢復生產、怎麼籌劃資金，所以帶了陶省隅。兩個人坐了一輛麵包車過去。當時帶麵包車，主要是想可以睡在裏面，因為唐山那邊的情況，我們還不太了解。到了那邊以後，才知道國家計委副主任李人俊已經在唐山飛機場搭了一個席棚。我們就住在席棚裏，比住在汽車裏好，吃飯自己做。國家計委的人員也希望財政部領導能住在那裏，研究籌資問題更方便些。唐山財政局陪同我們的那位同志一家七口就剩他一個，財產就只剩一塊手錶，祖孫三代都沒了，還陪着我們到處調查。這種精神，實在讓我感動。當時我們就到處去看，主要是工廠，也去過一個煤礦。地震死亡人數太多，一時又不能殯葬，我們看了以後心裏很難受。當時，唐山開灤煤礦正在井下工作的萬名工人和幹部，除堅守崗位犧牲的十七人和幾名失蹤者外，其餘全部安全升井，撤至地面。這是一個奇跡。後來唐山恢復重建，煤礦生產起了很大作用。

在唐山待了一個多月，回來以後撥款救災。中央財政撥付救災款 3.9 億元。財政部部長張勁夫在北京坐鎮，其間也到過唐山了解情況。我們向國務院做了彙報，國務院認為，財政部報的都是第一手材料，提的意見比較切實可行，予以採納，所以後來唐山的恢復重建基本上是按財政部的意見辦的，財政部為此出了很多力。此後，從 1976 年開始到 1980 年，國家財政通過各種形式和渠道，先後給唐山撥款 33.6 億元，其中救災款 11.6 億元，基本建設投資 22 億元。國務院核準當年減徵河北省農業稅指標 1285 萬元，同年地震災區的工商稅也得到了相應的減免。

國家財政的有力支持使唐山人民能夠迅速地戰勝困難，在地震的廢墟上建起新的家園。重建後的新唐山我也去看過，總體規劃改變了震前分區混亂、工廠和住宅混雜交錯的不合理佈局。全市分為新區、市區和東礦區，三大片呈三角形分佈，組成一個和諧、漂亮、疏密有序的整體。一個個住宅社區、一座座高層樓房拔地而起，一個新型的城市在地震的廢墟上重新建立起來。看到這些巨大的變化，我感到十分欣慰。

安定團結是財政發展壯大的基礎

從「文化大革命」的十年情況看，安定團結是非常重要的。國家政治局

面安定，全黨上下集中精力抓生產建設，經濟發展就快，財政收入就增加得多；反之，國家財政就舉步維艱。從新中國成立以來的財政收入平均每年增長的情況中，我們可以清楚地看出這一點：「一五」時期年平均遞增 12.2%；「二五」時期，因為「大躍進」運動，年平均遞增僅 0.2%；三年調整期間年平均遞增 14.7%；「三五」時期年平均遞增 7%；「四五」時期年平均遞增 4.3%。要保持安定團結的基礎，就不能以盲目的政治運動衝擊經濟發展。「文革」時期是財政極度緊張和問題最多的時期，這裏有林彪、「四人幫」的干擾破壞，也有「左」傾錯誤在經濟建設中的嚴重影響。

　　現在中央提出建設和諧社會是十分正確的。我們要珍惜今天政治安定、社會和諧的局面，全國上下團結一致，把我們的經濟搞上去，不斷增強國家的財政實力。

不尋常的四屆人大籌備工作

孫中範

從 1973 年 9 月至 1975 年初，我作為中央組織工作小組值班室和四屆人大一次會議秘書組的工作人員，參加了四屆人大後兩次的部分籌備工作，親歷了四屆人大兩次籌備工作和一次會議的全過程，這在我一生中是非同尋常的經歷。本文在寫作過程中得到了吳慶彤、朱雨滋、脫若男的支持和幫助。

根據 1954 年《憲法》的規定，全國人民代表大會每屆任期為四年（1975年《憲法》將任期改為五年）。第三屆全國人民代表大會第一次會議是 1964年 12 月 21 日至 1965 年 1 月 4 日召開的。按照當時《憲法》的規定，四屆人大本應在 1968 年底或 1969 年初召開。但是，由於那時正值「文化大革命」，造反派全面奪權席捲全國，嚴重打亂了黨和國家的正常工作秩序，當時不可能把召開全國人民代表大會的問題提上議事日程。1969 年 4 月，中共九大召開。會後，根據毛主席的提議，中央從 1970 年 3 月開始，着手進行四屆人大的各項籌備工作，成立由周恩來、張春橋、黃永勝、謝富治、汪東興組成的工作小組，負責四屆人大代表名額和選舉事宜；成立由康生、張春橋、吳法憲、李作鵬、紀登奎組成的工作小組，負責修改憲法；由周恩來、姚文元主持起草政府工作報告。

按照中央工作的預定日程，1970 年 3 月 17 日至 20 日召開了中央工作會議，通過有關四屆人大的各項準備方案，四屆人大的各項籌備工作全面展開。當時曾預計於 1970 年 9 月召開四屆人大一次會議。但是由於種種原因，四屆人大會議多次推遲，籌備工作也時斷時續。

籌備工作再次提上日程

1973 年 8 月，中共十大閉幕不久，周總理和王洪文向毛主席彙報了有關四屆人大的籌備事項。9 月 12 日，根據毛主席的意見，周總理主持召開中央政治局會議，討論四屆人大的各項準備工作。會議決定，中央在近期內發出關於召開四屆人大的通知，並開始進行修改憲法草案的工作。同時，在政治局內設立組織工作小組、憲法修改小組和政府工作報告起草小組。周總理擔任政府工作報告起草小組組長，張春橋擔任憲法修改小組組長，紀登奎擔任組織工作小組組長。

根據中央政治局會議的精神，1973 年 9 月 15 日，紀登奎在人民大會堂福建廳召開了中央組織工作小組第一次會議。他說，根據主席的指示，中央政治局決定今年召開四屆人大，從現在開始各項籌備工作立即着手進行，中央要求 10 月 5 日前完成籌備工作，預計 11 月開會。他接着強調，整個四屆人大的籌備工作和人事安排，由總理和王洪文負責。中央政治局確定由紀登奎、華國鋒、烏蘭夫、陳錫聯、吳德等人組成中央組織工作小組，負責四屆人大代表選舉和人大常委的推薦等相關工作。為了協調各方面的工作，中央決定由中央黨政軍有關部門的負責人參與組織工作小組的具體工作，他們是：中央組織部業務組組長郭玉峰、國務院辦公室黨的核心小組組長吳慶彤、總政治部副主任田維新、總政幹部部部長魏伯亭、中央統戰部軍代表劉友法及童小鵬和李金德、中央辦公廳秘書局局長周啟才等。紀登奎說，組織工作小組的任務是負責代表名額的分配和代表選舉工作，組織有關部門推薦四屆人大常委的建議名單。講到這裏，他非常嚴肅地說，組織工作小組只管代表和人大常委，鑒於歷史的經驗教訓，要對組織工作小組和中組部定個規矩：「不准議論和提名中央和國家領導人的人事安排問題（包括副委員長、副總理等）」。紀登奎 1984 年 6 月在《關於我分管中組部工作期間的情況及問題》的報告中說，他之所以定這個規矩，是「鑒於歷史的經驗教訓，和『文革』期間中央內部複雜的情況」而提出的。「這項規定，對抵制『四人幫』插手四屆人大的人事安排和在中組部搞鬼，起了一定的作用。」

這次會議還商定了組織工作小組內部的分工：中央組織部負責聯繫各省、市、自治區（包括台灣省）代表的選舉工作；中央辦公廳負責中直機關

代表的選舉工作；國務院政工組負責國家機關代表的選舉工作；總政負責軍隊代表的選舉工作；中央統戰部負責民主黨派代表的提名推薦工作。

會議還確定由參加組織工作小組工作的中央黨政軍有關部門推薦工作人員，組成組織工作小組值班室，負責組織工作小組交辦的具體工作事宜。組織工作小組值班室辦公地點設在中南海紫光閣，由吳慶彤負責安排，文件運轉由周啟才安排中辦秘書局負責。

紀登奎最後說，這次人大的籌備工作時間緊，中央給我們的時間總共不到一個月，任務非常繁重，希望大家集中精力，抓緊工作，一定要按時完成任務。他特別強調，組織工作小組的工作是十分嚴肅的工作，大家一定要遵守紀律，所有議論的問題都在紫光閣內進行，離開紫光閣不准透露出任何消息，包括對原單位和親屬，一定要嚴格保密，誰在這方面犯了錯誤，誰就要離開紫光閣。

組織工作小組會議的第二天，各單位推薦的值班室工作人員到紫光閣報到，立即開展工作。值班室的工作人員有：國務院值班室范民新（曾任習仲勳秘書）、朱雨滋（曾任齊燕銘秘書），人大常委辦公廳脫若男（長期在人大負責會務工作，後任人大常委辦公廳秘書局局長），總政幹部安培里，總政組織部青年處處長趙榮璧，中央統戰部沙里、李濟生，中央組織部孫中範、李麟章九人。由於值班室主要是承辦人事方面的工作，中組部對這方面的工作比較熟悉，經紀登奎同郭玉峰、吳慶彤等人商量，指定孫中範為值班室負責人。

從此，紫光閣就成了組織工作小組和值班室開會和辦公的地方。紫光閣大廳的面積非常大，大廳西側是值班室工作人員辦公的地方，大廳東側放了一圈沙發，是值班室工作人員開會或商量事情的地方。在紫光閣大廳外西側佈置了一個大會議室，組織工作小組開會辦公就在這個會議室。

值班室的工作一般都是由紀登奎等中央領導到紫光閣開會辦公安排。值班室的工作人員來自中央黨政軍領導機關，工作非常自覺主動、認真負責，而且大家相處得十分融洽。這裏的工作都是由中央領導佈置下來，我們分工去辦理，遇到問題值班室的人集體商量提出意見之後，請示報告紀登奎或開組織工作小組會議確定。由於紀登奎經常到紫光閣辦公或召開組織工作小組會議，所以處理事情都非常及時。經過中央領導或組織工作小組會議議定的

事情，則由值班室寫成書面報告，請示周總理後報告中央政治局，得到中央批准之後才能辦理。

根據郭玉峰、吳慶彤等人的意見，值班室人員作如下分工：孫中範、脫若男、朱雨滋負責擬定代表名額分配方案及選舉的綜合工作；范民新負責值班室的文字工作；李麟章負責聯繫中組部、各省市；朱雨滋負責聯繫國務院政工組和國家機關；沙里、李濟生負責聯繫中央統戰部、各民主黨派、歸國華僑等；安培里、趙榮璧負責聯繫總政及軍隊選舉工作；脫若男、朱雨滋、安培里負責代表名冊匯總；脫若男、李麟章、沙里負責三屆人大常委情況匯總。

組織工作小組成立後的第一件工作，是代中央起草四屆人大代表名額分配方案。1970 年第一次籌備時，中央政治局曾經討論通過了周總理親自審定的《中華人民共和國第四屆全國人民代表大會代表名額和選舉的決定》。紀登奎傳達周總理指示：代表名額分配方案可以以 1970 年的《決定》為基礎，作適當調整，既要考慮各地人口分佈，又要照顧經濟發達的省、市增加一些代表名額。同時，周總理還提出要多留一點機動名額，以解決代表選舉中可能出現的一些意想不到的情況。後來增加的一些老幹部和知識分子代表，都是用機動名額解決的。

值班室根據周總理的指示，對各地的代表名額在測算的基礎上作了調整，代中央草擬了《第四屆全國人民代表大會代表名額分配方案（草稿）》。紀登奎召集組織工作小組會議對方案草稿進行了討論，又對草稿說明作了一些修改後，將方案報送周總理審批。

1973 年 9 月 23 日，周總理同王洪文一起向毛主席彙報了《第四屆全國人民代表大會代表名額分配方案（草稿）》等相關問題。毛主席在聽取彙報後作了指示。當天，周總理主持召開中央政治局會議，由王洪文在會上傳達毛主席的指示。

王洪文說：剛才，我同總理一起到主席那兒請示四屆人大代表的問題。

（1）代表名額要增加一些，要到 2650 名或多一些。

總理說：可能達到 2700 名左右。

主席說：可以。

（2）知識分子代表要增加一些。

在保證工農兵代表佔優勢的前提下，為了團結各方面的人，有利於團結、改造知識分子，可以增加一些知識分子代表。

（3）特邀代表的一部分或大部分轉入正式代表，很少一部分放特邀代表，資本家可以做特邀代表。

主席還説：胡厥文也可以做正式代表。增加知識分子代表，要照顧到北京、中央國家機關，上海也有。

主席説：周谷城、譚其驤、蘇步青、劉大傑、陳望道都可以做代表。

總理説：除北京、上海外，還有廣州、武漢、天津等地也要增加知識分子代表。

王洪文還説：另外，我同意登奎同志的意見，目前在實際工作崗位上起骨幹作用的知識分子應多安排一些，其他方面的，這次考慮名額有限，將來可在政協安排。總之，老朋友要照顧，同時要多交一些新朋友。

根據傳達的毛主席指示和中央政治局討論的意見，值班室對《第四屆全國人民代表大會代表名額分配方案（草稿）》再次作了重要的修改。經過組織工作小組會議討論後，紀登奎報給周總理審批。周總理對《第四屆全國人民代表大會代表名額分配方案》逐字逐句地作了修改，並批准以中央名義給各省、市、自治區黨委和總政治部、中央國家機關發了電報通知。各地、各單位根據中央通知的精神，開始進行四屆人大代表候選人的醞釀協商工作。

三屆全國人大代表名額為 3040 人，而 1970 年第一次籌備四屆人大時確定的代表名額人數較少，具體數字記不起來了。特別是由於當時的歷史條件，大多數老幹部還沒有「解放」，幹部代表中多數是「三支兩軍」的軍隊幹部，代表中大多數是工農兵代表，知識分子代表也很少，而且把民主黨派作為特邀代表，這樣的代表結構是很不合理的。因此，在這次籌備工作一開始，中央就提出了用增加代表名額的辦法來彌補。中央確定增加代表名額的指導思想比較明確：一是增加知識分子代表的比例；二是增加老幹部代表；三是將民主黨派的特邀代表改作正式代表。經過這樣的調整，當時確定代表名額增加到 2700 名，實際最後選出的四屆人大代表是 2885 名。其中，工農兵代表佔 72%，婦女佔 22%，各少數民族都有代表。按照《中華人民共和國全國人民代表大會和地方各級人民代表大會選舉法》規定，全國人大代表由各省、自治區、直轄市人民代表大會選舉產生。鑒於「文化大革命」的特定

歷史條件，當時不僅不可能按照法律進行普選，也沒有條件召開省級人民代表大會，中央確定由各省、自治區、直轄市革命委員會召開協商會議選舉出席四屆人大的代表。這種選舉代表的方法是不符合法律規定的，但在當時的歷史情況下，可以說是一個沒有辦法的辦法。

根據周總理的建議，經中央政治局討論同意和毛主席批准，四屆人大首次設立台灣省代表團。按照中央政治局的決定，紀登奎召開組織工作小組會議，討論研究了台灣省代表的產生辦法。會議確定由在內地居住的台灣省籍同胞中推舉代表，在北京召開協商選舉會議選出台灣省四屆人大代表。會議還確定由林麗韞負責，中組部派人協助做具體工作。會後，值班室擬定了《台灣省四屆人大代表產生辦法》的文件，經組織工作小組會議討論通過，紀登奎報送給周總理。周總理對文件逐字逐句地作了修改，經中央政治局討論通過後以中央文件下發。中央組織部會同中央有關部門及相關省市協商，提出了台灣省四屆人大代表候選人名單，經組織工作小組會議討論同意，並報周總理審定後，中央政治局討論通過。後來，在人民大會堂台灣廳召開了四屆人大台灣省代表協商選舉會議，正式選出十二名台灣省籍同胞為四屆人大代表，第一次組成台灣省代表團參加四屆人大一次會議。

代表選舉的文件下發後，組織工作小組立即召開會議，佈置推薦四屆人大常委人選的工作。

1973 年 9 月 29 日，王洪文參加了中央組織工作小組會議。他在會上講話說：「人大常委，考慮大體三三制，三分之一工農兵，三分之一革命幹部和軍隊幹部，三分之一民主黨派代表。請組織部、統戰部考慮個名單。」

根據組織工作小組會議討論的精神，值班室草擬了《四屆全國人大常委委員名額分配方案（草稿）》，將人大常委委員名額按地方、軍隊、中央國家機關和民主黨派四大塊分配。並確定：由中央組織部負責聯繫各省、市、自治區推薦人大常委委員人選的工作；總政負責推薦軍隊方面的人大常委委員人選；中央辦公廳和國務院政工組負責推薦中央和國家機關的人大常委委員人選；中央統戰部負責推薦民主黨派的人大常委委員人選；中央組織部還負責推薦了一部分老同志。

紀登奎召開組織工作小組會議，對這個方案草稿進行了討論。會後，他將修改後的方案草稿報送給周總理。周總理主持召開中央政治局會議，討論

通過了《四屆全國人大常委委員名額分配方案》。會後各有關單位立即開始組織四屆人大常委人選的推薦工作。

中央政治局會議之後，紀登奎佈置值班室把三屆人大常委委員的情況逐個摸清楚，給中央寫個報告。值班室分工與三屆人大常委委員所在單位聯繫，了解他們的有關情況。經過了解後匯總有以下幾種情況：一是當時已定性為敵我矛盾的；二是犯有錯誤尚未下結論的；三是已經工作的；四是已故的。紀登奎召開組織工作小組會議，詳細聽取了值班室的彙報，並找有關部門進行核對。他提出，三屆人大常委除了已定性為敵我矛盾和已故的之外，其他原則上都可作為四屆人大常委委員候選人的人選。組織工作小組經過討論，同意紀登奎的意見。會後，值班室按會議討論的精神起草了《三屆人大常委委員有關情況的報告》，經紀登奎審閱後報送給周總理，周總理批示印發政治局。在後來中央確定的四屆人大常委委員候選人名單中，有三十二名三屆人大常委委員被列為四屆人大常委委員候選人。但是，由於當時許多老幹部尚未「解放」，未列入四屆人大常委委員候選人名單，致使四屆人大常委委員中老幹部的比例過低。

根據中央政治局通過的《四屆全國人大常委委員名額分配方案》，各有關單位抓緊工作，很快就提出了四屆全國人大常委委員人選的推薦名單，政治局多次召開會議進行討論。但是，民主黨派的人選遲遲定不下來。當時中央統戰口各單位尚未恢復業務，統戰部還是軍代表領導，他們對民主黨派的情況很不熟悉，研究來研究去只提了十幾位科學家和民主黨派的領導人，而且那時民主黨派人士大部分人捱批的捱批，打倒的打倒，靠邊的靠邊，定這個名單的確很複雜。

由於這個名單涉及面很廣，遲遲定不下來，影響了籌備工作的進度。中央政治局曾委託王洪文、張春橋主持召開會議進行討論。由於他們對民主黨派的情況知之甚少，認識很不一致，很難統一起來，討論多次，名單還是定不下來。張春橋只得說：「我們都不了解情況，還是請總理來搞吧！」

紀登奎向周總理彙報了這個情況。周總理帶病在人民大會堂福建廳約統戰部及中央黨政軍有關部門負責人開會，從早開到晚，周總理一邊吃飯，一邊討論，一個一個把名單定下來，連名單的說明都是周總理逐字逐句推敲審定的。最後經毛主席和中央政治局討論通過。

在周總理直接領導討論確定的這個名單中，包括後來當選為副委員長的郭沫若、周建人、許德珩、胡厥文，還有榮毅仁、史良、王淦昌、貝時璋、白壽彝、華羅庚、嚴濟慈、沙千里、陳望道、羅叔章、胡子昂等一批知名的民主黨派和知識分子代表。

最後，在四屆人大代表中，民主黨派愛國人士的代表共有 237 人，佔代表總數的 8.8%，比三屆人大少了近 150 名，這在當時的歷史情況下已十分不容易了。到 1973 年 10 月中旬，各地、各單位的四屆人大代表候選人名單已經確定，並陸續上報中央。這時值班室的人按分工審查各地代表候選人的各項比例是否符合中央的要求，並開始彙編《四屆全國人大代表候選人名冊》。

之後，紀登奎召開組織工作小組會議，他傳達說，毛主席提出他不做四屆人大代表，也不出席四屆人大會議。政治局討論了毛主席的提議，一致擁護。（周）總理考慮中央領導只有毛主席一人不做人大代表不好，還要有人陪毛主席不做人大代表。我（紀登奎）在政治局會議上首先提出陪毛主席不做人大代表，後來又提出汪東興也陪毛主席不做人大代表，政治局討論已經同意，請值班室將我們三個人的名字從代表名冊中去掉。

關於毛主席不做人大代表一事，王洪文在 1975 年 1 月 8 日中共十屆二中全會開幕式上作了通報，並得到全會的認可。

王洪文說，在 1973 年籌備四屆人大時，毛主席提出不做四屆人大代表，也不出席四屆人大會議。政治局討論了毛主席的提議，一致擁護。

但是，十屆二中全會和四屆人大籌備工作都是在毛主席的領導關懷下進行的，四屆人大會議期間所有的文件、人事安排，都向主席請示，都有批示。

籌備工作因故再推遲

10 月中旬，根據周總理的指示，紀登奎召開組織工作小組會議，討論四屆人大一次會議主席團的組成原則和擬定名單的辦法。會後，中央各有關單位開始提名，由值班室匯總各單位提出的主席團人選建議名單。其間，組織工作小組開了兩次會議討論這個建議名單，對有些人選拿不準，紀登奎還當面請示了周總理。

10 月 21 日下午，組織工作小組再次召開會議，根據周總理的指示，對主

席團人選建議名單又一次進行討論。會議結束前，紀登奎讓值班室根據會議討論的意見修改主席團人選建議名單，第二天上午正式印好《四屆人大一次會議主席團人選建議名單》，前面要加一個詳細的説明，準備報周總理和中央政治局討論。會後，值班室按分工很快修改好《四屆人大一次會議主席團人選建議名單》，我負責草擬了説明（內容包括確定主席團人選的原則、提名的辦法以及各類人員的比例）。文件搞好後當晚送國務院印廠排清樣，準備第二天上午核對後報紀登奎。

可是由於情況突然發生了變化，四屆人大的籌備工作再一次被推延。

我們值班室成立時，由國務院值班室為我們每個人辦了出入中南海的證件。由於紫光閣在中南海北院，中央警衛局批准我們進出中南海北門或西北門。中南海警衛制度非常嚴格，剛開始進門時警衛要檢驗證件核對姓名後方可進入，後來警衛對我們都熟悉了，每次進出都放行。

10月22日一早上班時，情況突然發生了變化。我像往常一樣到中南海西北門準備進院，發現門崗警衛增加了許多人，而且都換上了新人。我正在猶豫時，有一位警衛上前敬禮後攔住我檢查證件，之後又進去同國務院值班室核對後才放行。一進西北門就發現中南海內增設了許多流動崗哨，紫光閣門前也增加了警衛。這時，值班室人員集中在紫光閣會議室開始議論起來，感覺肯定出了大事，否則中南海的氣氛不會這麼緊張。大家相互提醒，這幾天的行動一定要特別謹慎，不要添亂。

這天上午我們仍按紀登奎的佈置，仔細校對了《四屆人大一次會議主席團人選建議名單》，並討論修改了説明，將修訂後的清樣送印廠付印，準備報紀登奎。按往常慣例，當天下午，紀登奎、郭玉峰、吳慶彤、周啟才等一定會來紫光閣辦公，審定印好的文件。可是他們沒有來，一連等了幾天都沒有開會。10月21日下午的組織工作小組會議，成為四屆人大第二次籌備工作的最後一次會議。

後來，從國務院值班室聽説，10月21日，發生了公安部部長李震自殺事件。公安部部長不明原因身亡，這是新中國成立以來罕見的一起要案，北京的氣氛比較緊張。在當時條件下，李震身亡的原因一時難以查清。中央政治局連續召開會議，決定採取若干特殊措施加以防範。這時才弄清楚，中央責成紀登奎、郭玉峰等參與處理李震事件，顧不上四屆人大的籌備工作了。

值班室的工作全部是完成組織工作小組領導交辦的事項，領導不來開會佈置任務我們就沒有事情可幹。由於前段工作任務十分緊張，大家天天加班，幾乎每天吃住在紫光閣，這樣可以稍事休息一下了。

大約在 11 月初，吳慶彤來紫光閣召集值班室工作人員開會。他說，中央最近有些緊急事務需要處理，一時顧不上四屆人大的籌備工作，值班室也就沒有事情做，還不知道需要等待多長時間。中央領導的意見是，值班室可以派人輪流值班，平時可以回原單位上班，但不要出差，隨時等候通知，繼續完成四屆人大的籌備工作。

會後，我們集中了幾天時間，清理了這段工作期間的文件，封存在紫光閣的檔案櫃中。值班室的工作就這樣告一段落。

籌備工作進入關鍵階段

1974 年 1 月 25 日，江青等人在北京工人體育館召開在京中央直屬機關和國家機關「批林批孔」大會後，一場聲勢浩大的「批林批孔」運動在全國範圍內迅猛展開。四屆人大的第二次籌備工作因「批林批孔」運動而被迫中止，一拖又是一年，直到 1974 年國慶節後才又重新開始籌備。

1974 年「一・二五」大會之火很快席捲全國，「四人幫」藉「批林批孔」運動把矛頭指向周總理，全國形勢一片混亂。由於受到「反潮流」之風的衝擊，各級黨委不能正常工作，一些重點大企業處於癱瘓狀態。周總理一邊住院治病，一邊關注形勢的發展，他責成李先念、紀登奎、陳錫聯、吳德等中央領導一個省一個省地解決「老大難」問題。中央領導從中央國家機關抽調一些人員組成聯絡組，協助做具體工作，我也被調到中央聯絡組。9 月下旬，紀登奎派國務院值班室王書明和我以中央聯絡員的身份到內蒙古檢查落實中央解決內蒙古的問題情況。

10 月 5 日，我接到國務院值班室打來的電話，說中央領導讓我速回北京，到紫光閣報到。我估計可能是四屆人大的籌備工作又要開始了。而我和王書明按原計劃在內蒙古的工作還要一星期才結束。於是我又給國務院值班室回話，請他們請示中央領導，內蒙古工作尚未結束，是否可以晚回京幾天。國務院值班室很快回覆說：登奎同志讓你迅速結束內蒙古的工作，

兩三天內返京。按中央領導的指示，我同王書明一起向內蒙古自治區區黨委領導報告，抓緊在兩天內把工作結束。我於 10 月 8 日返京後直接趕到紫光閣報到。

我到紫光閣後看到值班室的其他人早已報到，正在按分工緊張地工作着。這時紀登奎也在紫光閣辦公，他見我回來了，就在紫光閣的會議室找我單獨談了一次話。他首先詢問了內蒙古貫徹中央學習班的情況，阻力大不大。他特別關心內蒙古目前的局勢能不能穩定下來，造反派還會不會鬧事，重點企業生產恢復得怎樣。我把檢查了解的情況向他作了簡要彙報。我說，就目前的情況來看，那些造反派不敢再鬧了（在中央學習班期間，經中央批准宣佈逮捕了幾個煽動停產的造反派頭頭，威懾力很大），形勢會穩定下來。尤太忠（時任內蒙古自治區黨委書記）讓我轉告，請中央放心。

接着，他很嚴肅地對我說，主席已經決定在今年內開四屆人大，中央準備發個通知，待主席批准後很快就會下發，這次人大的籌備工作到了關鍵時刻。總理雖然因病住院，中央決定籌備工作仍由總理和王洪文負責。當前全國的形勢還不很穩定，情況比較複雜，給這次籌備工作增加了許多難度。你們值班室的工作一定要認真負責，精心細緻，想問題辦事情要周到，絕不能出紕漏，不要給籌備工作添亂。我當時對紀登奎這次談話的深層含意並沒有理解透，只想到是對值班室工作的嚴格要求。後來從籌備工作中圍繞「組閣」的複雜鬥爭中，才逐漸明白了他這次談話的真正含義。同時，紀登奎還交代了這段籌備工作的任務。他說，這次籌備工作主要是討論人事問題，最後確定四屆人大代表名單、人大常委委員候選人名單和大會主席團名單，中央還要最後確定人大和國務院的領導人選。這期間要多次召開中央政治局和組織工作小組會議進行討論，你們值班室要隨時做好各項準備工作。

當晚，我們開了值班室全體工作人員會議，傳達了紀登奎談話的精神，安排了值班室近期的工作。

我在中央聯絡組期間曾經了解到，毛主席對「批林批孔」運動出現的混亂局面很憂慮，對江青的一些做法不滿意，提出了尖銳的批評。

毛主席批評「四人幫」以後，全國形勢開始逐步穩定。1974 年下半年，毛主席開始考慮何時召開四屆人大。1974 年國慶節剛過，中央政治局會議正式討論了召開四屆人大的問題。當時主持中央日常工作的王洪文 10 月 4 日

向毛主席報告説：「10月3日晚，政治局討論了下一步的工作安排問題，主要是討論了是否召開四屆人大的問題。……如主席同意年內（或春節前）召開四屆人大，政治局最近一段時間的工作擬以此為中心全力準備。」毛主席圈閱了這個報告，同意年內召開四屆人大。當天下午，他要秘書打電話給王洪文，提議由鄧小平出任國務院第一副總理，並要王洪文向政治局傳達這個意見。

毛主席似乎已預感到在四屆人大將發生一場風波。他在離開武漢前夕，圈閱了《中共中央關於準備在最近期間召開第四屆全國人民代表大會的通知》，1974年10月11日以中共中央〔1974〕26號文件發出。從此，四屆人大的籌備工作全面展開。

我當時看到這個中央文件就覺得很不尋常。文件的題目是《關於準備在最近期間召開第四屆全國人民代表大會的通知》，但對人大只在開頭講了一句話：中央決定，在最近期間召開第四屆全國人民代表大會。文件突出了毛主席在武漢期間所作的最新指示：「無產階級文化大革命，已經八年。現在，以安定為好。全黨全軍要團結。」並對落實政策、抓革命促生產提出了要求，強調全黨、全軍和全國各族人民加強團結，發展當前大好形勢。從後來籌備工作的實踐證明，經毛主席圈閱的中央26號文件很有預見性和針對性，它對搞好籌備和開好四屆人大起着重要的指導作用。

1973年協商推舉的四屆人大代表候選人，經過一年多來的「批林批孔」運動有些變化，中央決定在1973年代表名額的基礎上按比例減少代表名額。我回京前，值班室對各省、市、自治區代表名額按比例減少做出了調整方案，並經中央批准給各省、市、自治區發出了電報通知，要求各地按調整後的名額調整代表候選人，報中央審批後正式協商選舉四屆人大代表。

我回京後處理的第一件事就發生了失誤，教訓十分深刻。中央電報通知剛發出，就接到湖北省給中央發來的請示電報，説他們協商調整代表有困難，要求增加一個代表名額。值班室接到湖北省電報後經過商量一致認為，中央總的精神是減少代表名額，他們剛接到電報還不可能醞釀具體代表人選就要求增加代表名額，理由不充分，不同意增加代表名額。根據值班室討論的意見，我草擬了中央給湖北省的覆電草稿，強調中央總的精神是減少代表名額，不再給湖北省增加代表名額，請他們在現有代表名額內調整人選。覆

電草稿經紀登奎審閱後送周總理審批。

兩天後，周總理在人民大會堂召開組織工作小組會議，討論調整四屆人大常委人選方案。會議開始前，周總理一進福建廳就問起湖北省增加代表名額的電報和覆電稿的事。他說，張體學同志（時任湖北省「革命委員會」副主任、湖北省原省長）向來是顧全大局的，如果沒有特殊原因他們絕不會無故向中央要求增加代表名額。我算了一下，按減少名額的比例計算，給湖北省的代表名額可能少算了一個。因為中央電報通知是在我回京前發出的，我沒有直接算過比例，聽了周總理的話心情十分緊張，紀登奎剛剛作了交代就出了紕漏。這時有位中央領導提醒，不知其他省是否也有類似湖北的情況。於是，周啟才和我一起對各省的代表名額重新核對了一遍，結果發現有六個省少算了名額。我把覆核的結果報告周總理和在場的中央領導。周總理立即表態說，在中央處理問題一定要認真細緻，實事求是，要給少算的六個省發個電報，並且說明因中央計算名額有誤，分別給他們增加一個代表名額。按照周總理的指示，我當場起草了給湖北等六個省增加代表名額的電報稿，周總理當場簽發後，周啟才立即派中辦秘書局工作人員當晚發出了電報。

這件事對我觸動很大，散會後我從人民大會堂回到紫光閣，心情很不平靜。一方面，因為值班室對代表名額計算上的失誤，牽扯了周總理和其他中央領導的精力，心裏十分內疚。另一方面，對周總理那種認真負責的工作態度和實事求是的作風十分感佩。他不僅帶重病堅持領導繁重而複雜的四屆人大籌備工作，就是對一個省的一個代表名額這麼具體的事情都那麼認真細緻。這件事，使我從周總理身上學到了很多平時學不到的東西，實在受益匪淺，終生難忘。於是我連夜寫了一份給紀登奎並周總理的檢討報告。

第二天一上班，值班室全體工作人員開了會，我傳達了昨天晚上發生的事情及周總理處理這件事的全過程，並宣讀了我的檢討報告。大家經過討論，對周總理處理事情的態度都很感動，並一致表示今後在工作中一定要認真負責，絕不能再出紕漏。為此值班室作出決定，今後所有上報的材料都要經過三個人仔細核對後才能發出。從此以後，經過大家的努力，值班室的工作再也沒有發生失誤，受到中央領導的表揚。

當天下午，紀登奎在紫光閣召開組織工作小組會議，落實周總理前一天會議確定的四屆人大常委人選的調整方案。會前我將檢討報告送他審批，並

報告了值班室上午開會討論的情況。他嚴肅地說：「我們這裏的工作沒有小事，一定要汲取教訓，把工作做得再細一些。」這時吳慶彤插話說：「昨晚的事不怨孫中範同志，代表名額的電報是在他回京前發出的，我們都沒看出來，他替我們承擔了責任，這種精神值得值班室的同志們學習。」紀登奎聽後在我的檢討報告上批示：請總理閱。

按照中央的統一部署，從 10 月中旬開始，各省、市、自治區和中央國家機關、軍隊都在調整四屆人大代表候選人。從 11 月開始，組織工作小組的領導逐一聽取各省、市、自治區有關協商調整代表候選人情況的彙報。中央領導在聽取彙報的過程中主要強調以下幾點：

第一，代表候選人的各項比例必須符合中央的規定，特別強調婦女、少數民族、民主黨派和知識分子的代表要佔一定比例，凡達不到中央要求的都要進行調整。

第二，中央在八一建軍節和國慶節登報「解放」了一批「文化大革命」以來從未工作的老幹部，這是按照毛主席的指示精神，在周總理的直接領導下，經過艱苦努力實現的。紀登奎直接參與了「解放」這批老幹部的工作，他據此要求各省也要按照中央的精神，儘可能把能夠「解放」的有代表性的老幹部選為四屆人大代表。

第三，「批林批孔」運動以來，周總理委託李先念、紀登奎、陳錫聯、吳德等中央領導解決「老大難」問題，他們都很有感觸，各地出現的混亂局面都是那些「反潮流」的造反派頭頭鬧起來的。為此紀登奎提出，對那些煽動停產鬧革命、造成很壞影響的造反派頭頭，不要選他們做人大代表，已經安排做代表候選人的要進行調整。

根據組織工作小組的上述精神，各地又對四屆全國人大代表候選人進行了個別調整。但是，在「四人幫」的干擾下，受「批林批孔」運動的影響，仍有一批造反派頭頭被選為四屆人大代表。

各地代表候選人名單經中央審批後，從 11 月下旬至 12 月上旬，將陸續召開協商代表會議，正式選舉出席四屆人大代表。

按照《全國人民代表大會組織法》的規定，全國人大代表是按照省、市、自治區和軍隊為選舉單位組成代表團，因此，中央領導人、中央國家機關和民主黨派推薦的代表候選人都要經過省、市、自治區和軍隊協商選舉會議正

式選為代表。根據中央領導的意見，值班室草擬了《黨和國家領導人、中央國家機關和民主黨派代表選區分配方案》，經組織工作小組和中央政治局討論同意後，中央給各地發了電報通知。這些代表不佔本地的代表名額，由中央從機動名額中分配。選區分配一般要考慮代表的籍貫、曾經工作的地區或聯繫較多的地方，同時還要考慮各地的平衡。

這時紀登奎提出，請值班室注意了解各地選舉代表的動態，發現有什麼情況，隨時報告中央。他還提出，在大會召開前，人事名單還沒有最後確定，有可能會有變動，各省的協商選舉會議不能都開完，要留幾個省待中央人事安排名單確定下來後再開協商選舉會議。經組織工作小組會議討論，確定留北京、天津等省、市晚些時候開協商選舉會議最後選舉代表，並給相關省、市發了通知。

經過中央和各地的努力，到 12 月上旬，多數省、市、自治區和軍隊都順利地召開了協商選舉會議，選出了出席四屆全國人大的代表。值班室匯總編印了《四屆全國人大代表名冊》（包括尚未開會選舉的代表候選人名冊），並且按照紀登奎的意見將名冊印發中央政治局委員。

周總理在審閱四屆人大代表名冊時發現，剛「解放」的一些老幹部有的應當安排做人大代表；另外，文藝界的代表較多，外事和體育界代表相對過少。為此，周總理於 12 月 14 日致信王洪文和中央政治局，建議在現有名單基礎上，再增加老幹部、外事和體育等方面的代表名額。中央政治局討論同意周總理的建議，組織工作小組按照周總理和中央政治局的意見，立即開會研究，同有關部門協商，迅速增加了相關的人大代表。

與此同時，從 10 月下旬開始，中央政治局和組織工作小組召開了十多次會議討論四屆人大常委委員候選人建議名單和四屆人大一次會議主席團候選人建議名單。主席團候選人建議名單，是在周總理主持下審定的，中央政治局在討論時沒有多少爭議，就比較順利地通過了。

周總理縝密謀劃人事安排

在中央政治局討論四屆人大常委候選人名單時，爭議非常激烈，討論多次定不下來。爭議的焦點之一，是「四人幫」堅持提各省造反派頭頭和「批

林批孔」運動中的代表人物進人大常委會；而組織工作小組的中央領導在前一段解決「老大難」問題時發現，各地出現的混亂局面都是由「四人幫」支持的造反派頭頭煽動起來的。因此中央領導多次研究，想盡辦法找各種理由反對把一些造反派頭頭安排做人大常委，有的人選是幾上幾下通不過。爭議的另一個焦點，是周總理、紀登奎和組織工作小組的中央領導主張安排一些老幹部進人大常委會。經過周總理等中央領導的努力，一些在八一建軍節和國慶節剛剛見報的老幹部和知識界的代表人物被安排做人大常委候選人，我記得有呂正操、梁必業、傅秋濤、武新宇，以及王淦昌、白壽彝、陳望道等人。最後，周總理抱病主持中央政治局會議，討論通過了四屆人大常委會委員候選人建議名單。

在毛主席已經明確了人大常委會委員長、國務院總理以及主要的副委員長、副總理名單的基礎上，按照毛主席關於「其他人事安排由周恩來主持商定」的指示，從 1974 年 11 月中下旬開始，周總理在動了大手術之後，不顧自己極其衰弱的身體狀況，在 305 醫院的病房裏連續同中央政治局委員分別談話，醞釀協商四屆人大的人事安排問題。

到 12 月中下旬，四屆人大的籌備工作進入了最後階段。12 月 18 日，周總理主持中央政治局會議，討論由鄧小平主持起草的《政府工作報告（草稿）》。20 日，周總理又審閱修訂了《政府工作報告（草稿）》。

12 月 20 日夜，周總理親筆擬定了《擬提四屆全國人大常委會委員長、副委員長，國務院總理、副總理，各部部長、各委員會主任名單方案》。

12 月 20 日晚，紀登奎在中南海紫光閣召開組織工作小組會議，檢查四屆人大各項組織工作的最後落實情況，會議開到 21 日凌晨。散會後我留在紫光閣整理會議討論的有關文件。21 日凌晨 2 時，周總理辦公室秘書紀東拿着一個文件袋來到紫光閣，問吳慶彤是否在。我告訴他，慶彤剛散會回家休息了。這時他把周總理親筆寫給吳慶彤親啟的「特急絕密」文件袋交給我，並說你同他聯繫，總理交代讓速辦，中午起牀後總理要看。這時我雖然不知道文件的內容，但已感覺得到是一份非常重要又非常緊急的文件。因為從值班室成立以來就規定，有關四屆人大的所有文件都由中辦秘書局機要交通處傳遞，總理辦公室直接送交文件這還是第一次。

吳慶彤在國務院值班室工作壓力特別大，長期睡眠不足，神經衰弱很嚴

重，每天回家不管多晚都要服安眠藥才能入睡。我們都知道他這個習慣，這時一般不再打擾他。但這件事非常特殊，我只好給他打電話，把他從睡夢中叫醒。他一接電話就問有什麼急事，我告訴他紀束送來了一封總理給他的親啟件，讓印好後中午交給總理。吳慶彤讓我拆開看是什麼文件。我拆開文件袋後看到一封周總理給吳慶彤的親筆信，我馬上在電話裏唸給他聽。周總理寫道：「慶彤同志：請派專人速將此件送印廠特密件印兩份清樣，中午前送我。又及：清樣印好後，請將我寫的原稿燒掉。」信後是周總理親筆擬定的《擬提四屆全國人大常委會委員長、副委員長，國務院總理、副總理，各部部長、各委員會主任名單方案》。我問他是否要立即把文件送給他，看怎麼辦？

　　吳慶彤聽我電話後說，時間太緊，我剛吃了藥，文件就不要送給我了，以免耽誤時間。你現在就直接到國務院印廠，找李文林廠長親自排印，不要讓別人知道，囑咐他一定要保密。你在印廠監督，排完版仔細校對準確後印出清樣。他想了想又在電話裏強調說，清樣印好後，你將排印的鉛版和校對稿一起帶回紫光閣，鎖在保密櫃裏，片紙都不要留在印廠，等早上一上班我就去處理這件事。

　　放下電話我已感覺到這是一件非常嚴肅的任務，絕不能出半點紕漏。為了防止發生意外，我按周總理親筆擬定的名單方案的原件手抄了一份，將原件鎖在值班室的保密櫃裏。辦完後我立即給李文林打電話，通知他馬上到印廠等我，有一個急件慶彤主任讓他親自排印。放下電話，我從國務院值班室要了車，帶上名單方案的手抄件前往國務院印廠。當我到國務院印廠時，李文林已經在等我，我們直接就進入排版車間立即開始工作。我對李文林說，今天排的是一件極其重要的文件，你排起來就知道了，慶彤主任囑咐就由你一個人排印，並且要絕對保密，不要對任何人講，這是一條鐵的紀律，若傳出去後果不堪設想，我們都負不起這個責任。李文林立即表態說，請領導放心，我一定保密。

　　李文林立即按手抄稿排版印出了小樣，我當場一個字一個字地校對了兩遍，準確無誤後請他正式印出兩份清樣。我又把清樣同原件仔細校對了一次，之後將手抄的原件、兩份清樣和校對的小樣一併裝入文件袋。這時我對李文林說，今天我倆完成了一項光榮的任務。我告訴他，為了保密，慶彤主任讓我把剛才排的鉛版帶走。李文林幫我把鉛版裝好放進汽車裏，我帶着印

好的清樣和鉛版回到紫光閣，立即放到了值班室的保密櫃裏。這下我可算鬆了口氣，此時已是 12 月 21 日早晨 6 時。趁大家還沒上班，我在值班室抓緊時間睡了一覺。

21 日早晨一上班，吳慶彤就來到紫光閣。我立即將周總理的親筆信和印出的清樣交給他看，同時把夜裏工作的全過程向他作了詳細彙報，他表示滿意。接着，他又把印好的清樣同周總理親筆草擬的原件仔細核對了一遍，確認準確無誤後，將兩份清樣裝入文件袋密封好，並親筆在信封上寫周總理親啟。一切辦妥後，他讓我把文件直接送給總理辦公室紀東。

當天上午 10 時，我把印好的文件準時送到總理辦公室交給紀東。我一進總理辦公室，紀東就開玩笑地對我說，辛苦了！看樣子又是一夜沒睡，還挺準時。我也開玩笑似的回答他，首長把這麼重要的任務交給我們，這是對我們的信任，哪敢怠慢。他說，等總理起牀後我立即交給他看，有什麼事再找你。

21 日下午，周總理在人民大會堂召集部分在京中央政治局委員開會，討論國務院各部委人事安排問題。當天晚上，紀東又來到紫光閣，送來了周總理對名單方案清樣的修改稿，讓立即印好兩份清樣，說總理等着要看；並囑修改稿原件也一併銷毀。吳慶彤立即讓我帶上鉛版和修改稿到國務院印廠，找李文林改版後又重新印好兩份清樣帶回。這時吳慶彤等在值班室，他把清樣對照原稿仔細校對後密封，讓我立即將重新印好的兩份清樣再送總理辦公室紀東。周總理就是帶着這份印好的清樣，於 12 月 23 日飛往長沙，向毛主席作了彙報。

22 日下午，紀登奎在紫光閣召開組織工作小組會議，檢查四屆人大組織工作的落實情況，討論研究四屆人大一次會議秘書處機構設置、人員調配、工作任務等方案，參加會議的有華國鋒、烏蘭夫、吳德，還有郭玉峰、吳慶彤、周啟才等人。開會前吳慶彤讓我把前一天周總理交辦的付印四屆人大人事安排名單方案的工作情況詳細地作了彙報，紀登奎聽了彙報後說，你們辦得很周到。這時我說，總理兩次親筆原件就鎖在值班室的保密櫃裏，首長是否要看一下再銷毀。紀登奎當即表示，你們按總理的指示辦，立即把它們銷毀，我們都不看了。我當即從值班室保密櫃中拿出周總理的兩次親筆手稿、一份手抄稿和兩次印廠的校對小樣，在紫光閣的會議室當着在場的領導的面

燒掉。辦完之後，吳慶彤半開玩笑地說，將來如果有人要查這件事，請首長出來作證。

12 月 21 日凌晨，周總理親筆擬定的《擬提四屆全國人大常委會委員長、副委員長，國務院總理、副總理，各部部長、各委員會主任名單方案》，在毛主席已經確定「總理還是我們的總理」，鄧小平、張春橋、李先念為副總理，人大常委會委員長朱德，董必武、宋慶齡為副委員長的基礎上，經過反覆徵求並集中了中央政治局委員的意見，提出了其他副總理、副委員長人選的初步名單。

方案中副委員長有：康生、劉伯承、吳德、賽福鼎·艾則孜、郭沫若、張鼎丞、蔡暢、烏蘭夫、阿沛·阿旺晉美、周建人、許德珩、胡厥文或榮毅仁、李素文、謝靜宜；

副總理有：陳錫聯、紀登奎、華國鋒、陳永貴、吳桂賢、王震、余秋里、谷牧、喬冠華、方毅。

另外，對陳雲、徐向前、聶榮臻、韋國清、譚震林、李井泉等老革命如何安排，周總理設想國務院設顧問，他們是做國務院顧問還是人大常委會副委員長，需請示毛主席決定。

方案還列有：葉劍英兼國防部長，余秋里兼計委主任，谷牧兼建委主任，華國鋒兼公安部長，喬冠華兼外交部長，方毅兼外經部長等。

12 月 21 日夜，周總理第二次對名單方案修改的主要內容是，在人大常委會副委員長名單中增加陳雲、韋國清二人。

經過周總理精心擬定的人事安排名單，提出了兩個方案供毛主席決策。其中大方案是，人大常委會副委員長人數多一些，包括一批老革命和各方面知名的代表人物，國務院安排的是一個精幹的工作班子；小方案是如果人大常委會副委員長人數不宜過多（三屆人大常委會副委員長是十八人），則將幾位老革命安排做國務院顧問。

在當時的歷史條件下，這應當說是一個比較周到、各方面比較容易接受的方案，一方面周總理想通過四屆人大儘可能地使一批老革命在全國人大和國務院得到妥善安排；另一方面也體現了老中青相結合的原則，儘量體現毛主席當時對人事安排的意圖。

「四人幫」插手人事安排

關於國務院各部委的人事安排，「四人幫」與中央政治局其他委員也是有爭議的，江青、張春橋等竭力想把他們的親信安插在文化、教育、體育等部門。

據吳德（當時吳德兼國務院文化組組長）回憶，在周總理與張春橋、江青談話時，他們提出要建立文化部，並讓吳德任部長。吳德提出負責北京市的工作已很繁重，又不懂文化工作，前一段負責文化組時很多工作也沒有做好，向周總理提出不當文化部長。後來，張春橋又提出讓吳德任國務院副總理兼文化部長，吳德還是想離開國務院文化組。周總理考慮總得有一位政治局委員做人大常務副委員長，經再三衡量還是吳德比較合適。周總理找吳德談話說，王洪文自己提出他不去人大，他不幹；讓華國鋒去，華國鋒也不幹；總要有一位政治局的同志去，因為朱老總和董老歲數大了，彭真就是副委員長兼北京市委第一書記，還是你去做人大常務副委員長合適。周總理這個建議得到了毛主席批准。

醞釀由誰當文化部部長爭議很大。「四人幫」提出讓于會泳當文化部部長，吳德提出文化部部長要由文化界的知名人士擔任，于會泳、劉慶棠等在文化界不一定能領導得起來，他曾提名上海的著名教授劉大傑當部長。江青他們堅決反對，堅持讓于會泳任部長，劉慶棠、浩亮任副部長。最後，由於「四人幫」的堅持，于會泳還是當了文化部部長。

對教育部部長的爭議也很大。「四人幫」始終堅持讓遲群做教育部部長，周總理同李先念、紀登奎多次交換意見，一致認為決不能讓遲群做教育部部長。周總理在聽取政治局委員的意見時，曾有人提議讓上海陳望道做教育部部長，最後周總理反覆考慮還是堅持讓周榮鑫做教育部部長，李先念、紀登奎都擁護。李先念提出鐵道部讓萬里任部長，周總理贊成。最後他們議定，對教育部和鐵道部的人選一定要堅持，對文化部和體委可作些讓步。李先念曾同紀登奎開玩笑說：「文化部也不讓他們幹，他們就失業了。」

關於國務院各部部長、各委員會主任的人選，經過激烈的爭議，「四人幫」只爭得了文化部和體委兩個席位。在周總理擬定的國務院各部部長、各委員會主任的名單中，主要是考慮了兩部分人：一是起用了一批有豐富領

導經驗的老幹部，如外貿部部長李強、二機部部長劉西堯、煤炭部部長徐今強、石化部部長康世恩、水電部部長錢正英、輕工部部長錢之光、交通部部長葉飛、郵電部部長鍾夫翔、財政部部長張勁夫等；另一部分是為了保持國家機關工作的連續性，留任了一批軍代表做部長，如農林部部長沙風、冶金部部長陳紹昆、一機部部長李水清、三機部部長李際泰、五機部部長李成芳、七機部部長汪洋、商業部部長范子瑜等。

關於提名李素文和謝靜宜做人大常委會副委員長人選問題，與中央籌備工、青、婦三個組織的人選有關。

1974 年，王洪文到中央工作不久，就伸手抓工、青、婦三個組織的籌備工作。他提出由北京、上海、山東三省市各推薦一名負責人。上海推薦金祖敏擔任全國總工會籌備組組長，北京推薦謝靜宜擔任共青團中央籌備組組長，山東推薦楊坡蘭擔任全國婦聯籌備組組長。在審定四屆人大常委候選人名單時，周總理提出，為了便於人大常委會議事方便，在京的人大常委要佔多數。為此要調一批工農中委到工、青、婦工作，並兼人大常委，這批人大部分擔任了工、青、婦籌備組副組長。後來，鄧小平主持中央日常工作時，提出了對工、青、婦領導班子的調整意見，他要求增加一些全國知名的勞動模範，派性嚴重的人不要。按照鄧小平的指示，中組部對工、青、婦領導班子名單作了調整，拿下了唐岐山、梁錦棠、鹿田計、董明會、張洪池等一批造反派頭頭，增加了王崇倫、韓榮華、馬恆昌等一些勞動模範和老幹部代表人物。

在醞釀人大常委會副委員長人選時，周總理和紀登奎商量同時考慮工、青、婦主要領導人的問題。周總理曾問紀登奎，工會金祖敏的情況如何。紀登奎說，金祖敏在上海是王洪文的得力幹將，他到工會就是王洪文點的名，來京後同王洪文聯繫頻繁。因此，周總理考慮只安排金祖敏做人大常委候選人，沒有考慮安排他做人大常委會副委員長人選。

謝靜宜是毛主席指定任北京市委書記的，又兼任了共青團中央籌備組組長。江青堅持要謝靜宜當人大常委會副委員長，並且直接給毛主席寫了信，周總理只好把謝靜宜列為人大常委會副委員長的人選。

全國婦聯籌備組組長是楊坡蘭。她到婦聯工作不久，有人以「婦聯機關部分黨員」的名義給中央寫信，反映她「特殊化」的問題。紀登奎批示：請

中組部派人調查，並把調查結果報告中央。郭玉峰派我和中組部幹部組魏煥章、李竹林去調查。我找了全國婦聯機關的老領導康（克清）大姐、李寶光等談話了解情況，魏煥章、李竹林分別找全國婦聯籌備組的領導和部分機關幹部談話。經過調查，我們一致認為，來信反映楊坡蘭「特殊化」的問題情況不實。多數人認為她是勞動模範，為人還比較樸實，對自己的要求還比較嚴格。中央安排工、青、婦籌備組的領導住在京西賓館，她愛人出差來京，她不讓愛人同住京西賓館，而是住在附近的招待所。但是，大家普遍反映，楊坡蘭是勞動模範，長期在基層工作，組織領導能力較差，打不開工作局面，很難勝任全國婦聯一把手的工作。我們將調查的情況向郭玉峰作了彙報，他同意我們的看法，讓我們以中組部調查組的名義給紀登奎並中央寫了調查報告。紀登奎看了郭玉峰和我的彙報後說，看來要考慮調整全國婦聯的主要領導人。郭玉峰當場建議請鄧（穎超）大姐擔任全國婦聯主席，紀登奎當即表示同意，但他說這要同總理商量後再作決定。後來紀登奎傳達周總理的意見，周總理堅決不同意鄧大姐擔任全國婦聯主席，全國婦聯主席的人選要再考慮。紀登奎也曾向中央建議由蔡暢、鄧穎超擔任名譽主席，康克清任主席，周總理還是不同意。王洪文、吳桂賢曾提議楊坡蘭任主席，康克清、李寶光等任副主席。郭玉峰堅持楊坡蘭水平太低，當不了婦聯第一把手。這樣，全國婦聯的領導班子始終定不下來。

在一次紀登奎同李先念交換意見時，李先念提議李素文當全國婦聯主席。經了解，李素文是瀋陽一個副食商店的售貨員，先後當選為瀋陽市勞模、遼寧省學習毛主席著作積極分子、全國婦女「三八」紅旗手；1963 年當選為三屆全國人大代表並在大會上作了題為《為革命賣菜》的發言，周總理帶頭多次鼓掌；1965 年被商業部授予全國財貿系統學習毛主席著作標兵，還在北京舉辦了李素文學習毛主席著作展覽，李先念為展覽剪綵並講了話。當時她擔任遼寧省委常委、省「革命委員會」副主任、團省委書記、十屆中央委員。李先念對李素文比較了解，他的建議紀登奎完全同意，並讓中組部給中央寫了請示報告，建議蔡暢、鄧穎超擔任全國婦聯名譽主席，李素文擔任全國婦聯主席，康克清、李寶光等任副主席。中央政治局討論已經同意，後來全國婦代會因故未開成，此議沒有成文。在周總理同中央政治局委員醞釀人大常委會副委員長人選時，李先念再次提議李素文列入人大常委會副委員

長人選，紀登奎贊成並説，李素文當副委員長比他們（指「四人幫」）提的人選更可靠。周總理同意這個建議，將李素文列為副委員長人選，報毛主席批准。

關於人大常委會秘書長人選，周總理曾經考慮由常務副委員長吳德兼任，吳德堅持説他的事情太多，照顧不過來，建議找一位能夠處理外事活動的人任秘書長。吳德提議讓姬鵬飛任秘書長，他曾任外交部長，有外事工作的經驗。周總理同意吳德的建議，最後經毛主席批准，由姬鵬飛任人大常委會秘書長。周總理還提出了人大常委會的副秘書長人選，他們是羅青長、武新宇、李金德、沙千里。

「長沙決策」，四屆人大順利召開

1974 年 12 月下旬，在中華人民共和國的歷史上是一個極不尋常的時刻。四屆人大的各項準備工作都已完成，進入了最高決策的關鍵階段。

12 月 23 日，周總理強撐着重病之身，前往長沙向毛主席彙報四屆人大準備情況。

從 12 月 23 日至 27 日，毛主席在長沙聽取了周總理、王洪文有關四屆人大準備工作情況的彙報，同他們進行了四次重要的談話，並且確定了十屆二中全會和四屆人大的人事安排方案，最終形成了「長沙決策」。

毛主席在 12 月 24 日聽取了周總理和王洪文關於四屆人大人事安排方案的彙報，並作了重要的指示，最後確定了四屆全國人大常委會委員長、副委員長候選人和國務院總理、副總理人選建議名單。

周總理在京擬定的四屆人大副委員長人選名單是兩個方案。毛主席聽了彙報後表示，人大常委會副委員長贊成大方案，即副委員長人數可以多一些。這樣原方案列為國務院顧問或人大常委會副委員長的幾位老同志均明確做人大常委會副委員長人選。

在講到人大常委會副委員長人選時，毛主席贊成吳德主持人大常務工作。

毛主席不同意謝靜宜列入人大常委會副委員長人選，他説：「副委員長，小謝不能放，人家對她不了解，提得太早了，不好。」又説：「小謝，官越做越大，搞共青團書記可以，當副委員長就不適當了。」

在講到鄧穎超、蔡暢的安排時，毛主席同意鄧穎超做人大常委會副委員長。當周總理堅持鄧穎超不要當副委員長時，毛主席沒有再堅持。因此只安排蔡暢做副委員長。

毛主席提出：（人大）朱（德）、董（必武）、宋（慶齡）。以下排個次序。

在講到民主人士時，周總理提出，是胡厥文還是榮毅仁做人大常委會副委員長。毛主席同意在民主人士中放宋慶齡、胡厥文、許德珩三人做人大常委會副委員長。

在講到國務院副總理人選方案時，毛主席贊成小方案，不設顧問。

在講到喬冠華、方毅做國務院副總理人選時，毛主席說：「要保護喬（冠華）、方（毅）、謝（靜宜），但不要放。」

在講副總理人選時，毛主席還曾問：「吳桂賢多大年紀？」

關於總政治部主任人選，在周總理去長沙時尚未有定論，毛主席也在思考中。周總理向毛主席彙報時提出了三個方案——肖華、蘇振華、廖漢生，還提出可否調冼恆漢？毛主席都沒有表態。最後，毛主席再三考慮決定讓張春橋兼任總政治部主任，並說，張春橋有才幹。由此可以看出，毛主席一方面批評「四人幫」，另一方面在人事安排上還要搞平衡。

在談到郭老（沫若）時，毛主席說：「回去代我問好。」

另外，在向毛主席彙報紀登奎提出要減少兼職的請求時，毛主席沒有表態。

毛主席還提出在開四屆人大之前開二中全會，並說，鄧（小平）換李（德生）常委、副主席。要李自己提出來，辭去中央副主席、政治局常委職務。

毛主席同意修改憲法報告。

至此，毛主席和周總理在長沙最後做出了對四屆人大人事安排的決策，這對挫敗「四人幫」的「組閣」陰謀起了決定性作用，為建立以周恩來和鄧小平為核心的新一屆國務院領導班子創造了極為有利的條件。

12 月 27 日，周總理帶着「長沙決策」返回北京，親自整理出毛主席長沙談話要點。12 月 28 日，周總理召開有王洪文、葉劍英、張春橋、鄧小平參加的中央政治局常委會，研究如何貫徹毛主席在長沙幾次談話的問題。12 月 29 日，周總理主持召開中央政治局會議，傳達了毛主席在長沙的幾次談話內容，並且將經過毛主席調整同意後的四屆人大人事安排方案印發中央政治局。

周總理從長沙回京後對紀登奎說：「上海、北京、東北都有人選了。人大常委會副委員長南方、西北也應有個年輕人。」他們商量江蘇董加耕是個人選。紀登奎通知郭玉峰，讓中組部派人到南京把董加耕接到北京，紀登奎、吳德、郭玉峰等同董加耕談了話。董加耕是全國知名的返鄉務農典型，事跡感人，曾受到毛主席和周總理的接見，本來是一個合適的人選。但在談話中了解到他是反許世友一派的，這在當時的歷史條件下就成為一個問題。紀登奎把談話情況向周總理作了彙報。周總理為慎重起見，就沒有安排董加耕做人大常委會副委員長人選，讓他做了人大常委。

周總理還提出西北也要有一位年輕的人大常委會副委員長人選，並確定由陝西省委推薦，紀登奎直接給陝西省委第一書記李瑞山打電話。李瑞山同省委其他領導商量（據說李瑞山還徵求了吳桂賢的意見），推薦了姚連蔚。姚連蔚是西安 847 廠工人，有工農兵的經歷，是生產突擊手、學習毛主席著作積極分子，是西安東郊一派群眾組織的頭頭，當過廠「革命委員會」副主任，當時是十屆候補中委、陝西省總工會主任。紀登奎等中央領導看了他的簡歷並同本人談了話，最後經周總理審定，將姚連蔚列為人大常委會副委員長人選。

孫健當國務院副總理是在十屆二中全會期間決定的。二中全會前夕，周總理考慮中央政治局和人大常委會副委員長中都有年輕幹部，國務院副總理中也應增加一名年輕幹部。他對紀登奎說，上海有王洪文，北京有倪志福，西北有吳桂賢，又增加了姚連蔚，東北有李素文，天津還沒有人選，請天津推薦一名有一定領導經驗的年輕幹部做副總理人選。1975 年 1 月 7 日上午十屆二中全會報到，紀登奎派郭玉峰到京西賓館找天津市委書記解學恭，說明中央讓天津市委推薦一名有一定領導經驗的年輕幹部做國務院副總理人選。解學恭當即召集天津的中央委員開會，並且電話同天津市市委的主要領導交換意見，市委一致同意推薦孫健，並且當天就把他的檔案材料送給郭玉峰轉報紀登奎並周總理。孫健是天津內燃機廠工人，從學徒工幹起，當過班組長、車間主任、廠團委副書記、武裝部副部長、廠黨委書記、廠「革命委員會」副主任，1970 年以後任天津一機局「革命委員會」副主任、天津市生產指揮部副主任、市委常委，當時任天津市委主管工業的副書記、十屆中央候補委員。周總理看了簡歷，同意將孫健作為副總理人選。中央政治局討論通

過，並報毛主席批准，直接列入提交十屆二中全會討論的國務院副總理人選建議名單。

1975 年 1 月 3 日，周總理主持中央政治局常委會，研究十屆二中全會的各項準備工作。1 月 4 日，周總理和王洪文聯名向毛主席報告了中央政治局會議情況，並報去調整後的四屆人大人事安排名單。這個名單經毛主席批准後，提交十屆二中全會討論。

1 月 5 日，中共中央發出經毛主席圈閱的 1975 年一號文件，任命鄧小平為中共中央軍事委員會副主席兼中國人民解放軍總參謀長；同時，任命張春橋為解放軍總政治部主任。

1 月 8 日至 10 日，在周總理主持下，十屆二中全會召開。會議討論了四屆人大的各項準備工作，討論通過了提請四屆人大一次會議審議的《中華人民共和國憲法修改草案》、《關於修改憲法的報告》和《政府工作報告》；討論通過了提請四屆人大一次會議選舉和任命的四個名單，即《第四屆全國人民代表大會常務委員會委員長、副委員長候選人建議名單》、《第四屆全國人民代表大會常務委員會委員和秘書長候選人建議名單》、《國務院總理、副總理、各部部長、委員會主任人選建議名單》、《最高人民法院院長候選人建議名單》；討論通過了《第四屆全國人民代表大會第一次會議主席團候選人建議名單》，提請四屆人大一次會議選舉。全會還追補鄧小平為中央政治局委員，選舉鄧小平為中共中央副主席、中央政治局常委，討論通過了《中共十屆二中全會公報》。周總理在 1 月 10 日的十屆二中全會閉幕式上，傳達了毛主席再次強調「還是安定團結為好」的指示。

1 月 11 日，十屆二中全會結束，紀登奎在紫光閣召開了最後一次組織工作小組會議，對四屆人大籌備工作做了總結，對值班室的工作給予充分的肯定。他風趣地說，今天的會議是我和吳德同志的交接，從現在開始你們要在吳德同志的領導下開始四屆人大秘書處的工作了。我不是四屆人大代表，就沒有資格參加大會了。大會開起來你們的工作會更緊張，希望你們保持和發揚在值班室工作的精神，做好大會的各項組織工作，圓滿完成中央交給你們的光榮任務。大會結束後你們再回到紫光閣，由吳慶彤和周啟才同志安排，把四屆人大籌備過程的檔案完整地整理好，移交給中辦秘書局存檔。按照紀登奎的要求，在四屆人大一次會議結束後，我們用約半個月的時間整理了四

屆人大籌備工作過程的全部材料，用周啟才的話說叫「片紙不丟」，移交中辦秘書局存檔（我在這裏說到的值班室工作情況，在檔案中均有記載）。接着，吳德對四屆人大一次會議秘書處的工作進行了部署。散會後，值班室全體人員從紫光閣搬到京西賓館，投入大會秘書組的緊張工作中去。

距三屆全國人大一次會議十年之後，四屆全國人大一次會議終於在 1975年 1 月 13 日開幕。

江青在小靳莊的鬧劇

陳大斌

在 1974 年 6 月的「批林批孔」運動中，江青在天津市寶坻縣小靳莊假借「評法批儒」之名，肆無忌憚地進行反黨活動，種種醜行令人不齒。作為新華社派出的隨行記者，我事後曾經向社領導彙報過有關情況，也在一些朋友中「傳播」過。近年來，有些當年曾耳聞過此事的人建議我把當時的現場見聞寫出來，讓「文化大革命」歷史中的小插曲被更多的人知道。但當時對江青的活動沒有公開報導，「內參」報導也不可能真實記述其事。所以現在要真實地還原歷史本來的面貌，也非易事。2003 年夏天，在新華社天津分社的幫助下，我去天津訪問了有關人員，查看了一些資料，又到小靳莊訪問了當年的大隊黨支部書記王作山等人，核實了有關史實，遂寫下這篇追憶文字。

「批林批孔」：大做反黨反革命文章

1974 年新年伊始，「批林批孔」運動在全國展開。這場運動是毛澤東發動的，早在 1973 年中共十大召開前後，毛澤東便多次提出，要把批判林彪同批判歷史上的孔子和儒家、推崇法家聯繫起來。他說，林彪同國民黨一樣，都是「尊孔反法」的。1974 年 1 月，中共中央將供批判的小冊子《林彪與孔孟之道》轉發全黨，一場「批林批孔」運動便在全國開展起來。

江青等人竭力利用這場運動大做反黨反革命文章。1974 年 1 月，江青赤膊上陣，在駐京部隊和中央國家機關大會上動員「批林批孔」。她大放厥詞，公然影射和攻擊周恩來、葉劍英等中央領導，點名攻擊一批中央及軍隊領導

幹部，還説中央有「很大的儒」，叫囂要批「現在的儒」。同時大反所謂「復辟回潮」，樹立「反潮流」典型，煽動揪鬥老幹部，批判鬥爭教育界、文化界的一批人。在江青一伙的煽動下，一時間全國形勢緊張起來。一些造反派又組織起聯絡站、上訪團，拉山頭、打派仗，有些人竟散佈「不為錯誤路線生產」的口號，煽動停工停產，致使全國各地大亂，剛剛趨向穩定的政治局勢和有所發展的國民經濟又遭到嚴重破壞。

　　此時，「文化大革命」已經進行了八年，全黨全國人心思定。江青等人的倒行逆施不得人心，我所在的新華社大多數人對江青的言行極為反感，對「批林批孔」採取消極應付甚至是抵制的態度。當時我在新華社國內部農村組做新聞採編工作，也很不理解這場「批林批孔」運動。對江青等人的言行感到非常厭惡。讓我感到高興的是，這時國內部農村組派我和另一位青年記者到昔陽、大寨「蹲點」，為期一年。春節過後，我們便鑽進太行山裏，「蹲」了半年時間，這年6月，我們來到太原新華社山西分社。分社的人說，與其這樣在一個地方死「蹲」下去，不如到各地走走看看。6月中旬我們去了晉東南地區，參觀了李順達領導的平順縣西溝大隊等老先進典型。在平順，我們聽説聞名全國的林縣「紅旗渠」引的就是平順境內的漳河水。林縣屬河南省，但與平順山水相連。我們便請示新華社國內部農村組，要去林縣看看「紅旗渠」工程。農村組批准了我們的請求，並同意我們順便從林縣回京休整幾天。我們兩人從平順翻過太行山來到河南林縣，參觀了「紅旗渠」工程，於6月19日乘車回北京。

　　6月20日，我們到北京後，上午到新華社國內部農村組辦公室與組裏的人閒聊了一會兒，農村組組長谷峰急匆匆地走進辦公室，通知我快去社總編室報到，有重要採訪任務。原來，新華社剛剛接到中央辦公廳緊急通知，要求速派熟悉工業及農村的記者各兩名，立即趕往天津。國內部決定，由國內部工業組派出兩位大姐，而農村組就派了我與另一位青年。穆青在辦公室裏見了我們四人，他什麼任務也沒有說，只是讓我們馬上出發，後勤部門的車已經在樓下待命。上午10時許，我們四人擠進一輛轎車趕赴天津。

　　我們不知道要到天津什麼地方，司機也不熟悉天津市的道路，天津市有關人員與我們約定，一輛灰色的轎車在京津公路津郊某個橋頭等待我們。天津市來迎接我們的一位幹部說，你們的車跟在我們後面走，至於上哪兒，去

幹什麼，他沒有說，我們也不便問。後來，我們來到天津南郊一處有着很大院落的招待所。這時已經是午後，他安排我們吃了飯，住下來，並囑咐我們，就在房間休息等待，不要外出。

我還是第一次遇到這種情況。不知道要我們來做什麼，弄得如此神秘！一直等了整整一個下午，沒有人理睬我們。晚飯後才見到匆匆趕來的新華社天津分社社長朱波。他對我們說，江青幾天前來到天津，主要是了解天津站工人「批林批孔」運動的情況，還要去農村聽農民「評法批儒」。她通過中央辦公廳讓新華社派四名記者來，要搞天津工人、農民的「批林批孔」報導。原來是這麼回事！我心裏好不懊惱！在太行山裏「蹲」得好好的，誰讓你出來看什麼「紅旗渠」？看就看吧，誰讓你又跑回北京來？這不是自己往旋渦裏跳嗎？

1974 年 6 月，江青在天津城鄉的一系列活動和表演，是她在「文化大革命」中的一次嚴重的反黨活動。

「批林批孔」運動開展起來之後，天津市市委領導中的一些人緊緊跟上，特別下力氣組織力量研究「儒法鬥爭史」，鼓吹工農兵要當「評法批儒的主力軍」。他們指定南開大學舉辦「儒法鬥爭史」學習班，為工廠企業開辦「儒法鬥爭史」講座。在市委一些人的鼓動下，天津站組織工人參加，於當年 5 月編寫出一部《儒法鬥爭簡史講稿》。江青於 6 月 16 日得知這一情況，只隔了一天，即 6 月 18 日，就帶上遲群、于會泳等親信，以及北大清華寫作班子（「梁效」）等急匆匆來到天津，聲稱要聽取天津站工人的宣講。6 月 19 日晚，江青在天津發表了「六一九講話」，大講「儒法鬥爭史」。她不懂裝懂，胡拉亂扯，說「兩千年來的儒法鬥爭，一直影響到現在，繼續到現在，還會影響到今後」。她把從秦漢時期到八年抗日戰爭、三年解放戰爭和社會主義建設時期的整個中華民族的歷史，統統歪曲為「儒法鬥爭史」，把黨史上歷次政治思想鬥爭全部歸結為「儒法鬥爭」，把黨和國家的各級領導幹部都誣為「儒家」。同時，江青宣佈天津站是她的「點」，她要通過抓這個「點」，推動全國的「批林批孔」運動。在前後十幾天的時間裏，江青批發有關「批林批孔」的材料四十三件，總印數達七十八萬份。

在抓天津站這個「點」的同時，江青還要抓一個農村的「點」。天津市市委便向她推薦了寶坻縣的一個大隊——林亭口公社小靳莊大隊。這個大隊原

為天津市委一位副書記抓的「農業學大寨」運動的先進典型。6 月 22 日，江青在小靳莊當場宣佈：小靳莊是我的「點」！1974 年 6 月到 1976 年 8 月，江青先後三次來到小靳莊，並派她的聯絡員進駐，派遲群等親信多次到小靳莊活動，大肆進行反黨活動，散佈大量反黨謬論，流毒全國。

我只經歷了江青第一次到小靳莊的情形。小靳莊大隊當時只有 101 戶，582 人，地處寶坻縣東部黃莊窪邊緣，歷史上是個多澇災的窮地方。時任大隊黨支部書記的王作山是個老實厚道的基層幹部。幾年來，他帶領全村社員大搞農田基本建設，年年冬天挖河泥墊耕地，口號是「河挖三尺，地高一寸」，提高了地力和抗澇水平，生產節節上升。全隊以農業為主，除糧食作物外，還種植大蒜等經濟作物，有數口魚塘養魚，集體經濟和社員生活水平在當地屬中等偏上水平。另外小靳莊有一個突出的特點，那就是群眾文化活動活躍。由於這裏地處大窪邊緣，土地少又易澇，所以歷史上村民外出討生活的人不少，「上京下衞」跑碼頭，在京津唐等大中城市裏，從事理髮、浴室服務等服務業的人不少。所以，不少人都見過「世面」，不像有的地方的農民見了生人不敢說話。小靳莊的男女老少大多敢說敢做，尤其熱心文化活動。不少人能說會唱，會編順口溜，敢於當眾登台朗誦、演唱；村裏有個評劇班子，能演整齣的大戲，參加過天津市和寶坻縣的會演，還得過獎；多年來一直是全縣的文化活動先進典型。

「評法批儒」：篡黨奪權野心畢露

我們新華社國內部農村組的兩人於 1974 年 6 月 21 日中午趕到小靳莊。當時正是麥收時節。大隊黨支部書記王作山已經被召到天津，「領受」接待任務。大隊長等在市、縣委派來的幹部的幫助下，找來幾個能說會道的社員，抄書抄報湊稿子，準備「評法批儒」彙報會。一般社員忙着打掃衞生，修補道路，緊張地做着各項準備工作。村民樸實善良，只知道江青是毛澤東主席的夫人，以對毛主席的一腔真情來準備迎接她的到來。我們走進村就能感受到其中的緊張和興奮。

江青於 6 月 21 日下午從天津出發，帶領一大幫隨從人員，乘火車到達寶坻，當天就吃住在專車上。傍晚時分，江青要下車去「看看寶坻縣城居民」，

以展示她的「親民」形象。她走進城邊一處幹部家屬宿舍院，進了一位幹部家屬的門。女主人熱情歡迎她，她也極力表示着「親熱」，拉着她的手説：「我要好好看看你的家，聊聊家常。」剛坐下來，就有人悄悄地告訴她，這家女主人可能患過肝炎。江青立時變了臉，站起身來快步逃了出去，連句告別的話都沒有説。送客的主人在後邊小跑着都趕不上她。江青逃也似的回到火車上後，再沒下火車。

6月22日上午，江青從專列上下來，換乘汽車前往小靳莊。從縣城到小靳莊五十里路，其中進小靳莊的幾里河堤路為泥土路，夜間一場小雨把河堤路澆成一片泥濘。一大早市裏調來幾輛大型推土機，為江青開道，硬是把泥濘路面上的一層稀泥全部鏟掉，再鋪上一層乾土，又壓了一遍。這樣，江青的車隊才勉強開進小靳莊。

江青進村後就宣佈要召開社員會，聽農民「評法批儒」。會場就設在村頭的小學校裏。學校恰好放了收麥忙假，大隊騰出所有教室和整個院落。主會場設在一個最大的教室裏，江青及主要隨行人員佔去了一大半座位。村裏除了幾名主要幹部外，只有幾位社員代表參加，天津市和寶坻縣來的許多幹部只能在院子裏旁聽。

我被安排進了教室，自始至終參加了這次社員「評法批儒」彙報會，親見親聞了江青等人的醜惡表演。

上午10時許，小靳莊社員「評法批儒」彙報會開始，名義上是天津市市委主持，小靳莊農民唱主角，其實成了江青個人為所欲為的表演舞台。首先，小靳莊大隊黨支部書記王作山報告了大隊基本情況，沒説幾句就被江青打斷。她説今天是來聽農民「評法批儒」的，其他的少説。可社員們的「評法批儒」發言，沒有一個不被她中途打斷，沒有一個能按照自己準備的內容説完。

女社員周福蘭發言，批判儒家提倡男尊女卑。可是她還沒説上幾句，江青就打斷她的話，借題發揮起來：「男尊女卑處處存在，我們中央就不合理……他們都是大男子主義，到了掌握政權，都出來了，一把抓。」她叫囂：「這回要改變。……女的要超過男的。」顯然，她説的「這回」，指的是正在籌備的四屆全國人大關於國務院領導的人事安排，其篡黨奪權的野心暴露無遺。

　　接着，江青攻擊的矛頭就更直接了，她問周福蘭叫什麼名字。周福蘭告訴了她，江青喊道：「是周公的周，還是周禮的周？」周福蘭莫名其妙，説：「就是那個周唄。」江青大聲喊道：「我要造你的反！」周福蘭嚇得一哆嗦。江青接着喊道：「我不是造你的反，是造你名字的反。你的名字太封建了。」她要周福蘭「馬上改掉這個封建的名字」，説，「你就改成周抵周吧！」隨後又改口説：「就叫周克周吧，用咱們這個『周』，克他那個『周』。」

　　江青的這些話使人很容易想到她要「克」的是哪個「周」。之後，每個社員發言，江青都先給他們改名字。女社員于瑞芳剛報上姓名，江青就説，什麼「瑞芳」，去掉那個「瑞」，就叫于芳。女社員王淑賢一説出自己的名字，江青就嚷：「又淑又賢，不行！淑賢兩字去掉，就叫王先！」男青年王孝岐是個高中生，事先認真準備了發言稿，可是剛開始唸稿子，江青就忍不住了，喊道：「什麼孝岐，孝誰？孝什麼？典型的封建意識！這個名字不行！以後你叫王滅孔！」還有一位中年婦女叫李淑鳳，江青把手一揮：「淨是什麼龍啊鳳啊，改！就叫李樹風！樹立新風！」江青不僅給社員改名字，就連天津市市委書記解學恭也被她改了名字。她説那個「恭」是溫良恭儉讓的「恭」，是封建主義的，儒家的思想，要改成「工人階級」的「工」！「學工，向工人階級學習嘛！」

　　江青除了隨意改社員的名字之外，還有更讓人大跌眼鏡的醜行上演。女社員于瑞芳彙報之後，要唱一段京劇樣板戲，她要唱的是《紅燈記》中鐵梅的一個唱段。剛開口就被江青叫停，她大聲喊道：「你們知道嗎？所有樣板戲統統是我搞的！」轉臉又喊隨行的一位聞名全國的演李玉和的京劇男演員：「你來和她一起唱！」説着遞給他一杯水，那位演員接過來昂首挺胸一飲而盡，丟下杯子，高喊一聲：「謝謝媽！」接着就唱起來：「臨行喝媽一碗酒，渾身是膽雄赳赳……」本來這是戲中的叫板道白和唱詞，可是在這種場合，經過江青與他的如此「配合」，給人造成的感覺可就不那麼美妙了。當場不少人瞠目結舌！事後有人問我此事確否。我説親眼所見，親耳所聞，千真萬確！

　　這樣折騰了一個多小時，社員的「評法批儒」彙報會結束，江青説她要去地裏參加勞動，與社員一起割麥子。當時正值麥收時節，學校外不遠處就有一塊麥地，不少社員正在收割小麥。

江青在一伙人的簇擁下來到麥地裏，拿過一把鐮刀要割小麥。可是她既不會使鐮刀，也抓不住麥棵，亂砍幾下，一棵麥子也沒有割下來。其實她真實的目的並不是割麥，而是讓隨行的記者照相，老實的大隊黨支書王作山不解其意，怕她砍了自己的腳，忙上去幫她，結果擋住了鏡頭，江青很不高興，一把推開了他，喊着：「你走開，別盡來幫倒忙！」

當時，寶坻縣有兩位全國聞名的下鄉、回鄉的女知識青年，一位叫侯雋，一位叫邢燕子。天津市市委和寶坻縣委把她倆叫來見江青。在麥地裏，有人把兩人帶到江青面前，江青為了表示對兩人的親熱，說，我早就熟悉你倆了，一直想念着你們啊！然後就從頭上摘下一頂白草帽，說，今天沒有什麼禮物送給你們，這頂草帽是我 1942 年從延安撤退，跟隨毛主席轉戰陝北時，從延安帶出來的。多年來南征北戰，一直跟隨我。今天我送給你倆做個紀念。

聽了這話，我們一個個面面相覷，不敢相信自己的耳朵！她說的是真話嗎？看那頂草帽，雖不知道是不是全新的，但那是一頂很精緻的草編織帽，顏色雪白，帽頂帽邊都十分整齊，一點也沒有破損。延安時期是個極為艱苦的年代，會有這樣高檔精緻的草帽嗎？即使有，從延安撤退，一路輾轉，戰火硝煙，三十餘年過去了，還能保持如此嶄新嗎？再說，一頂草帽送給兩個人，誰來戴呢？這不是在演戲嗎？

贈畢草帽，江青向大隊幹部要一頂當地農民戴的蘆葦秸編的「蘑菇帽」，她說她很喜歡農民的帽子，其實是想戴上照相。可是接過王作山送來的那頂農民戴過的「蘑菇帽」之後，見上面滿是汗漬，便不往頭上戴，藉口說「太小了，我不能戴」。接着又埋怨起侯雋說，你下地來也不戴個草帽？我看你也變成個小官僚了！

新的「蘑菇帽」還沒買回來，江青已離開麥地，要到場院上「打場」去了。在場院上，有人給她一把翻麥子的木杈，她揚了揚，讓人照相。照完相轉身又看見場上正曬着新打下的小麥，便說，這麥子多好呀！我要把你們的勞動果實帶回去給毛主席嚐嚐。社員們忙去找了乾淨的口袋，裝上十多斤小麥……

江青在場院上轉了一圈，就宣佈「收麥勞動」結束，她要吃午飯了。這時，天津賓館的工作人員早已在小學校裏準備好了午餐。麵包、菜、飲水和

碗筷等用具都是從市里運來的。女服務員一律白衣黑裙，也全是天津賓館來
的。江青等人在一間教室裏擺開餐桌，我們和工作人員便在院裏樹蔭下吃飯。

　　午餐之後，江青要午休，說是要到社員家裏去「同住」，村裏事先已接
到通知，早已選定大隊會計王啟恩家作為她的午休之處。王家人口少，房子
寬敞，環境也較乾淨。縣裏村裏前一天已派人幫王家來了個徹底大掃除。當
天上午，天津賓館的服務員又重新掃過大炕，屋裏屋外全消了毒，炕上鋪
上賓館的被褥枕頭，服務員還用帶來的深色窗簾遮住王家前後窗戶。王家和
前後左右鄰居養的狗和雞鴨全被捉住送到別處暫管，以免發出叫聲驚擾江青
午休。江青進去後，王家幾口人全走出來在院子裏等候。大隊幹部午飯也沒
吃，輪流在王家院門口為江青站崗放哨。這就是江青的與農民「同住」！

語重心長：紀登奎有膽有識

　　作為記者，那天中午我只吃了一塊麵包，就忙起來，生怕漏掉重要活
動。我跑到小學校裏，只見遲群、劉慶棠等人正圍着桌子起勁地甩撲克，沒
有一個人肯到村裏走走，看看農村農家生活，去和農民說句話。只有同來的
中央政治局委員紀登奎沒有午休，也沒去打牌，他把小靳莊大隊黨支部書記
王作山找來，兩人蹲在村頭小樹林裏說話。王作山忙了一上午，情緒興奮又
緊張，滿頭大汗，也沒工夫回家吃午飯。紀登奎說，我知道你沒吃上飯，給
你拿來個麵包，還有西瓜，先墊墊吧！見我來了，紀登奎說，記者同志也坐
坐吧，咱們隨便聊聊。那個中午，他們聊了一個多鐘頭。先是王作山詳細彙
報了大隊的生產情況，紀登奎也說了不少話。印象最深刻的是：今後小靳
莊是江青抓的「點」了。你們的確有很多優點、長處，可作為農村，不管是誰
的「點」，今後主要任務還是種好地。要踏踏實實學好大寨經驗，繼續興修
水利，搞好農田基本建設，發展生產。還說，生產上光種糧食不行，除了大
蒜，可否種點棉花。搞好生產，發展經濟，這是農村工作的根本。生產搞不
上去，農民沒飯吃，一切便無從談起。

　　天津一行，使我第一次面對面地接觸紀登奎。這次他給我留下了很深的
印象：一是這個中午他與王作山語重心長地談話；二是我聽天津的人說，
1974 年 6 月 19 日那天，江青在全市「評法批儒」大會上大放厥詞之後，曾

讓紀登奎講話，他當時只講了短短的幾句，大意是：毛主席曾經批評一些人不學中國歷史，不知道自己的祖宗，不以為恥，反以為榮。我的歷史知識很少，但我不是毛主席批評的那種不以為恥、反以為榮的人。我是深以為恥的！今後要努力按照毛主席的教導，和大家一起努力學習歷史知識。

在那樣的特殊年月裏，那樣的場合，當着不可一世的江青，他不投其所好，卻講出這樣的一番話，應當說是有膽識的！

說到這裏，還有一段有關紀登奎與小靳莊頗為有趣的插曲，不妨在此一說。

20世紀80年代初期，我參加了一次中央在京西賓館召開的全國農村工作會議。有一天我剛吃完飯從食堂走出來，回頭一看，見國務院農業發展研究中心副主任吳象與紀登奎並肩走來。吳象見到我，就喊道，快來，我來介紹一下，這是紀登奎，現在來中央農村政策研究室任研究員。

自從被罷了中央政治局委員、國務院副總理職務之後，紀登奎已經幾年未曾公開露面。不久前中央剛分配他做這項新的工作，這是他第一次以研究員的身份參加全國農村工作會議。我上前與之握手、問候，回過頭來，吳象又要向他介紹我。可沒等吳象開口，紀登奎就打斷了他，說：「你先別說，這位我認識，肯定認識！我們一塊工作過。你讓我想想……」他拍着腦袋，苦苦思索，卻一時想不出來。我忙上前對他說：「是在小靳莊。」他一聽，使勁一拍大腿，哈哈大笑：「對了，對了！咱們在小靳莊一起工作過！你是新華社的，那天你們去了兩位同志，那一位也是個年輕人，個子不矮。」人們都說紀登奎沒有官架子，記憶力特強，我這次真的見識了。我說：「你說得對，記得準！」

紀登奎哈哈笑着，拉起我的手，若有所思，走了幾步，對我說道，那次在天津，江青簡直是猖狂至極！在小靳莊又鬧了個一塌糊塗！

我說，是的，那天你與他們截然不同。

紀登奎看了看吳象，又看了看我，說：「老陳，你說說那天的情況，說說我那天的表現怎麼樣？」

我想起當年的情景，尤其是樹蔭下他與王作山的談話，由衷地說：「我很佩服那天你的談話。江青他們在醜惡表演，搞陰謀，而你對王作山說了許多知心話，語重心長！」

紀登奎高興地笑着，天真得像個孩童。

1975 年 6 月 22 日下午 3 時許，江青睡了兩個小時後起牀，乘車離開了小靳莊。至此，江青一訪小靳莊的鬧劇落幕。

但這場連續劇還沒有結束。這年 9 月，江青陪着菲律賓總統馬科斯的夫人伊麗姆達二下小靳莊，又有許多醜惡表演，還弄出一種不土不洋的大袍子——「江青服」，一下子成了許多城市裏時髦女性的「時裝」。1976 年 9 月，毛澤東病重期間，江青又率領一幫親信，三下小靳莊，猖狂進行反黨活動，又演出許多醜行。不過，後兩次我都不在現場，雖有耳聞，沒有親見，期望現場親見的人也能寫出來。

我所知道的《工業二十條》起草始末

房維中

　　《關於加快工業發展的若干問題》（簡稱《工業二十條》），是 1975 年根據鄧小平的指示起草的一個工業條例。當時，《工業二十條》是射向「四人幫」的一發「重型炮彈」，曾引起一場重大的政治風波。現在，我僅根據手頭存有的資料和我的記憶，對我所知道的起草《工業二十條》的情況，追述如下。

為什麼要起草《工業二十條》

　　「文化大革命」以前，鄧小平主持制定並經中央批准正式頒發了一部《國營工業企業工作條例》（簡稱《工業七十條》）。《工業七十條》規定了國營工業企業的根本任務，是全面完成和超額完成國家計劃，增加產品，擴大積累，努力趕上和超過國內外先進的技術水平。《工業七十條》具體規定了黨的領導、企業的生產指揮、計劃管理、技術管理、勞動管理、財務管理等規章制度。「文化大革命」爆發後，《工業七十條》被誣衊為修正主義路線的產物，其規定的規章制度被扣上了「唯生產力論」、「物質刺激」、「管、卡、壓」、「利潤掛帥」、「條條專政」等帽子，統統作為「修正主義的黑貨」加以批判，造反派公然提出砸爛《工業七十條》，以致造成無政府主義盛行，工業企業管理處於極端混亂狀態。

　　1971 年，林彪反黨集團被粉碎之後，1972 年、1973 年周恩來總理提出批判林彪煽動無政府主義、破壞國家計劃、破壞企業管理的罪行，國家計委起草了《關於堅持統一計劃、加強經濟管理的規定》（簡稱《十條》），提交

1973年全國計劃會議討論，但遭到「四人幫」反黨集團的抵制。他們硬說批無政府主義就是「批群眾」，「批『文化大革命』」，抓企業管理就是「修正主義路線回潮」。特別是在1974年，「四人幫」藉毛澤東主席發動「批林批孔」運動的時機，搞「放虎歸山」、「第二次奪權」，指使他們的爪牙打着「反潮流」和「反復辟」的旗幟，拉山頭、搞串聯，成立戰鬥隊和民辦「批林批孔」辦公室，到處揪鬥黨政軍負責人和企業領導幹部，搞打砸搶，把一些地方和企業組織搞癱瘓了。他們製造了「法家造反、儒家生產」、「不為錯誤路線生產」等謬論，公然煽動停工停產。哪裏是國民經濟的要害，他們就把哪裏搞亂。他們強佔鐵路樞紐，中斷鐵路交通，給中央施加壓力。不少「老大難」單位，經過中央和國務院領導進行大量細緻的耐心工作，本來情況已經好轉，這時又亂了起來。1974年，全國工業生產急劇下降，許多企業處於停產半停產狀態。

1975年，鄧小平重新主持中央和國務院工作，以毛主席1974年下半年發出的學習理論防修反修、安定團結和把國民經濟搞上去的「三項指示」作為旗幟（或綱領），藉1975年1月四屆全國人大周總理重新宣佈毛主席提出的發展國民經濟「兩步設想」的東風，在全國開展了整頓的工作，向無政府主義、向資產階級派性宣戰。先是抓鐵路整頓，以後又抓鋼鐵工業整頓，迅速收到了效果。1975年6月，鄧小平說，前一段解決鐵路問題、鋼鐵問題，都是一個一個解決，光這樣不行，要通盤研究，提議國務院召開計劃工作務虛會。根據鄧小平的指示，國務院從6月16日到8月11日召開了將近兩個月的務虛會，一是擬定了《1976—1985年發展國民經濟十年規劃綱要（草案）》，一是擬定了《工業二十條》的草案，期望以這個文件來代替實際上被廢除了的《工業七十條》。

《工業二十條》的起草過程

（一）第一次提交國務院討論的 8 月 17 日稿

根據鄧小平的指示，國務院由李先念、紀登奎、谷牧負責（當時余秋里因病休息），在國家計委成立了一個起草小組，由我牽頭，王忍之、桂世鏞、陳斐章等人參加。

　　起草小組成立後，迅速動作，於 7 月 25 日寫出第一稿，在國家計委內部由谷牧主持進行了討論。經過幾次修改，8 月 17 日，將第二稿報送李先念。8 月 17 日稿共十四條，內容是：(1) 工作總綱；(2) 奮鬥目標；(3) 主攻方向；(4) 挖潛、革新、改造；(5) 基本建設要打殲滅戰；(6) 採用先進技術；(7) 又紅又專；(8) 整頓企業管理；(9) 兩個積極性；(10) 統一計劃；(11) 紀律；(12) 關心職工生活；(13) 工作方法和工作作風；(14) 思想方法。這些內容都是原則性的，並沒有展開寫。

　　8 月 18 日，鄧小平親自主持國務院會議討論 8 月 17 日稿。在彙報過程中和彙報後，鄧小平發表了以下意見：

　　有些問題，恐怕不是提出的時機。黨也要整頓，「雙突」(指突擊入黨、突擊提幹) 不解決行嗎？科學院也有。武鋼上不去，今年不在乎多一百萬噸、兩百萬噸，各方面要調整好，寧肯少一點，要把設備維修好，秩序搞好。鞍鋼掉軌，雜亂無章。

　　文件基本上是寫得好的。有些問題沒提出，如按勞分配問題，現在還提不出來，但在社會主義建設中始終是一個很大的問題。上海有沒有物質刺激，新老工人都有附加工資。不能說上海辦法不對。要研究一下上海積極性高，是否與此有關。所謂物質刺激，過去並不多。人的貢獻不同，是否應當有些差別。在待遇上，同樣的工人，他的技術發展得快，要不要提高他的級別、待遇，否則就沒有是非了。看來平等，實際掩蓋着另一種不平等。高溫、高空、井下、有毒的，待遇應當不同。這個文件要不要提出來？爐前工出汗就多。

　　針對文件內容，鄧小平提出了幾點建議：

　　(1) 加一段反映以農業為基礎的思想。工業的重大任務是促進農業的現代化。還是農輕重的次序。工業越發展，農業落後不行。我跟四川說，四川工業越發展，農業越要排在第一位。沒有菜吃，沒有肉吃，工業怎麼能搞得好。要加一段，反映農業為基礎的思想，反映工農聯盟的思想。

　　(2) 採用新技術，要加一段。拿更多的東西去換取外國最新最好的設備。所有國家都是這樣。外國展覽的產品，好東西一破開，裏面好多部件都是別的國家的。出口，第一是石油，要更多地發展，儘可能出口，這是最可靠的。還要考慮煤炭出口，從政策上考慮，這是個大政策。要單獨寫一段，附

在這一段顯不出政策來。進口設備，同他定長期協定，我用煤換。

（3）又紅又專。要強調企業的科學研究。科學技術越發展，企業裏科技人員比例越大，用得越多。大型企業，應有自己獨立的研究機構。小型的，由部裏搞綜合的科研機構。現在很多知識分子學非所用。

（4）要單獨寫一條，質量第一，這是個大政策。包括品種、規格、質量。這是最大的節約，也能打開出口的通路。

（5）專門寫一段責任制。規章制度的關鍵是一個責任制。無人負責，突出的是這個問題。現在積重難返，矯正要過正一點，不過正不能矯枉。

鄧小平對文件本身進行了評價。他説，文件解決了相當多的問題。需要有這樣一個文件，代替《工業七十條》。毛主席歷來講要有章程。講《工業七十條》也是修改，不是廢除。南京一個軍工廠的勞動模範周阿慶發言講得好，主張建立嚴格的規章制度。

鄧小平對按勞分配問題的寫法，也談了看法。他説，按勞分配問題，大家都動動腦筋。工資政策要琢磨一條，不用，放在文件外。總題目叫按勞分配。不管貢獻大小、能力強弱、勞動輕重，都是四五十元錢，能不能調動積極性？《工業七十條》講計時工資和計件工資相結合，現在計件工資有的地方還在搞，但不敢講，不合法。這個文件可以先寫出來討論。搞長遠規劃，可以出政策。

（二）根據鄧小平意見修改而成的 8 月 22 日稿

根據鄧小平 8 月 18 日所提出的意見，起草小組於 8 月 22 日改出了第三稿。8 月 22 日稿內容增加為二十條：

（1）工作總綱。強調毛主席的「三項指示」，是各項工作的總綱，必須抓住這個總綱。指出有些人還在那裏公開地或隱蔽地搞資產階級派性活動。一部分企業，領導權不在真正的馬克思主義者和工人群眾手裏。這些問題，必須引起我們足夠的重視。當前要特別注意抓好工業的整頓工作，解決工業管理和企業管理中存在的某些亂和散的問題。決不能把在革命統率下搞好生產當作「唯生產力論」和「業務掛帥」來批判。革命和生產必須兩不誤。

（2）奮鬥目標。強調第五個五年計劃期間必須建成全國的獨立的比較完整的工業體系，再經過五年或者更長一些時間的努力，基本建成六個協作區的工業體系。

(3) 以農業為基礎。

(4) 大打礦山之仗。

(5) 挖潛、革新、改造。

(6) 把質量、品種、規格放在第一位。

(7) 節約。

(8) 協作。

(9) 基本建設要打殲滅戰。

(10) 採用先進技術。

(11) 增加工礦產品出口。

(12) 整頓企業管理。

(13) 兩個積極性。

(14) 統一計劃。

(15) 紀律。

(16) 各盡所能，按勞分配。

(17) 關心職工生活。

(18) 又紅又專。

(19) 工作方法和工作作風。

(20) 思想方法。

（三）紀登奎的講話和 9 月 2 日稿

8 月 31 日，國務院副總理李先念、紀登奎、谷牧、孫健和國家計委的幾位負責人一起討論 8 月 22 日稿，國務院政治研究室鄧力群、于光遠以及王維澄也應邀參加。

紀登奎根據他剛到外地考察得出的認識，認為文件的政治部分不行，沒提起綱來。他說：

中間工作部分，有些講得好的。政治部分不行，不能解決問題。五千個大中型企業，有多少有問題的？談企業問題，不能老找計委的同志，要找企業黨委書記來談。

綱沒提起來，關鍵在黨。有的黨委權被奪了，壞人掌權，他要那套規章制度幹什麼？洛陽的大企業，五個出了問題，電廠書記是貪污盜竊

分子，盜出三噸銅。規章制度對他有什麼用？不用說一長制，你發言權都沒有。不能迴避這個問題。對企業要作分析，把綱提起來，非整頓不行，然後，下面提的那些任務才有人去做。礦山機械廠黨委副書記，我罵了幾句，半夜帶姘頭跑了，昨天抓了起來。貪污盜竊，投機倒把，我就整，不管什麼造反派、「反潮流」。他們是在這些東西下面掩蓋一個事實，就是搞資本主義。

頭一條，企業的主要矛盾是什麼？百分之三十的企業，在一個相當時期內完全脫離基本路線。他們所說的鬥爭，根本不是整資本主義。什麼叫路線？浙江無非是山上、山下派，新生勢力、老生勢力的矛盾。在混亂中，讓那些壞人撈了一把，篡奪了領導權。這一頭，貪污盜竊分子上了台，那一頭，把先進人物打下了台。藉「反復舊」的名搞復舊，藉「反復辟」之名搞復辟。

依靠誰？有的靠「反潮流」分子。四大以後經常存在。鑒於這樣，對這些不加分析，一概承認、支持，等於解除武裝。黨處於極端軟弱的狀態。多數職工一直處於壓抑狀態，心情不舒暢。

這個問題不解決，百分之三十那些企業，這篇文章完全無用。

礦山廠姑娘組、軸承廠信得過小組、鐵路三八乘務組，都受打擊。反過來，貪污盜竊、投機倒把分子當權。

中央文件為什麼貫徹不下去，就是因為這些人當權。他怎麼能反自己？

從生產反映政治。哪有政治好，生產搞得那樣糟的？虧損面，除了主觀條件不具備外，都是政治上有問題。

軍隊要整頓，企業要整頓，整頓的基本方針，是從黨整起。

路線有各式各樣的理解。小平說過，路線空洞得很，你有你的說法，他有他的說法。嘴上說的、幹的根本不是一回事。

我們這些人忘本。我們的帽子脫了，老工人的帽子還戴着。幾個鋼鐵廠，全是這個問題。這是基本路線？同主席講的全不沾邊。

幹部政策，要從最先進的企業領導者選擇。不是一下子把普通工人提到領導崗位上，片面性太大。

兩類：一類是貪污盜竊、投機倒把掌了權；一類是形而上學，沒有團結願望，就是一味整人，「不鬥則修，不鬥則退，不鬥則垮」，類似土改中的「勇敢分子」。

不是說老工人不分左中右，而是說相當一部分老工人，他們熱愛社會主義，而權在所說的那一部分「反潮流」分子手中。

不是靠兩派，而是靠一派，不是靠工人階級。左中右，不是人家都是右，你這一派也有左中右，成天在那裏爭，在那裏吵，結果讓貪污盜竊、投機倒把分子撈了一把。

一批沒有改造好的知識分子加上某些「勇敢分子」當權。

現在還是講二十三條的第一條，什麼山上派、山下派的交叉，什麼經驗主義是主要危險，而把主要矛盾放在一邊。

要把問題講透徹。

一年多來，局面穩定住了，有利於解決這個問題了。

過去混亂，他們撈了一把。他們不怕急風暴雨，怕和風細雨。

輝縣「反潮流」的性質，是反社會主義的，是右派造反。

許昌一百零八將，帶頭的是高中畢業生，說幹部在九天之上，農民在九地之下，是右派。

紀登奎的這篇講話講得很好。他為什麼能講出這樣一篇話？直接來源於他奉中央之命，同王洪文一起到浙江解決「雙突」問題以及他對浙江、湖南、河南等省的調查得到的認識。

1975 年 7 月初，經毛主席、中共中央批准，王洪文、紀登奎到浙江調查，幫助浙江省委解決浙江的問題。浙江杭州絲綢廠有個造反派頭頭叫翁森鶴，是個頭上長角、身上長刺的人物，同黨唱對台戲。他選中共十大代表的時候，絲綢廠 95% 的黨員不同意，工廠的十名常委也不同意，省委說服大家選他。翁森鶴開會回來後，更加猖狂，拉一幫人上三台山，成立了一個山頭，於是在浙江出現了山上派、山下派。他們以「反潮流」為名，拉山頭，搞分裂，到處奪權。以我劃線，同他一派的都可以入黨，一下子在杭州絲綢廠突擊入黨九十五人，十六個支部書記換了十四個，書記、副書記被趕了出來。省裏推廣他的「雙突」經驗，有二三十萬人到杭州絲綢廠參觀。一股逆流頂不住，頂的他就壓。翁森鶴私設牢房，關了二十幾個人。搞「砸破廟」，夜裏一幫人戴上帽子口罩，一直把人家的東西砸光為止。翁森鶴和另一個造反派頭頭給杭州市市委發了一份緊急通牒性文件，一開頭大罵市委抵制老中青結合，接着限市委三天內給他們六十個官。市裏的領導竟屈服於這種壓

力，給人家簽了字，蓋了圖章。這樣，在 1974 年「批林批孔」的風潮中，浙江普遍出現了「雙突」的問題，引起了中央的重視。

王洪文、紀登奎到浙江，先是參加浙江省省委工作會議並到工廠作調查，撤掉了三台山山頭。7 月 14 日，王洪文、紀登奎又同浙江省省委書記譚啟龍、鐵瑛到北京向中央彙報。7 月 15 日，中央政治局召開會議，聽取浙江省委工作會議情況的彙報和關於處理「雙突」問題的請示，並進行了討論。7 月 16 日，根據中央政治局討論、修改的《浙江省省委關於正確處理「雙突」問題報告》和中央對這個請示報告的批語，呈報給毛主席。當天，毛主席批閱了《解決浙江「雙突」問題的報告》和中央批示。7 月 17 日，浙江省省委《關於處理突擊發展的黨員和突擊提拔的幹部的請示報告》加了《中央對浙江省委報告的批示》，以中共中央文件發佈，這就是中共中央 1975 年 16 號文件。隨後，紀登奎、譚啟龍、鐵瑛回到浙江，7 月 19 日向省委工作會議傳達了中央 16 號文件。中央這份文件的主要精神就是不要怕那些頑固堅持搞資產階級派性的頭頭，要同他們的錯誤思想作鬥爭。

浙江問題的解決增加了紀登奎關於整黨、關於同資產階級派性作鬥爭的信心和勇氣，而紀登奎的講話又增加了我們起草小組的勇氣和信心。

根據紀登奎的意見和各地反映的情況，起草小組用兩天時間於 9 月 2 日修改出了一個稿子。

9 月 2 日稿在 8 月 22 日稿的基礎上，增加了「黨的領導」、「依靠工人階級」兩章，合併去掉了「奮鬥目標」、「把質量、品種、規格放在第一位」、「節約」、「協作」四章，其餘各章保留，共十八條。

9 月 2 日稿的內容很鋒利。其鋒利之處在於：

(1) 在「工作總綱」一章中，點明了有些人口頭上也講黨的基本路線，實際上把兩個階級、兩條道路的鬥爭放在一邊，不抓這個主要矛盾，而是成天鬧這一派同那一派的矛盾、新幹部和老幹部的矛盾，你攻過來，我攻過去，沒完沒了。少數搞資產階級派性的頭頭，爭權奪利，拉山頭，搞分裂，鬧得企業不得安寧、地方不得安寧、黨不得安寧。階級敵人趁機渾水摸魚，大撈一把，有的甚至篡奪了領導權。他們打着「反復辟」的旗號搞復辟，破壞革命，破壞生產，把黨的好幹部，把先進模範人物和先進集體打下了台，壞人當道，好人受氣。這些地方、這些企業，管理混亂，生產長期上不去，

有的已經變了質。

(2) 增加了「黨的領導」一章。提出目前企業黨的領導大體有四種狀況：一是堅持執行黨的路線、方針、政策，敢於領導，敢於負責，革命和生產都抓得好。二是領導班子不同程度地存在着「軟、散、懶」的問題。這些單位的領導，有的怕字當頭，不敢堅持原則，好的不敢表揚，壞的不敢批評，使黨的組織處於軟弱無力的地位。有的鬧不團結，搞資產階級派性，各吹各的號，各唱各的調，形不成核心。三是沒有得到改造的小知識分子和「勇敢分子」當權。這些人政治上一竅不通，生產上毫無經驗，卻指手畫腳，一味整人，只唱高調，不幹實事，動不動就給人扣上「復舊」、「倒退」、「保守勢力」、「只拉車、不看路」一類的帽子，壓制廣大幹部和群眾的積極性。四是壞人掌權。有的是貪污盜竊、投機倒把分子，有的是反黨反社會主義的右派。他們利用職權，胡作非為，一方面拉攏、腐蝕一部分人，培植自己的勢力；另一方面打擊、陷害好的革命幹部和工人，搞資產階級專政，搞復辟倒退。第三種、第四種是少數，但危害甚大。這些單位的嚴重情況長期得不到改變，是因為背後有人支持。整頓企業，首先是整頓黨的領導。經過整頓，要改變那些「軟、散、懶」的領導班子，調整那些沒有得到改造的小知識分子和「勇敢分子」當權的領導班子，把壞人篡奪了的權力奪回來。

(3) 增加了「依靠工人階級」一章。指出現在有些地方、有些單位不是依靠工人階級，而是依靠這個山頭、那個山頭，他們不作階級分析，盲目地跟着造反派和「反潮流」分子跑。結果，分裂了工人階級隊伍，脫離了廣大工人群眾。

9月2日稿指出，對於「造反」，對於「反潮流」，都應當進行具體分析。要看造哪個階級的反，看反什麼性質的潮流。正確的要支持，錯誤的要批評，反動的要堅決頂住，然後加以考察，進行批判。要特別警惕少數壞人利用「造反」和「反潮流」的名義，搞破壞活動。領導幹部在任何時候都要堅持原則，決不可隨風倒，決不能為漂亮的詞句所迷惑，為嚇人的帽子所壓倒，解除思想武裝，甚至把權讓給人家。

9月2日稿指出，要劃分造反派、「反潮流」分子和工人階級先進分子的界限。不能說參加過「反潮流」、參加過造反的人，都是工人階級的先進分子。凡是以「造反」和「反潮流」作為資本，向黨伸手，要當黨員，要做官

的，一律不給，不但不給，還要批評。

9月2日稿指出，要堅決同資產階級派性作鬥爭，針鋒相對，寸步不讓。現在還支持資產階級派性，就是搞修正主義，搞資本主義，屢教不改的，要嚴肅處理。黨員決不允許搞派別活動，堅持不改的，要開除黨籍。

9月2日稿指出，要落實黨的政策。工人、技術員、一般幹部，凡是被扣上「保守派」、「站錯隊」等帽子的，一律摘掉，有關檔案要退還給本人或者予以銷毀。

（四）二十個企業黨委書記座談會討論 8 月 22 日稿

9月2日當天，起草小組將9月2日稿送給了李先念、紀登奎和谷牧。9月3日，紀登奎同起草小組的人說，十八條太厲害，有些提法還要推敲，邀請的企業黨委書記已經到了，同企業黨委書記座談還是拿8月22日的二十條，9月2日的十八條不要拿出去。

9月4日到12日，國家計委邀請二十個企業負責人（主要是黨委書記）召開座談會，討論《工業二十條（討論稿）》。9月4日到10日由國家計委副主任林乎加主持，9月11日、12日兩天由紀登奎主持，李先念、陳錫聯、谷牧參加。

9月4日座談會開始，林乎加說明了為什麼要起草這個文件，請大家看看是不是這些問題，還有哪些問題要加上去。比如，黨的領導，浙江那裏是搞整黨，河南也提出加強黨的建設問題，現在寫得不夠。依靠工人階級，調動廣大職工的積極性，也要寫一條。座談會的任務，就是討論修改文件。林乎加還宣佈了一條紀律，文件不要抄，不要傳。

與會者對《工業二十條（討論稿）》進行了討論。大家討論得很認真，勁頭很大。普遍講，現在速度不快，真急人。作為企業的黨委書記，壓力很大。迫切希望中央發一個文件，總結各企業的經驗，針對當前的問題，作出一些規定，統一思想，統一行動，把工業生產搞上去。

大家認為，文件的基本內容是可以的，這些條都很必要，一些規定是符合基本情況的。不少人提出，要把整頓黨的組織問題突出寫出來。

一些人提出，黨的領導要單寫一條。他們認為，企業黨的領導班子有問題，黨的方針政策、中央的指示，就貫徹不下去，革命和生產就搞不好。不解決這個問題，有多少條都沒有用。浙江一些單位搞「突擊入黨」、「突擊提

幹」，河南、湖南的一些單位也在一派中搞「納新提幹」。他們的説法是「九次衝殺，十次受壓，路線覺悟最高」。這些人可以三個優先：優先平反，優先入黨，優先提幹。湖南 770 廠有些人在平反會上戴兩朵大紅花，一個是平反，一個是入黨。納新，提幹，派民兵，選拔工宣隊、理論骨幹，完全以派為標準。這樣就把資產階級派性帶進了黨內，帶進了各種組織，帶進了領導核心。或者把黨委分成了兩半，形不成決議，辦不成事；或者被壞人篡奪了領導權。有的領導班子怕字當頭，不敢鬥爭，軟弱無力，甚至「拱手讓權」。整頓企業，解決當前存在的「亂」和「散」的問題，首先要整頓黨的領導，搞好黨的思想建設和組織建設。要從黨委一直整頓到支部，從廠、分廠一直整頓到車間、工段、班組。不這樣，不能解決問題。

一些人提出，文件要寫一條全心全意依靠工人階級的問題。現在有些企業，不是依靠工人階級，而是依靠派。不少老工人、先進模範人物，至今還戴着「保守派」、「站錯隊」、「為劉少奇路線賣命」等帽子，精神枷鎖沒有解除，心情不舒暢，積極性受到壓抑。文件應當充分揭露資產階級派性的反動性、危害性；強調必須同資產階級派性作堅決的鬥爭，哪裏冒出來就在哪裏鬥，把它搞臭。要講落實政策，做細緻的思想工作，團結兩個 95%，加強整個工人階級的團結。文件應當明確指出，當前工業戰線上的主要矛盾還是兩個階級、兩條道路的鬥爭。有些人口口聲聲講黨的基本路線，但是卻忘記了這個主要矛盾，糾纏於這一派同那一派的矛盾、新幹部和老幹部的矛盾等，實際上是違背了黨的基本路線。

一些人提出，文件要把一些重要問題的是非界限劃清楚。如什麼是單純技術觀點，什麼是單純生產觀點，一提鑽研技術、業務，一提搞生產，就不對嗎？什麼是「管、卡、壓」，對歪風邪氣就不能管、不能卡、不能壓嗎？什麼叫物質刺激？反對物質刺激，就一定要不分勞動好壞，到年頭一律漲工資嗎？1972 年提工資，「不論貢獻論年頭」，老工人很有意見，傷害了積極性，今年不能這樣搞了。還有，什麼叫「洋奴哲學」、「爬行主義」，外國先進技術為什麼不能學習？現在有些領導，所以怕字當頭，不敢幹，重要原因就是分不清是非。中央文件把這類問題講清楚，糾正形而上學、片面性，企業裏的幹部就敢幹了。

（五）10月8日稿和十二個省委書記座談會

二十個企業黨委書記座談會以後，李先念主持搞十年規劃綱要，委託紀登奎抓《工業二十條》的修改，修改的基礎是9月2日最鋒利的十八條，而不是8月22日的二十條。紀登奎與谷牧分工，紀登奎主持修改前三條，谷牧主持修改後面的一些條。10月8日，起草小組拿出了一個稿子。

10月8日稿仍然是二十條。9月2日稿中被合併了的「把質量、品種、規格放在第一位」、「節約」、「協作」三部分又獨立成章，重新構成二十條。

10月8日稿在許多提法上作了斟酌，把最尖銳的話，也就是明顯針對「四人幫」的話刪掉了，或者把棱角磨掉了。特別是因為當時只能提「以階級鬥爭為綱」，把「三項指示」並列會被攻擊為篡改黨的基本路線，所以不得不把9月2日稿的第一條「工作總綱」改為「堅持黨的基本路線」。

儘管如此，10月8日稿仍留下了一些關鍵的話，旗幟鮮明，矛頭指向明確。例如，留下了「少數企業被壞人篡奪了領導權，他們打着反復辟的旗號搞復辟，把堅持黨的路線政策的好幹部和先進人物打下了台，實行資產階級專政，各種壞分子和刑事犯罪分子乘機大肆活動，為非作歹」；留下了「極少數頑固堅持資產階級派性的頭頭，拉山頭，搞宗派，分裂工人階級隊伍，破壞了安定團結，擾亂了革命和生產秩序」；留下了「有的同志對『造反』、『反潮流』和『四大』，至今還不懂得要作階級分析，不懂得正確的要支持，錯誤的要批評教育，反動的要堅決加以批判，甚至對有的人利用什麼『矛頭向上都對』之類的口號來反對黨的正確領導，也不敢進行鬥爭。這樣，就給了階級敵人和資本主義勢力的進攻以可乘之機」；留下了「對企業的黨組織，必須從思想上組織上進行一次整頓。好的要總結提高、有問題的要限期解決；被壞人篡奪了領導權的，要把被篡奪的那部分權力奪回來」；留下了「無產階級文化大革命已經九年了，有的地方、有的單位還在那裏鬧資本主義派性，不是全心全意依靠工人階級，而是依靠這個山頭，那個山頭，這一派，那一派，至今還在工人隊伍中搞什麼『劃線站隊』，分裂工人階級隊伍，破壞工人階級團結，這是完全錯誤的」；留下了「對極少數頑固堅持資產階級派性的領導幹部和頭頭，屢教不改的，要嚴肅處理。黨員決不允許搞派別活動，堅持不改的，要給予黨紀處分」。

10月5日，國務院討論關於十年規劃的彙報，鄧小平問：二十條不知

搞得怎麼樣？實際上比這個彙報還重要，基本上是代替過去的《工業七十條》的。

這時，正好國務院請了十二個省委書記來北京討論農業問題，國務院決定把紀登奎、谷牧主持修改的《工業二十條》10月8日稿印發在京開會的這些書記，聽取他們的意見。

十二個省委書記座談會於10月9日開始，開到11日。座談會由李先念主持，紀登奎、谷牧參加。會議發言時可以插話，開得生動活潑，勁頭十足。從會議的發言中可見一斑。

李先念：稿子看了沒有？看了，就開腔。

紀登奎：小平同志説過了，可以不算數。

李先念：可以算，可以不算。

李井泉（四川省省委第一書記）：看了兩遍，這傢伙，過癮，有點高屋建瓴的姿態，敢於批判錯誤的東西。印象，好的，比較好，上等貨。贊成這個文件。有了這個文件可以回答很多問題。工業沒個準則，下面辯論誰是誰非，沒有標準。四川打徐馳，沒個標準，工業書記不好當。贊成現在的寫法，把小平同志幾次講話的精神都寫進去了，不要求再多寫什麼。

李先念：可以説每一條都針鋒相對。

廖志高（福建省省委第一書記）：文件很好，非常必要。現在組織混亂，思想混亂，有這樣一個文件，搞下去，一兩年就可以發揮很大的威力。

紀登奎：給計劃會議準備的。

江渭清（江西省省委第一書記）：工業生產，現在是無章可循。沒有章程，各行其是。黨委很難講話，你算老幾？皮定均在軍區講話，有人問他算老幾？他説，毛主席沒撤我職，在這裏我算老大。現在企業裏，什麼勞動管理、技術管理、財務管理、計劃管理都不要了。你學習國外技術，就是「洋奴哲學」。你抓生產，就是「唯生產力論」。你搞點規章制度，就叫「管、卡、壓」。你批評他利潤太少，他就説你「利潤掛帥」。……贊成這個東西，有這個好。

劉子厚（河北省省委第一書記）：文件很好，很有針對性，把問題集中了，貫徹下去，會加快工業發展。雙手贊成，動員力大，很鼓舞人心。

李井泉：準備有人説你「復舊」、「復辟」、「暗流」、「還鄉團」。

劉建勳（河南省省委第一書記）：贊成文件，舉手贊成。前三條非常重要。軸承廠四大金剛進了黨委，拿到了黨委圖章，唱「朝思暮想」，然後哥兒們喝酒。黨委主要班子要搞好。

趙紫陽（廣東省省委第一書記）：堅持搞資產階級派性的，就是搞分裂活動，就是反黨，這個定性好。批派性，機不可失。鬧了幾年，鬧慣了。文件非常有力，擊中要害。領導班子「軟、散、懶」，首先是「軟」，基層幹部的最大顧慮，是沒有人保護。搞得不好，整你一下，「打不倒你，搞臭你，搞不臭你，趕跑你」。對基層幹部要支持。

彭沖（江蘇省省委第一書記）：蠻好，很有針對性，能起作用。計劃會議第一階段就討論這個問題，先務虛，然後再弄計劃。對企業領導班子要好好估計。

李井泉：文件說「一部分領導班子程度不同地存在着『軟、散、懶』的問題。這種情況往往是和資產階級派性的干擾和壞人的搗亂相聯繫着的」。「軟」的佔多數，為什麼「軟」？主要是怕。你整了他，他當然害怕。打死了人，也沒有人管，他當然「軟」。年輕人還可以頂一頂，有些老頭子，半天也頂不住。

李葆華（貴州省省委第二書記）：文件很有必要，有了前三條好辦。「軟、散、懶」，省委有責任。

譚啟龍（浙江省省委第一書記）：文件是好的，總結了「文化大革命」以來的經驗。現在無章可循，思想亂了，組織亂了，制度也亂了。什麼叫正確，什麼叫錯誤，搞不清。今天批這個，明天批那個，把思想搞糊塗了。

韋國清（廣西壯族自治區區委第一書記）：文件寫得好，好文稿，把9號、13號、17號文件中精彩的東西都集中起來了，把許多搞亂了的思想澄清了。什麼「矛頭向上都對」，什麼「反潮流」，把這些講清楚，黨的理論水平就提高了。

趙辛初（湖北省省委第一書記）：文件好，抓住了要害，把小平同志講話精神都集中到這裏了，是有力的武器。

段君毅（四川省省委書記）：發這樣一個文件，十分必要。這些東西能實現就好了，不要喪失時機。

（六）胡喬木主持修改的 10 月 25 日稿和 11 月 3 日稿（最後一稿）

在省委書記一片叫好聲中，國務院一些領導也感到了問題的嚴重性。那就是《工業二十條》寫得越過癮，就越會引起「四人幫」的仇恨，搞不好，會帶來一場災難，像李井泉說的，真的會被人攻擊為「復舊」和「復辟」了。因此，國務院領導採取了兩個措施：第一，省委書記座談會結束時，李先念、紀登奎聲明這個文件不算數，要根據大家意見修改，會後將文件收回。第二，請胡喬木上手，把文字從頭到尾修改一遍，讓文件在理論和實際上都能站得住。

10 月 17 日，李先念、紀登奎、華國鋒、谷牧請胡喬木修改《工業二十條》。胡喬木談了以下意見：（1）工業現代化，應當有所描繪，使大家看到遠景，為此而奮鬥，這樣就有了綱。（2）前三段是迫切需要解決的，大家高興的，觀點要擺出來，話要說得更全面一些。（3）要把毛主席關於工業的路線寫出來，然後講階級鬥爭，講黨的領導，講依靠工人階級。（4）工業學大慶，要有幾條標準，什麼叫大慶式企業。（5）整頓企業管理。要反對無政府主義狀態，我們的計劃性、紀律性應比資本主義更高。（6）統一計劃。破壞計劃是不能容忍的。（7）兩個積極性，非有不可。（8）質量、節約，要提到適當的程度，使人驚心動魄，非解決不可。胡喬木認為這個文件的任務相當艱巨，如果在當前不解決這些問題，那就是犯罪。李先念、紀登奎同意胡喬木的意見。

10 月 25 日，胡喬木主持改出了一稿，二十條，三萬多字，篇幅擴大了一倍。第一章是「全面地貫徹執行毛主席的辦工業路線」，一共引用了毛主席與工業發展有關的十八組語錄。最後一章是：「全黨動員，為加快工業發展速度而奮鬥」。其他章節、內容基本與 10 月 8 日稿相同。

10 月 25 日稿送給李先念、紀登奎、谷牧。他們經過商量，認為 10 月 25 日稿太長，引用毛主席語錄多是「文化大革命」以前的，不一定通得過，於是，由胡喬木動手，對稿子做了大壓縮，去掉了頭尾兩章，把導語變成第一章「加快工業發展是全黨全國人民的迫切任務」。其餘各章與 10 月 8 日稿基本相同，文字減少了一半，但增加了兩個新內容，一是寫上了毛主席說的「看來，無產階級文化大革命不搞是不行的」。一是寫上了批《水滸》的內容。這是《工業二十條》的 11 月 3 日稿，也是最後一稿。

這個時候已經是「山雨欲來風滿樓」，氣候發生了變化。李先念、紀登奎決定《工業二十條》不提交全國計劃會議討論。在全國計劃會議結束時，李先念再次聲明，9月間徵求二十個企業負責人意見的稿子，「調查研究不夠，有錯誤，後來做了多次較大的修改，但還不滿意，不能用，所以沒拿出來討論。原來的稿子不要再傳了」。《工業二十條》就這樣「神龍見首不見尾」地被收藏了起來。

《工業二十條》外傳引起的政治風波

當時，儘管國務院領導一再聲明《工業二十條》不許傳不許抄，但8月22日稿和10月8日稿還是不脛而走，在許多地方傳開了。罵「四人幫」最厲害的9月2日稿，竟在一個偶然的機會傳到福建，被王洪文拿到了，由此引起了一場大的政治風波。

1976年1月，「批鄧、反擊右傾翻案風」搞得正厲害的時候，我們起草小組的幾個人在北京沒有事，跑到廣州參觀，之後正準備去海南島，突然接到谷牧的電話，讓我馬上回北京，交代9月2日稿的十八條是怎樣傳出去的。我矢口否認，說十八條沒有往外拿，絕不會傳出去。谷牧說，王洪文已經拿到了原稿，叫紀登奎追查，快回來交代吧！海南島去不成了，我立即返回北京。當我們知道十八條是從福建傳到王洪文那裏的，大家就回憶十八條是怎樣傳到福建的？最後，陳斐章想起來了，是從國家計委調到福建省計委的張瑞堯，有一天找他看《工業二十條》。他打開鐵櫃糊裏糊塗拿出一本，沒有看是哪一天的稿子就交給了張瑞堯。鬼使神差，這一本正是秘而不宣的十八條。

後來，張瑞堯寫了一份材料給我，回憶了9月2日稿十八條傳到福建的經過。

1975年9月上旬，福建省委書記廖志高同志對當時福建省副省長兼計委主任王炎同志說，最近鄧小平同志主持由國家計委起草的《工業十八條》非常好，這幾天在北京前門飯店召集全國大型企業廠長、經理開座談會，要想辦法把它搞一份回來看看。王炎同志接受這個任務後，就帶當時省計委副主任胡平同志和我去北京，胡平同志和我住在北京飯

店，王炎同志住在中央組織部招待所。1975 年 9 月 18 日，我到國家計委找房維中同志，房維中同志是我 1960 年到國家計委政策研究室工作時的處長，為人平易近人，又是一個學者型的領導幹部，我對他非常尊敬，所以我大膽地到國家計委找他。這一天，到國家計委正好在走廊上遇到了房維中同志，我說明來意後，房維中同志很爽快地說，「你明天再來，等前門飯店會議結束時把文件收回來給你一份」。我 9 月 19 日再次到國家計委時沒有見到房維中同志，而遇到了陳斐章同志，當我跟陳斐章同志講明我們省領導要看《工業十八條》時，陳斐章同志很快從保險櫃中取出一份給我，並交代我「千萬別抄，看完就拿回來」。我拿到文件後就交給了胡平同志，當晚胡平同志叫我把文件抄下來，第二天訂好送還。他還對我說，送給省委看不會出問題的。當晚我加班抄完，並按原來位置裝訂好，一早就送還給陳斐章同志。這一天（9 月 20 日）正好是農曆八月十五，陳斐章同志還邀請我到他家吃飯，在席間陳斐章還不放心地問我，文件有沒有抄，我騙他說沒有抄，他就放心了。胡平同志拿到我的抄件後即送到中央組織部招待所給王炎同志。王炎同志很快就返回福州送到廖志高書記手中，廖志高同志當時如獲至寶，馬上在抄本上簽字「送列印，國慶節期間常委不放假，集中討論學習《工業十八條》」。就在這時候，省委內部「四人幫」分子、原省委常委×××偷了一份《工業十八條》，叫他的馬前卒×××馬上送到上海給王洪文。據後來他們交代，當時王洪文拿到這份材料時，大叫起來，說「這是攻擊鄧小平的重型炮彈」。與此同時，福建省原省計委副主任×××炮製了一份《工業十八條的來龍去脈》親自寄給王洪文，以表示效忠「四人幫」。這份材料是在粉碎「四人幫」後在上海王洪文專案組查到的。

張瑞堯的回憶有一點可能記錯了，當時很多人知道國家計委正在起草《工業二十條》，二十個企業黨委書記座談會討論的也是《工業二十條》，沒有人知道這個 9 月 2 日稿的十八條。

1976 年 2 月 29 日下午，國務院開會討論國務院副總理分工和燃料供應緊張問題。谷牧在會上對燃料供應緊張做了一個報告。張春橋對這個報告大批特批起來。張春橋說，報告是就事論事的報告，沒有抓住問題的關鍵。關鍵是鄧小平的路線，你計委能承擔得了？什麼近幾年來「五小」沒有平衡好，

好像鄧小平路線對你們一點影響沒有。一會兒改燒油為燒煤，一會兒出口。上海、遼寧燃料緊張，這是破壞性的。路線一句不提，鄧小平一句不批。不從路線上講，群眾是動員不起來的。過去是鄧小平破壞的，現在要「反擊右傾翻案風」，大家節約。運輸問題，也是路線問題，鄧小平路線造成的惡果。

當問到《工業二十條》時，谷牧說，向外拿的兩個稿子，二十個企業黨委書記座談會，京西賓館十二個省委書記座談會，錯誤很多，我主持，也有很多錯誤，將作檢查。

張春橋說，什麼批判自己？批判鄧小平！看你揭發批判怎樣。

華國鋒在總結時說，二十條，究竟什麼是十八條，什麼是二十條，今晚就寫個報告送給我。

張春橋窮追不捨，你光批二十條不行，批自己不行。二十條要狠批鄧小平在經濟工作方面的一系列錯誤路線、錯誤的指導思想。

根據華國鋒的指示，當晚谷牧就寫了一個報告，大致內容是：

> 1975 年下半年，我們起草了一個《關於加快工業發展的若干問題》的稿子。其中許多內容是根據鄧小平同志的意圖寫的……鄧小平同志對這個稿子催促過幾次，說這個東西重要，基本上是代替過去的《工業七十條》的。
>
> 先送上《關於加快工業發展的若干問題》的稿子四份：
>
> 一、8 月 22 日討論稿，即二十條。在 9 月 4 日到 12 日拿出來徵求過二十個企業負責同志的意見。
>
> 二、10 月 8 日討論稿。10 月 9 日拿到在京開會的十一個省委書記會（原文如此 —— 編者注）上徵求過意見。
>
> 三、9 月 2 日稿，即十八條。寫出後，我看了認為不行，錯誤多，當時就否定了，沒有向外拿。9 月 10 日前後，福建省計委的一個同志到國家計委來聯繫工作，知道我們有一個二十條，正在徵求二十個企業負責同志的意見，要借一份看。管文件的同志錯拿了一份十八條的稿子給他看。今年 1 月知道，福建省的同志把這個十八條的稿子抄下來，回去傳了。
>
> 四、10 月 25 日稿。10 月下旬，我們曾要胡喬木等同志在文字上幫助修改一下。胡喬木主持改了一個稿子。我們看後，認為問題更多，當

着胡喬木等同志的面給否定了。這個稿子也沒有向外拿。

　　在徵求二十個企業負責同志和十一個省委書記意見後，我們曾對這個稿子作過多次較大的修改。但是，基調基本上沒什麼變化。所以，現在只把上述四個稿子送上。

　　在「批鄧、反擊右傾翻案風」的過程中，谷牧不斷地作檢討，承擔責任。當時，谷牧的檢查是敷衍塞責的，但勇於承擔責任的精神是令人敬佩的。

　　1976 年 7 月 6 日到 7 月 30 日，國務院召開計劃工作座談會，「四人幫」重炮轟國務院。他們指使上海市市委常委黃濤、遼寧省省委書記楊春甫發難，搞突然襲擊。他們上下呼應，四處串聯，煽風點火，氣焰囂張，大有炸平京西賓館之勢。7 月 12 日，在東北組的會議上，遼寧、吉林出席會議的有些人，要求各部委揭 1975 年召開的國務院務虛會和全國計劃會議的內幕。他們批判説，國務院務虛會是鄧小平「右傾翻案風」的大發作，是圍繞着「三項指示為綱」轉的。國務院務虛會就是務鄧小平的虛，要扭到鄧小平的路線上去。國務院計劃會議是鄧小平「右傾翻案風」的高潮，鄧小平的影響，在經濟界比在其他界厲害。鄧小平的一套東西，在高級幹部中是有市場的。這個問題在批鄧中應加以解決。不解決，毛主席的革命路線就貫徹不下去。7 月 13 日下午，黃濤作長篇發言，批判《工業二十條》是鄧小平重搞「條條專政」。黃濤説，建國以來，在企業管理和工業、經濟管理問題上，兩條路線鬥爭一直是非常激烈的。劉少奇竭力推行「條條專政」，林彪強化「條條專政」，鄧小平重搞「條條專政」，更是捲土重來，鋪天蓋地。鄧小平親自授意炮製的《工業二十條》，是對毛主席為首的中共中央 1973 年否定的那一個《十條》的反攻倒算，是鄧小平在經濟領域全面復辟資本主義的一面黑旗，是鄧小平在管理問題上一貫推行修正主義貨色的集大成者。《工業二十條》的核心是否定「以階級鬥爭為綱」，要恢復資本主義生產關係，這是我們和鄧小平的根本分歧所在。鄧小平搞的「條條專政」，是要專黨中央的政，專地方的政，專群眾的政，也專了相當多的一部分部委的政。

　　7 月 19 日，楊春甫作了長篇發言，在攻擊鄧小平的同時，還説走資派就要在國家高級領導幹部中間找，計劃會議是千方百計掩護鄧小平打退卻戰。他還質問，為什麼讓鄧小平在周總理追悼會上致悼詞？是不是受鄧小平影響

的人搞的？可見，「四人幫」及其爪牙所要攻擊的，不僅僅是鄧小平，而且還有台上的一些人，這暴露了他們要篡權的野心。

對這樣一股逆流，華國鋒、李先念頂住了。7月15日，紀登奎讓國務院寫出三份材料：(1) 1975年務虛會情況；(2) 八大組活動情況；(3) 十年綱要起草過程。華國鋒的意見是，務虛會的情況，看完材料後，由國務院評價報中央政治局；十年綱要，政治局討論過兩次，由政治局評價。

7月24日，谷牧向中央政治局彙報了計劃工作座談會的情況，華國鋒、王洪文、張春橋、江青、吳德、陳永貴、陳錫聯、姚文元、吳桂賢、倪志福聽取了彙報。這次會議討論的情況，谷牧傳達了提綱，大致內容是：政治局同志說，這次會議上提到務虛會、計劃會議的問題。有錯誤允許批，但不在這次會上展開。這次會議仍按原計劃進行。關於務虛會的問題。務虛會主要是討論計劃工作的，從6月16日到8月上旬，一共開了十八次會，國務院的成員除了張春橋、陳永貴、余秋里沒參加，鄧小平沒到會，其他副總理都參加了一部分或大部分會議。工商財貿各部的二十多個人參加了會議。十二個部委的負責人發言，後來分成了八個大組，另外有文教、科學兩個小組，進行專題研究，7月下旬有六個大組把討論的情況向國務院作了彙報。政治局委員說，務虛會是在鐵路、鋼鐵工業會議後開的，有鄧小平的東西，要集中力量批鄧小平。主席說了，這一段錯了的，中央負責，中央負責主要是鄧小平負責。會後各部委回去，要聯繫實際批鄧小平，自己有錯誤自己向中央作檢討。會議不贊成開長，開長對下面工作有影響。

7月28日，唐山發生大地震，把計劃工作座談會也震散了。7月30日，中央政治局接見參加座談會的全體代表，華國鋒作總結，會議就這樣收場了。

「四人幫」對《工業二十條》的批判

「四人幫」一直阻撓《工業二十條》的出台，但是，1976年8月他們大鬧計劃工作座談會、炮轟國務院的陰謀沒有得逞。這時毛主席病情更重，他們迫不及待地要篡奪黨和國家的領導權，竟利令智昏，把《論總綱》（即《論全黨全國各項工作的總綱》）、《彙報提綱》（即《中國科學院工作彙報提綱》）、《工業二十條》當作「三株大毒草」，在全國大量印發，連篇累牘地發表文章

進行批判。

「四人幫」給《工業二十條》扣上了種種大帽子，什麼「反黨、反馬克思主義的大毒草」，「工業戰線上復辟資本主義的黑綱領」，「修正主義路線的活標本」，「有計劃、有預謀、有組織地向無產階級進攻的鐵證」。「四人幫」這樣做的目的不僅是打倒鄧小平，而且是要造成一個既成事實，把支持、炮製「三株大毒草」的罪名強加在中央其他領導人身上，從而把他們統統打倒，由「四人幫」取而代之。「四人幫」在上海的一個親信說得很清楚，批《工業二十條》是為了攻「台上的人」。

「四人幫」之所以這樣痛恨《工業二十條》，尤其是 9 月 2 日稿的十八條，就是因為十八條揭了他們的瘡疤，戳了他們的痛處。他們的嗅覺是很靈的，他們知道十八條裏的一些話是對他們說的，而他們也自認不諱。

他們說，「十八條好厲害」，「十八條的字裏行間，刀光劍影，殺氣騰騰，要翻無產階級文化大革命的案」。

他們說，「批判打着『反復辟』的旗號搞復辟，是矛頭指向堅決執行毛主席革命路線的革命幹部」。

他們說，「要整沒有得到改造的小知識分子和『勇敢分子』，是把矛頭指向無產階級革命派」，「要對『造反』和『反潮流』進行階級分析，是妄圖把那些敢於『造反』、敢於『反潮流』的先進分子從工人階級隊伍中劃分出去」。

他們說，「十八條中講的有些人所以能鬧得企業、地方和黨不得安寧，是因為背後有人支持，這些話，是喪心病狂地把矛頭直指黨中央領導同志」。

他們的這些說法，完全承認了他們是「打着『反復辟』旗號搞復辟」，他們是「沒有得到改造的小知識分子和『勇敢分子』」，他們「鬧得企業不得安寧、地方不得安寧，黨不得安寧」，他們「背後有人支持」。只不過他們給自己戴上什麼「革命幹部」、「無產階級革命派」、「黨中央領導同志」的高帽。

沒有「四人幫」散發《工業二十條》，沒有「四人幫」對《工業二十條》的批判，人們還不知道《工業二十條》是怎麼回事，還看不清「四人幫」的嘴臉。「四人幫」把《工業二十條》公之於世，而且大加謾罵，人們一下子看清了《工業二十條》不是什麼「大毒草」，而是「香花」，說出了革命幹部、工人想說的話，「四人幫」及追隨其的「造反派」不是什麼「革命領導幹部」、什麼「無產階級革命派」，而是一群禍國殃民的反革命野心家、陰謀家。「四

人幫」想藉此徹底打倒鄧小平和一些中央領導，卻由此激發了廣大幹部和群眾對「四人幫」的痛恨。「四人幫」倒行逆施，最終把自己送進了監獄。

最後講一個插曲。最初把《工業二十條》9 月 2 日稿拿給張瑞堯而被「四人幫」抓到把柄的陳斐章，一度被批評給國務院闖了大禍，自己也屢屢檢討自己犯了一個大錯誤。當看到《工業二十條》由「四人幫」公之於眾，見諸天日，人人皆知，其中的一些炮彈把「四人幫」打得鼻青臉腫，自認不諱，最後「四人幫」自己搬起石頭砸了自己的腳的時候，他大笑了起來，說他立了一個大功。

詳憶粉碎「四人幫」的前前後後

武健華

　　1976 年 10 月 6 日，中共中央採取果斷措施，一舉粉碎江青、張春橋、王洪文、姚文元反革命集團及其幫派骨幹。1981 年 6 月 27 日，中共十一屆六中全會通過的《關於建國以來黨的若干歷史問題的決議》這樣說：「1976 年 10 月粉碎江青反革命集團的勝利，從危難中挽救了黨，挽救了革命，使我們的國家進入了新的歷史發展時期。」

　　粉碎「四人幫」雖然已經過去多年了，有些專家、學者認為某些歷史真相仍屬未解之謎，一些重要人物，如汪東興所起的作用仍是知之不多。當時，我任中央警衛局副局長、8341 部隊政委，參加了粉碎「四人幫」的全過程。在粉碎「四人幫」的醞釀階段，中央辦公廳主任汪東興同華國鋒副主席、葉劍英元帥之間的活動我也知道一些。當時，汪東興在華、葉處商談後，回來都與中央辦公廳副主任李鑫和我通氣。現在就我所知，照實寫出來，如能為中共黨史工作者及廣大讀者提供些參考，我將感到極大的寬慰。

　　粉碎「四人幫」的勝利，是全黨、全軍、全國各族人民長期鬥爭的結果。除了華國鋒、葉劍英、汪東興外，許多老一輩無產階級革命家，特別是李先念也發揮了重要作用，這在有關回憶錄和傳記中都有詳細記載。因為本文談的是我當年的所見所聞，特別是抓捕「四人幫」現場親眼所見的人與事，涉及的面有限，不能一一提到，請廣大讀者予以理解。

9月14日夜，汪東興和李鑫向華國鋒進言：
要設法除掉「四人幫」

毛主席逝世以後，9月10日晚，毛主席遺體被送到人民大會堂，在人民大會堂舉行隆重弔唁儀式期間，汪東興日夜在人民大會堂福建廳值班和休息。我作為弔唁期間主管人民大會堂警衞工作的人員，也同他一起在人民大會堂值班。

1976年9月12日和9月14日深夜，李鑫到人民大會堂福建廳看望汪東興。他們一起談到「四人幫」近幾天的活動：9月9日凌晨2時，在政治局討論治喪問題會上，江青哭鬧着要開除鄧小平黨籍；9月10日，王洪文在紫光閣擅自開設中央辦公廳值班室；姚文元他們還動員不少人向江青表忠心、寫勸進信等。李鑫還說，我在釣魚台工作過一段時間（任康生秘書），對「四人幫」的活動情況知道一些。這伙人在釣魚台經常聚會碰頭，每次政治局開會前，他們都先開小會，討論對策。現在主席不在了，他們肯定會造反奪權。我們要下決心除掉他們，免得被動。

汪東興說，我們對「四人幫」的了解和分析，很多想法都是一樣的，你同我談的情況、提的意見很重要，你找個時間去華國鋒同志那裏，把我們兩個人的想法和意見同他談談，主席遺體在，我不好離開人民大會堂，讓他對「四人幫」的這些情況有個了解，對「四人幫」的處置意見請他來下決心。

李鑫於9月14日晚去了東交民巷華國鋒家，和華國鋒談了「四人幫」在釣魚台頻繁活動的情況和最近的動向，並代表汪東興提了除掉「四人幫」的意見。當天，李鑫在華國鋒家裏吃的晚飯，邊吃邊談。當天夜裏，李鑫又到人民大會堂福建廳汪東興那裏。他說，我把我們兩個人對「四人幫」的看法和處置意見，都對華國鋒講了，他聽進去了。雖然他沒有明確表態，但也沒有表示反對的意見。

9月12日上午到10月2日下午，
葉劍英與汪東興進行了三次密談

第一次密談。1976年9月12日，即毛主席弔唁儀式的第二天，黨和國家

領導人繼續參加弔唁和守靈。上午中間休息的時候，葉劍英元帥（以下簡稱葉）到了人民大會堂福建廳，他一見到汪東興（以下簡稱汪）就説，一方面我來看看你，一方面來聽聽你對形勢的看法。又説，自 9 月 9 日以來，你是日夜地忙，沒有很好地休息過，可不能把身體搞垮喲！很多事情還等着我們去做呢！

　　汪：事情的確很多，瞻仰毛主席遺容還在進行。全國要求來京參加弔唁治喪的人民來信像雪片一樣，秘書處忙於答覆。追悼大會正在抓緊準備；遺體保護問題專家們正在研究，去越南取經的專家尚未回來，預計遺體保護的問題可以解決，請葉帥放心。

　　葉：毛主席逝世是一件很不幸的大事，我們都很悲痛！可是還有人不顧大局，多方干擾。江青在討論毛主席喪事的會議上，鬧着要開除鄧小平同志的黨籍。姚文元跟着起鬧，不必去説他了。政治局中竟有人毫無根據地説主席臉色發紫，懷疑是醫生害死的，弄得醫生們很緊張。好在王洪文、張春橋都參加值班，不然又要顛倒是非了。

　　汪：毛主席逝世時，正好是華國鋒和張春橋值班。我們在主席那裏值了幾個月的班，親眼看到醫生、護士高度負責，全力投入治療和搶救，怎麼可以無根據地懷疑他們呢？

　　葉：我們都能理解，我想你能頂得住壓力！

　　汪：葉帥，壓力我是不怕的。你知道，他們早就想把我搞掉。1967年 1 月，江青一伙就一直在幕後策劃，在中南海內掀起「火燒」汪東興的活動，在國務院小禮堂幾次召開大會批評我。主席知道後説話了：「燒燒炸炸都可以，但不要燒焦了！」這才把他們的氣焰壓下去。後來江青一伙又給我戴上「特務頭子」的帽子，在政治局會議上提出調離我在毛主席身邊的工作，撤掉我辦公廳主任的職務等，所有這些都被毛主席識破了，制止了。

　　葉：你在主席身邊工作多年，經歷了不少難辦的事情，這也是一種不可多得的鍛煉。我雖然老了，但銳氣還是有的。看來，我們與他們的這一仗，已是不可避免的了！

　　汪：對這伙人，多年來我是看透了，他們搞分裂黨的活動，是絕不會甘休的。我們這些人，只要不倒不死，將永遠是他們的對手。

葉：現在江青他們還在中南海活動嗎？

汪：江青這兩天在中南海跑到毛主席住地，要看毛主席那裏的文件，被拒後大為不滿。她又鬧事了。主席逝世後，他們的活動更加頻繁、更加明目張膽了。

葉：對於這一點，我們的看法是一致的。現在雙方都在搞火力偵察，選擇突破口，尋找時機。好，我們隔天再談。

第二次密談。1976 年 9 月 15 日，在京的外國同志和朋友以及外國專家，同首都群眾一起瞻仰毛主席遺容。黨和國家領導人也在毛主席遺體旁守靈，並在弔唁大廳分別接見前來弔唁的各國朋友，會見外賓。葉劍英元帥和汪東興由弔唁的北大廳來到東大廳南側的一間辦公室裏，又開始了交談。

汪東興把今日江青要華國鋒召開中央政治局常委會，討論毛主席處文件處理的問題，並且提出她、姚文元、毛遠新和汪東興都要參加常委會的事情向葉帥作了彙報。

葉帥聽後説，他們氣勢逼人，向華國鋒同志出難題，逼他表態。

汪：那天因為夜已深，沒有打擾你。華國鋒同志同我商量後決定，改為中央常委會聽取江青、姚文元和汪東興對毛主席處文件處理意見的彙報。

葉：好主意，我們不能上當。他們正在挖空心思向華國鋒施加壓力，向中央常委會要權力，想擠進中央常委會內。做不到！今年我們黨先後有三位領導人與世長辭了。「四人幫」乘機作亂，中國革命處於危難之中。

汪：江青一伙是一個反革命陰謀集團，黨內同他們的鬥爭是勢不兩立的。

葉：他們背離黨中央，背離馬列主義、毛澤東思想，搞陰謀詭計，搞分裂，我們如果不採取緊急措施，中國革命就會遭受挫折，甚至倒退失敗！

汪：主席生前在政治局會議上，幾次講過陳平、周勃平呂氏亂，鞏固漢室的這段歷史。我看主席這話是有所指的。

　　葉帥點頭說，老實說，「四人幫」的罪惡比呂氏尤甚！他們迫害致死多少老同志啊！真是「罄南山之竹，書罪未窮；決東海之波，流惡難盡」。

　　當葉帥談到批判劉少奇、鄧小平、陶鑄的問題時，汪東興對葉帥說這個問題據我了解是這樣的：

　　1967 年 7 月 17 日晚 8 時許，毛主席在人民大會堂 118 房間，召集周總理等一些老同志和「中央文革小組」的人一起開了一個會。會上毛主席說他要離京外出一段時間，並談了他離京後的工作問題。江青一伙不讓我隨主席外出，理由是我是辦公廳主任，走了誰來抓這一攤工作。主席沒有同意他們的意見。主席說辦公廳主任可以找人代理嘛！又說可以叫戚本禹代理中央辦公廳主任。主席說了話，就這樣定下了。

　　主席對參加會議的同志說，對劉、鄧背靠背地批一批是可以的，不要搞什麼面對面的批鬥。當時參加會議的人都聽得清清楚楚。

　　因為當夜主席就要離京，會後我馬上在人民大會堂召開中央辦公廳工作會議，傳達了「118 會議」有關的重大事項，並要求大家認真地貫徹執行。

　　1967 年 7 月中旬，陳伯達在一件關於批判劉少奇的「請示報告」上圈閱同意，並將劉少奇三個字中「少奇」兩字勾掉，又在「劉」字後面加上「鄧、陶夫婦」四字。7 月 18 日，北京的一些群眾組織數萬人，在中南海西門外召開批鬥劉少奇誓師大會。以後又有一些群眾組織在中南海周邊「安營紮寨」，要求「劉少奇滾出中南海」。

　　當時毛主席住在上海。武健華同志得知戚本禹在組織大會批鬥劉、鄧（小平）、陶（鑄）夫婦後，先後兩次打電話報告了我。我當即報告了毛主席，主席讓我馬上給周總理打電話，請周總理告訴他們，對劉、鄧、陶等人不要搞面對面的批鬥。總理說：「主席的指示我知道了，你最好直接和戚本禹講講。」我又把主席的指示用電話通知了戚本禹。

　　戚本禹很不高興地說：「你說的事情我知道了。家裏的事由我來辦。」說完就氣哼哼地把電話掛斷了。

　　據事後了解，江青一伙並沒有遵照毛主席的指示辦，他們還是陽奉陰違地組織批鬥了劉、鄧、陶夫婦。

葉帥聽完這段話後説，他們無法無天！如果他們的陰謀得逞，災難又要臨頭了！中國有句古話叫作「得國常於喪，失國常於喪」。眼下我們不得不防啊！

第三次密談。1976 年 10 月 2 日下午 3 時許，葉劍英元帥按照預約來到汪東興在中南海南樓的辦公室。葉帥是第一次到這裏來。進門時，他把身邊隨員都留在樓下，自己一個人上了樓。進屋後，他沿着靠海的窗戶邊看邊説：這房子貌不出眾，但地點好，看得遠，幽雅安靜，是辦公的好地方。

汪東興給葉帥沖了一杯龍井茶，對葉帥説：請坐下來談吧。

葉帥説：最近形勢很緊張，這也是我們意料之中的。中國人常拿「慶父不死，魯難未已」來比喻首惡不除，禍亂不止。我看「四人幫」不除，我們的黨和國家是沒有出路的！

汪東興説：為了繼承毛主席的遺志，挽救黨的事業，我們有責任粉碎「四人幫」這個反革命集團！

葉帥探着身子、壓低着聲音問汪東興：你考慮好了嗎？

汪東興用肯定的語氣説：我認為形勢逼人，不能再拖延，到了下決心的時候了！

葉帥堅定地説：對！他們的氣勢發展到如此地步，該攤牌了，不能失掉時機，「兵之情主速，乘人之不及」。

他停頓了一會兒又説：至於鬥爭的結局是喜劇還是悲劇，待見分曉。

汪東興莊重地説：葉帥，你是我們黨內以深思熟慮、多謀善斷而著稱的領導人，由你和華國鋒同志一起領導，團結政治局大多數委員，我看優勢會在我們這方面。

葉帥説：9 月 29 日的政治局會議，我同先念、向前請假先退席了。江青竟然擅自宣佈散會，留下「四人幫」圍逼華國鋒。你留下來陪同華國鋒一起對付他們，做得對。

汪東興説：當時我覺得他們這樣做很反常，他們簡直就是在質問華國鋒同志。

葉帥異常激動地説：看來他們已經開始下手了！他們是在逼華國鋒攤牌，交權！他們陰謀篡黨奪權的野心由來已久，想把他們的幫派利益凌駕於黨和人民的利益之上。妄想！我們要立即找華國鋒同志談，要加速採取果斷

措施。

太陽已經落山，汪東興對葉帥説：葉帥，消消氣。今晚請你嚐嚐我們家裏的飯菜。

葉帥很高興地和汪東興一起進了晚餐。

葉帥嚴肅莊重地説：好！就這樣説定了。我現在就去華國鋒那裏同他談，具體問題由你今晚去華國鋒那裏談，一定要嚴格保密，不能走漏半點風聲！儘量做到知密範圍小，但也不排除出點小的亂子。

汪東興説：肯定有風險，但力爭不出亂子。

葉帥臨出門時叮囑説：事實擺在眼前，逼着我們要加速進程，不能失掉良機。4日下午我再來，不要打電話，你也不能到我那裏去，不要驚動了他們。

汪東興説：我明白。

華國鋒要汪東興拿出一個具體的實施方案

10月2日晚9時，汪東興去了華國鋒副主席在東交民巷的住地。

在華國鋒辦公室，汪東興對他説：今天下午葉帥到我的辦公室來，我們談了一個下午，主要討論如何解決「四人幫」的問題。

華國鋒回話説：葉帥剛才來過。你們談的意見原則上和我想的一致。現在的問題是如何具體化。剛才我和葉帥商議過，由你先提出一個具體的實施方案來，我們再來議定，你看這樣好嗎？

汪東興想了一會兒説：我回去考慮一下，拿出一個具體的實施方案，明天我再來彙報。

華國鋒又進一步明確地説：形勢逼人，爭取在一週內解決怎麼樣？你儘快準備，但也不要過急，沒有準備好，不能動手。

汪東興表示同意：我爭取一週內做好準備，沒有把握的仗，絕對不能打。明天我把方案拿出來咱們再定。

華國鋒説：你制訂方案時，還要考慮到困難和阻力，而且時間緊迫。

汪東興説：時間是很緊了，據我了解，張春橋最近兩次到中南海，在江青家裏談了很久。我們一定要趕在他們前頭。

華國鋒最後說：那好，明天還是這個時間這個地點見面，不打電話了。

汪東興要張耀祠、李鑫和我三人與他一道謀劃

1976 年 10 月 2 日晚，汪東興送走葉帥後，已經是 7 點多鐘了。他在辦公室來回踱步，盤算了一會兒，讓值班的高成堂秘書通知中央辦公廳副主任張耀祠、李鑫和我到中南海南樓汪東興辦公室開會。由於工作的關係，汪東興和我們多有接觸和交談，所以大家對局勢的現狀，毛主席對「四人幫」的批判，中央同「四人幫」鬥爭的情況，大致都是清楚的。我們三人到場之後，汪東興就直截了當地對我們說：「中央已經下了決心，對『四人幫』要採取行動。」他一面說，一面用手畫了一個圈，五指併攏攥緊了拳頭，示意要把「四人幫」一網打盡。他說：「你們先琢磨出一個行動方案，我要到華國鋒那裏去，我回來後，咱們繼續討論行動方案。他特別強調，要嚴守機密，不能有絲毫疏忽。」他準備離開辦公室時，又告訴正在交接班的高成堂、孫守明兩位秘書，在他的辦公室旁為李鑫和我準備辦公室和臥室，從現在起，他們就在這裏辦公和休息。回頭他又交代張耀祠，你回去要內緊外鬆地抓緊中央辦公廳、中央警衛局的日常工作和人員情況，這幾天不要發生意外事端，有事隨時當面通氣。

10 月 3 日凌晨 3 時，李鑫和我在汪東興的辦公室，向他彙報了我們商量的行動方案的初步意見，汪東興和我們進行了詳細研究。

在討論行動方案時，我們本着以下四條原則去考慮問題：

一是把握「四人幫」的心理狀態。在這段時間裏，張春橋處心積慮想把出版《毛澤東選集》的權抓到手。他曾經在近期找李鑫向他彙報過關於出版《毛澤東選集》第五卷的情況，並向李鑫索要幾份稿子去看。利用張春橋對出版《毛澤東選集》第五卷工作的關注，把常委會議內容確定為研究《毛澤東選集》第五卷出版問題，應該對張春橋是有極大吸引力的。

二是按慣例行事。中央對研究《毛澤東選集》的出版問題，特別是涉及稿子問題時，歷來都是在懷仁堂正廳開會，因為中央曾有過規定：凡屬《毛澤東選集》稿件，不得帶出中南海研究。對這些規定，張春橋、王洪文都是知道的。

三是抓住研究涉及毛主席的重要問題，如研究建造毛主席紀念堂選址問題，作為常委是必須參加的，這樣使張春橋、王洪文不能託詞不到或因故請假。

四是根據過去的經驗，在懷仁堂採取行動，較為方便有利。

根據以上考慮，我們提出在中南海懷仁堂正廳召開中央政治局常委會議，內容有二：一是研究《毛澤東選集》第五卷出版問題；二是研究建造毛主席紀念堂選址問題。

在這個方案中確定解決「四人幫」的順序是：在懷仁堂解決王洪文和張春橋兩個人的問題之後，再依次分別處置江青和姚文元的問題。毛遠新與「四人幫」區別對待，對他採取的處理方法就是監護審查。

這個行動方案還對行動時間、力量的組織、隔離地點、保密措施、戰備方案以及同北京衛戍區的分工和配合問題，都提出具體明確的實施細則。

討論到最後，汪東興遵照華國鋒、葉劍英副主席的指示，對李鑫和我的工作進一步作了明確分工：李鑫集中精力起草將來提請中央政治局會議討論的三個文件，即關於華國鋒同志任中共中央主席、中共中央軍委主席的決議，建立毛澤東主席紀念堂，以及決定和儘快出版《毛澤東選集》第五卷並起草籌備出版《毛澤東全集》的決定。

我協助汪東興組織和實施有關行動方面的各項任務，同時做好協同各個部門和環節之間的工作。

張耀祠除堅持日常工作外，到時將負責處理毛遠新，並與我一起解決江青的問題。

我們對行動方案的研究和制訂一直到 10 月 3 日凌晨 4 時許才結束。

汪東興分別向華國鋒、葉劍英兩位副主席
彙報粉碎「四人幫」的實施方案

1976 年 10 月 3 日晚 9 時，按約定時間，汪東興和華國鋒在東交民巷華國鋒的住地又見面了。汪東興向他詳細彙報了粉碎「四人幫」的行動部署和實施方案。

華國鋒聽完彙報後說：聽了你們制訂的行動方案，我認為辦法是可行

的。我考慮時間是否再縮短一些，爭取提前解決。

汪東興說：我看這個主意好，免得夜長夢多。準備時間是否由十天縮短為六天，我們還是要提防他們鋌而走險先動手的可能。

華國鋒沉吟了一會兒說：這樣吧，你再約葉帥談談，看他還有什麼新的意見。如果葉帥先來我這裏，我和他談；如果葉帥先去你那裏，你就同他談。

汪東興說：那好，我再向葉副主席去彙報。

1976 年 10 月 4 日下午，葉帥如約來到中南海南樓汪東興辦公室，開始了他們之間的第四次密談。

汪東興在大門口迎接葉帥。看葉帥走得很急，氣喘吁吁，面孔漲得通紅。汪東興請葉帥慢慢走。葉帥沒有放慢腳步，邊走邊說，慢不得！要一鼓作氣啊！

葉帥坐在沙發上，一邊喝茶，一邊聽汪東興彙報：

> 2 日晚上，我去了國鋒同志那裏，他告訴我你剛從他那裏離開。我把咱們的想法都同他講了。他認為我們的意見和他的想法原則上是一致的，問題是如何具體化。根據國鋒同志的要求，我和張耀祠、李鑫、武健華一起商量了一個粉碎「四人幫」的實施方案。昨晚，我又去了他那裏，把我們研究的實施方案向他詳細彙報了，國鋒同志認為可行，要我再向你請示彙報，看你還有什麼新的意見。

葉帥示意汪東興繼續講。汪東興把粉碎「四人幫」的行動部署和實施方案一一作了詳細彙報。葉帥聽得很仔細。聽完之後，他沉思片刻說：

> 兵法上有這樣的話，「計熟事定，舉必有功」，「凡謀之道，周密為寶」。我看這個計劃比較成熟，安排也相當周全。照這個實施方案執行，必會成功。當然嘍，還要特別注意保密啊！因洩密導致失敗的歷史事件太多了。同時警戒要嚴密，無關人員不得進入現場，一定要把緊這一關。

汪東興很贊成葉帥的指示，強調說，葉帥講的，都是從我黨歷史上血的教訓中總結出來的經驗，所謂「一招不慎，滿盤皆輸」，我們將要求所有行動

人員務必切實做到。

最後，葉帥說，基本上準備好了，應抓緊睡個好覺，保持精力充沛，士氣旺盛，保證打好這一仗！

汪東興說，我們一定組織好，請葉帥放心！

10 月 5 日下午，華國鋒在汪東興陪同下
親自檢查了設在地下工程內的隔離點

1976 年 10 月 4 日上午，汪東興同中央警衛局副局長毛維忠、人民大會堂管理局局長劉劍以及我一行四人，以一級戰備的名義，檢查地下工程內各個隔離點，並對地下工程的安全措施、傢具用品、盥洗器具、機電設備等進行了全面檢查。檢查後責成 8341 部隊防化科科長黃昌泰、工程管理中隊教導員廉潔，在絕對保密的原則下，緊急動員最必需的部隊，按使用狀態，做好一切準備。

10 月 5 日下午，汪東興陪同華國鋒到地下工程，又仔細檢查了一遍各隔離點，認為完好可用。

此後，汪東興和我又對懷仁堂會場及其大門入口、停車場，進行了細緻檢查；對有關的武器彈藥、車輛裝備、通信聯絡、後勤保障等工作進行了詳細佈置和檢查。同時，還制訂了非正常情況時的幾種應急預案。

關於行動人員的挑選和編組，我們從政治素質、軍事技術、身體條件以及對情況是否熟悉等幾個方面考慮，經過再三斟酌，反覆挑選，從警衛局的局、處、科級幹部中，從 8341 部隊的師、團、營級幹部中，選出了行動小分隊和參加此項任務的人員，並對他們進行了編組。

1976 年 10 月 5 日凌晨 2 時，汪東興向華國鋒請示
8341 部隊與北京衛戍區部隊的分工和協同配合問題

1976 年 10 月 5 日凌晨 2 時，汪東興兩次到華國鋒的住地，向他彙報行動前的準備工作落實情況，同時請示 8341 部隊在行動時與北京衛戍區部隊的分工和協同配合問題。華國鋒把剛剛離開他家的北京衛戍區第一政委吳德又請

回來，一道商量。

汪東興對吳德説，我們兩家協同行動有三個方面：一是首都的安全，北京衛戍區負責，8341 部隊仍負責其原有的防務；二是這次行動我們負責的對象是「四人幫」和毛遠新，其他的人由你們負責解決；三是有關姚文元的問題。姚文元家住北京市西城區按院胡同，那裏的住地警衛由北京衛戍區擔任，不屬於 8341 部隊管轄。按照這次行動方案辦，如果姚文元接電話後立即來中南海，問題就解決了；如果他藉故不到，我們馬上要去他家行動。為防止發生誤會，我們建議北京衛戍區有一位負責人，能到中南海來同我們一起組織這次行動。

吳德説，我們負責解決的對象住得比較分散，這些人不能就地監護，要找地方安排，行動時可能驚動周圍的人，這個問題我們正在設法解決。首都的安全問題我們已經作了全面部署，配合你們解決姚文元那裏的問題，我們已決定請吳忠司令員去中南海。

華國鋒最後説，那好，分工和配合的問題就這樣定了。我們與葉帥都談過，就照這個行動方案辦。現在看起來，經過五天的準備，如果不出意外，成功會是有把握的！

汪東興進行戰前部署，8341 部隊隨時處於戰鬥狀態

1976 年 10 月 6 日，星期三，農曆丙辰年閏八月十三。據氣象預報，北京地區白天陰轉多雲，風力 2~3 級。夜間，多雲轉陰，風力 1~2 級。最高氣溫 18℃，最低氣溫 10℃，是有利於行動的好天氣。

這一天是普通的一天，也是歷史上重要的一天。

上午 8 時許，汪東興同往常一樣，讓秘書告知中央辦公廳秘書局，請他們通知政治局常委：華國鋒副主席今晚 8 時在懷仁堂召開政治局常委會。內容有兩個：研究《毛澤東選集》第五卷的出版問題；研究建造毛主席紀念堂的選址問題。

整個上午，一切都那麼尋常。快中午時，我經汪東興同意，到中南海周圍看看動靜，觀察一下有無可疑狀況。我先從南海走到中海，着重看了中南海大西門到懷仁堂一帶；又騎上自行車環繞中南海周邊轉了一圈，特別對中

南海周圍的幾個制高點——電報大樓、景山、白塔等處進行了觀察，一切照常。回來後，我報告汪東興沒有發現異常情況。

汪東興說，按照計劃進行。

10 月 6 日下午 3 時，張耀祠和我到了汪東興南樓辦公室，他要同我們商定當晚控制江青和毛遠新的實施辦法。汪東興對張耀祠說：「今晚 8 點，由你帶上李連慶那個行動小組的四個人，先去把毛遠新監護起來。你現在回去後，先找李連慶研究佈置具體執行方法。處理完毛遠新的問題後，你在豐澤園值班室等武健華帶人來，然後你們一起去春藕齋隔離江青，由你們向江青宣佈中央的決定，對她隔離審查。你看這樣可以嗎？」張耀祠說沒有問題，領受任務而去。

10 月 6 日下午 3 時 30 分，我通知四個行動小組的全體人員，集中在南樓汪東興辦公室外面的幾間屋子裏，等待接受任務。

汪東興分別對每一個行動小組進行動員，下達任務。

第一個行動小組的任務是負責解決王洪文的問題。組長李廣銀，隊員吳興祿、霍際隆、王志民。

第二個行動小組的任務是負責解決張春橋的問題。組長紀和富，隊員蔣廷貴、徐金昇、任子超。

第三個行動小組的任務是負責解決江青的問題。組長高雲江，隊員黃介元、馬盼秋、馬曉先（女）。

第四個行動小組的任務是負責解決姚文元的問題。組長滕和松，隊員康海群、張雲生、高風利。

現場擔任警戒的小組成員有丁志友、東方、葉桂新、趙汝信。

汪東興壓低聲音嚴肅地對大家說：「黨中央已經作出決定，對『四人幫』今晚要採取緊急措施，對其進行隔離審查。這是關係黨和國家命運的大問題，黨中央要求我們必須堅決果敢地去完成這項政治任務，決不能辜負黨和人民對我們的重託！有問題嗎？」

每個行動小組都堅決表示：「保證完成任務！」

汪東興又向大家宣佈了三條紀律：

第一，要絕對保守機密。萬一失密，敗壞了黨的大業，那就非同小

可，要給以最最嚴厲的制裁！

第二，要堅決服從命令，聽從指揮。沒有我的命令，任何人不得擅自開槍！我們要爭取不響槍不流血解決問題，這是上策。

第三，從現在起，以行動小組為單位活動，組長負責，隨時做好戰鬥準備。今晚具體集結時間、集結地點、車輛配備，以及如何互相協同的問題，由武健華分別向你們佈置交代。

10月6日下午5時，我又在中南海東八所小會議室，緊急召開當晚參加行動的其他一些人的會議。他們是：8341部隊防化科科長黃昌泰、工程管理中隊教導員廉潔，服務科科長孫洪起、副科長孫振發，交通科科長曹志秀、副科長李合，汽車駕駛員史友令、俞桂興、尚占良、王明臣、吳增彬、張中臣。

我按照汪東興的講話精神，向參加會議的人員作了政治動員，下達了具體任務，提出了保密要求，宣佈了三條紀律，通知當晚6時30分分別集結到指定位置，聽候命令。

會後，我趕忙到南樓汪東興處三言兩語向他報告了東八所開會的情況。他一邊聽我講，一邊看看手錶説：「你現在就到懷仁堂，先檢查一下，不要有任何疏漏，我一會兒就到。」我隨即驅車趕往懷仁堂，車停放在寶光門隱蔽處。當我跨進懷仁堂大門時，行動隊員和會場工作人員正在向懷仁堂集結。

1976年10月6日晚，華國鋒、葉劍英坐鎮懷仁堂，決戰「四人幫」

晚上6時30分，汪東興乘車到達懷仁堂門前。下車後，他指示司機李合把車開到西樓大廳北側，在灰色院牆之間的夾道隱蔽。同他一起來的中央辦公廳副主任李鑫按照計劃留在車上。他雙手抱住皮包放在膝蓋上，包內是他奉命起草的稍後將在中共中央政治局會議上討論的三個重要文件。

此時，儘管諸事佈置妥善，還是怕有什麼事情被遺漏，或者在意想不到的環節上出現差錯。汪東興嚴肅地説：「我們再看看去！」

他從懷仁堂正廳、禮堂，到東西大院，直到門前車場，對所有警戒哨、

潛伏哨、機動分隊及警衛值班室，一一進行了檢查，再一次明確他們的任務，重述處置措施。

為了不暴露意圖，懷仁堂大門前，公開可見處的警戒部署一律照常，形式上內緊外鬆。

停車場內，工作用車及機動應急車輛大部分隱蔽在兩門裏北側空場。懷仁堂大門口只停放與會者的幾輛車子，做到寧靜如常，整齊有序。

隨身警衛人員當晚一律不准進入懷仁堂現場，依照過去大型會議活動時的規矩，都安排在懷仁堂斜對面的「五間房」休息。責成警衛處處長丁志友在懷仁堂前廳警衛值班室切實執行，嚴格把關。

五個行動小組分別準時集中在指定位置待命。

執行拘押王洪文、張春橋的兩個行動小組，此時正在懷仁堂舞台帷幕後，進行臨戰前的演練。他們有的在進一步檢查和擦拭隨身攜帶的手槍和械具，有的在做伸腰扭胯、活動腿腳、熟悉擒拿格鬥的動作。

與此同時，其他三個行動小組業已分別集結在懷仁堂以外指定位置。

負責處理江青的行動組組長高雲江同兩名成員和三輛轎車，正隱蔽在豐澤園後門西側便於去春藕齋的馬路邊。他們暫時都坐在由史友令駕駛的紅旗保險車上。

擔負處理姚文元任務的行動組組長滕和松同全組成員及三輛轎車，在交通科以南小橋處待命。不同的是，這裏還有北京衛戍區司令員吳忠，以備在必要時配合行動。

負責處理毛遠新的行動組組長李連慶，按照張耀祠下午的安排，在豐澤園內正伺機而動。

汪東興在檢查了以上各項警戒部署和各個行動小組之後，又回到當晚的主陣地——懷仁堂正廳。懷仁堂正廳是一個多功能的大廳。今天這裏的佈置卻與往常不同。汪東興親自指揮服務科孫洪起、孫振發兩位科長，按照他的意圖進行調整。正廳的北側原來就矗立着一扇白色紗綢的大屏風，為了便於隱蔽，利於行動，又在正廳的中門以東，由南而北，再增加幾扇中小型輕便的屏風。沙發一律撤掉。這樣，就把整體有八百多平方米的正廳，減小到原來三分之一的空間。場內坐北面南擺了一張不大的長條會議桌，桌子後面為華國鋒、葉劍英準備了兩把扶手椅。桌子上原有的茶盤、茶杯、煙灰缸、文

具等，全部撤掉，以防萬一。兩位科長在機動隊員的協助下，熟練迅捷，在幾分鐘之內，就調整就緒，完成了「戰場準備」。

此刻已是晚上 7 時 20 分了，我快步走到懷仁堂大門外去看看情況。剛邁出門檻走下台階，就看到一輛大型紅旗車開着微燈，正徐徐駛進中南海西門，彷彿瞬間，便停靠在懷仁堂門前。葉帥下車後，手搭車門，泛泛地掃視了停車場，精神矍鑠、步履穩健地走向懷仁堂。

「葉帥到了。」我在大門前向葉帥飽含敬意地說了一句。

葉帥停步向我看看，像往常一樣面露微笑：「東興同志呢？」

「他在正廳外間。」葉帥一邊聽我回答，一邊走上石階，經懷仁堂大門，沿着東側休息室走向正廳。

汪東興見葉帥進來，緊走幾步，在正廳與禮堂的結合部，同葉帥一邊握手一邊說：「葉帥，請放心，按照預案，我又檢查了一遍，一切都落實到位，定會順利完成計劃。」

葉帥在禮堂柔弱的燈光下，環顧着四周，一切井然有序，他沉默片刻，若有所思地說：「這是背水一戰吶！『摧其堅，奪其魁，以解其體』，指望的就是順利取勝喲！」

汪東興微微點頭，充滿信心地答話：「打好這一仗，我們是有把握的！」

晚上 7 時 40 分，華國鋒副主席從中南海北門進來，車停在游泳池後，他走進懷仁堂正廳。他見葉帥、汪東興都在，沒有寒暄，直截了當地問：「東興同志，一切就緒了吧？」

汪東興痛快地說：「可以說是萬事俱備。」接着他又把剛才檢查的情況簡述了一遍。華、葉、汪三人站成一個品字形，時而挪動幾步，時而停立對視，傾心攀談。

汪東興看看手錶，對華、葉兩位副主席說：「現在是 7 點 45 分了，請你們『入席』就座吧！」他們三人邁着穩健的步伐，一起進入正廳。華、葉分別坐定後，汪東興又指指正廳的東南小門，加重語氣說：「王洪文、張春橋他們就從這裏進來。」

接着，汪東興又轉身面西：「我的位置就在這排屏風後面。武健華在正廳現場，他可以裏應外合。」

晚上 7 時 55 分，從懷仁堂入口處隱隱傳來不高的話音和橐橐的腳步聲。

我順着東休息室的長廊向南瞧去，只見王洪文剛轉彎向北走來，我飛速地分別通知華、葉、汪。突擊王洪文的隊員，虎視眈眈，設伏於門內兩側，進入臨戰前的緊張狀態。

王洪文仍是往常的着裝習慣，上身穿一件制式軍上衣便裝，下身着一條筆挺的藏青色西裝褲，皮鞋鋥亮。左手提着一個文件包，挺胸直背，趾高氣揚地走向大廳。他看上去毫無戒備地走進了小門，向華國鋒、葉劍英望了望，還沒來得及吭聲，兩眼射光、威武兇猛的突擊隊員霍際隆、吳興祿從左右兩側餓虎下山般地撲過去，兩雙強勁有力的大手緊緊地鉗住王洪文的兩臂，一手壓下他的肩胛，一手抓起他的手腕高高提舉，把他壓成了低頭哈腰的「噴氣式」。這迅雷不及掩耳的突擊，使王洪文一時昏了頭腦。他脖頸漲紅，扭動着不太靈便的腦袋，急促地喊了兩句：「你們幹什麼？你們幹什麼？」他拚命地扭動着雙臂，蹦躂着兩腳，竭力妄圖掙脫。霍、吳由兩側加大力度，李廣銀、王志民從背後狠狠抓住他的腰帶，使王洪文的兩腳踏空，無力可施，牢牢地被禁錮在離華國鋒、葉劍英五米左右的正面。華國鋒面對王洪文並莊嚴地宣佈：「王洪文，你不顧中央的一再警告，繼續拉幫結派，進行非法活動，陰謀篡黨奪權，對黨和人民犯下了不可饒恕的罪行。中共中央決定，對你實行隔離審查，立即執行。」

話音剛落，王洪文就被行動小組扭離現場，在正廳東飲水處，一副明晃晃的銬子，咔嚓一聲，反背卡緊了他的雙手。就在上銬的那一刹那間，他如夢初醒，無可奈何地道出了一句實在話：「想不到你們這樣快！」由此也反證了中央提前處置「四人幫」的正確決斷。

在東飲水處小門，把王洪文押上早已準備在懷仁堂東院的紅旗轎車。駕駛員是精明幹練、善於處理複雜情況的尚占良。王洪文被置於後座中間，左右仍由霍、吳掐住他上了銬的雙臂。王志民坐在二排副座，將王洪文夾在當中。組長李廣銀坐在司機旁的指揮位置上，幾分鐘之內，王洪文就被拘押到隔離室內。

晚上 7 時 58 分，正當行動隊員在場外隱蔽處為王洪文上銬子的時候，張春橋已跨入懷仁堂大門。他習慣性地沿着東側走廊，由南向北心事重重地緩步走來。他像往常一樣，穿了一套半新不舊，看上去還合身的灰色中山裝，腳下一雙普通的黑色皮鞋。左腋下夾着一隻鼓鼓囊囊的文件包，右手不時地

將文件包向上撮動一下。他不苟言笑的面孔繃得緊緊的，兩隻陰鷙冰冷的眼睛，仍然流露着他那剛愎自用的神氣。他沒有環顧左右，而是凝視前方，大模大樣地邁進了正廳。他迎面看到正襟落座的華國鋒、葉劍英，立即感受到寒峭襲人的氣氛，這隻詭譎的狐狸，緊鎖着眉尖，全身一怔，躑躅不前。

預伏在小門兩側的突擊隊員紀和富、徐金昇，跟進在後的蔣廷貴、任子超，懷着強烈的使命感，張臂屈腿，快速夾擊，三下五去二就使不堪一擊的張春橋泥塑木雕般呆立在華國鋒、葉劍英面前。

華國鋒嚴正地向張春橋宣佈了中共中央的決定。決定全文，除了改換名字為「張春橋」外，其他與對王洪文宣佈的別無二致。

張春橋自始至終一言不發，任憑行動小組擺佈。他像王洪文一樣，戴上銬子被押解上車，送到地下隔離室。

張耀祠和我帶人去春藕齋宣佈中央隔離江青的決定

汪東興風趣地面向華、葉兩位副主席：「這兩個人跟我們合作得不錯啊！準時來，按時走，很聽指揮嘛！」

華國鋒面帶笑容地說：「老人家不是說過嘛，宜將剩勇追窮寇！我們要打一個完全徹底的殲滅戰！」

說話之間，服務科副科長孫振發用茶盤托上碧綠清香的龍井茶，一一送到華、葉、汪面前，在這緊張的時刻，一杯濃茶，一塊熱毛巾，對消除疲勞、振奮精神極有幫助。

我對汪東興說：「我和張耀祠同志現在就到春藕齋去了！」

汪東興說：「去吧！有什麼問題隨時同我聯繫。看國鋒同志、葉帥還有什麼交代？」

華、葉表示沒有意見。

我一路小跑離開懷仁堂，就在豐澤園後門警衛值班室停下。室內空無一人，我意識到毛遠新的問題還沒有處理完。急忙通過菊香書屋門前往頤合堂走去，只見毛遠新兩眼直視地坐在正廳一把椅子上，張耀祠在宣佈中央對其監護的決定後，下了毛遠新隨身攜帶的手槍，正在訓示他必須老實服從管理規定。

　　我從側後輕聲地對張耀祠說：「時間很緊了，我們走吧！」

　　他回頭看到我，又向站在一邊的李連慶低聲交代了幾句，我倆就迅速出了豐澤園後門，並肩直奔春藕齋。行動小組的高雲江、黃介元、馬盼秋緊隨其後。三輛轎車徐徐開進春藕齋東側廣場。

　　我們直接進入春藕齋前廳。這裏是秘書、警衛、醫護、司機聚會和休息的地方。我們到達時，他們有的在聚精會神地看書，有的在彎腰捋袖洗衣，有的前傾後仰地玩撲克。看到我們來此，雖然不明原委，但都是幾乎天天見面的熟人，既不生疏，也不緊張，都咧嘴微笑。

　　張耀祠跟在場的工作人員笑嘻嘻地說：「在吧？（指江青）」大家都會意地點點頭。

　　與此同時，我把為江青開車的老申叫到一邊：「請你把停在門前的車，馬上開回交通科。」又面對開着保險紅旗轎車的史友令說：「你把車停靠在門前明廊上車處！」他們都立即照辦了。接着，我告訴原來在江青處工作的警衛參謀周金銘：「小周，你前面帶路。」我確知，晚飯前，汪東興已經給周金銘透了一點「風」，小周心裏有數。回轉頭，我又對站在我們身後的女護士馬曉先說：「你也來！」室外應該準備的事情安排就緒後，張耀祠和我及行動小組不動聲色地推門進抵春藕齋正廳。

　　一進門就見江青面東背西坐在沙發上。她身前擺着一張長方形石頭的辦公桌，桌上鋪墊着白色的桌布，擺放着枱燈、茶盤、茶杯、各類辦公文具，還有幾份文件。膝蓋上蓋着一條小方毛巾被，腳下蹬着一塊專門製作的墊腳板，地板上鋪滿厚厚的墨綠色羊毛地毯，房間四周擺放着幾個書櫥和鐵皮文件櫃。天花板正中吊着一盞形似花瓣曲伸的大型玻璃頂燈，散發着金黃色的燈光。

　　行動小組的成員進屋後，迅速從左右兩側和沙發背後，把江青圍攏在一個半圓形的空間裏。江青仍然坐在那裏，一張慍怒、兇狠、可憎的臉上，顯現出忐忑不安的驚懼。她瞬間又故作鎮靜，木然地抬起右手，扶了一下眼鏡，側着頭面向張耀祠和我，聲音帶有一點顫抖，「你們要幹什麼？」她首先發問。

　　張耀祠站在江青的左前方，他以慣常的軍人姿態，威嚴地說：「江青，你不聽中央的警告，繼續拉幫結派，進行分裂黨的活動，陰謀篡黨奪權。中共中央決定，對你實行隔離審查，立即執行。」張耀祠又責令江青：「你到另外

一個地方，要遵守紀律，要老實向黨坦白交代你的罪行。」

江青伸長了脖子，瞪着眼睛問：「中共中央是什麼人決定的？」

我不耐煩地斥責她：「中共中央是什麼人？你難道會不明白？」

江青改口：「我是說是什麼人指使你們來的？」

張耀祠立即明確正告她：「我們是奉華國鋒、葉劍英副主席的命令，來實施中央決定的。」

我說：「快！馬上離開這裏！」

江青說：「那我這裏的文件呢？」

張耀祠說：「我們會有人來接管的，你把鑰匙交出來！」

江青：「那不行，這裏許多都是中央的機密，我要對黨負責。鑰匙，我只能交給華國鋒。」

張耀祠：「那好，你把它裝在信封裏由我們轉交。」

江青依然坐在原來的位置上，上身前傾，用鉛筆在一張印有紅槓的宣紙信箋上，由上而下地給華國鋒寫了一封短信。信中說：

> 國鋒同志：來人稱，他們奉你之命，宣佈對我隔離審查。不知是否為中央決定？隨信將我這裏文件櫃上的鑰匙轉交於你。江青十月六日。

接着，她又在一個印有紅框的牛皮紙大信封上，寫上「華國鋒同志親啟」幾個字，下腳還註明「江青託」。她把鑰匙用一張信紙包好，同信箋一起放進信封裏，然後在信封兩端，粘貼了「密封籤」，並用手在「密封籤」上用力地按壓了幾下，然後把信封交給了張耀祠。

我急得火燒火燎的，再次督促：「走！快走！」

江青拿掉了膝蓋上的小毛巾被，整理了一下衣服，兩手按着沙發扶手慢慢地站起來，走出沙發的位子。臨出門之前，她又要上衛生間。江青尿頻尿急的毛病由來已久，不足為怪。為防不測，我叫女護士馬曉先同她一起進去。本來她過去到衛生間，有時也要護士陪同。

離開春藕齋正門，穿過十幾米的暗廊到達前廳，這裏靠牆立着一個多功能的衣架，江青取下一件深灰色披風，馬曉先幫她戴上帽子，繫好帶子，走向停車處。

　　江青固然是個奸潑刁滑、殘忍刻薄、心狠手辣的野心家，但今天在凜然站立、魁偉彪悍的軍人面前，她又拿出了巧使順風船的本領，虛偽地夾起了尾巴。既然她肯俯首順從，照指示行動，且無力反抗，我們也就沒有加銬於她。

　　行動小組人員把重重的保險車門打開，江青坐在後排中間，黃介元、馬盼秋分坐兩側，護士馬曉先坐在二排副座面對着江青，組長高雲江就座於司機身旁。前後各有一輛警備車，我坐在後車的指揮位置上。我們都身帶短槍。前後車上的警備人員備有速射武器和充足的彈藥。三輛車迅速駛離春藕齋。

　　車經過懷仁堂門前時，我見華國鋒、葉劍英、汪東興一字排開站在懷仁堂大門台階上，關切地張望。我匆匆把頭探往車外，示意這裏一切順利。

　　帶路車司機張中臣是一位經常開先驅車的駕駛員，他左靠右擋，乘虛而進，為緊隨其後的兩輛車開道。江青坐的是保險紅旗轎車，駕駛員是沉着老練、技術嫻熟的史友令。

　　北京主要街道的交通警察，個個目光犀利，他們知道保險紅旗的「身份」，中央只有幾位核心領導人才得乘坐。但他們哪裏曉得，今天卻是令局外人意想不到的例外。一路綠燈放行，只用了不到五分鐘，就到達預定的地下隔離點。

　　江青被帶進隔離室，我便告訴司機吳增彬調轉車頭，飛快地趕回懷仁堂。汪東興見我就問：「江青又張牙舞爪地表演了一番吧？」我說：「她見風使舵，還算順從聽話。」華、葉兩位副主席嘴角佈滿笑意，看得出，他們緊繃的一顆心，此刻終於平靜舒展。

華國鋒、葉劍英、汪東興又從容地坐下，交談處置「四人幫」中的最後一個——姚文元

　　處置姚文元的措施，在預定方案中就做了兩手準備。姚文元並非政治局常委，當天根本沒有通知他參加晚上 8 點的政治局常委會。預案議定：第一，在解決了王洪文、張春橋、江青的問題之後，單獨通知他到懷仁堂來開會，如果他應聲而到，那就是甕中之鱉。第二，如果他藉故拖延，行動小組

就迅速往他的住處按院胡同擒拿。但他的住地警衛由北京衛戍區某部擔任，為避免行動時發生誤會，10月5日凌晨2時，汪東興在華國鋒家同吳德三人一起商談過，請吳忠司令員一起待機而動。

鑒於江青、張春橋、王洪文已被順利帶進隔離點。汪東興決斷地說：「馬上給姚文元打電話。」但電話由誰打，事先並未商定。他接着說：「國鋒同志，電話還是請你來打吧，免得他多心。」

華國鋒稍加思索：「那就我來吧！」

華的秘書曹萬貴用辦公廳西側紅機很快接通姚文元的電話。華國鋒從容地說：「文元同志，我正在和洪文、春橋同志在懷仁堂商量出版毛選五卷的事，有些問題還想聽聽你的意見。是不是請你現在就來，一道研究一下。」

我隨同汪東興一起，也站在電話機旁，等待聽姚文元的回話。

「好的，我馬上就到。」姚文元沒有猶豫，講完就掛上了電話。

「東興同志，我去安排了。」我一面報告，一面拔腿欲走。馬上又回頭補了一句：「是不是請吳忠司令員回去？」

汪東興說：「把情況告知吳忠同志，派車送他回去。」

我快步走到東飲水處，用紅機通知等候在交通科值班室的康海群，按第一方案行動。全組人員立即乘紅旗轎車，開到懷仁堂東院。同時，我向吳忠說明情況，並派車送他回去。

吳忠說：「我要趕緊回去，我那裏還有一攤子。」他是指北京衛戍區於當晚同時負責拘押的對象。

打完電話，我又回到坐在正廳外間的華、葉、汪那裏。待我把安排的情況彙報完畢，華國鋒向葉劍英、汪東興說：「還要我們出面嗎？」

葉帥說：「免了吧！」

華、葉、汪當即決定由我去對姚文元宣佈中央的決定。

我說：「要有『尚方寶劍』才行。」

汪東興：「那好辦，請國鋒同志寫個手令吧。」

華國鋒看看擺在前面不遠處那張通常是吃夜餐用的小桌，意欲起身。孫振發迅速跑過去，把桌子搬到華國鋒身邊。孫洪起匆匆拿來往常開會時經常準備的紙和鉛筆。

華國鋒不假思索地很快寫好了命令。

　　我接過華國鋒寫的手令，回身走向正廳東南小門，恰好行動小組的四位人員已從東八所趕來，我把剛才的變動，轉達給滕和松、康海群、張雲生和高風利，並商定在大禮堂的東休息室行動。

　　為了簡便行事，東休息室沒有改變原來的佈置，周圍一大圈皮沙發，沙發之間是長方形的小茶几，地上鋪滿厚厚的奶黃色地毯。我坐在東邊靠窗戶的大沙發上。

　　晚上 8 時 25 分，康海群在懷仁堂大門口尾隨姚文元進來，滕和松在東休息室門口，以手勢示意「請進」。張雲生和高風利分別站在休息室門內兩側。姚文元剛一進門，就被張、高從左右兩側拽住兩臂，下壓雙肩，動彈不得，低頭向我站着。姚文元不住地喊：「誰讓你們幹的？誰讓你們這樣做的？」

　　我開始坐在沙發上，但自覺缺少那股威嚴，立時站立起來，面對姚文元高聲宣佈：「中共中央決定，對姚文元實行隔離審查，立即執行。華國鋒。」我宣佈完了以後，又有力地喊了一句：「帶走！」行動小組架着他向休息室北門走去。姚文元邊走邊喊：「我有話要說！我有話要說！」又喊他的隨身警衛：「小×，快來呀！」離開休息室北門，咔嗒一聲，行動小組給他戴上明晃晃的鋤子，押上由俞桂興駕駛的紅旗轎車。姚文元在行車途中，還在高聲嚷嚷：「你們是哪個部隊的？誰指使你們幹的？」行動小組幾番制止，他仍嚷個不停。迫不得已，他們用事先準備好的毛巾塞住他的嘴巴，車裏這才安靜下來。汽車仍然沿着押送王、張那條路線，把他拘押在極為嚴密的地下隔離室。

　　在我向華、葉副主席和汪東興報告奉命完成拘押姚文元的任務時，認真地看了看手錶，一分也不差，正好是 10 月 6 日晚 8 時 30 分。解決「四人幫」的全部行動過程，只用了三十五分鐘。

　　在黨中央的領導下，我們勝利完成了對「四人幫」的隔離工作。華國鋒、葉劍英副主席都為對「四人幫」取得決定性勝利而流露出和悅滿意的笑容。汪東興如釋重負，也浮現出寬心的微笑。

10 月 6 日晚 10 時，中央政治局
在玉泉山 9 號樓召開緊急會議

　　對「四人幫」實施隔離審查後，中央政治局立即召開緊急會議並處理善

後工作。

華國鋒對汪東興說：「你通知並安排政治局會議，我找耿飈他們來作個交代。」

華國鋒親自打電話給耿飈和北京衛戍區副司令員邱巍高，請他們立即到懷仁堂，有事面談。見面後，華國鋒告訴他們，我們已對「四人幫」採取行動並取得勝利。現在派你們帶領精幹的工作組，立即去中央廣播事業局、中央人民廣播電台等新聞單位。在那裏掌握情況，把把關，不要在宣傳這個口子上出毛病。

葉帥特別吩咐：「一要防止內部混亂；二要防止對外洩密。還要防止發生異常情況。」

華國鋒問他們：「還有什麼問題沒有？」

耿飈説：「別的沒有，請給一個手令吧！」

華國鋒提筆寫道：「鄧崗同志，為加強廣播事業局的工作，特派耿飈、邱巍高來，有什麼問題，你請示他們。華國鋒。」

耿、邱領命而去。

汪東興一面安排警衛局副局長李剣準備政治局在玉泉山開會、辦公等事項。同時，告知秘書局局長，做好晚上 10 時政治局緊急會議的會務工作。他自己則親自打電話通知在京政治局委員和候補委員當晚 10 時到玉泉山 9 號樓開會。華國鋒、葉劍英、汪東興處理完在懷仁堂要辦的事情後，先後驅車趕往玉泉山參加政治局緊急會議。

根據列席這次政治局緊急會議的中辦副主任李鑫和中辦秘書局局長周啟才的記錄，我們始知會議的如下內情：

開始，華國鋒請葉劍英主持會議並講話。葉帥説：

> 這次會議應該由你主持，你是毛主席提議、中央政治局討論批准的黨中央第一副主席，一直主持中央的日常工作，責無旁貸，你就主持開會吧！

華國鋒：

那我就先講幾句，再請葉帥主講。這次中央政治局緊急會議在這樣晚的時間，在玉泉山9號樓葉帥住地召開，是由於事關重大，形勢非常，為了有利於高度保密，確保中央安全，決定採取這樣的措施，這是十分必要的。我現在向大家宣佈，今天晚上8時，中央已在中南海懷仁堂正廳以召開政治局常委會、討論《毛澤東選集》第五卷的出版和毛主席紀念堂選址問題為由，在中南海懷仁堂正廳拘捕了王洪文、張春橋。江青是在中南海她的住地被拘捕的。根據他們篡黨奪權的嚴重罪行，分別向他們宣佈了由我簽署的中央對他們實行隔離審查的決定。對王洪文、張春橋的拘捕是在懷仁堂正廳，葉帥坐鎮，我分別向他們宣佈的。江青和姚文元是由執行任務的有關負責人員向他們宣讀的。對毛遠新實行了監護審查。「四人幫」在北京的幾個骨幹分子，是由北京市委、北京衛戍區根據中央指示解決的。

華國鋒接着介紹了實施這一重大行動的過程：

葉帥親臨懷仁堂正廳現場，同我一起坐鎮指揮，東興同志按照預定方案，組織指揮參戰人員具體實施。由於決策正確、精心組織、高度保密、措施得當，整個行動過程進行得很順利。對中央新聞單位，我們選派了耿飆同志帶領精幹的工作組進駐，掌握情況，把好關。

華國鋒説：

「四人幫」篡黨奪權的野心由來已久，毛主席在世時，他們不敢輕舉妄動。毛主席逝世後，他們認為時機到了，變本加厲，肆無忌憚，急不可待地進行篡黨奪權的反革命活動。他們利用控制在他們手上的宣傳工具大造篡黨奪權的反革命輿論。他們篡改毛主席的親筆指示，偽造所謂毛主席的臨終遺囑。他們在上海建立由他們控制、指揮的武裝力量，並發放了大批槍支彈藥。種種跡象表明，我們黨和國家的命運處於生死存亡的關鍵時刻。為了保證黨和國家的領導權不被他們篡奪，不讓他們的罪惡陰謀得逞，中央採取了堅決、果斷的措施，非常的手段，穩妥、快速地粉碎了「四人幫」反革命集團，取得了重大的歷史性勝利，為黨為

國為民除了一大害。

葉劍英指出：同「四人幫」的鬥爭勢不兩立

華國鋒的話音剛落，葉劍英強調：

這次粉碎「四人幫」反革命集團，是在毛主席逝世後，黨和國家處於危難時刻進行的。毛主席生前就提出要解決「四人幫」的問題，而未來得及解決。毛主席逝世後，「四人幫」篡黨奪權的反革命活動和囂張氣焰更加猖狂，他們正在準備動手了。

接着，葉劍英嚴正指出並分析道：

我們黨同「四人幫」的鬥爭是一場勢不兩立、你死我活的鬥爭。在毛主席逝世不久的情況下，採取什麼樣的鬥爭策略、措施和方法，做到既要把這個反革命集團徹底打掉，又要保證首都北京和全國局勢穩定，這是一步險棋。怎麼走好這步險棋，非同小可，要慎之又慎，做到萬無一失。經過我和國鋒同志及東興同志幾次個別交談，統一思想認識，決定採取「以快打慢」的方針，實行隔離審查。在決策和實施這一重大行動過程中，保密問題是重之又重，知密範圍很小，參與人員十分精幹。實戰證明，這樣做是正確的，未放一槍一彈，即迅速粉碎了這個反革命集團，取得了預期的勝利。

葉劍英又說：

粉碎「四人幫」反革命集團，是全黨全軍全國人民的共同願望，中央採取這樣的措施，也體現了黨、軍隊和人民的意志。許多老同志、老領導特別是聶帥和徐帥等在毛主席病重期間和逝世以後，曾通過各種方式向我表達這種強烈願望，提出要採取堅決措施打掉這個反革命集團，絕不能讓他們篡黨奪權的陰謀得逞。這次粉碎「四人幫」的勝利，必將得到全黨全軍和全國人民的衷心擁護，軍隊完全擁護和支持黨中央的這

一重大決策。

華國鋒插話說:「這場粉碎『四人幫』鬥爭的勝利,我們的葉帥起了最為重要的作用。」葉劍英說:

不能這樣講。解決「四人幫」的問題,是毛主席的遺願。毛主席逝世後,你是黨中央第一副主席,主持中央的日常工作,又是國務院總理,這件大事,如果你不下決心,你不拍板,做起來就難啊!正是因為你下了決心,你拍了板,做起來就相對容易了。

葉劍英又說:

在這場同「四人幫」的鬥爭中,東興同志具體對行動方案組織實施,勝利完成,是出了大力、立了大功的。8341 部隊的參戰人員也為黨為人民作出了很大貢獻。

汪東興插話說:

葉帥過獎了。在這場同「四人幫」的決戰中,我是在國鋒同志和葉帥的直接領導和指揮下,做了應該做的一些事情。一個老共產黨員、長期從事保衛毛主席、保衛黨中央的領導幹部,為了黨、國家和人民的根本利益,完成中央交給我的政治任務,是完全應該的。

葉劍英最後說:

在中央,我們從政治上、組織上解決了「四人幫」問題,這是第一步,是初戰的勝利,地方上還有些「四人幫」的幫派骨幹分子要清理。更艱巨的任務是徹底從思想上肅清「四人幫」的餘毒和影響,這需要相當長時間和多方面的努力。

出席政治局緊急會議的成員,在聽取華國鋒和葉劍英的講話之後,歡欣

鼓舞，表示完全同意中央常委的果斷決策，一致通過對王洪文、張春橋、江青、姚文元實行隔離審查的決定。

會議對中共中央主席人選的討論和確定

華國鋒說：

> 毛主席離開我們快一個月了，亂黨、亂軍、亂國、妄圖奪取黨和國家最高領導權的「四人幫」反革命集團，被黨中央及時果斷地粉碎了。在此新的形勢下，我向中央政治局提議，請我們葉帥擔任黨中央的主席，主持中央的工作。葉帥德高望重，長期在中央協助毛主席、周總理、朱老總處理國際國內重大問題，多謀善斷，有多方面豐富的實踐經驗，思想政治理論水平很高，在危難時刻，兩次挽救了黨。

葉劍英站起來大聲說：

> 國鋒同志這個提議不妥。我年事已高，今年已七十九歲了，且長期從事軍事工作，工作面窄。經過慎重考慮，我提議華國鋒同志擔任黨中央主席、中央軍委主席。他年齡比我小二十多歲，有實際工作經驗，為人實在，民主作風好，能團結同志，尊重老同志，他現在是黨中央第一副主席，主持中央的日常工作。我認為他是比較合適的人選。這個擔子是不輕的，我們大家可以協助，請大家考慮。

經過認真討論，與會政治局成員完全贊成葉帥的意見，一致通過由華國鋒擔任中共中央主席、中央軍委主席，待召開中央全會時予以追認。

接着，會議討論並原則通過了關於建造毛澤東主席紀念堂的決定、關於出版《毛澤東選集》第五卷和籌備出版《毛澤東全集》的決定。這兩個決定在 10 月 8 日的政治局會議上定稿，9 日見報。

最後，會議安排了當前和今後一段時間的工作。在這一非常時期，為了便於及時研究處理可能出現的各種複雜和重大問題，決定出席這次會議的全

體政治局成員和隨行人員都住在玉泉山，並從 10 月 7 日開始，迅速向中央黨、政、軍領導機關的主要負責人和各省、市、自治區、各大軍區的主要負責人傳達黨中央粉碎「四人幫」反革命集團事件及中央政治局緊急會議的幾項重要決定。

這次中央政治局緊急會議，從 10 月 6 日晚上 10 時開到 10 月 7 日清晨 4 時多，歷時六個多小時。

「四人幫」在被隔離期間

自 1976 年 10 月 6 日晚上 8 時到 1977 年 4 月 10 日凌晨，「四人幫」一直被隔離於由 8341 部隊管轄的同一工程的不同區段。汪東興要監護人員保護好「活證據」。

在整個隔離期間，按戰備要求，採取了地下、地上嚴密結合的安全警備措施。由 8341 部隊防化科科長黃昌泰、工程管理中隊教導員廉潔等，晝夜在總值班室值班；工程管理中隊在每個隔離點增設四名室外警戒哨；從機關、部隊先後選調人員參加隔離江青、張春橋、王洪文、姚文元的室內坐班；嚴格出入制度，減少出入人員，定製了特別通行證件，哨兵按證件和指定的名單放行；對部隊加強管理教育，強化紀律，嚴守機密；增添了通信設施，確保指揮中心與各隔離點、執勤點、後勤保障之間的聯絡暢通，指揮快捷。每天定時放風，進行空氣過濾，紫外線消毒，清掃通道，保持地下空氣新鮮，濕度、溫度適宜。

「四人幫」進入隔離點初期，焦灼不安，飲食無常，不服管教，無端滋事，尤以江青、姚文元為甚。在江青隔離室內，有一張較寬大的單人牀、一張書桌、一把扶手沙發椅子，地板上鋪有化纖地毯，衛生設備齊全，有立式臉盆、坐式馬桶、較大的浴缸。江青穿着原來的衣服，不戴任何械具，生活條件是好的。但她還是不時找碴兒，嫌菜鹹、菜硬、菜老，說屋內有風。她拒絕室內衛生自理，拒不掃地、擦桌子、刷馬桶。特別是對原來在她身邊工作的護士馬曉先，更是白眼相對，怒氣滿臉，甚至仍以「首長」自居，對馬曉先大發雷霆，且不聽勸阻，不聽警告。她還別有用心地說：「主席屍骨未寒，你們就對我這樣。」過了幾天，江青寫信給黨中央告狀。中央沒有理

睬她。

姚文元進去之初，不停地探問：「這是誰叫你們幹的？」「你們是哪個部隊？」「這是什麼地方？」甚至藉開飯的機會，聽到汽車聲響就往外跑，想看個究竟。當監護人員阻止他時，他竟謾罵監護人員。

鑒於監護人員對江青、姚文元不服管教，總想整整他們、教訓教訓他們的心態，汪東興再次鄭重地提醒監護人員，要保護好「活證據」，要發揮政策威力，要按照「監護規則」辦事，使監護工作一直順利地堅持下去。

一個月後，王、張、江、姚生活基本正常

當時規定他們每人每天的伙食標準為高於機關工作人員的水平。張春橋、姚文元的伙食由中南海東八所機關食堂供應；江青的伙食由八區的機關食堂製作。開飯由專人管理，汽車送飯。早餐備有稀飯、饅頭、牛奶、小菜，中晚餐多是一葷一素一湯，米飯、饅頭等。水餃、麵條、大餅、油條等花樣經常調換。

張春橋曾有幾天不吃飯，只喝一點水。問他：「要絕食嗎？」他說，不是絕食，有點感冒。經部隊衛生員診治，幾天後恢復正常。不苟言笑的張春橋對年輕的衛生員說：「小同志不簡單，真把我的病給治好了。」他每天看書的時間不少，主要是看《毛澤東選集》，看得很仔細，點點畫畫，眉批不少，有時也翻看《列寧選集》。除看書外，每天都在室內走走轉轉，低頭或者仰首長思。有幾次他往室內地漏裏倒水，問他為什麼這樣做，他說氣候乾燥，地漏有臭氣，用水澆濕好一點。

王洪文進去後的兩個多月，每天每餐只喝一碗稀飯，吃一點小菜。問他為什麼？他說吃多了腸胃不舒服。兩個月後，他逐漸習慣，吃飯也正常了。王洪文不看書，也不多活動，只是呆坐着。

姚文元一直胃口很好，能吃、能喝、能睡，有時晚飯剩下的飯菜，他自己留下來，午夜加熱後做夜餐吃。姚文元每天都看《毛澤東選集》或者《列寧選集》；他時常在室內走動，彎腰甩胳膊，活動四肢。在「四人幫」中，他是話最多的一個。在隔離期間，他的健康狀況一直不錯。

江青後期飲食一直正常。她願吃洋蔥頭，喜歡吃蘋果，並提出要吃點粗

糧，吃點長纖維的菜。在隔離期間，她間或看看《毛澤東選集》，躺着的時間比較長，有時候熟睡，有時候似睡非睡。她還每天在室內打一兩次太極拳。江青同監護人員中的女工作人員有時也說幾句話，比如「小同志你困了」、「小同志我要喝點水」。有時她也問：「是不是鄧小平上台了？」「是不是鄧小平叫你們幹的？」這些都被監護人員頂回去了。

　　1976 年 12 月 26 日清晨起來，江青就坐在牀上，翻看《毛澤東選集》，注視着封頁上毛主席的像，長時間地默然沉思，不時掉下眼淚，有時淚流滿面，江青此刻在想什麼，我們不得而知。

中共中央決定將「四人幫」移交國家司法機關懲辦。汪東興召集會議安排 8341 部隊夜奔秦城監獄，將「四人幫」交由公安部秦城監獄關押

　　1977 年 4 月 7 日晚，汪東興召集公安部部長趙蒼璧、副部長于桑，北京衛戍區第一政委吳德、司令員吳忠和我，在人民大會堂新疆廳召開交接工作會議。汪東興交代了任務，要公安部做好接管的各項準備工作，8341 部隊要完成押送任務，北京衛戍區作必要時的接應。特別強調行動要保密，各個環節要協調，要切實做到確保安全，萬無一失。

　　為了安全順利地完成押送任務，8341 部隊從人員、武器、車輛、道路勘察等方面，一一作了相應安排。

　　秦城監獄位於北京西北部昌平境內，距中南海七十五公里，汽車中速單向行駛，需一小時十分鐘。出城後，沿路兩側大部是開闊地，秦城監獄附近有起伏的丘陵，橋樑、涵洞不多，有利於夜間行車。

　　為縮小知密範圍，押解人員沒有重新組織，只是把原來各行動小組的人員集中起來，統一指揮調度。武器彈藥齊備，除短槍外，還配有速射武器衝鋒槍、輕機槍及手榴彈等。也備有三輛紅旗轎車，其中一輛是防彈保險車，採取精幹隱蔽、深夜突然行動的方案，對「四人幫」分批逐個押送。

　　1977 年 4 月 9 日零時開始行動。第一個被押送的是王洪文，他被押上防彈車，坐在後排當中，左右仍是原來隔離他的霍際隆、吳興祿，二排坐着兩位手持衝鋒槍的隊員，組長李廣銀坐在司機旁。防彈車前後各有一輛警備

車，坐滿全副武裝處於臨戰狀態的行動隊員。車輛出中南海東門至德勝門方向，經沙河鎮拐彎直奔秦城監獄，一路暢行無阻。9日1時10分到達秦城監獄。交接雙方辦理手續，移交隨身攜帶的雜物。王洪文被獄方帶進一間寬敞明亮、有抽水馬桶的牢房，並立即換上犯人穿的號衣，開始他的鐵窗生活。

9日3時，車已回到中南海。第二個被押送的是張春橋。同王洪文一樣，他被押進保險紅旗車，在前後警備車的警戒下，沿着預定路線，於9日4時許移交給獄方。張春橋依然一言不發，板着一副陰沉僵硬的面孔，被押進牢房。

4月10日零時，開始了第二天的行動。第三個被押送的是江青。組長高雲江、隊員黃介元在臨上車之前，對江青説：「今天要換個地方。」她沒吭聲，緩緩地走進洗手間，上完廁所後，站在鏡子前梳頭。江青的頭髮那時還是油光黑亮的。出了洗手間，她很順從地上了車。她原來的女護士馬曉先坐在二排副座上。另一監護她的女工作人員陳世冠坐在前車上，她負責江青的衣服雜物的登記管理。江青一路無話。到了秦城監獄下車時，周圍站了不少監獄的工作人員，有的是來工作的，也有一些是專門來看熱鬧的。江青抬着頭，腳步挺快，不時向兩邊張望。兩名女獄警帶着她進了牢房，換了號衣。馬曉先、陳世冠向監獄長和女獄警介紹了江青飲食、睡眠及近期的情緒，並交接了衣服雜物。關押江青的牢房與「四人幫」其他人所在的牢房一樣，房間較大，通風、採光、衞生設備都比較好，是秦城監獄中一流的牢房。

10日凌晨3時，姚文元最後一個被押送，在執行過程中，他無異常反應，比較順從。

至此，在8341部隊隔離監護一百八十七天的「四人幫」，於1977年4月10日5時前，全部移交秦城監獄關押。8341部隊勝利地完成了中共中央交辦的重大政治任務。

中央領導接見，合影留念，便宴款待，
華國鋒、葉劍英勉勵8341部隊

1977年4月12日下午5時，中央政治局在京的全體委員，在人民大會堂北大廳與8341部隊執行粉碎「四人幫」任務的全體戰士合影，事後每人都保

存了一張精緻清晰的照片。

　　當晚 6 時許，政治局全體委員在人民大會堂東大廳舉行便宴，與執行任務的人員一起慶賀粉碎「四人幫」鬥爭取得的重大勝利，時任中共中央主席的華國鋒、副主席葉劍英在主席台就座。席間祝酒時，華國鋒說：「你們辛苦了，謝謝同志們！」葉帥也勉勵大家說：「你們為黨做了一件大好事，黨和人民是不會忘記你們的！」我代表 8341 部隊，感謝黨中央的關懷和鼓勵。出席便宴的還有耿飈，北京衛戍區司令員吳忠、政委楊俊生、副司令員邱巍高。

粉碎「四人幫」後中央派出的上海工作組

陳錦華

1976 年 10 月粉碎「四人幫」後，中共中央最擔心的是上海的局勢。針對「四人幫」的上海餘黨妄圖發動武裝叛亂的緊急情況，10 月 12 日，中央政治局決定派蘇振華、倪志福、彭沖率領中央工作組前往上海，接管上海黨政大權。中央工作組由中央和中央國家機關、北京市、江蘇省和人民解放軍派人組成，最多時有二百二十六人，其中部省級幹部十七人，加上隨行人員和新聞記者，總數約二百五十人。

中央工作組在新上海市委的領導下，奪回了「四人幫」及其餘黨把持的黨政大權，整頓了領導班子，順利進行了「揭、批、查」鬥爭，「既搞清了問題，又穩定了局勢」，揭開了上海發展的新篇章。1977 年「五一」勞動節前夕，中央工作組的成員除留幾個人在上海任職外，絕大部分相繼撤離上海，返回原單位。

1976 年 10 月 10 日，國務院副總理谷牧找我談話，要我帶人以準備編制 1977 年計劃的名義先行去上海，了解情況，觀察動向。10 月 20 日，蘇振華、倪志福、彭沖率中央工作組主要人員到達上海後，我被派為文教組的主要負責人，領導文化、教育、出版、電影、戲劇、衛生、體育以及高等院校等單位的揭批「四人幫」和撥亂反正等工作。

粉碎「四人幫」後中央派出工作組到上海，是一件值得記述的重大歷史事件。

中央派出工作組的背景、工作組的組成和主要任務

　　1976 年 10 月 6 日，在王洪文、張春橋、江青、姚文元被隔離審查的當晚，中央政治局在北京西郊玉泉山葉劍英的住地召開緊急會議，通報對「四人幫」實行隔離審查的情況。會議一致推選華國鋒為中共中央主席、中央軍委主席，待召開中央全會時予以追認；會議決定儘快出版《毛澤東選集》第五卷，並籌備出版《毛澤東全集》；決定在北京建立毛主席紀念堂；研究成立審查「四人幫」的專案組；決定中央政治局分批召開各省、市、自治區及各大軍區主要負責人會議，由中央政治局的委員分別與各省、市、自治區及各大軍區主要負責人談話，通報粉碎「四人幫」的情況，了解各地的動向，交換意見。由於上海是「四人幫」勢力最強的地方，又搞了「第二武裝」，一直圖謀不軌，會議特別分析研究了穩定上海局勢的問題。中央政治局一直擔心上海出問題。早在 9 月 26 日，華國鋒到葉劍英家裏分析形勢、商談解決「四人幫」問題的時候，葉劍英就指出，亂子可能出一點，但出不了大亂子。亂子可能出在「四人幫」控制的上海。

　　10 月 7 日，中共中央首先找了江蘇、山東、湖北和南京軍區的負責人到北京談話，向他們通報「四人幫」被隔離審查的情況，要他們注意上海的動態。接着，中央通知上海市委書記馬天水和上海警備區司令員周純麟到北京開會。跟以前不同的是，過去中央通知上海黨政軍負責人開會，都是由上海市委轉告警備區，這次卻是由警備區轉告市委。馬天水很敏感地覺察到了事情的異常。他忐忑不安地找到上海市委另外兩個書記徐景賢、王秀珍，和他們一起分析這種異常現象，商定馬天水到北京後兩小時往回打電話。馬天水到北京以後，中央向他通報了對「四人幫」實行隔離審查的情況，他由於深陷「四人幫」幫派體系而不能自拔，堅持其頑固立場。據當時在場的彭沖回憶說，馬天水講了兩點，一是要求見「四人幫」，二是希望中央寬大。彭沖事後說，「馬天水很蠢」。

　　也就是在 10 月 7 日這一天，馬天水在北京聽中央通報的時候，留在上海的徐景賢和王秀珍一直在想辦法打聽馬天水到北京後的情況。因為中央有規定，馬天水不敢往上海打電話，所以他們聯繫不到馬天水。他們給張春橋、王洪文、姚文元辦公室打電話也都打不通，找在北京的幾位跟他們關係比較

深的人，如公安部的祝家耀、文化部的于會泳、人民日報社的魯瑛等，也打聽不到消息。一直到晚上 11 點多鐘，文化部的于會泳傳來消息說：「今天下午國務院辦公室主任吳慶彤通知我，告訴中國文化代表團不出國了，說是華總理定的。」徐景賢聽到這個情況後，聯繫當天發生的方方面面的情況，意識到可能出事了。徐景賢這個人很機靈，我後來到上海後，他找我談話，說了四個小時，很嚴密，滴水不漏。2003 年香港出版了他寫的回憶錄《十年一夢》，我看了，許多事都講得很清楚，估計他看不到什麼檔案材料，可能是憑記憶寫出來的。

10 月 8 日，徐景賢、王秀珍繼續同北京各方面的關係人物聯繫。最後他們通過關係，接通了京西賓館的總機，找到了馬天水的秘書房佐庭，他告訴徐景賢，說馬天水講，他身體不好，老胃病又犯了。徐景賢一聽到這句話，趕緊派人去找馬天水的愛人，問馬天水有沒有胃病。馬天水的愛人說馬天水沒有胃病。徐景賢馬上就意識到真的出事情了。徐景賢、王秀珍在意識到北京出了事情後，就着手策劃武裝叛亂。8 日下午，徐景賢和王秀珍召集了四個會議，研究和部署武裝叛亂。

第一個會議是下午 2 點開的，由徐景賢、王秀珍和另外三個常委，即市委辦公室主任張敬標、管政法的王少庸和管外事的馮國柱，還找了與他們勾結在一起、與他們關係很深的上海警備區的兩個人開會。徐景賢說，現在王洪文、張春橋、姚文元都聯繫不上，北京很可能發生政變，他們被抓起來了，馬天水可能被軟禁。徐景賢要大家考慮考慮，分析一下現在中央會不會急着要對上海動手，來一個一網打盡。大家經過議論認為，不能坐以待斃，要對抗。王秀珍問上海警備區的人，部隊的情況怎麼樣，如果有動作的話，部隊能拉出多少人馬。與會的上海警備區的人說，部隊的人是有限的，真正要動，還得要動民兵，沒有民兵，是不行的。

第二個會議是下午 3 點多開的，徐景賢、王秀珍等找了民兵指揮部的負責人施尚英、鍾定棟，還找了公安局的薛幹青、徐成虎，開會決定以檢查戰備部署的名義，着手叛亂的準備工作。會上，王少庸問施尚英，民兵能集中多少人，武器彈藥有多少。施尚英回答說，民兵集中待命的有二千五百人，子彈四百萬發，上海兩個兵工廠還有庫存子彈八百萬發。會議專門研究了對民兵的指揮問題。施尚英表示，我們聽徐景賢、王秀珍、王少庸的。

　　第三個會議是下午 4 點開的，徐景賢找來新聞單位《解放日報》、《文匯報》、廣播電台的負責人，對他們說北京發生了政變，人被抓起來了。他要這些輿論單位，還是按照毛主席的既定方針辦，並向這些單位提出：如果新華社登載有關處理王洪文、張春橋、姚文元的消息，要先報告市委，報紙不能登，電台不准廣播。

　　第四個會議是下午 5 點以後，由徐景賢主持召開市委常委會，並且通知了列席常委朱永嘉、陳阿大、葉昌明參加。徐景賢通報 7 日、8 日同各方面聯繫、了解的情況，説種種跡象表明，中央出問題了，上海要提高警惕。在會議開到 7 點多鐘的時候，「四人幫」的得力幹將、派到全國總工會的金祖敏的秘書廖文全打電話到上海，告訴徐景賢，「我娘心肌梗死」。徐景賢從這個暗號中認定北京出事了。也就是在這個時候，「四人幫」派到公安部當副部長的祝家耀打來電話，説「人員集中了，門上加鎖了，不能動了」。文化部的劉慶棠也來電話説，文化部「有病情，我們都病了」。這些電話都證實「四人幫」被抓起來了。這樣，徐景賢等人研究、決定叛亂的部署就具體化了。在會上，王洪文的秘書肖木説，中央上頭的問題已經解決，北京已經開始對下頭動手。寫作組的朱永嘉（上海寫作組的歷史組負責人）説，中央肯定發生了軍事政變，肯定是華國鋒、汪東興一起搞的。他這樣一説，會上議論得就更激烈了。徐景賢問大家究竟怎麼辦。朱永嘉説，我們得準備戰鬥，搞成巴黎公社，維持幾天總是可以的。我們可以發告全市、全國人民書，或者先發一點材料，如赫魯曉夫是怎樣上台的材料。寫作組的王知常對朱永嘉的意見作了補充。他説，我們應該提出一些響亮的口號，就叫「還我洪文」、「還我春橋」、「還我江青」、「還我文元」。王知常這個人我聽工作組的人講過，他是寫作組的骨幹，反對共產黨的領導，反對宣傳毛澤東思想，説毛澤東思想像梅毒一樣，到處侵害。從「四人幫」重用的這些人來看，「四人幫」的基礎確實是反共反人民的。在研究具體行動的時候，王秀珍説，現在民兵已經動員了，先動員二千五百人，留三萬一千人待命，發槍發子彈。他提出輿論工作由朱永嘉準備。最後經過討論，徐景賢作了四條決定：（1）現在開始做武裝暴動的準備；（2）為了防止意外，他和王秀珍分住兩個地方，王秀珍和馮國柱住民兵指揮部，他自己去丁香花園；（3）部隊方面要做點工作；（4）張敬標留在市委辦公室值班。根據會議決定，會後朱永嘉到解放日報社、文匯

報社和廣播電台，傳達市委常委會的決定，進行武裝暴動的輿論工作。

10月8日晚上，就在徐景賢、王秀珍等在上海策劃和部署武裝叛亂的時候，在北京的馬天水在中央找他談話以後，他一回到京西賓館的房間，就對秘書房佐庭說，搞一個假的表態可以回去，回去以後還得研究是大幹還是小幹。他還說，一旦幹起來，損失太大，現在是大勢所趨，幹是不行了。馬天水的這些話，都是他的秘書後來交代的。從馬天水所說的這些話看，他當時感到很難辦，表態也難，不表態也難，他要表態擁護中央的決定，回到上海怎麼辦，那些「小兄弟」可不好駕馭；他要是不表態，不擁護中央的決定，恐怕回不去。這真實地反映了馬天水當時的心態。

10月9日，新華社發表了中共中央關於出版《毛澤東選集》第五卷和籌備出版《毛澤東全集》的決定，中共中央、全國人大常委會、國務院和中央軍委關於建立毛主席紀念堂的決定。此後，全國各地掀起了擁護「兩個決定」的高潮。

就在這一天，從濟南被緊急叫回上海的市委常委黃濤（他是張春橋非常器重的人，反對國務院的急先鋒），同王洪文的秘書廖祖康等人研究武裝叛亂的問題。他們提出，要抓緊向工會、婦聯、共青團、重點工廠等組織和單位吹風，他們認為，現在打出像王知常提出的那些口號還不行，要打出一些能夠蒙蔽群眾的、中性的口號，如「無產階級和革命人民團結起來」、「同赫魯曉夫式的野心家鬥爭到底」等，通過這些口號來鼓動宣傳群眾。

這一天，上海市民兵指揮部召集十個區、五個直屬民兵師負責人開會，部署叛亂的具體步驟，準備動用各種槍支、車輛，着手集中物資和食品。輕工業局的馬振龍開始在他辦公樓的密室裏存放武裝叛亂用的汽車車牌、食用的壓縮餅乾。市民兵指揮部到中國紡織機械廠架設指揮電台。「四人幫」餘黨在上海發動武裝叛亂的準備工作已在緊鑼密鼓地進行。

10月10日，就在「四人幫」在上海的餘黨緊鑼密鼓地策劃武裝叛亂的重要時刻，中共中央通知徐景賢、王秀珍到北京開會，打亂了他們武裝叛亂的部署。由於馬天水遲遲不表態，中央認為馬天水一人在北京不行，要徐景賢、王秀珍也來北京。徐景賢、王秀珍走之前，特別交代自己的「小兄弟」，要小心，有事請示王少庸、馮國柱、張敬標。徐景賢、王秀珍走後，留下的幾個常委，如王少庸、馮國柱、張敬標等，資歷長，有政治鬥爭經驗，他們

已從一些渠道了解到「四人幫」被隔離審查的消息，便假託等馬天水、徐景賢、王秀珍回來再說，將 8 日常委會上決定的事情拖了下來。這一天上海還是有一些動作，如這天深夜，組織了消防、交警的緊急集合演習等，但上海的武裝叛亂的準備工作，已經處於群龍無首的狀態。

也就是 10 月 10 日這一天上午，國務院副總理谷牧找輕工業部機械局局長謝紅勝和我談話，要我們儘快去上海，了解上海的情況。我當時是輕工業部計劃組副組長，過去對上海的情況有一些了解。1975 年 8 月，鄧小平要谷牧在上海金山召開現場會。那次會後，李先念、余秋里、谷牧等人研究決定，要我率一個有二十多人的工作組，到上海石油化工總廠檢查和幫助抓工程質量問題。我是帶着李先念親筆寫的一封信去的。開始的時候，儘管他們的認識和我們的認識不完全一致，工作中有些矛盾，但工作還能推進，也是有成效的。到了 11 月下旬，隨着「批鄧、反擊右傾翻案風」越颳越大，王秀珍就公開地在會上講，說我們到金山檢查工程質量是挑毛病，是否定新生事物。我們在那裏的工作越來越難做，後來經輕工業部部長錢之光同意，我們撤回了北京。

1976 年初，我感到工作已沒法做，就到河北省固安縣的輕工業部「五七」幹校勞動鍛煉去了，同時兼任黨支部書記，直到 1976 年國慶節以前調回機關。國慶節後，由於唐山是一個重要的輕工業城市，我被派往那裏，研究唐山大地震後輕工業如何恢復生產等問題。10 月 8 日上午，我接到部裏值班室的電話，要我趕快回北京，說另外有急事找我。我問什麼事情，值班的人說不知道。8 日晚上，我回到北京後，遇到部裏的一位女同志，她愛人在總參二部工作，她悄悄地告訴我，江青被抓起來了。當時我腦子一閃，匆匆忙忙把我從唐山叫回來，是不是與這件事有聯繫？10 月 9 日，一上班，部裏就告訴我說上面要找我談話，要我等着，不要離開北京。第二天，谷牧就找我們談話了。果然與粉碎「四人幫」的後續工作有關。他一見我們，就開門見山地說，他是奉命找我們談話的。他說中央已經對王洪文、張春橋、江青、姚文元實行隔離審查，現在中央最關心的是上海的情況，所以決定由各部委派一些人到上海去，以研究、準備明年國民經濟計劃的名義到上海。他要我們儘可能地接觸各方面的人員，了解工廠的情況，了解社會上的動向，了解「四人幫」餘黨有什麼動作，把所了解的情況儘快寫信寄回北京，寄到北皇城根

立新路 9 號，有專人處理這些信件，並隨時向中央報告。谷牧要我們儘快動身到上海。谷牧找我們談話後，我們已經買不到第二天去上海的飛機票了，到 10 月 12 日，我們才動身去上海。我們一共去了八個人，晚上 8 點 20 分到達上海虹橋機場。有人在機場接我們。在機場到市區的路上，我們看見沿路的牆上用很大的黑體字寫着「永遠按既定方針辦」的標語，我們還碰到兩三隊背着槍的民兵在巡邏，當時的氣氛給我們感覺的確是有點緊張。我們住進了國際飯店。我們到後，為便於了解情況，想訂報紙，但《參考消息》卻訂不到。我們後來分析，可能知道我們來，他們提前打了招呼，成心不讓我們了解國外的動向。

第二天一上班，我們先後去了市「革命委員會」的工交組和紡織工業局、輕工業局。紡織工業局「革命委員會」主任唐文蘭、輕工業局革命「委員會」副主任馬振龍接待了我們。紡織工業局和輕工業局是「四人幫」幫派勢力最集中的兩個局，唐文蘭和馬振龍都是王洪文的「小兄弟」。我們從他們的接待當中，感覺到他們好像有點心事似的。他們對我們說話，聽我們說工作計劃，不是很專心，有種心不在焉的感覺。我們沒看出他們有什麼大的變動，包括辦公室的人來人往也沒有大的異常現象。當時，我們只是接觸了一些表面情況，也聽到一些反映，先後給北京寄了三四次信。我記得，為了以防萬一，第一封信沒敢在上海寄，是派人到蘇州寄的。

10 月 11 日，上海民兵指揮部派人到中國紡織機械廠察看地形，報告說全廠有七個門，可容納一萬人。

10 月 12 日上午，中央政治局在玉泉山葉劍英住處召開會議，討論向上海派工作組接管上海的問題。華國鋒說，現在看來上海市委這些人已經無法工作了，他們頑固地站在「四人幫」的立場上，和中央對抗，妄圖發動武裝叛亂。過去被「四人幫」壓下去的一派，也是造反派中的一派，準備搞串聯。上海的群眾也自發行動起來，需要正確的引導。中央應該馬上派人去接管上海。不然會出大亂子。

葉劍英表示贊成華國鋒的意見，他說，為了防止上海這些人狗急跳牆，搞武裝叛亂，要派一位無論是在軍隊還是在地方都能壓得住台的老同志去。我看蘇振華堪當此重任。他資格老，林彪、「四人幫」整得他很慘，但他鬥爭很堅決，在粉碎「四人幫」的緊急時刻起了重要作用。在戰爭年代，有指揮

作戰的豐富經驗；在新中國成立初期，擔任過貴州省委書記，多次受到黨中央、毛主席的稱讚。再説，上海有海軍東海艦隊的基地，振華去上海，工作起來也有方便條件。

陳錫聯補充説，我贊成葉帥的提名，振華是軍委常委，我們曾一起處理軍委日常工作，1974 年調整各大軍區領導班子時，他做了很多工作，起了重要作用。這些都便於他協調南京軍區、海軍、空軍的部隊，特別是南京軍區廖漢生等一些老同志都曾受林彪、「四人幫」迫害和壓制，與振華關係都很好，肯定能得到他們的支持。振華牽頭去上海，是很合適的人選。

李先念接着發言説，葉帥的意見是深思熟慮的。上海是「四人幫」起家的基地，解決「四人幫」餘黨問題，是解決「四人幫」問題不可分割的組成部分，是中央解決好「四人幫」問題一着極為重要的棋。穩住了上海，對於穩住全國局勢具有特殊重要的意義。因此，確定去接管上海的人選，特別是牽頭人選，就特別重要。振華是主張抓「四人幫」的，他與「四人幫」鬥爭很堅決，毛主席曾説管海軍靠他，這次解決「四人幫」在上海的餘黨問題，也要靠他去牽頭，靠他去發揮核心領導作用，我贊成葉帥的意見。

華國鋒接着説，我贊成葉帥的提名，蘇振華有水平，與「四人幫」鬥爭堅決積極。根據「四人幫」控制上海的實際情況，中央去接管上海的人選，最好是在將來的一段時間內，能夠取代張春橋、姚文元、王洪文在上海職務的人。「四人幫」和他們的餘黨不是説王洪文是工人階級的「領袖」嗎？他是什麼工人階級「領袖」！我們要派一位真正的工人階級領袖去，我看倪志福也一起去上海。

李先念説，我贊成志福去，他既是上海人，又是有創造發明的勞動模範，在工人群眾中威信高，而且有治理地方的經驗，是工人階級自己的領袖。

葉劍英説，志福作風正派，處事大度穩重，是工人階級的傑出代表。他身體不好，可以帶個醫生去。

華國鋒又説，過去上海和江蘇的矛盾很尖鋭，但上海和江蘇不論政治、經濟各方面的關係都很密切，最好能從江蘇調一位同志去上海工作。

李先念建議，可以派彭沖去，他處事從容穩重，在江蘇政績突出，「四人幫」往死裏整他，他與「四人幫」鬥爭非常堅決，他去接管上海，有利於解決兩地矛盾，上海經濟建設上遇到困難和問題，也會得到江蘇的有力支援和

幫助。

中央其他領導都同意蘇振華、倪志福、彭沖三人去接管上海。葉劍英說，中央、國務院各部委還可以抽一些人去協助工作。現在中央、國務院已經有部分人在上海了解情況。振華、志福也可以帶些人去，彭沖帶幾個工作人員去就行了。所有這些人，都以蘇振華、倪志福、彭沖三人帶領的中央工作組的名義去上海。關於中央工作組去上海的方針，會議明確指出是：「既要解決問題，又要穩定局勢。」這兩點要求後來成為中央工作組的重要指導思想。這次會議還提出，工作組到上海以後，主要是抓好揭批「四人幫」的鬥爭，千萬不要鑽到具體業務堆裏去，當然也要注意「生產不能受影響，要控制住局面」。在這次會議上，葉劍英反覆強調上海在全國的重要地位，強調搞好上海的揭、批、查「四人幫」鬥爭對全國的影響。葉劍英提出「要亦破亦立，破要破得徹底，立要立得正確。既要解決問題，又要穩定局勢」。

中共中央作出派工作組去上海的決定後，中央政治局的全體委員又找馬天水、徐景賢、王秀珍談話，明確要求他們與「四人幫」劃清界限，放棄叛亂的企圖，把立場轉變過來，把上海的工作做好。葉劍英說，上海是大革命開始的地方，上海的人民、工人覺悟高，對「四人幫」的活動如果說以前受了蒙蔽的話，現在則應當看清楚了。你們不能再站在少數人的立場上。站在「四人幫」的立場上，沒有前途。要站在多數人方面，把上海的事情辦好。這是中央研究成立工作組後，中央領導同馬天水、徐景賢、王秀珍談話的主要內容。在原話裏面還有一些安撫他們的話，目的是先把他們穩住，避免他們狗急跳牆。

10月12日晚上，王少庸、朱永嘉開會，籌劃停產罷工，舉行遊行示威，控制電台，封鎖中央的消息，準備發表《告全市、全國人民書》，提出「還我江青」、「還我洪文」、「還我春橋」、「還我文元」等口號。

也是這天晚上，10點多鐘，我接到中國紡織機械廠黨委書記張秀打來的電話。張秀要我們晚上睡覺警覺一點，不要睡得太死，並且說你們來的人，最好集中在一起，不要單獨走開。這些話講得比較含蓄，但意思還是能夠聽得出來的。後來我們知道，當時上海民兵指揮部已在中國紡織機械廠架設了指揮電台，這個電台是輔助的指揮電台，主要的指揮電台在江南造船廠。第二天吃早飯的時候，我遇到跟我們一起到上海的秦仲達，他當時是化工部計

劃司司長，後來任化工部部長。他們在上海沒有像我們這樣的系統內部的關係來傳遞消息。我對他講，你們活動時注意一點，人集中在一起，不要單獨走開，要互相照應，有事情隨時跟我們聯繫。

10月13日，馬天水、徐景賢、王秀珍在中央政治局找他們談話後回到上海。他們一回到上海，先找留在上海的三個常委王少庸、馮國柱、張敬標開碰頭會，了解上海的情況，傳達北京打招呼會議的精神，通知下午3點鐘開常委會。因為碰頭會意見分歧，常委會到下午4點鐘才開。會上，馬天水通報了中央打招呼會議的情況。徐景賢作補充，講了毛主席對「四人幫」的指示，表態應付了一下。王秀珍也表態，說聽了毛主席的指示後認識有所轉變。黃濤說，就憑這些能夠把「四人幫」打倒？他這麼一鼓動，會上就攪開了，有人叫嚷馬天水、徐景賢、王秀珍是叛變。

在這段時間裏，粉碎「四人幫」的消息不脛而走，通過各種渠道傳到了上海，老百姓特別是幹部和知識分子對此感到非常振奮。最初，上海的一些大字報、遊行慶祝，主要是擁護中共中央的「兩個決定」。馬天水、徐景賢、王秀珍回到上海的第二天，也就是10月14日，一方面，「四人幫」在上海的餘黨躍躍欲試，還想搞一些合法鬥爭；另一方面，群眾開始起來了，徐家匯、康平路市委機關辦公的地方，群眾已經開始衝進去貼大字報。馬路上第一次出現徹底砸爛「四人幫」，打倒王洪文、姚文元、張春橋、江青的大字標語。面對群眾的巨大衝擊，10月15日凌晨，上海市委給中央打了一個緊急電話，報告說：

> 在徐家匯、康平路（市委機關所在地）周圍以及外賓車輛必經的延安西路、淮海路等處，由上海交通大學學生刷出一批「打倒四人幫」的大標語。其內容除指名「打倒王、張、江、姚」四人以外，還有「砸爛反革命集團的幫兇」等貼在市委周圍。我們估計，這類大字報一多，特別是聯繫上海市市委的標語增多的話，有些思想尚未轉過來的人，會貼出反擊大標語。有的會出來支持市委，甚至可能貼出為「四人幫」辯護、矛頭指向黨中央的大標語。如有打砸搶者，我們將採取堅決措施予以鎮壓。

這個電話，既有向中央報告群眾已經起來的信息，也有乘機威脅的味道。

10 月 15 日，《解放日報》和《文匯報》在頭版報導了上海工人階級掀起學習馬列著作和毛主席著作的新高潮，決心堅持「三要三不要」（即要搞馬克思主義，不要搞修正主義；要團結，不要分裂；要光明正大，不要搞陰謀詭計）的基本原則，同一切背叛馬列主義、毛澤東思想，篡改毛主席的指示，搞修正主義、搞分裂、搞陰謀詭計的人鬥爭到底。這是上海首次公開不點名地揭批「四人幫」。

10 月 18 日，中共中央向全黨發出通知，即中央 16 號文件，列舉了王洪文、張春橋、江青、姚文元反黨篡權的罪行和毛主席 1974 年以來對他們的批評，宣佈了對他們進行隔離審查的決定，號召全黨同志同王洪文、張春橋、姚文元、江青反黨集團進行堅決的鬥爭。通知說，王洪文、張春橋、姚文元、江青進行反黨篡權的陰謀活動，罪行極為嚴重。他們不聽毛主席的話，肆意篡改馬克思主義、列寧主義、毛澤東思想，在國內國際一系列問題上反對毛主席的無產階級革命路線，打着馬克思主義的旗號，搞修正主義。他們結成「四人幫」，進行分裂黨、篡黨奪權的宗派活動。他們大搞陰謀詭計，私立秘密聯絡點，私整中央負責同志的黑「材料」，到處插手，煽風點火，企圖打倒中央和地方的黨政軍負責同志，篡奪黨和國家的領導權。他們利用手中控制的輿論工具，歪曲事實，顛倒是非，製造謠言，欺騙群眾，在宣傳活動中突出地宣揚他們自己，為他們篡黨奪權大造輿論。毛主席對他們多次進行嚴肅的批評和耐心教育，但他們就是不肯改悔。通知強調，同「四人幫」反黨集團之間的鬥爭，是無產階級同資產階級、社會主義同資本主義、馬克思主義同修正主義的你死我活的鬥爭。通知提出，在揭發和批判「四人幫」反黨集團的鬥爭中，要注意政策：要堅定地相信群眾的大多數，要懲前毖後、治病救人，要擴大教育面、縮小打擊面，對犯錯誤的同志要區別對待。

10 月 19 日，中央工作組在人民大會堂北京廳開會，除了倪志福和彭沖外，參加會議的還有工作組成員：國家計委副主任林乎加、公安部副部長嚴佑民、北京市委副秘書長毛聯珏、新華社海軍分社社長車文儀、海軍政治部宣傳部副部長張壽華。會議研究了接管上海的主要問題。會後，大家分頭做必要的組織準備。

同一天下午，上海十六所大學的工農兵學員和聽到粉碎「四人幫」的消

息後趕來的工人、紅衞兵共計三萬多人，在上海文化廣場開會。上海交通大學、復旦大學、上海音樂學院等單位的代表發言，控訴「四人幫」篡黨奪權的罪行。這是上海最早召開的一次聲討「四人幫」的群眾大會。

這天深夜，上海市市委向中央打了第二次告急電話，內容是：

> 原來打算在文化廣場召開上海市市委憤怒聲討「四人幫」反革命罪行大會，但考慮到一百幾十個單位定於明天（20日）在人民廣場召開三十萬人的大會，帶頭的是交大。他們的負責人通知我們說，市委的大會是陰謀，他們要衝大會。由於我們現在已不能調動任何力量保衞會場，我們只能決定市委的大會停開，我們準備去參加這個大會，和群眾一起揭發批判「四人幫」的反革命罪行，並接受群眾的揭發批判。市委機構整個已經癱瘓，急請中央予以指示。

第二個電話反映了上海當時的真實情況，市委癱瘓，對局勢失去控制，這和我們從各方面了解到的情況是一致的。

10月20日，蘇振華在北京正式主持召開中央工作組會議。蘇振華說，「四人幫」雖然已經被捕，但上海的黨政大權還掌握在「四人幫」的餘黨手裏。他們正蠢蠢欲動，要出大事。出了大事就會影響全國。所以中共中央決定立即派一個強大的工作組去上海接管黨政大權，事情十分緊迫，請各位稍做準備，立即趕去上海。

為嚴防不測，中央工作組去上海，事先沒有通知上海市市委，專機是中央派的，接待單位是海軍上海基地。直到深夜，中央才正式通知上海市市委，說根據你們來的電話，中央已派蘇振華、倪志福、彭沖率中央工作組，於今晚到達上海，將由他們與你們聯繫。蘇振華一行到了海軍上海基地招待所住下後，就把馬天水找去。蘇振華對馬天水說，中央根據上海當前的情況和你們的要求，為了穩定局勢，搞好揭批「四人幫」的鬥爭，決定派中央工作組進駐上海。工作組由我們三人領導，希望你們打起精神，把中央打招呼會的精神和中央16號文件傳達貫徹好。接着，蘇振華要馬天水談談從北京回來後做了什麼，現在的認識怎樣。馬天水結結巴巴地說，從北京回來後，已把中央打招呼會的精神向常委和區縣局幹部作了傳達，並印成文件發到基

層。群眾都起來了，衝擊市委，我們已難以工作，現在中央工作組來了，我們就好辦了，我們保證服從你們的領導。蘇振華鄭重地告訴馬天水，我們是工作組，主要是了解情況，市委的正常工作還是由你們負責，該怎麼辦就怎麼辦。過去，你們在「四人幫」的泥坑裏陷得很深，現在要打起精神，將功補過，上海出了問題，還是由你們負責！

　　10 月 21 日上午，蘇振華、倪志福、彭沖找了從南京趕來的南京軍區政委廖漢生、副參謀長張挺，商談工作，交換意見。蘇振華提出，鑒於上海「四人幫」的餘黨賊心不死，蠢蠢欲動，請南京軍區繼續加強戒備，特別是江蘇、浙江一線的部隊要保持高度警惕，海上的情況由海軍負責。上海警備區那兩個與武裝叛亂活動有牽連的人，立即調回南京。請南京軍區另外抽調人員到上海，協助中央工作組，重點保證不出亂子。後來我聽蘇振華講過，說當時還有一個意見，提議駐紮在無錫的野戰軍向上海方向拉練，對上海造成一種威懾。葉劍英表示，不需要這樣做，要相信上海工農群眾，軍隊一調動，馬上就會引起恐慌了。

　　在蘇振華和南京軍區領導人談話的同時，林乎加、嚴佑民找我們這些先期到上海的人開會。我們把到上海這十天的情況向他們作了彙報。彙報結束後，林乎加對我講，蘇政委（指蘇振華）的意見是，讓你去上海市委寫作組，你要在那裏深挖「四人幫」篡黨奪權、大造反革命輿論的陰謀。我原來想可能派我去輕工業局一類的部門，做對口單位的工作，沒想到讓我去寫作組。於是，我就對林乎加說，我沒有思想準備，先了解了解情況，回頭再找你談。上海寫作組是「四人幫」篡黨奪權的兩個筆桿子基地之一，原來是上海市市委的寫作班，根據毛主席 1963 年要加強意識形態領域裏階級鬥爭的指示成立的。這個寫作班成立以後，曾經受張春橋的領導，徐景賢是黨支部書記。寫作班設有幾個組：文學組，筆名叫丁學雷；歷史組，筆名叫羅思鼎，負責人是朱永嘉；還有哲學組、自然辯證法組。這個寫作班在江青的授意和組織下，最早寫的文章是《評新編歷史劇〈海瑞罷官〉》，批判吳晗，揭開了「文化大革命」的序幕。這之後，寫作班就不斷地寫這類文章，批劉少奇，批鄧小平，影射、攻擊周總理。「四人幫」策劃陰謀，寫作班就是急先鋒，在中國思想文化陣地上盤踞了十幾年，橫行不法，作惡多端。我有個親戚，在解放日報社工作，是個部門的頭頭，林乎加找我談話後，我就找他了解寫作班

的情況。我到他家裏，拐彎抹角地問了些問題。他說寫作組是核心，一共幾十個人，他們也利用文科很強的「兩校」——復旦大學和上海師範大學，為他們找資料、寫材料，還聯繫一些社會上從事研究工作、理論工作的人，所以寫作組是一個很龐大的班子。大概是第二天，我還沒來得及弄清楚原委，林乎加就通知我說決定改變了，要我不去寫作組了，去市「革命委員會」文教組，先把黨政大權奪過來。

10月21日晚上，在海軍上海基地招待所的會議室裏，蘇振華、倪志福、彭沖把馬天水、徐景賢、王秀珍找來談話。這次談話的主要內容是通知他們，10月24日北京要開百萬人大會，全國各地都要召開這樣的大會。根據中共中央的統一部署，蘇振華和倪志福屆時回北京參加全國的大會，彭沖回南京參加江蘇省的大會。上海是「四人幫」篡黨奪權的基地，開好這個大會尤為重要，對全國影響很大，你們一定要同全國人民站在一起，開好這個大會，這對你們也是最好的考驗。談完話後，蘇振華、倪志福就回北京，彭沖回南京了。

10月23日，中央工作組正式開會，宣佈名單。會議由林乎加主持。林乎加說，原來打算這次來的各部委的人直接下到對口的局，比如輕工業部的人到紡織局，機械工業部的人到機電局等，去當聯絡員。後來發現市委有一小撮人，通過市委、市「革命委員會」的有關組辦從中作梗，搞一些小動作。現在看來要繞過市委這些組辦直接到下面各單位，恐怕還不行。經過研究，決定中央工作組還是先到市委、市「革命委員會」的各個組辦，清查「四人幫」的罪行，打破他們的幫派體系，把黨政大權奪過來。到了各個組辦以後，根據工作的需要，再到下面的各個單位去具體了解情況。他說這次大家去的名義就叫中央工作組的工作人員，主要任務是搞揭、批、查鬥爭，徹底砸爛「四人幫」。工作組工作人員名單已經蘇振華、倪志福、彭沖審閱批准，由他們三位給市委寫了一封介紹信。工作組的具體名單是：

市委辦公室：徐良圖（國家計委生產組副組長，後任副主任）、曹大澂（國家建委）、陳斐章（國家計委）。

市委組織組：李錫銘（水電部副部長，後任北京市委書記）、王西萍（後任交通部副部長）、李風（燃化部計劃司司長）、劉漢。

工交組：李景昭（國家建委核心小組成員，後任副主任）、干志堅（後任

國家計委副主任）、周力。

計劃統計組：曹維廉（一機部科技局局長，後任副部長）、王德瑛（後任國家建委副主任、中紀委副書記）、謝紅勝（後任紡織部副部長、國家機械委副主任）。

財貿組和郊區組：郭士榮（供銷合作社副主任）。

文教組：陳錦華（輕工業部計劃組副組長）、魯萬章（輕工業部局長）、王金光（輕工業部局長）。

寫作組：車文儀（新華社海軍分社社長）。

公安、民兵組：嚴佑民（公安部副部長）。

外事、統戰組：秦仲達（化工部計劃組組長，後任化工部部長）。

另有專案組十四人，有顧林昉（後任公安部副部長）等。

根據中央工作組的人員住房登記表，工作組人數最多的時候，總數是二百二十六人，其中部省級幹部十七人、司局長幹部五十九人。加上蘇振華、倪志福、彭沖身邊的工作人員，和新華社等媒體的人，大概有二百五十人。可見，當時中央工作組的陣容是很強大的，素質也是相當好的。

林乎加宣佈完中央工作組人員名單後，講了五條工作方針：(1) 中央工作組工作人員的任務是，根據中央 16 號文件精神，了解情況，解決問題，搞好徹底砸爛「四人幫」這場偉大的鬥爭。(2) 各組辦黨委要緊密團結在以華國鋒同志為首的黨中央周圍，立場堅定、旗幟鮮明，始終站在運動的前列，認真學習貫徹中央 16 號文件，充分發動和依靠群眾，同「四人幫」進行堅決的鬥爭，徹底揭發、批判他們的反革命罪行；跟「四人幫」幹壞事、陷得很深的人，要堅決站到毛主席革命路線這邊，同「四人幫」徹底決裂，在這場偉大的鬥爭中，經受黨和群眾的檢驗。(3) 全體幹部、職工都要堅守崗位，在黨委一元化領導下，抓革命、促生產、促工作、促戰備，把各項工作做得更好。(4) 各組辦黨委的重要會議、重大活動，要通知中央工作組的工作人員，必要時中央工作組的工作人員要參加，運動中的重要情況，要及時向中央工作組工作人員反映。(5) 提高警惕，嚴防階級敵人破壞搗亂，文件檔案必須妥善保管，任何人不得擅自處理，更不允許轉移或銷毀，如有違反，要嚴肅處理。林乎加還強調，「四人幫」的「小兄弟」集中在工交系統，因此工交系統要花更多的力量重點搞好揭、批、查，要破得徹底，立得正確。這五

條工作方針，成了中央工作組的「安民告示」，是中央工作組進駐各組辦的「約法五章」。

中央工作組剛到上海，許多人是臨時決定趕來的。為了防止發生意外，中央工作組曾宣佈「只帶耳朵、眼睛，不帶嘴巴」。後來隨着對情況的了解和運動的開展，這條規定逐漸改變了，凡涉及運動的一些重大問題，必須中央工作組講話。中央工作組也敢於負責，當講則講，沒有發生處理不當的問題。

10 月 24 日，蘇振華從北京打來電話，指示説：中央工作組要趕快到各組辦去，不要失去領導。去的人要同所到單位的黨委領導一起，研究和領導如何開展揭、批、查鬥爭，要勸説群眾，不要再遊行，或自發地開大會，要在黨委的一元化領導下召開大會，不要搞串聯，不要拉山頭，不能搞「四人幫」的那一套。要抓緊學習中央 16 號文件，把學習、揭發、批判結合起來，堅持本單位鬧革命。

10 月 25 日開始，中央工作組相繼進入市委和市「革命委員會」的各個組辦，受到了機關幹部和廣大市民的熱烈歡迎。南京路上也貼出了大字標語，歡迎中央工作組進駐市委、市「革命委員會」各個單位。當時，學校是走在前頭的，因為我是管學校的，所以寫我的大字報最突出，寫的也是最多的。看到這種情形，有人對我開玩笑地説，這下你可揚名啦！我開玩笑地回答説，這是「世無英雄，遂使豎子成名」。「四人幫」被打倒了，是形勢把我們推到了第一線。

我至今還清楚地記得我們第一次進文教組的情景。當時大概有十個人在辦公室外等着，他們知道我們進駐，就等着上訪、控訴。我接待的第一個人是上海越劇團的朱錦多，他由於反對「四人幫」被抓起來，關了一段時間。我聽了他的申訴，很快給他平反了。他後來成了揭批「四人幫」的積極分子。

中央工作組進駐各組辦以後，很快感到人手不夠，不得不緊急向中央各部委求援，要求儘快增派人員。各部委都積極配合，迅速增派。到 11 月初，還對重點單位，如王洪文工作過並一直控制的國棉 17 廠，王秀珍控制的國棉 31 廠，黃濤控制的江南造船廠等，相繼派出工作組或聯絡員，加強對這些單位揭、批、查鬥爭的領導。

10 月 26 日，中共中央發出通知，正式決定改組上海市的領導班子，中央的通知是：為了加強對上海市的領導，中央決定蘇振華同志兼任上海市市委

第一書記、市「革命委員會」主任；倪志福同志兼任上海市市委第二書記、市「革命委員會」第一副主任；彭沖同志任上海市委第三書記、市「革命委員會」第二副主任；撤銷張春橋、姚文元、王洪文在上海的黨內外一切職務。後來蘇振華在開會的時候對我們講，當時華國鋒説過，我們政治局的同志也不多啊，但是我們還是拿出兩位來到上海去，這是中央對上海的重視，也是中央對上海的最大支持。被「四人幫」和馬天水、徐景賢、王秀珍排擠出市委領導班子的王一平、韓哲一、梁國斌、李干成等老同志，也陸續被請出來擔任市委領導和配合工作。

10 月 27 日，蘇振華、倪志福、彭沖主持召開全市部委辦、區縣局幹部大會。會議首先傳達了中央改組上海市市委和市「革命委員會」的決定，宣佈對蘇振華、倪志福、彭沖的任命以及撤銷張春橋、姚文元、王洪文在上海的黨內外一切職務的決定。會上一片歡呼，我感到這種情緒是發自內心的，是對中央決定的熱烈擁護。接着蘇振華講了話，這是他到上海後發表的第一次公開講話。他在講話中強調，要把上海這座城市同全國、同中央緊密地聯繫在一起，把上海廣大人民同「四人幫」的癡心妄想嚴格地分開，把以產業工人為主體的上海民兵同「四人幫」餘黨搞武裝叛亂的陰謀嚴格分開。同時把馬天水、徐景賢、王秀珍等人妄圖發動武裝叛亂的陰謀端了出來。當時我們認為，這個問題最容易突破，因為搞武裝叛亂的是極少數人，這個問題一端出來，絕大多數幹部就解脫了，真正搞叛亂的一小撮人就孤立了。蘇振華的講話很好地貫徹了中央的精神，體現了很強的政策性和策略性，他的講話受到全場廣大幹部的熱烈歡迎。這次大會明確了廣大幹部與「四人幫」、廣大民兵與武裝叛亂陰謀的界限，使很多人的包袱放了下來，這就造成了有利的形勢，對拉開全市範圍的揭、批、查「四人幫」的鬥爭，起了迅速打開局面的作用。

10 月 27 日全市部委辦、區縣局幹部大會引起的震動，我舉兩件事情做例子。一件事情是，在這次大會上，張承宗站出來面對面地揭發馬天水的罪行。張承宗在「文化大革命」前是上海市副市長，曾經擔任過中共上海市地下黨負責人，並長期負責統戰工作。他在會上揭發說，馬天水曾經讓工廠突擊生產幾萬副手銬，他質問馬天水：你要趕做這幾萬副手銬幹什麼？你要銬誰呀？誰讓你這麼幹的？張承宗把這個問題一端出來，馬天水頓時驚慌失

措，沒辦法回答，也不敢回答。會上圍繞着武裝叛亂、篡黨奪權這個重大的政治問題，鬥爭的氣氛極為猛烈。

另一件事情是有關我所在的文教組的。我們到文教組後，首先是找政治上信得過的人了解情況。當時有人給我介紹了文教組副組長賀汝儀，說他是個老幹部，曾經在中央辦公廳工作過，是譚震林從華東帶到北京的，後來又回到了上海。當時我認為，他是譚震林的人，應該是可靠的，就找他了解有關文教系統以及「四人幫」餘黨的情況。我還向他交了點底，說你就好好配合工作吧，我們相信你。他也主動向我反映了一些情況。10 月 27 日開會的時候，我還見到了他。可是第二天凌晨大概是 5 點多鐘的時候，上海交通大學黨委書記楊凱（後來擔任文教組組長、上海市副市長）給我打電話，說賀汝儀跳樓自殺了。我不敢相信，說昨天我還看到他了，他還跟我說了幾句話，沒發現有什麼異常表現。我問楊凱，他有沒有留下什麼遺言。楊凱說，還不清楚。我說，我馬上趕到他家裏去。我到後，看到屍體在樓下，我問公安局的人，究竟是怎麼回事，有什麼遺留的東西，有什麼線索。他說，賀汝儀身上有張紙條，紙條只有三個字：「醜死了。」我當時感到納悶，「醜死了」是什麼含義呢？後來知道，賀汝儀在 1975 年底、1976 年初鄧小平再次被打倒的時候，頂不住了，給「四人幫」餘黨寫過一個材料，告發他的親家說過對江青不滿的話。10 月 27 日開大會，他一看馬天水製造手銬的事情都捅出來了，怕自己寫信告發他親家的事情也在會上被揭出來，那將沒臉見人，所以感到「醜死了」，就跳樓自殺了。從這件事情上，可以看出 10 月 27 日大會引起的震動是非常大的。

10 月 28 日，根據中央「既要解決問題，又要穩定局勢」的方針，中央工作組和新的上海市市委開始着手揭露「四人幫」的罪行，清查「四人幫」的幫派體系。可是，究竟應該怎樣着手？從哪裏突破？經過反覆研究，蘇振華、倪志福、彭沖一致決定，首先要抓住上海市市委常委的問題，要害是妄圖發動武裝叛亂，以此為突破口，來推動對「四人幫」的揭、批、查鬥爭。蘇振華、倪志福、彭沖親自坐鎮，接連用了幾天時間，以開市委常委會的形式，要馬天水、徐景賢、王秀珍等人參加，讓他們自己交代，互相揭發有關妄圖發動武裝叛亂的問題。蘇振華在會議開始的時候就明確指出，「四人幫」篡黨奪權的陰謀是從上海開始的，一時要查清他們的全部罪行是困難的。現

在我們集中時間，先把你們自己妄圖發動武裝叛亂的問題交代清楚。你們可以自己交代，也可以互相揭發，最好是按妄圖發動武裝叛亂的日程，一天天講清楚。會議連續開了幾天，儘管蘇振華一再交代政策、曉以大義，但他們還是躲躲閃閃，極力掩蓋秘密策劃的真相。中央工作組和新的上海市市委意識到，光靠這樣的會議不行，必須在會外組織群眾揭發批判，組織民兵揭發批判，再配合內查外調，特別是把那些組織武裝叛亂、罪惡深重、民憤極大的人先隔離起來審查。這樣一來，揭露「四人幫」罪行、清查武裝叛亂和「四人幫」幫派體系的工作就漸漸取得突破，很快搞清了真相。

10 月 29 日，彭沖找中央工作組的人座談。彭沖講，各部委的同志來得及時。馬天水、徐景賢、王秀珍講，沒有料到上海揭批「四人幫」的鬥爭會發動得這麼快。彭沖還講，現在主要是揭發，突破口是妄圖在上海搞反革命武裝叛亂。市委常委開了好幾天會，他們想統一口徑，掩蓋真相，逃避責任。最近他們寫文件還講「暴動」，不講「叛亂」，我們已經批評他們了。前幾天徐景賢還講，感情上轉不過來。這哪是感情問題？這是立場問題。彭沖還講，對市委的列席常委，我們已停止他們出席常委會。

10 月 30 日，中央工作組召開全體人員大會，蘇振華、倪志福、彭沖到會。蘇振華首先講話，他說黨中央對上海非常重視，非常關懷，要把上海揭發批判「四人幫」罪行的鬥爭搞好，組織中央各部委、北京市委、部隊各條戰線的同志來上海工作，任務很光榮，也很艱巨。中央一聲令下，立即行動。「四人幫」在上海另搞一套，不聽中央的，還到各省插手，干擾破壞各省工作。「四人幫」妄圖把上海當成他們推行反革命修正主義路線的陣地，對「四人幫」的影響不能看得過低，對他們的破壞作用和影響要有足夠的估計。中央派你們來上海，既是上海人民的願望，也是中央對你們的希望。要「既來之，則安之」。思想精力要集中在工作上。要把上海的事情辦好，要把革命進行到底。第一，堅決按中央政策方針辦。第二，依靠群眾。第三，各級黨委加強一元化領導。我們來的人不能完全業務對口。對廣大幹部要懲前毖後，一看二幫。要把跟得緊、陷得深、參與陰謀活動的，與受了影響、說了錯話、做了錯事的區別開來。蘇振華還鼓勵大家大膽工作，他給大家承擔責任。接着，倪志福講話，要求大家專心工作，不要着急回去。彭沖也講了話。他說，上海形勢發展很快，比我們預計得還好。但大量的工作還在後

面，要繼續安心做好工作。

這一天，《人民日報》頭版發表評論員文章，題目是《喜看上海大好形勢》，指出上海的形勢大好，令人十分高興。

揭批、清查「四人幫」及其餘黨的罪行

「四人幫」篡黨奪權，搞「第二武裝」、抓槍桿子的圖謀，是由來已久的。早在 1971 年中共九屆二中全會期間，江青、張春橋就對馬天水、王秀珍、徐景賢講過，我們是筆桿子，沒有槍桿子。王洪文也說，我最擔心的是軍隊不在我們手裏，軍隊沒有我們的人。以後王洪文一直想把民兵搞成「第二武裝」。1975 年 5 月 3 日，毛澤東召開中央政治局會議批評了「四人幫」。6 月 14 日，王洪文寫信給毛澤東，作了自我批評。隨後，他藉解決上海、浙江問題為名，跑回上海，一住就是一百零五天。他在上海做的主要事情之一就是抓民兵，佈置檢查「第二武裝」力量。9 月 18 日，他對上海民兵指揮部的頭頭說了一通私房話，強調：「你們民兵很重要，將來要準備打仗的，你們要警惕，你們這個隊伍不要被人家指揮，要聽民兵指揮部的指揮，你們要做思想上的準備，人家一個巴掌打過來，看我們是不是站得住。」1976 年 9 月 20 日，也就是粉碎「四人幫」前的半個月，張春橋在北京單獨接見了徐景賢，聽取徐景賢的彙報。張春橋點撥徐景賢要抓好民兵。後來在清查中發現，上海為了把民兵搞大，花了很大的物力、財力來做這件事情。上海財政局有一個資料：從 1974 年到 1975 年 9 月，「四人幫」一伙在上海、湖南、安徽等地製造、購置的槍支達 48462 支，指揮車十輛，雷達指揮儀十套，以及四十多萬步機槍的零部件。他們打算要裝備三十個步兵團、十個高炮師、三個地炮師、一個坦克師、一個摩托團，配備一三〇火箭 108 枚、高射炮 782 門。9 月 28 日，張春橋特地派他的秘書到上海，指示說，階級鬥爭要經常研究，一方面要提高警惕，一方面要提高信心。要看到資產階級還有力量，問題是誰掛帥。上海還沒有真正經歷過嚴重的考驗，上海有大考驗，要打仗。王洪文、張春橋的這些指示，實際上成了「四人幫」在上海的餘黨發動武裝叛亂的政治動員和思想發動。

根據 10 月 8 日徐景賢主持會議的決定，民兵指揮部的頭頭施尚英、張敬

標連夜制定了兩個反革命武裝叛亂方案，代號為「捍—1」、「捍—2」（捍指捍衛所謂「無產階級司令部」）。「捍—1」方案是控制首腦機關、報社、電台、飛機場、橋樑、碼頭、交通要道的兵力部署；「捍—2」方案是以江蘇、浙江為作戰目標，從上海的周邊到市中心設立三道控制圈的民兵部署。兩個方案的主要內容有以下十個方面：

（1）全市動員武裝民兵 3.3 萬人，炮和火箭筒 85 門，機槍 78 挺，步槍和衝鋒槍 2.7 萬支，子彈 296 萬發。

（2）民兵要晝夜值班，值班人數要相對集中，人車配套，槍彈配套。

（3）基本指揮所設在江南造船廠，預備指揮所設在中國紡織機械廠，指揮所人員於 10 月 9 日 11 時進駐完畢。

（4）民兵指揮部和移動民兵師也設立指揮所。

（5）開設指揮網，設立兩個通信網，這兩個通信網於 10 月 9 日晚上 6 時起聯絡。後來這兩個通信網共收發了七十五份電報，10 月 15 日停止聯絡。

（6）為便於機動兵力和通信聯絡，動用汽車一百二十五輛，摩托車一百輛和一部分自行車。

（7）上海和浙江、江蘇交界的地方，即瀏河、安亭、葛隆等地，設六個控制點，一個控制圈；在到市區的兩道控制圈內，設周邊十七個控制點，內圍十六個控制點，並規定了各區縣的任務和預備隊的組成。

（8）吳淞口派出兩艘到三艘漁輪，加強巡邏，機動漁輪機動待命，控制黃浦江等各個渡口，控制水道和隔江送水的管道，必要時實施封閉。

（9）重點支援地點，防空降的措施，彈藥儲備及武器修理方案。

（10）制定口令、標語。

後來，「四人幫」餘黨策劃反革命武裝叛亂徹底失敗，「捍—1」、「捍—2」方案除了設立指揮電台及集中部分民兵等實施外，大部分胎死腹中。所以有這樣的結局，我認為，主要有以下幾個原因：

（1）黨中央一舉粉碎「四人幫」，大得人心，大快人心，政治上佔了絕對的優勢。「四人幫」倒行逆施，禍國殃民，他們被隔離，是黨心、人心所向。他們的餘黨垂死掙扎，妄圖製造武裝叛亂，是逆潮流而動，必然失道寡助，注定要失敗。

（2）黨中央 10 月 9 日通知徐景賢、王秀珍 10 日到北京開會，打亂了他

們的叛亂部署，造成一時群龍無首的局面，留在上海的三個主持工作的常委感到大勢已去，就藉口等馬天水回來後再作決定以拖延時間，使整個形勢越來越對他們不利。

（3）蘇振華、倪志福、彭沖率領中央工作組進駐上海，迅速控制住了上海的局面，把黨中央的政策直接傳達到了廣大幹部，把「四人幫」的罪行和毛主席生前的指示傳達給廣大群眾，使「四人幫」在上海的餘黨完全陷入被群起討伐的汪洋大海之中。他們的任何圖謀都只能土崩瓦解。

（4）中央工作組和上海市新市委對處理反革命武裝叛亂的政策和策略得當。「四人幫」餘黨發動武裝叛亂的真相迅速被查清，參與叛亂的絕大多數人從被蒙蔽中解脫出來，上海的社會局勢迅速走向穩定。

在中央工作組集中突破反革命叛亂的同時，全市各委辦、各區縣發動群眾，廣泛深入地開展揭發「四人幫」及其餘黨的罪行。全市被列入清查範圍的對象有五千四百人，其中拘捕、隔離、停職的有一千六百八十三人，包括處理和懲辦的打砸搶分子四百五十八人。查清了重大事件三百多起，其中全市性的與篡黨奪權陰謀有牽連的重大事件十二起。經過一年多的深入揭、批、查鬥爭，到 1977 年底，這些事件都得到了認真的處理。在揭、批、查鬥爭中查出的重大事件，被寫進中央關於「四人幫」三批罪證材料的就有九十八件，向審判林彪、「四人幫」反革命集團案特別法庭提供證據一百七十四件。後來嚴佑民在市委常委會上傳達彭真的意見時說，彭真講，上海對「四人幫」的揭、批、查鬥爭是徹底的，審判「四人幫」的時候，上海提供的罪證材料佔三分之一。彭真講，沒有上海的材料，審判「四人幫」就無法進行。

1981 年 7 月 13 日，「兩案」審判辦公室的負責人在全國各省、市、自治區座談會上的講話中分析說，各省、市、自治區的揭、批、查鬥爭大體上有三種情況，一種是揭、批、查搞得比較好、比較健康，政策掌握得比較好，處理的人不是太多，定性也不算太高，至今申訴的人也不多，在運動中按政策辦事，以理服人，沒有違反政策的現象，如上海。我感到這個結論是客觀的、公正的。當時講全國情況只講了上海，沒再講別的地方。我作為中央工作組的一員，也深深地感覺到我們在執行政策過程中認真遵循了中央 16 號文件的精神，堅持團結大多數，堅持區別少數有嚴重罪行、作惡多端的骨幹

和大多數受蒙蔽群眾的關係，不搞擴大化。在我分管的文教系統和體委系統中，有一個籃球運動員，他打了二百多個人，自己累得打不動了，就讓老同志相互打，民憤極大，像他這樣的人可以判得很重，但鑒於他當時只有十六歲，年紀小，受了「四人幫」的蒙蔽和教唆，最後只判了三年刑。

在深入開展清查的同時，全市開展了各種形式的大批判，從中央工作組進駐上海到 1977 年底的一年多時間裏，我們先後召開了四次全市性的設有主會場的大批判會，主會場一般都有一萬多人，另外組織全市黨支部委員以上的二十三萬人在各單位拉線收聽主會場的實況廣播。各個系統召開的萬人批判大會有二十多次。這些批判大會聲勢之浩大、揭批之深入、群情之激憤，都是空前的，對肅清「四人幫」的影響，教育廣大幹部從思想上撥亂反正起到了廣泛的教育作用。我記得有一次在上海展覽館的電影院，文教系統召開批判大會，批判「四人幫」及其在上海的餘黨，徐景賢站在台上接受批判，我們有四個人坐在主席台上，巴金坐在我的旁邊。巴金對我講，十年前「文化大革命」開始鬧得最厲害的時候，大概也是 11 月，徐景賢他們在文化廣場開萬人批鬥大會，批鬥陳丕顯、曹荻秋，把我們這些人都作為牛鬼蛇神拉去陪鬥。那時徐景賢怎麼也不會想到，十年以後他自己倒站在台上被批鬥。巴金說，大概是老天有眼吧，是報應。我跟他說，我們老祖宗講過，多行不義必自斃，這些人做的壞事太多了。

整頓領導班子和落實黨的各項政策

中央工作組進駐各個組辦以後，在開展揭、批、查的同時，花了很大的精力考察領導班子。我記得在進駐上海幾個月以後，大概是 1976 年底的時候，中央工作組對市組辦和區縣級的一百零三個領導班子作了認真的清查、考察和排隊。當時把這些領導班子劃分為三類：第一類是比較好的，有三十一個，佔總數的 30%。這類班子反對「四人幫」的立場很堅定，旗幟鮮明，得到群眾的信任，革命和生產抓得得力，工作比較好。第二類是屬於中間情況的，有四十四個，佔總數的 43%。這類班子主要是領導成員有錯誤，有的錯誤不是太大，但領導成員比較軟弱，班子不夠整齊，工作比較被動，有的還有困難。對於這類班子，蘇振華強調要立足於幫，要多幫他們，讓他

們在運動中振作起來，努力做好工作，逐步地升到第一類。第三類是問題比較嚴重的，有二十八個，佔總數的 27%。這類領導班子長期被「四人幫」控制，甚至基本上爛掉了，必須徹底改組。在領導班子改組重建的過程中，蘇振華、倪志福和彭沖決定，請這些單位原來被打倒的、靠邊站的老同志出來，參加領導工作，讓他們在運動中逐漸適應新的工作環境，熟悉有關的政策，在適當的時候正式安排、任命相應的領導職務。在「四人幫」掌權的時候，全市區縣級以上的領導幹部有 1170 人，在揭、批、查鬥爭中列為清查對象的是 478 人，佔 41%，其中採取組織措施的是 249 人。對領導班子進行調整改組的佔了 60%，其中對主要負責人進行調整的佔 80%。當時，對這些領導班子的改組調整，中央工作組花了很大的力量。

「文化大革命」期間，「四人幫」出於改朝換代的陰謀，在運動中藉各種機會大肆迫害老幹部和知識分子，「四人幫」及其餘黨在上海迫害的老幹部的總數達 106264 人，經過中央工作組一年多的工作，復查了 91917 人，佔應復查幹部總數的 86.5%。復查、解放高級知識分子一千四百多人，佔應復查總數的 96.5%。也就一年多一點的時間，使這麼多的幹部和高級知識分子獲得解放，工作量是相當大的。我記得那個時候，我們幾乎每天晚上都是一兩點鐘睡覺，早上 7 點左右起牀，非常非常的緊張，而且工作是很有成效的。至於為什麼還有極少數幹部沒有早日得到解脫和使用，主要是因為這些人在歷史上有這樣或那樣的問題，並且當時中央文件對這些歷史性問題都有明確的規定。在中央未改變規定以前，市委無權改變，以至於有的幹部被「解放」得晚了點，這個問題要歷史地來看。對落實一般知識分子的政策，也是做得很好的。

上海的文化藝術領域，包括出版、電影、戲劇、音樂、美術，在全國影響很大，被稱作全國的「半壁江山」。當時我作為文教組的負責人，有幸結識了許多人士，他們有事常找我，與我關係很好。我記得有天晚上，已經很晚，快凌晨 1 點鐘了，我的秘書找我，說有電話，我問是誰，這麼晚了還找。他說是上海京劇團的。我一聽，是張學津，當時上海最好的老生演員。他在電話裏又氣又急地跟我說了很長時間的話，講同他愛人吵架的事。我一想，清官難斷家務事，不能表態，只是勸他不要生氣，不要着急，說今天晚了，我們另外約個時間談。他同意了。試想想，如果關係不好，這樣的家務

事，他能在深更半夜找我嗎？我常想，我們這些搞經濟工作的人，實在需要結交些文化藝術界的朋友，那才會有多姿多彩的生活。可惜我後來再也沒有這樣的機會了。以下就是我同他們交往和有關落實政策的幾個事例。

事例之一，是有關袁雪芬的事情。我到上海市文教組辦公室的第二天，著名越劇演員袁雪芬就託人給我帶信，用一個大信封封着，上面寫着「轉陳錦華同志收」。我打開一看，裏面又是一個信封，上面寫着「請陳錦華同志轉彭沖同志」。於是我就把材料交給了彭沖，彭沖拆開信封，裏面又是一個信封，寫着「蘇振華同志親收」。那天正好我們在一起開會，蘇振華笑着說：「裏三層外三層，裏面藏的什麼機密呀？」他打開一看，原來是袁雪芬的要求信，說「文化大革命」前周總理寫給她的二十多封信，十分珍貴，在「文化大革命」中被抄走了，她請中央工作組幫助收回。就這麼一回事，她卻那麼謹慎，可見文化藝術界的這些名人，心有餘悸到了多麼嚴重的程度。

事例之二，是關於趙丹的落實政策問題。有一個星期天的下午，大概是5點鐘的時候，我的辦公室離家很近，我下班後拿了些文件回家。我家有兩個門，是平行的，一個是大門，一個是廚房的門。我到家的時候，上海電影製片廠一位叫楊延晉的年輕導演，帶了個人站在我家廚房門口。我是從大門進去，他從廚房的門把那個人領進來。我一看那個人，覺得很面熟，就是一時想不出名字。當時我的小女兒陳悦剛上中學，她推了我一下說：「爸爸，這是趙丹！」我這才想起來，於是就請他坐下。趙丹跟我說，陳市長（當時我已被任命為上海市副市長），不好意思，你看你休息了，我還來打擾你。我說沒有關係，問他有什麼事情。他說：「是我自己的事，落實政策的事，想跟你談談。」我說：「行啊，不過今天恐怕不行了，我已另外約了人要談事情，咱們另約個時間好不好？」他說：「可以，聽你的，什麼時間談都行。」就這樣我們就約好了第二個星期天再談。到了那天，黃宗英陪着趙丹來到市委會客室。他給我講了這些年在單位裏怎麼捱批，在幹校裏怎麼受批鬥，被造反派毆打、侮辱，講了很多事情。他開始講的時候還比較冷靜，比較克制，可是一講開後，講着講着就站了起來，越説越激動，講到傷心的時候聲淚俱下。黃宗英在一旁拽他，説：「你這個人怎麼這個樣子，不是跟你説好的嘛，你好好講嘛，你這樣講陳市長怎麼聽呀。」我說：「沒關係，沒關係，這麼多年他受了很多委屈，我能理解。現在不到市委來講，能到哪裏去講呀！」他聽了

我的這些話，更激動了，哭得更厲害了，像個孩子一樣。他説：「這樣的話我已經多少年沒聽到了。」以前曾經有一次開會的時候他被批評，很不愉快，陳毅陳老總就安慰過他，趙丹很感慨。他講的主要內容是落實政策的問題，他曾經在新疆被盛世才逮捕關押過，後來都搞清楚了。那些什麼修正主義的罪名則是欲加之罪的一些東西。聽完以後，我説：「好吧，我來抓緊。我有問題可以找你，你也可以找我，反正我給你表示，這事情我會抓緊辦。」第二天我就把電影局的戴星明書記找來，跟他談趙丹的事情。我對他説：「趙丹來找我了，你們抓緊一點，趙丹這個人影響是很大的，應該早點落實政策，影響也好。」戴星明同意我的意見，他表示：「我們抓緊做。」不久，市委很快就分批討論了，市委討論的時候都是一批一批的。在市委會議上，我講：「趙丹找過我，我認為那些問題不應該算什麼問題。」給趙丹落實政策的事情，市委很快就討論通過了，大概也就是十天半個月的事情，時間不是很長。

事例之三，是關於李玉茹的問題。李玉茹是一個著名的、有才華的京劇演員。她唱梅派，也唱程派戲，能演青衣、花旦和刀馬旦，是個多才多藝的人。周總理很器重她，曾送給她程硯秋演的電影《荒山淚》，讓她好好學習。李玉茹對周總理也是非常敬重的。「四人幫」在「文化大革命」當中，要做周總理的文章，陰謀打倒周總理，就着手搜集周總理的材料。他們找李玉茹，把她隔離了，對她進行種種迫害，沒完沒了，不讓她演戲，不讓她登台。後來她找我，講這些事情，我説：「好吧，我找找他們，看能不能早點把問題解決了。」因為我不太了解具體情況，就找了文化局黨委書記李太臣，我説：「李玉茹找我了，能不能早點給她落實政策，讓她演戲嘛。」李太臣表態謹慎，説你可以先看看檔案。我把檔案調來，檔案中都是些李玉茹交代的材料和審訊筆錄，也有些檢舉揭發材料。我沒細看，大概翻了翻，便給了我們中央工作組聯繫文化局的人看。我問：「這裏面有沒有『三反』的東西？」他説沒有，主要是議論江青。我説議論江青就更不是問題了，而且這些所謂的交代材料也是在棍棒逼供下寫的，不可信。即使這樣，也沒有一條夠得上是所謂的「三反分子」的材料。我就對李太臣説，我問過工作組的同志，沒有「三反」的問題。她議論江青的事無非是説江青不懂戲，説那幾個樣板戲不怎麼樣，這些都不該成為問題，趕緊給她「解放」了，讓她早日演戲，後來李玉茹也很快「解放」了。許多年以後，我回到了北京，擔任首都企業家俱樂部的理事

長。可能是 1985 年或 1986 年春節期間，首都企業家俱樂部在北京飯店宴會廳搞了一個文藝活動，請了各界名人。在我要離開的時候，剛出會場的門，就看到李玉茹扶着曹禺過來了。我好多年沒見她了。她見到我就很高興地叫了起來：「陳市長，在這裏見到你了。」我說：「你們怎麼來了？」她說：「我們剛從法國駐華大使館過來。聽說你要來，我們也就過來了。」接着她就給曹禺介紹說，這就是我常給你唸叨的陳錦華同志，就是他給我「解放」的。聽到這裏我都不好意思了，說：「你太客氣了，你受委屈的時間挺長的，我們早就應該這樣做了。」曹禺說：「謝謝，謝謝，玉茹她老唸叨你，說你好。」我說：「這都是應該的，不用謝了。」我常想，中國的這些知識分子、這些名人，也真是好，那麼迫害人家，後來按道理也應該早給人家「解放」的，人家不計怨恨，多少年後還想起你，對你那麼友好，這樣的名家到哪裏去找呀！李玉茹人確實是很好的，以後我再也沒有見到她。

事例之四，是有關電影《天雲山傳奇》和《廬山戀》的事情。這件事和事例之五關於演員劇團的房子問題，都發生在中央工作組撤離之後，但我同他們都是在中央工作組時期結識的。不然，他們不可能找到我。從落實政策上講，也是一脈相承的。上海電影廠拍的電影《天雲山傳奇》在當時爭議很大，有人說這個片子是罵共產黨的，是為「右派」翻案。我當時是上海市市委副書記、常務副市長，兼市計劃委員會主任。我在市人民代表大會上作關於國民經濟計劃工作報告時，特地加了肯定《天雲山傳奇》的話。後來謝晉見到我就說，哎呀，陳市長，你的話可是幫了我大忙了！其實我當時並沒有別的想法，就是認為這個片子並不像有些人所說的那樣，其中有很多東西是值得我們共產黨人反思的。影片中那位後來平反了的「右派」，在橋上碰到以前整他的那個地委書記的時候，說過大意是這樣的話：你們一定要知道，你們要過好日子，也得讓老百姓過上好日子。我感到這句話講得極為樸實，其中蘊涵了生活的真理，還有比這更明白的道理嗎？這是真心話，是大實話。我記得我這個報告的稿子在市委審議時，並沒有人講不同意見，而是一致通過。當然，我說話是負責的，如果這個片子遭受批判，上面講話，那我也還是逃脫不了被指責的。

當年上海電影製片廠還拍了一部《廬山戀》，也非常有名。著名導演張駿祥對我講過，《廬山戀》有突破，主要是對「文化大革命」中的戀愛禁忌的突

破。他還說，演女主角的張瑜演得很好。當時為了表彰她的出色表演，市委一位負責人當眾宣佈要給她加一級工資。如果我沒記錯的話，那時候張瑜的工資也不過六七十元，加一級也就是十元八元的事。可就是這十元八元也好長時間落實不了。為什麼呢？原因是沒有給演得好的演員加工資的政策，錢沒有出處。可市委領導說了的話落不到實處影響就不太好了。後來這位市委領導找到我，讓我給想想辦法。我當時兼任市委勞動工資委員會主任，這類事歸我管。於是我就把勞動局局長于永實找來，要他想想辦法。大家坐在一起想來想去，最後終於想到了中央有個文件，規定給廠長有3%的升級權，上海電影製片廠可以算作工廠，師出有名，於是趕緊給上海電影製片廠的徐桑楚廠長打電話。就這樣，張瑜的那一級工資總算加上了。這事兒放在今天真是不可思議的。

　　事例之五，是關於演員劇團房子的問題。有一天，張瑞芳突然帶着牛犇等幾個人闖進我家。張瑞芳跟我熟悉，有事也願意跟我講，那天找我是為演員劇團的房子的事情。那時候，趙丹、白楊、王丹鳳等著名演員都是上海電影演員劇團的。演員劇團原來在上海有棟花園洋房，「文化大革命」中被趕到一個臨時工棚裏，幾間平房，一百多號人站都站不開。現在他們看上了位於徐家匯的上海儀錶局的一棟花園洋房，演員劇團想要，找了多次都沒有解決，於是就想起了找我。我聽後，就給儀錶局的局長打電話，問有沒有這回事。他說有，說張瑞芳她們找過好幾次，但這房子他們也要用，所以沒答應。於是，我就在電話中同他商量解決辦法。當時儀錶局正在同美國的福克斯‧波羅談合資辦儀錶廠（美國總統里根訪問上海時專門參觀了這個廠）。我說你們把房子讓給演員劇團，我批合資項目的時候，多批些錢，你們另外新蓋一棟樓。他當即表示同意。我把結果告訴了張瑞芳、牛犇，他們喜出望外，高興得恨不得給我磕頭。

　　事例之六，是有關落實退賠政策的問題。「文化大革命」期間，對於原先通過贖買政策付給資本家的定息，停止執行了。在落實政策工作當中，中央工作組和上海市新市委決定對這些都要進行退賠。那時候上海資本家很集中，按照情況要退賠三十個億，這在當時可不是小數目。當時市委研究以後決定給中央作報告，明確表示要如數照退。上海退賠的最大的對象就是榮毅仁。他認為這件事情政府做得很對，辦得很好。為了擴大政府落實政策在國

際上和國內的影響，他帶頭到上海來領這筆錢。當時，他是帶着夫人楊鑒清來的。這筆錢的具體金額，我記不清了，反正數目不小。他一到上海，我就知道了。他拿到錢要回北京前，我在錦江飯店請他們吃飯，彭沖也參加了。我們原來就很熟悉。他 1958 年調到紡織工業部當副部長，我是紡織工業部政策研究室主任，成天和他打交道，他有東西要查、要寫、要改，也常找我。在這次宴會上，我就跟榮毅仁講了一件事情。對這件事，他知道一些，但不知道事情背後的一些情況。1966 年 8 月 18 日，毛主席接見外地紅衛兵以後，北京的紅衛兵運動就如火如荼，以更大的規模、更大的聲勢衝向社會，衝向各界的一些名人家裏。榮毅仁當時住在北太平莊，他的女兒在北師大女附中上學，有些同學早就知道榮毅仁的住處。8 月 20 日，北師大女附中的紅衛兵湧到榮毅仁家裏，都是些女孩子，當中還混進了一些社會上的來歷不明的人，在榮毅仁家裏大肆打砸。他們還批鬥榮毅仁，並用他家裏的攝像機把經過錄下來，要寄到他在海外的親戚那裏。榮毅仁考慮得很周全，他知道錄像寄出去的影響，所以給了這些紅衛兵假地址。榮毅仁的夫人楊鑒清也被打傷。對這些情況，部裏一點也不知道。恰好 8 月 20 日是機關發工資的日子，榮毅仁的司機鄭耀辰送工資去時發現情況後向部裏作了報告。我當時是部機關「文化革命委員會」主任，就是管這些事情。我向部黨組書記錢之光報告了這件事。錢老説：「趕緊給周總理寫個報告，用特急件送到總理辦公室去。」我給周總理寫了報告之後，又給李富春辦公室打了電話。李富春當時是管工交各部運動的，他就説，是不是你們想辦法給送到醫院去，在醫院裏保護起來。當時我們的副部長張琴秋，是衛生部蘇井觀副部長的夫人，跟北京醫院很熟悉，她給北京醫院的院長打電話，院長講：「大姐，不行哪，我們這裏已樓上樓下鬥開了，都鬥了好幾批了。送到我們這個地方，不一樣捱鬥嗎？」於是我們又趕緊再給周總理值班室打電話報告情況，當時也沒有答覆。凌晨 1 點多鐘，國務院秘書長周榮鑫打電話找錢之光，説周總理在人民大會堂，要錢之光趕緊去一下。錢之光已經吃了安眠藥，但還是馬上去了。到了那裏，周總理問榮毅仁的事情是怎麼回事。錢之光就彙報了他家裏被砸、夫婦被打的情況。周總理説：「這事情你怎麼不報告？」錢之光回答説：「我們寫了報告了呀。」周總理説：「現在都什麼時候了，你還寫報告，要打電話嘛。現在我們只能管兩個人了，一個是宋慶齡，一個是郭沫若。其他人你們自己想辦

法。榮毅仁你們一定要保護好，他是中國民族資產階級的代表人物，在國際國內都有影響，一定要保護好。」這就是交代了。凌晨 2 點多鐘，錢之光一回來就找我們商量，研究落實周總理的指示。總理說了要保護好，我們得想辦法，不能讓榮毅仁出問題。當時社會上已經開始興起「紅對紅」，就是以機關的紅衛兵對付外地、外單位的紅衛兵，這是上海發明的辦法，華東局先搞起來的。我們把部機關的紅衛兵頭頭找來，要部機關的紅衛兵連夜開到榮毅仁家裏去。大概有十個人。他們到達榮毅仁家裏的時候，看到那些學校的女紅衛兵東倒西歪地躺在客廳裏。部機關紅衛兵的頭頭找到她們的頭頭，跟她講：「我是紡織工業部機關的紅衛兵，榮毅仁是紡織工業部的副部長，是大資產階級，要對他進行批鬥，讓他老實交代問題，請你們把他交給我們。」開始這些女學生不同意，但畢竟她們年輕，還是比較容易說服的，最後說：「可以，但我們要提些條件。要他老實交代罪行，要他勞動，打掃衛生，只能喝自來水，吃窩窩頭、鹹菜，不許貪圖享受。」她們提了很多要求。部機關的紅衛兵都統統答應，於是那些女紅衛兵們就撤走了。她們一走，榮毅仁就提出要把他的夫人楊鑒清趕緊送到醫院治療。可是送到哪個醫院都不收，都不肯給她治病。部機關的紅衛兵頭頭很機靈，就把她送到積水潭醫院，說這個人是重要的人證，需要她來錄口供，不能讓她死掉，你們一定要想辦法給她治療。醫院一聽是重要的人證，就趕緊給她醫治，這樣楊鑒清就得到了救治。第二天，跟他們住在一個院子裏的胡子嬰，就是很有名的民主人士，商業部副部長，他的女兒是醫生。部機關紅衛兵就通過他的女兒來給楊鑒清開處方抓藥。

我把周總理關心榮毅仁夫婦的情況，以及部機關採取的措施都給榮毅仁講了。他聽到這些情況後，很激動地站起來給我敬酒，表示感謝。我說：「不敢當，主要是周總理的交代和指示。」他說：「後面這許多救治措施我都感受到了，但是究竟這些救治措施是怎麼來的，為什麼能有，我一點不知道。你今天講了以後我才明白。我們全家人都非常感謝周總理。沒有周總理的保護，讓你們採取這些措施，那我就沒有今天了。」榮毅仁說得很動感情。

早在 1948 年 3 月，毛澤東就講過：「政策和策略是黨的生命，各級領導同志務必充分注意，萬萬不可粗心大意。」中國革命和建設的歷史證明，一個好而且執行得好的政策，一定會爭取人心，凝聚力量，把事情辦好。相反

地，一個錯誤的政策，或是好的政策，執行得不好，發生偏差，往往也會失去人心，得不到支持，工作就不能做好，甚至走向失敗。我上面講的這些例子，絕不是說我個人有什麼大的能耐，能夠取得較好的作用和影響，而是黨的政策好，執行的人工作也好做，不然再有本事，逆着去做，也不會取得成效。一個好的政策，在一個人身上起作用，但絕不會停留在一個人身上，而是必然會引起連鎖反應，擴大影響，吸引和凝聚更多的人，產生更大更多的效應。

抓革命、促生產、促工作、促戰備

中央工作組在上海，在開展揭發、批判、清查「四人幫」及其餘黨的罪行，調整、改組各級領導班子，落實黨的幹部政策和知識分子政策的同時，注意把抓革命、促生產、促工作、促戰備作為一項重要任務來抓。抓革命、促生產、促工作、促戰備，是個歷史口號，代表了那個年代對工作的總體要求，也是中央 16 號文件明確規定的。中央工作組到上海以前，中央領導曾明確交代，注意生產不要受影響，上海是中國的經濟中心，是最大的工業城市，生產的產品，包括生產資料和消費資料，向四面八方供應全國，對國民經濟和人民的生活都具有舉足輕重的影響。如果發生問題，一旦停止供應，不僅影響上海本身，還影響全國。中央工作組的徐良圖，原來在國家計委就是管調度工作的，到了上海以後，他充分利用長期管調度的工作關係和豐富經驗，在上海就地指揮各地供應上海糧食、能源、原材料等物資。由於有這些優勢，再加上中央工作組中各部委都派了人，有什麼需要，各部委的人都往回打電話，及時請部裏支援上海，一般都是有求必應，所以在中央工作組進駐上海期間，上海的生產和人民的生活都沒有受到影響。我記得上海市新市委和中央工作組開會，彭沖一再強調要經常查排全市不安定的因素，要每週都把情況排一排。當時不安定的因素中，最大的問題是糧食和煤炭的供應問題。沒有煤炭，工業就會癱瘓，沒有糧食，人民生活就會受影響，所以要經常排一排上海的糧食、煤炭還有多少，還夠多少天的供應，從外地調進來要多長時間。這些情況經常要在有關會議上通報，如果哪些情況危急了，就早點提出來，時間差要打足，使它不致供應中斷。

除了生產外，中央工作組還指定有關負責人幫助抓基本建設，抓重點工程。上海石油化工總廠是上海的重點工程，也是全國有影響的國家重點工程。由於「四人幫」的干擾、破壞，工程質量存在不少問題，乙烯裝置不能正常投產，配套的最大工程，也是國內自己開發技術、進行配套的腈綸廠，一直開工不正常，產品質量不好，積壓在倉庫裏。工作組派了李正光（紡織工業部副部長）帶了一個小組去蹲點，深入車間，抓管理，抓勞動紀律，抓工藝技術改造，工作非常深入紮實。經過幾個月的努力，終於能正常生產，進而推動了全廠的生產管理工作。上海石油化工總廠也成了「四三方案」的引進項目中工作做得最好的大慶式企業。

上海經濟活動走上正常的軌道，上海所需要的物資源源不斷地從全國各地調來，外地需要的上海產品也源源不斷地從上海調出去。「四人幫」餘黨曾經一度在上海製造搶購毛巾和火柴的風波，煽動群眾搶購，妄圖把群眾的視線搞亂，把市場搞亂，破壞揭、批、查「四人幫」的鬥爭。中央工作組迅速從江蘇、浙江調來物資，敞開供應，迅速把搶購風壓了下去，上海的市場很快地恢復正常。1977 年初，我們在上海過第一個春節，市場上供應的東西比「文化大革命」以來任何一年都好。李先念身邊的一個護士是上海人，回上海過春節，從上海回到北京後，李先念就問她上海市場的情況怎麼樣，她說比哪一年都好。李先念又問老百姓有沒有什麼意見，她說很滿意，要講意見的話就是對吃不到大黃魚有意見。上海人過年特別喜歡吃大黃魚，家家戶戶都要吃大黃魚。那時由於多年過量捕撈，大黃魚大量減產，供應不足。

經過各方努力，到 1977 年底，上海經濟狀況全面回升，國民生產總值比 1976 年增長了 9.5%，創造了「文化大革命」以來最高的歷史紀錄。

1977 年「五一」節前，中央工作組在上海市新市委的領導下，調整了領導班子，已經把「四人幫」及其餘黨把持的黨政大權，從上到下地奪了回來，順利地進行揭、批、查的鬥爭，比較好地做到了「既要解決問題，又要穩定局勢」的總要求，上海的局勢步入了正常的軌道。4 月 14 日晚，中央工作組開會。倪志福、彭沖和林乎加在會上決定，凡是市委辦、組局一級領導班子已經配備好，揭、批、查「四人幫」運動已正常開展起來的單位，工作組可以逐步撤出。「五一」節前夕，中央工作組的絕大部分成員相繼撤離上海，返回原機關。不久以後，林乎加調到天津市，嚴佑民調到安徽省，毛聯玨回到

北京。最後，中央工作組主要成員留下來的，只有趙行志（外交部派去負責外事工作的，後來任上海市委書記、副市長）和我，還有中央組織部的趙振清（後任中組部副部長），其他人都回去了。

從 1976 年 10 月 9 日中央工作組先遣人員到達上海，到 1977 年「五一」節中央工作組的大部分成員撤離上海，整整二百天的時間。在這二百天裏，我們天天都在滿負荷地工作，每天早晨六七點鐘起牀，晚上一兩點鐘休息。這二百天，是我們二百多名工作人員激情燃燒、日夜奮戰的二百天，是我們一生難忘的二百天，也是上海書寫粉碎「四人幫」以後歷史新篇章的二百天。中央工作組的人來自四面八方，短時間內聚集在一起，為什麼能團結一致、齊心協力、忘我工作？原因就在於大家對「四人幫」倒行逆施的強烈憤慨，對粉碎「四人幫」、結束「文化大革命」的無比喜悅，大家都有一種撥亂反正的渴望，有一種把損失的時間奪回來的激情。

2004 年 3 月 18 日，我邀請當年參加中央工作組的謝紅勝、魯萬章、王金光、徐政、鄭定銓、周鵬年、凌晉良等人座談。謝紅勝是老紅軍，魯萬章、王金光、徐政都是老同志。大家一致談到，當年感受最深的有以下幾點：

第一，執行政策認真、穩妥。中央 16 號文件和蘇振華一再強調要注意團結大多數，要嚴格區分極少數參加篡黨奪權陰謀活動和大多數受蒙蔽、講了錯話、做了錯事的界限。中央工作組的人都認真貫徹執行，堅決不搞擴大化。運動過後，沒有留下後遺症。王金光講了一個例子。1976 年底，海軍司令部機關在「文化大革命」中保蘇振華的一派，派了幾個人來上海，要到上海音樂學院抓幾個曾經揪鬥過蘇振華的人去北京批鬥。工作組研究後，並沒有因這樣做有可能討好蘇振華而同意他們揪人。相反，工作組的人反覆做他們的工作，宣傳政策，講清道理，堅決拒絕他們揪人。後來蘇振華知道了這件事，同意工作組的做法，認為拒絕海軍司令部的一派群眾揪人是對的。

第二，相信群眾，依靠群眾。參加座談的人員回顧說，上海的工人階級真好，群眾真好，儘管許多人在「文化大革命」中受迫害，有的被打、被抓，甚至造成傷殘，但在粉碎「四人幫」以後，這些受過迫害的人並沒有尋機報復，搞冤冤相報，而是像他們自己所說的，把粉碎「四人幫」看作「第二次獲得解放」，一心用到生產上、工作上。徐政講，她有一天帶了工作組去上海化纖廠，一進門就被上千人圍住了，不能行動。她就站在人群中大聲講：「你

們要工作組來，我們來了就被圍住，這叫我們怎麼工作呀！」就是這麼幾句話，圍住的人立即散去。原來極少數企圖滋事的人，一看形勢不利，只好悄悄溜走。多少年後，徐政依然記得當時的現場情景。她深有感慨地說，這是多好的群眾啊！

第三，堅持在黨的領導下搞好各項工作。中央工作組在實際工作中不包辦、不代替，更不允許搞「文化大革命」中「踢開黨委鬧革命」的那一套。黨委有問題，該幫則幫，該改則改，該撤換則撤換。涉及組織處理的問題，一律按組織原則辦。因為堅持了這一條，保證了各單位的正常秩序，各項工作都在黨委的領導下有序地進行。

中央工作組的人在座談中深情地回顧了這段難忘的歲月。黨中央的方針是「既要解決問題，又要穩定形勢」，落實到工作組的每個成員身上，魯萬章說：「就是上靠政策，下靠群眾，把好人解放出來，把壞人清查出來。」上海的全局是由每個單位的實際工作構成的，我們把分管單位的工作做好了，就保證了上海全市順利地進入新的歷史時期。

後　記

　　為紀念新中國成立六十五週年，中共中央黨史研究室宣傳教育局對近年來徵集到的一些領導幹部、親歷者的口述史進行了系統整理，選取與改革開放以前的一些重大事件和決策相關的內容，編輯為《新中國口述史（1949—1978）》一書。

　　在本書策劃、選稿、編輯、出版過程中，得到了各位作者的大力支持。中共中央黨史研究室主任曲青山、副主任高永中給予了精心指導，並擔任主編。曲青山主任還專門為本書作序。宣傳教育局陳夕、薛慶超、劉榮剛、李樹泉、謝文雄、文世芳、劉一丁等人承擔了具體選編工作。文世芳做了大量編務工作。出版社的工作人員也為本書的編輯、出版付出了艱辛勞動。在此表示衷心感謝！

　　由於編輯時間緊迫，編者水平有限，難免存在不當之處，歡迎廣大讀者提出寶貴意見。

中共中央黨史研究室宣傳教育局

2014 年 10 月